高等职业教育“十二五”规划教材

全国高职高专道路与桥梁工程技术专业系列规划教材

道路工程制图与CAD

（含习题集）

姚青梅 主编

科学出版社

北 京

内 容 简 介

本书为全国高职高专道路与桥梁工程技术专业系列规划教材之一，是为适应当前道路工程制图教学改革的要求而编写的，符合高等职业教育的要求及特点。全书共分四部分内容、十五个单元：单元1为制图基础部分，主要介绍制图工具、基本规格及几何作图；单元2～单元8为画法几何部分，主要介绍图示理论和方法；单元9～单元11为专业图部分，主要介绍道路、桥梁、涵洞等工程图的图示特点和读图方法；单元12～单元15为AutoCAD软件应用部分，主要介绍AutoCAD的基本知识、绘图方法及基本操作。全书内容精练、深入浅出、图文结合，理论结合实际，例题丰富，注重识图训练，以全面提高学生的应用能力。本书配有《道路工程制图与CAD习题集》(姚青梅主编，科学出版社出版)。

本书适用于高职高专道路桥梁工程技术专业及工程监理、工程造价、道路养护、道路工程检测等相关专业的学生学习，也可以作为相关专业的继续教育和职业培训教材，还可供公路工程技术人员参考使用。

图书在版编目(CIP)数据

道路工程制图与CAD：含习题集/姚青梅主编. —北京：科学出版社，2013
(高等职业教育"十二五"规划教材·全国高职高专道路与桥梁工程技术专业系列规划教材)
ISBN 978-7-03-036627-6

Ⅰ.①道… Ⅱ.①姚… Ⅲ.①道路工程-工程制图-计算机制图-AutoCAD软件-高等职业教育-教材 Ⅳ.①U412.5-39

中国版本图书馆CIP数据核字(2013)第020944号

责任编辑：李太铼 李 欣 / 责任校对：马英菊
责任印制：吕春珉 / 封面设计：曹 来

科学出版社 出版
北京东黄城根北街16号
邮政编码：100717
http://www.sciencep.com
新科印刷有限公司 印刷
科学出版社发行 各地新华书店经销
*
2014年8月第 一 版 开本：787×1092 1/16
2021年8月第九次印刷 印张：20 3/4
字数：469 000

定价：56.00元(含习题集)

(如有印装质量问题，我社负责调换〈新科〉)
销售部电话 010-62140850 编辑部电话 010-62135319-1012(VA03)

前　言

本书是为了适应当前高职高专院校道路桥梁工程技术专业教学改革的新形势需要，根据高等职业教育的特点，广泛吸取同类教材的优点，以培养学生综合素质及创新能力为出发点，理性地借鉴高职高专院校教学改革的实际经验以及编者多年教学经验和教改成果编写而成的一本面向高职高专道路桥梁工程技术专业的工程素质教育的基础性教材。为了便于教学，同时编写了与本书相配套的《道路工程制图与 CAD 习题集》（姚青梅主编，科学出版社出版）。

本书从教材定位、内容取舍、顺序编排等方面力求做到以下几点：

（1）在编写过程中以保证能正确、熟练识绘工程图样为前提，对传统教材内容进行了适当的调整、取舍、兼容与优化，构建出完整、合理的知识、技能体系，以更加有利于完善与拓展学生的知识结构。

（2）在注重知识的系统性、表达的规范性和准确性的同时，力求做到由浅入深、循序渐进、层次分明、科学合理，充分体现对学生的思维能力和实践技能训练的引导。

（3）本书沿用了传统画法几何逻辑性强、系统性强、空间思维性强的内容，并作了适当的删减。这是因为，点→线→面→体，一环扣一环逐步深入的图示、图解内容，能有效地训练和开发学生空间想象能力和空间思维能力。

（4）注重手工绘图与计算机绘图两种能力的综合培养。通过手工绘图，掌握制图基础、画法几何、专业图等图示理论和方法；通过计算机绘图，将图示理论和方法与 AutoCAD 软件应用相结合，以应用为主，强化绘图和识图能力的培养。

（5）采用由工程实例引入 CAD 操作命令的知识导入方式，由易到难、由简到繁地将图示理论及工程图样有机地融合于计算机绘图中，既巩固图示理论与方法，增强空间思维和空间想象能力，又掌握计算机绘图操作技能。

（6）考虑到制图课时的普遍减少，在教材内容的选用上应以制图规范、投影方法、简单专业图样的识读与绘制为主要内容。实际教学过程中，教师可根据具体的教学时数和教学条件，按一定的深度、广度加以取舍、选用。

（7）执行《道路工程制图标准》（GB 50162—1992），紧密结合国家现行的新规范与技术标准，知识充实，结构严谨，逻辑严密，重点突出，实践性强，图样规范，例题丰富，图文并茂，注重理论与实践相结合，循序渐进地培养空间想象能力、空间表达能力及识图能力。

本书由青海交通职业技术学院姚青梅教授担任主编。参加编写的有：黄河水利职业技术学院朱一飞（单元 1、单元 2），呼和浩特职业学院刘润新（单元 3、单元 4），青海交通职业技术学院姚青梅（绪论、单元 5、单元 6、单元 10），黄河水利职业技术学院贾春燕（单元 7），青海交通职业技术学院王荣（单元 8、单元 9），山东交通职业学院沈磊（单元 11），广州航海高等专科学校骆毅（单元 12、单元 13），呼和浩特职业学院李世文（单元 14、单元 15）。姚青梅对全书进行统稿。

本书吸取了他人的专长，也植入了编者的深入思考和积极探索。在编写过程中，许多有着丰富实践及教学经验的工程师及老师提出了许多宝贵意见，在此对他们表示衷心的感谢；此外，本书还参考了相关的教材、习题集等，在此向有关作者表示谢意。

本书由河海大学沈丽宁老师主审，她提出了许多宝贵意见和修改建议，在此表示衷心感谢。

由于时间仓促，编者水平有限，书中难免有疏漏和不足，敬请有关专家和读者提出宝贵意见和建议，以便进一步完善。

目　录

第二部分 画法几何

第三部分 专 业 图

第四部分 AutoCAD 软件应用

绪 论

在工程实践中，从设计到建造，工程构造物的形状、大小、结构、材质都很难用文字表达清楚，而图样则能很好地完成这一使命。设计人员用它来表达设计意图；建造人员依据它来进行生产施工；技术革新、技术交流也离不开工程图样。因此，工程图样是工程技术界通用的“技术语言”。高职高专道路桥梁工程技术类专业的学生，作为将来生产、管理第一线的工程技术施工人员，必须学会并掌握这种“语言”，具备熟练识读和绘制工程图样的基本技能。

1. 课程教学目的

本课程的教学目的就是教会学生掌握这种“技术语言”，通过学习图示原理与方法，掌握绘制和识读工程图样的技能。它是一门理论与实践紧密联系的专业基础课程。随着现代计算机绘图技术的飞速发展，工程制图这门理论严密、内容丰富的综合学科又有了质的飞跃，使学生在牢固掌握投影理论、图示方法和绘图技能的同时，能够借助计算机迅速、准确地进行绘图，表达设计思想，大大提高了现代工程建设的生产效率和工作质量。

本课程包括 4 个部分的内容。

（1）制图基础：介绍制图工具的使用方法、基本制图标准和几何作图常识。

（2）画法几何：介绍应用投影理论图示、图解空间几何问题，以及绘制与识读工程图样的基本原理和方法技巧。

（3）专业图：投影理论的应用，主要介绍绘制和阅读工程图样的规则和方法。

（4）AutoCAD 软件应用：结合道路工程制图相关知识以及工程实例，介绍 AutoCAD 绘图软件的基本功能、命令和用法。

2. 课程学习要求

本课程是一门既有系统理论，又非常注重实践的课程，各部分内容既紧密联系，又各有特点。学习后要求能够做到以下几点：

（1）掌握正投影的基本理论，并能利用投影法图示空间几何形体，图解空间几何问题。

（2）具备正确绘制和阅读工程图样的能力，并熟悉如何在图样上标注尺寸。

（3）掌握仪器手工制图、计算机绘图的技能。

（4）了解道路、桥梁、涵洞等专业图的主要内容、图示方法，能识读本专业的一般施工图。

(5) 培养空间逻辑思维与形象思维的能力。

(6) 提高分析问题和解决问题的能力。

(7) 养成认真负责的工作态度和严谨细致的工作作风。

3. 课程学习方法

根据本课程的学习要求以及各部分内容的特点，这里简要介绍如下学习方法：

(1) 准备一套符合要求的制图工具，按照正确的制图方法和步骤制图，认真、及时、准确、高质量地完成作业。

(2) 注重对基础知识的学习和掌握，从点、直线、平面开始，由浅入深，由简到繁，循序渐进，步步为营，稳扎稳打。

(3) 认真听课，积极思维，及时复习；在多动脑的同时还要多动手，经常注意、观察、了解工程构造物的实际情况，掌握投影方法，提高独立分析和解决看图、画图等问题的能力。

(4) 注意画图与看图相结合，物体与图样相结合，要多看、多想象，多画图、多读图，反复观察、思考及训练，逐步培养空间逻辑思维与形象思维的能力。

(5) 熟记并严格遵守工程制图的国家标准，经常查阅相关标准和资料，及时了解标准的更新变动。

(6) 严格要求，一丝不苟。认真、细致、严谨是一切工程技术人员所必备的基本素质，也是学好本课程不可缺少的作风与态度。

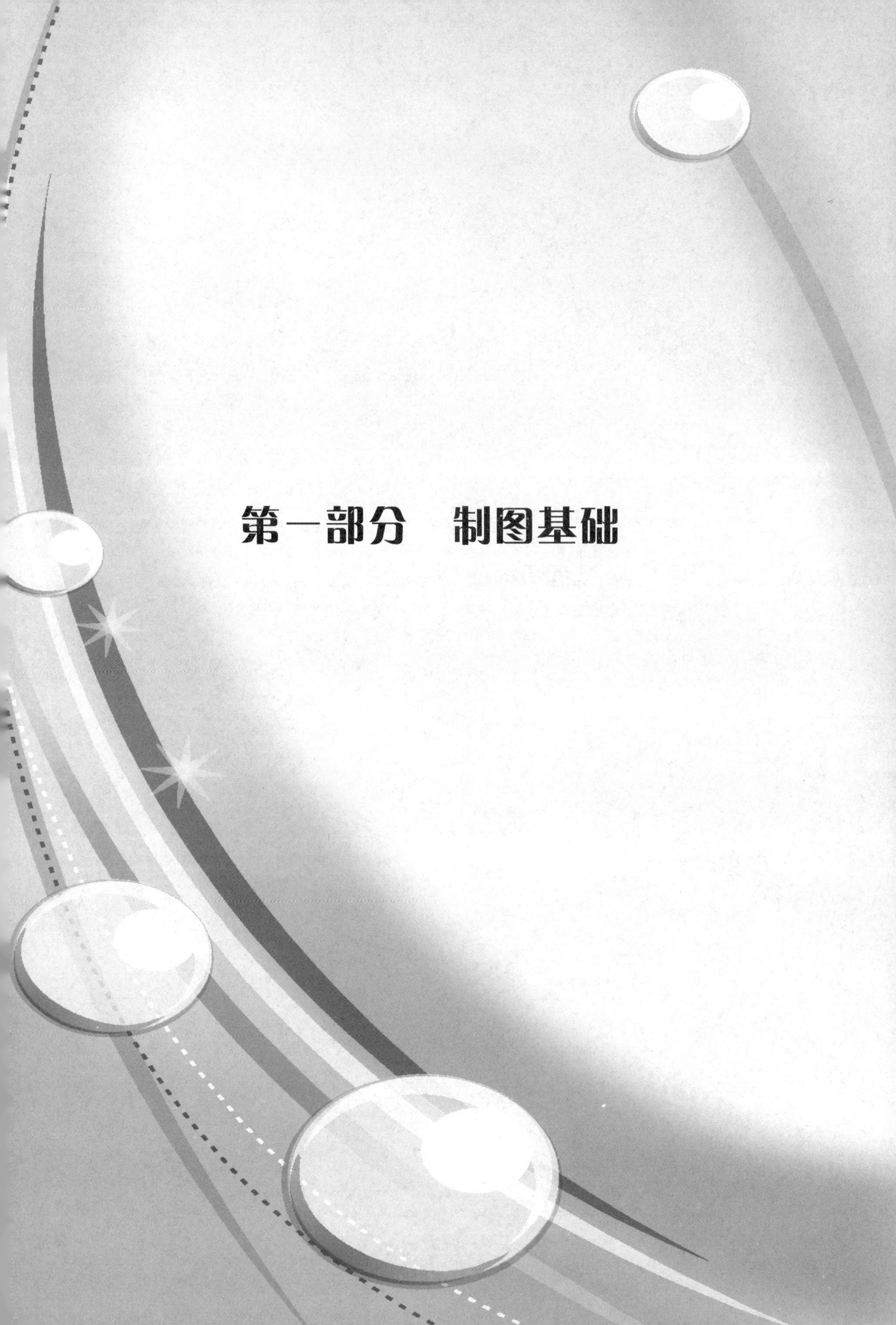

第一部分　制图基础

单元 1

制图的基本知识

教学目标 ☞

1. 能够正确使用各种制图工具；
2. 掌握《道路工程制图标准》(GB 50162—1992) 的基本规定；
3. 了解图形美学在制图中的应用；
4. 会常用的几何图形画法；
5. 掌握制图的步骤与方法。

1.1 制图工具及其使用方法

工程图样的绘制是通过制图工具来完成的。能正确熟练地使用制图工具，才能保证图样的质量和提高绘图的速度。常用的绘图工具有铅笔、图板、丁字尺、三角板、圆规和分规、曲线板等。

1.1.1 铅笔

绘图铅笔一端的字母和数字表示铅笔铅芯的软硬程度，分别用 B 和 H 表示。B 表示软的铅芯，通常有 B、2B、…，前面的数字越大表示笔芯越软越浓（黑），制图中一般用 B 或 2B 的铅笔描深粗实线；H 表示硬的铅芯，有 H、2H、…，前面的数字越大表示笔芯越硬越淡，通常用 H 或 2H 的铅笔打底稿和加深细线；HB 表示软硬适中，多用于写字。绘图时，应根据不同的用途选择不同软硬程度的铅芯，并将其削磨成一定的形状，如表 1.1 所示。

表 1.1 铅笔铅芯的使用

类别	铅笔			圆规用铅芯	
用途	画细线	写字	画粗线	画细线	画粗线
软硬程度	H 或 2H	HB	HB 或 B	H 或 HB	B 或 2B

续表

类别	铅笔		圆规用铅芯	
削磨形状	锥形	铲形	楔形	截面为矩形的四棱柱

使用铅笔绘图时，用力要均匀，笔身与图纸面倾斜角度约为75°，如图1.1所示。削磨成锥形铅芯的铅笔画长线时要一边画一边旋转铅笔，使线条保持粗细一致。

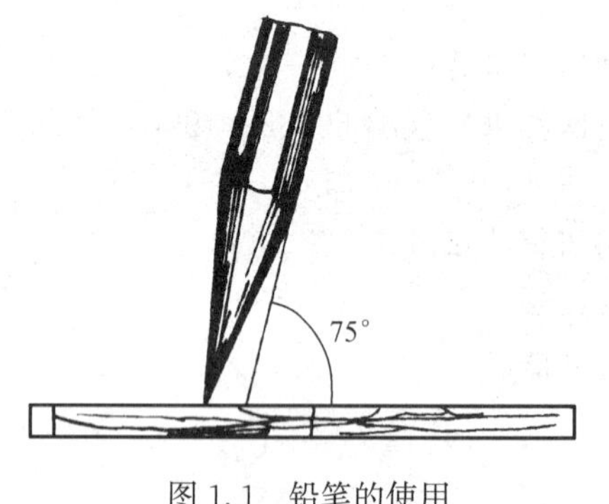

图1.1　铅笔的使用

1.1.2　图板与丁字尺

1. 图板

图板一般为木质胶合板，主要用于固定图纸。一般要求图板表面光滑、平坦，日常维护应注意防止打击板面且不能用水洗刷。图板的短边为工作边，又称导边，导边必须平直。绘图时，用胶带纸将图纸固定在图板中部偏左上方适当位置，不要使用图钉固定图纸，以免损坏板面。

2. 丁字尺

丁字尺多为透明有机玻璃制成，主要用于画水平线，由相互垂直的尺头和尺身构成，尺身带刻度的一侧为工作边，如图1.2所示。

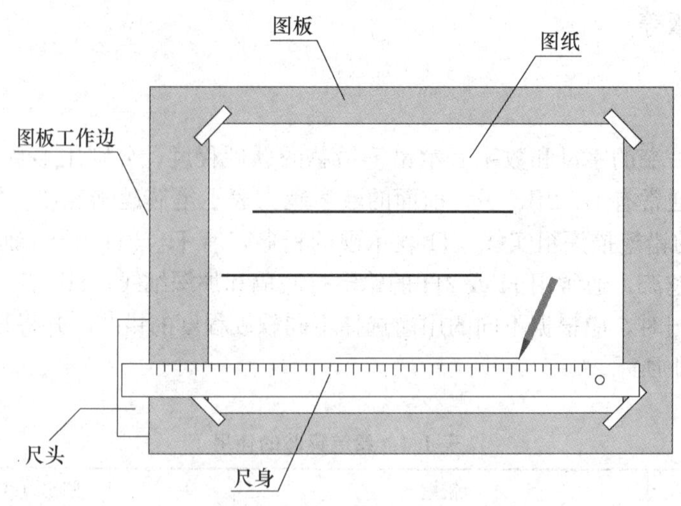

图1.2　图板与丁字尺

画水平线时应自左向右画，笔尖应紧贴尺身，笔杆略向右倾斜。将丁字尺沿图板导边上下移动，可作得一系列相互平行的水平线。丁字尺每次移动位置都要注意尺头是否紧靠图板左侧的工作边。

注意

为保证图线的准确，不允许用丁字尺的下边画线，也不允许把尺头靠在图板的上边、下边或右边来画铅垂线或水平线。

1.1.3 三角板

一副三角板由30°-60°-90°和45°-45°-90°两块组成。三角板与丁字尺配合可画出一系列不同位置的铅垂线，还可画出与水平线成15°倍角的各种倾斜线，如图1.3所示。

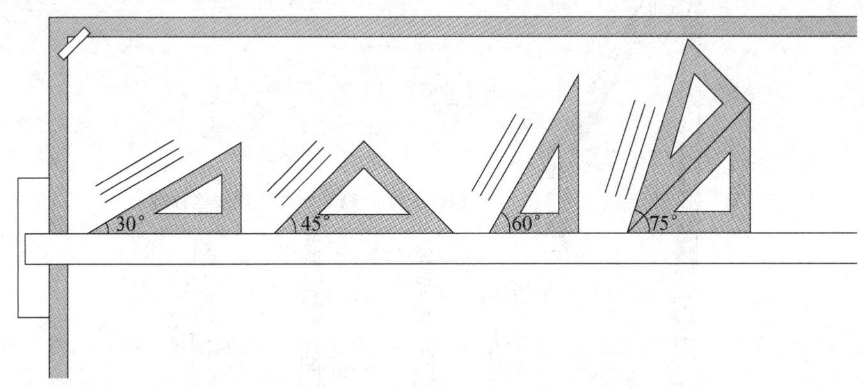

图1.3 三角板与丁字尺画15°倍角斜线

使用三角板画铅垂线时，应使丁字尺尺头靠紧图板的工作边，以免产生滑动，三角板的一直角边紧靠在丁字尺的工作边上，再用一手轻轻按住丁字尺和三角板，一手持铅笔，自下而上画出铅垂线，如图1.4所示。

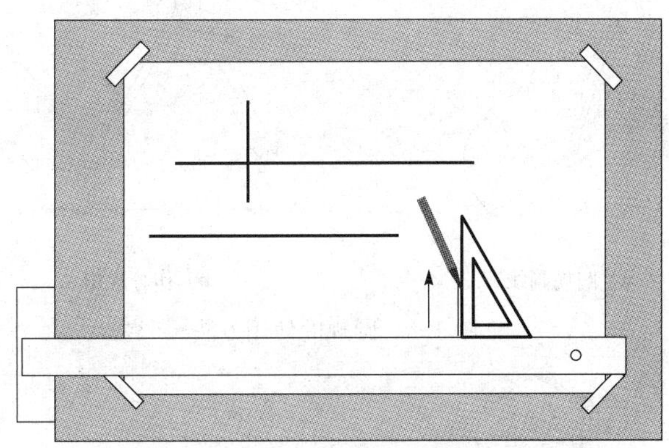

图1.4 三角板和丁字尺画垂直线

1.1.4 圆规和分规

1. 圆规

圆规用于画圆和圆弧，圆规有一条固定腿和一条活动腿。固定腿上装有两端形状不同的钢针，带台阶的一端用于画圆和圆弧时定圆心，可防止图纸上的针孔扩大；圆锥形的一端可作为分规使用。在圆规的活动腿上，可根据需要装上铅笔插脚、墨线笔插脚或钢针插脚，如图 1.5 所示，分别用于画铅笔线的圆、墨线的圆或当作分规使用。活动腿上的肘形关节可向内侧弯折，画圆时，可通过调节肘形关节保持铅芯与纸面垂直，如图 1.6 所示。用铅笔插脚画圆时，应先调整好铅芯与针尖的高低，使针尖略长于铅芯，然后按所规定长度调整针尖与铅芯距离，并调整肘形关节使铅芯与纸面垂直。

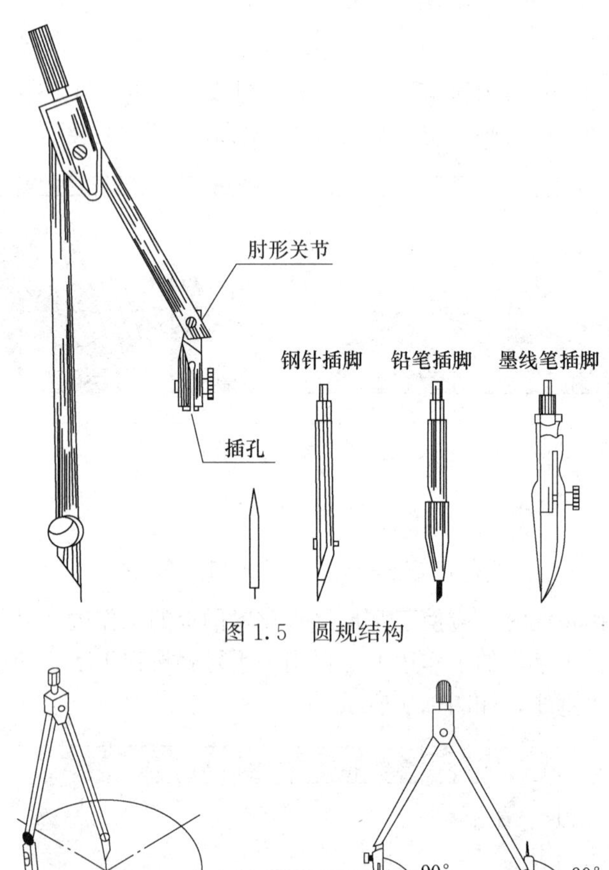

图 1.5　圆规结构

(a) 圆规画线　　(b) 作分规用

图 1.6　圆规的使用方法

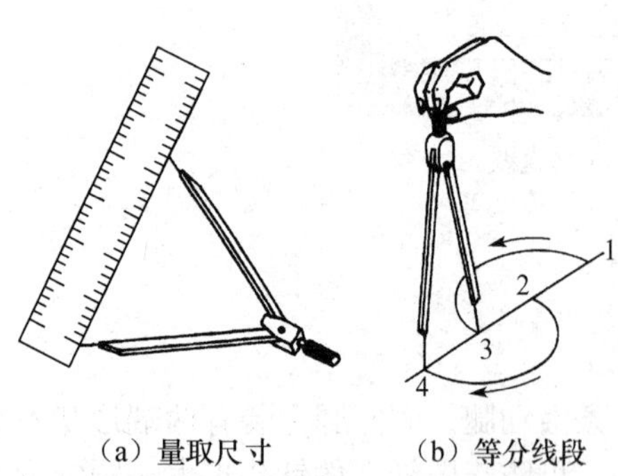

(a) 量取尺寸　　(b) 等分线段

图 1.7　分规的使用方法

2. 分规

分规用于量取尺寸和等分线段，分规两腿的端部均为钢针，注意分规的两腿合拢时，两针尖应对齐。使用方法如图 1.7 所示。

1.1.5　曲线板

曲线板用于绘制光滑的非圆曲线。曲线板的轮廓线是由多段不同曲率半径的曲线所组成。

使用曲线板画曲线时，必须分几次完成。画曲线的步骤如图 1.8 所示。

(1) 将需要连接的各点画出，初步用细线顺次地连接起来，如图 1.8 (a) 所示。

(2) 由曲线上曲率半径较小的部分开始，选择曲线板上曲率适当的部分，逐段描绘，如图 1.8 (b) 所示。

(3) 描下一段时，其前面应有一段与上次所描的线段重复，后面应留一段待第三次再描，如图 1.8 (c) 所示。

(4) 按照上述方法逐段描绘，直到描完曲线为止。

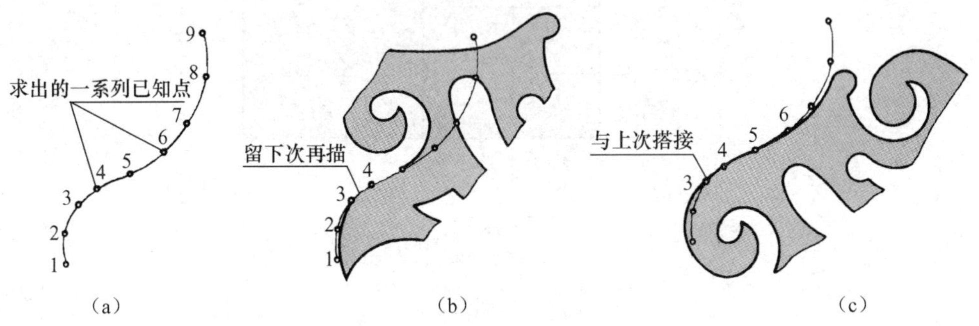

图 1.8　曲线板的使用方法

1.2　基本制图标准

工程图样是设计和施工过程中的重要技术资料和依据，是一种特殊的技术交流语言，为保证工程图样图形准确、图纸清晰，满足生产要求和便于技术交流，绘制工程图样时必须遵循统一的标准，《道路工程制图标准》(GB 50162—1992)(以下简称“国标”)。该标准对图幅、标题栏、图线、字体、比例尺寸标注等内容均做了规定。

1.2.1　图幅

1. 图幅

图幅是指图纸的幅面大小，用图纸的短边×长边 ($b\times l$) 表示。对于一整套的图纸，为了便于装订、保存和合理使用，“国标”对图纸幅面进行了规定，见表 1.2。在选用图幅时，应根据实际情况，以一种规格的图纸为主，尽量避免大小幅面混合使用。

表 1.2　图幅及图框尺寸　　单位：mm

图幅代号 / 尺寸代号	A0	A1	A2	A3	A4
$b\times l$	841×1189	594×841	420×594	297×420	210×297
a	35	35	35	30	25
c	10	10	10	10	10

图纸幅面的长边是短边的$\sqrt{2}$倍，即$l=\sqrt{2}b$，图纸的5种基本幅面中，以A0为全张，图纸幅面大小为$1m^2$，自A1开始依次是前一种幅面大小的一半，如图1.9所示。

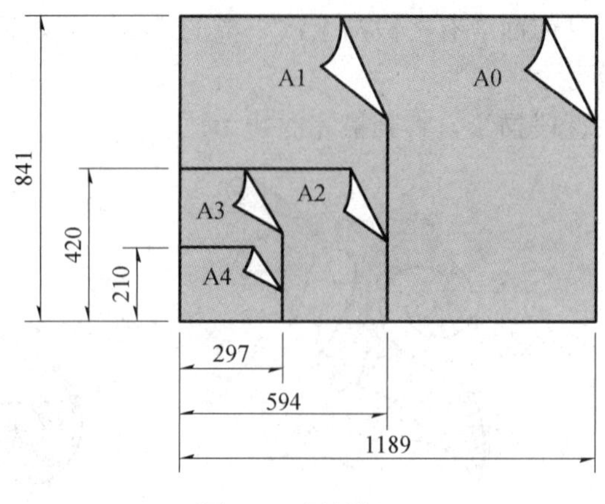

图1.9　图纸幅面

2. 图框

图框用来限制绘图的区域，任何图纸都应画出。不同图幅的图框尺寸如表1.2所示，其中a表示图纸装订边，c表示非装订边，具体代号含义见图1.10。图框线粗细如表1.3所示。

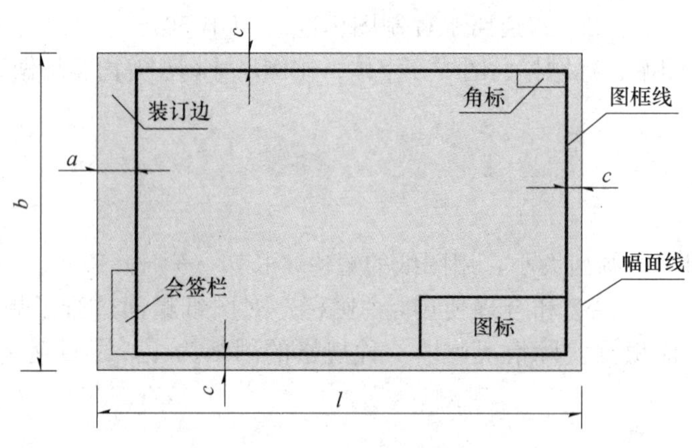

图1.10　图框格式

3. 标题栏

图框线内下方或右下角应绘图纸标题栏，简称图标，用以填写图名、设计制图人姓名、单位名称、图纸编号等重要信息。“国标”规定的格式有3种，如图1.11所示。

“国标”对其线宽也作了相应的规定，如表 1.3 所示。

表 1.3　图框线、标题栏线的宽度　　单位：mm

图幅代号	图框线	标题栏外框线	标题栏分格线
A0、A1	1.4	0.7	0.35
A2、A3、A4	1.0	0.5	0.25

单位名称 工程名 图名 设计 复核 审核 图号 日期 10

60 60 85 15 20 15 20 15 20 15 20 15 20

(a)

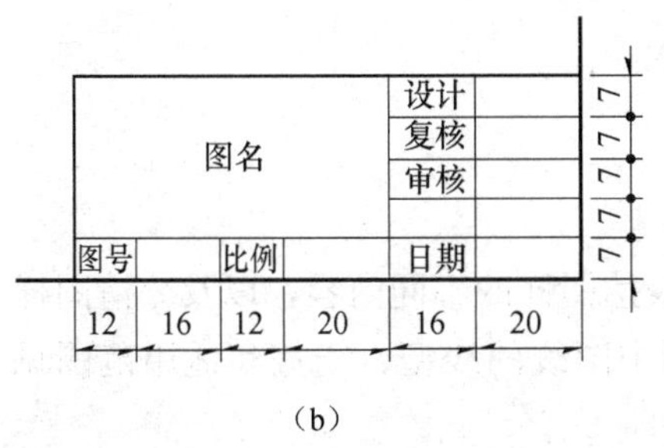

(b)

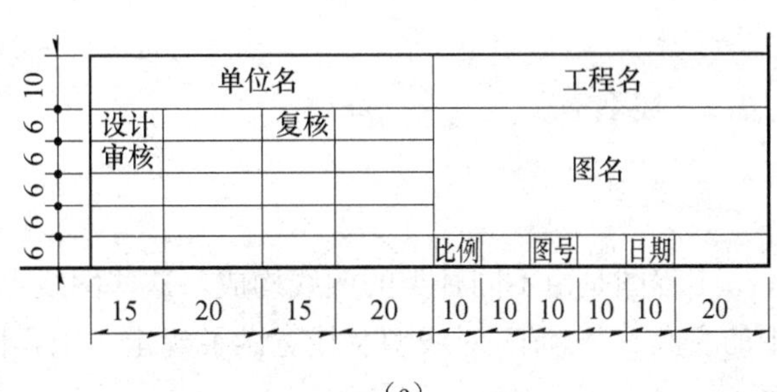

(c)

图 1.11　标题栏格式（尺寸单位：mm）

标题栏的尺寸、格式根据不同的需要有多种规格。学生可采用大型专业用的标题栏，如图 1.12 所示。

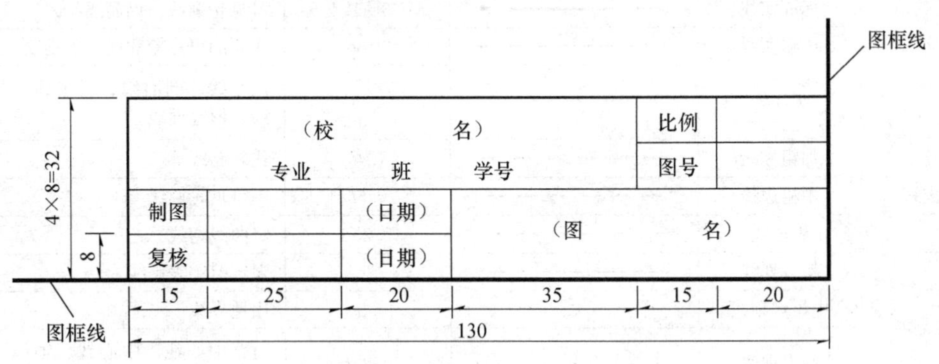

图 1.12　标题栏（尺寸单位：mm）

4. 会签栏和角标

学生在学习期间，会签栏和角标可不设。会签栏一般布置在图框外左下角，外框线线宽为0.5mm，内分格线线宽为0.25mm。当图纸需要绘制角标时，应布置在图框的右上角，角标的线宽宜为0.25mm，如图1.13所示。

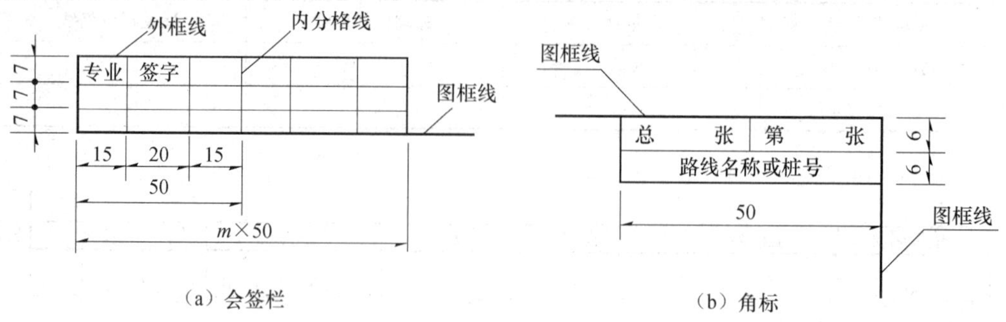

图1.13 会签栏和角标（尺寸单位：mm）

1.2.2 线型

1. 线型

工程图是由不同种类的图线构成，这些图线可表达图样的不同内容，以及分清图样中的主次。“国标”对线型及线宽做了规定，工程图中图线的线型、线宽和适用范围见表1.4。

表1.4 图线的线型、线宽及用途

线型名称		线　型	线　宽	一般用途
实线	加粗实线		(1.4～2.0)b	路线设计线、地平线等
	标准实线		(0.5～1.4)b	可见轮廓线、钢筋线
	中粗实线		0.5b	次要的可见轮廓线、钢筋线
	细实线		0.25b	尺寸线、剖面线、引出线、图例线、原地面线
虚线	加粗虚线		1.4b	比较路线等
	中粗虚线		0.5b	不可见轮廓线
	细虚线		0.25b	竖曲线切线
点划线	粗点划线		b	限定范围表示线
	中粗点划线		0.5b	用地界线
	细点划线		0.25b	道路中心线、中心线、轴线、对称线
双点划线	粗双点划线		b	规划红线
	中粗双点划线		0.5b	假想轮廓线
	细双点划线		0.25b	规划道路中线
波浪线			0.25b	断开界线
折断线			0.25b	断开界线

图线的宽度应根据所绘工程图的复杂程度及比例大小，从下列规定的线宽（mm）系列中选取：0.13、0.18、0.25、0.35、0.5、0.7、1.0、1.4、2.0。每个图样一般使用3种线宽，即粗线、中粗线和细线，比例规定为b∶0.5b∶0.25b。绘图时，应根据图样的不同情况，选用表1.5所示的线宽组合。

表1.5　线宽组合

线宽比	线宽组/mm				
b	1.4	1.0	0.7	0.5	0.35
0.5b	0.7	0.5	0.35	0.25	0.25
0.25b	0.35	0.25	0.18	0.13	0.13

2. 线型的规定画法

（1）同一张图纸上同类图线的宽度应基本一致。虚线、点划线的线段长度和间隔应大致相等。

（2）点划线的两端应为线段，点划线超出轮廓线3～5mm。

（3）各类图线相交时，应在线段处交接，如图1.14（a）所示。如当虚线和虚线或

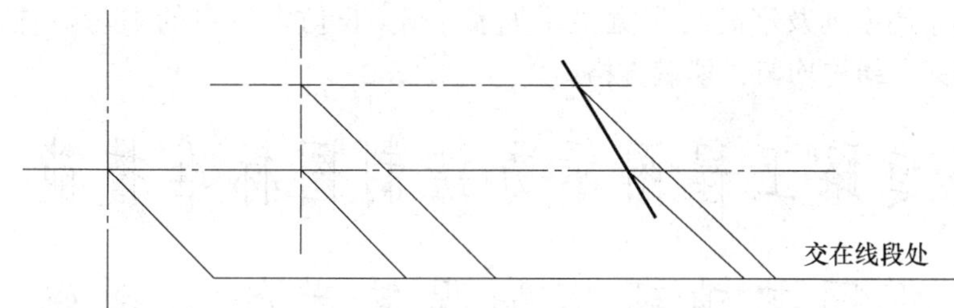

（a）各类图线相交

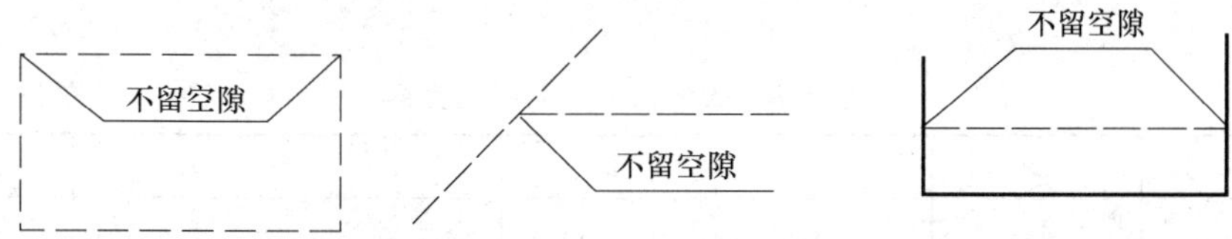

（b）虚线和虚线或实线相交

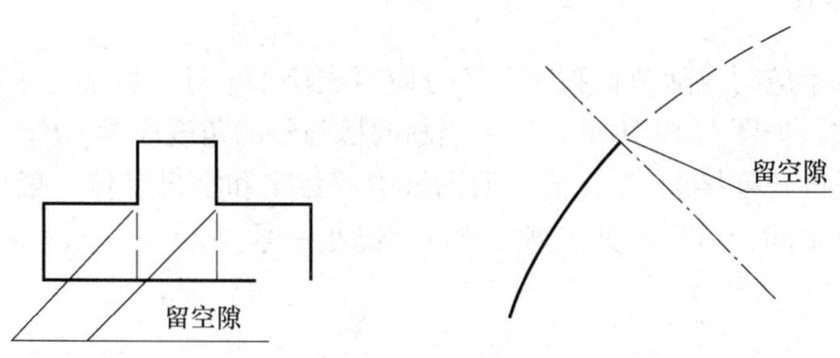

（c）实线延长线为虚线

图1.14　图线相交的画法

虚线与实线相交时，在交点处不留空隙，交于短线处，如图1.14（b）所示。但当实线的延长线为虚线时，应在交点处留空隙，如图1.14（c）所示。

（4）当图线与文字或数字重叠时，应断开图线，保证文字或数字的清晰。

1.2.3 字体

文字、数字、字母和符号是工程图的重要组成部分。若字体潦草，不仅会影响图面的整洁美观，而且会导致辨认困难或引起读图错误，造成工程事故，给国家和社会带来巨大损失。因此，要求字体端正、笔画清晰、排列整齐、标点符号清楚正确，而且要求采用规定的字体、规定的大小。

1. 汉字

“国标”规定道路工程图中的汉字应采用长仿宋体字，又称工程字，并采用国家正式公布的简化字。除有特殊要求外，不得采用繁体字。汉字高宽比为3∶2，如图1.15所示。字体的高度即为字号，如10、7、5号字，说明它们的字高分别是10mm、7mm和5mm，汉字书写要求采用从左向右、横向书写的格式，且汉字高度不宜小于3.5mm。其字高系列及字高与字宽关系见表1.6。长仿宋体字的书写要领是：横平竖直、起落有锋、结构均匀、填满方格。

道路工程图示方法制图标准技能

巩固基础理论加强基本知识训练

图1.15 长仿宋体字示例

表1.6 长仿宋体字的高宽关系　　单位：mm

字高（即字号）	20	14	10	7	5	3.5
字宽	14	10	7	5	3.5	2.5

2. 数字和字母

图纸中的数字应写成阿拉伯数字，字母应写成拉丁字母。数字与字母的字体有直体和斜体两种形式，如图1.16所示。直体笔画的横与竖的角度应为90°；斜体的字头向右倾斜，与水平线的角度接近75°。同一册图纸中的数字和字母字体一般应保持一致，数字与字母若与汉字同行书写，其字高应比汉字高小一号。

1.2.4 比例

图样中图形与实物相应线性尺寸之比，称为比例。比例大小即为比值大小，如1∶50大于1∶100。

图1.16 数字、字母示例

绘图比例的选择，应根据图面布置合理、匀称、美观的原则，按图形大小及图面复杂程度确定，一般优先选用表1.7中的常用比例。

表1.7 绘图所用的比例

常用比例	1∶1	1∶2	1∶5	1∶10	1∶20	1∶50
	1∶100	1∶200	1∶500	1∶1000		
	1∶2000	1∶5000	1∶10000	1∶20000		
	1∶50000	1∶100000	1∶200000			
可用比例	1∶3	1∶15	1∶25	1∶30	1∶40	1∶60
	1∶150	1∶250	1∶300	1∶400	1∶600	
	1∶1500	1∶2500	1∶3000	1∶4000		
	1∶6000	1∶15000	1∶30000			

比例应采用阿拉伯数字表示，同一张图纸中各图比例相同时，注写在图标的“比例”栏内，也可以在图纸中适当位置采用比例尺标注；当同一张图纸中各图的比例不同时，则标注在各自图名的下方或右侧，字高比图名字体小一号或二号，如图1.17所示。当需要竖直方向与水平方向采用不同的比例时，可以用V表示竖直方向比例，用H表示水平方向比例。

A—A
1:10

I—I 1:10

H 0 50 100m
V 0 5 10m

图1.17 比例的注写

注意

当采用一定比例画图时，图样上标注的尺寸数字一律表示结构物的真实大小，即实际尺寸，而与所采用的比例及绘图的准确度无关，如图1.18所示。

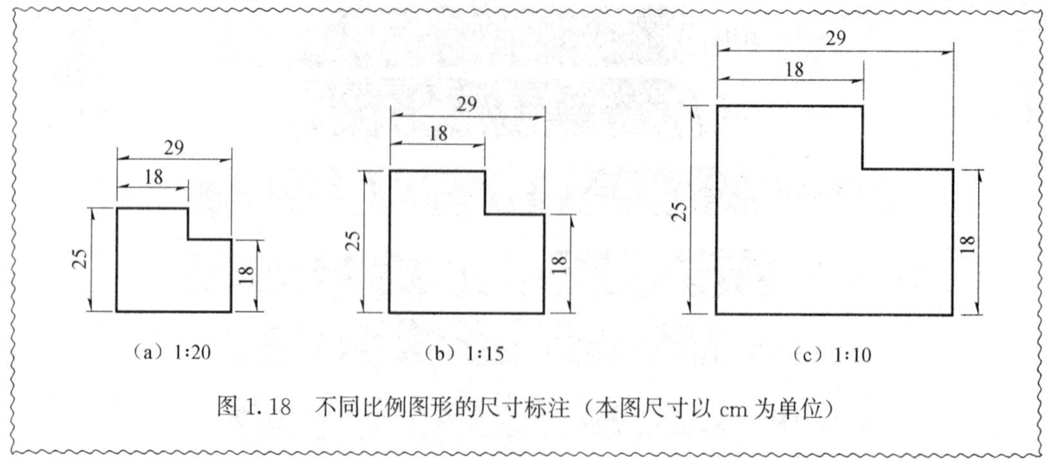

图 1.18　不同比例图形的尺寸标注（本图尺寸以 cm 为单位）

1.2.5　尺寸标注

工程图上除了要表达物体的结构形状外，还必须准确、完整、清晰地标注出物体的实际大小，以作为施工依据。因此，尺寸标注是工程图必不可少的组成部分。

在道路工程图中，线路的里程桩号以 km 为单位；标高、坡长和曲线要素均以 m 为单位；钢筋和钢材断面尺寸以 mm 为单位，其他一般都是以 cm 为单位。图上尺寸数字之后不必注写单位，但在注解及技术要求中要注明尺寸单位。

1. 尺寸标注的组成

尺寸标注由尺寸线、尺寸界线、尺寸起止符和尺寸数字四部分组成，如图 1.19 所示。

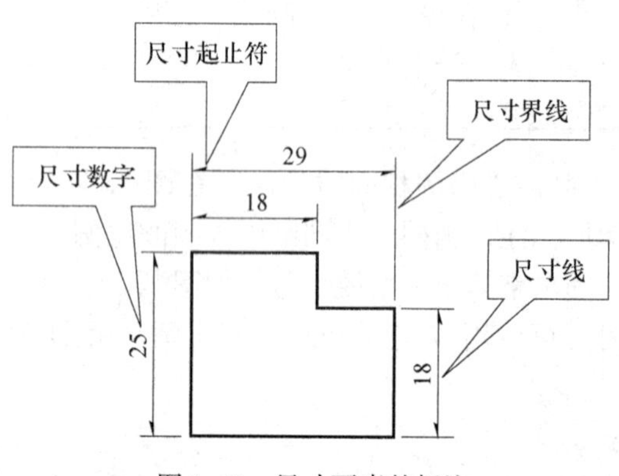

图 1.19　尺寸要素的标注

(1) 尺寸线。尺寸线用细实线绘制，应与被标注长度平行，且不应超出尺寸界线，任何图线都不能作为尺寸线。相互平行的尺寸线应从被标注的轮廓线由近向远排列，并且小尺寸在内，大尺寸在外。所有平行尺寸线间的间距一般在 5～15mm，同一张图纸上这种间距应当保持一致。

(2) 尺寸界线。用以表示所注尺寸的范围，用细实线绘制，由一对垂直于被标注长度的平行线组成，其间距等于被标注线段的长度；当标注困难时，也可不垂直于被标注长度，但尺寸界线应相互平行。尺寸界线一端应离开所标注图样轮廓线不小于 2mm，另一端宜超出尺寸线 1～3mm。图形轮廓线、中心线也可作为尺寸界线。

(3) 尺寸起止符。尺寸线与尺寸界线的相交起止点上应画尺寸起止符号。尺寸起止符号宜采用单边箭头表示，箭头在尺寸界线的右边时，应标注在尺寸线之上；反之，应标注在尺寸线之下。箭头大小可按绘图比例取值。尺寸起止符也可采用中粗斜短线表示，把尺寸界线顺时针转 45°，作为斜短线的倾斜方向，且长度为 2～3mm。同一张图

纸上应采用同一种尺寸起止符。在连续标注的小尺寸中，也可在尺寸界线同一水平的位置，用黑圆点表示中间部分的尺寸起止符。

(4) 尺寸数字。尺寸数字应按规定的字体书写，字高一般是 3.5mm 或 2.5mm。尺寸数字一般标注在尺寸线上方中部，离尺寸线应不大于 1mm。水平尺寸字头朝上，垂直尺寸字头朝左，倾斜尺寸的尺寸数字都应保持字头仍有朝上趋势。同一张图纸上，尺寸数字的大小应相同。

当没有足够的标注位置时，可采用反向箭头，最外边的尺寸数字可标注写在尺寸界线外侧箭头的上方，中间相邻的尺寸数字可错开标注，也可引出标注。尺寸均应标注在图样轮廓线以外，任何图线不得穿过尺寸数字，当不可避免时，应将尺寸数字处图线断开。

2. 一般尺寸标注规定

1）线性尺寸标注

同一方向相邻尺寸应尽量排列在一条直线上，互相平行的尺寸线，应将小尺寸标注在内，大尺寸标注在外，如图 1.20 所示。

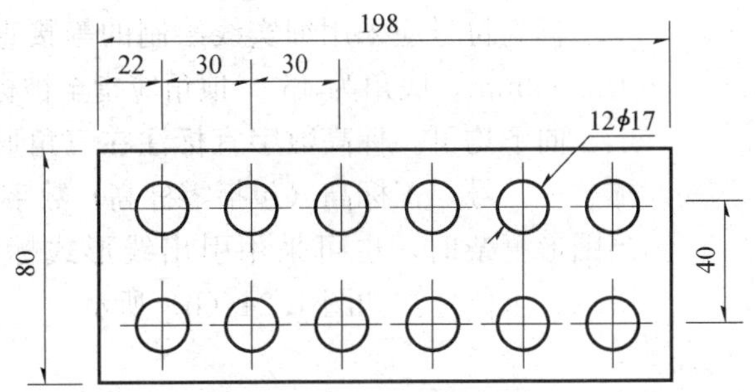

图 1.20　线性尺寸标注

2）圆和圆弧标注

半径与直径可按图 1.21（a）标注。当圆的直径较小时，半径与直径可按图 1.21（b）标注；当圆的直径较大时，半径尺寸的起点可不从圆心开始，如图 1.21（c）所示。半径和直径的尺寸数字前应标注“r（R)”或“ϕ（d、D)”，如图 1.21 所示。

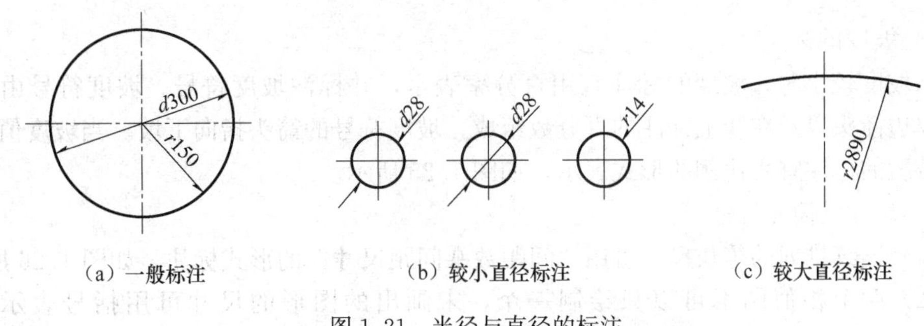

图 1.21　半径与直径的标注

圆弧尺寸标注如图 1.22（a）所示。当弧长分为数段标注时，尺寸界线可沿径向引出，如图1.22（b）所示；弦长的尺寸界线应垂直该圆弧的弦，如图1.22（c）所示。

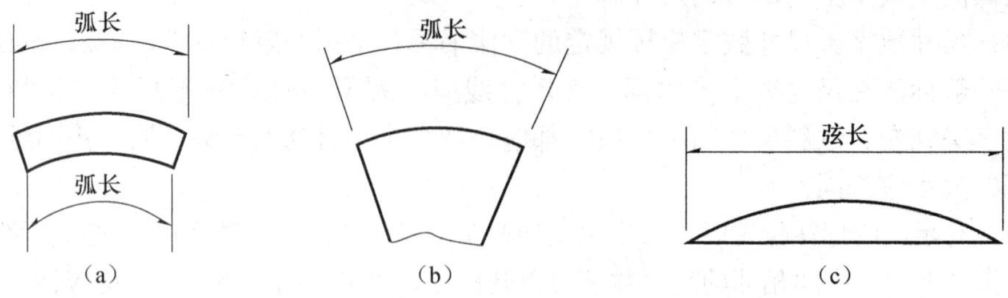

图1.22　弧、弦的尺寸标注

3）角度标注

角度尺寸线应以圆弧表示，角的两边为尺寸界线，角度数值写在尺寸线上方中部。当角度太小时，可将尺寸线标注在角的两条边的外侧，角度数字按图1.23标注。

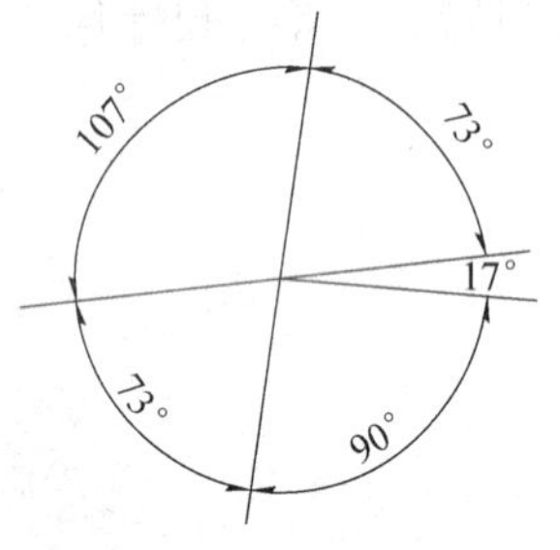

图1.23　角度标注

4）标高标注

标高符号应采用细实线绘制的等腰直角三角形表示，高为2～3mm，底角为45°。顶角应指至被标注的高度，顶角向上、向下均可。标高数字宜标注在三角形的右边，负标高应标“－”号，正标高（包括零标高）数字前可不标“＋”号。当图形复杂时，也可采用引出线形式标注，如图1.24（a）所示，水位标注如图1.24（b）所示。

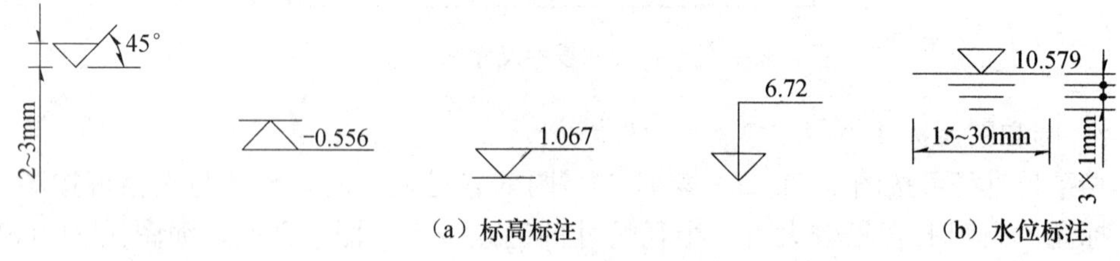

图1.24　标高与水位标注

5）坡度的标注

当坡度较小时，坡度的标注宜用百分率表示，并标注坡度符号。坡度符号由细实线、单边箭头以及在线上标注的百分数组成，坡度符号的箭头指向下坡。当坡度值较大时，坡度的标注宜用比例的形式表示，如图1.25所示。

6）尺寸的简化标注

（1）连续排列的等长尺寸可用“间距数乘间距尺寸”的形式标注。如图1.26所示。

（2）两个相似图形可以只绘制一个，未画出的图形的尺寸可用括号表示，如图1.26所示。如果有多个相似图形，当尺寸数值不同时，可用字母表示，其尺寸数值应在图幅中适当位置表示，如图1.26所示。

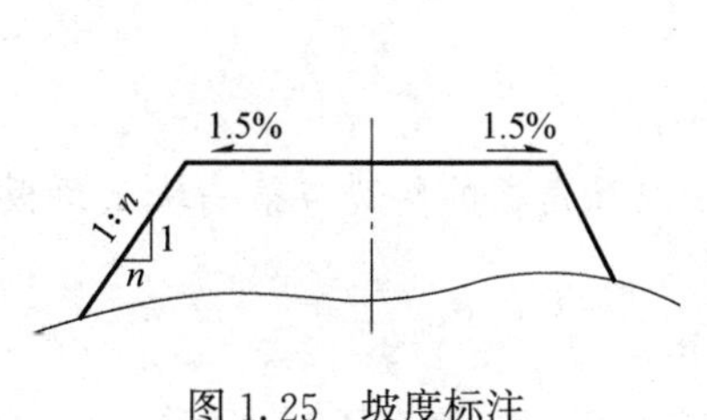

图 1.25 坡度标注

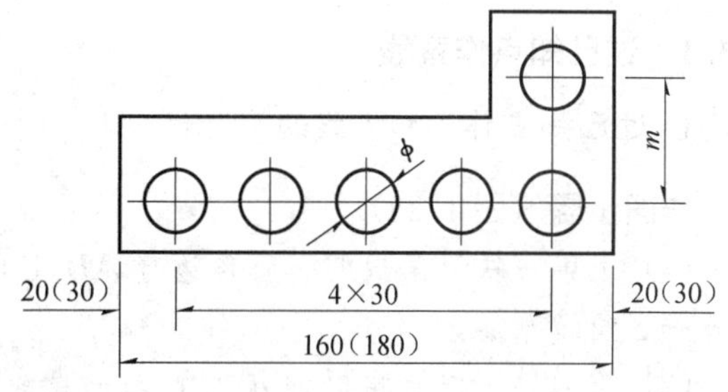

图 1.26 尺寸简化标注

1.2.6 坐标

为了表示地区的方位和路线走向，地形图上需画出指北针或坐标网格。图纸上指北针标志的绘制如图 1.27（a）所示，圆的直径应为 24mm，指针尾部的宽度为 3mm，需要较大直径绘制指北针时，指针尾部宽度为直径的 1/8。

为确定平面位置也可用网格表示坐标，坐标网格应用细实线绘制，南北方向轴线代号为 X 轴，向北为坐标增大方向；东西轴线代号为 Y 轴，向东为坐标增大方向，如图 1.27（b）所示。

坐标数值的计量单位应采用 m，并精确到小数点后 3 位。当坐标值位数较多时，可将前面相同的数字省略，但应在图纸中说明。

例：$\frac{X460.405}{Y310.750}$表示该点距坐标原点向北 460.405m，向东 310.750m。

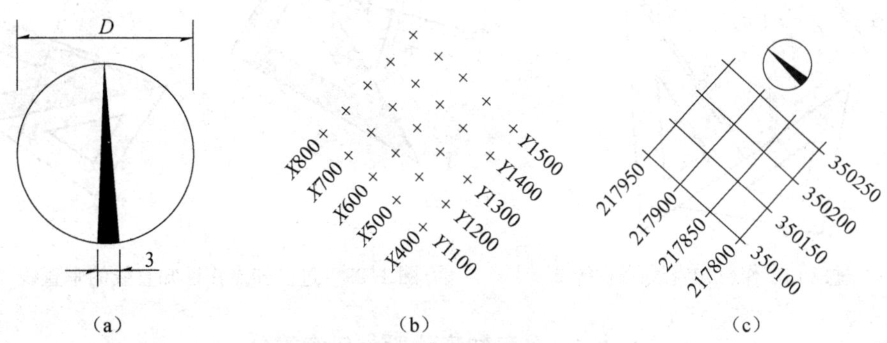

图 1.27 指北针及坐标网格的绘制

1.3 几何作图

工程构造物的形状、材质虽然多种多样，但图样基本上是由直线、圆弧及非圆曲线构成的几何图形。因此，只有熟练掌握这些几何图形的作图方法和技巧，才能准确、迅速地绘制图样，并提高作图效率和图面质量。下面介绍几种常用的作图方法。

1.3.1 过已知点作直线

1. 过已知点作已知直线的平行线

作图步骤（图 1.28）

（1）用第一块三角板的一直角边与 AB 重合，另一块三角板的斜边与第一块三角板的另一直角边紧靠。

（2）推动第一块三角板至 K 点，画一直线即为所求。

2. 过已知点作已知直线的垂直线

作图步骤（图 1.29）

（1）先使第一块三角板的一直角边与 AB 重合，再使其斜边紧靠另一三角板的斜边，如图 1.29（a）所示。

（2）推动第一块三角板，使其另一直角边至 K 点，画一直线，即为所求，如图 1.29（b）所示。

思考

试分析图 1.29（b）的作图步骤。

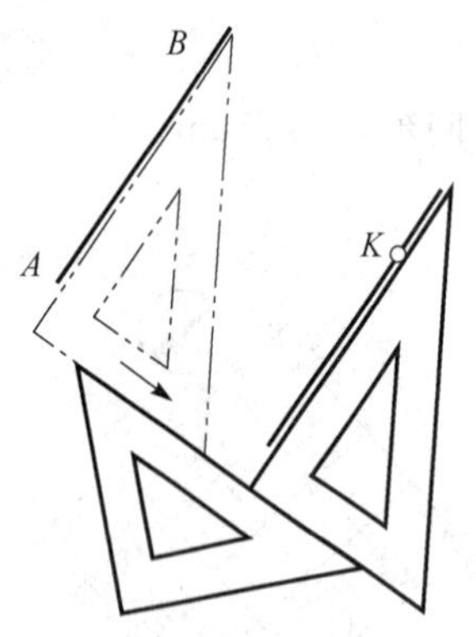

图 1.28 过已知点作已知直线的平行线

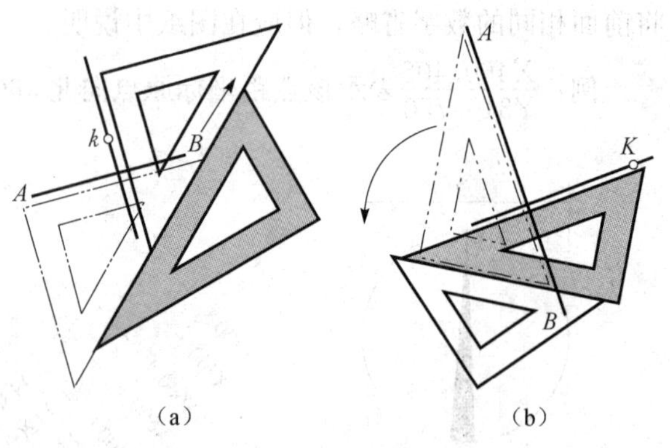

图 1.29 过已知点作已知直线的垂直线

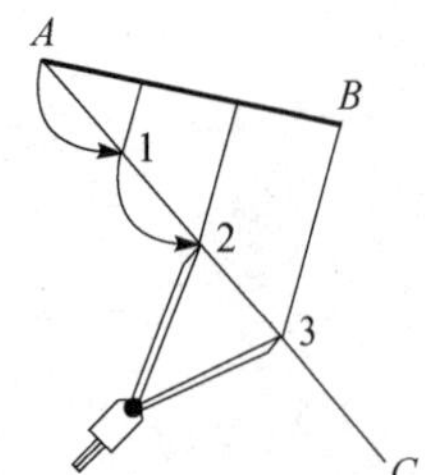

图 1.30 平行线法等分线段

1.3.2 分已知直线段为任意等分

将已知线段 AB 三等分，如图 1.30 所示。

作图步骤

过 A 点作任意斜线 AC，并在 AC 线上用分规做三等分，自点 3 作直线连接点 B，再分别过点 2、1 作 B3 的平行线交于 AB，即将 AB 线段三等分。

1.3.3 分两平行线间的距离为任意等分

已知平行线 AB 和 CD，分其间距为任意等分，如图 1.31（a）所示。

作图步骤

(1) 将直尺上刻度的0点固定在 CD 上，并以0为圆心摆动直尺，使刻度的6点落在 AB 上，沿1、2、3、4、5各点作标记，如图1.31(b)所示。

(2) 过各分点作 AB（或 CD）的平行线即为所求，如图1.31(c)所示。

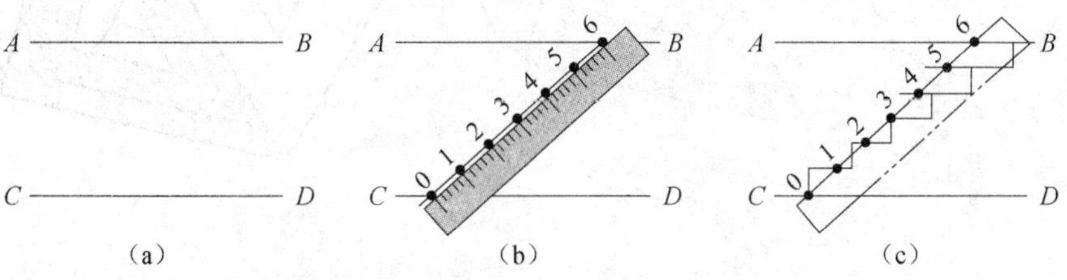

图1.31　等分两平行线间的距离

1.3.4　过已知三点作圆

已知点 A、B、C，求作圆过 A、B、C 三点，如图1.32(a)所示。

作图步骤

(1) 连 AB 和 BC（或 AC），分别作出它们的垂直平分线，得交点 O，如图1.32(b)所示。

(2) 以点 O 为圆心，OA 为半径，作一圆，该圆必通过 B、C 两点，即为所求，如图1.32(c)所示。

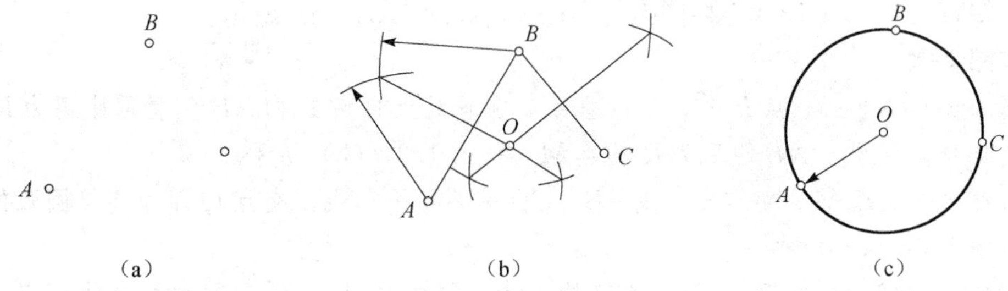

图1.32　过已知三点作圆

1.3.5　过圆外一点作已知圆的切线

已知圆 O 和圆外一点 A，如图1.33(a)所示。

作图步骤

(1) 目估使第一块三角板的一直角边通过已知点 A，并与圆相切，如图1.33(b)所示。

(2) 将第二块三角板的斜边紧靠第一块三角板的斜边，使它固定不动，将第一块三角板沿着接触边移动，使其另一直角边通过圆心 O，与圆周相交得切点 B。将切点 B 与 A 点连线，即为所求，如图1.33(c)所示。

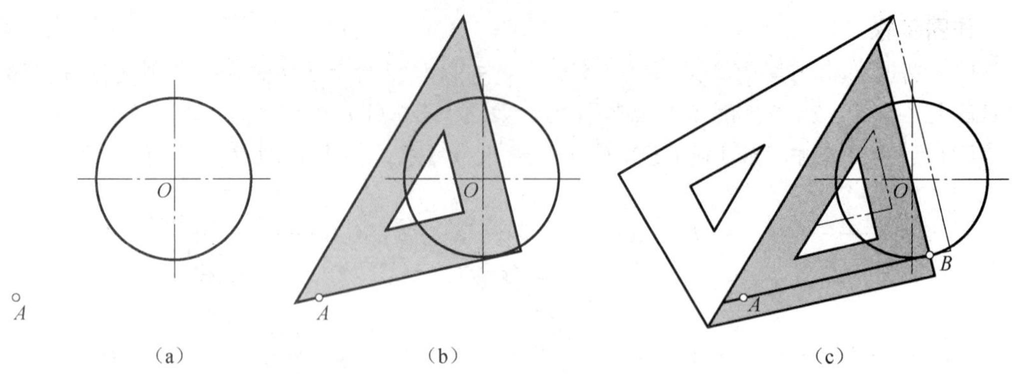

图 1.33 过圆外一点作已知圆的切线

1.3.6 圆弧连接

道路工程图中，经常需要绘制圆弧与直线连接或圆弧与圆弧连接，如道路的平面曲线、涵洞的洞口、隧道的洞门等。道路的平面交叉路口图，就是用圆弧与直线连接而成的。

提示

圆弧连接的形式比较多，其关键是根据已知条件，确定连接圆弧的圆心和切点。

1. 圆弧连接两直线

已知直线 AB、CD 和连接圆弧的半径 R，如图 1.34（a）所示。

作图步骤

（1）过 CD 上任一点 P 作 CD 的垂线，在垂线上自点 P 向 AB 侧量取距离为 R 的点 N，同理，量出与 AB 距离为 R 的点 M，如图 1.34（b）所示。

（2）分别过点 M、N 作出直线 AB、CD 的两条平行线，交点 O 即为连接圆弧的圆心，如图 1.34（c）所示。

（3）过点 O 分别做直线 AB、CD 的垂线，得垂足 T_1、T_2，即为所求的切点，如图 1.34（d）所示。

（4）以 O 为圆心，R 为半径，作圆弧即为所求。

（5）检查、加粗。

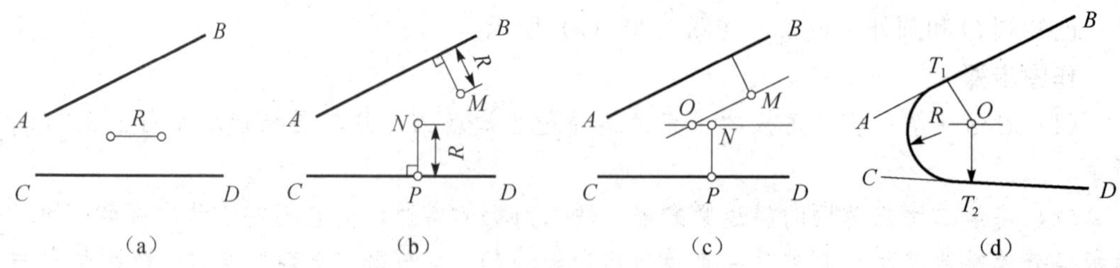

图 1.34 圆弧连接两直线

2. 圆弧连接直线和圆弧

已知直线 AB 及以 O 为圆心、R_1 为半径的圆弧，连接圆弧的半径 R，如图 1.35 (a) 所示。

作图步骤

(1) 以 O 为圆心，R_1+R 为半径，作圆弧，并作 AB 的平行线，使其间距为 R，平行线与半径为 R_1+R 的圆弧交于 O_1 点，如图 1.35 (b) 所示。

(2) 连接 OO_1 与已知圆弧交于 T_1，过 O_1 作 AB 的垂线得垂足 T_2，T_1 和 T_2 即为切点，如图 1.35 (c) 所示。

(3) 以 O_1 为圆心，R 为半径，作圆弧即为所求，如图 1.35 (d) 所示。

(4) 检查、加粗。

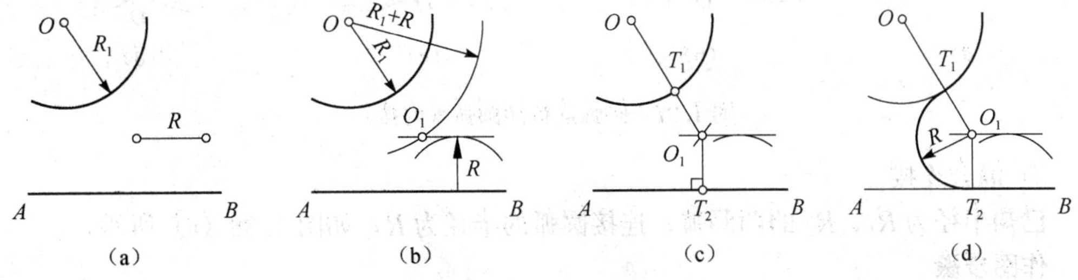

图 1.35　圆弧连接直线和圆弧

3. 圆弧连接两圆弧

1) 外接

已知半径为 R_1 和 R_2 的两圆弧，连接圆弧的半径为 R，如图 1.36 (a) 所示。

作图步骤

(1) 以 O_1 为圆心，R_1+R 为半径，作圆弧；以 O_2 为圆心，R_2+R 为半径，作圆弧，两圆弧相交于 O，O 即为所求的圆心，如图 1.36 (b) 所示。

(2) 连接 OO_1 和 OO_2，分别交两个已知圆弧于点 A、B，A、B 即为所求切点，如图 1.36 (c) 所示。

(3) 以 O 为圆心，R 为半径，作圆弧 AB 即为所求，如图 1.36 (d) 所示。

(4) 检查、加粗。

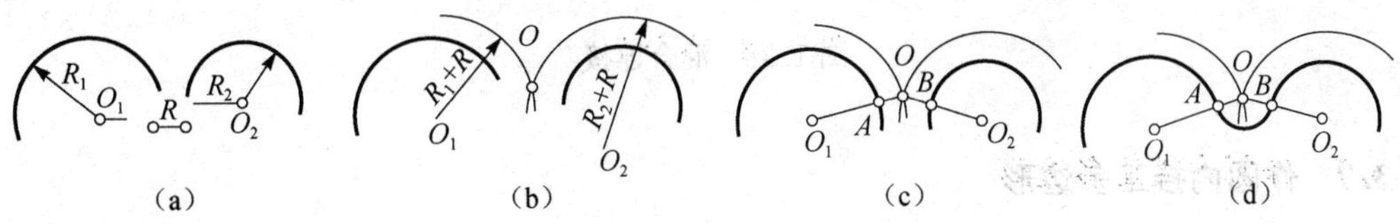

图 1.36　圆弧连接两圆弧（外接）

2) 内接

已知半径为 R_1 和 R_2 的两圆弧，连接圆弧的半径为 R，如图 1.37 (a) 所示。

作图步骤

(1) 以 O_1 为圆心，$R-R_1$ 为半径，作圆弧；以 O_2 为圆心，$R-R_2$ 为半径，作圆弧，两圆弧相交于 O 点，O 即为所求圆心，如图 1.37 (b) 所示。

(2) 连接 OO_1 和 OO_2，并延长交两已知圆弧于点 A、B，A、B 即为所求切点，如图 1.37 (c) 所示。

(3) 以 O 为圆心，R 为半径，作圆弧 AB 即为所求，如图 1.37 (d) 所示。

(4) 检查、加粗。

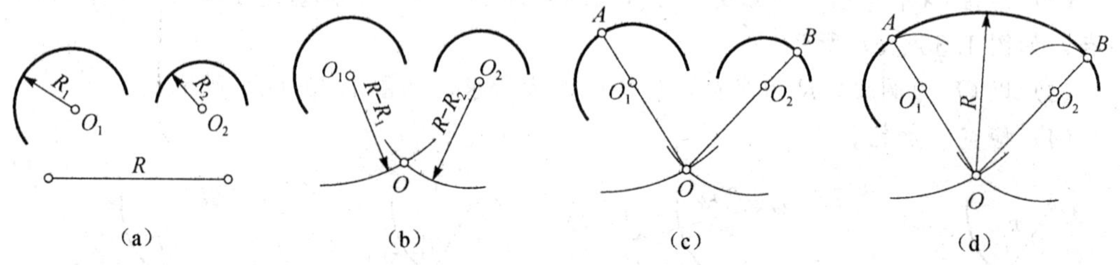

图 1.37 圆弧连接两圆弧（内接）

3) 混合连接

已知半径为 R_1、R_2 的两圆弧，连接圆弧的半径为 R，如图 1.38 (a) 所示。

作图步骤

(1) 以 O_1 为圆心，R_1+R 为半径，作圆弧；以 O_2 为圆心，R_2-R 为半径，作圆弧；两圆弧相交于 O 点，O 点即为所求圆心，如图 1.38 (b) 所示。

(2) 连接 OO_1 与以 R_1 为半径的圆弧交于点 A；连接 OO_2 并延长，与以 R_2 为半径的圆弧交于点 B，A、B 即为所求切点，如图 1.38 (c) 所示。

(3) 以 O 为圆心，R 为半径，作圆弧 AB 即为所求，如图 1.38 (d) 所示。

(4) 检查、加粗。

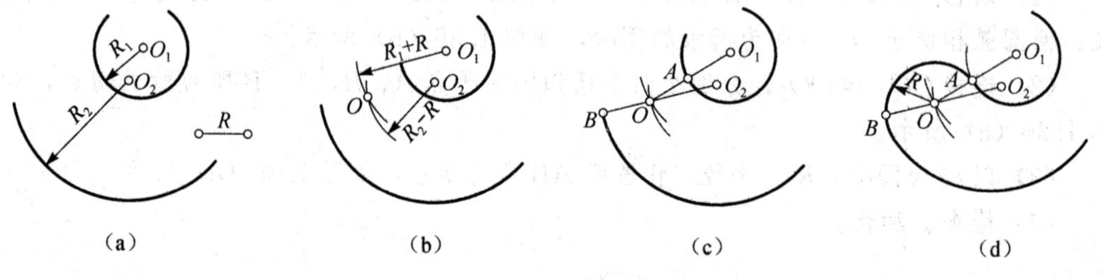

图 1.38 混合连接

1.3.7 作圆内接正多边形

1. 作圆内接正五边形

作图步骤

(1) 先平分已知外接圆的半径 OA，得平分点 B，如图 1.39 (a) 所示。

（2）以 B 为圆心，$B1$ 为半径作弧交 BO 延线于 C，弦 $C1$ 即为五边形的边长，如图 1.39（b）所示。

（3）以 1 为圆心，以 $C1$ 为半径，得 2、5 两点，如图 1.39（c）所示。

（4）分别以 2、5 为圆心，以 $C1$ 为半径在圆弧上截取 3、4 两点。顺次连接各点，即得正五边形，如图 1.39（d）所示。

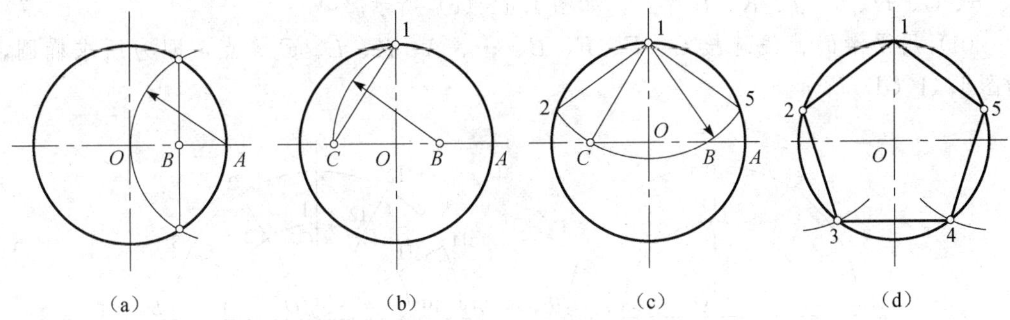

图 1.39　已知外接圆做正五边形

2. 作圆内接正多边形（以正七边形为例）

作图步骤

（1）先将已知外接圆的直径 AB 7 等分，如图 1.40（a）所示。

（2）以 B 为圆心，AB 为半径，画圆弧与 DC 延线相交于 E，再自 E 引直线与 AB 上每隔一分点（如 2、4、6）连接，并延长与圆周交于 F、G、H 等点，如图 1.40（b）所示。

（3）作出 F、G、H 的对称点 K、J、I，顺次连接 F、G、H、I、J、K、A 等点，即得正七边形，如图 1.40（c）所示。

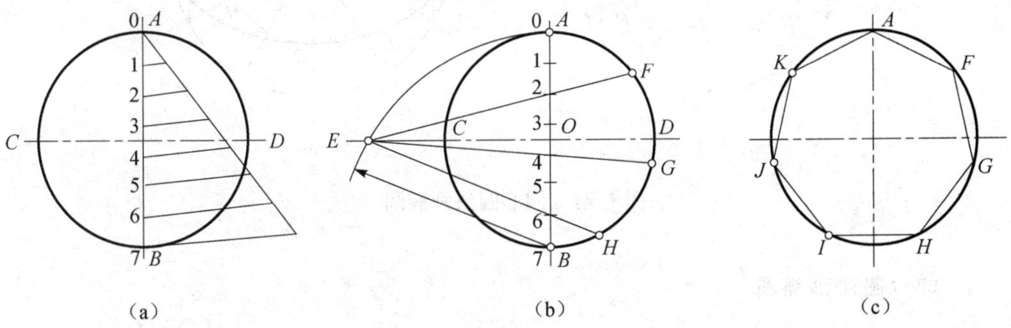

图 1.40　圆内接任意正多边形

1.3.8　椭圆画法

1. 同心圆法画椭圆

已知椭圆长轴 AB 和短轴 CD，求作椭圆。

作图步骤

(1) 以 O 为圆心，分别以 AB 和 CD 为直径画同心圆，如图 1.41 (a) 所示。

(2) 分圆为若干等分（如 12 等分），得 1、2、…、12 和 1′、2′、…、12′等点，如图 1.41 (b) 所示。

(3) 过大圆上各点引 CD 平行线，过小圆上各点引 AB 的平行线，各对应引线交于 E、F、G、H、I、J、K、L 等点，如图 1.41 (c) 所示。

(4) 用平滑的曲线连接 C、E、F、B、…、A、K、L、C 等点，即为所求椭圆，如图 1.41 (d) 所示。

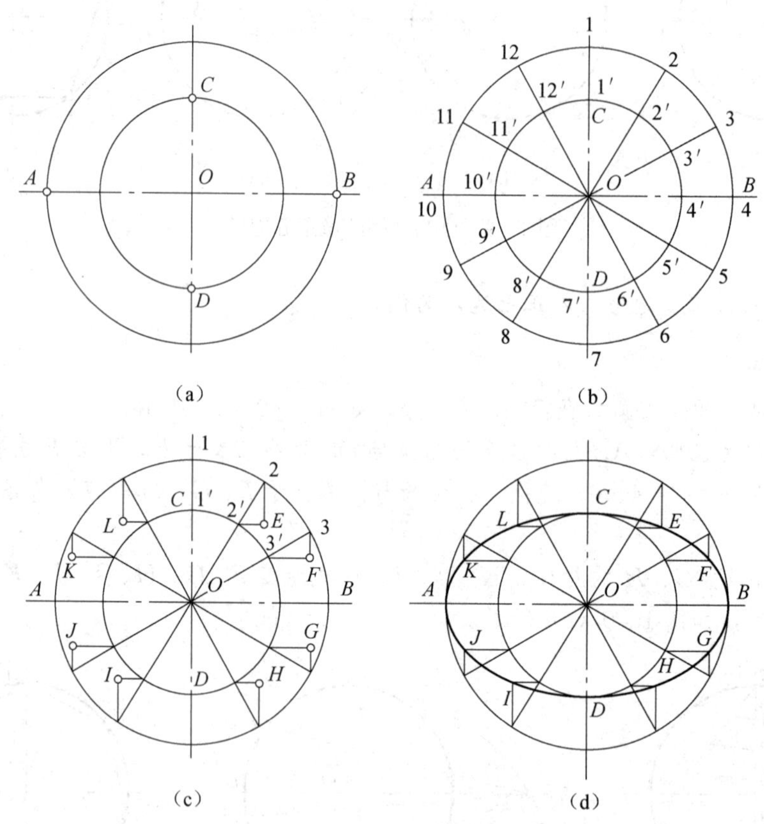

图 1.41　同心圆法画椭圆

2. 四心圆法画椭圆

已知椭圆长轴 AB 和短轴 CD，求作椭圆，如图 1.42 (a) 所示。

作图步骤

(1) 以 O 为圆心，OA（或 OB）为半径作圆弧，交 DC 延线于 E；又以 C 为圆心，CE 为半径，作圆弧交 AC 于 F，如图 1.42 (b) 所示。

(2) 作 AF 的垂直平分线，交长轴 AB 于 O_1，交短轴 CD 于 O_4，如图 1.42 (c) 所示。

(3) 量出 O_1 和 O_4 的对称点 O_2 和 O_3，并将 O_1、O_2、O_3 和 O_4 两两连接，如图 1.42 (d) 所示。

(4) 分别以点 O_3、O_4 为圆心，O_4C（或 O_3D）为半径，作圆弧 $\overset{\frown}{T_1T_2}$ 和 $\overset{\frown}{T_3T_4}$，如图 1.42 (e) 所示。

(5) 分别以 O_1、O_2 为圆心，O_1A（或 O_2B）为半径，作圆弧 $\overset{\frown}{T_3T_1}$ 和 $\overset{\frown}{T_2T_4}$，即得所求的近似椭圆，如图 1.42 (f) 所示。

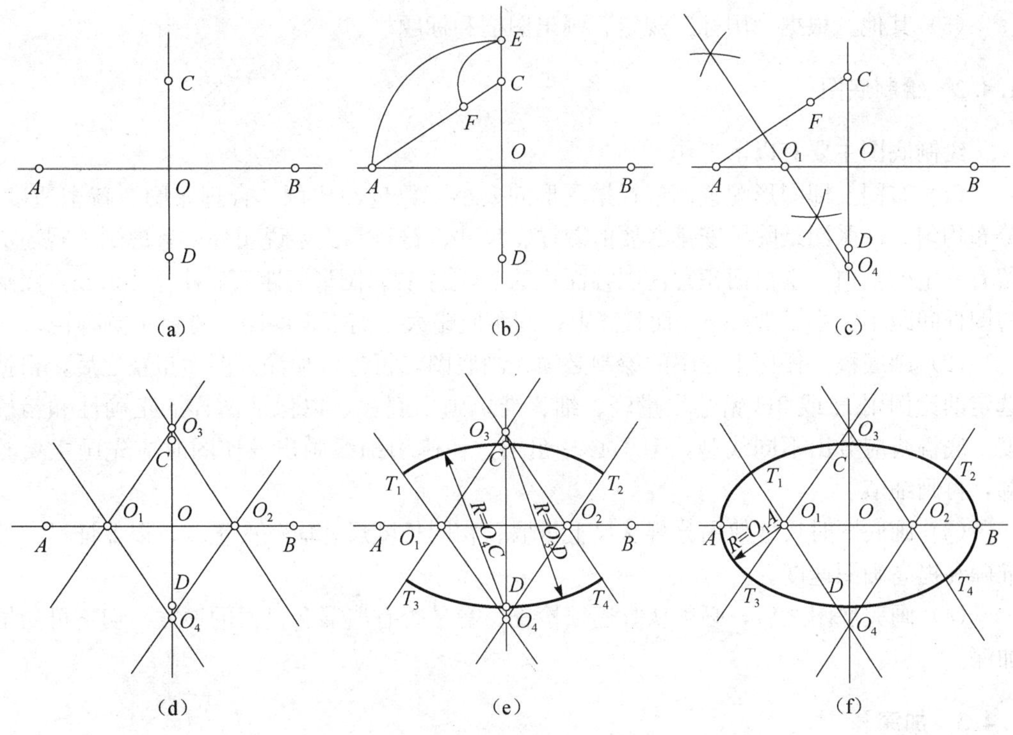

图 1.42　四心圆法画椭圆

1.4　制图的步骤与方法

工程图复杂多样，绘制的图样应做到尺寸齐全、字体工整、图面整洁、符合“国标”，因此必须从一开始就严格要求，加强平时基本功的训练，掌握正确的绘图步骤和方法，力求作图准确、迅速、美观。

1.4.1　绘图的准备工作

绘图前的准备工作如下。

(1) 安排合适的绘图工作地点。绘图是一项细致的工作，要求绘图工作地点光线明亮、柔和，应使光线从前方照来。绘图桌椅高度要配置合适，绘图时姿势要正确，否则不仅影响工作效果，还会妨碍身体健康。

（2）准备必需的绘图仪器、工具和用品。按不同线型要求削磨好铅笔及圆规铅芯，并调整好圆规脚；并逐件进行检查、校正和擦拭干净，以保证工具质量和图面整洁。各种绘图工具应放在绘图桌的适当地方，做到使用方便、保管妥当。

（3）收集资料。收集阅读有关的文件资料，对所绘图样的内容及要求进行了解。在学习过程中，对作业的内容、目的要求要了解清楚，在绘图之前做到心中有数。

（4）选取纸面。根据图的大小和比例，按“国标”规定选取图纸幅面大小。图纸在图板上粘贴的位置尽量靠近左边，图纸下边至图板边缘的距离大于丁字尺的宽度。

（5）其他。根据“国标”规定，画出图框和标题栏。

1.4.2 绘制底图

绘制底图主要有以下工作。

（1）布图。即图形配置。应根据图形的大小、数量和比例、合理布图、疏密适度、分布均匀。一张图纸除了安排必要的图样、尺寸、符号和文字说明外，考虑到美观还应留有一定的空白。空白面积宜占图幅面积的30%左右。图形间距不宜小于40mm，图形与图框间距不宜小于30mm，而且离上框间距应略大于离下框间距，避免头重脚轻。

（2）画底稿。任何工程图的绘制必须先画底图，再进行加深。图面布置之后，根据选定的比例用 H 或 2H 铅笔尽量轻、细、准地画出底稿，以保证图样的正确性和精确度。底稿线应分出不同线型，但不必分粗细，一律用细线画出。作图时应先画主要轮廓，再画细节。

（3）画底图时尺寸使用分规从尺上量取。相同长度尺寸应一次量取，以保证尺寸的准确和提高画图速度。

（4）画完底图之后，必须认真逐项检查，看是否有遗漏和错误的地方，切不可匆忙加深。

1.4.3 加深

在检查底图确定无误之后，即可加深。

（1）加深之前，应先确定标准实线的宽度，再根据线型标准确定其他线型。同类图线应粗细一致。一般粗度在 b 以上的图线用 B 或 2B 铅笔加深；$\frac{b}{2}$或更细的图线和尺寸数字、注解等可用 H 或 HB 铅笔绘写。

（2）为使图线粗细均匀，色调一致，铅笔应该经常修磨，加深粗实线一次不够时，则应重复再画，切不可来回描粗。

（3）加深图线的步骤是：同类型的图线一次加深；先画细线，后画粗线；先画曲线，后画直线；先画图，后标注尺寸和注解；最后加深图框和标题栏。这样不仅可以加快绘图速度和提高精度，而且可减少丁字尺与三角板在图纸上的摩擦，保持图面清洁。

（4）全部加深之后标注尺寸。标注尺寸除了要遵守“国标”的规定，还要注意美观。既不能过于集中，亦不宜太分散，要根据图形的配置和空白的大小，做到完整、合理、清晰、美观。为达到美观的要求，还要注意以下几点：

•均匀：尺寸不要集中在一个图形上，也不要集中标注在一个空白处。

•灵活：标注尺寸的形式切忌呆板。最好不要标注在一个方向上形成链状或塔状，尽量使尺寸疏密相间。

•统一：一张图纸上，尺寸的间距、数字的大小要一致，数字注写要整齐居中。

（5）最后再全面仔细检查，若有错误应及时改正。

小 结

要又快又好地绘制工程图样，首先必须能正确使用制图工具、熟悉“国标”对图幅、字体、线型、比例以及尺寸标注等的基本规定，掌握各种几何图形的画法。本单元主要介绍了常用绘图工具的使用方法、“国标”中的相关基本规定以及几何作图的基本方法及制图的基本步骤等。

复习思考题

1. 常用的绘图工具有哪些？如何使用？
2. “国标”中对图幅、比例、字体、线型以及尺寸标注是如何规定的？
3. 熟悉几何作图的常用方法。
4. 简述制图步骤。

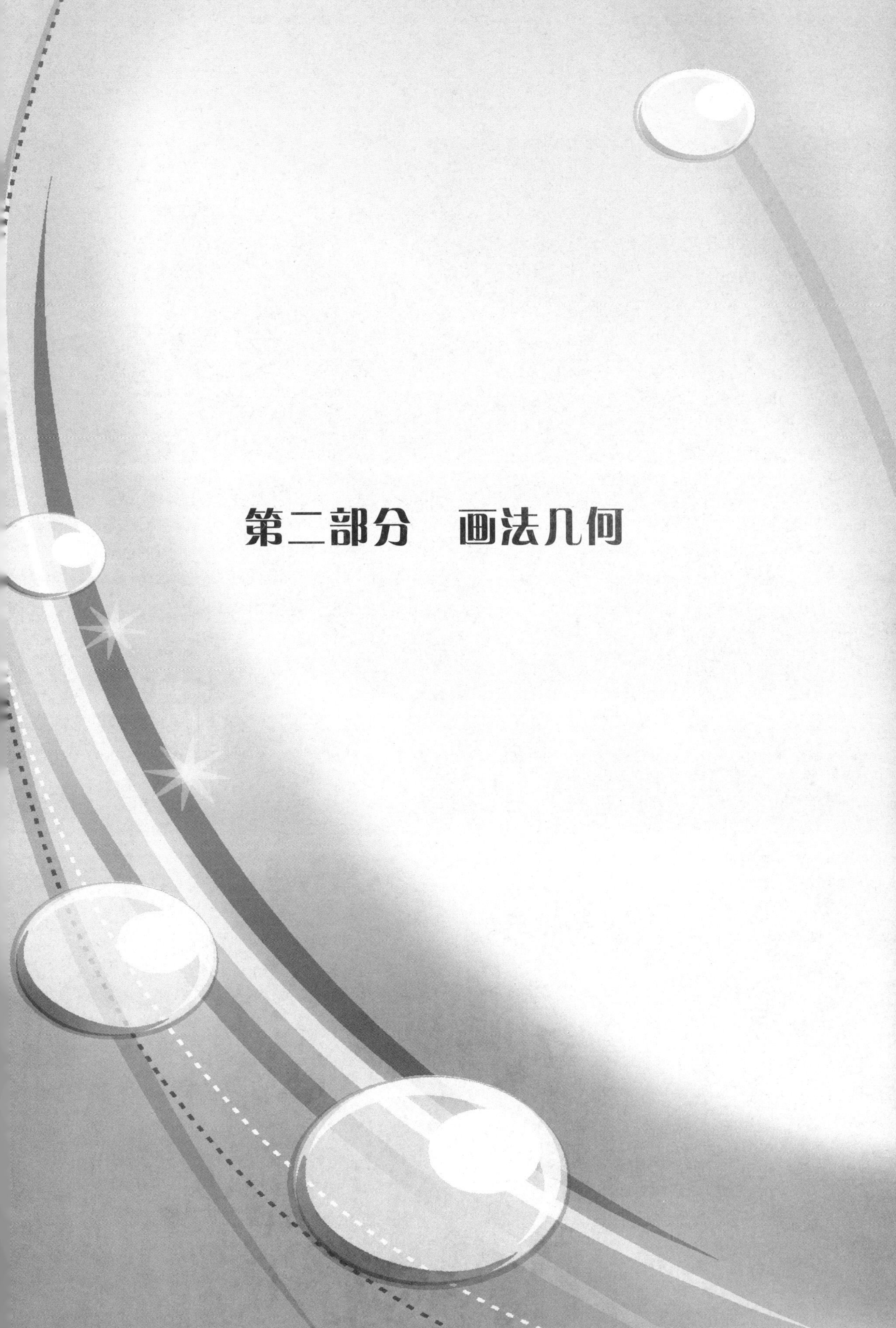

第二部分　画法几何

单元2

投影的基本知识

教学目标 ☞

1. 理解投影的概念，掌握投影法的分类；
2. 理解平行投影的特性；
3. 了解工程常用投影图的种类及其特点；
4. 掌握三视图绘图步骤，并能够绘制简单形体的三视图。

2.1 投影概述

2.1.1 投影的概念

在日常生活中，人们经常可以看到，形体在日光或灯光的照射下，会在地面或墙面上留下影子，当光线照射的角度或距离改变时，影子的位置、形状也随之改变，即光线、形体和影子三者之间存在着紧密的联系。

如图2.1（a）所示，桥台模型在正上方的灯光照射下，产生了影子，随着光源、形体和投影面之间距离的变化，影子会发生相应变化，这是光线从一点射出的情形。如

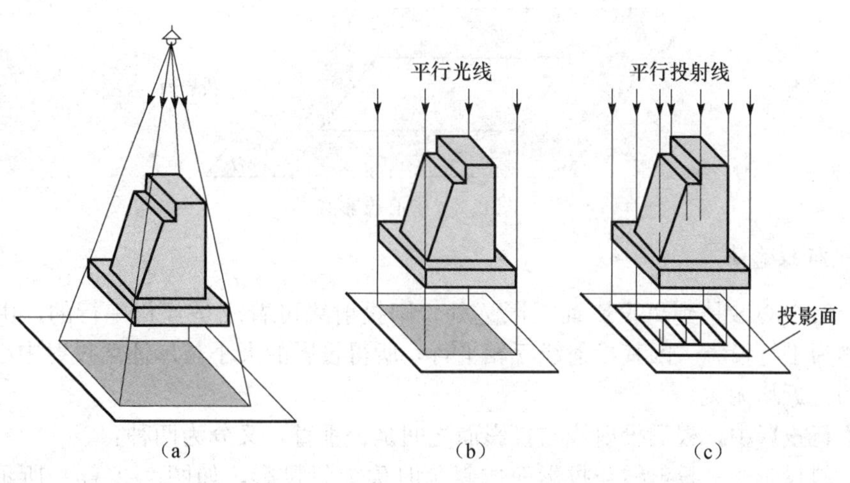

图2.1　影子与投影

果假想把光源移到无穷远处，即假设光线变为互相平行并垂直于地面时，影子的大小就和基础底板一样大了，如图2.1（b）所示。

人们对这种现象进行科学抽象，即按照投影的方法，把形体的所有内外轮廓和内外表面交线全部表示出来，且依投影方向凡可见的轮廓线画实线，不可见的轮廓线画虚线。这样，形体的影子就发展成为能满足工程需要的投影图，简称投影，如图2.1（c）所示。这种依投影的方法达到用二维平面表示三维形体的方法，称为投影法，光线称为投射线，承接投影的平面称为投影面。

2.1.2 投影的分类

根据投射线之间的相互关系，可将投影法分为中心投影法和平行投影法。

1. 中心投影法

当投射中心S在有限的距离内，所有的投射线都汇交于一点，这种方法所得到的投影，称为中心投影，如图2.2所示。在此条件下，形体投影的大小随形体与投射中心及投影面距离的远近变化而变化，因此用中心投影法得到形体的投影不能反映该形体真实形状和大小。

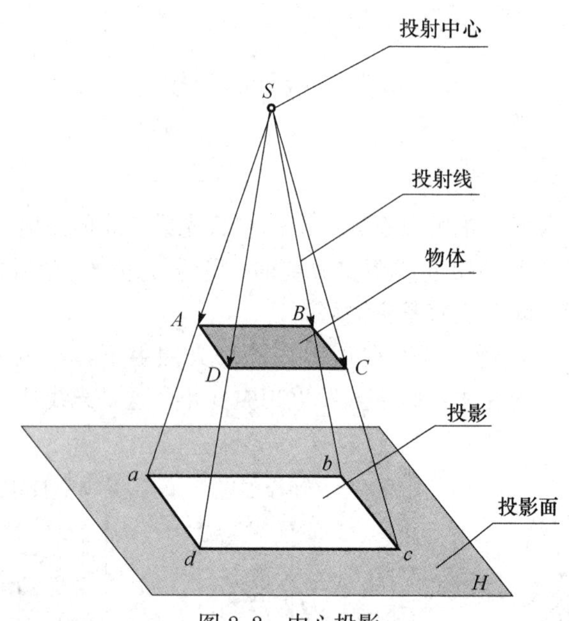

图2.2 中心投影

2. 平行投影法

把投射中心S移到离投影面无限远处，则投射线可看成是互相平行的，由此产生的投影称为平行投影。因其投射线互相平行，所得投影的大小与形体离投射中心及投影面距离的远近均无关。

在平行投影中，根据投射线与投影面之间是否垂直，又分为两种：

（1）斜投影法。投射线与投影面成斜角时称为斜投影，如图2.3（a）所示。这种投影方法一般在轴测投影时应用。

（2）正投影法。投射线与投影面垂直时称为正投影，如图 2.3（b）所示。正投影图虽然直观性差些，但能反映形体的真实形状和大小，度量性好，作图简便，为工程制图中经常采用的一种主要图示方法。

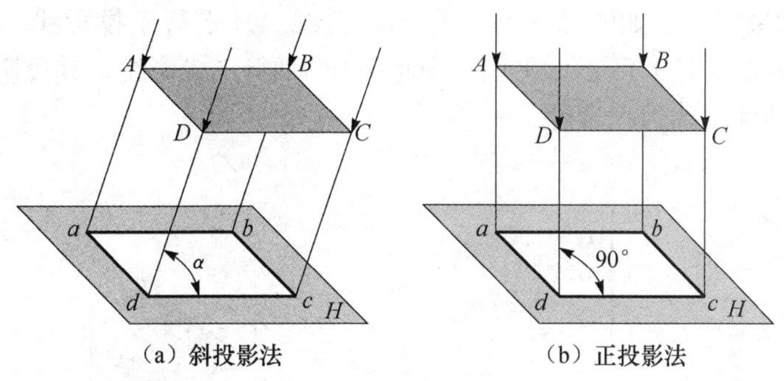

图 2.3　平行投影

提示

大多数的工程图，都是采用正投影法来绘制的。正投影法是本课程研究的主要对象，今后凡未作特别说明，都属正投影。

2.2　正投影的特性

2.2.1　同素性

在通常情况下，直线或平面不平行（或垂直）于投影面，因而点的投影仍是点，直线的投影仍是直线，平面的投影仍是平面，这一性质称为同素性。

2.2.2　显实性（真形性）

当直线或平面平行于投影面时，它们的投影反映实长或实形。如图 2.4（a）所示，直线 AB 平行于 H 面，其投影 ab 反映 AB 的真实长度，即 $ab=AB$。如图 2.4（b）所示，平面 ABC 平行于 H 面，其投影反映实形，即三角形 $abc\cong$三角形 ABC，这一性质称为显实性。

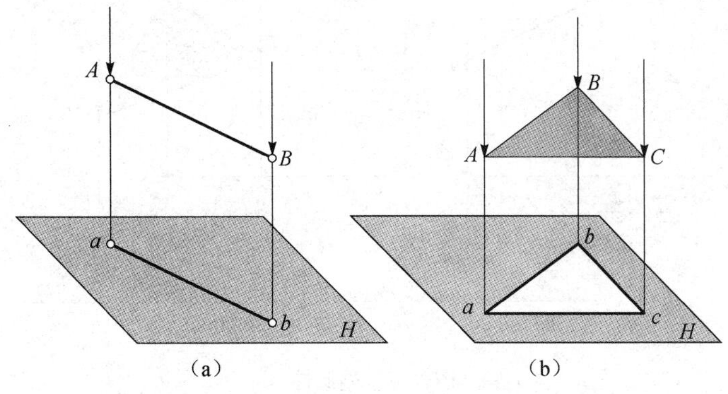

图 2.4　显实性

2.2.3 积聚性

当直线或平面平行于投射线（垂直于投影面）时，其投影积聚为一点或一直线。这样的投影称为积聚投影。如图 2.5（a）所示，直线 *AB* 平行于投影线，其投影积聚为一点 *a*(*b*)；如图 2.5（b）所示，平面三角形 *ABC* 平行于投影线，其投影积聚为一直线 *abc*。投影的这种性质称为积聚性。

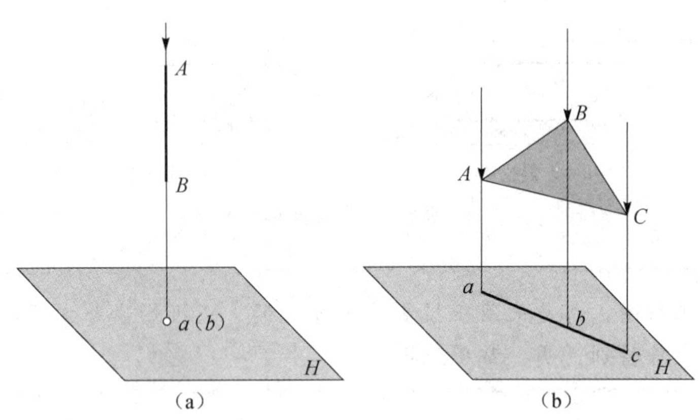

图 2.5　积聚性

2.2.4 类似性（仿形性）

当直线或平面倾斜于投影面时，直线在该投影面上的投影短于实长，如图 2.6（a）所示；而平面在该投影面上的投影要发生变形，比原实形面积要小，但与原形对应线段间的比值保持不变，所以在轮廓间的平行性、凸凹性、直曲等方面均不变，如图 2.6（b）所示。这种情况下，直线和平面的投影不反映实长或实形，其投影形状是空间形状的类似形，因而把投影的这种性质称为类似性。

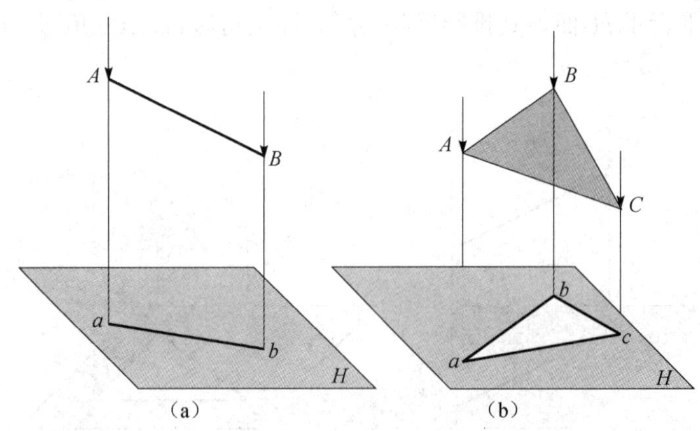

图 2.6　类似性

2.2.5 平行性

当空间两直线互相平行时，它们在同一投影面上的投影仍互相平行。如图 2.7 所示，空间两直线 $AB /\!/ CD$，则平面 $ABba /\!/$ 平面 $CDdc$，两平面与投影面的交线 ab、cd 必互相平行。这一性质称为平行性。

2.2.6 从属性与定比性

点在直线上，则点的投影必定在直线的投影上。如图 2.8 所示，$C \in AB$，则 $c \in ab$，这一性质称为从属性。

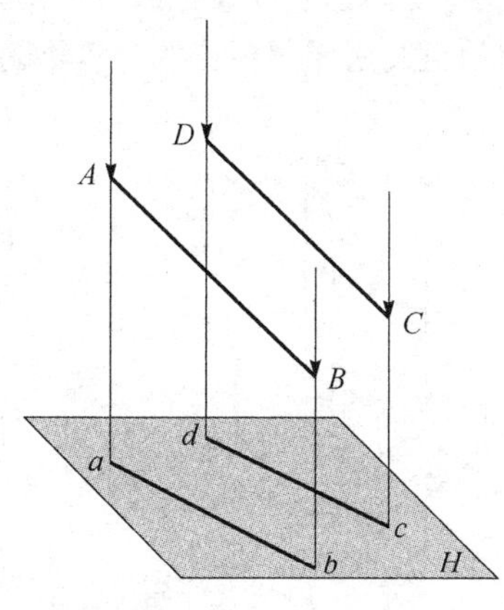

图 2.7 平行性

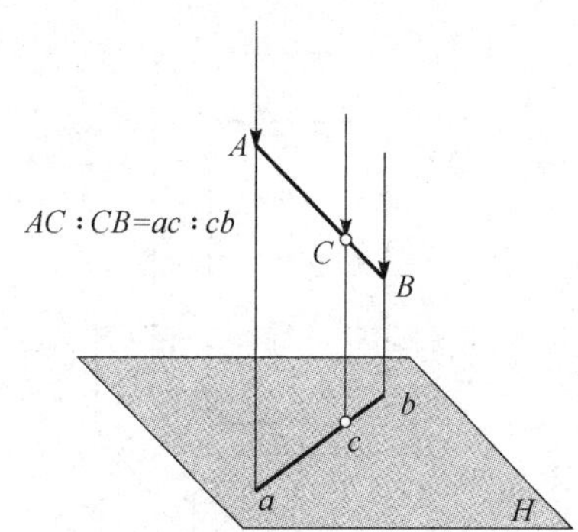

图 2.8 从属性与定比性

点分线段的比例等于点的投影分线段的投影所成的比例，如图 2.8 所示，$C \in AB$，则 $AC : CB = ac : cb$，这一性质称为定比性。

2.3 工程上常用的投影图

工程图样是用来表达工程对象的形状、结构和大小的，一般要求根据图样就能够准确、清楚的判断度量出形体的形状和大小，但有时也要求图样的直观性好，易读懂，富有立体感。因此，为满足不同的需要，常用的投影图有多面正投影图、轴测投影图、透视投影图、标高投影图等。

2.3.1 多面正投影图

用正投影法把形体向两个或两个以上互相垂直的投影面上进行投影，再按一定的规律将其展开到一个平面上，从而得到形体的多面正投影图，如图 2.9 所示。正投影图的特点是作图简便，能准确地反映形体的形状和大小，便于度量和标注尺寸；缺点是立体感差，不易看懂。它是工程上最主要、应用最广泛的图样。

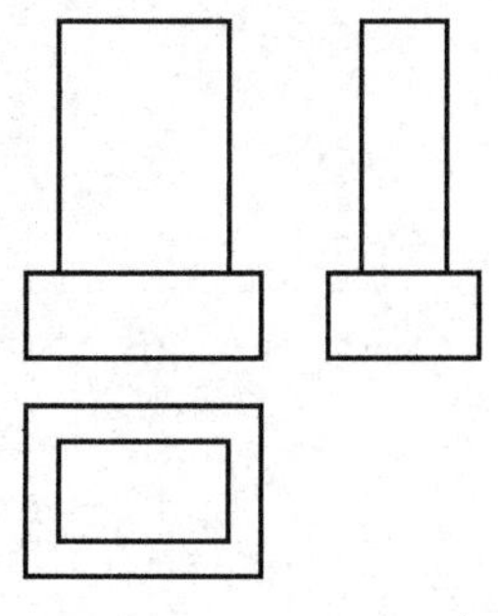

图 2.9 多面正投影图

2.3.2 轴测投影图

轴测投影图是形体在一个投影面上的平行投影，简称轴测图。将形体安置于投影面体系中合适的位置，选择适当的投射方向，即可得轴测图，如图 2.10 所示。这种图立体感强，容易看懂，但度量性差，作图较麻烦，并且对复杂形体也难以表达清楚，因而工程中常作为辅助图样来使用。

2.3.3 透视投影图

透视投影图是将形体在单个投影面上用中心投影法得到的投影图，简称为透视图。这种图形象逼真，如照片一样，非常接近于人们的视觉感受，但它度量性差，作图繁杂，如图 2.11 所示。在工程设计中常用它来绘制大型工程项目及房屋、桥梁等建筑物的效果图。

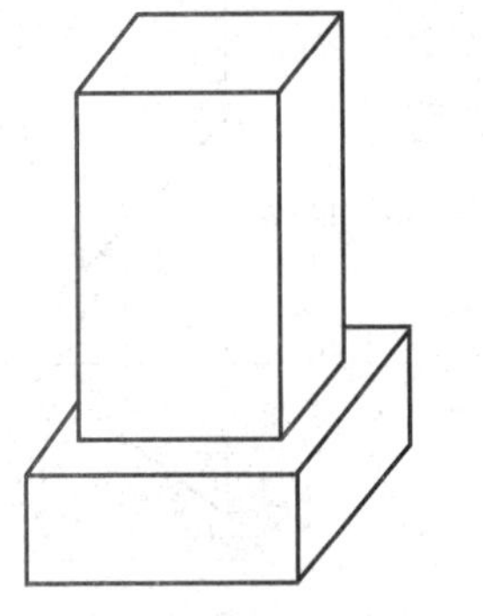

图 2.10　斜轴测投影图

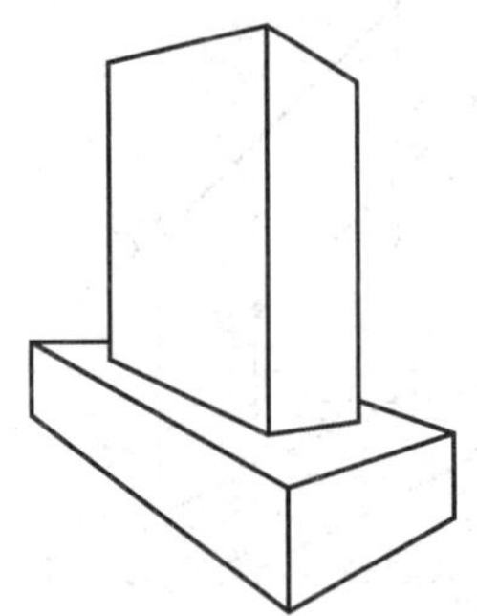

图 2.11　透视图

2.3.4 标高投影图

标高投影图是一种带有数字标记的单面正投影图。它用正投影法在形体的水平投影上加注某些特征线、面以及控制点的高程数值，来同时反映形体的长度、宽度和高度方向上的结构、尺寸，如图 2.12 所示。这种图作图较简单，但立体感较差，常用来表达

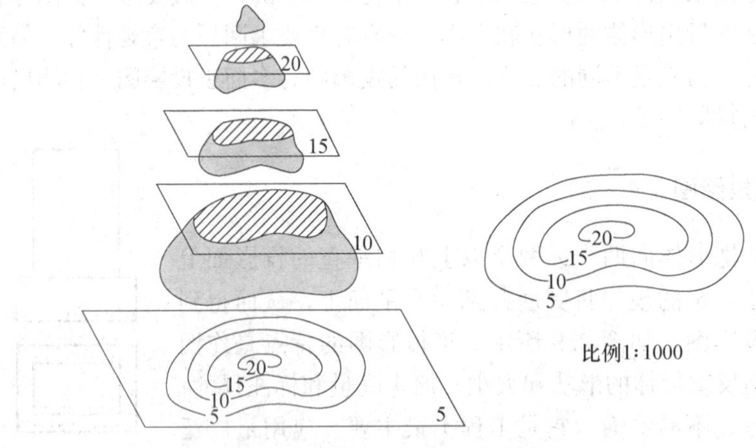

图 2.12　标高投影图（单位：m）

地面的形状、各种不规则曲面、土木建筑工程设计以及军事地图等。

正投影图被广泛地用来绘制工程图样，所以正投影法是本书介绍的主要内容，以后所说的投影，如无特殊说明均指正投影。

2.4　形体的三面投影图

工程上主要以正投影法绘制图样，但以正投影法绘制一个投影图来表达形体的形状往往是不够的。如图 2.13 所示，三个形状不同的形体在投影面 H 上具有相同的正投影，单凭这个投影图来确定形体的唯一形状，是不可能的。

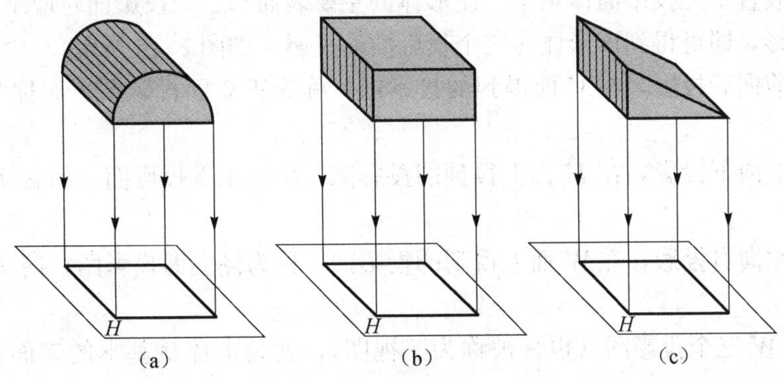

图 2.13　不同形体的单面投影

即便是向两个投影面做投影，亦不能确定形体的唯一形状。如图 2.14 所示，三个形体的 H、W 面投影相同，要凭这两面的投影来区分它们的形状，是不可能的。因此，若要使正投影图能够唯一确定形体的形状结构，仅有一面或两面投影是不够的，必须采用多面投影的方法，为此，我们设立了三投影面体系。

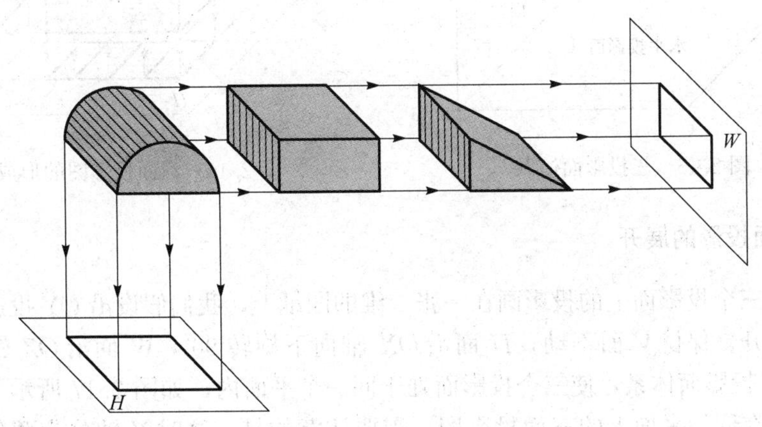

图 2.14　不同形体的两面投影

2.4.1 三投影面体系的建立

将三个互相垂直的平面作为投影面，组成一个三投影面体系，如图 2.15 所示。其中水平投影面用 H 标记，简称水平面或 H 面；正立投影面用 V 标记，简称正立面或 V 面；侧立投影面用 W 标记，简称侧面或 W 面。两投影面的交线称为投影轴，H 面与 V 面的交线为 OX 轴，H 面与 W 面的交线为 OY 轴，V 面与 W 面的交线为 OZ 轴，三条投影轴两两互相垂直并汇交于原点 O。

2.4.2 三面投影图的形成

将形体放置于三投影面体系中，使形体的主要表面与三个投影面对应平行，用正投影法进行投影，即可得到该形体在三个投影面的投影，如图 2.16 所示。

（1）从前向后投影，在 V 面得到的投影图，称为正立面投影图，简称 V 面投影或立面图。

（2）从上向下投影，在 H 面上得到的投影图，称为水平投影图，简称 H 面投影或平面图。

（3）从左向右投影，在 W 面上得到的投影图，称为侧立面投影图，简称 W 面投影或侧面图。

V、H、W 三个投影图（也常被称为三视图），就是形体最基本的三面投影图。根据形体的三面投影图，就可以确定该形体的空间位置和形状。

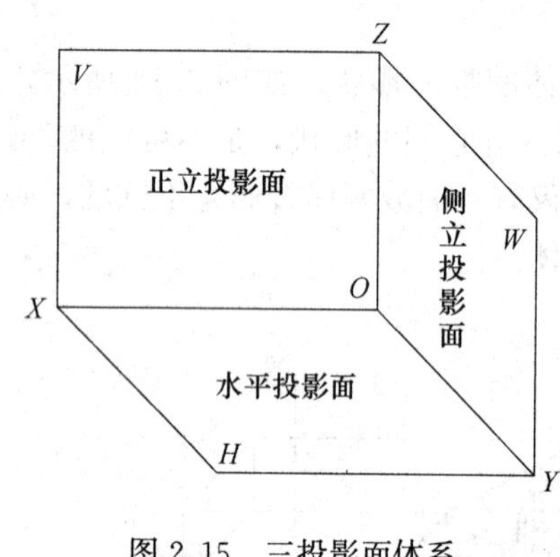

图 2.15 三投影面体系

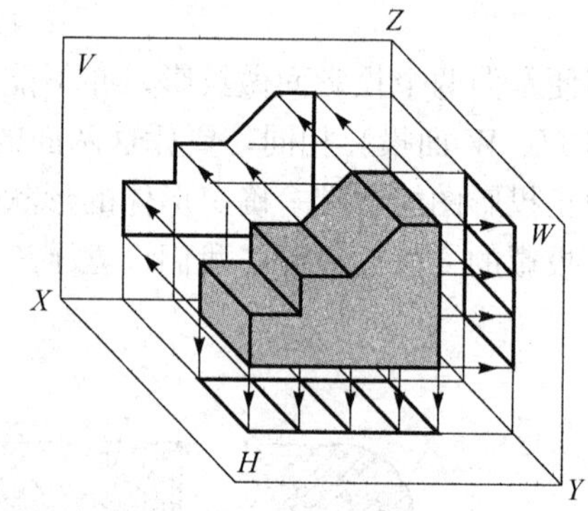

图 2.16 三面投影图的形成

2.4.3 三面投影的展开

为了把三个投影面上的投影画在一张二维的图纸上，我们假设沿 OY 投影轴将三投影面体系剪开，保持 V 面不动，H 面沿 OX 轴向下旋转 90°，W 面沿 OZ 轴向后旋转 90°，展开三投影面体系，使三个投影面处于同一个平面内，如图 2.17 所示。这样，就能够得到画在同一平面上的三面投影图。需要注意的是：这时 Y 轴分为两条，一条随 H 面旋转到 OZ 轴的正下方，用 Y_H 表示；一条随 W 面旋转到 OX 轴的正右方，用 Y_W 表示，平铺后的三面投影图，如图 2.18 所示。

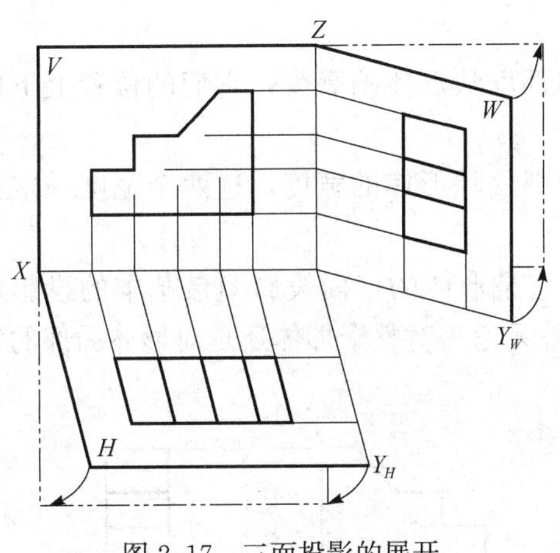

图 2.17　三面投影的展开

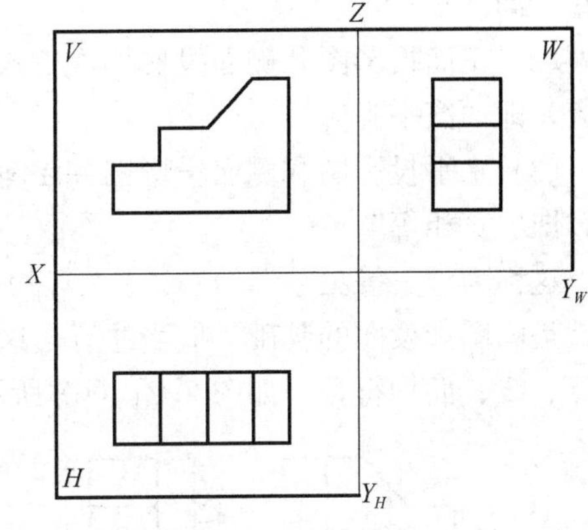

图 2.18　展开平铺后的三面投影图

实际绘图时，由于投影图与投影面的大小无关，为了简化作图，在三面投影图中不必画出投影面的边框，也不注写 H、V、W 字样，投影图之间的距离可根据需要确定，三条投影轴亦可省去（又叫无轴投影），如图 2.19 所示。

2.4.4　三面投影图位置的配置

根据三个投影面的相对位置及展开的规定，三面投影图的位置关系是：以立面图为准，平面图在立面图的正下方，侧面图在立面图的正右方，如图 2.19 所示。

画三面投影图时，一般应按上述位置配置，且不需标注其名称，如图 2.20 所示。

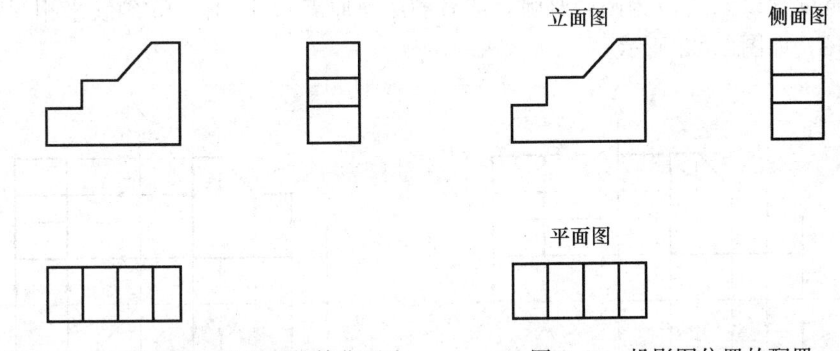

图 2.19　展开后三面投影图的简化画法　　图 2.20　投影图位置的配置

2.4.5　三面投影图的投影规律

1. 投影图的三等关系

在三投影面体系中，形体的 X 轴方向尺寸称为长度，Y 轴方向尺寸称为宽度，Z 轴方向尺寸称为高度，每个投影图能反映其中两个方向的尺寸，如图 2.21（a）所示。

三面投影图是在形体安放位置不变的情况下，从三个不同方向投影所得到的，它们共同表达同一形体，因此它们之间存在着紧密的联系。

（1）水平投影图和正面投影图在 X 轴方向都反映形体的长度，它们的位置左右应对正，即“长对正”。

(2) 正面投影图和侧面投影图在 Z 轴方向都反映形体的高度，它们的位置上下应对齐，即“高平齐”。

(3) 水平投影图和侧面投影图在 Y 轴方向都反映形体的宽度，这两个宽度一定相等，即“宽相等”。

这称为“三等关系”，也称“三等规律”，它是形体的三面投影图最基本的投影规律，是画图和读图的基础。应当注意，这种关系无论是对整个形体还是对形体局部的每一点、线、面均符合，如图2.21 (b) 所示。

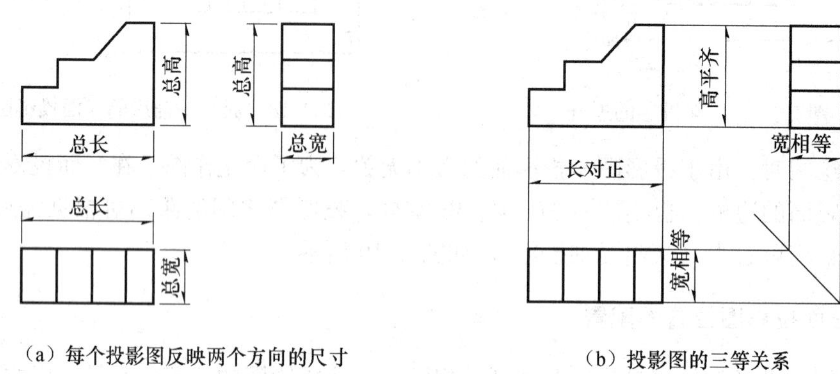

(a) 每个投影图反映两个方向的尺寸　　(b) 投影图的三等关系

图2.21　三面投影图的投影规律

“长对正”、“高平齐”较为直观，而“宽相等”对于初学者来说不易建立，作图时，形体的宽度常以原点 O 为圆心画弧，或者利用从原点 O 引出的45°斜线来相互转移保证“宽相等”，如图2.22所示。

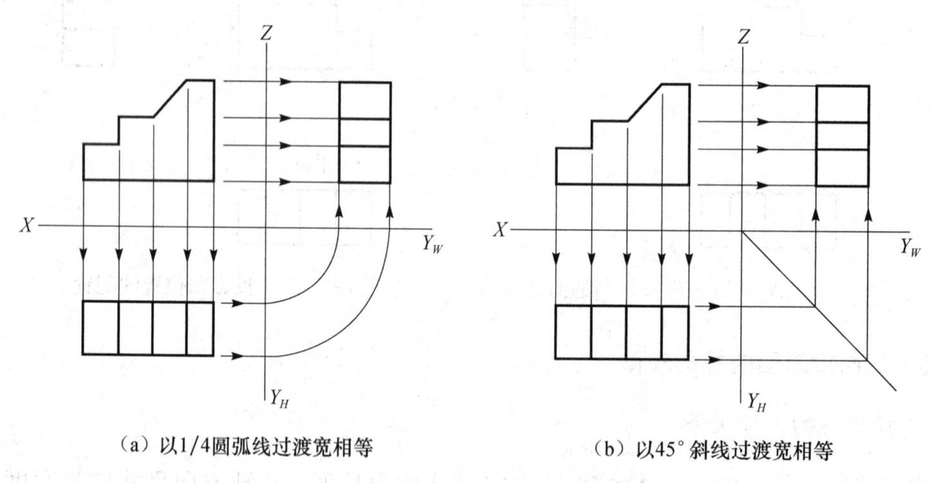

(a) 以1/4圆弧线过渡宽相等　　(b) 以45°斜线过渡宽相等

图2.22　保证“宽相等”的方法

2. 形体与投影图之间的方位关系

形体在三面投影体系中的位置确定后，相对于观察者，它在空间就有上、下、左、

右、前、后六个方位，如图 2.23（a）所示。从三面投影图中可以看出，每个投影图都可反映出其中四个方位，即

（1）V 面投影反映形体的上、下和左、右关系。

（2）H 面投影反映形体的前、后和左、右关系。

（3）W 面投影反映形体的前、后和上、下关系。

画图与看图时，要特别注意平面图和侧面图的前后对应关系，即平面图和侧面图远离立面图的一侧反映的是形体的前面，靠近立面图的一侧反映的是形体的后面，如图 2.23（b）所示。

熟练掌握空间形体的方位关系和“三等关系”，对道路工程图样的绘制与识读极为重要，是学习工程制图的重点方法和关键技能之一。

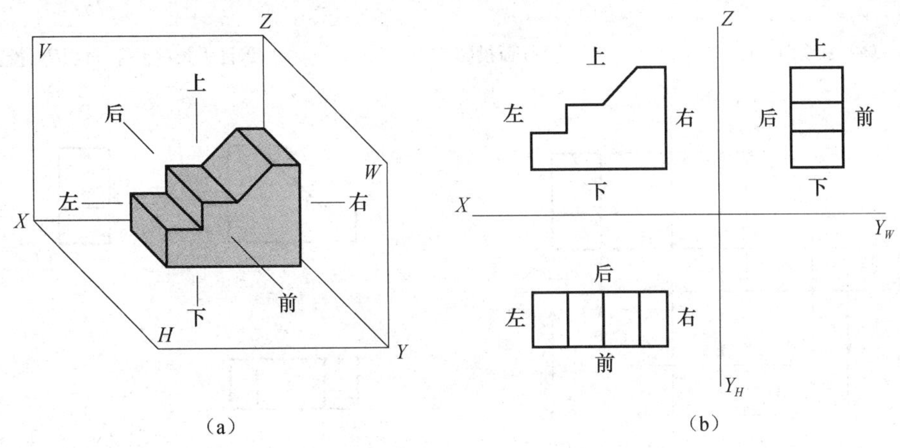

图 2.23 三面投影图的方位关系

2.4.6 三面投影图的画法

工程制图主要就是学习如何运用投影原理、投影方法、投影特性及投影规律在图纸上表达出空间形体、工程构造物的实际形状大小。画图之前，应先确定正面投影图的投影方向，从最能反映形体特征的一面画起，然后再完成其余两面投影。

画形体的三面投影图时，形体的可见轮廓线画标准实线，不可见轮廓线画中粗虚线，投影线和坐标轴画细实线，中心线、对称线画细点划线。

【例 2.1】 根据图 2.24（a）所示形体的直观图，绘制其三面投影图（比例 1∶1）。

分析

正面投影方向为直观图中箭头所指方向，形体的前后两面平行于 V 面投影，较能代表其特征形状，因而画好投影轴大致将三个图样位置划分好后，可以着手作图。

作图步骤

（1）先画 V 面投影，如图 2.24（b）所示。

（2）保证“长对正”，再画 H 面投影，如图 2.24（c）所示。

（3）再根据 V、H 面投影，保证“高平齐”、“宽相等”绘制 W 面投影，如图 2.24（d）所示。

(4) 擦净作图辅助线，检查、整理、加深图线，如图2.24 (e) 所示。

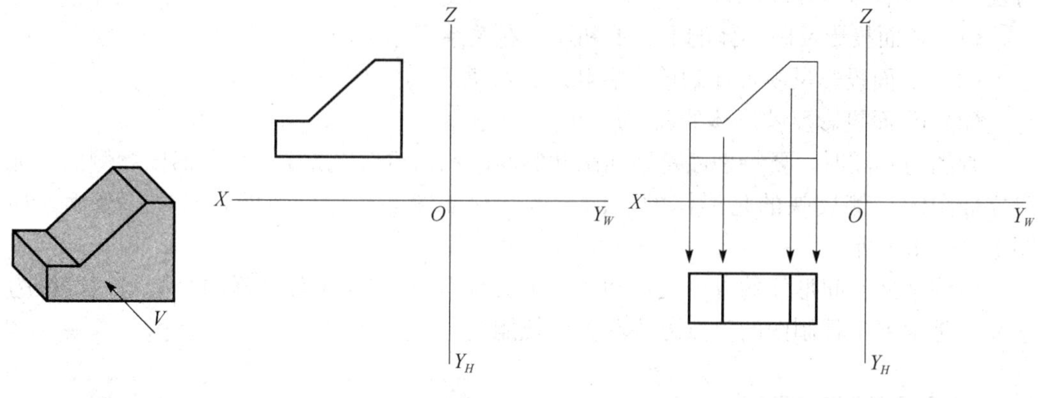

(a) 直观图　(b) 先画V面投影　(c) 保证“长对正”，再画H面投影

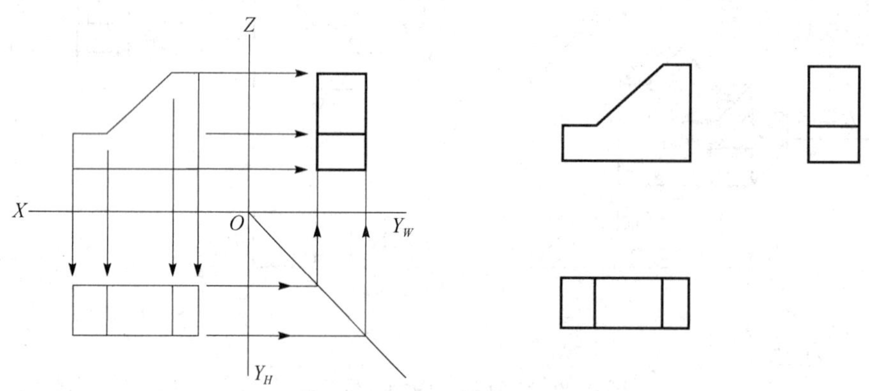

(d) 保证“高平齐”、“宽相等”绘制W面投影　(e) 擦净作图辅助线，检查、整理、加深图线

图2.24　三面投影图的画法示例一

思考

若对例2.1中的形体标注尺寸（比例1∶1，尺寸数字按图实量，以mm为单位），应如何进行？请补充完善。

【例2.2】 根据图2.25所示形体的直观图，绘制其三面投影图（比例1∶1）。

分析

(1) 首先对该形体的立体图进行分析，其由原始四棱柱被切割三次而形成。

(2) 将能反映物体形状特征最明显的方向作为立面图的投射方向，并将形体放正，如图2.21 (a) 所示。

(3) 用正投影法根据“三等关系”，在原始基本体的基础上逐步切割，每一次都要从最能反映形体特征的一面画起，然后再完成其余两面投影。

作图步骤

(1) 画形体外形轮廓的三面投影图，如图2.25 (b) 所示。

(2) 切去左上角的四棱柱，如图 2.25 (c) 所示。

(3) 再切去左上角的长方体，如图 2.25 (d) 所示。

(4) 擦去多余图线，检查描深，完成全图，如图 2.25 (e) 所示。

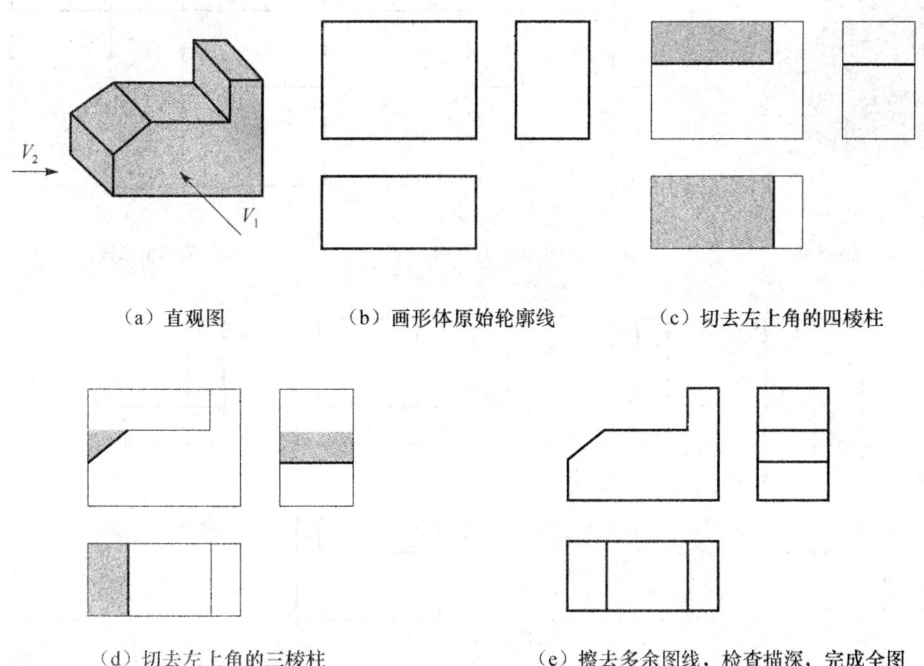

(a) 直观图　(b) 画形体原始轮廓线　(c) 切去左上角的四棱柱

(d) 切去左上角的三棱柱　(e) 擦去多余图线，检查描深，完成全图

图 2.25　三面投影图的画法示例二

思考

若对例 2.2 中的形体按 V_2 方向投影，分析其三面投影图有何变化?

【例 2.3】 根据图 2.26 所示形体的直观图，绘制其三面投影图（比例 1∶1）。

分析及作图

(1) 通过观察立体图可知，该形体由底板和立板两部分组成。

(2) 选好立面图的投射方向 V，并将形体放正（使形体的主要表面尽量平行于投影面），如图 2.26 (a) 所示。

(3) 根据图纸幅面和视图的大小，画出三面投影图的定位线（对称线、基准线），如图 2.26 (b) 所示。

(4) 用正投影法根据“三等关系”，先画底板，再画立板。最后去辅助图线，加深，完成，如图 2.26 (c)～(e) 所示。

思考

若给出形体模型，分析绘制其三面投影图的方法及步骤。

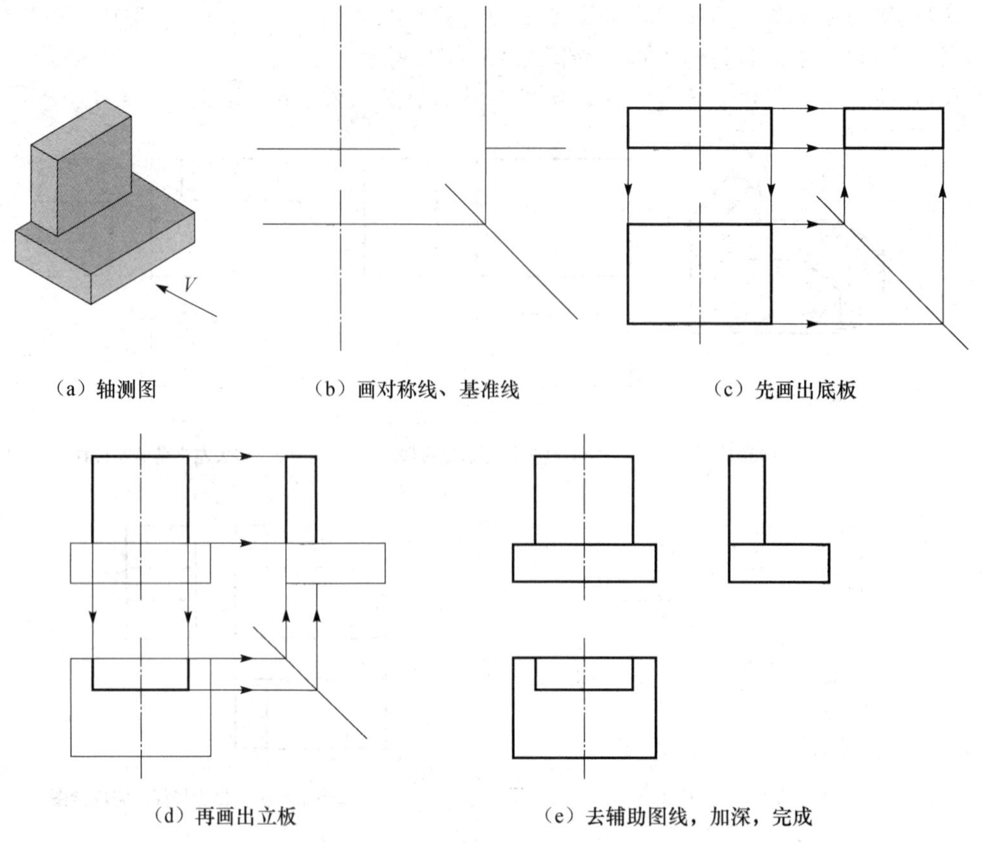

（a）轴测图　（b）画对称线、基准线　（c）先画出底板

（d）再画出立板　（e）去辅助图线，加深，完成

图 2.26　三面投影图的画法示例三

小　结

正投影法绘制工程图样，是工程制图的基本方法。为了使工程构造物表达得清晰、简洁、明了，必须熟悉“国标”的相关规定，了解正投影法的投影特性，掌握绘制形体三面正投影图的方法和原理。本单元主要介绍了投影的概念和分类、平行投影的特性、三面正投影图的形成及其绘制。

复习思考题

1. 投影的特性是什么？
2. 工程上常用的投影图有哪些？各是什么？
3. 理解三面投影图的形成及其投影规律。
4. 简述三面投影图的绘图方法与步骤。

单元3

点、直线、平面的投影

教学目标 ☞

1. 掌握点、直线和平面的投影规律及作图方法，并能按要求绘制投影图；
2. 掌握点、直线和平面的投影图的识读方法，并能按要求识图；
3. 掌握直线与平面、平面与平面间的相对位置关系，并能按要求判断。

点、直线、平面是构成工程构造物最基本的几何元素。在学习空间物体的图示方法之前，先学习点、直线、平面的图示方法，有利于掌握形体的图示。

3.1 点的投影

3.1.1 点的三面投影

1. 投影的形成

空间点在投影面上的投影仍是点。将点 A 置于三面投影体系之中，过点 A 分别向三个投影面作垂线（即投射线），交得三个垂足 a、a'、a''，分别为点 A 的 H 面投影、V 面投影、W 面投影，如图 3.1（a）所示。

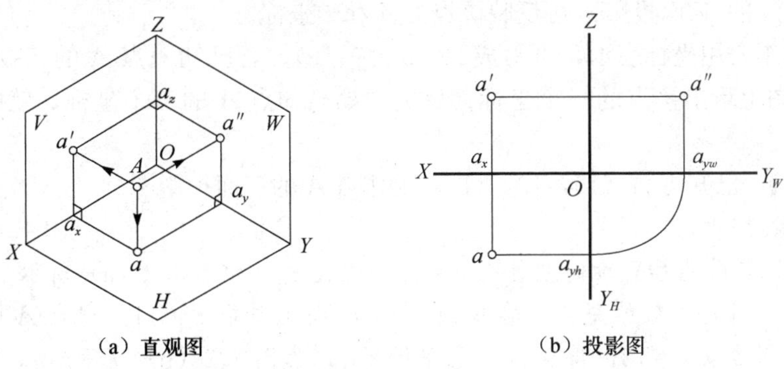

（a）直观图　　（b）投影图

图 3.1　点的投影

统一规定：空间点用大写字母 A、B、C 等表示；空间点在 H 面上的投影用其相应的小写字母 a、b、c 表示；在 V 面上的投影用字母 a'、b'、c' 表示；在 W 面上的投影用字母 a''、b''、c'' 表示。

移去空间点 A，将投影面展开，并去掉投影面的边框线，便得到如图 3.1（b）所示的点的三面投影图。

2. 点的投影规律

由图 3.1（a）中可以看出，由于 $Aa \perp H$、$Aa' \perp V$，而 H 与 V 相交于 X 轴，X 轴必定垂直于平面 $Aa a_x a'$，也就是 aa_x 和 $a'a_x$ 同时垂直于 OX 轴。当 H 面绕 OX 轴旋转至与 V 面成为同一平面时，在投影图上 a、a_x、a' 三点共线，即 $aa' \perp OX$ 轴。同理，$a'a'' \perp OZ$，$aa_x = Oa_y = a''a_z$。

由以上分析可归纳出，点的投影规律如下：

（1）点的两面投影连线垂直于相应的投影轴，即 $aa' \perp OX$，$a'a'' \perp OZ$、$aa_{yh} \perp OY_H$、$a''a_{yw} \perp OY_W$。

（2）空间点到投影面的距离，等于该点的投影到相应投影轴的距离，即

- $a'a_z = aa_{yh} = Aa''$，反映点 A 到 W 面的距离；
- $a''a_z = aa_x = Aa'$，反映点 A 到 V 面的距离；
- $a''a_{yw} = a'a_x = Aa$，反映点 A 到 H 面的距离。

3.1.2 点的投影与空间直角坐标的关系

把三投影面体系看成空间直角坐标系，把投影面当作坐标面，投影轴当作坐标轴，如图 3.1 所示，这时：

（1）点 A 到 W 面的距离为 x 坐标。

（2）点 A 到 V 面的距离为 y 坐标。

（3）点 A 到 H 面的距离为 z 坐标。

因此，一点的三面投影与点的坐标关系为：

（1）点 A 的 H 面投影 a 可反映该点的 x 和 y 坐标。

（2）点 A 的 V 面投影 a' 可反映该点的 x 和 z 坐标。

（3）点 A 的 W 面投影 a'' 可反映该点的 y 和 z 坐标。

空间点 A 若用坐标表示，可写成 A（x、y、z）。若已知一点 A 的三投影 a，a' 和 a''，就可从图上量出该点的三个坐标；反之，如已知点 A 的三个坐标，就能作出该点的三面投影。

【例 3.1】 已知点 A（15，13，11），求作点 A 的三面投影图。

作图步骤

（1）自原点 O 沿 OX 轴向左量取 $x=15$，得点 a_x，如图 3.2（a）所示。

（2）过 a_x 作 OX 轴的垂线，在垂线上自 a_x 向上量取 $z=11$，得点 A 的正面投影 a'，自 a_x 向下量取 $y=13$，得点 A 的水平投影 a，如图 3.2（b）所示。

（3）过 a' 作 OZ 轴的垂线，得交点 a_z。过 a_z 在垂线上沿 OY_W 方向量取 $a_z a''=13$，

定出 a''。也可以过 O 向右下方作45°辅助线，并过 a 作 OY_H 垂线与45°线相交，然后再由此交点作 OY_W 轴的垂线，与过 a' 且垂直于 OZ 轴的投影线相交，交点即为 a''，如图3.2（c）所示。

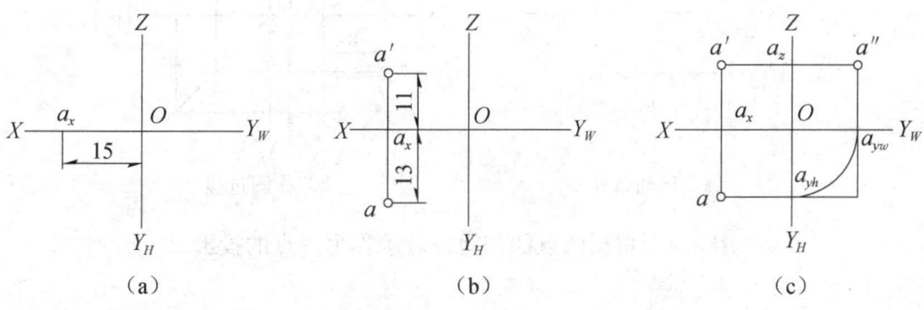

图3.2　已知点的坐标求作点的三面投影

3.1.3　两点的相对位置

1. 两点的相对位置

空间两点的相对位置由两点的坐标差值来确定。两点的 X 坐标确定左、右位置关系，大的为左，反之为右；两点的 Y 坐标确定前、后位置关系，大的为前，反之为后；两点的 Z 坐标确定上、下位置关系，大的为上，反之为下。

在投影图中，两点的相对位置，可根据其投影及反映的坐标判断出。如图3.3所示，点 A 在点 B 的左、前、下方；点 B 在点 A 的右、后、上方。

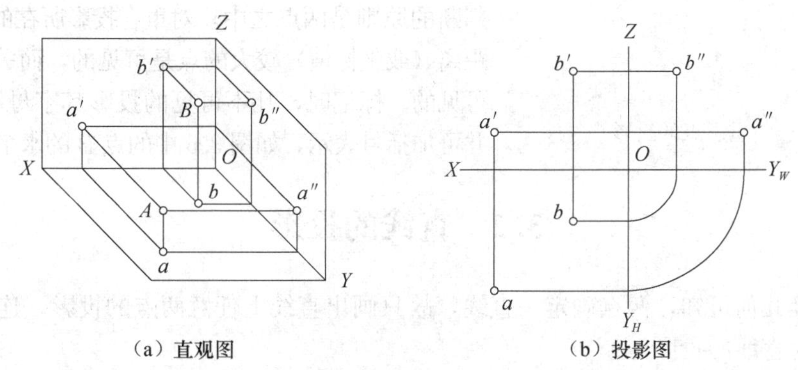

（a）直观图　　（b）投影图

图3.3　两点的相对位置

【例3.2】 已知点 B 的三面投影，点 A 在点 B 之前5mm，之上9mm，之右8mm，如图3.4（a）所示，求点 A 的投影。

分析

根据两点之间相对位置的坐标来作图。

作图步骤

由已知得到 A、B 两点的坐标关系为 $x_a < x_b$（$x_b - x_a = 8$），$y_a > y_b$（$y_a - y_b = 5$），$z_a > z_b$（$z_a - z_b = 9$），据此可求出点 A 的投影，如图3.4（b）所示。

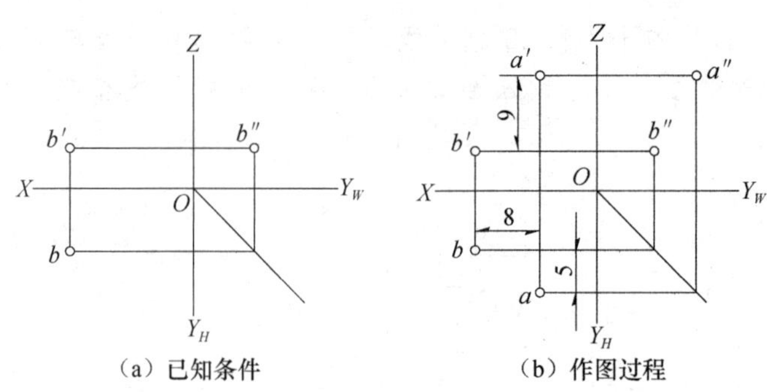

图 3.4 根据两点的相对位置求作另一点的投影

2. 重影点

当空间两点处于某一投影面的同一条投射线上时，这两点对该投影面的投影重合为一点，这两点称为该投影面的一对重影点。

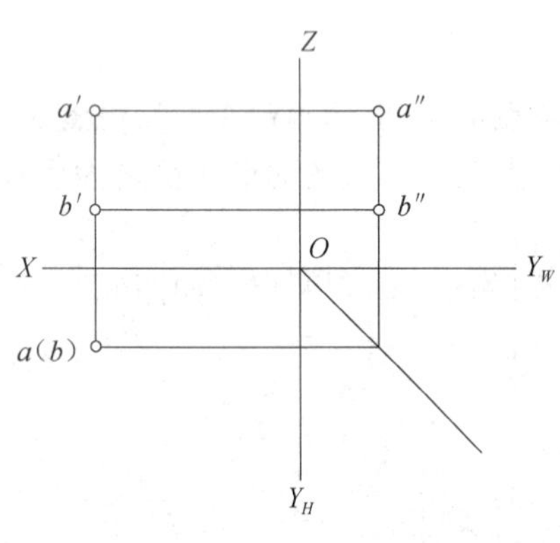

图 3.5 重影点的投影

(1) 对 V 面的一对重影点是正前、正后方的关系。

(2) 对 H 面的一对重影点是正上、正下方的关系。

(3) 对 W 面的一对重影点是正左、正右方的关系。

在投影图中需要判断并标明重影点的可见性。判断的原则是两点之中，对重合投影所在的投影面的距离（或坐标值）较大的点是可见的，而另一点是不可见的。标记时，凡不可见的投影其字母写在后面，并可加括号表示，如图 3.5 中的点 B 的水平投影。

3.2 直线的投影

由初等几何可知，两点确定一直线，故只画出直线上任意两点的投影，连接其同面投影，即为直线的投影。

3.2.1 各种位置直线的投影

按照空间直线对投影面的相对位置可分为投影面平行线，投影面垂直线和一般位置直线三种，前两种统称为特殊位置直线。

直线与投影面 H、V 和 W 的夹角称为直线的倾角，用 α、β、γ 分别表示。

1. 投影面平行线

只平行某个投影面，倾斜于另外两个投影面的直线，称为某投影面的平行线，如表 3.1 所示。它有三种情况：

（1）平行于 H 面，且倾斜于 V、W 面的直线称为水平线。

（2）平行于 V 面，且倾斜于 H、W 面的直线称为正平线。

（3）平行于 W 面，且倾斜于 H、V 面的直线称为侧平线。

表 3.1　投影面平行线的投影及其投影特性

种类	直观图	投影图	投影特性
水平线	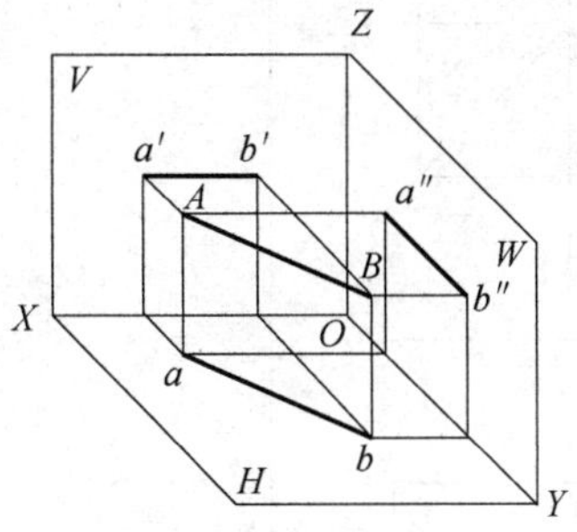	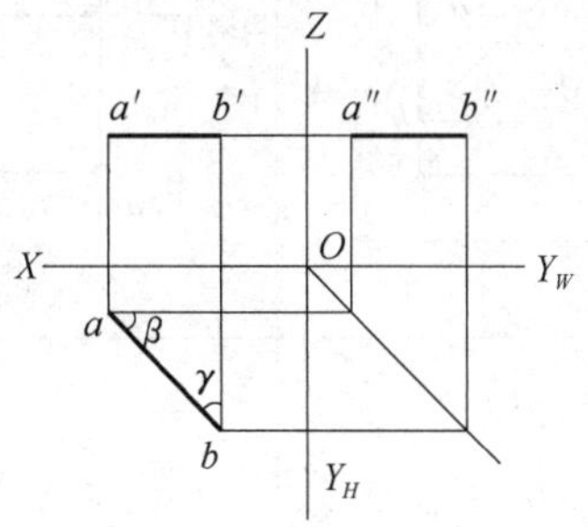	
正平线	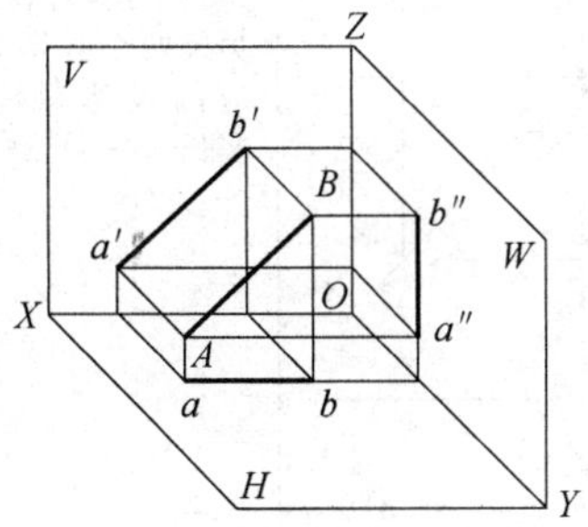	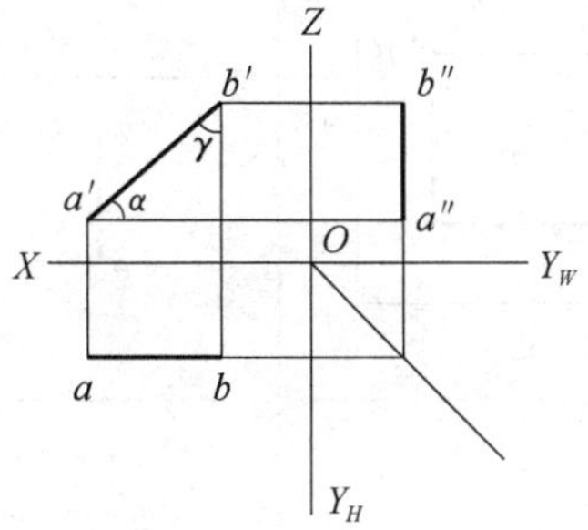	一个投影反映实长，与投影轴的夹角反映直线与另外两个投影面的倾角；另外两个投影平行于相应的投影轴
侧平线	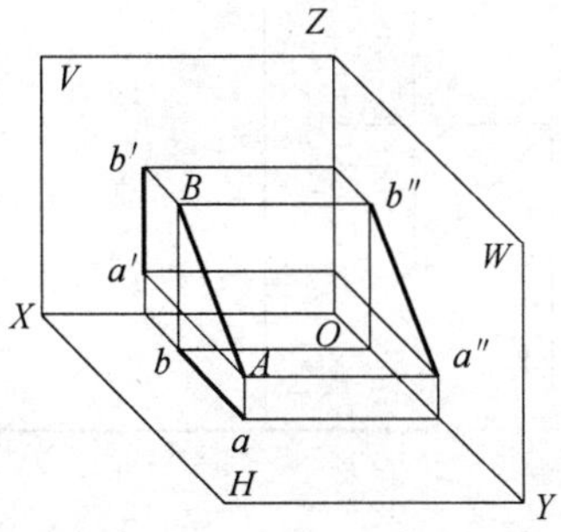	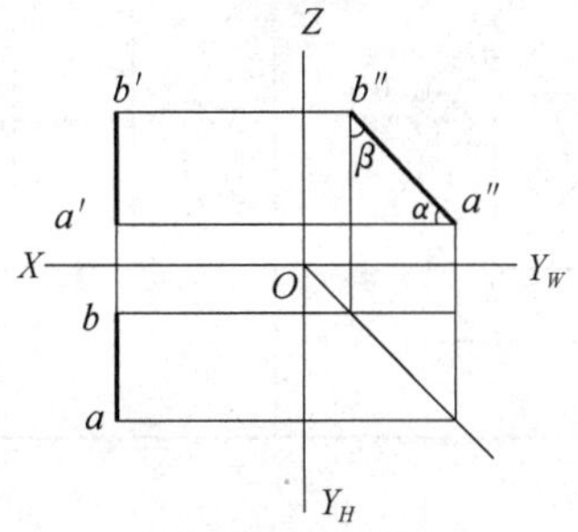	

2. 投影面垂直线的投影

与某一个投影面垂直的直线统称为投影面垂直线，如表 3.2 所示。投影面垂直线也有三种情况：

（1）垂直于 H 面（必然平行于 V、W 面）的直线称为铅垂线。

（2）垂直于 V 面（必然平行于 H、W 面）的直线称为正垂线。

（3）垂直于 W 面（必然平行于 H、V 面）的直线称为侧垂线。

表 3.2　投影面垂直线的投影及其投影特性

种类	直观图	投影图	投影特性
铅垂线	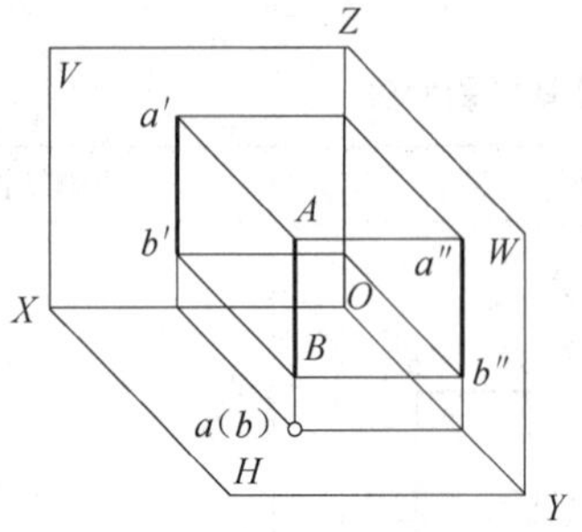 Z V a′ b′ A W a″ X O B b″ a(b) H Y	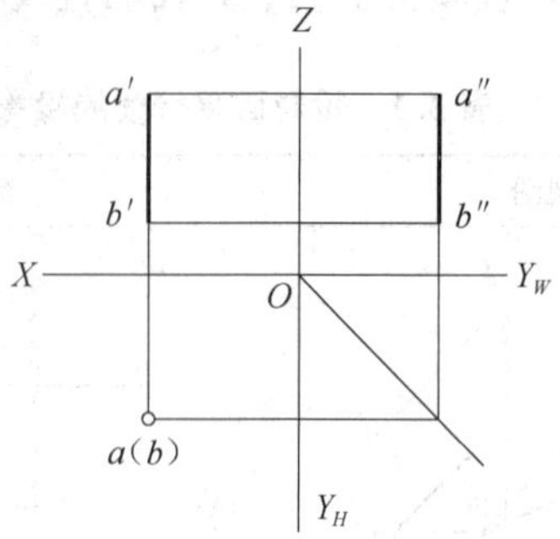 Z a′ a″ b′ b″ X Y_W O a(b) Y_H	一个投影积聚为一点，另外两个投影垂直于相应的投影轴，并反映实长
正垂线	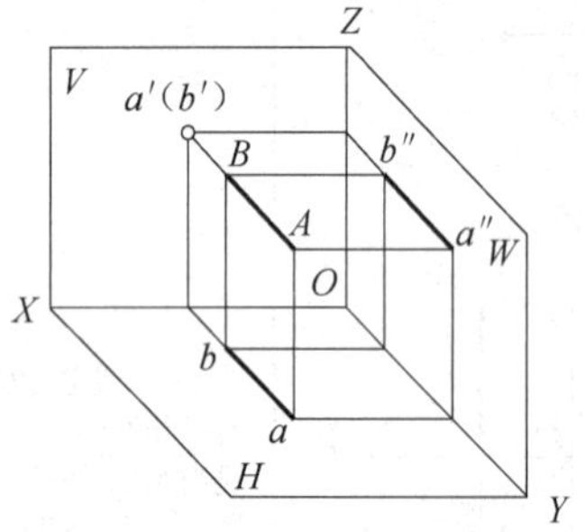 Z V a′(b′) B b″ A a″ W X O b a H Y	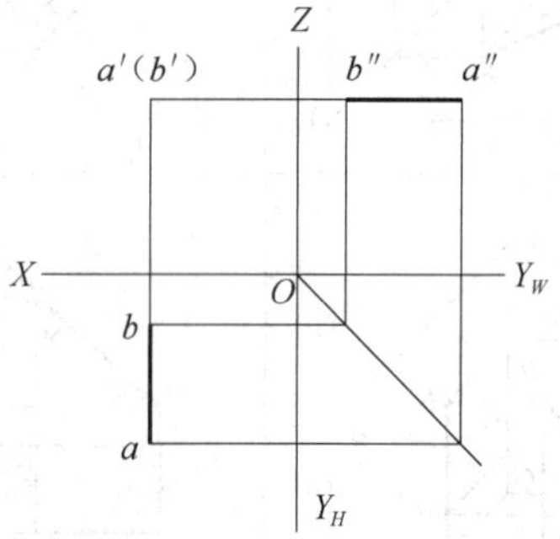 Z a′(b′) b″ a″ X Y_W O b a Y_H	
侧垂线	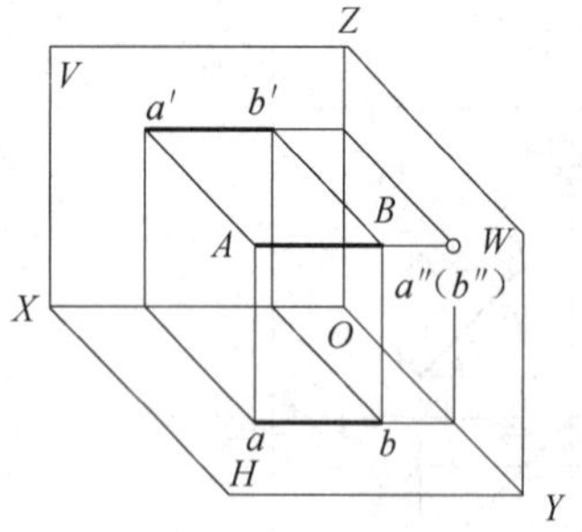 Z V a′ b′ B W A a″(b″) X O a b H Y	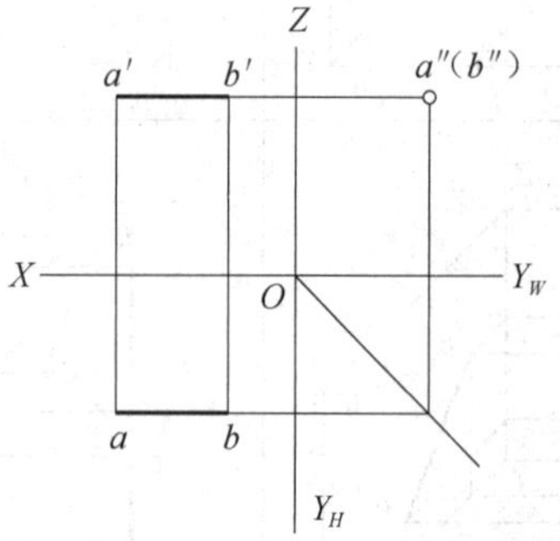 Z a′ b′ a″(b″) X Y_W O a b Y_H	

3. 一般位置直线的投影

对三个投影面均不平行又不垂直的直线称为一般位置直线（简称一般线）。

一般位置直线的三面投影均不反映实长，而且小于实长。其投影与投影轴均倾斜，其夹角也不反映空间直线与投影面的倾角，如图 3.6 所示。

在投影面平行线和投影面垂直线这两类特殊位置直线的三面投影中，至少有一个投影可以反映出直线的实长及其对相应投影面的真实倾角。而对一般位置直线来说，其实长和倾角不能直接在投影图中反映，需用投影作图的方法求得，这种方法就是直角三角形法。

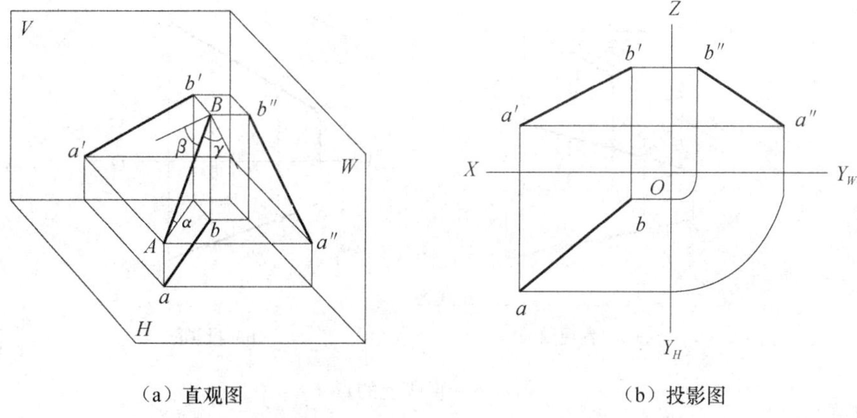

（a）直观图　　（b）投影图

图 3.6　一般位置直线的投影

用直角三角形法求一般位置直线 AB 的实长及 α、β 倾角的过程如图 3.7 所示。

过 A 作 ABo 平行于 ab，则得一直角三角形 ABB_o。在该直角三角形中，$AB_o=ab$，$BB_o=Bb-B_ob=\triangle z$（A、B 两点的 z 坐标差），斜边 AB 为实长，$\angle BAB_o$ 为直线 AB 与 H 面的倾角 α，如图 3.7（a）所示。同理，利用直线的正面投影和其 y 坐标差作直角三角形，可求出它的实长和 β 角；利用直线的侧面投影和其 x 坐标差作直角三角形，可求出它的实长和 γ 角。

由此可见：以直线的某一面投影作为一直角边，以直线两端点对该面的坐标差为另一直角边，构成一直角三角形，其中斜边就是直线的实长，斜边与投影的夹角就是直线与该投影面的倾角，如图 3.7（b）所示。

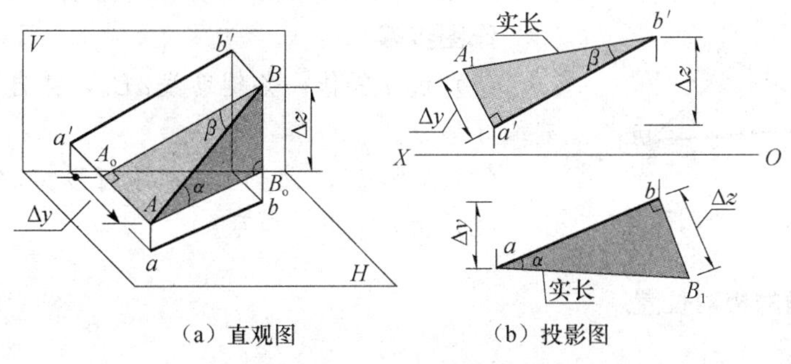

（a）直观图　　（b）投影图

图 3.7　直角三角形法

3.2.2　直线上的点

1. 直线上点的投影规律

直线上的点的投影必在直线的同面投影上并符合点的投影规律，这是正投影的从属性。如图 3.8 所示，点 C 在直线 AB 上，则必有 c 在 ab 上，c'在 $a'b'$ 上，c''在 $a''b''$ 上，并且 c、c'、c''符合点的投影规律。而点 K 不在直线 AB 上，所以点 K 的投影也不全在直线 AB 的投影上。

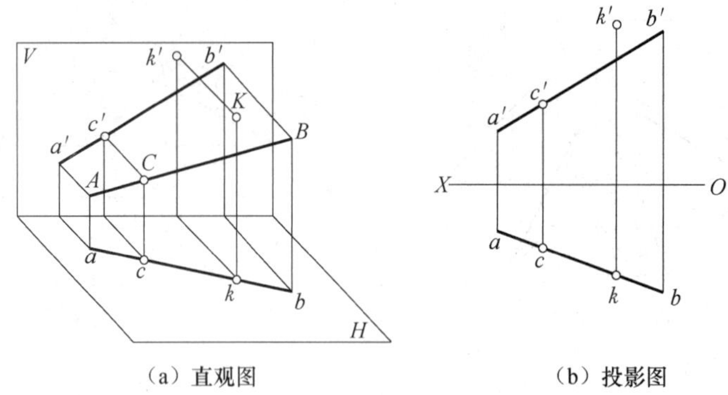

（a）直观图　　（b）投影图

图 3.8　直线上的点

2. 定比性

直线上一点把直线分成两段，其长度之比，等于这两段在同一投影面上的投影长度之比。如图 3.8 所示，点 C 将 AB 分为 AC 和 CB 两段，由于同一投影面的投射线互相平行，因此很容易证明，$AC : CB = ac : cb = a'c' : c'b' = a''c'' : c''b''$，即点分直线成定比，该点的投影也分直线的同面投影成相同的比例。

【例 3.3】 已知直线 AB 的两面投影 ab 和 $a'b'$，试在其上取一点 C，使 $AC : CB = 1 : 2$，如图 3.9 所示。求作点 C 的投影。

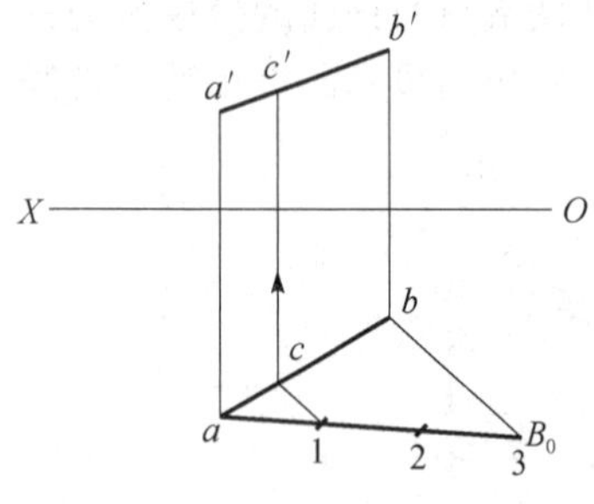

图 3.9　求直线上一点的投影

分析

根据定比性，$AC : CB = ac : cb = a'c' : c'b' = 1 : 2$，只要将 ab 或 $a'b'$ 分成三等分即可求出 c 和 c'。

作图步骤

（1）过 a 任作一条辅助线 aB_0，并自 a 点起在其上截取 3 等分。

（2）连接 $b3$，过点 1 作其平行线交 ab 于 c。

（3）由 c 作出 c' 即可。

3.2.3　两直线的相对位置

空间两直线的相对位置有平行、相交、交叉三种情况。

1. 平行两直线

空间平行的两直线，其同面投影也一定互相平行（或重合）。反之，若两直线的三面投影都互相平行，则空间两直线也互相平行。如图 3.10 所示，空间两直线 $AB /\!/ CD$，则 $ab /\!/ cd$、$a'b' /\!/ c'd'$、$a''b'' /\!/ c''d''$，并且 $AB : CD = ab : cd = a'b' : c'd' = a''b'' : c''d''$。

若要在投影图上判断两条一般位置直线是否平行，只要看它们的两个同面投影是否平行即可，如图 3.11（a）所示。但对于投影面平行线，则必须根据其第三面投影来判别，如图 3.11（b）所示。

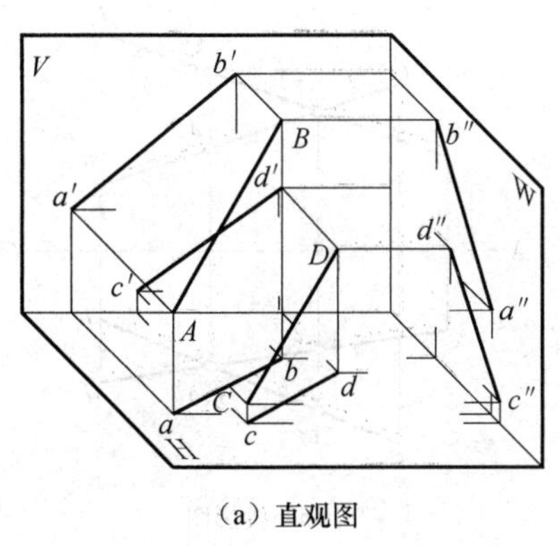

(a)直观图

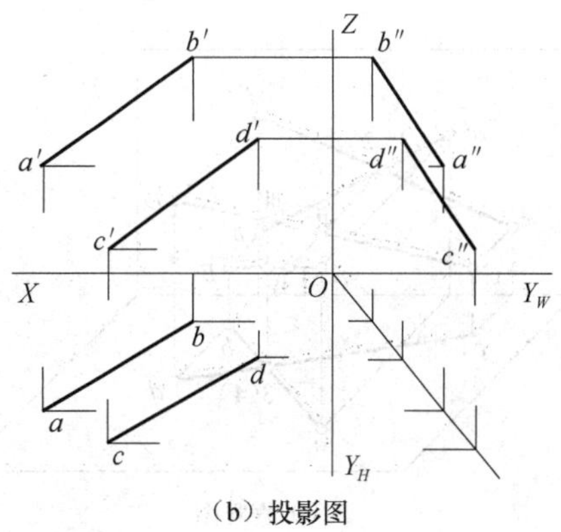

(b)投影图

图 3.10 平行两直线

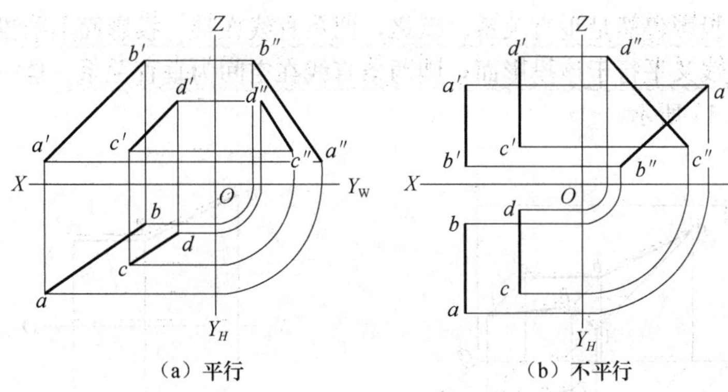

(a)平行　　(b)不平行

图 3.11 判断空间两直线是否平行

2. 相交两直线

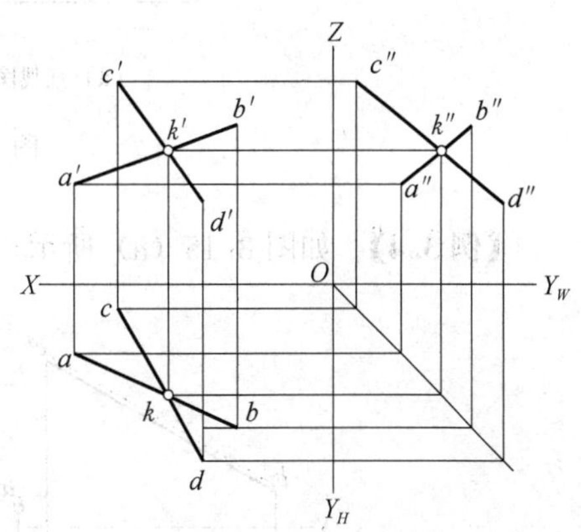

图 3.12 相交两直线

如果空间两直线相交，则其同面投影必定相交或重合，且交点符合点的投影规律。反之，如果两直线的同面投影相交，且交点符合点的投影规律，则该两直线在空间也一定相交，如图 3.12 所示。

3. 交叉两直线

如果空间两直线既不平行也不相交，则称为交叉两直线，如图 3.13（a）所示。交叉直线在空间不相交，然而其同面投影有可能相交，这是由于两直线上点的同面投影重影所致，而且要判断可见性，如图 3.13（b）所示。

4. 直角的投影

两直线在空间垂直相交或交叉，其中的一条直线平行于某一投影面，则这两条直线

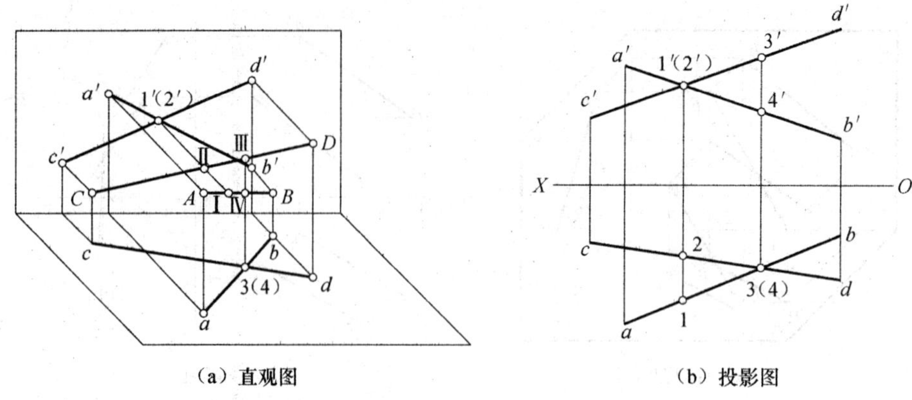

（a）直观图　　（b）投影图

图 3.13　交叉两直线的投影

在该投影面上的投影仍然是垂直关系。反之，两条直线在某一投影面上的投影是垂直关系，其中一条直线又平行于该投影面，则两条直线在空间为垂直关系。这一性质称为直角定理，如图 3.14 所示。

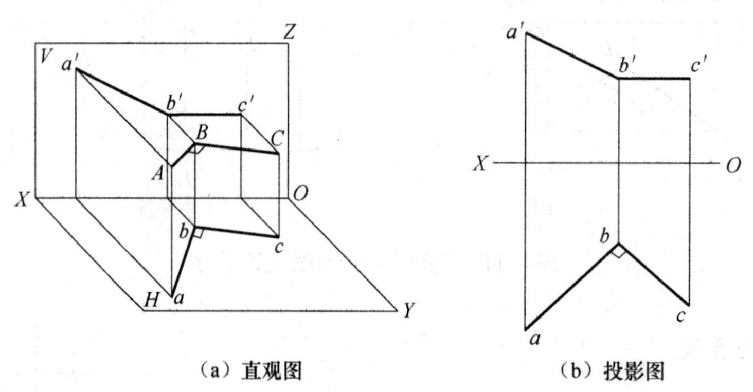

（a）直观图　　（b）投影图

图 3.14　直角的投影

【例 3.4】　如图 3.15（a）所示，求点 A 到正平线 BC 的距离及其投影。

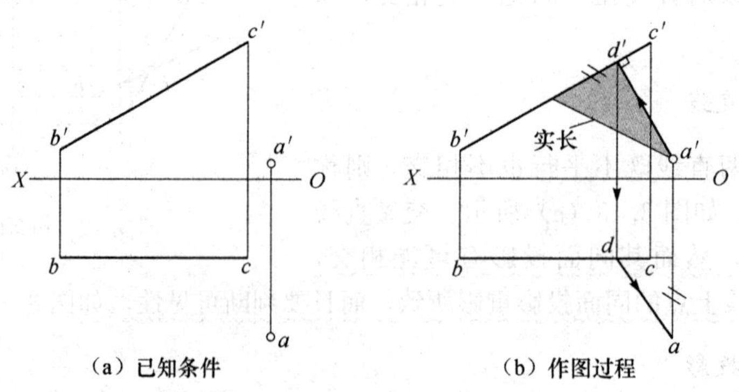

（a）已知条件　　（b）作图过程

图 3.15　求点到直线的距离示例

分析

点 A 到 AB 的距离 $AD \perp BC$，因为 BC 为正平线，所以在正面投影上能反映直角关系。

作图步骤

如图 3.15（b）所示。

（1）过 a' 作 $a'd' \perp b'c'$，垂足是 d'。

（2）根据点的投影规律作出 d，进而作出 AD 的两面投影。

（3）利用直角三角形法求出 AD 实长。

3.3 平面的投影

3.3.1 平面的表示方法

在投影图上可以用下列任何一组几何元素的投影表示平面，如图 3.16 所示。

（1）不在同一直线上的三个点，如图 3.16（a）所示。

（2）一直线和直线外一点，如图 3.16（b）所示。

（3）相交两直线，如图 3.16（c）所示。

（4）平行两直线，如图 3.16（d）所示。

（5）任意平面图形，如图 3.16（e）所示。

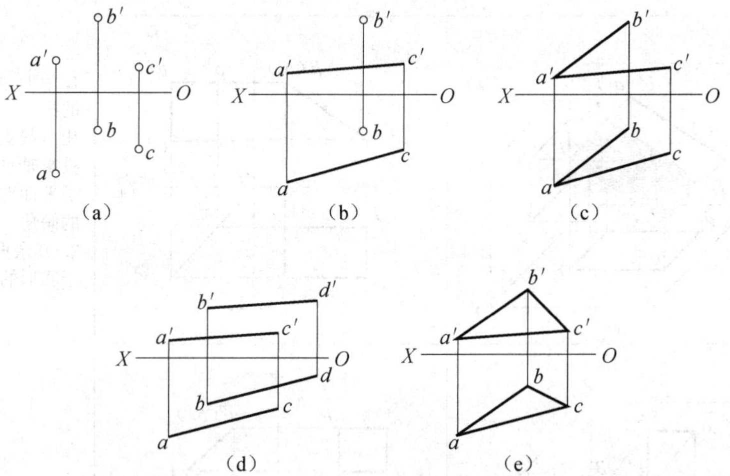

图 3.16 平面的表示方法

从图中可以看出，上述几种表示方法可以互相转换，但同一平面无论采用何种形式表示，其空间位置始终不变。

3.3.2 各种位置平面的投影

根据空间平面相对于投影面的位置，平面可分为一般位置平面、特殊位置平面两大类。特殊位置平面又分为投影面平行面和投影面垂直面。平面与投影面 H、V、W 的夹角称为平面的倾角，分别用 α、β、γ 表示。

1. 投影面垂直面

在三面投影体系中，垂直于一个投影面并且倾斜于另外两个投影面的平面，称为投影面垂直面。如表3.3所示，投影面垂直面有三种：

（1）垂直于 H 面并且倾斜于 V、W 面的平面，称为铅垂面。

（2）垂直于 V 面并且倾斜于 H、W 面的平面，称为正垂面。

（3）垂直于 W 面并且倾斜于 H、V 面的平面，称为侧垂面。

表3.3　投影面垂直面的投影及特性

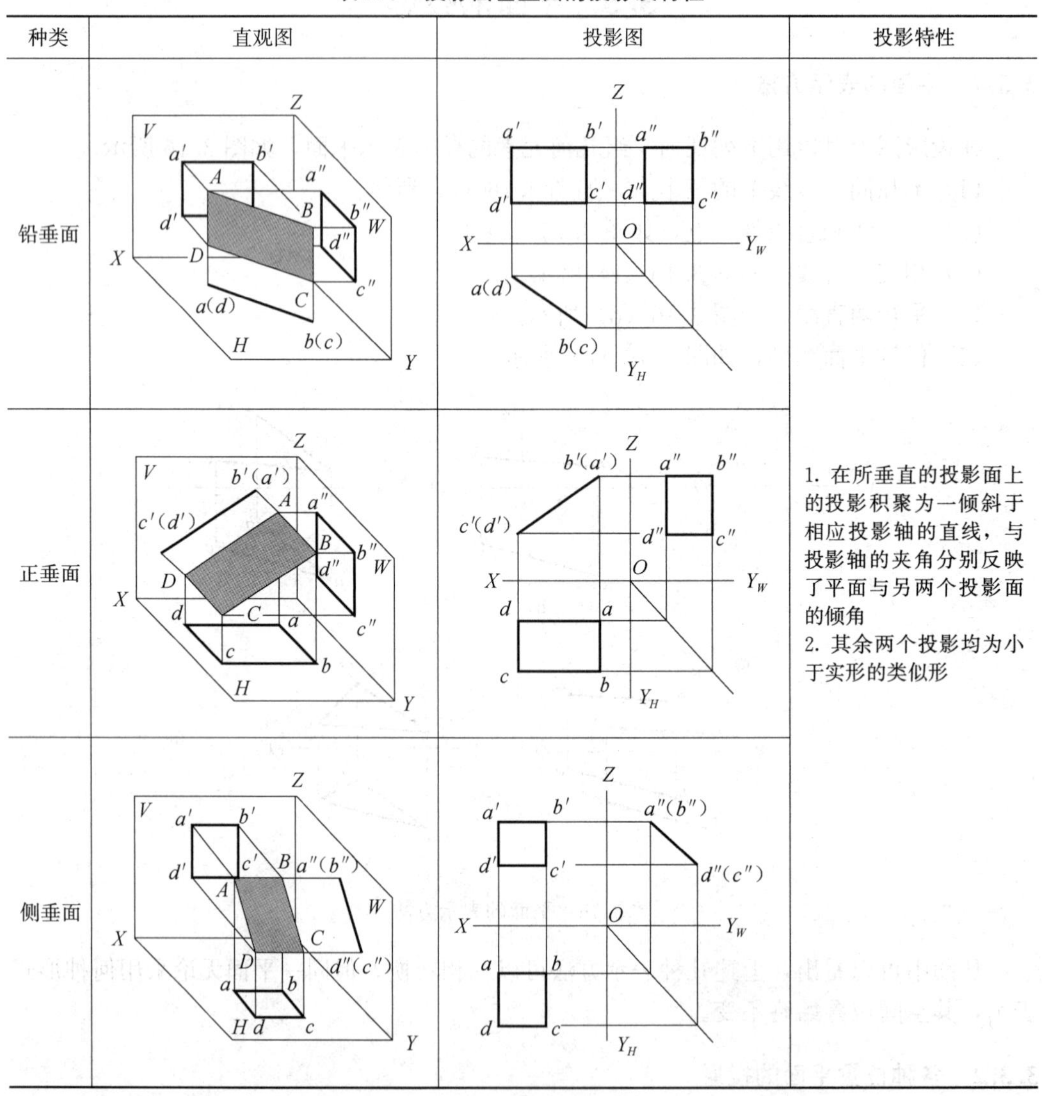

种类	直观图	投影图	投影特性
铅垂面			
正垂面			1. 在所垂直的投影面上的投影积聚为一倾斜于相应投影轴的直线，与投影轴的夹角分别反映了平面与另两个投影面的倾角 2. 其余两个投影均为小于实形的类似形
侧垂面			

根据投影面垂直面的投影特性，可由投影图判断平面的空间位置。若三个投影中有一个投影是倾斜于相应投影轴的直线，另外两投影是相似图形，则此平面一定是投影面垂直面。

2. 投影面平行面

在三投影面体系中，平行于一个投影面（则必然垂直于另外两个投影面）的平面，称为投影面平行面。如表 3.4 所示，投影面平行面有三种：

（1）平行于 H 面（则必然垂直于 V、W 面）的平面，称为水平面。

（2）平行于 V 面（则必然垂直于 H、W 面）的平面，称为正平面。

（3）平行于 W 面（则必然垂直于 H、V 面）的平面，称为侧平面。

表 3.4　投影面平行面的投影及特性

种类	直观图	投影图	投影特性
水平面	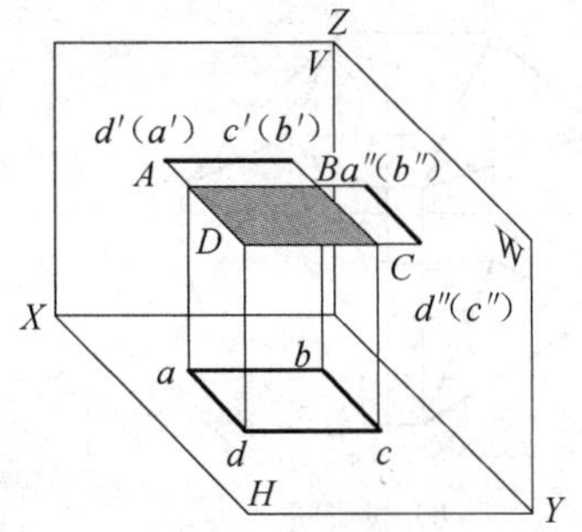	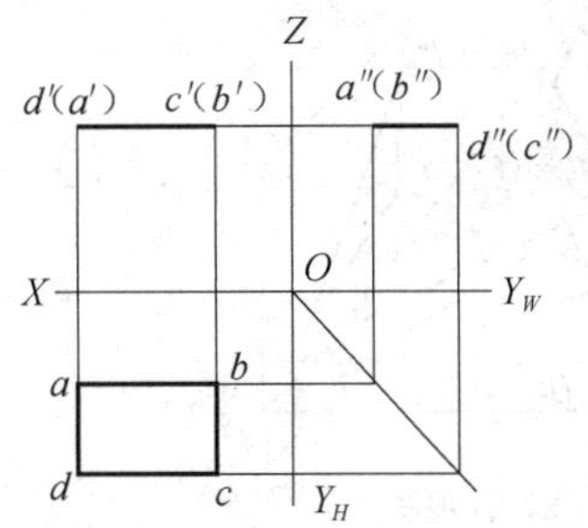	
正平面	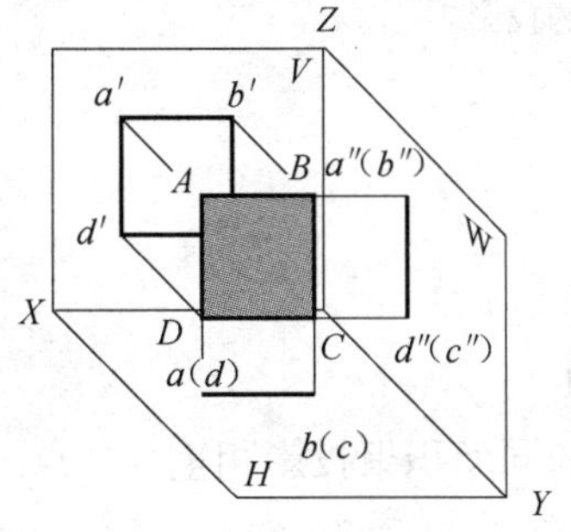	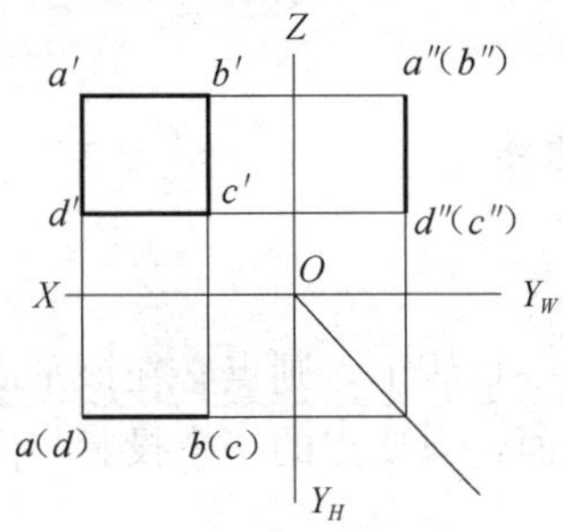	1. 在所平行的投影面上的投影反映实形 2. 其余两个投影均是积聚为平行于相应投影轴的直线
侧平面	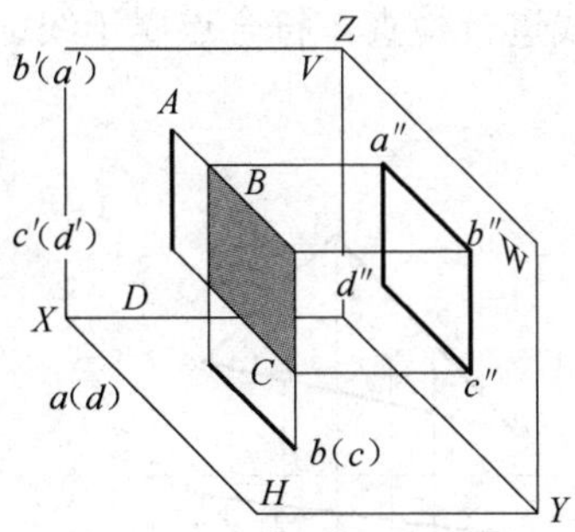	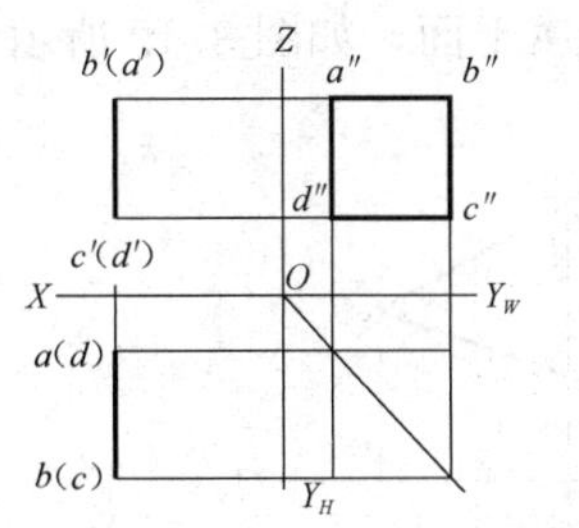	

根据投影面平行面的投影特性，可由投影图判断平面的空间位置。若三个投影中有两条平行于相应投影轴的直线，另一投影是平面图形，则此平面一定是投影面平行面。

3. 一般位置平面

在三投影面体系中，与三个投影面均倾斜的平面，称为一般位置平面。如图 3.17 所示，△ABC 即为一般位置平面。

一般位置平面的投影特性为：三个投影均为小于实形的类似形，均不反映真实倾角。

根据这一性质，可以判断平面的空间位置，若三个投影均为相似的平面图形，则此平面一定为一般位置平面。

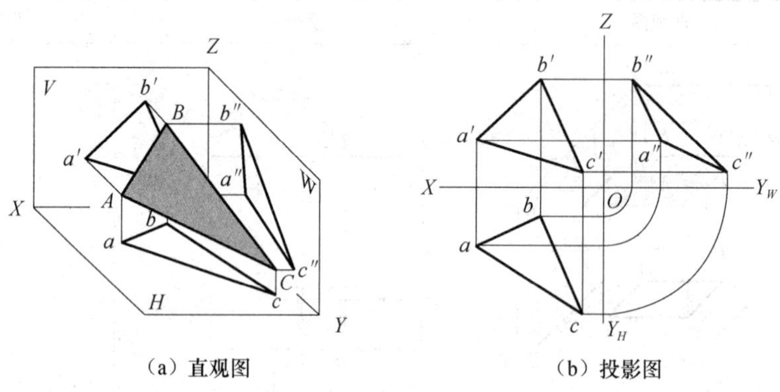

图 3.17　一般位置平面的投影

3.3.3　平面上的点和直线

1. 平面上的点

若点在平面内的任一直线上，则点必在该平面上。

对于特殊位置的平面，只要点的一个投影与面的同面积聚投影相重合，点一定属于平面，如图 3.18 所示。

而对于一般位置平面，则需要利用面内的辅助线进行检查，符合点属于线、线属于面的规律，才能确定点属于面，如图 3.19 所示。

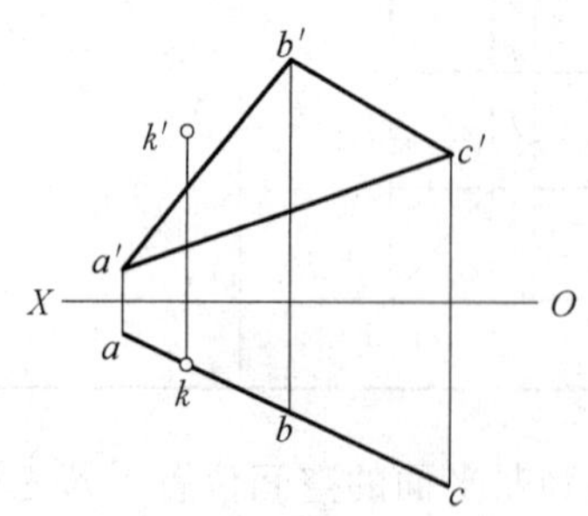

图 3.18　点 K 在铅垂面上

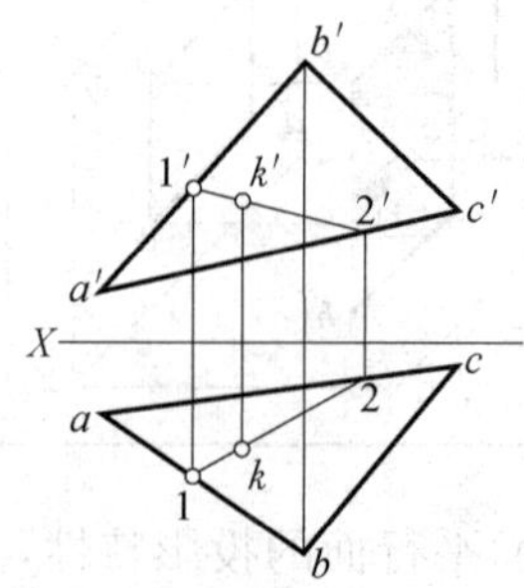

图 3.19　点 K 在一般位置平面上

【例 3.5】 如图 3.20（a）所示，判断点 M 是否在平面 $ABCD$ 内。

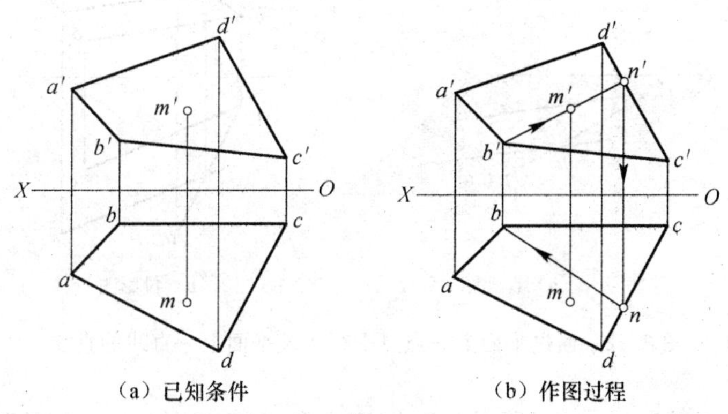

（a）已知条件　　（b）作图过程

图 3.20　判别点是否在平面上

分析

若点 M 在平面 $ABCD$ 内，则一定在平面 $ABCD$ 内的一条直线上，否则就不在平面 $ABCD$ 内。

作图步骤

（1）连接点 $b'm'$，并延长到直线 $c'd'$，且相交于点 n。

（2）由 n' 求出 n，连接 b、n。由图可知，点 m 不在 bn 上，所以点 M 不在平面 $ABCD$ 内，如图 3.20（b）所示。

2. 平面上的直线

若一直线通过平面上的两点，或通过一个已知点且平行于该平面上的另一已知直线，则此直线必定在该平面上。

如图 3.21（a）所示，相交直线 AB 与 BC 构成一平面，在 AB、BC 上各取一点 M 和 N，则过 M、N 两点的直线一定在该平面内。其投影图作法如图 3.21（b）所示。

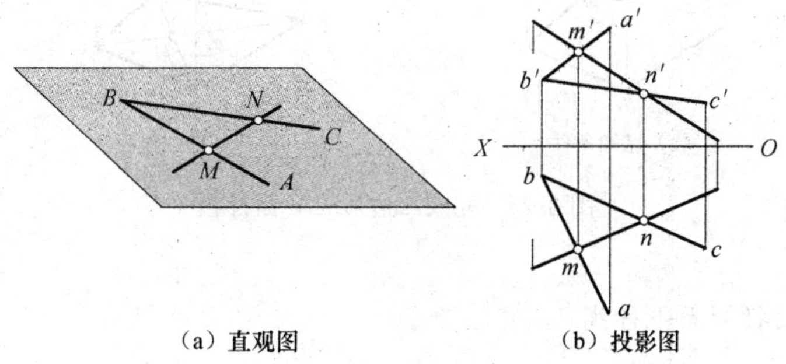

（a）直观图　　（b）投影图

图 3.21　通过平面上两点的直线

如图 3.22（a）所示，相交直线 AB 和 BC 构成一平面，点 L 是直线 AB 上一点，过点 L 作直线 $LK \parallel BC$，则直线 LK 一定在该平面内。其投影图作法如图 3.22（b）所示。

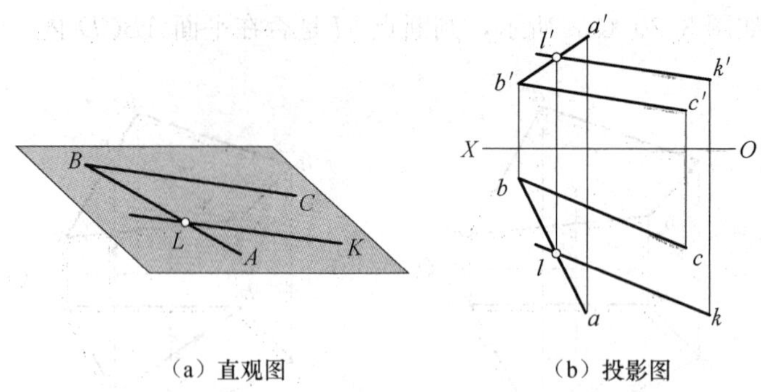

（a）直观图　　（b）投影图

图3.22　通过平面上一点且平行于该平面上一直线的直线

【例3.6】 如图3.23（a）所示，已知四边形$ABCD$的H面投影和其中两边的V面投影，试完成四边形的V面投影。

分析　四边形$ABCD$与$\triangle ABC$属同一平面，点D是该平面内一点，用上例所示方法，即可求得d'，进而作出四边形$ABCD$的正面投影。

作图步骤

（1）连接AC同面投影$a'c'$、ac。

（2）连接bd与ac交于k，根据投影关系作出k'。

（3）连接$b'k'$并延长，依投影关系作出d'。

（4）连接$a'b'c'd'$完成其正面投影，如图3.23（b）所示。

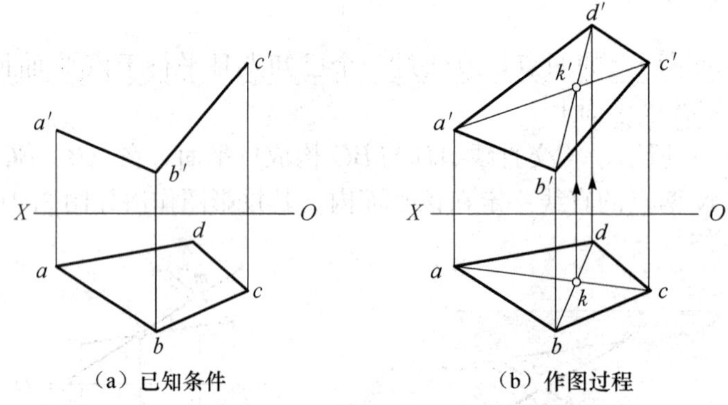

（a）已知条件　　（b）作图过程

图3.23　完成四边形的V面投影

3. 平面上的投影面平行线

平面上的投影面平行线有三种：在平面上，平行于H面的称为平面上的水平线；平行于V面的称为平面上的正平线；平行于W面的称为平面上的侧平线。如图3.24（a）所示。

平面上的投影面平行线既满足直线在平面上的条件，又符合投影面平行线的投影特

性。如图3.24（b）所示，在平面 ABC 内作一水平线 MN。因其是水平线，$m'n'$ // OX，又因 MN 在平面上，所以先由正面投影求得 $m'n'$，再依据从属关系求出 mn。

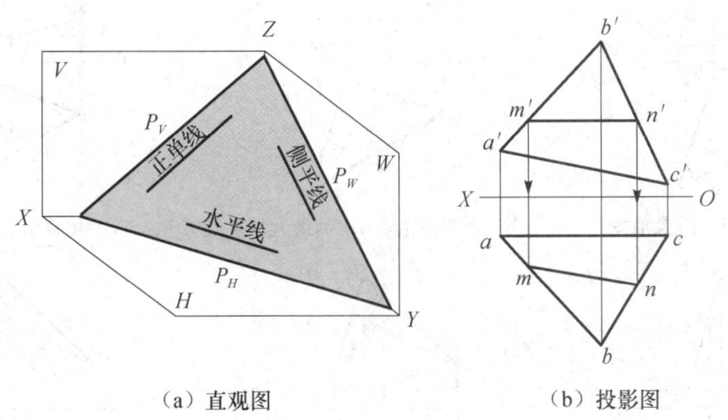

（a）直观图　　（b）投影图

图3.24　平面上的投影面平行线

4. 平面上的最大坡度线

平面上对投影面倾角最大的直线称为平面上对该投影面的最大坡度线，最大坡度线必垂直于该平面上的同面平行线。最大坡度线与 V、H、W 投影面的倾角，即为平面与相应投影面的倾角 α、β、γ。

如图3.25所示，最大坡度线有三种：

• 垂直于平面上水平线的称为对 H 面的最大坡度线；

• 垂直于平面上正平线的称为对 V 面的最大坡度线；

• 垂直于平面上侧平线的称为对 W 面的最大坡度线。

平面上对 V、H、W 面的最大坡度线的 V、H、W 面投影必分别垂直于平面上的正平线、水平线和侧平线的同面投影。

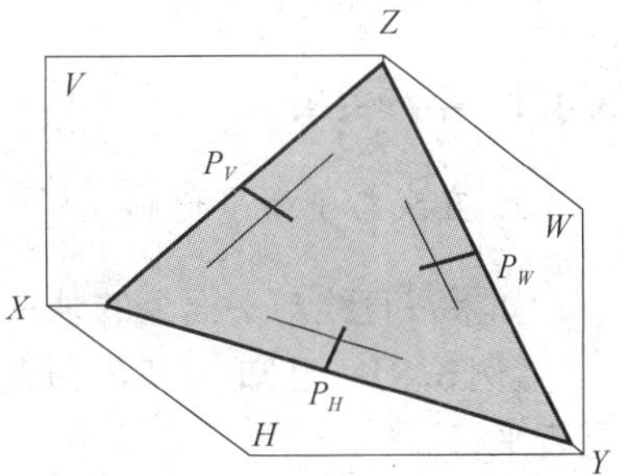

图3.25　平面上的最大坡度线

【例3.7】 求作平面 ABC 对 H、V 面的倾角 α、β，如图3.26所示。

分析　根据平面上对投影面的最大坡度线的投影特性，先求出平面 ABC 上的 H 面及 V 面的最大坡度线，再利用直角三角形法求出 α、β 角，即为所求。

作图步骤

（1）过 a' 作 $a'd'$ // OX 轴，由投影关系作出 ad，如图3.26（a）所示。

（2）过 b 作 $be \perp ad$，交 ac 于点 e，如图3.26（b）所示。

（3）用直角三角形法求出 α 角，如图3.26（c）所示。

用同样的方法可求出该平面的 β 角，如图3.26（e，f）所示。

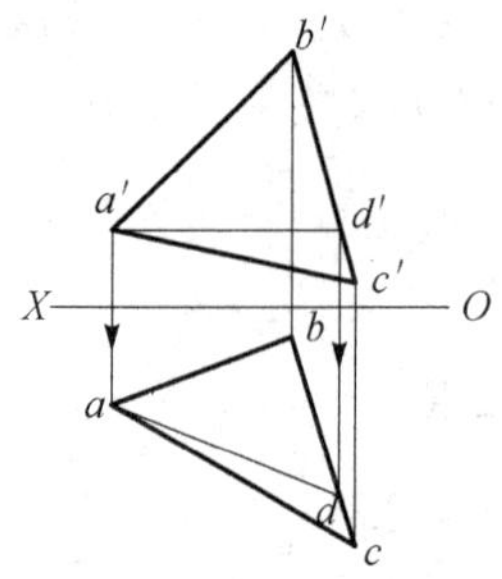

（a）作平面上的水平线

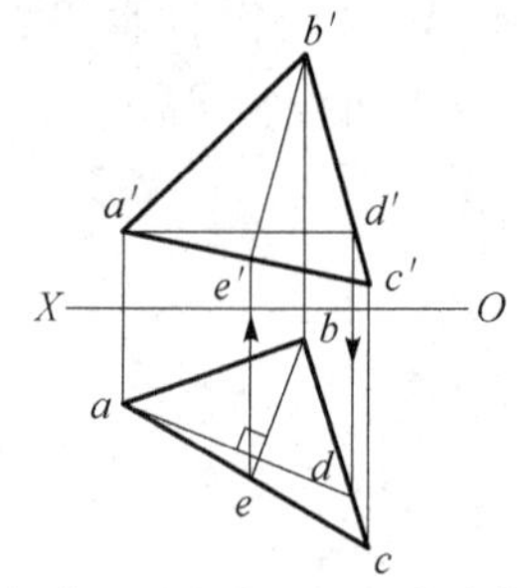

（b）作平面上对H面的最大坡度线

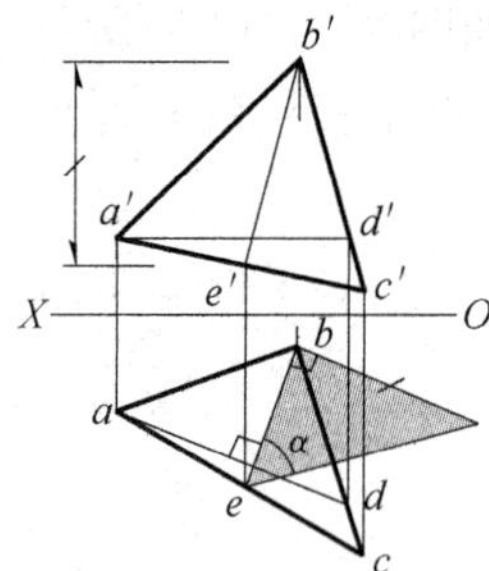

（c）用直角三角形法求出α

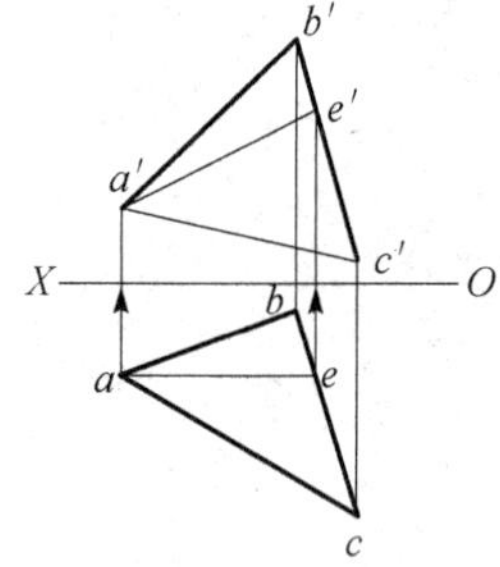

（d）作平面上的正平线

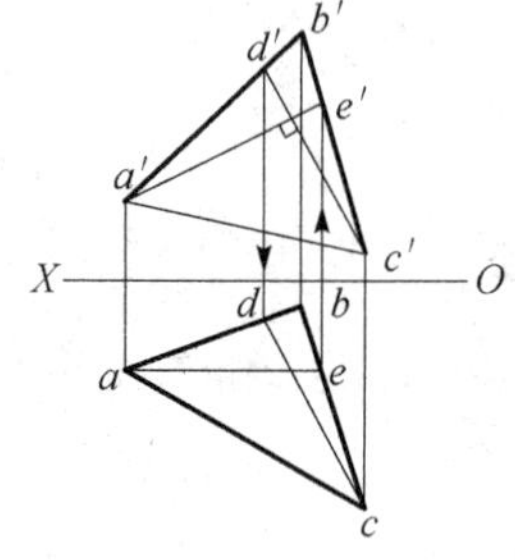

（e）作平面上对V面的最大坡度线

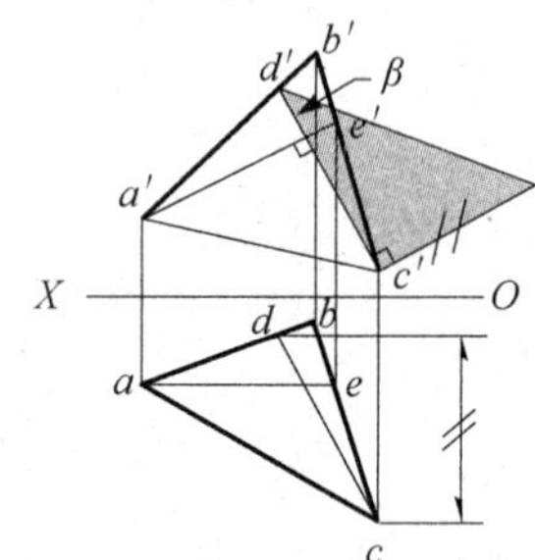

（f）用直角三角形法求出β

图 3.26　求平面的倾角 α 和 β

3.4　直线与平面，平面与平面

3.4.1　平行关系

1. 直线与平面平行

如果一直线与平面上的某一直线平行，则此直线与该平面互相平行。

【例 3.8】 已知△CEF 和直线 AB，如图 3.27（a）所示。判断直线 AB 和△CEF 是否平行。

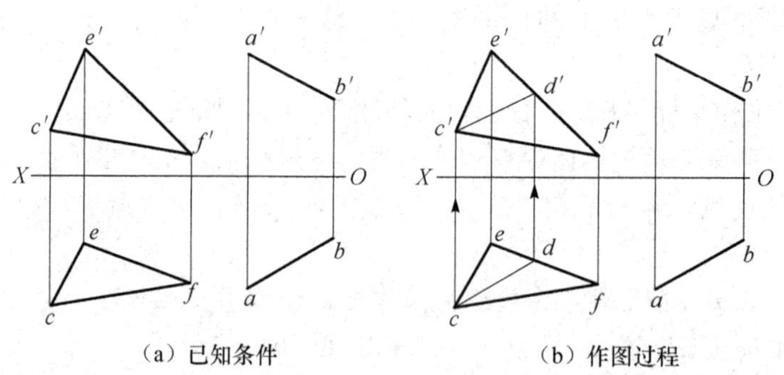

（a）已知条件　　（b）作图过程

图 3.27　判断直线与平面是否平行

分析　要看在△CEF 上是否可作出与 AB 平行的直线。

作图步骤

(1) 在△*CEF*上作一辅助线*CD*，先作出$cd /\!/ ab$，再作出正面投影$c'd'$。

(2) 观察$c'd'$与$a'b'$是否平行。因为$c'd'$与$a'b'$不平行，则*CD*与*AB*不平行，所以直线*AB*与△*CEF*不平行，如图3.27 (b) 所示。

2. 平面与平面平行

如果一个平面内的相交两直线分别平行于另一平面内的相交两直线，则这两个平面互相平行，如图3.28所示。根据上述的几何条件和两直线平行的作图方法，就可以解决平行两平面的作图问题。

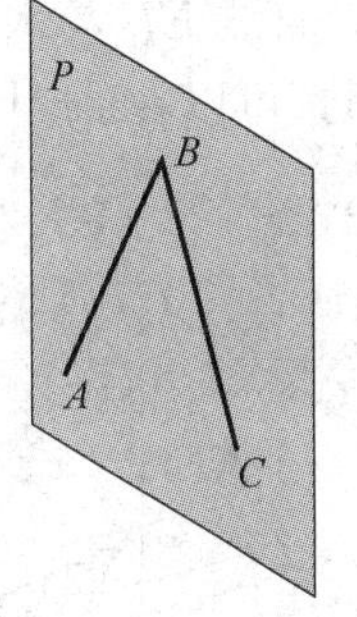

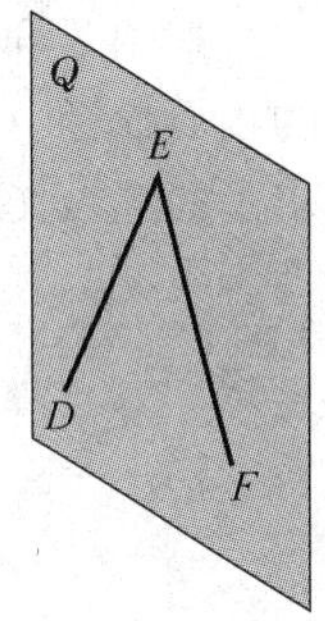

图3.28 平面与平面平行

【例3.9】 如图3.29 (a) 所示，判别平面△*ABC*和△*DEF*是否平行。

分析 根据两平面互相平行的条件，如果能在一平面内作出与另一平面内的一对相交直线对应平行的一对相交直线，则表示这两个平面互相平行。

作图步骤

(1) 作$f'm' /\!/ b'c'$和$f'n' /\!/ a'c'$。

(2) 求作*fm*和*fn*。因为$fm /\!/ bc$、$fn /\!/ ac$，所以$FM /\!/ BC$，$FN /\!/ AC$，这说明两平面内有一对相交直线对应平行，故$\triangle ABC /\!/ \triangle DEF$，如图3.29 (b) 所示。

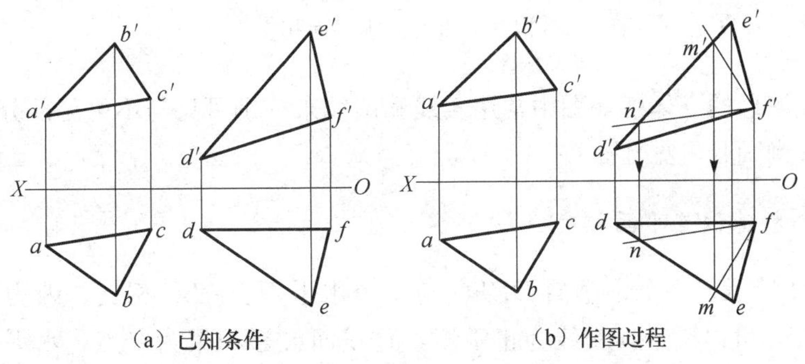

图3.29 判断两平面是否平行

3.4.2 相交关系

直线与平面若不平行(且直线不属于平面)，则一定相交，且直线与平面只能交于一点，该点是直线和平面的共有点，既在直线上又在平面内。因此在求交点的作图过程中，将涉及平面内的直线与点。

平面与平面若不平行(且不重合)，则一定相交。两平面的交线是两平面所共有的，因此如果能求出两平面的两个共有点，或是一个共有点和交线的方向，就可求出两平面的交线。

1. 直线与特殊位置平面相交

特殊位置平面总有一个投影有积聚性，因此当直线与它相交时，就可以从图上直接得出其交点。

如图 3.30 所示，直线 EF 与水平面△ABC 相交。$e'f'$与$a'b'c'$的交点k'便是交点K的正面投影。根据k'，可以在ef上找出其水平投影k。点K（k，k'）即为直线EF与水平面△ABC的交点。

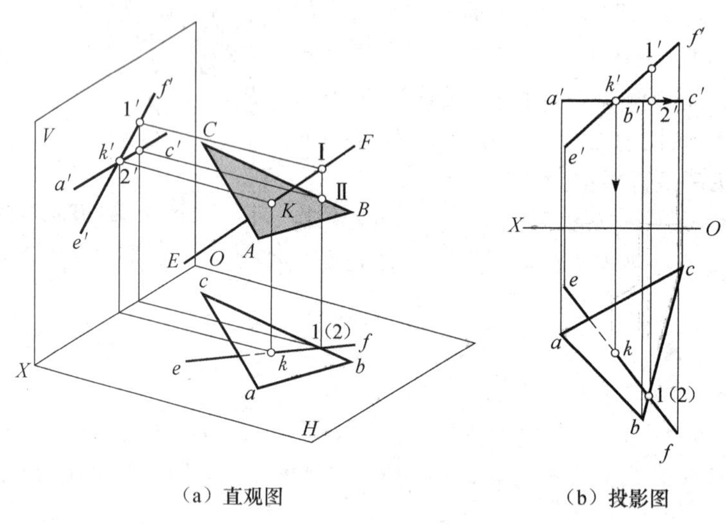

（a）直观图　（b）投影图

图 3.30　直线与水平面相交

为了加强图形的立体感，图中常用实线和虚线来区别可见与不可见部分的投影，并利用重影点来判别其可见性。

2. 平面与特殊位置平面相交

如图 3.31 所示，一个正垂面 $DEFG$ 与一个水平面△ABC 相交。因为这两个平面均与V面垂直，可以确定其交线为正垂线，且正面投影积聚为一点，水平投影为mn。图中虚线表示不可见部分。

如图 3.32 所示，一般位置平面 $DEFG$ 与一个水平面△ABC 相交。因为△ABC 的正面投影有积聚性，所以可直接求出 $DEFG$ 的两个边 DG 和 EF 与△ABC 的交点M（m，m'）和N（n，n'），直线MN即为两平面的交线。

3. 一般位置直线与一般位置平面相交

当直线与平面均处于一般位置时，就不能利用积聚性来求交点，这就需要利用辅助平面。

如图 3.33（b）表示直线 AB 与一般位置平面△DEF 相交。如图 3.33（a）所示，为了求出其交点，可以过直线 AB 作一投影面垂直面（如铅垂面 R），直线 MN 就是平

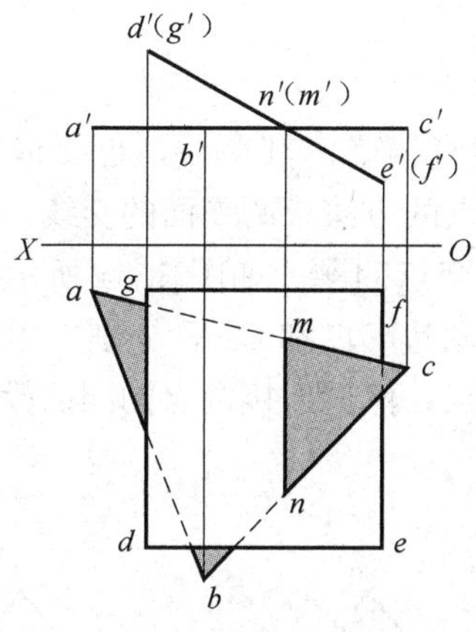

图 3.31 水平面与正垂面相交

图 3.32 一般位置平面与水平面相交

面△*DEF* 与辅助平面 *R* 的交线。交线 *MN* 与已知直线 *AB* 的交点 *K*，即为直线 *AB* 与平面△*DEF* 的交点。

根据以上分析，可以按照如下步骤求出线面交点：

(1) 过直线 *AB* 作一辅助平面（铅垂面 *R*），如图 3.33（c）所示。

(2) 作出交线 *MN* 的投影 *mn*，*m′n′*，如图 3.33（d）所示。

(3) 求交线 *MN* 与直线 *AB* 的交点 *K* 的投影 *k*，*k′*，如图 3.33（e）所示。

(4) 利用重影点，判别 *V* 面及 *H* 面投影的可见性，如图 3.33（f）、(g) 所示。

(5) 整理结果如图 3.33（h）所示。

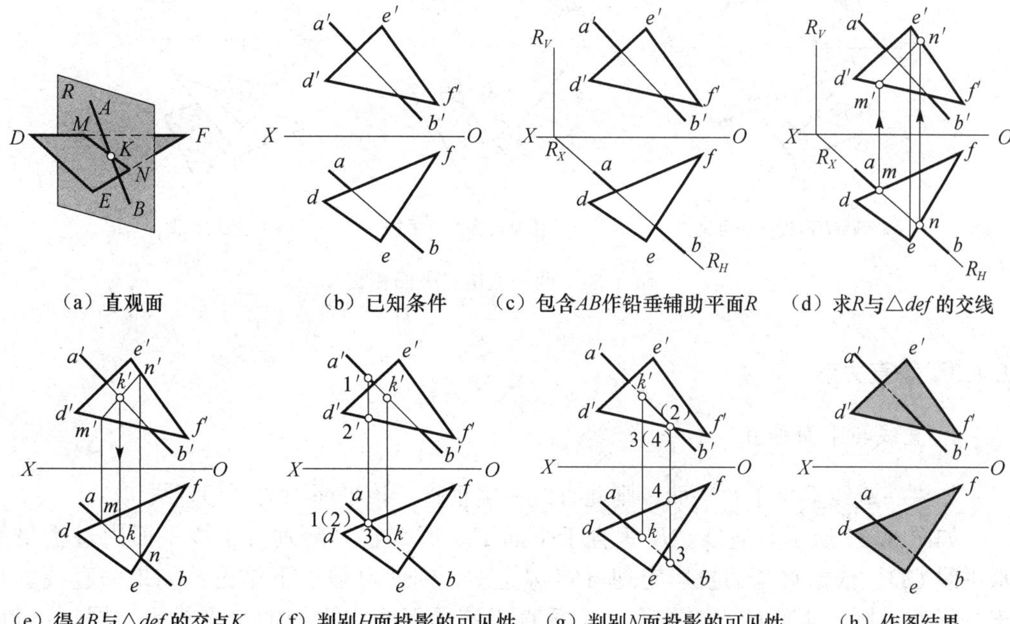

(a) 直观面　(b) 已知条件　(c) 包含*AB*作铅垂辅助平面*R*　(d) 求*R*与△*def* 的交线

(e) 得*AB*与△*def* 的交点*K*　(f) 判别*H*面投影的可见性　(g) 判别*N*面投影的可见性　(h) 作图结果

图 3.33 一般位置直线与一般位置平面相交

4. 两个一般位置平面相交

在相交两平面都是一般位置的情况下，不能直接确定其交线，也要借助于辅助平面。可以利用求一般位置直线与一般位置平面交点的方法求两平面的交线。这样便把求平面与平面的交线问题，转化为求直线与平面的交点问题。如图 3.34 所示，两个平面△*ABC* 与△*DEF* 相交，求交线。任取△*ABC* 的两边 *DE* 和 *DF*，分别求出它们与另一平面的交点，这两个交点是两个平面的两个共有点，然后连接两点的同面投影就得到两平面的交线。

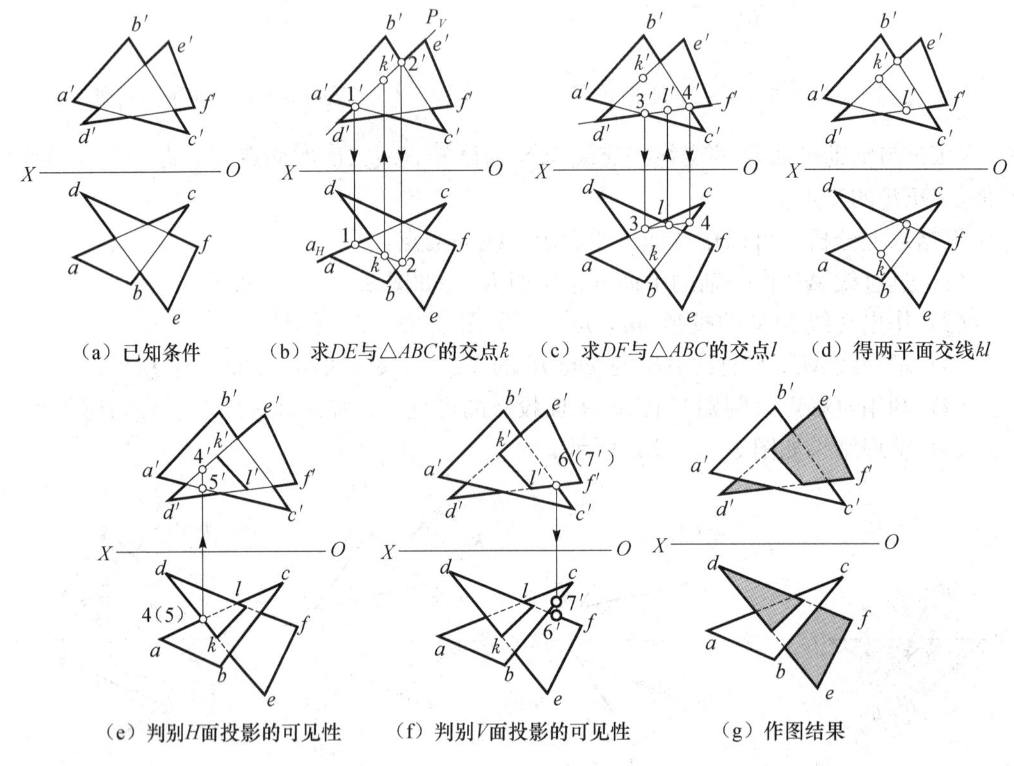

(a) 已知条件　(b) 求*DE*与△*ABC*的交点*k*　(c) 求*DF*与△*ABC*的交点*l*　(d) 得两平面交线*kl*

(e) 判别*H*面投影的可见性　(f) 判别*V*面投影的可见性　(g) 作图结果

图 3.34　两一般位置平面相交

3.4.3　垂直关系

1. 直线与平面垂直

如果一直线垂直于一平面，则此直线一定垂直于该平面内的一切直线。

如图 3.35 所示，直线 *AK* 垂直于平面 *P*，那么它一定垂直于该平面内过垂足的水平线 *CD*。依据直角的投影定理可知 $ak \perp cd$，因此可得以下结论：如果一直线垂直于一平面，则该直线的水平投影一定垂直于该平面上水平线的水平投影。同理可得，如果一直线垂直于一平面，则该直线的正面投影一定垂直于该平面上正平线的正面投影。

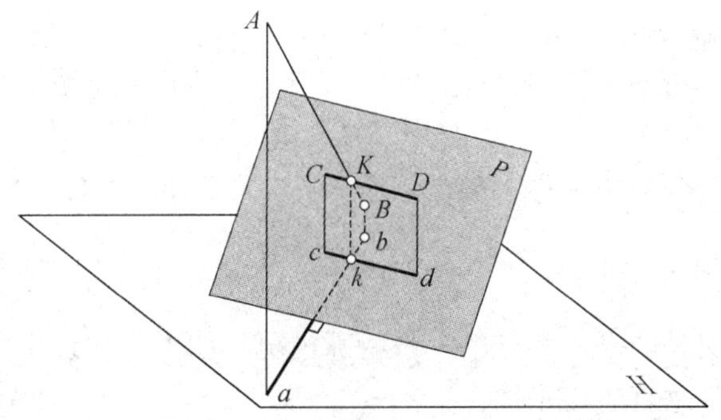

图 3.35　直线与平面垂直

【例 3.10】 求点 D 到平面△ABC 的距离，如图 3.36（a）所示。

分析　距离问题就是垂直问题。先过点 D 作平面△ABC 的垂线，再求出垂足 K，然后利用直角三角形法求出 DK 的实长。

作图步骤

（1）在平面△ABC 上作一条正平线 AF 和一条水平线 AL，即作 $af /\!/ OX$，$a'l' /\!/ OX$；如图 3.36（b）所示。

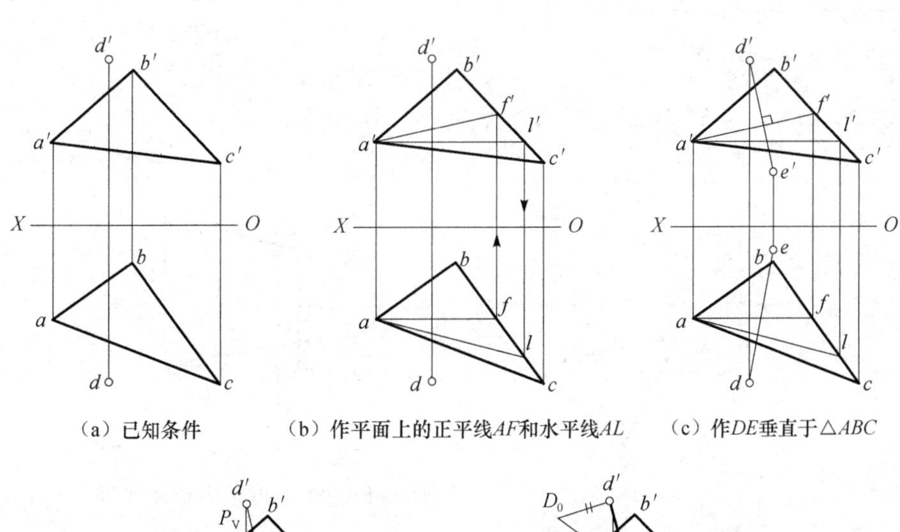

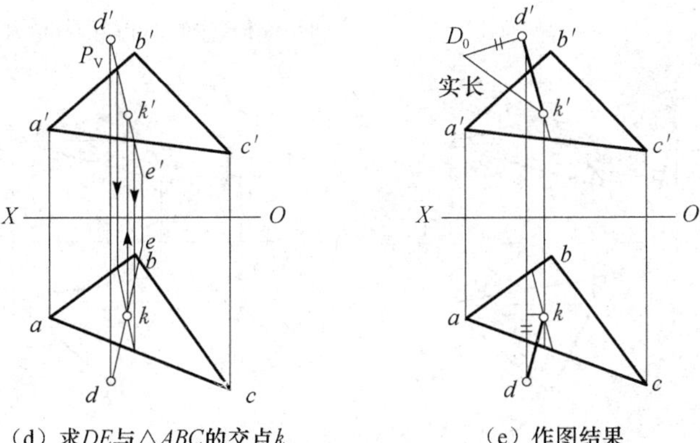

图 3.36　求点到平面的距离示例

(2) 作 $d'e' \perp a'f'$，$de \perp al$，如图 3.36 (c) 所示。

(3) 求出 DE 与 $\triangle ABC$ 的交点 K，即为垂足；(利用一般位置直线与一般位置平面相交找交点的方法) 如图 3.36 (d) 所示。

(4) 利用直角三角形法求得 DK 的实长 D_0k，如图 3.36 (e) 所示。

2. 平面与平面垂直

两平面垂直相交是两平面相交的一种特殊情况。如果一直线垂直于一平面，则包含此直线的所有平面都垂直于该平面，如图 3.37 所示。

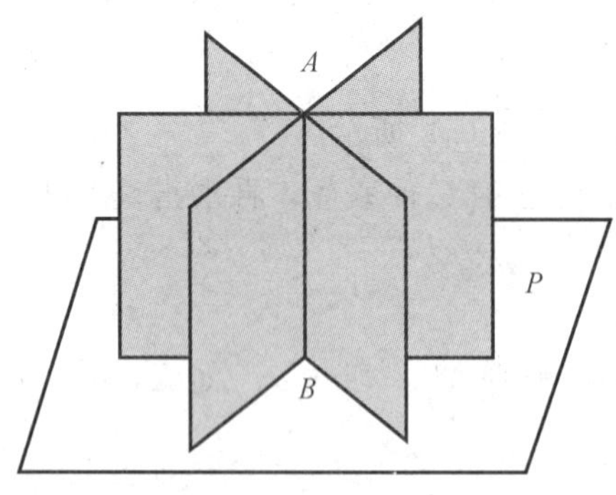

图 3.37 两平面垂直

【例 3.11】 过点 M 作平面与 $\triangle ABC$ 垂直，如图 3.38 所示。

分析 过点 M 作直线 $MF \perp \triangle ABC$，包含 MF 的平面即为所求。

作图步骤

(1) 在平面内作一条正平线 CD (先作 cd 再作 $c'd'$) 和一条水平线 CE (先作 $c'e'$ 再作 ce)，如图 3.38 (b) 所示。

(2) 作 $MF \perp \triangle ABC$ ($m'f' \perp c'd'$，$mf \perp ce$)，如图 3.38 (c) 所示。

(3) 作 MN，则 MNF 即为所求如图 3.38 (d) 所示。

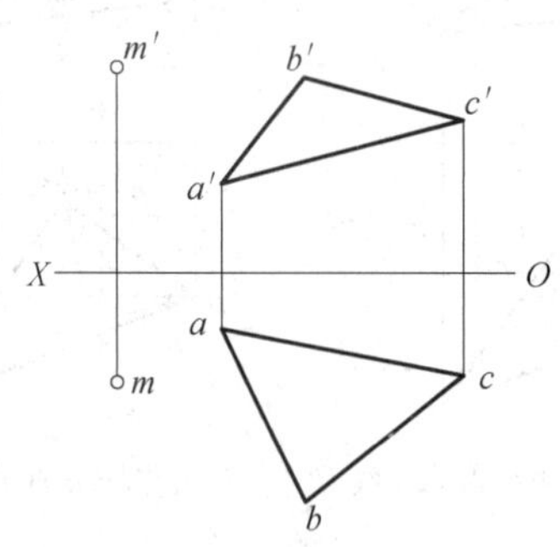

(a) 已知条件

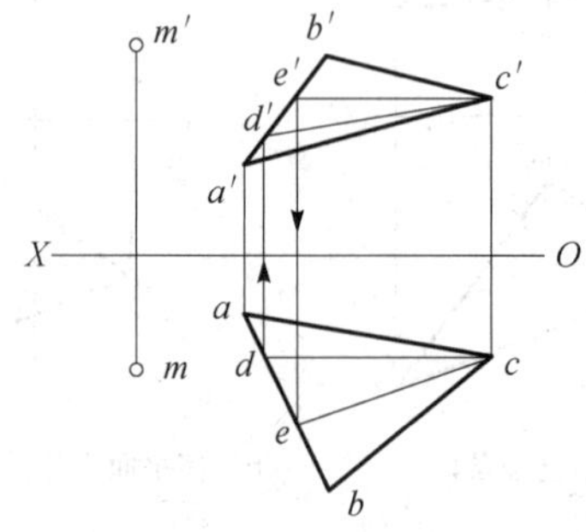

(b) 作平面上的正平线CD和水平线CE

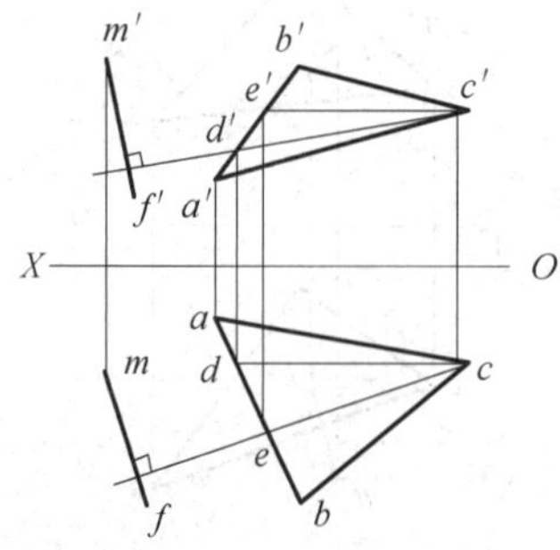

(c) 作MF垂直于ABC

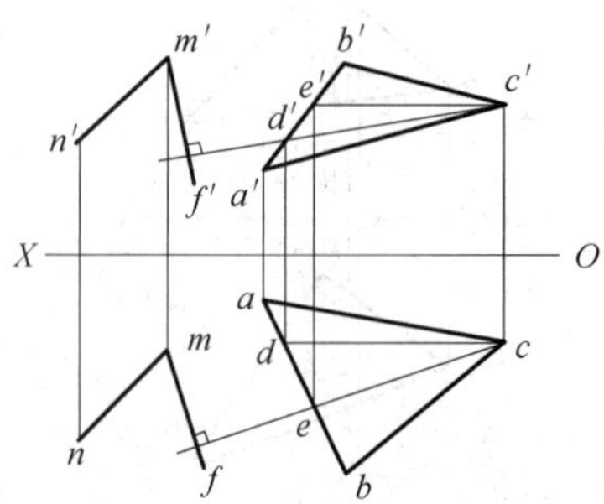

(d) 作MN得作图结果

图 3.38 过点作平面垂直于已知平面

小　结

点、直线、平面是构成形体的基本几何元素，学习和掌握其投影特性和规律，能够为正确理解和表达形体、培养空间思维与空间想象能力打下坚实的基础。本单元主要介绍了点、直线、平面的投影特性及作图方法；直线与平面、平面与平面平行、相交、垂直的投影特性及作图方法。

复习思考题

1. 试述点、直线和平面的投影规律。
2. 点的投影和坐标有什么关系？如何判别两点的相对位置？
3. 什么是重影点？怎样判别重影点的可见性？
4. 一般位置直线的实长和倾角如何求？
5. 平行、相交和交叉的两直线，各有什么投影特性？
6. 直角的投影特性是什么？
7. 平面上取点、取线的几何条件是什么？怎样进行投影作图？
8. 怎样通过投影图判别直线与平面、平面与平面平行？

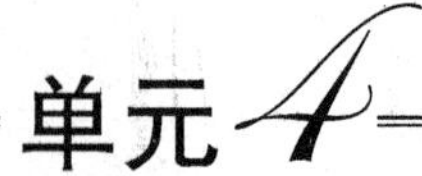

单元4 基本体的投影

教学目标

1. 掌握平面立体、曲面立体的投影特性、投影图画法及其表面取点；
2. 掌握平面与立体相交、两立体相交截交线、相贯线的求解及作图方法。

4.1 基本体的三面投影

工程上的形体无论多么复杂均可以看成由一些基本体按一定方式组合而成。基本体按其表面性质的不同可分为平面立体和曲面立体两类。由平面围成的基本体称为平面立体。常见的平面立体有棱柱、棱锥；由曲面或由平面和曲面围成的基本体称为曲面立体。常见的曲面立体有圆柱、圆锥、圆球，如图 4.1 所示。

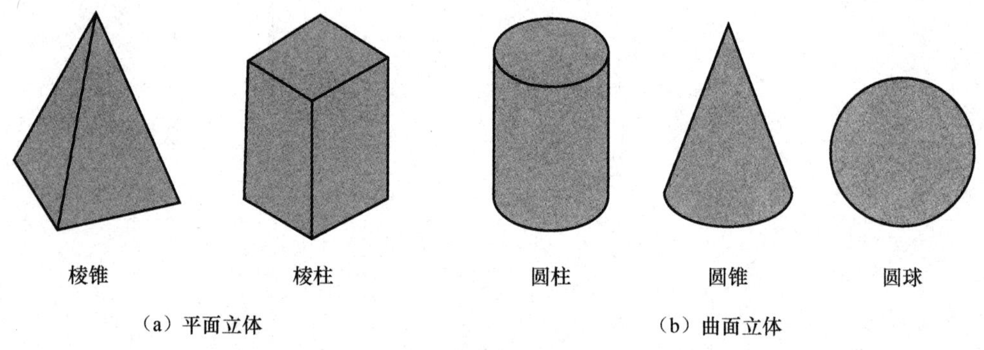

图 4.1 基本体

4.1.1 平面立体的投影

平面立体是由平面多边形所组成，这些平面称为棱面，各棱面的交线和交点，称为棱线和顶点。

1. 棱柱

棱柱分为直棱柱（棱线与底面垂直）和斜棱柱（棱线与底面倾斜）。上、下底面是正多边形的直棱柱，称为正棱柱。棱柱上、下底面是两个形状相同且互相平行的多边形，各侧面都是矩形或平行四边形。

1）投影

以图 4.2 所示的正六棱柱为例，正六棱柱上下两正六边形底面均为水平面，H 面投影反映两底面的实形，V 面和 W 面投影均积聚为直线；六个侧面均与 H 面垂直，各侧面的 H 面投影均积聚为直线，分别与上下两个底面的正六边形各边重合。前后两个侧面为正平面，其 V 面投影反映实形且重合，W 面投影和 H 面投影都积聚成直线；其余四个侧面都是铅垂面，V 面投影和 W 面投影都是类似形，且两侧面对应重合。

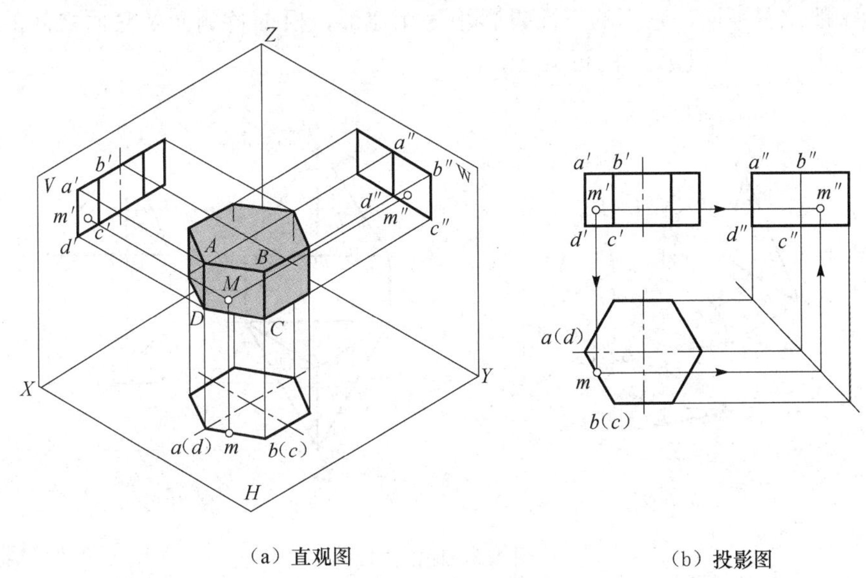

（a）直观图　　（b）投影图

图 4.2　棱柱的投影

画棱柱的三面投影时，一般先画反映棱柱形状特征的积聚投影，然后根据投影的三等关系画出其他投影。

2）棱柱表面上的点

在棱柱表面上取点，其作图原理和方法与在平面上取点相同，但必须首先确定该点位于立体哪一个表面上，然后进行作图。

判断棱柱表面上点的可见性的原则是：凡位于可见表面上的点，其投影为可见，反之为不可见。在平面积聚性投影上的点的投影，可以不判断其可见性。

【例 4.1】 如图 4.2（b）所示，已知棱柱表面上点 M 的正面投影 m'，求作点 M 的其他两投影 m、m''。

分析并作图

因为点 M 的 V 面投影 m' 可见，所以点 M 必在侧面 $ABCD$ 上，此侧面是铅垂面，其水平投影积聚成直线，点 M 的 H 面投影 m 必在该直线上，根据点的投影规律求作出点 M 的 W 面投影 m''。由于侧面 $ABCD$ 的 W 面投影可见，故 m'' 也可见。

直棱柱的表面都处在特殊位置，因此求直棱柱表面上点的投影可利用棱柱表面投影的积聚性，以及点在相应棱线或棱面上投影的从属性来作图。

2. 棱锥

棱锥的底面为多边形，各侧面为若干具有公共顶点的三角形。当棱锥的底面是正多边形，各侧面是全等的等腰三角形时，称为正棱锥。

1）投影

以图4.3所示的正三棱锥为例，正三棱锥底面 ABC 为水平面，其 H 面投影反映底面实形，V 面和 W 面投影分别积聚成直线；该棱锥的后侧面 SAC 为侧垂面，它的 W 面投影积聚成一斜线，其 V 面和 H 面投影为△SAC 的相似形；左右两个侧面 SAB 和 SBC 为一般位置平面，它们的三面投影均为相似形；根据各侧面及底面之间的位置关系，判断其在投影面上投影的可见性。

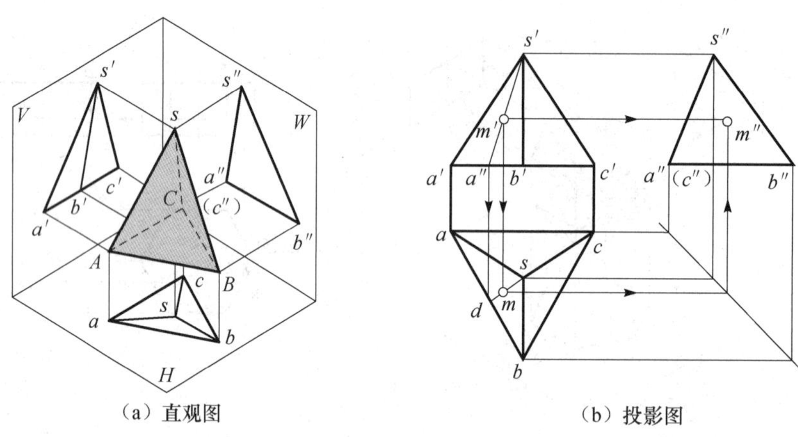

（a）直观图　　（b）投影图

图4.3　棱锥的投影

画棱锥的三面投影时，一般先画出底面的三面投影，然后确定锥顶的三面投影，并将它与底面各点连接，即完成棱锥的投影图。

2）棱锥表面上的点

在棱锥表面上取点时，首先分析点所在平面的空间位置。特殊位置表面上的点，可利用平面投影的积聚性直接作图；一般位置表面上的点，则可用辅助线法求点的投影。判断棱锥表面上点的可见性的原则与棱柱相同。

【例4.2】 如图4.3（b）所示，已知正三棱锥表面上 M 点的正面投影 m'，求作 M 点的其他两面投影 m、m''。

分析并作图

因为 M 的 V 面投影 m' 可见，且在 $s'a'b'$ 内，所以 M 点必在侧面 SAB 上。侧面 SAB 是一般位置平面，因此采用辅助线法求 M 点的另外两面投影。过 M 点及锥顶点 S 作一条辅助线，与底边 AB 交于 D 点，作出直线 SD 的 H 面投影，根据点在直线上的投影特性，作出 M 点的 H 面投影 m，最后根据点的投影规律，作出 W 面的投影 m''。

当棱锥的棱面都处在一般位置，各棱面投影没有积聚性，因此求棱锥表面上的点的投影，可根据点、线、面的从属关系，包含点作棱面上通过锥顶的辅助线（或与底边平行的辅助线），来完成棱锥表面上取点。

4.1.2　曲面立体的投影

曲面立体中的曲面可以看成是由直线或曲线（称为母线）绕着一条直线（称为轴线）旋转而形成的，该曲面称为回转面，曲面立体也称为回转体。

1. 圆柱

1）投影

圆柱体由圆柱面及上、下两个端面组成。如图4.4所示，上、下两个端面为水平面，在H面上的投影反映端面圆实形，且两端面投影重合，其他两面投影积聚为直线；圆柱面垂直于H面，在H面上的投影积聚为一圆周。圆柱面上任何点或线的投影都积聚在该圆周上。圆柱的V面投影是一个矩形线框，其上、下两边是圆柱上、下端面的积聚投影。其左、右两边是圆柱面上最左与最右两条素线的投影，这两条素线称为轮廓素线，即V面投影中圆柱面前半部（可见部分）与后半部（不可见部分）的分界线。圆柱的侧面投影也是一个矩形线框，其上、下两边仍是圆柱上、下端面的积聚投影，其余两边是圆柱面上最前与最后两条轮廓素线的投影，即圆柱面侧面投影中左半部（可见部分）与右半部（不可见部分）的分界线。

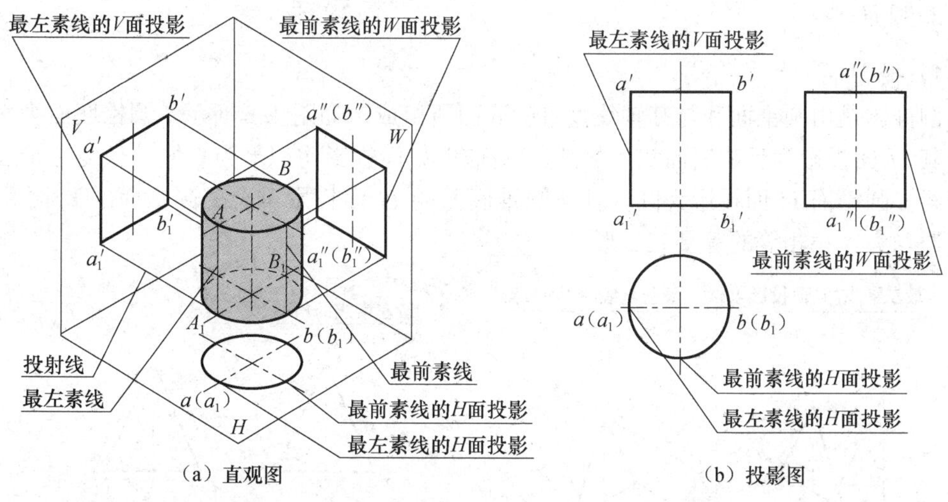

图4.4　圆柱的投影

画圆柱的投影时，先确定圆柱的中心线和轴线，再画圆柱积聚投影为圆的投影图，然后按照投影关系画出其他两投影图。

应注意，在V面投影上不画出最前和最后两条素线的投影，在W面投影上不画出最左和最右两条素线的投影。它们的位置分别与圆柱V面投影、W面投影的轴线重合。

2）圆柱表面上的点

在圆柱表面上取点的方法及可见性的判断与平面立体相同。若圆柱轴线垂直于投影面，则可利用投影的积聚性直接求出点的其余投影。

【例 4.3】 如图 4.5（a）所示，已知圆柱表面上点 M 和点 N 的 V 面投影 m'、n'，求作其他两面投影。

分析并作图 由 m' 的位置及其可见性，可知点 M 必在前半个圆柱面上，根据该圆柱面水平投影具有积聚性的特点，m 必落在水平投影前半个圆上，由 m、m' 即可求出 m''。由于点 N 在圆柱的转向线上，所以其另外两投影可直接求出。最后根据点所在的位置判断点投影的可见性，作图过程如图 4.5（b）所示。

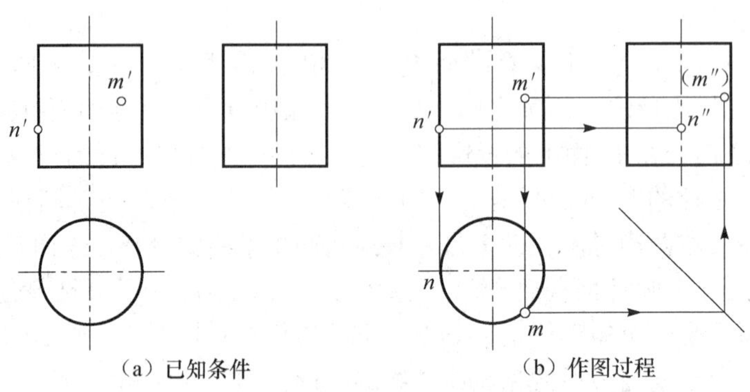

（a）已知条件　　（b）作图过程

图 4.5　圆柱表面上取点

2. 圆锥

1）投影

圆锥体是由圆锥面和与其轴线垂直的底面所组成。如图 4.6 所示，圆锥底面为水平面，其 H 面投影为反映底面实形的圆，V 面和 W 面投影均积聚为直线，长度等于底圆的直径。圆锥面 H 面投影为圆，且与圆锥底面的 H 面投影重合。圆锥面的 V 面和 W 面投影均为大小相等的等腰三角形。

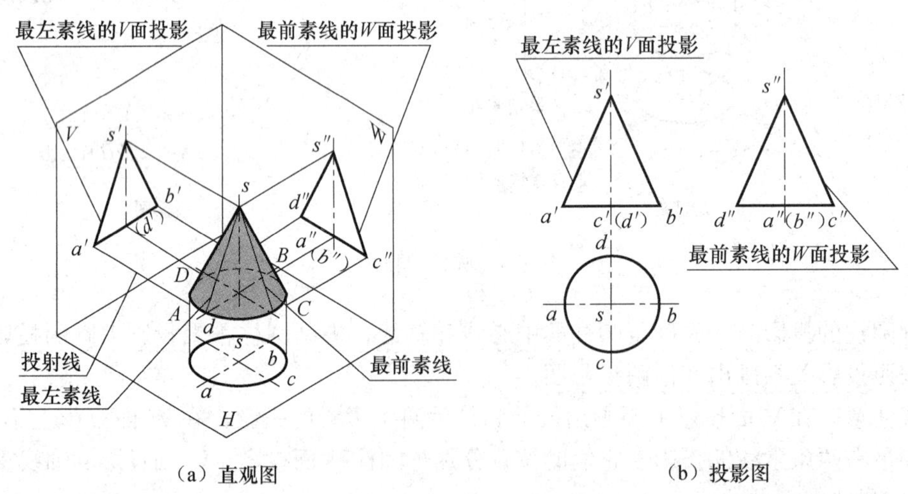

（a）直观图　　（b）投影图

图 4.6　圆锥的投影

应注意，圆锥面上最左、最右两条素线 SA、SB 的 V 面投影 $s'a'$、$s'b'$，是圆锥面 V 面投影的转向轮廓线，它是圆锥面在 V 面投影中前半部（可见部分）和后半部（不

可见部分）的分界线，在正面投影中需要画出。这两条轮廓线的 H 面投影与圆锥底面中心线的 H 面投影重合，W 面投影与圆锥轴线的 W 面投影重合，均省略不画。

圆锥面上最前、最后两条素线 SC、SD 的侧面投影 $s''c''$、$s''d''$，是圆锥面 W 面投影的转向轮廓线，它是圆锥面在 W 面投影中左半个圆锥面部（可见部分）和右半部（不可见部分）的分界线，在 W 面投影中需要画出。这两条轮廓线的 H 面投影与圆锥底面中心线的 H 面投影重合，V 面投影与圆锥轴线的 V 面投影重合，均省略不画。

画圆锥的投影时，先确定圆柱的轴线和中心线，再画底圆的三面投影，然后确定锥顶的三面投影，最后画出其外形轮廓线的投影。

2）圆锥表面上的点

由于圆锥面的各个投影都没有积聚性，因此要在圆锥表面上取点，必须用辅助线法作图，通常采用素线法和纬圆法。如果点所在的表面，其投影可见，则点的相应投影也可见，反之不可见。

【例 4.4】 已知圆锥表面上点 M 的 V 面投影 m'，如图 4.7 所示，求作点 M 的其他两面投影 m、m''。

分析　圆锥面上任一点与锥顶的连线均是圆锥面上的素线。求圆锥面上点的投影，可先求出点所在素线的投影，再利用素线求出点的投影，这种方法称为素线法；形成圆锥面的过程中，母线上任意一点的回转轨迹，称为纬圆。求圆锥面上点的投影，可先求出点所在纬圆的投影，再利用纬圆求出点的投影，这种方法称为纬圆法。

作图步骤

（1）素线法。［图 4.7（b）］过锥顶 S 和点 M 作一条辅助素线 SA，即连接 $s'm'$ 并延长到与底圆的 V 面投影相交，交点为 a'，根据 $s'a'$ 求得 sa 和 $s''a''$，再根据点在直线上的投影性质，由 m' 求出 m 和 m''。

（2）纬圆法。［图 4.7（c）］过 M 点作一个垂直于回转轴线的水平辅助圆，即纬圆，该纬圆的 V 面投影过 m'，且平行于底面圆 V 面投影，它的 H 面投影为一直径等于 $1'2'$ 的圆，m 必在此圆周上，由 m' 求出 m 和 m''。

由于 m' 可见，M 点必在前半个圆锥面上，故 m、m'' 均可见。

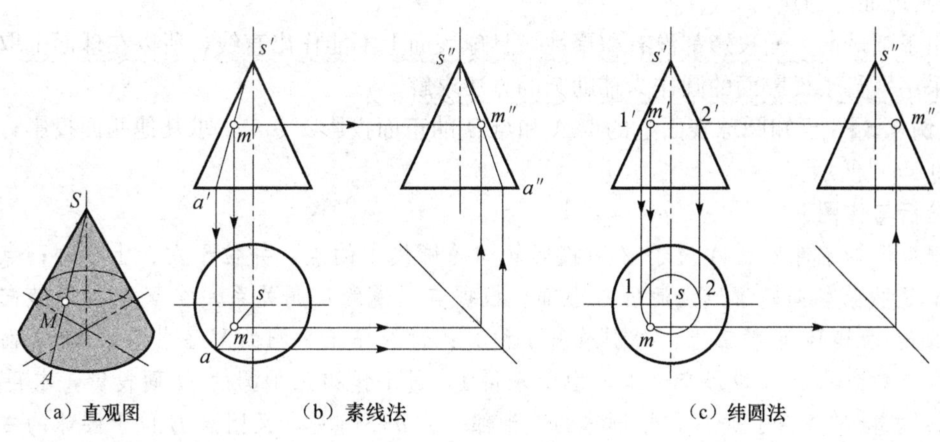

图 4.7　圆锥表面上取点

3. 圆球

圆球由球面组成。圆球面是以一个圆作母线，以其直径为轴线回转而成。母线上任意一点的回转轨迹都是垂直于轴线的圆。

1）投影

如图4.8所示，圆球的三面投影均为与其直径相等的圆。它们分别是三个不同方向的转向轮廓线的投影。V面投影上的圆是球面上平行于V面的最大正平圆的投影，该圆为前后半球的分界线，也是圆球V面投影的转向轮廓线。同理H面投影上的圆是球面上平行于H面的最大水平圆的投影，该圆为上下半球的分界线，也是圆球H面投影的转向轮廓线。W面投影圆是球面上平行于W面的最大侧平圆的投影，该圆为左右半球的分界线，也是圆球W面投影的转向轮廓线。

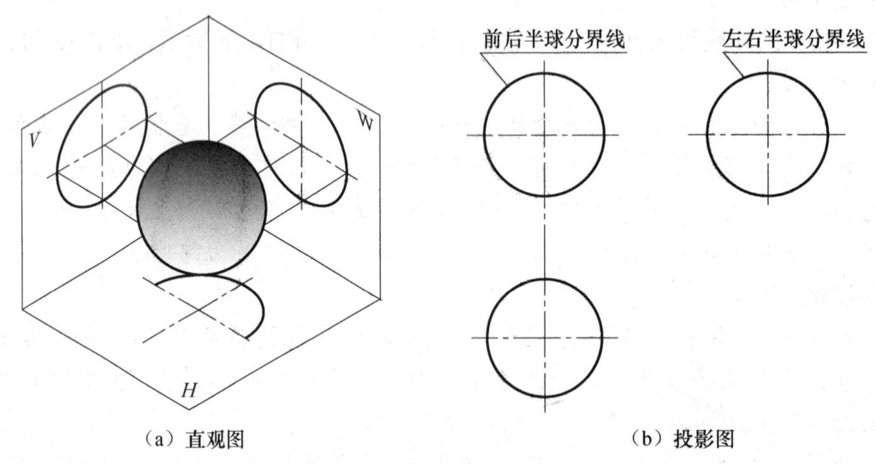

（a）直观图　（b）投影图

图4.8　圆球的投影

画圆球的投影时，首先画圆球的中心线，再画出各投影面上与圆球直径相等的圆。

2）球面上的点

由于圆球的三面投影都没有积聚性，且球表面上不能作出直线，所以在球面上取点时就采用平行于投影面的圆作为辅助圆的方法求解。

【例4.5】 已知圆球表面上的点A和点B的正面投影a'、b'，求其他两面投影，如图4.9（a）所示。

分析与作图

根据已知条件，点A属于V面投影转向轮廓线上的点，并位于左、上半部；点B位于V面投影转向轮廓线之后的右下部。根据点、线的从属关系，在V面投影转向轮廓线的H面和W面投影上，分别求出a和a''；过b'作正平圆的V面投影，与H面投影转向轮廓线的V面投影交于$1'$，由$1'$求得1，过1作该正平圆的H面投影，求得b，由b、b'求得b''。由于点B位于圆球的下半部，故b不可见，又因点B位于圆球的右半部，故b''不可见，如图4.9（b）所示。

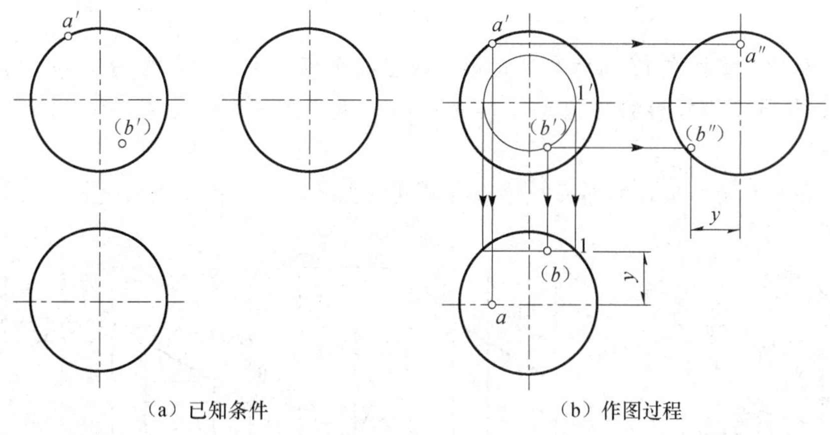

（a）已知条件　　（b）作图过程

图 4.9　球体表面上取点

4.2　平面与立体相交

当立体被平面截割成两部分时，其中任何一部分都称为截断体，用来截切的平面称为截平面，截平面与立体表面的交线称为截交线，截交线围成的平面图形称为截断面，或者称为断面、截面，如图 4.10 所示。

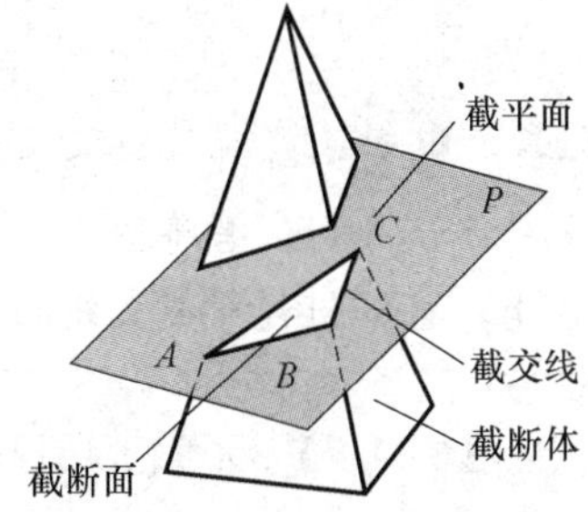

图 4.10　平面与立体相交

截交线的性质：

(1) 截交线是截平面与立体表面的共有线。

(2) 截交线是封闭的平面图形。

求截交线就是求出截平面与立体表面的一系列共有点，然后依次连接即可。求截交线，既可利用投影的积聚性直接作图，也可通过作辅助线的方法求出。

4.2.1　平面与平面立体相交

平面与平面立体相交所得的截交线为封闭的平面多边形，多边形的顶点是截平面与平面立体棱线的交点，多边形的各边是截平面与平面立体各侧面的交线，如图 4.11 (a) 所示。求平面立体的截交线投影时，就是求出平面立体各棱线与截平面的交点，然后依次连接，即得截交线。

【例 4.6】 如图 4.11 (b) 所示，求正六棱柱被正垂面 P 截切后的投影。

分析　截平面与六棱柱的截交线为封闭的平面六边形，其六个顶点是截平面 P 与六条棱线的交点。因为截交线在正垂面 P 上，其 V 面投影有积聚性，与 p^x 重合。它的 H 面投影与六棱柱的 H 面投影重合，只需求其 W 面投影，可称用投影的积聚性作图。

作图步骤

(1) 利用截平面在 V 面的积聚性，找出截交线各顶点的 V 面投影 a'、b'、c'、d'、

e'、f'；

（2）根据六棱柱在 H 面的积聚投影，找出截交线上的各顶点的 H 面投影 a、b、c、d、e、f；根据两面投影组各顶点在其对应的棱线上求出其侧面投影 a''、b''、c''、d''、e''、f''；

（3）依次连接各顶点的同面投影，判别其可见性，即得截交线的投影。

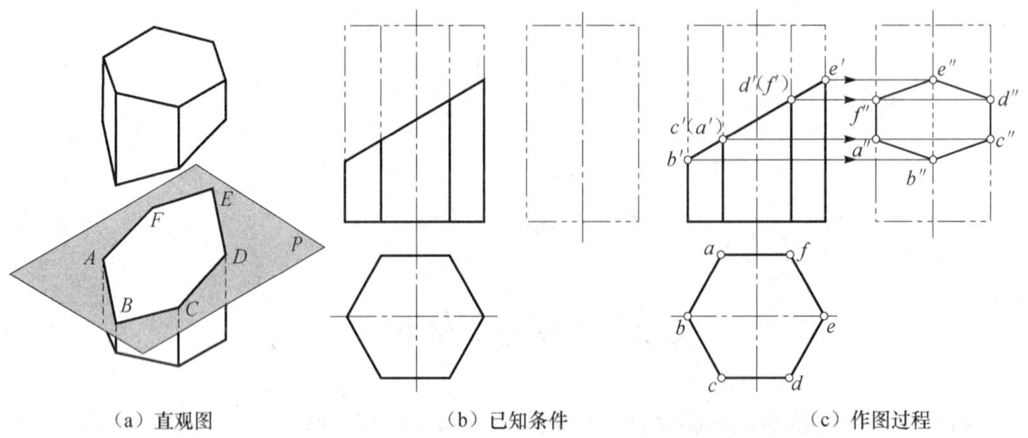

（a）直观图　　（b）已知条件　　（c）作图过程

图 4.11　平面与棱柱体相交

思考

试分析，若将图 4.11（b）中的双点划线改为轮廓线，即被截取的部分未被移走，将如何判别截交线的可见性？

【例 4.7】 完成带切口的正四棱锥的水平及侧面投影，如图 4.12 所示。

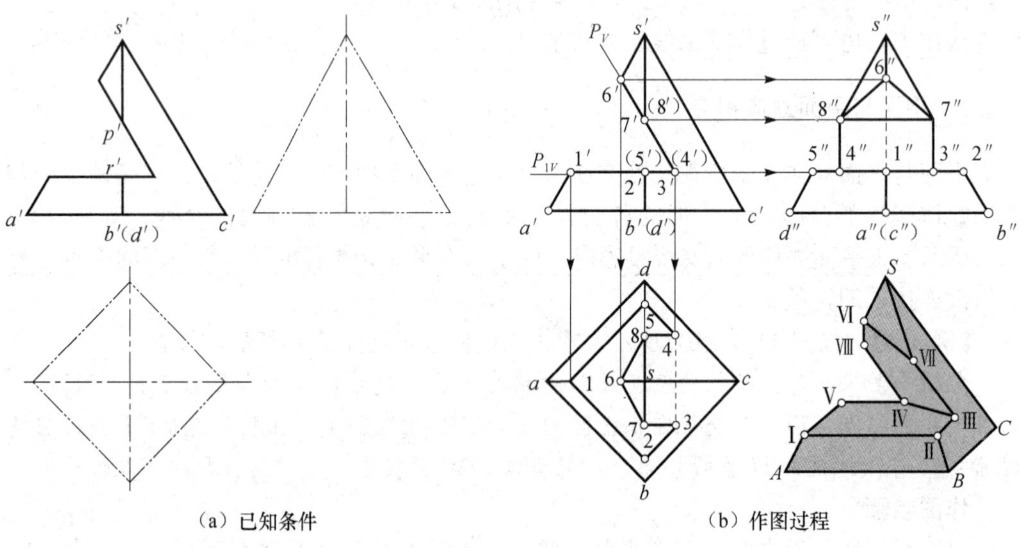

（a）已知条件　　（b）作图过程

图 4.12　带切口的正四棱锥

分析　由 V 面投影可知，缺口正四棱锥是由水平面 R 和正垂面 P 共同切割四棱锥而成。四棱锥与平面 R 的截交线为各边与底边平行的正方形，与平面 P 的截交线为五边形，其中ⅢⅦ、ⅣⅧ两边与棱线 SC 平行，SC 棱不参与相交。

作图步骤

(1) 求平面 R 的截交线：由 $1'$ 求得 1，过 1 作 $12/\!/ab$，$23/\!/bc$，$54/\!/dc$，$15/\!/ad$；由 $1'2'$，$2'3'$，$1'5'$，$5'4'$ 及 12，23，15，54 求得 $1''2''$，$2''3''$，$1''5''$，$5''4''$。

(2) 求平面 P 的截交线：由Ⅵ、Ⅶ、Ⅷ三点的 V 面投影 $6'$、$7'$、$8'$ 可知，它们分别属于 SA、SB、SD 棱线上的点，根据点、线的从属关系，求得它们的其余两面投影。

(3) 连线：依次连接同一棱面上的点和截平面间的交线，如将ⅢⅦ、ⅦⅥ、ⅥⅧ、ⅧⅣ的同面投影依次连接，可见的连成实线，不可见的连成虚线。

4.2.2　平面与曲面立体相交

平面与曲面体相交时，截交线通常是一条封闭的平面曲线，特殊情况也可能是由直线和曲线或完全由直线所围成的平面图形。求曲面立体的截交线，应先求出截交线上的特殊点，如最高、最低、最左、最右、最前、最后以及可见与不可见的分界点等，再求出若干一般点，然后把它们依次顺滑连接起来。

1. 平面与圆柱相交

根据截平面与圆柱体相对位置的不同，平面截圆柱所得截交线可能是椭圆、圆或矩形三种情况，如表 4.1 所示。

表 4.1　平面与圆柱体的截交线

截平面位置	平面垂直于圆柱体轴线	平面倾斜于圆柱体轴线	平面平行于圆柱体轴线
直观图			
投影图	P_V　P_W	P_V	P_W　P_H
截交线形状	圆	椭圆	矩形

【例 4.8】 已知圆柱被截切后的 V 面和 H 面投影，求其 W 面投影，如图 4.13 (a) 所示。

分析 截平面与圆柱轴线倾斜，截交线为椭圆。求截交线时，只要求出圆柱面上一些素线与平面的交点，这些交点就是所求椭圆上的点，依次连接即可。因截平面 P 为正垂面，则截交线的 V 面投影积聚在截平面 P 的 V 面投影上。又因圆柱面是铅垂面，则截交线的 H 面投影在圆柱面圆周上。因此，仅需求截交线的 W 面投影即可。

作图步骤 如图 4.13 (b) 所示。

(1) 求特殊点。由 V 面投影可知 1、2、3、4 是截交线上最高、最低、最前、最后的点，可直接作出它们的 H 面投影和 W 面投影。

(2) 求一般点。为使作图准确，需要再求出截交线若干个一般点。为此，可先在 V 面投影中取点 $5'$、$6'$、$7'$、$8'$，然后再作出它们的 H 面投影和 W 面投影。

(3) 连点。将这些点的同面投影依次顺滑连接，即为所求。

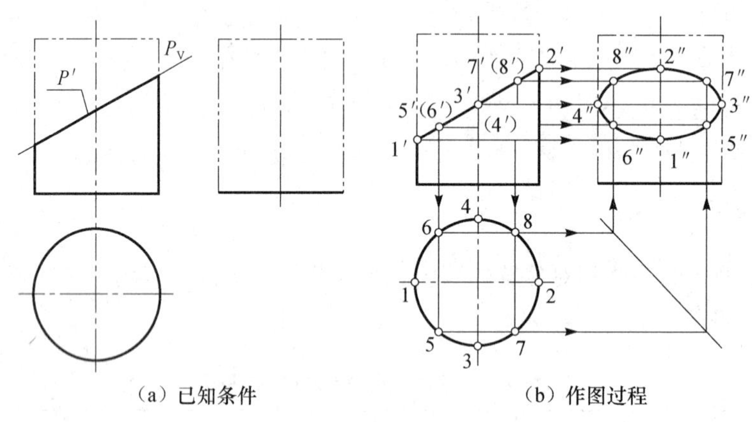

(a) 已知条件　　　(b) 作图过程

图 4.13 圆柱的截交线

2. 平面与圆锥相交

根据平面与圆锥轴线的位置关系，截交线有五种情况，如表 4.2 所示。

表 4.2 平面与圆锥的截交线

截平面位置	垂直于圆锥轴线	倾斜于锥轴，并与所有素线相交	平行于一条素线	平行于两条素线	过锥顶且倾斜于轴线
直观图					

续表

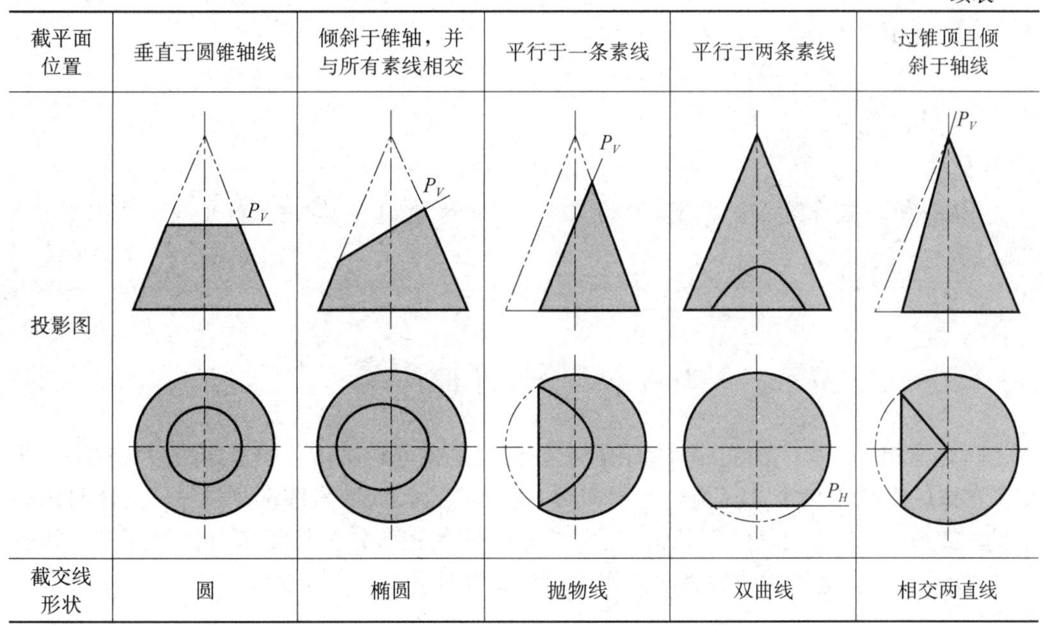

截平面位置	垂直于圆锥轴线	倾斜于锥轴，并与所有素线相交	平行于一条素线	平行于两条素线	过锥顶且倾斜于轴线
投影图					
截交线形状	圆	椭圆	抛物线	双曲线	相交两直线

【例 4.9】 求截切后圆锥的水平投影和侧面投影，如图 4.14（a）所示。

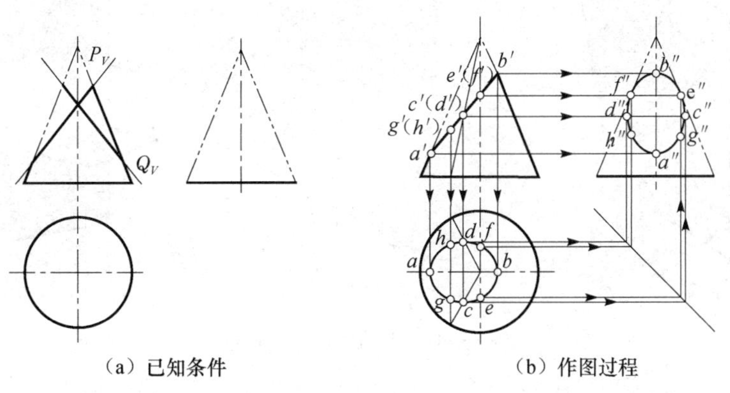

（a）已知条件　　（b）作图过程

图 4.14　圆锥的截交线

分析　由图 4.14（a）可知，截平面 P 为正垂面，与圆锥轴线倾斜并与所有素线相交，故截交线为椭圆，其 V 面投影积聚在 P 上，H 面投影、W 面投影仍是椭圆。

作图步骤

(1) 求特殊点。由截交线上最高、最低点的 V 面投影 a'、b'，可求出其 H 面投影 a、b 和 W 面投影 a''、b''，A、B 两点也是椭圆长轴的两个端点；圆锥的最前、最后素线与截平面的交点 E、F，其 V 面投影 e'（f'）为截平面与轴线 V 面投影的交点，由 e'（f'）可求出其 H 面投影 e、f 和 W 面投影 e''、f''。椭圆短轴的端点 C、D 在 V 面上的投影 c'（d'）应在 $a'b'$ 的中点处，H 面投影 c、d 可利用素线法或纬圆法求得，再根据 c'（d'）和 c、d 求得 c''、d''。

(2) 求一般点。在特殊点之间作出适当数量的一般点，如点 E、F、G、H。一般点越多，椭圆越精确。可用素线法求得。

(3) 依次连接各点的同面投影，判别其可见性，完成截交线的各面投影，如图 4.14 (b) 所示。

思考

试分析，若将图 4.14 (a) 中的截平面 P_V 改为 Q_V，怎样求截交线，并判别可见性？

4.3 立体与立体相交

两立体相交，其表面交线称为相贯线，两立体称为相贯体。相贯线的形状取决于两相交立体的形状、大小及其相对位置。当一立体全部棱线或素线都穿过另一立体时称为全贯，如图 4.15 (a)、(b) 所示；当两立体都只有一部分参与相交时称为互贯，如图 4.15 (c) 所示。全贯时一般有两条相贯线，互贯时只有一条相贯线。

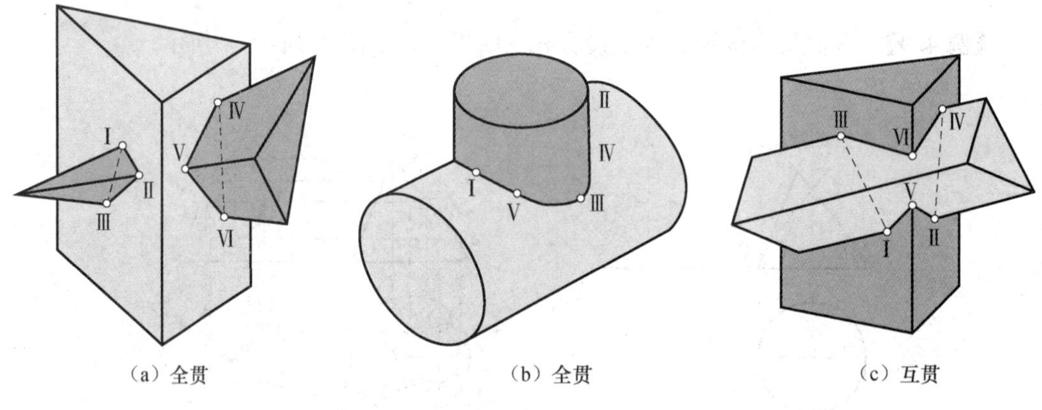

(a) 全贯　　(b) 全贯　　(c) 互贯

图 4.15　两立体相贯的类型

相贯线的性质：

(1) 相贯线是两相交立体表面的共有线，也是两相交立体的分界线，相贯线上的所有点都是两相交立体表面的共有点。

(2) 相贯线在一般情况下是封闭的空间曲线或折线。

求相贯线的实质，即求出相交两立体表面上一系列共有点的问题。求相贯线的方法，可用表面取点法。相贯线可见性判断的原则是：相贯线同时位于两个立体的可见表面上时，其投影才是可见的；否则就不可见。

4.3.1 两平面立体相交

1. 相贯线的特征

两平面立体相交其相贯线一般是封闭的空间折线。折线的各线段是两平面相应棱面

的交线，如图4.15（a）所示的ⅠⅡ、ⅡⅢ、ⅢⅠ、ⅣⅤ、ⅤⅥ、ⅥⅣ。折线的顶点是一个平面立体的棱线（或底面边线）与另一平面立体棱面的交点。

2. 作图方法

（1）求出两平面立体上的相交棱面的交线。

（2）或求出一平面立体的棱线（或底面边线）与另一平面立体表面的交点，并按空间关系依次连成相贯线。

【例4.10】 已知两三棱柱相交，完成该相贯体的投影，如图4.16（a）所示。

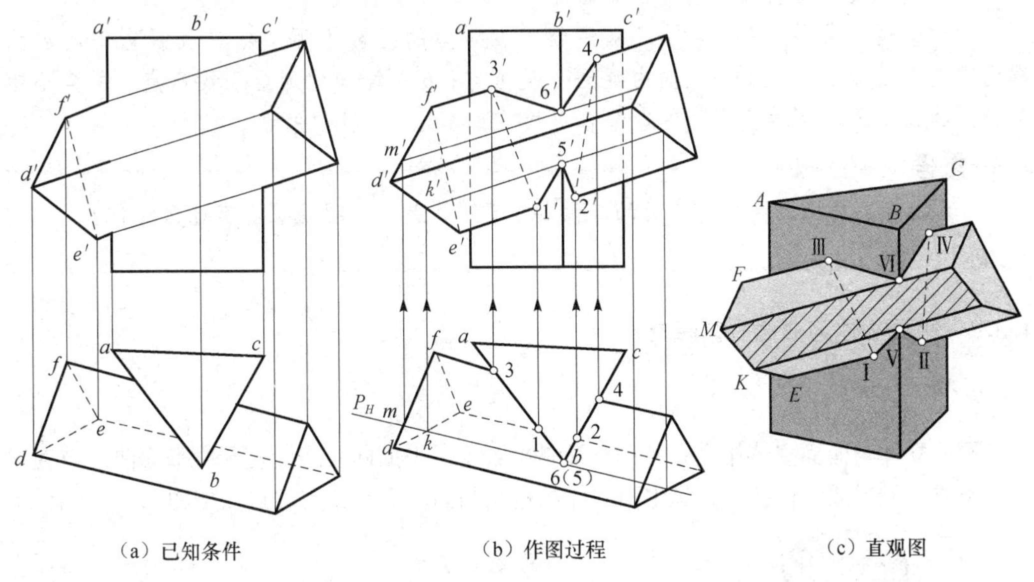

（a）已知条件　　（b）作图过程　　（c）直观图

图4.16　平面立体相贯示例

分析　由图4.16（a）可知，因三棱柱ABC各棱面垂直于H面，则相贯线的H面投影与三棱柱的H面积聚投影重合，故只需求其V面投影。从H面投影可看出，棱线A、C在棱柱DEF的外形线以外，D棱线在棱柱ABC的外形线以外，不参与相交。而棱线E、F与棱柱ABC的AB、BC棱面相交，棱线B与棱柱DEF的DE、DF棱面相交，形成两立体互贯，它们的相贯线是一条封闭的空间折线。

作图步骤

（1）求贯穿点。①求棱线E和F与棱面AB、BC的贯穿点。因为棱线E的贯穿点Ⅰ、Ⅱ和棱线F的贯穿点Ⅲ、Ⅳ的H面投影1、2、3、4可直接得到，从而在e'上求出其正面投影$1'$、$2'$和f'上求出$3'$、$4'$，如图4.16（b）所示。②求棱线B与棱面DE、DF的贯穿点。可过棱线B作平行于棱柱DEF各棱线的铅垂面P，即过b作直线平行于棱线D的H面投影P_H；P与棱面DE、DF相交得截交线KV、MⅥ，如图4.16（c）所示；此两交线的水平投影k5，m6积聚在P_H上，由k、m分别对应在$d'e'$、$d'f'$边上求得k'、m'，过k'、m'分别作直线平行于D棱的V面投影d'，可得截交线的V面投影$k'5'$、$m'6'$；b与$k'5'$、$m'6'$相交于点$5'$、$6'$，即得贯穿点Ⅴ、Ⅵ的V面投影，其

H 面投影与该棱线的 H 面投影 b 重合。

(2) 连点成相贯线。只有位于一立体的同一棱面内同时也位于另一立体的同一棱面内的两个点才能相连；同一棱线上的两个点不能连。如点Ⅰ和点Ⅴ同位于棱面 AB 内，又同位于棱面 DE 内，故可相连；而点Ⅲ和点Ⅴ，虽然同位于棱面 AB 内，但却分别位于棱柱 DEF 的 DF 和 DE 两个棱面上，故此两点不可连。其它各点用同法确定连成Ⅰ-Ⅴ-Ⅱ-Ⅳ-Ⅵ-Ⅲ-Ⅰ封闭折线。其 V 面投影为 $1'5'2'4'6'3'1'$。

(3) 判别可见性。只有同时位于两立体的可见棱面上的交线方为可见，否则为不可见。$1'3'$、$2'4'$ 是可见棱面的投影 $a'b'$、$b'c'$ 与不可见棱面的投影 $e'f'$ 的交线，故为不可见，应画成虚线。其余均为两可见棱面的交线，故都画成实线。

(4) 整理。求得相贯线后，还必须绘出相贯体的投影轮廓。在 V 面投影中使 e' 两端向内延至 $1'$ 及 $2'$ 点；f' 两端向内延至 $3'$ 及 $4'$ 点；b' 两端向内延至 $5'$ 及 $6'$ 点。补全不参与相贯的 a'、c' 及 d' 的投影，并区分可见性，如图 4.16 (b) 所示。

思考

试分析，若将上例中贯穿后的三棱柱 DEF 移走，作图结果会有什么变化？

4.3.2 平面立体与曲面立体相交

1. 相贯线的特征

平面立体与曲面立体相交，其相贯线是由若干段平面曲线或由若干段平面曲线与直线组合而成，相贯线的转折点，是平面立体的棱线与曲面立体的贯穿点，如图 4.17 所示。

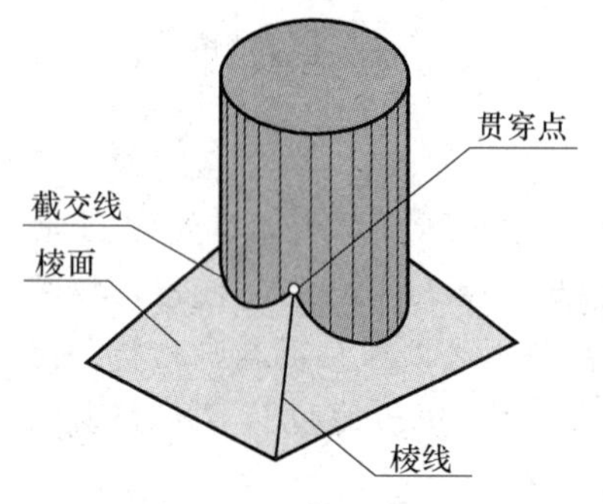

图 4.17 平面立体与曲面立体相交

2. 作图方法

(1) 求平面体上参与相贯的各棱线对曲面立体的贯穿点，再将贯穿点连成相贯线，并判别可见性。

(2) 或求平面体参与相贯的各棱面对曲面立体表面的截交线；这些截交线的组合即为相贯线。并最后判别可见性。

【例 4.11】 已知四棱柱与圆锥相交，完成该相贯体的各投影，如图 4.18 (a) 所示。

分析 由于四棱柱的四个棱面平行于圆锥的轴线，并全贯于圆锥的上部，所以相贯线只有一条，由四段双曲线组成封闭的空间曲线。四棱柱的 H 面投影有积聚性，故相贯线的 H 面投影已知，只需求出相贯线的 V 面投影和 W 面投影。由于四棱柱的左、右棱面垂直于 V 面，其 V 面投影有积聚性；前、后棱面垂直 W 面，其 W 面投影有积聚性。另外四个棱面对圆锥轴线处于对称位置。因此，前、后棱面交线的 V 面投影重合，左、右棱面交线的 W 面投影重合。

作图步骤

(1) 求特殊点。

① 先求结合点（也是最低点）Ⅰ、Ⅱ、Ⅲ、Ⅵ，根据四个点的 H 面投影 1、2、3、6 已知，可用素线法求其余投影，如图 4.18（a）所示；

② 前棱面交线的最高点Ⅳ在圆锥 W 面投影的转向轮廓线上，此转向轮廓线与前棱面的积聚性投影的交点即为点 $4''$，由 $4''$ 及 4 可求得点 $4'$；

③ 左棱面交线的最高点Ⅴ，在圆锥 V 面投影的转向轮廓线上，与左棱面在 V 面的积聚投影的交点即为点 $5'$，由 $5'$ 及 5 可求得 $5''$。

（2）求一般点。用素线法（也可用纬圆法）可求出两对称的一般点Ⅶ、Ⅷ的 V 面投影 $7'$、$8'$，如图 4.18（b）所示。

（3）连点。用光滑曲线将 V 面投影 $1'7'4'8'2'$ 相连，将 W 面投影 $1''5''3''$ 相连。

（4）判别可见性。因为是对称重合图形，故相贯线的 V 面投影和 W 面投影都可见。

（5）整理。在 V 面投影中，将左、右棱线延至贯穿点 $1'$、$2'$；在 W 面投影中，将前、后棱线延至 $1''$、$3''$，如图 4.18（b）所示。

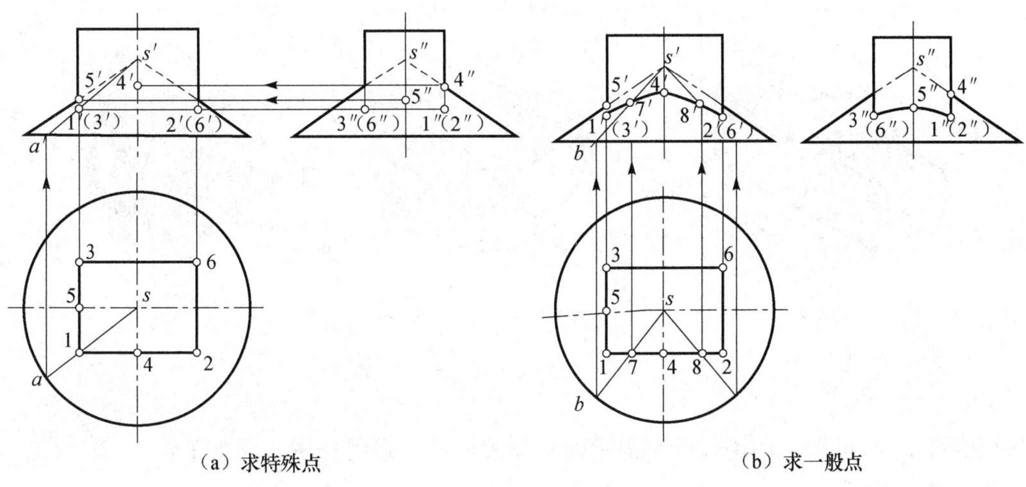

（a）求特殊点　　（b）求一般点

图 4.18　四棱柱与圆锥相贯

4.3.3　两曲面立体相交

1. 相贯线的特征

两曲面立体表面的相贯线，在一般情况下是封闭的空间曲线，特殊情况为平面曲线或直线。相贯线是两曲面立体表面的共有线，因此它是两曲面立体表面上若干共有点的集合。

2. 作图方法

求相贯线上点的常用方法为表面取点法和辅助平面法（辅助平面、辅助球面等）。求出相贯线上一系列的共有点，然后用光滑曲线将各共有点顺次相连，并根据其可见性

画成实线或虚线。求相贯线上的点时一般应先求出特殊点，如最高、最低点，最左、最右点，最前、最后点以及回转体投影转向轮廓线上终止点，可见与不可见分界点等，然后再求出若干中间点。

（1）表面取点法：因为相贯线是相交两立体表面的共有线，所以，当相交两立体中一个表面的投影有积聚性时，相贯线的这个投影已知，相贯线的其余投影，可利用曲面立体表面取点的方法求出。

（2）辅助平面法：由于相贯线是两立体表面共有点的集合，利用三点共面原理，选用适当位置的平面为辅助面，即可求得共有点。辅助平面的选择应使其与曲面立体表面的截交线的投影易于作图，例如圆、直线。当两圆柱相交时，宜用同时平行于两圆柱轴线的平面为辅助平面，使两截交线都是矩形，如图 4.19（a）所示。当直立圆锥与水平圆柱相交时，则宜用垂直于圆锥轴线且平行于圆柱轴线的平面为辅助平面，使截交线为圆和矩形，如图 4.19（b）所示。当球与圆柱相交时，则宜用平行于投影面又平行于圆柱轴线的平面为辅助平面，使截交线为圆和矩形，如图 4.19（c）所示。

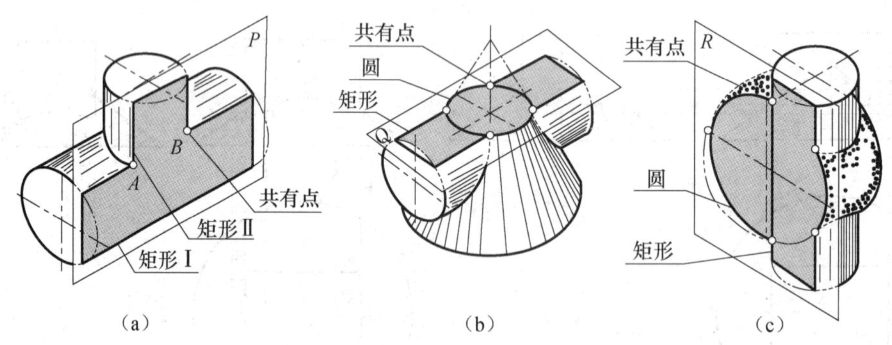

图 4.19　两曲面立体相贯辅助平面的选择

由图 4.19 可知，利用辅助平面求两立体表面共有点的作图步骤如下：

① 作辅助平面；

② 分别求出辅助平面与两立体截交线的投影；

③ 两截交线的交点，即为相贯线上的点。

【例 4.12】 已知两圆柱正交，完成该相贯体的投影，如图 4.20（a）和（b）所示。

分析　因相贯体前后左右对称，所以其表面交线即相贯线也是前后左右对称的空间曲线。其 H 面投影重影于直立圆柱的 H 面投影上，W 面投影重影于水平圆柱的 W 面投影上，因此，只需作出相贯线的 V 面投影。

作图步骤

（1）求特殊点。两圆柱对 V 面转向轮廓线的交点Ⅰ（1、$1'$、$1''$）和Ⅱ（2、$2'$、$2''$）为相贯线的最左点、最右点，同时它们也是最高点；从 W 面投影中可以直接得到Ⅲ（3、$3'$、$3''$）和Ⅳ（4、$4'$、$4''$），同时它们也是最前点和最后点，如图 4.20（c）所示。

（2）求一般点。在 H 面投影上的适当位置确定两点 5、6，（7）、（8），其 W 面投影为 $5''$、（$6''$），（$7''$）、$8''$，由此可求出 $5'$、$6'$，（$7'$）、（$8'$）。

(3) 连点。用光滑曲线依次连接各点的 V 面投影 $1'5'3'6'2'$。

(4) 判别可见性。因相贯体前后对称，故相贯线的 V 面投影的可见与不可见部分重合，画成实线，如图 4.20 (d) 所示。

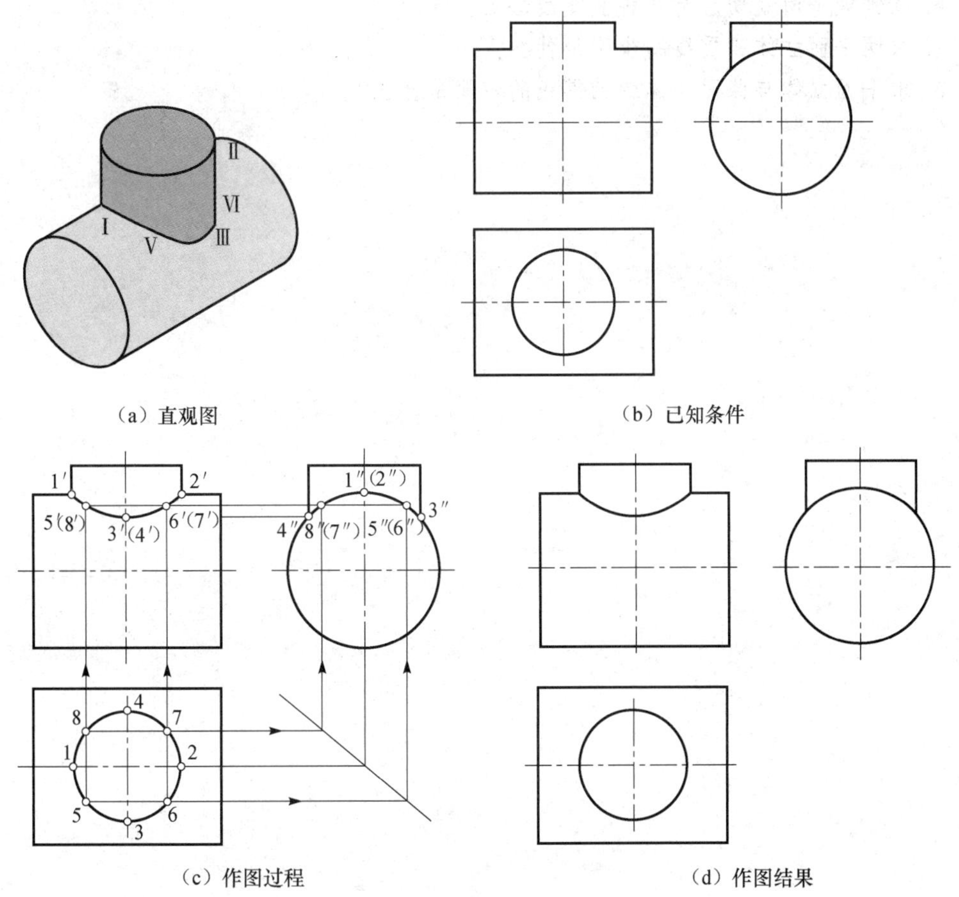

(a) 直观图 (b) 已知条件

(c) 作图过程 (d) 作图结果

图 4.20 两圆柱相贯

小 结

工程构造物由一些基本体按照不同方式组成。为了使工程构造物表达得正确、清晰，工程图样必须从画好基本体的三面投影图开始。基本体被截切的基本体，相贯的基本体的投影，是对前述点、直线、平面投影理论的应用的延伸，也是后续组合体投影的基础。本单元主要介绍了平面立体、曲面立体投影及其表面取点的方法；平面立体、曲面立体截交线及立体与立体相贯线的求解方法。

复习思考题

1. 什么是平面立体？如何求平面立体表面上的点的投影？
2. 什么是曲面立体？如何求曲面立体表面上的点的投影？

3. 什么是截交线和截平面？截交线具有什么特征？
4. 什么是相贯线？相贯线具有什么特征？
5. 圆柱被平面截切后有几种截交线形状？
6. 圆锥被平面截切后有几种截交线形状？
7. 求两平面立体相贯线的步骤是什么？
8. 求平面立体与曲面立体的相贯线的步骤是什么？

单元 5

组合体的投影

教学目标 ☞

1. 理解组合体的组合方式及其表面连接关系的处理；
2. 能够对组合体进行形体分析及线面分析；
3. 能遵循正确的作图程序绘制组合体三面投影图及标注尺寸；
4. 掌握识读组合体三面投影图的基本方法，能根据已知视图想象出组合体的空间形状。

5.1 组合体的形体分析

工程构造物一般都是由若干个基本体经过叠加、切割等方式组合而成，称为组合体。将组合体假想分解为若干个基本体，分析出它们的内外形状、组合方式和相对位置，分析它们的表面连接关系及投影特性，从而顺利进行画图、读图或尺寸标注等工作，这种思考和分析的方法叫做形体分析法。它是画图、读图和标注尺寸的基本方法。

图 5.1 所示台阶，可以把它看成是由左边墙、台阶、右边墙三大部分组成。

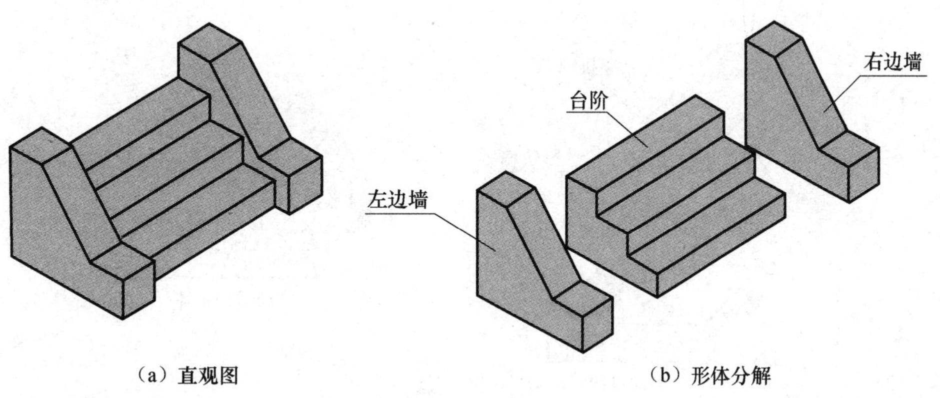

（a）直观图　　（b）形体分解

图 5.1　台阶形体分析

图5.2所示是一肋式杯形基础，可以将它看成由底板、中间挖去一楔形块的四棱柱和六块梯形块组成。各基本体之间的组合方式，既有叠加，又有切割，四棱柱在底板中央，前后梯形块的左、右侧面分别与中间四棱柱左、右侧面平齐，左右两块梯形块分别在四棱柱左、右侧面的中央。

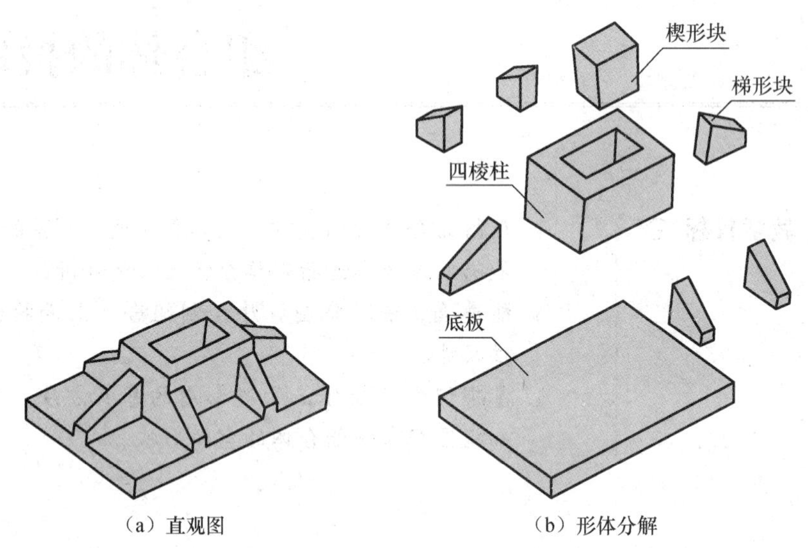

图5.2 肋式杯形基础形体分析

5.1.1 组合体的组合方式

叠加式和切割式是形成组合体的两种基本形式。实际工程构造物中有很多既有叠加又有切割，称为综合式。

(1) 叠加式：组合体由若干个基本体叠加而成，如图5.3 (a) 所示。

(2) 切割式：组合体由一个原始基本体经过若干次切割而成，如图5.3 (b) 所示。

(3) 综合式：组合体的形成既有叠加，又有切割，如图5.3 (c) 所示。

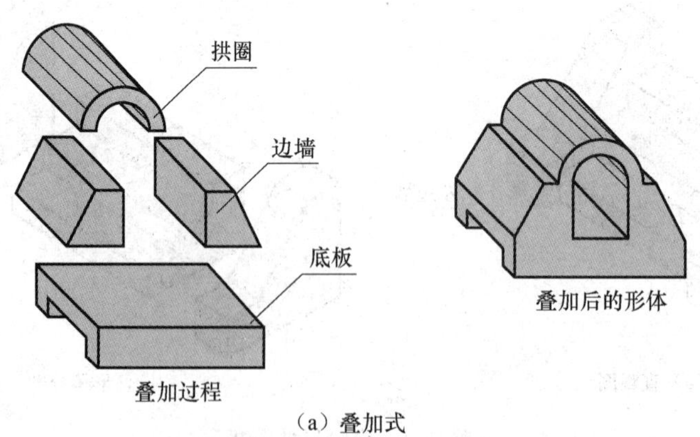

图5.3 组合体的组合方式

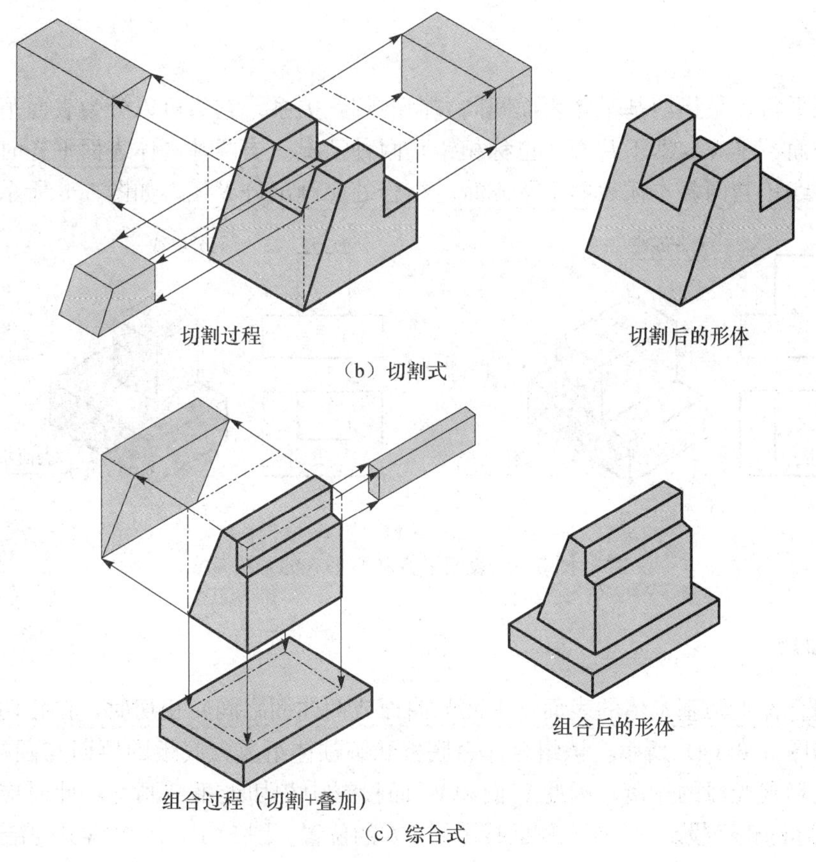

图 5.3　组合体的组合方式（续）

5.1.2　组合体表面交线的处理

画组合体的投影图时，除了表达各基本体的投影及其相对位置外，还应注意各基本体交接处的画法，即组合体表面交线的分析处理。无论以何种方式构成的组合体，其形体间的相邻表面都可以分为平行、相切和相交三种连接关系，如图 5.4 所示。

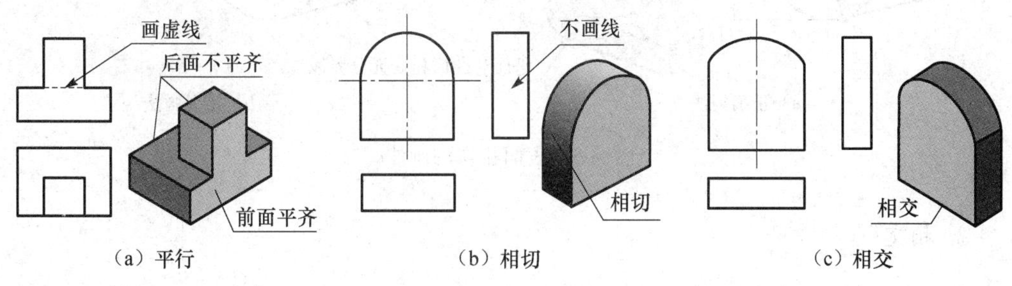

图 5.4　组合体表面交线的分析处理

1. 平行

所谓平行，是指两基本体表面间同方向的相互关系。它又可以分为表面平齐（即共面）和表面不平齐（即不共面，也称相错）两种情况。当两基本体表面平齐时，结合处不画分界线；当两基本体表面不平齐时，结合处应画出分界线，如图 5.5 所示。

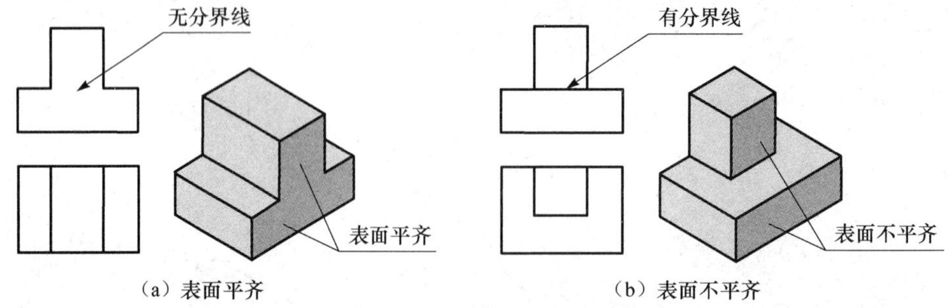

图 5.5　表面平齐和不平齐的画法

2. 相切

当组合体上两基本体的表面（平面与曲面或两曲面之间）相切时，在相切处不画分界线。如图 5.6（a）所示，该组合体由底板和圆柱体组成，底板的侧面与圆柱面相切，在相切处形成光滑的过渡，因此 V 面和 W 面投影中相切处不应画线，此时应注意两个切点 A、B 的正面投影 a'、b' 和侧面投影 a''、b'' 的位置。图 5.6（b）是常见的错误画法。

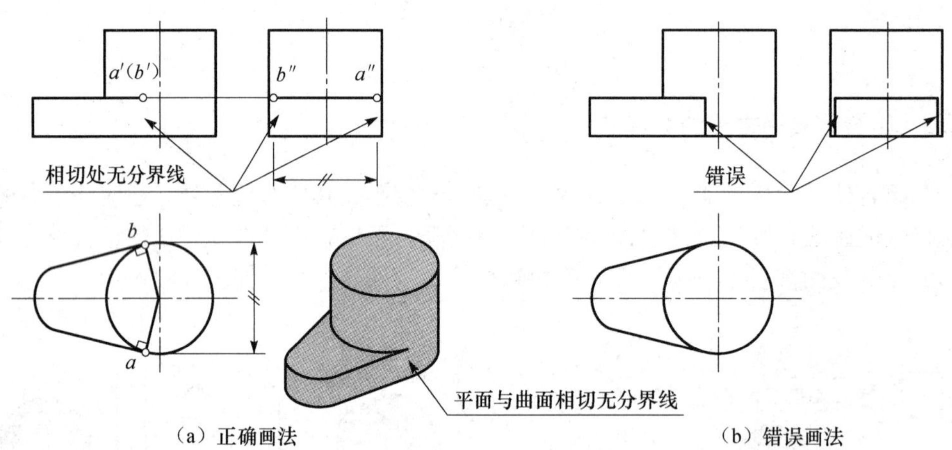

图 5.6　表面相切的画法

3. 相交

当两基本体表面相交时，在相交处应画出交线的投影。如图 5.7（a）所示，该组合体也是由底板和圆柱体组成，但此时底板的侧面与圆柱面是相交关系，故在立面图和侧面图中的相交处应画出交线。图 5.7（b）是常见的错误画法。

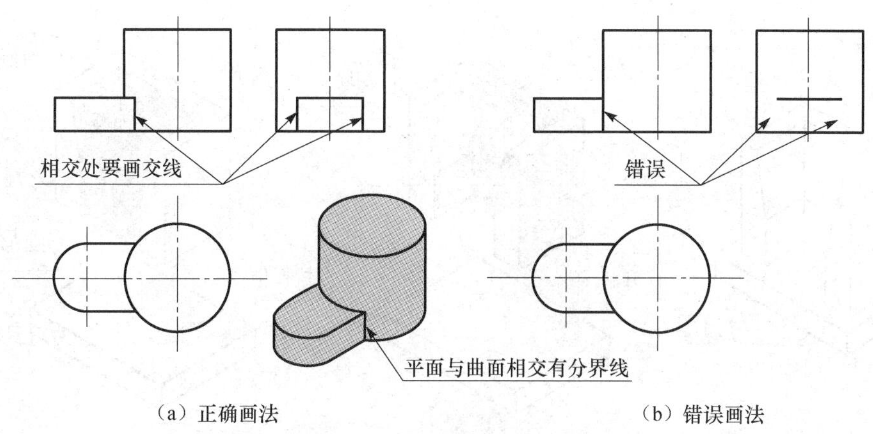

图5.7 表面相交的画法

5.2 组合体投影图的画法

画组合体投影图通常给出的已知条件有两种：一种是给出组合体的实物或模型；另一种是给出组合体的直观图（即轴测图）。

5.2.1 画图步骤

画组合体的投影图，一般可按下列步骤进行：形体分析、确定摆放位置选择投影方向、选择投影图数量、选择比例和图幅、布置投影图、画底稿、检查描深、标注尺寸、书写文字说明和填写标题栏。

1. 形体分析

画图前应首先对组合体进行形体分析，分析组合体的组合形式，以及各组成部分的形状，确定各组成部分之间的相对位置，各组成部分间的表面连接关系。图5.8所示为某模型的形体分析。

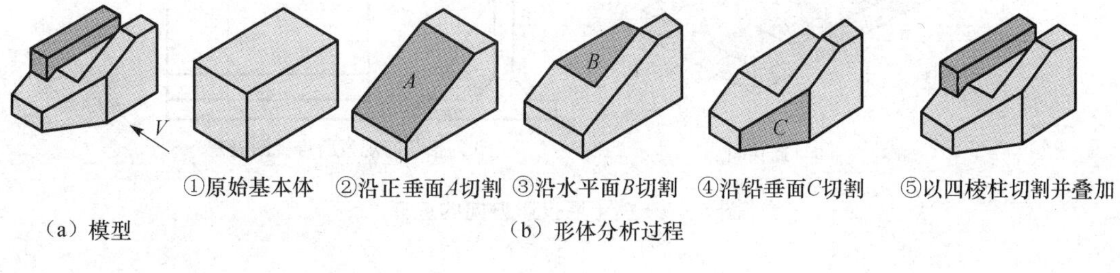

图5.8 模型形体分析

图5.9所示U形桥台，可以看作是由基础和U形台身两部分叠加而成。U形台身既可以看作是由前墙及两个侧墙叠加而成，也可以看作由原始四棱柱经过切割而成。形体分析时无需拘泥于某种形式，可根据自己的习惯，只要分析正确，各部分的投影关系明确即可。

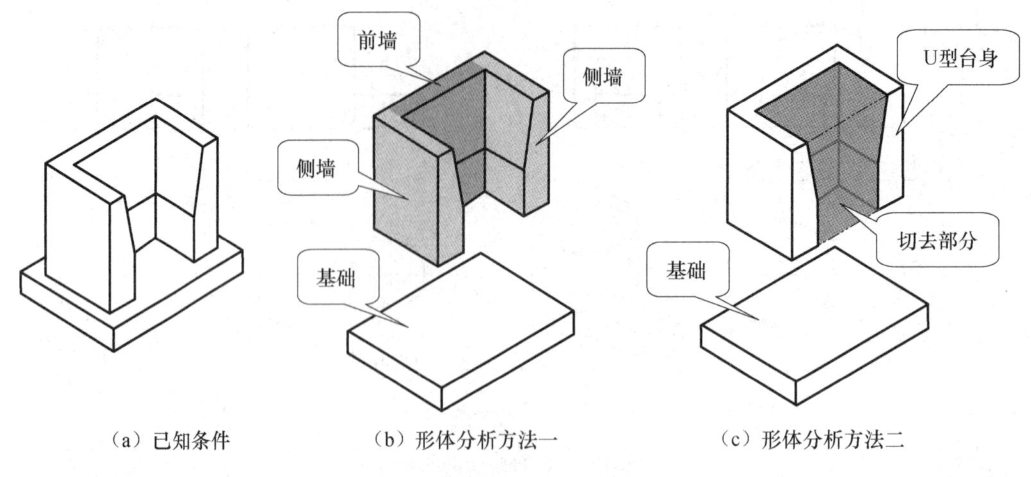

（a）已知条件　　（b）形体分析方法一　　（c）形体分析方法二

图 5.9　U 形桥台形体分析

2. 确定摆放位置选择投影方向

(1) 尽量使组合体的摆放位置处于组合体的正常、稳定的工作位置，为了作图方便，应尽量使形体的表面平行或垂直于投影面；

(2) 应当选择组合体在正常情况下比较能表达其特征形状的一面作为立面图，如图 5.10（b）所示的沿 V_1 方向观察所得视图，它反映了挡土墙的特征轮廓。

(3) 应尽可能减少投影图中出现的虚线，如图 5.10（c）所示，虽然立面图的形状与图 5.10（b）所示相同（方向不同），但侧面图有较多虚线，说明立面图选择较差。

(4) 应合理利用图纸的幅面。

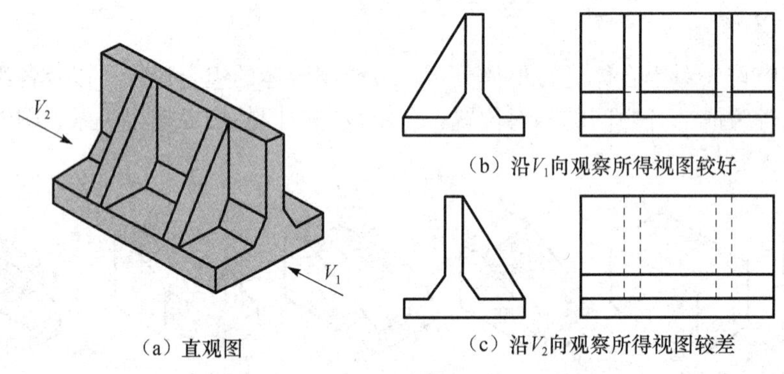

（a）直观图　　（b）沿 V_1 向观察所得视图较好　　（c）沿 V_2 向观察所得视图较差

图 5.10　挡土墙投影方向的选择

3. 确定投影图数量

在保证正确、完整、清晰地表达组合体形状结构的前提下，尽量减少投影图数量。

如图 5.11（a，b）所示的沉井和圆台，其中的 V、H 面投影足以表达清楚组合体的空间形状，W 面投影可以省去不画；但图 5.11（c）中的立柱则需要三个投影图。

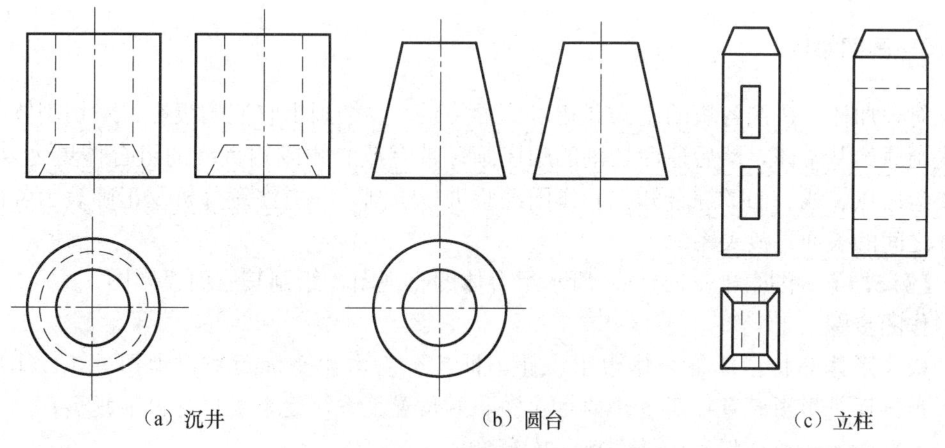

图5.11　投影图数目的选择

4. 选择比例和图幅

投影图方向、投影图数量确定后，还要根据组合体的总体尺寸大小和复杂程度，按"国标"规定选择适当的绘图比例和图幅。所选比例，除要保证各视图清晰外，还要考虑便于标注尺寸。

5. 布置投影图

根据选定的作图比例和组合体的总体尺寸，粗略算出各投影图范围大小，并考虑标注尺寸和注字的位置后，将图样布置均匀。定出各投影图的对称线、主要端面轮廓线的位置等作图基准线。

6. 画底稿

画底稿时，力求作图准确，轻描淡写，用硬度为H以上的铅笔绘制。

(1) 先画每个投影图的作图基准线。一般对称方向以中心点划线为基准线，不对称的以某个大而平整的端面积聚线为基准线；

(2) 先画特征视图，后画其他视图；先画外表形状，后画内部形状；先画主要结构，后画次要结构；先画形体，后交线。对组合体的每一组成部分，尽可能根据对应的投影关系同时画出，这样既能保证三个投影图之间的投影关系，又能提高画图速度。

7. 检查和描深

底稿画完后，应按原作图顺序仔细检查，检查确认无误后，去掉作图线和多余的线条，按国标规定的各类线型要求加深加粗。

8. 标注尺寸

(略)

9. 书写文字说明，填写标题栏

(略)

5.2.2 画图举例

对叠加体，按照各块的主次和相对位置关系，逐个画出它们的投影；对切割体，可按先画原始基本体，然后逐面切割的顺序画；带有截交线或相贯线的组合体更为复杂，需要运用点、线、面的综合知识和作图经验进行绘制，并应注意分析及正确表示各部分形体之间的表面过渡关系。

【例 5.1】 根据图 5.12（a）所示组合体的直观图，绘制其三面投影图。

作图步骤

(1) 形体分析：该组合体由Ⅰ、Ⅱ、Ⅲ三个基本体叠加而成，如图 5.12（b）所示。画三面投影图时可按照各块的主次和相对位置关系，逐个画出它们的投影；

(2) 选择绘图比例和图纸幅面，确定投影方向；

(3) 画作图基准线，先绘出基本体Ⅰ的投影，再根据各基本体间的相对位置依次叠加Ⅱ和Ⅲ的投影，如图 5.12（c）～(e) 所示。

(4) 校核、清理图面，加深图线，如图 5.12（f）所示。

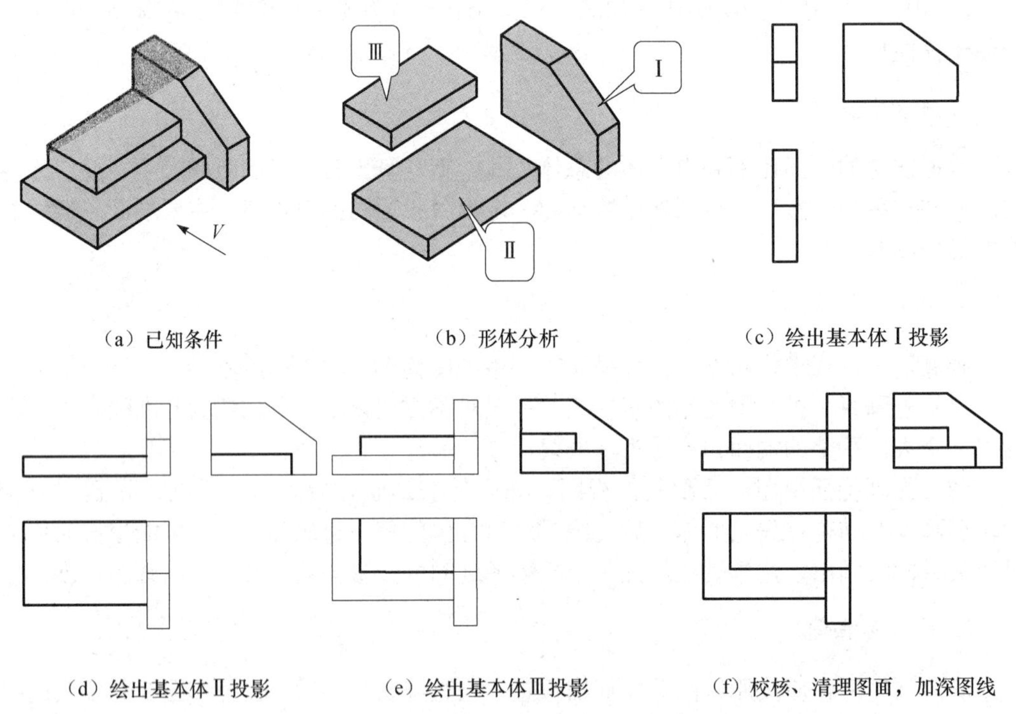

（a）已知条件　（b）形体分析　（c）绘出基本体Ⅰ投影

（d）绘出基本体Ⅱ投影　（e）绘出基本体Ⅲ投影　（f）校核、清理图面，加深图线

图 5.12　叠加式组合体投影图的画法

【例 5.2】 画出图 5.13（a）所示模型的三面投影图。

经形体分析，可知该模型由基本体经过切割而形成，如图 5.13（b）所示。故作图时，先画出完整的原始基本体的三面投影图，然后按截平面的位置，逐个切去被切部分。作图步骤如图 5.13（c）～(g) 所示。

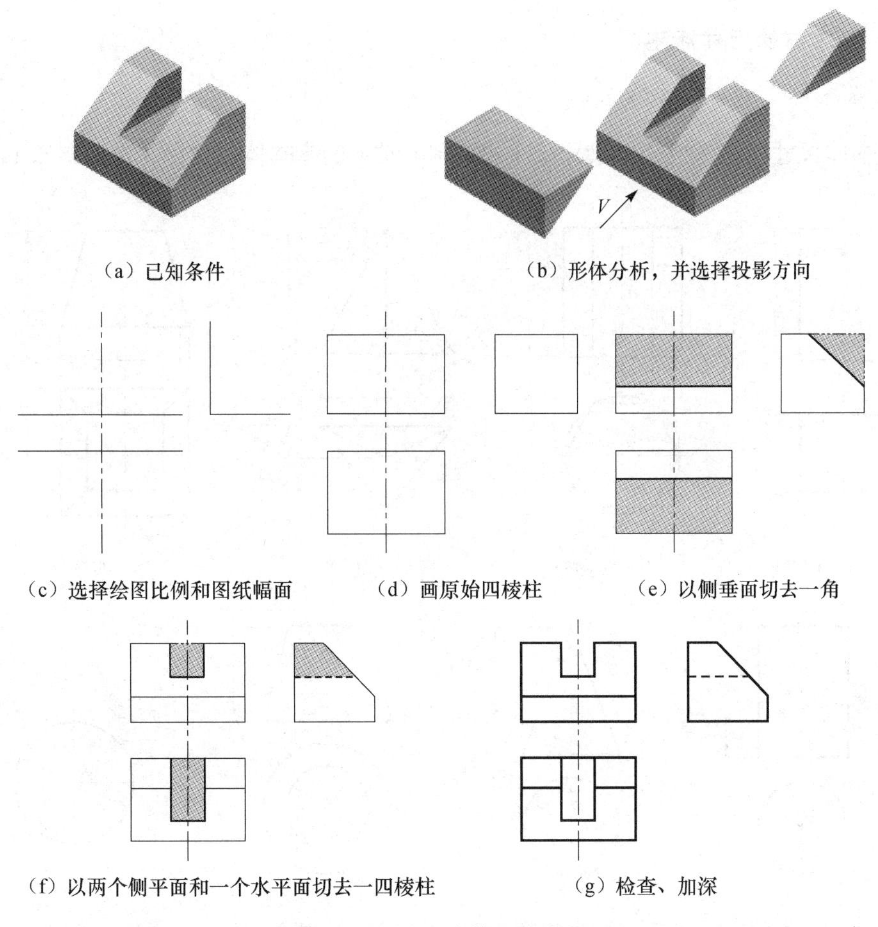

（a）已知条件　（b）形体分析，并选择投影方向

（c）选择绘图比例和图纸幅面　（d）画原始四棱柱　（e）以侧垂面切去一角

（f）以两个侧平面和一个水平面切去一四棱柱　（g）检查、加深

图 5.13　切割式组合体投影图的画法

5.3　组合体的尺寸标注

投影图只能表达形体的空间形状，但要确定形体的大小，则需标注尺寸。

标注组合体尺寸应做到正确、完整、清晰、合理。

（1）正确：要符合“国标”。

（2）完整：所标注的尺寸必须能够完整、准确、唯一地表达物体的大小。

（3）清晰：尺寸的标注要整齐、清晰，便于阅读。

（4）合理：标注的尺寸要满足设计要求，并满足施工、测量和检验的要求。

由于组合体是由一些基本体通过叠加、切割等方式形成的，标注组合体尺寸应遵循：先标注各基本体的定形尺寸，后标注各基本体之间的定位尺寸，最后再标注组合体的总体尺寸的顺序。由此可见，只有在形体分析的基础上，才能完整地标注出组合体的尺寸。

5.3.1 基本体的尺寸标注

1. 基本体

基本体尺寸标注是组合体尺寸标注的基础。常见的基本体尺寸标注，如图5.14所示。

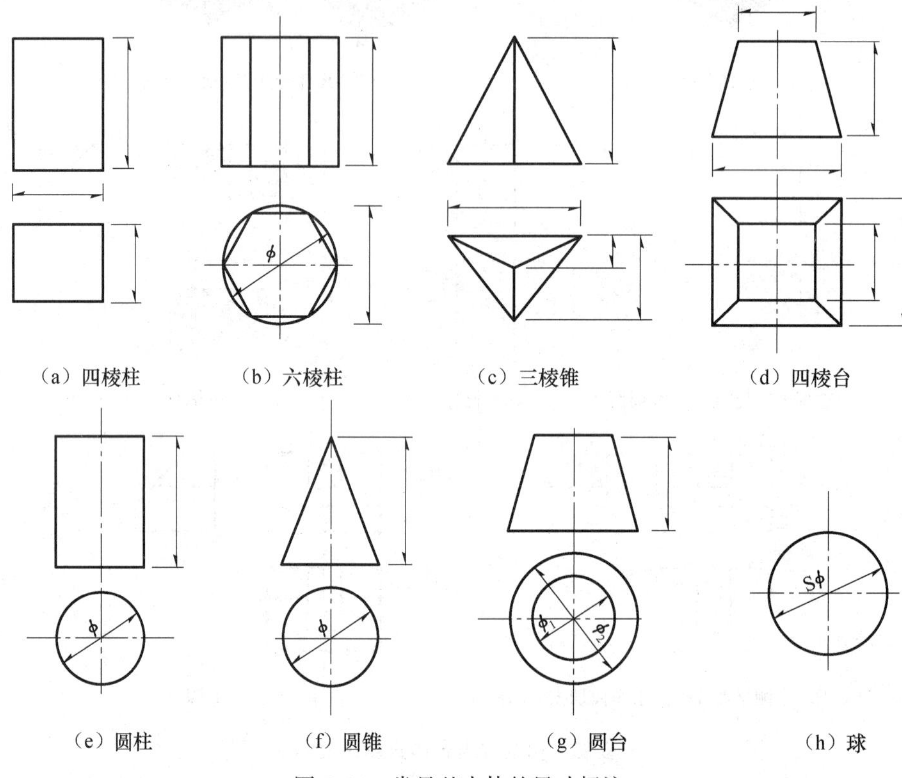

(a) 四棱柱　(b) 六棱柱　(c) 三棱锥　(d) 四棱台

(e) 圆柱　(f) 圆锥　(g) 圆台　(h) 球

图5.14　常见基本体的尺寸标注

2. 被截切或相贯后的基本体

基本体被截切或相贯时，除了要注出基本体的尺寸外，还应注出截平面的位置尺寸或两立体的相对位置尺寸，但不必注出截交线的尺寸，如图5.15所示。

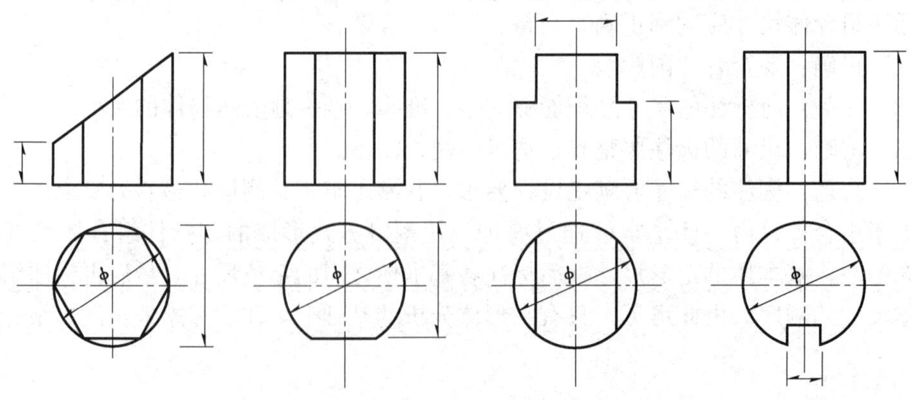

图5.15　被截切或相贯的基本体尺寸标注

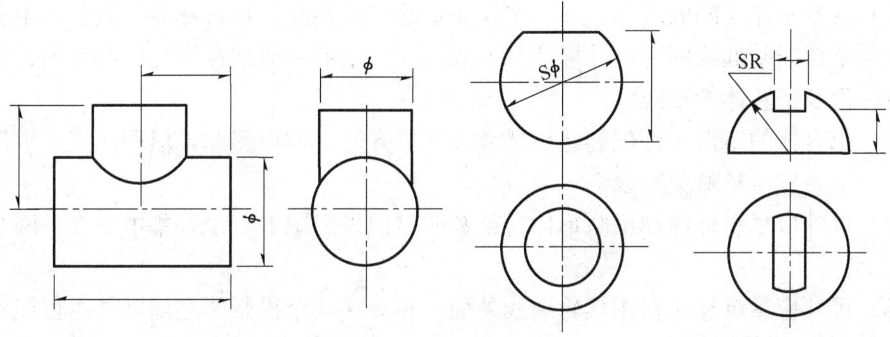

图 5.15　被截切或相贯的基本体尺寸标注（续）

5.3.2　组合体的尺寸标注

1. 尺寸种类

要完整地确定一个组合体的大小，需顺序注全三类尺寸。

（1）定形尺寸：各基本体的尺寸。

（2）定位尺寸：各基本体之间的相对位置尺寸。

（3）总体尺寸：组合体的外形（总长、总宽和总高）尺寸。

如图 5.16 所示，半径 $R5$、5 等为定形尺寸，20、17 等为定位尺寸，30、18、22 为总体尺寸。应注意的是，这三种尺寸的分类并不是绝对的，有时一个尺寸既可能是定形尺寸，同时还可能是定位尺寸或总体尺寸，如图中的 30，既是定形尺寸，又是总体尺寸。

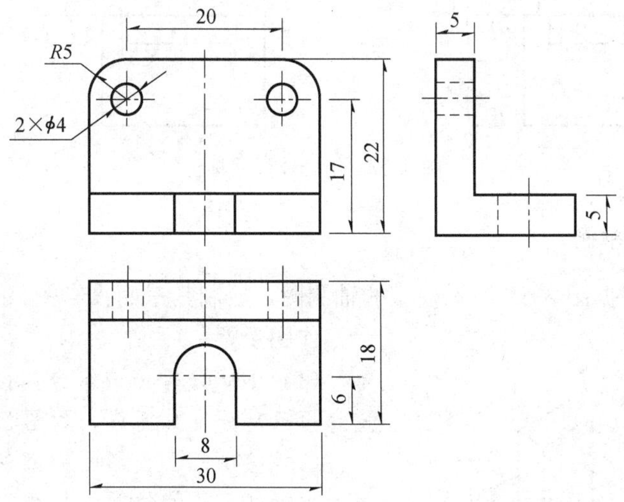

图 5.16　组合体三视图及其尺寸

2. 标注组合体尺寸时应注意的问题

（1）组合体尺寸标注前需进行形体分析，弄清反映在投影图上的有哪些基本体，然后注意这些基本体的尺寸标注要求，做到简洁合理。

（2）各基本体之间的定位尺寸一定要先选好定位基准，再行标注，做到心中有数不遗漏。通常作图基准线即为尺寸标注基准线，尺寸基准一般选在组合体的底面、重要端面、对称面及回转体的轴线上。

（3）组合体的定形、定位和总体尺寸标注要齐全，不得遗漏，但要注意一个尺寸只需标注一次，应尽量避免重复。

（4）尺寸应尽量标注在反映形体特征最明显的投影图上，最好集中注在一两个主要投影图上。

（5）尺寸应尽量标注在图形轮廓线外面，布置在两个投影图之间，并尽可能集中注写在投影图的下方或右方，必要时才注写在上方或左方。

（6）尺寸线的排列要整齐。要注意先注小尺寸，后注大尺寸，小尺寸在内，大尺寸在外，并在不出现尺寸重复的前提下，使尺寸构成封闭的尺寸链。

（7）尽量不在虚线图形上标注尺寸。

（8）同一方向的连续尺寸，应尽量放置在一条线上，不要错开。

（9）当组合体以回转面为某方向轮廓时，一般不注该方向的总体尺寸，而只注回转中心的定位尺寸和外端的圆弧尺寸，如图 5.17 所示。

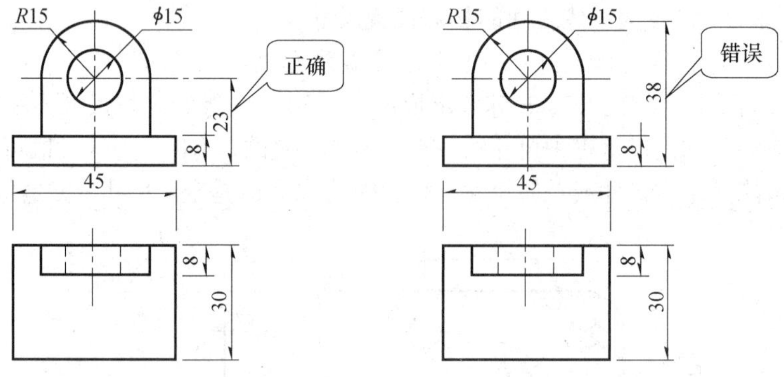

图 5.17　组合体尺寸标注

5.3.3　尺寸标注举例

【例 5.3】 根据图 5.18 所示模型的轴测图，绘制其三面投影图，并标注尺寸。

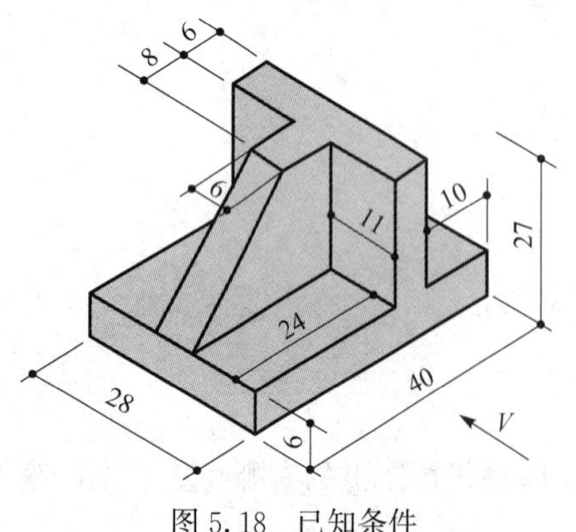

图 5.18　已知条件

作图步骤

（1）形体分析。该组合体由底板、直立墙和支撑板三部分叠加而成，如图 5.19（a）所示；

（2）绘制三面投影图的方法与步骤同前，注意留出标注尺寸的位置，如图 5.19（b）所示；

（3）标注定形尺寸。将各组成部分的定形尺寸标注在组合体的投影图上，如图 5.19（c）所示。底板的尺寸 40、28 和 6，直立墙的尺寸 6、28 和 21，支撑板的尺寸 8、24、6 和 21；

（4）标注定位尺寸。如图 5.19（d）所示，直墙与底板左右不对齐，需标注定位尺寸 10；

(5) 标注总体尺寸。总长、总宽尺寸与底板的长、宽尺寸相同，不必再标注。所以只需标出总高尺寸 27，如图 5.19 (e) 所示。

(6) 尺寸调整排列，其中支撑板的定形尺寸 24 和 21 可省略。完成组合体的尺寸标注，如图 5.19 (f) 所示。

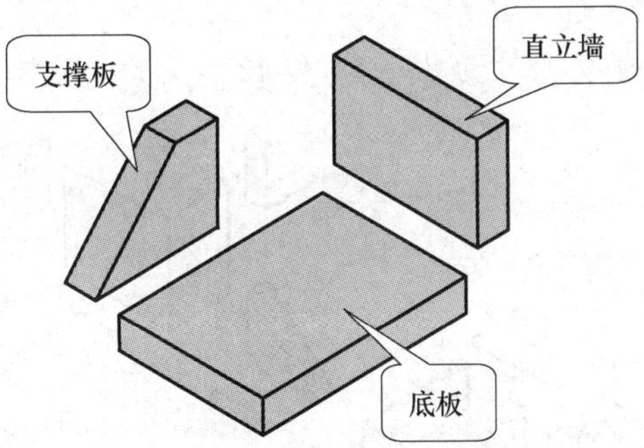

(a) 形体分析

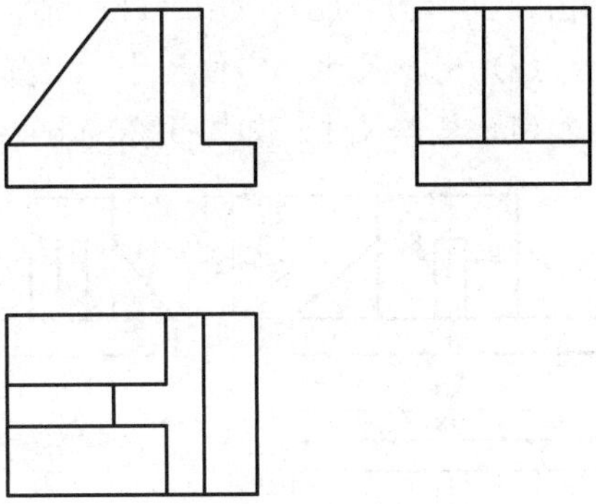

(b) 三面投影图

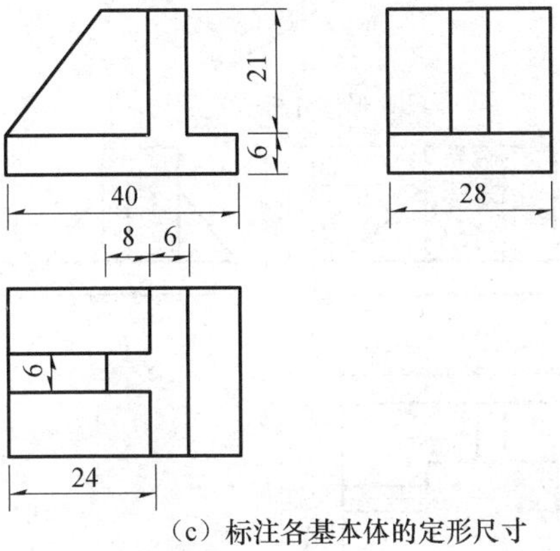

(c) 标注各基本体的定形尺寸

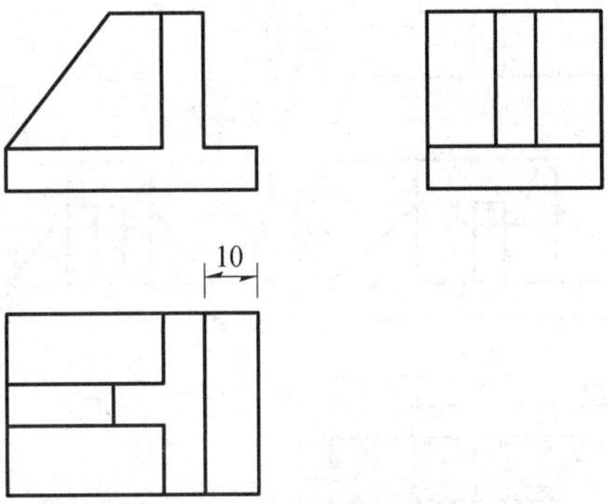

(d) 标注定位尺寸

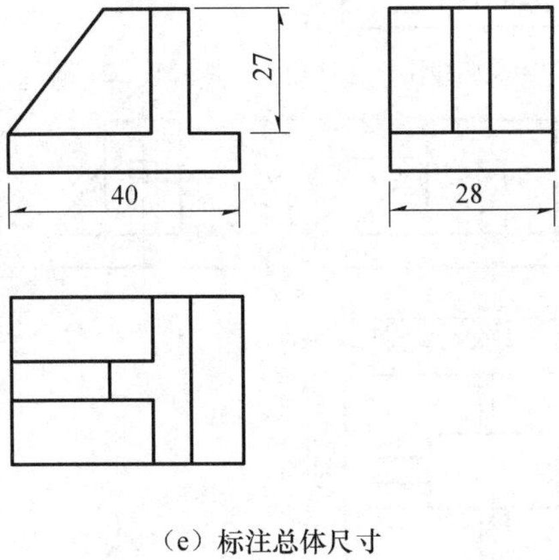

(e) 标注总体尺寸

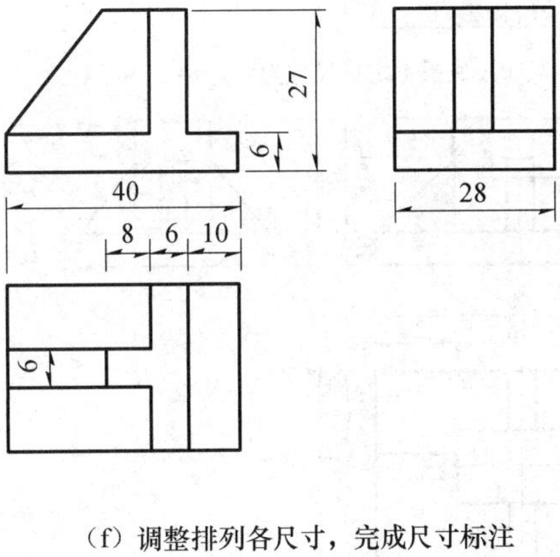

(f) 调整排列各尺寸，完成尺寸标注

图 5.19　组合体的尺寸标注

【例 5.4】 指出图 5.20 (a) 所示组合体三面投影图上所标注的定形、定位与总体尺寸。

分析

(1) 形体分析：该组合体为叠加法形成。其由底板Ⅰ、中央四棱柱Ⅱ以及四个支撑板Ⅲ、Ⅳ叠加而成，如图5.20 (b) 所示。

(2) 定形尺寸。底板Ⅰ的尺寸86、54、10，中央四棱柱Ⅱ的尺寸38、22、32，左右两个支撑板Ⅲ的尺寸分别为24、8、20，前后两个支撑板Ⅲ的尺寸分别为8、16、20，如图5.20 (c)、(d)、(e)、(f) 所示；

(3) 定位尺寸。定位尺寸12，如图5.20 (g) 所示；

(4) 总体尺寸。如图5.20 (h) 所示，总体尺寸为86、54和42。

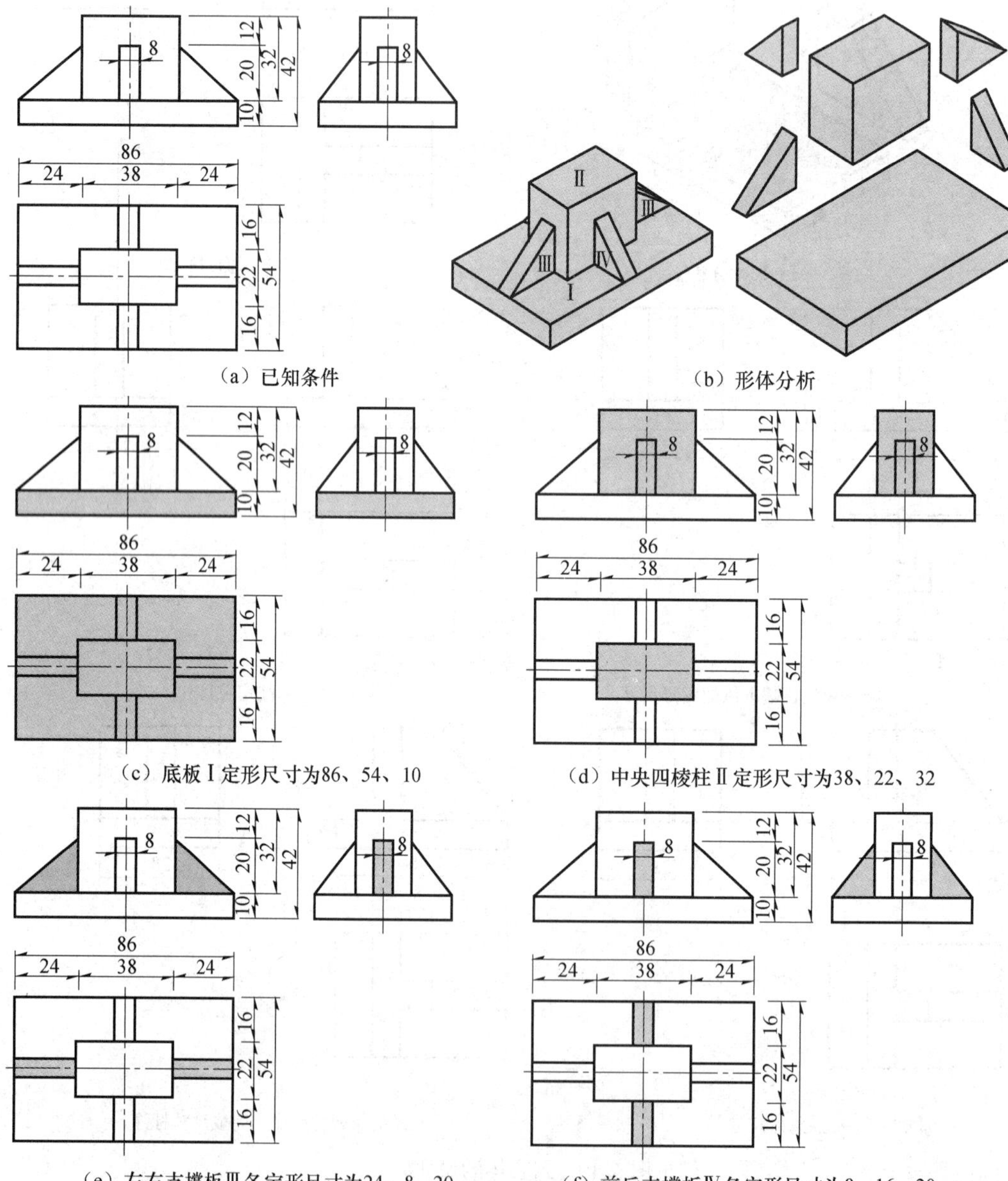

图5.20 叠加式组合体三视图尺寸的识读

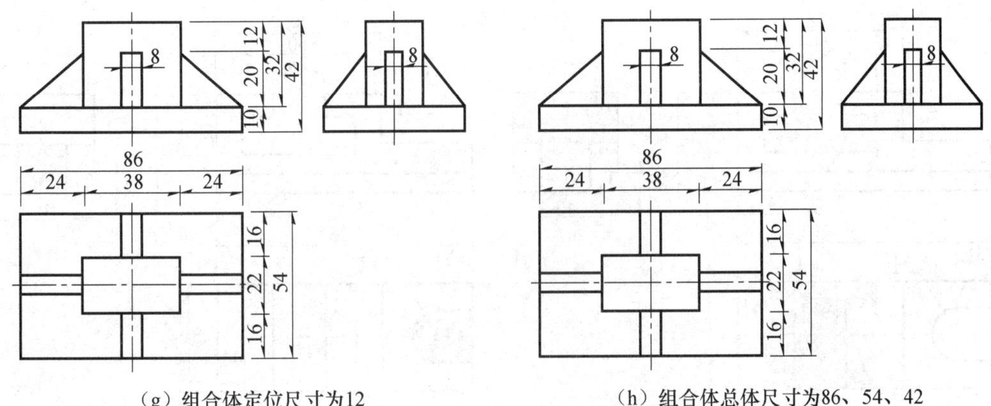

(g) 组合体定位尺寸为12

(h) 组合体总体尺寸为86、54、42

图 5.20　叠加式组合体三视图尺寸的识读（续）

【例 5.5】 对图 5.21（a）所示组合体三面投影图上所标注的尺寸进行识读。

分析　据已知条件分析，该组合体为切割法形成。其由原始四棱柱，被挖去左上部四棱柱、倒 T 形槽、半圆头柱及底部前后两个四棱柱而形成。

（1）定形与定位尺寸：

① 挖去左上部四棱柱。如图 5.21（b）所示，其定形与定位尺寸为 26、56、88。

② 挖去倒 T 形槽。如图 5.21（c）所示，其定形与定位尺寸为 28、60、56、20、32、44。

③ 挖去半圆头柱。如图 5.21（d）所示，其定形与定位尺寸为 18、R12、26。

④ 挖去底部前后两个四棱柱。如图 5.21（e）所示，其定形与定位尺寸为 136、10、46。

（2）总体尺寸。如图 5.21（f）所示，总体尺寸为 136、56、52。

（3）调整尺寸。图 5.21（b）与图 5.21（c）和图 5.21（f）中的 56，不允许重复，只标注一个即可。5.21（b）与图 5.21（d）中的 26，不允许重复，只标注一个即可。

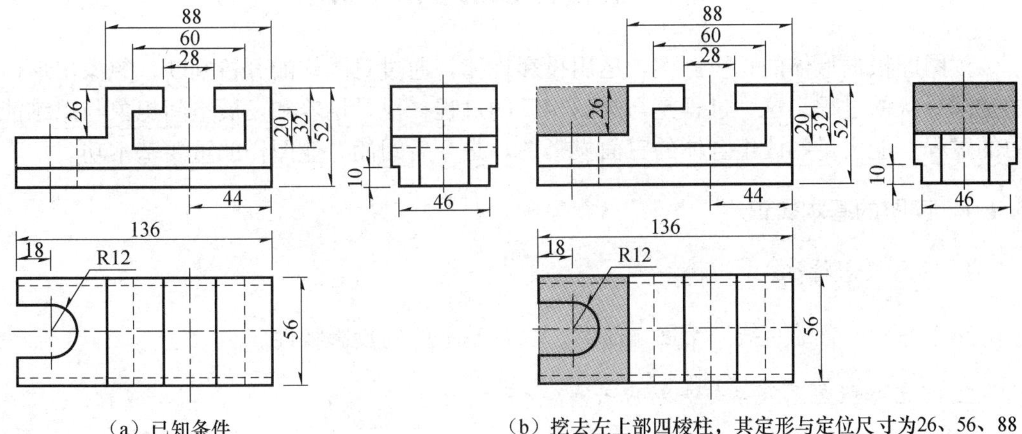

(a) 已知条件

(b) 挖去左上部四棱柱，其定形与定位尺寸为26、56、88

图 5.21　切割式组合体尺寸的识读

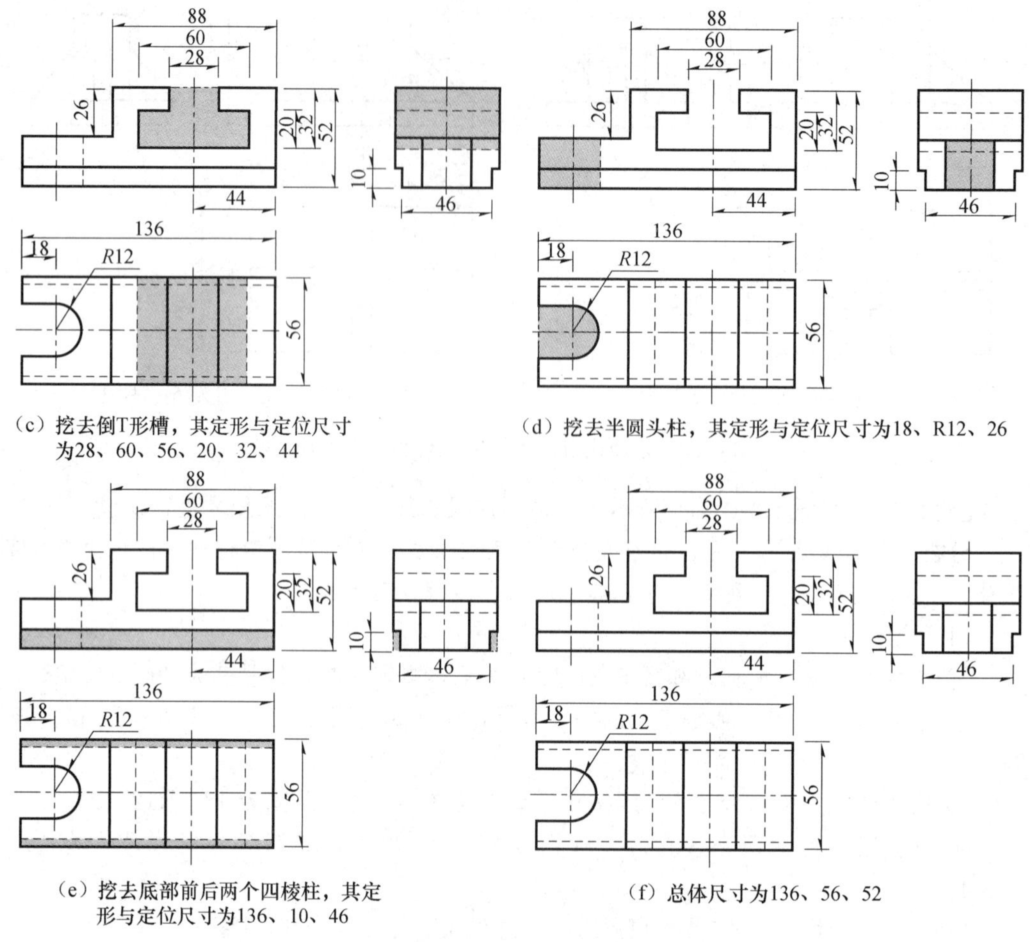

（c）挖去倒T形槽，其定形与定位尺寸为28、60、56、20、32、44

（d）挖去半圆头柱，其定形与定位尺寸为18、R12、26

（e）挖去底部前后两个四棱柱，其定形与定位尺寸为136、10、46

（f）总体尺寸为136、56、52

图 5.21　切割式组合体尺寸的识读（续）

5.4　组合体投影图的识读

读图即根据形体的正投影图，运用投影规律，通过对图样的分析判断，想象出形体的空间形状的过程。这一过程是与画图相反的过程，也是培养和发展空间想象与思维能力的过程。能大量熟读组合体的三面投影图，是今后阅读专业图样的重要基本功。

5.4.1　读图的基本知识

1. 熟悉投影特征

熟悉各种位置的直线、平面（曲面）以及基本体的投影特性。

2. 将已知投影图联系起来对应着看

通常一个视图不能确定较复杂的形体形状，因此在读图时，要根据几个视图，运用投影规律，将已知视图联系起来想象出空间物体的形状。

如图 5.22 所示，虽然（a）和（b）的 V 面投影相同，但它们的 H 面和 W 面投影不相同，因此两个组合体的空间形状不相同。又如图 5.22（c）和（d）所示，虽然它们的 V 面和 W 面投影相同，但它们的 H 面投影不相同，因此两个组合体的空间形状也不相同。

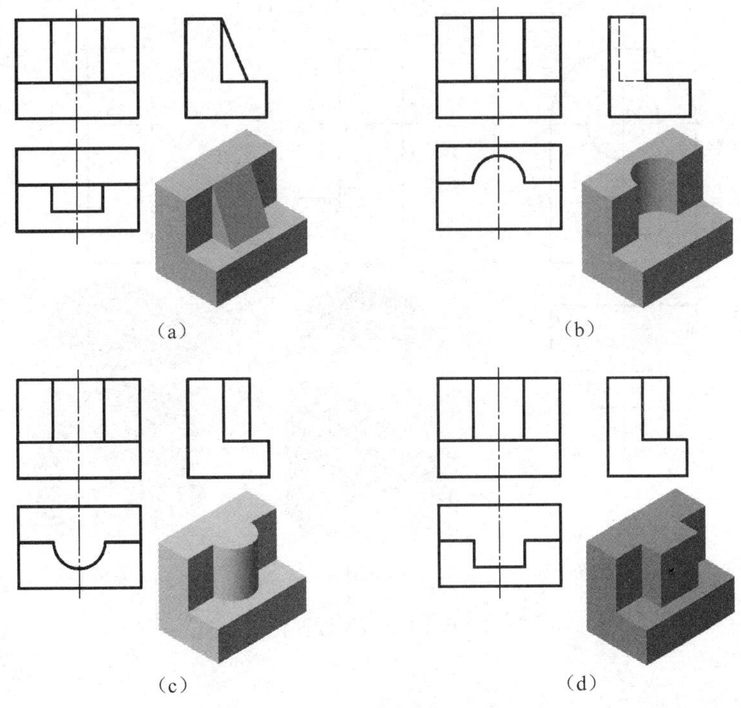

图 5.22　将已知投影图联系起来看

3. 注意找出特征视图

形状和位置特征视图是读图的关键。

(1) 形状特征视图。找出最能反映形体形状特征的那个视图，如图 5.23 所示。

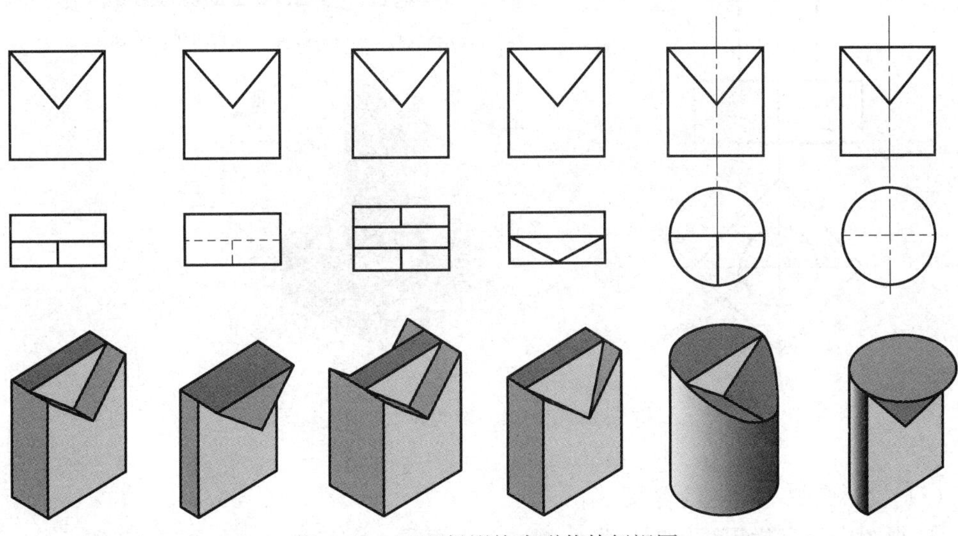

图 5.23　H 面投影均为形状特征视图

(2) 位置特征视图。找出最能反映形体位置特征的那个视图。如图 5.24 所示，由 V、H 面投影看，形体上的凸起或凹下部分无法确定，但从 V、W 面投影看，则能判定为形体Ⅰ或形体Ⅱ，所以侧面图为特征视图。

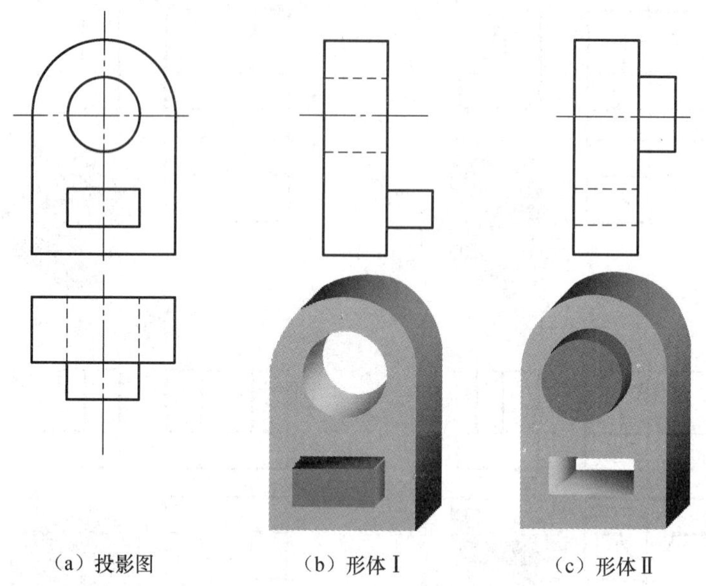

（a）投影图　（b）形体Ⅰ　（c）形体Ⅱ

图 5.24　W 面投影为位置特征视图

4. 弄清投影图中“线”及“面”的含义

(1) 投影图中“线”的含义，如图 5.25 所示。

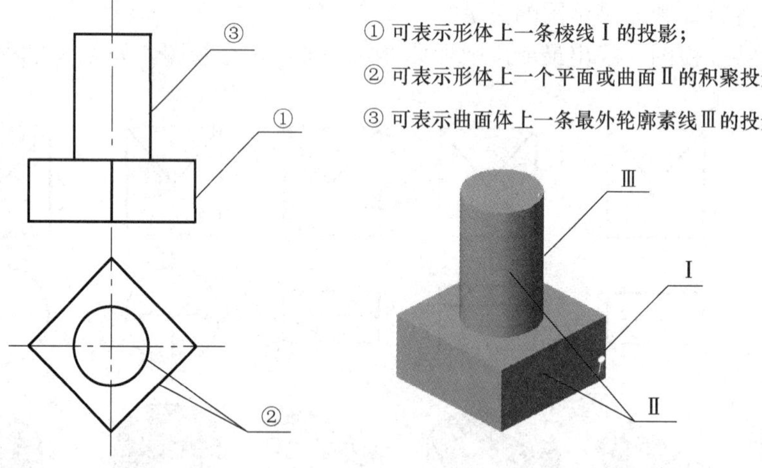

图 5.25　投影图中“线”的含义

(2) 投影图中“面”的含义。

① 视图中一个封闭线框对应形体的一个表面或一个基本体，如图 5.26 所示。

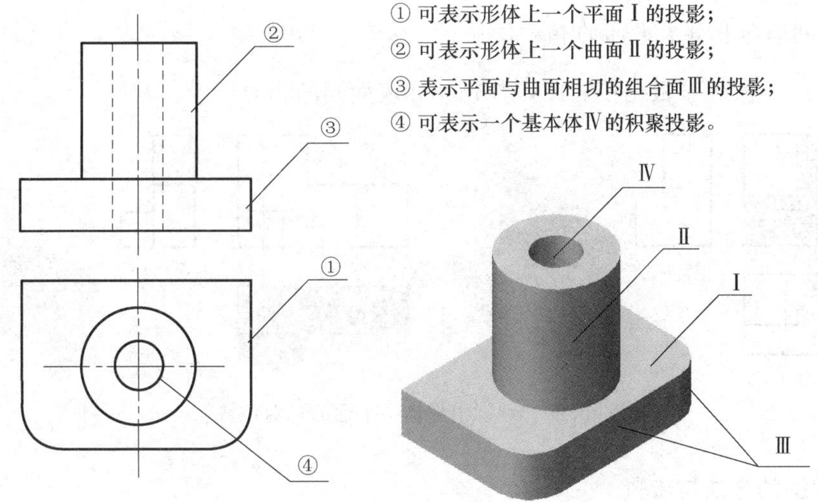

图 5.26　投影图中“面”的含义

② 相邻线框代表两个平面不在同一个平面上，如图 5.27 所示。

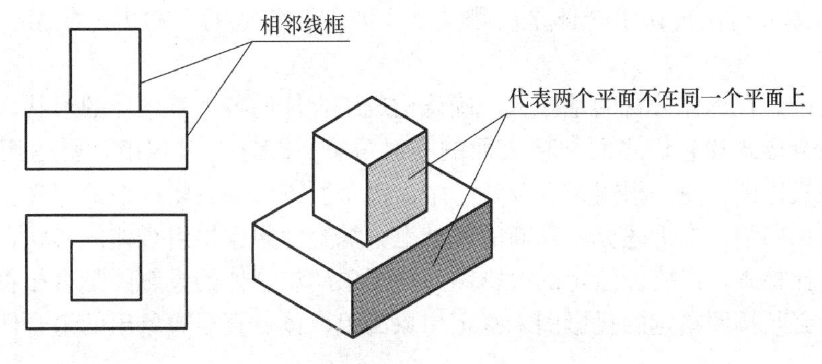

图 5.27　相邻线框

③ 线框里面的线框代表凸台、凹槽或通孔，如图 5.28 所示。

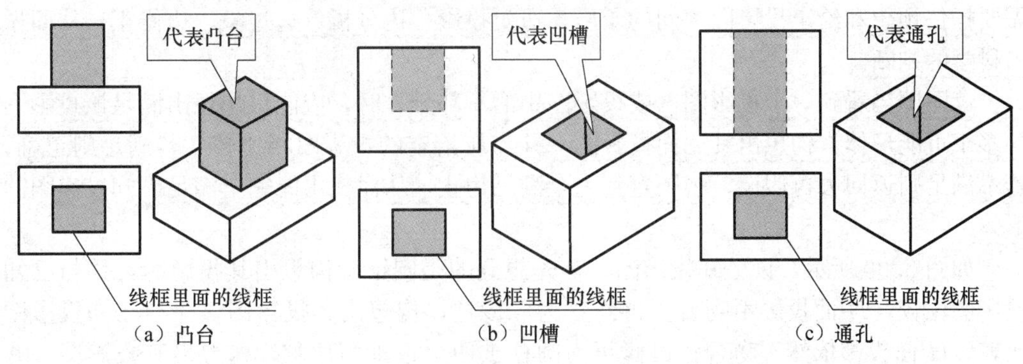

图 5.28　线框里面的线框

5. 要判断出相邻表面间的相对位置

如图5.29所示，根据投影图，判别相邻表面间的相对位置。

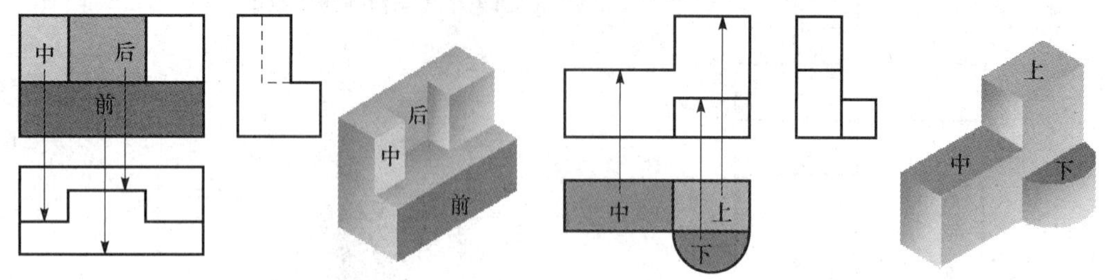

图5.29 判别出形体中平面的相对位置

5.4.2 读图的方法与步骤

1. 读图的步骤

识读组合体三面投影图大致经过以下三个过程：

(1) 粗读。就是根据组合体的三面投影图，以主投影图为核心，联系其他投影图，运用形体分析法辨认组合体是由哪几个主要部分组成的，初步想象组合体的大致轮廓。

(2) 精读。在形体分析的基础上，确认构成组合体的各个基本体的形状，以及各基本体间的组合形式和它们之间邻接表面的相对位置。在这一过程中，要运用线面分析法，弄清楚投影图上每一根线条以及每一个由线条所围成的封闭线框的意义。

(3) 总结归纳。在上述分析判断的基础上，综合地想象出组合体的形状，并将其投影与原图对比检查，以验证给定的投影图与所想象的组合体的投影图是否相符。当两者不一致时，必须按照给定的投影图来修正想象的组合体，直至想象出的组合体的投影图相符为止。

2. 读图思维过程的规律

读图是一个复杂的思维过程，读图的过程是不断修正想象中组合体的思维过程。它需要抓住预想和给定投影图之间的矛盾，边对投影、边分析、边想象、边修正，从而做出科学的判断。

读图即当看到一个投影图（或投影图中的一部分）时，应能很快想出满足该投影图的多个可能形体，构想出其三面投影图，并与所给定的投影图相比较，若满足则正确，若不满足则返回去再假设，……直到完全满足为止。从而找出能完全满足已知投影图的形体。

如图5.30所示，读已知投影图，首先想到的是圆锥，构想出其投影图，并与已知投影图比较，*H*面投影不吻合；再修正为三棱柱，构想出其投影图，并与已知投影图比较，*H*面投影依然不吻合；再修正为圆柱被两个正垂面切割，构想出其投影图，并与已知投影图比较，均吻合，即为所表示的组合体。

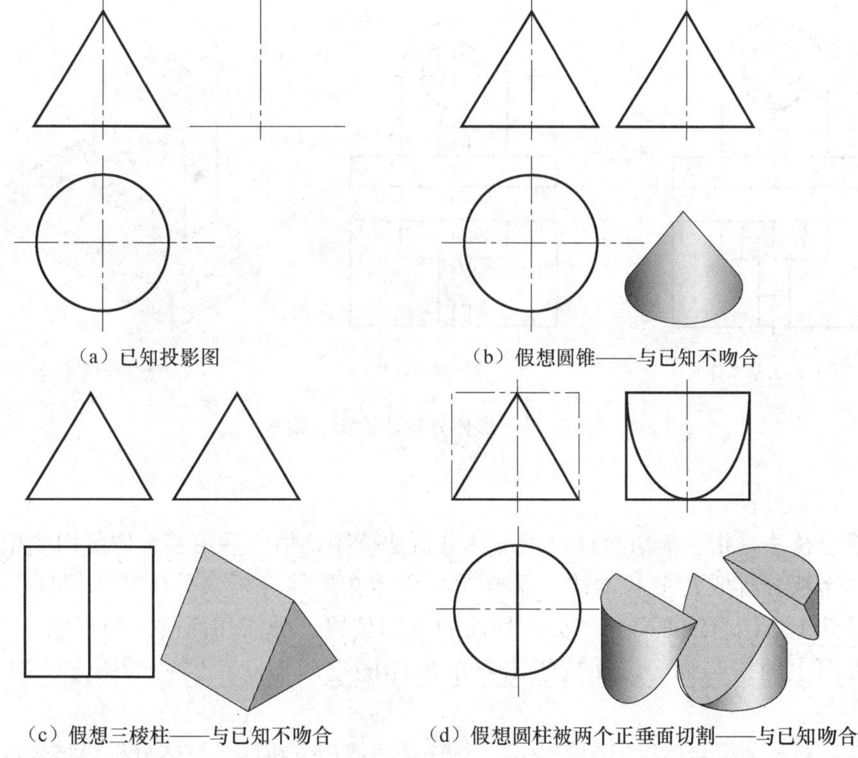

图 5.30　读图思维过程的规律

3. 读图的基本方法

读图的基本方法，有形体分析法、线面分析法和画轴测图法等。

1）形体分析法

形体分析法读图，就是先以特征比较明显的投影图为主，根据投影图间的投影关系，把结合体分解成一些基本体的形状，再按照它们之间的相对位置，综合想象组合体的形状，如图 5.31 所示。此读图方法最适用于叠加式组合体因叠加式组合体上各组或部分容易分解，相对位置也容易找准。

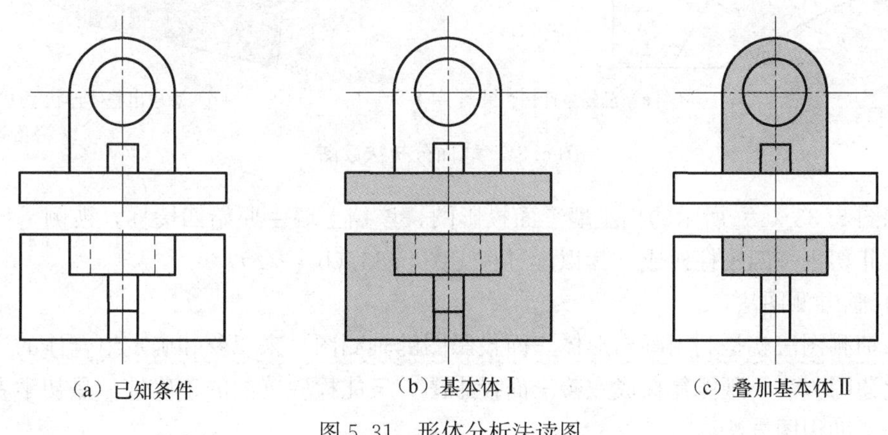

图 5.31　形体分析法读图

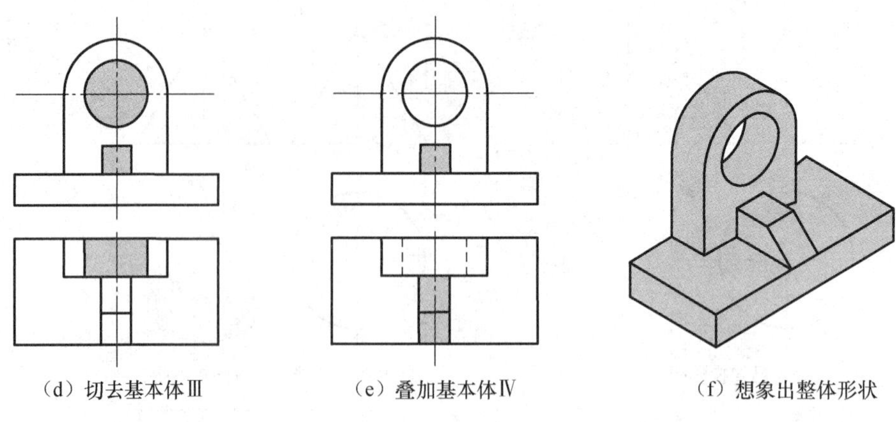

图 5.31　形体分析法读图（续）

2）线面分析法

线面分析法是指一般组合体可用形体分析法读图，但一些由基本体截切或相贯而成的组合体无法分解成几个基本体，需要对组合体在形体分析（分析基本形体、分析切口）的基础上，结合线面分析（分析切面的空间位置、分清切面的几何形状），逐个分析形体表面上的线与面，进而构想出整个形体的空间形状，这种读图方法叫线面分析法。

通常，对复杂组合体投影图的识读，往往是将线面分析法与形体分析法结合进行的。

如图 5.32 所示，该形体由原始四棱柱，经过三个铅垂面 P、T、U 和一个水平面 R 切割而成。铅垂线 AB 为铅垂面 P 与 T 的交线。

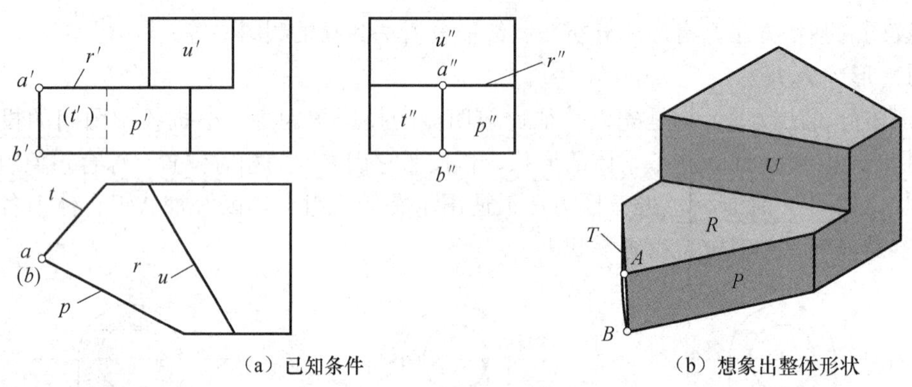

图 5.32　线面分析法读图

如图 5.33（a）所示的挡土墙三面投影图，该挡土墙由原始四棱柱，被侧垂面Ⅰ和正垂面Ⅱ切去一四棱柱而成，其识读过程见图 5.33（b）～（e）。

3）画轴测图法

画轴测图法就是利用画出形体三面投影图的轴测图，来想象和确定组合体的空间形状。此读图方法，既能复核成完善三面投影图，又能检验读图的正确性，是初学者容易掌握的辅助识图方法。

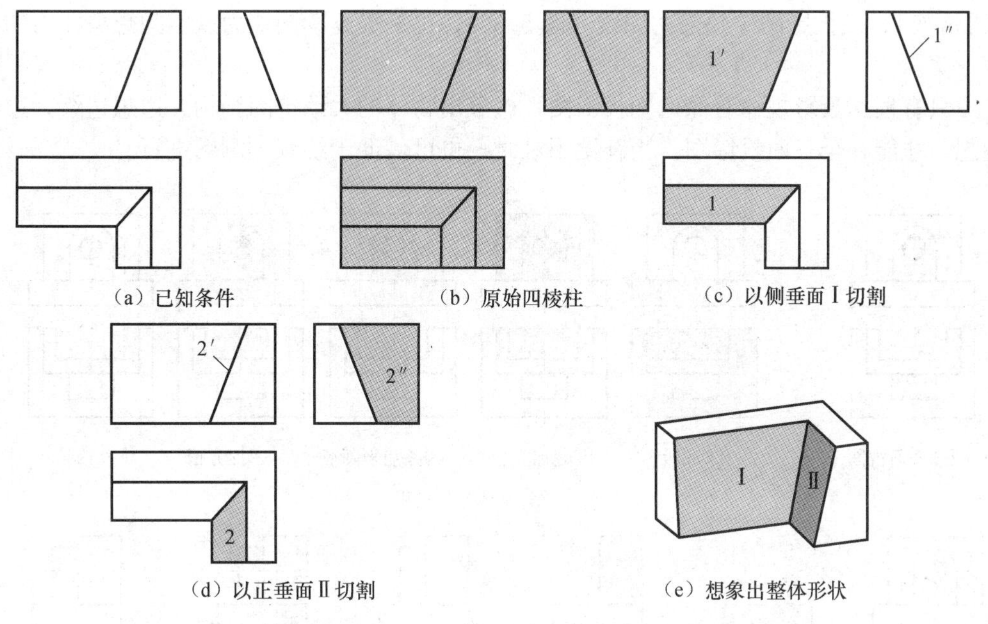

图 5.33　挡土墙投影图的识读

识读图 5.34 (a) 所示形体三面投影图，并画出形体的正等测图，检验读图是否正确。

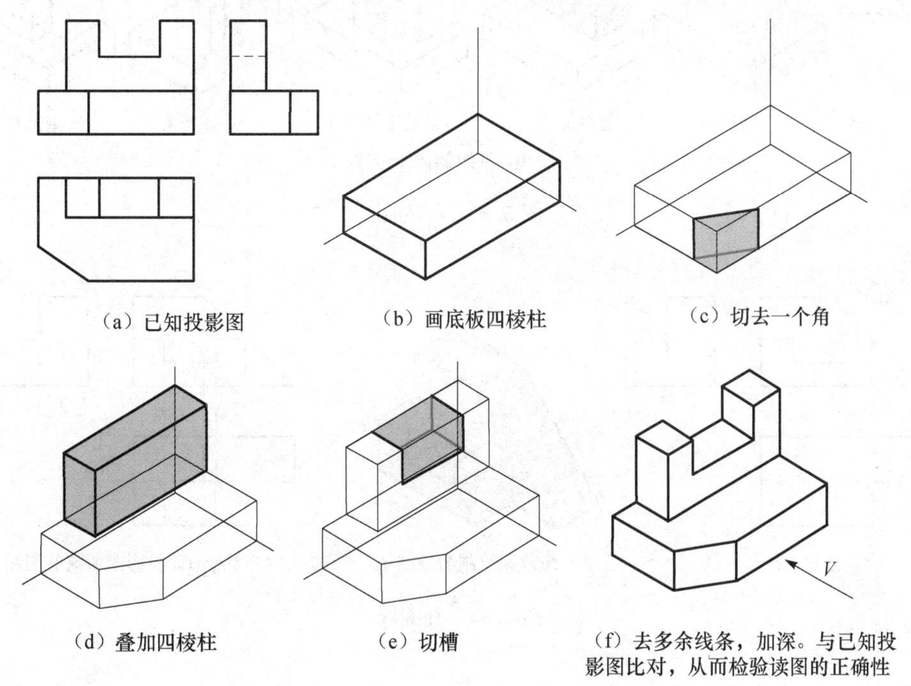

图 5.34　画轴测图检验读图的正确性

4. 补视图，补漏线

根据给出的投影图，通过分析判断，想象物体的形状，补绘第三面投影图

(图 5.35)，或投影图中缺漏的图线（图 5.36），也是提高读图能力及空间想象能力的有效方法。

只有根据投影规律看懂已知投影图，想象出物体的大致空间结构，边想边绘，边绘边想，才能补全三面投影图。当补绘困难时，也可借助于绘制轴测图进行。

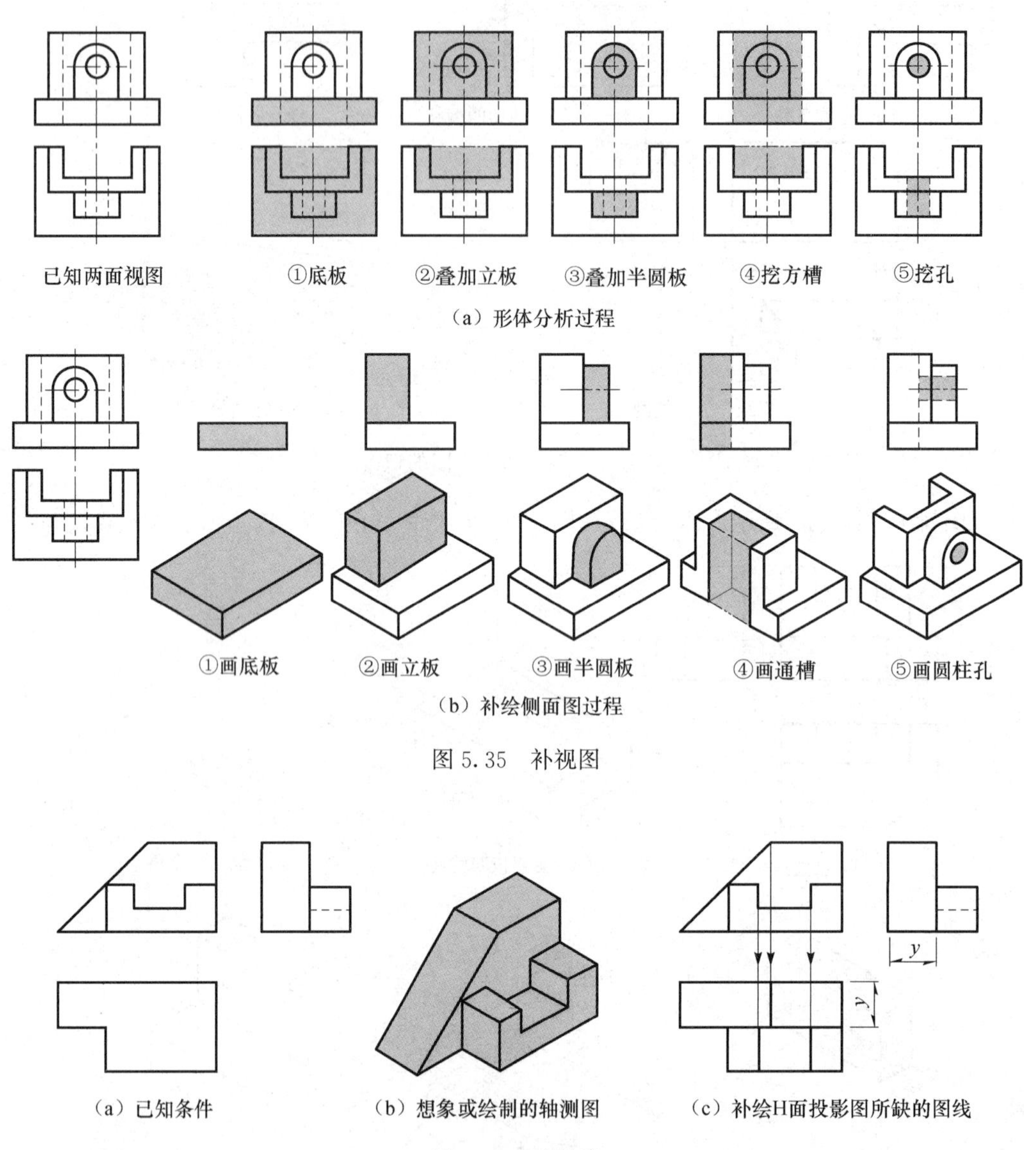

（a）形体分析过程

（b）补绘侧面图过程

图 5.35　补视图

（a）已知条件　（b）想象或绘制的轴测图　（c）补绘H面投影图所缺的图线

图 5.36　补漏线

5.4.3　读图举例

【例 5.6】 识读图 5.37（a）所表达的组合体。

分析　从图中划分出各个基本形体，然后按照投影对应关系逐个分析每一基本形体的各个投影，确定其形状及各部分间的相对位置，最后组合起来想象出整体的组合形状。读图过程如图 5.38（b)～(f）所示。

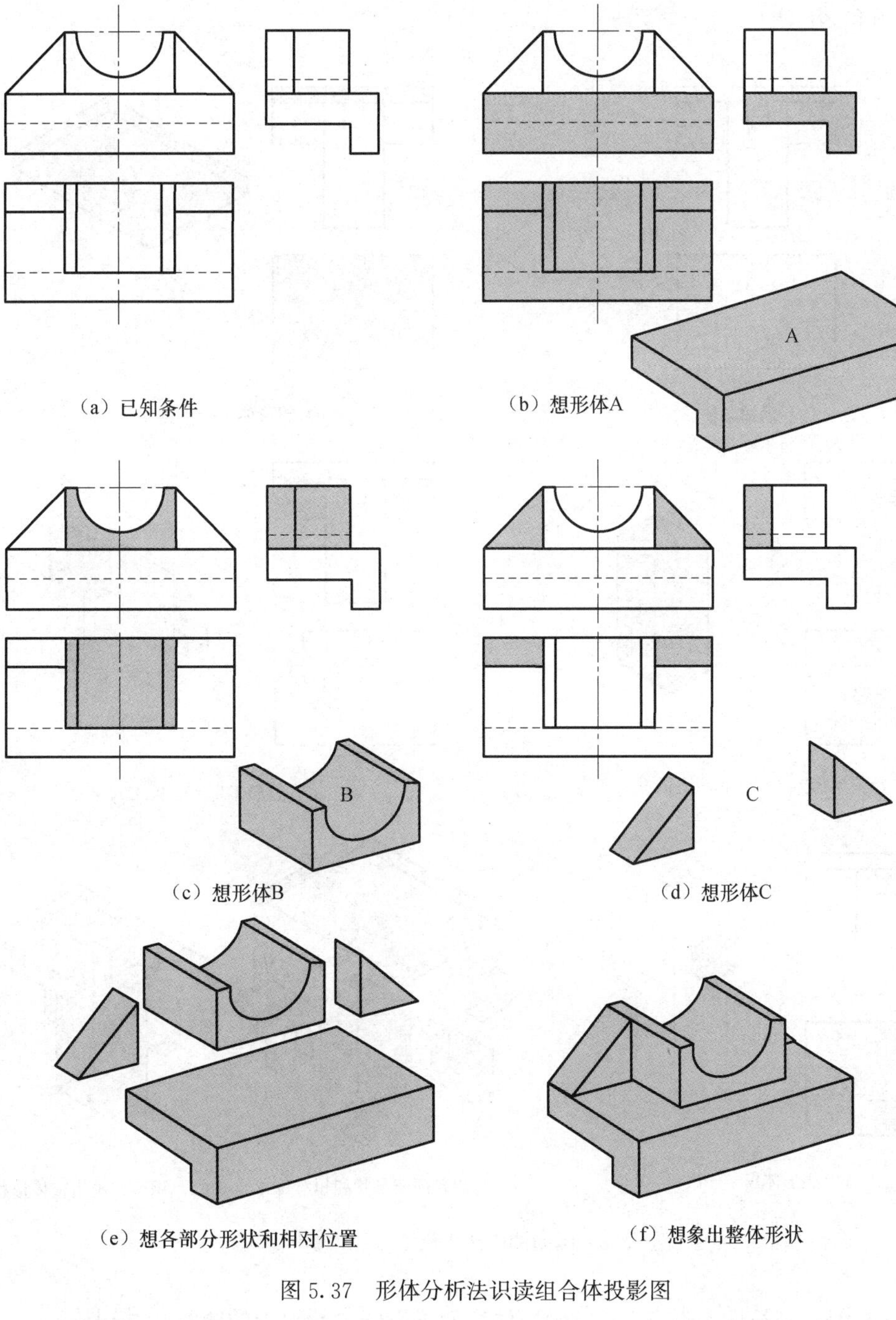

（a）已知条件

（b）想形体A

（c）想形体B

（d）想形体C

（e）想各部分形状和相对位置

（f）想象出整体形状

图 5.37　形体分析法识读组合体投影图

【例 5.7】 画轴测图，辅助识读图 5.38（a）所表达的组合体。

分析

从图中划分出各个基本形体，然后按照投影对应关系逐个分析每一基本形体的各个投影，确定其形状及各部分间的相对位置，最后组合起来想象出整体的组合形状。读图过程如图 5.38 (b)～(g) 所示。

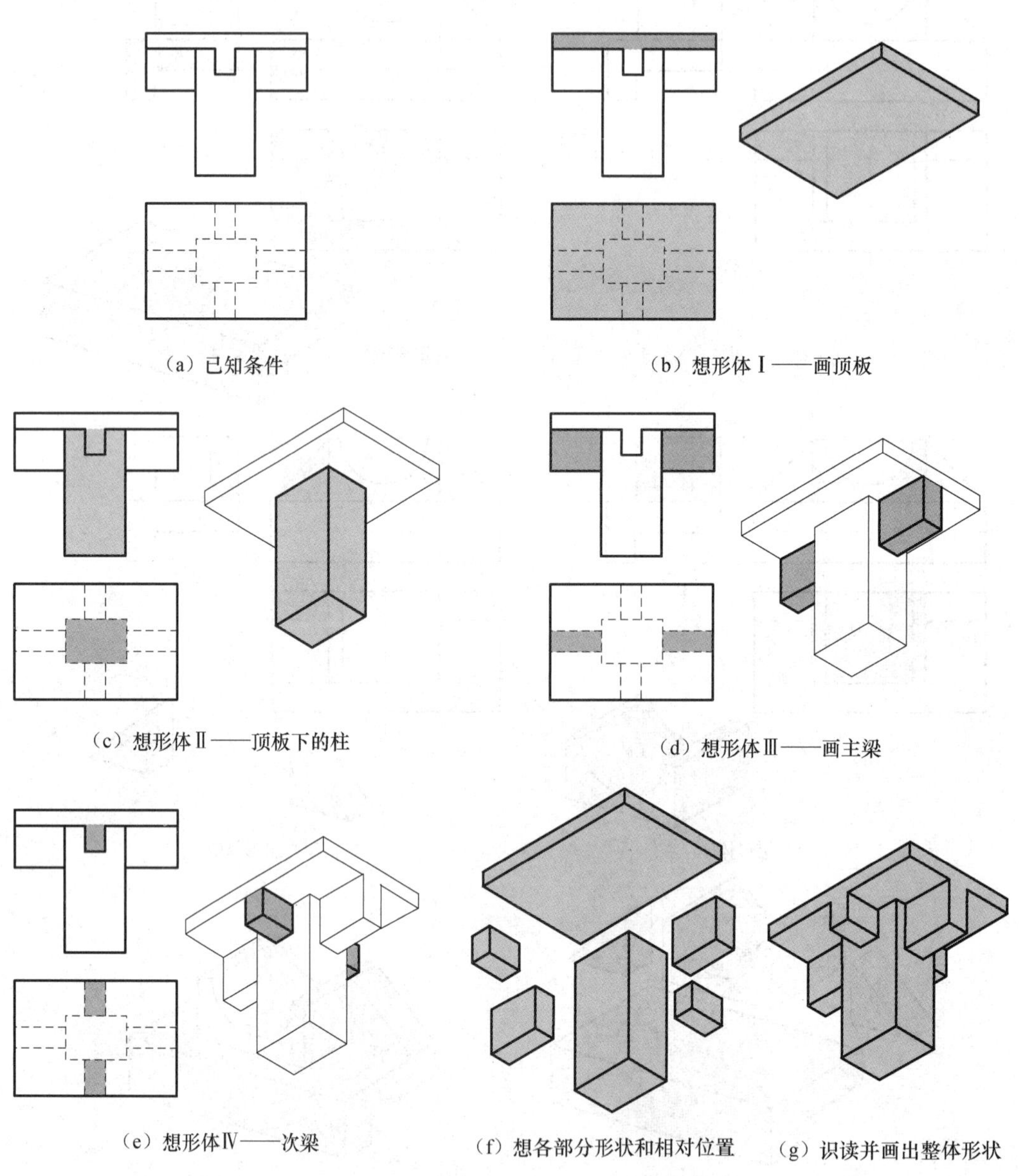

图 5.38　画抛测图法识读组合体投影图

【例 5.8】 补绘图 5.39 (a) 所示形体三面投影图中所缺少的图线，并识读。

分析

根据形体分析法及线面分析法，对照投影，边想象（或绘制轴测图），边补绘投影图中所缺少的图线，作图过程见图5.39（b～f)。

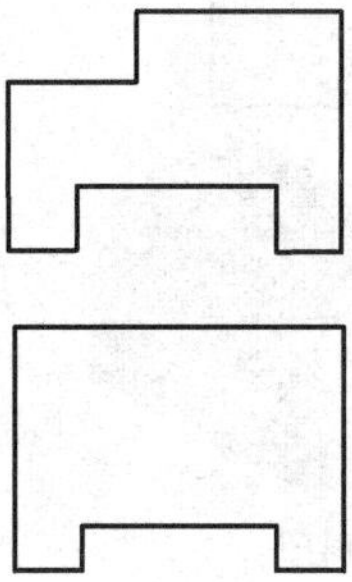

（a）已知条件

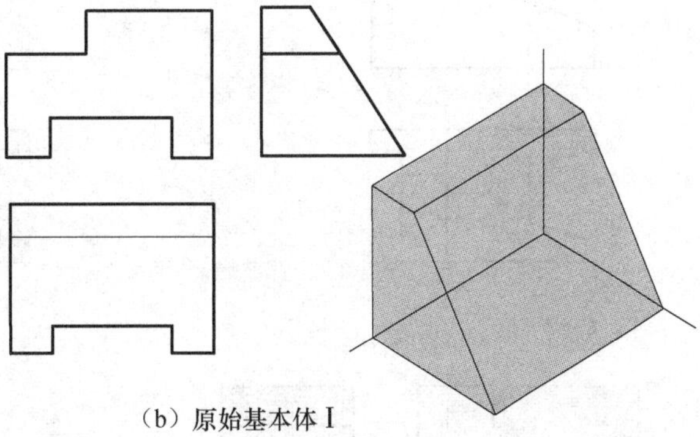

（b）原始基本体Ⅰ

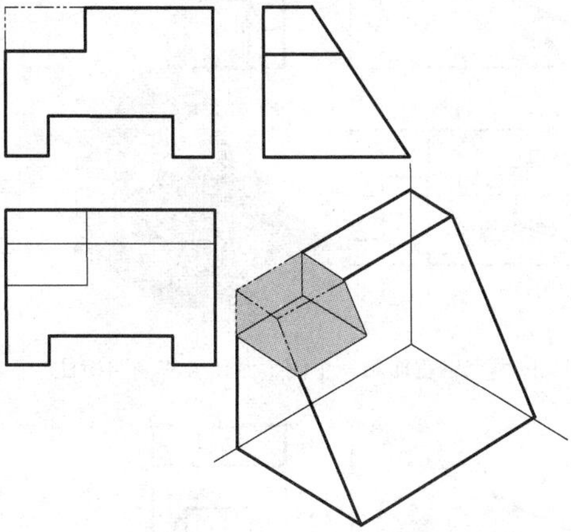

（c）先沿一个水平面、一个侧平面切去形体Ⅱ

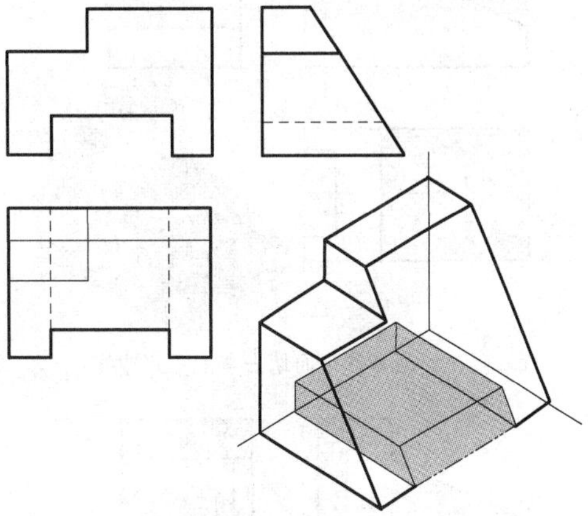

（d）再沿一个水平面、两个侧平面切去形体Ⅲ

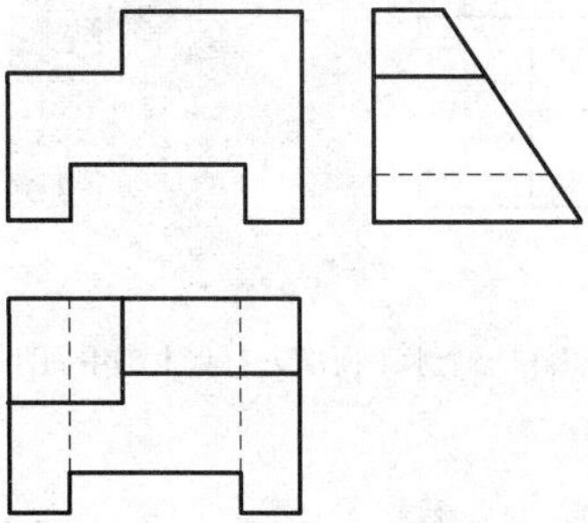

（e）整理、加深、补全后的三视图

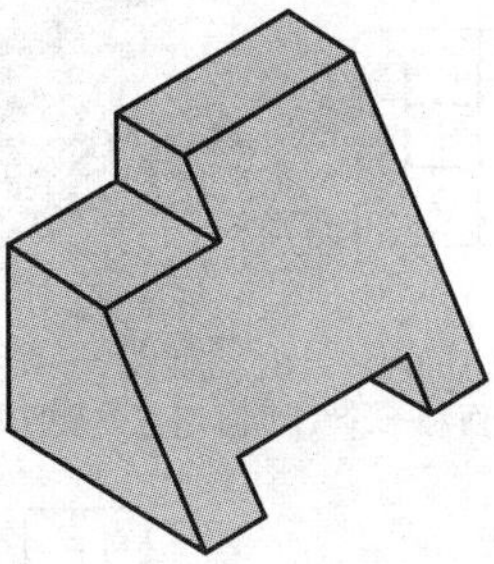

（f）识读出的组合体整体形状

图5.39 补绘投影图中所缺图线

【例5.9】 根据图5.40（a）所示的投影图，想象形体的形状，并补画其侧面图。

分析

根据形体分析法及线面分析法，对照投影，边想象（或绘制轴测图)，边补绘该组合体的侧面图，作图过程见图5.40（b)～(g)。

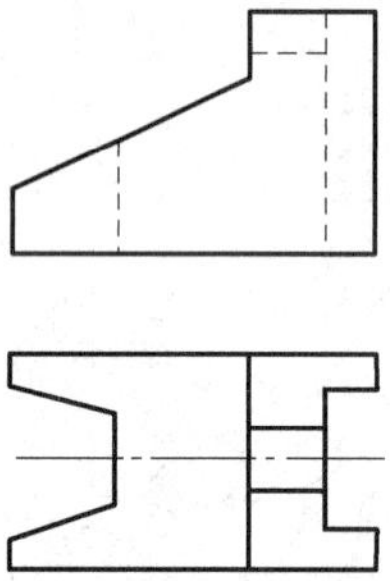

（a）已知条件

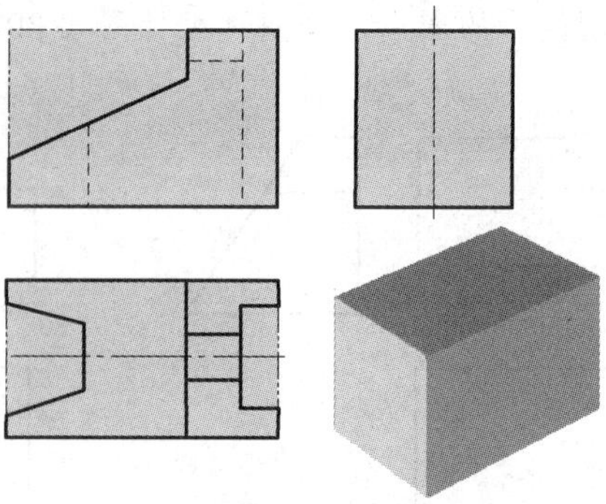

（b）作原始四棱柱的侧面图

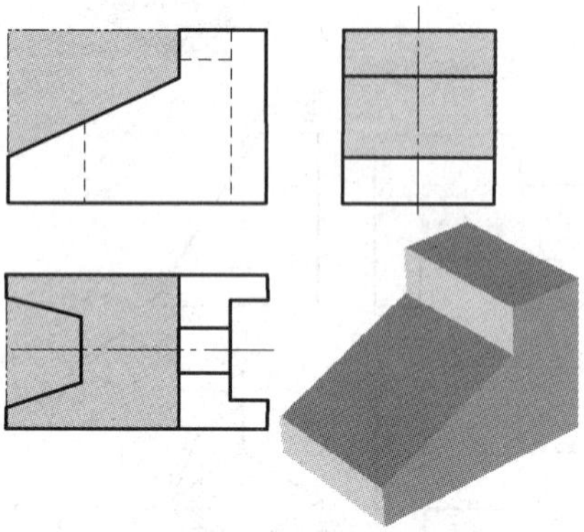

（c）以正垂面和侧平面切去左上部四棱柱

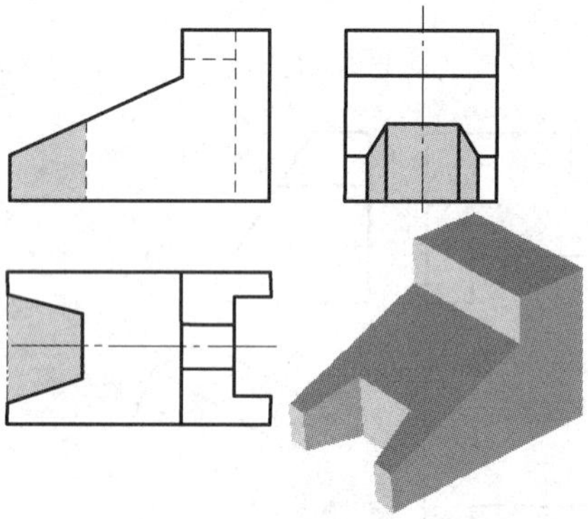

（d）以两个铅垂面和一个侧平面切去左侧四棱柱

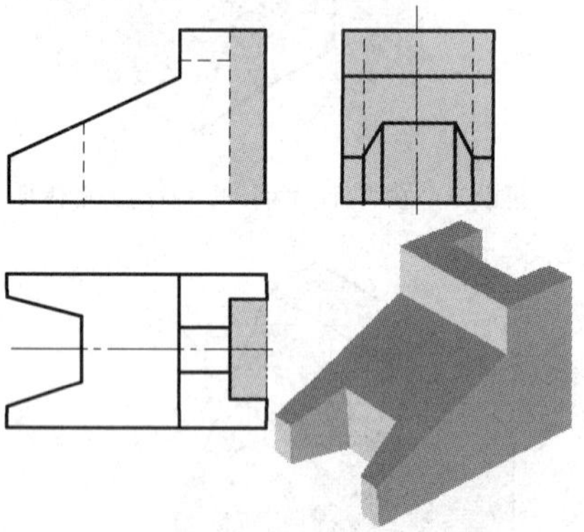

（e）以两个正平面和一个侧平面切去右侧四棱柱

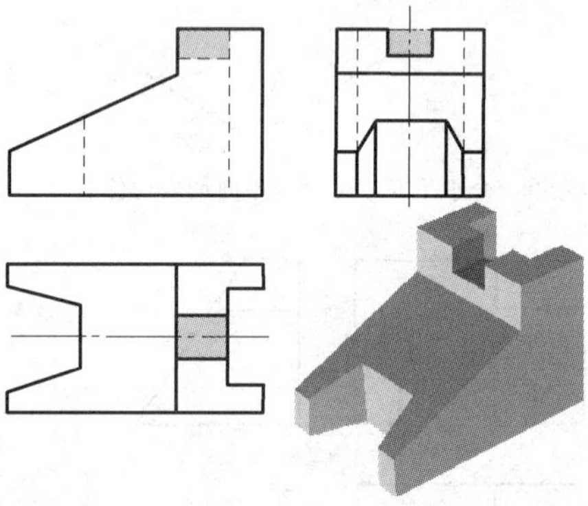

（f）以两个正平面和一个水平面切去右侧上部中间四棱柱

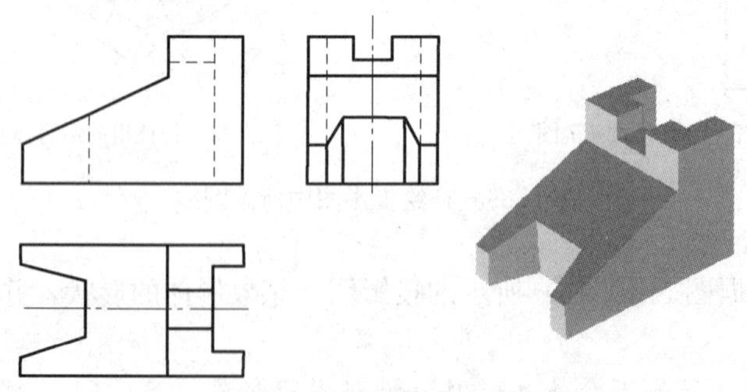

（g）补出侧面图并想象出整体形状

图 5.40　补绘侧面图

小　结

组合体的投影是由画法几何向专业图过渡的重要部分，起着承前启后的作用，既是基本体投影的应用及延伸，又是学习专业图的基础，其为后续单元中工程形体的表达及工程图样的阅读奠定了基础。本单元主要介绍了组合体的形体分析；绘制、识读组合体三面投影图的方法；组合体三面投影图的尺寸标注方法。

复习思考题

1. 什么叫组合体？组合体的组合方式有几种？组合体的表面连接关系有几种？

2. 绘制组合体三视图的步骤是什么？

3. 读图的要点及方法是什么？什么是形体分析法和线面分析法？这两种方法对读图和绘图有什么作用？

4. 组合体应标注哪三类尺寸？注尺寸时应注意哪些问题？

5. 训练培养读图能力有几种途径？

单元 6 轴测投影

教学目标 ☞

1. 明确绘制轴测图的必要性；
2. 理解轴测投影的基本知识；
3. 掌握形体正等测图和斜二测图的绘制原理和基本作图方法；
4. 在识读或补绘组合体三面投影图困难时，能借助于绘制轴测图进行识读与补绘。

6.1 轴测投影的基本知识

在工程图样中，主要是用三面正投影图来表达物体的形状和大小。三面投影图能完整、准确地表达出形体的形状与大小，且作图简便，度量性好，是工程上常用的图样，如图 6.1（a）所示。但是其每一个投影只能反映两向尺度，所以缺乏立体感，读图时需三个投影结合起来看，才能想象出形体的空间形状。

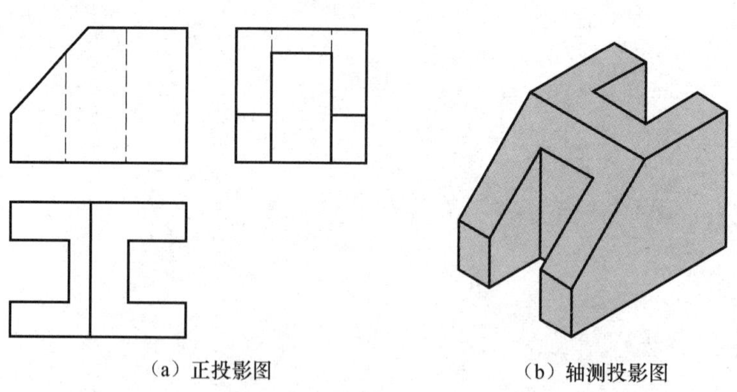

（a）正投影图　（b）轴测投影图

图 6.1　正投影图和轴测投影图

为了便于识读出形体的空间形状，工程图样中还常用一种富有立体感的投影图作为辅助图样，这种较直观的图形称为轴测投影图，简称轴测图。轴测图是采用平行投影方

法绘制的一种能同时反映形体三个方向形状的单面投影图，具有较强的立体感。轴测图度量性较差，作图复杂，所以在工程上只作为辅助图样，如图6.1（b）所示。

值得重视的是，依据三面投影图绘制轴测图也是发展空间思维能力的手段之一。通过轴测图的绘制练习，能使空间感增强，从而能对识读、复核或完善组合体三面投影图有所帮助。

6.1.1　轴测投影的形成及其有关概念

1. 轴测投影的形成

采用平行投影的方法，选用一个不平行于任一坐标面的方向为投射方向，将形体连同确定其长、宽、高的空间直角坐标系一起投影到同一个投影面上，所得到的图形称为轴测投影图（简称轴测图），这种投影的方法称为轴测投影，如图6.2所示。

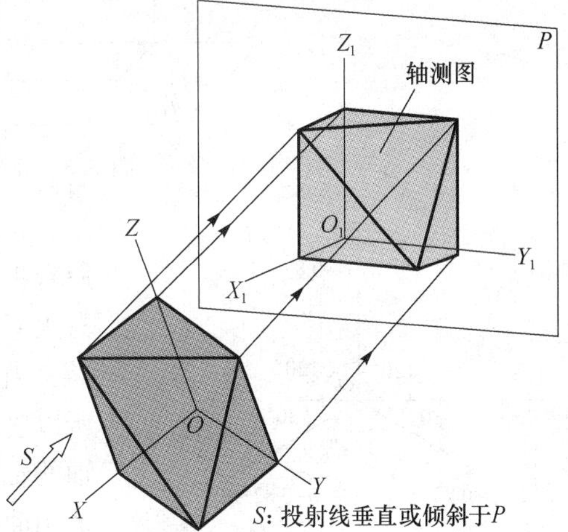

图6.2　轴测图的形成

2. 轴测投影的有关概念

（1）轴测投影面：P。

（2）轴测投影轴：空间直角坐标轴OX、OY、OZ在轴测投影面上的投影O_1X_1、O_1Y_1、O_1Z_1称为轴测投影轴，简称轴测轴。

（3）轴间角：轴测投影轴之间的夹角$\angle X_1O_1Y_1$、$\angle Y_1O_1Z_1$、$\angle Z_1O_1X_1$称为轴间角。

（4）轴向变形系数：平行于空间坐标轴的线段，其轴测投影长度与实际长度之比，称为X、Y、Z轴的轴向变形系数，也称轴向变化率、轴向变化系数、轴向伸缩系数、轴向缩短系数等。分别用p、q、r表示，即$P=O_1X_1/OX$，$q=O_1Y_1/OY$，$r=OZ/O_1Z_1$。

6.1.2　轴测投影的分类

根据投射方向是否垂直于轴测投影面，轴测投影可分为两类：正轴测投影（正等测、正二测等）和斜轴测投影（斜等测、斜二测等）。其中以正等测图和斜二测图常用。

1. 正轴测投影图

将形体放置为使其三个坐标轴均倾斜于轴测投影面，然后用正投影法向轴测投影面投影，这种方法称为正轴测投影，得到的投影图称为正轴测投影图，简称正轴测图，如图6.3所示。

1）正等测图

形体的三个坐标轴与轴测投影面的倾角相同时，获得的投影图称为正等测图。

正等测图的轴测轴、轴间角、轴向变形系数，如图6.4所示。

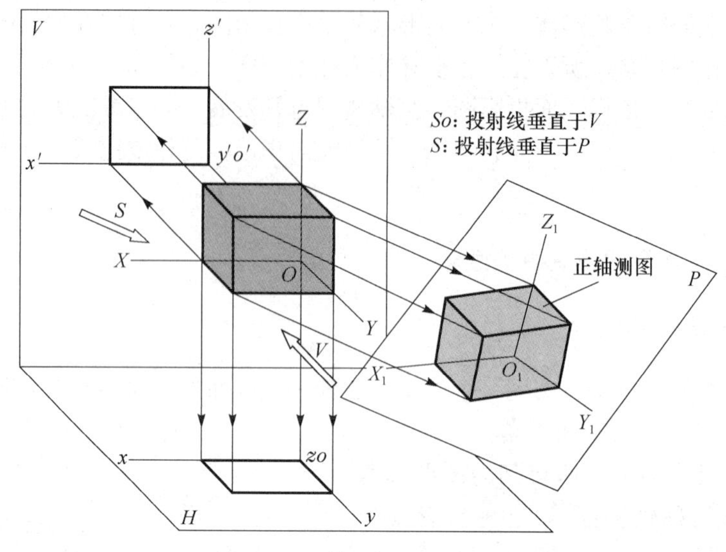

图 6.3　正轴测投影图的形成

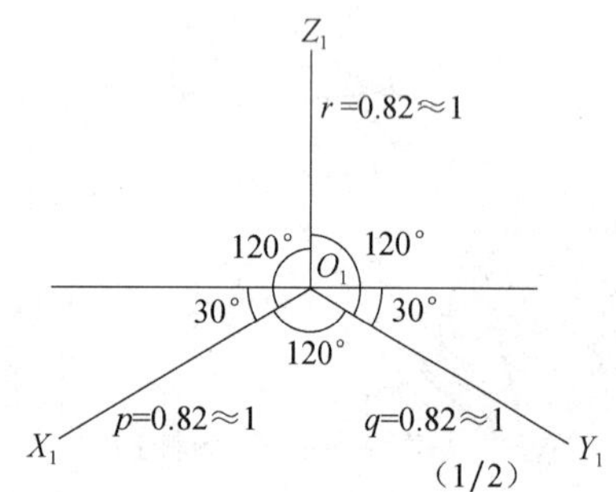

图 6.4　正等测图的轴测轴、轴间角、轴向变形系数

正等测图的三个轴间角相等，均为 120°。画图时通常把 O_1Z_1 轴画成竖直的，把 O_1X_1、O_1Y_1 轴画成与水平方向成 30°。

由于空间直角坐标轴与轴测投影面的倾角相同，所以坐标轴轴测投影的缩短程度也相同，其三个坐标轴的轴向变形系数均为 0.82，为了作图方便，一般采用简化值 $p=q=r=1$，称为简化系数。

用 1 代替 0.82 画出的正等轴测图，每一轴向尺寸都放大 1/0.82=1.22 倍，如图 6.5 所示。

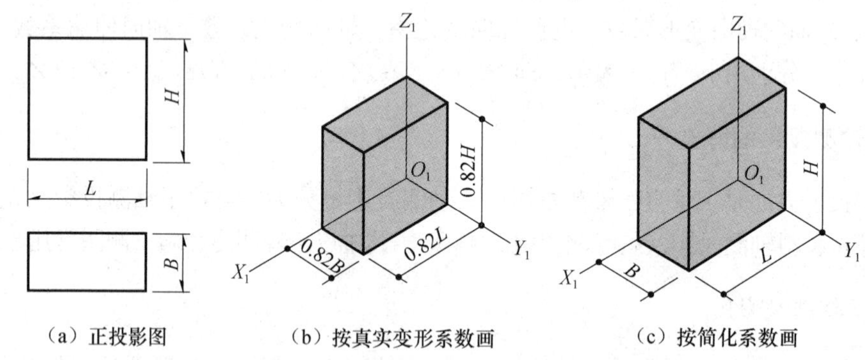

图 6.5　采用真实变形系数与简化系数绘出正等测图的比较

2) 正二测图

形体的两个坐标轴对轴测投影面的倾角相同，一般取 X 和 Z 坐标轴对轴测投影面的倾角相等（即 X 轴和 Z 轴的轴向变形系数相等），Y 轴的轴向变形系数常采用 X 轴（或 Z 轴）的一半，获得的投影图称为正二测图。

正二测图的轴测轴、轴间角、轴向变形系数，如图 6.6 所示。

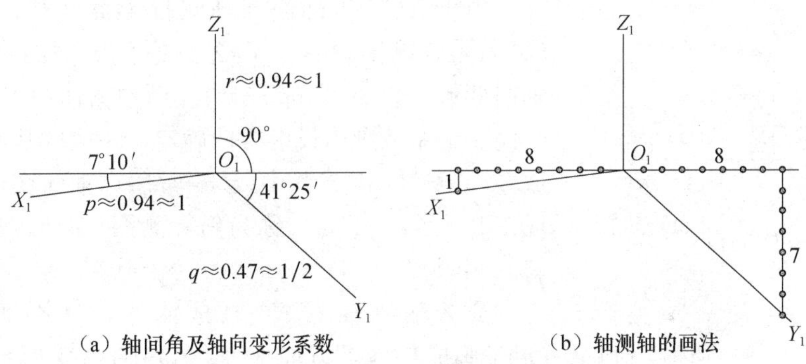

图 6.6　正二测图的轴测轴及轴向变形系数

正二测图的轴间角$\angle X_1O_1Y_1=\angle Y_1O_1Z_1=131°25'$；$\angle X_1O_1Z_1=97°10'$。画图时通常把 O_1Z_1 轴画成竖直的，把 O_1X_1 轴画成与水平方向成 7°10′，把 O_1Y_1 轴画成与水平方向成 41°25′。这两个角可根据 tg7°10′=1/8；tg41°25′=7/8 来作图。

轴向变形系数为 $p=r\approx0.94$；$q=1/2p\approx0.47$。实际作图时，常采用简化的轴向变形系数 1 代替 0.94，1/2 代替 0.47。这样正二测图每一轴向尺寸都放大了 1/0.94=1.06 倍。

2. 斜轴测投影图

使形体的两个坐标轴 X 轴和 Z 轴均平行于轴测投影面 P，用斜投影法向轴测投影面投影，这种方法称为斜轴测投影，得到的投影图称为斜轴测投影图，简称斜轴测图。因物体上凡是平行于 XOZ 坐标面的表面，其轴测投影反映实形，故也称正面斜轴测投影，如图 6.7 所示。

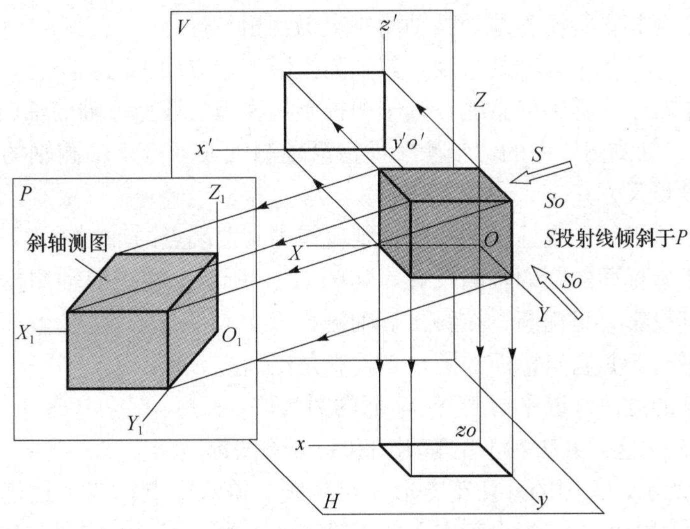

图 6.7　斜轴测投影图的形成

斜轴测图的轴测轴、轴间角、轴向变形系数，如图6.8所示。

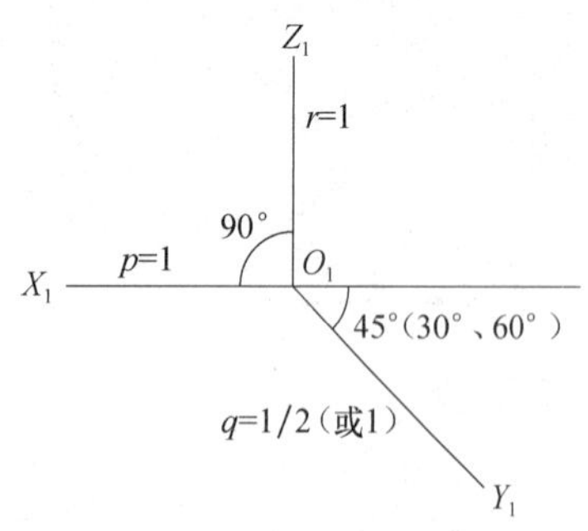

图6.8　斜二（等）轴测轴及轴向变形系数

由于 XOZ 坐标面与轴测投影面平行，这样 OX、OZ 就是轴测轴 O_1X_1、O_1Z_1，它们之间的夹角为90°，轴向变形系数 p、r 都等于1。而轴测轴 O_1Y_1 的方向和轴向变形系数则由投射方向确定，一般取其与水平方向成30°、45°、60°，其中以45°常用，轴向变形系数取1或1/2。当 $q=1$ 时，称为斜等测图，$q=1/2$ 时，称为斜二测图。

通常轴测轴 O_1X_1 画成水平，O_1Z_1 画成竖直，O_1Y_1 画成与水平方向成45°，各轴向变形系数为 $p=r=1$，$q=1/2$（或1）。

斜二（等）测图常用的 Y_1 轴方向，如图6.9所示。

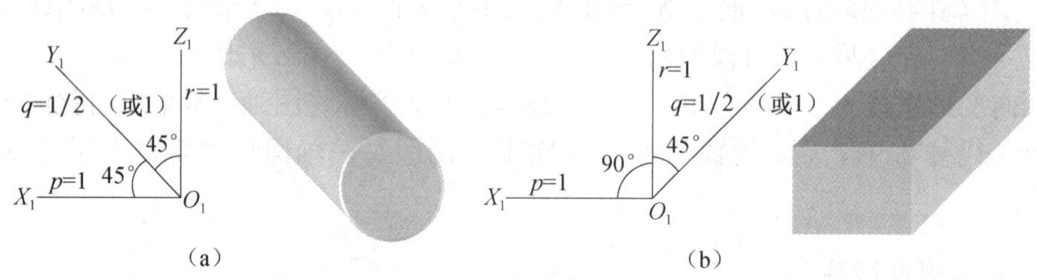

图6.9　斜二（等）测图常用的 Y_1 轴方向

6.1.3　轴测投影的性质

轴测投影图是用平行投影法绘制的，所以它必然具有平行投影的基本性质：

（1）形体上互相平行的直线，其轴测投影仍互相平行；

（2）形体上平行于坐标轴的直线，其轴测投影与相应的轴测轴平行；

（3）空间平行于坐标轴的直线，其轴测投影长度等于该坐标轴的轴向变形系数与线段长度的乘积。“轴测图”中的“轴测”即指沿轴测轴或平行于轴测轴的方向按一定的轴向变形系数度量尺寸；

（4）形体上不平行于坐标轴的线段，则应作出其两端点的轴测投影，然后相连；

（5）平行于坐标面的圆的轴测投影，如图6.10所示。在正等轴测投影中，平行于坐标面的圆，其投影总是椭圆；在斜二等轴测投影中，平行于 XOZ 坐标面的圆，其投影仍是圆，而平行于其它坐标面的圆，其投影是椭圆。

画轴测椭圆的方法（以平行于 XOY 面的圆为例）：

① 八点法——这一方法对于正等测图和斜二测图都适用。

如图6.11所示，作圆的外切正方形及对角线，得八个点，四个是正方形各边的中点，四个是对角线上的点。画出正方形的正等测图，为一菱形，按照定比关系作出八个点的轴测图，将八个点顺滑连接，即为所求椭圆。

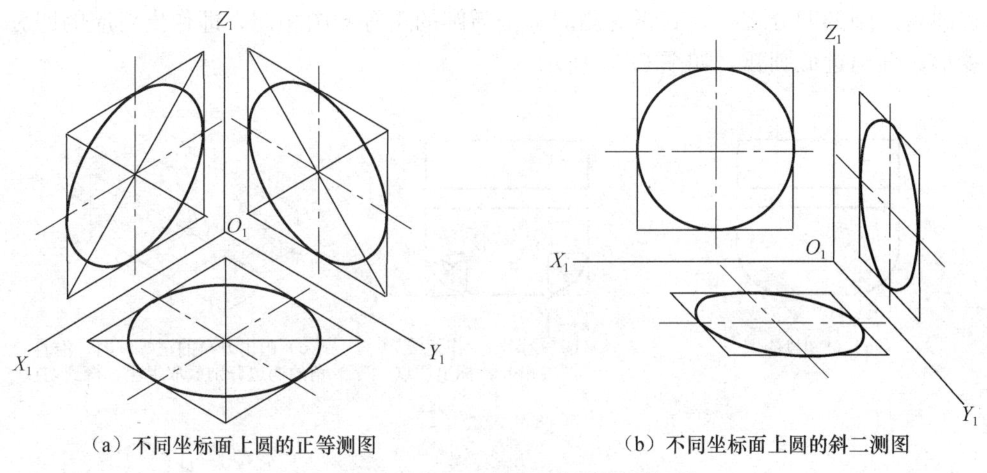

图 6.10　平行于坐标面的圆的轴测投影

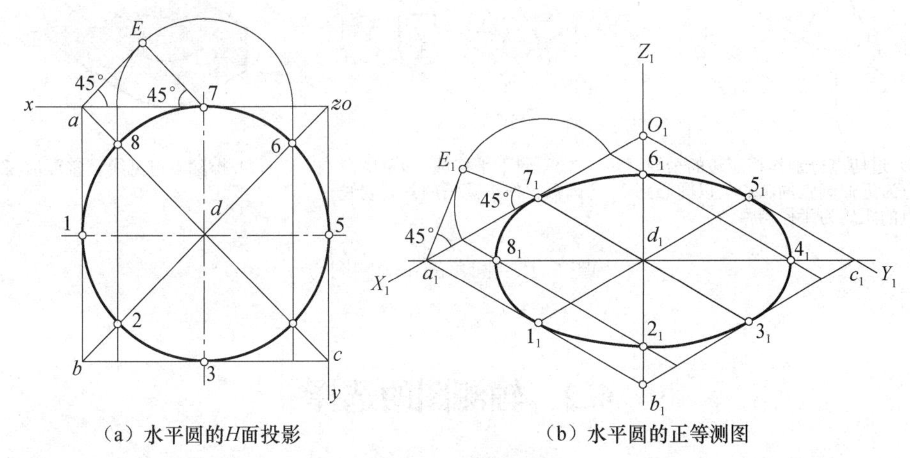

图 6.11　八点法画椭圆

② 四心圆法——这个方法只对正等测图有效，而对于斜轴测图不能使用。

如图 6.12 所示，对于正等测图，可先画出外切正方形的轴测菱形，用图中标明的 O_1、O_2、O_3、O_4 四个点为圆心，画四段圆弧，即拼接成一个近似的椭圆。

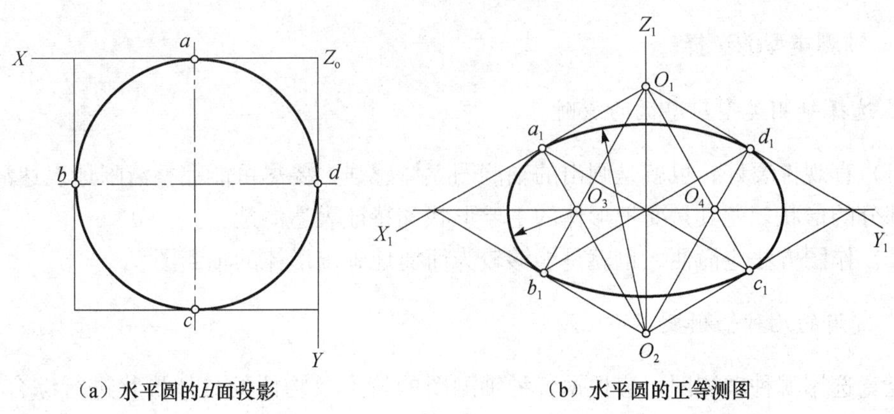

图 6.12　四心圆法画椭圆

圆角是圆的四分之一，其正等测图画法与圆的正等测图相同，即作出对应的四分之一菱形，画出近似圆弧，如图 6.13 所示。

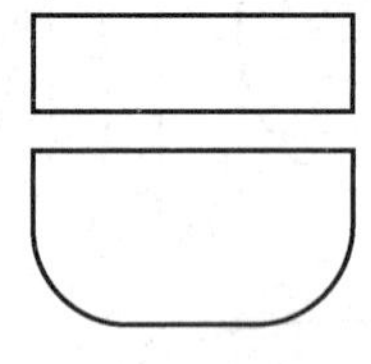

（a）已知投影图

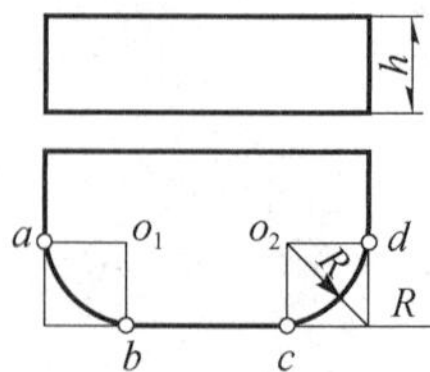

（b）投影图上作切线（即方角），标出切点

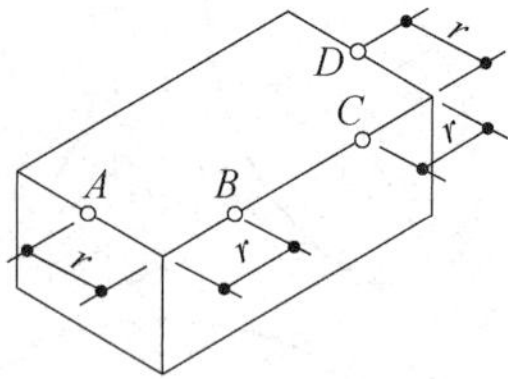

（c）画出方角的正等测图，沿着角的两边分别截取半径，得到切点

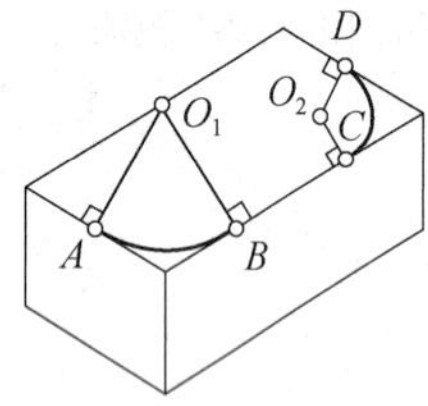

（d）过切点分别作相应边的垂线，交点为近似圆弧的圆心。以圆心到切点的距离为半径画弧

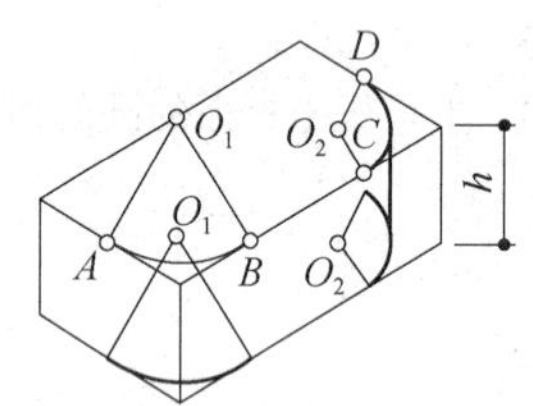

（e）向下平移圆心h距离再画弧，作小圆弧的外公切线

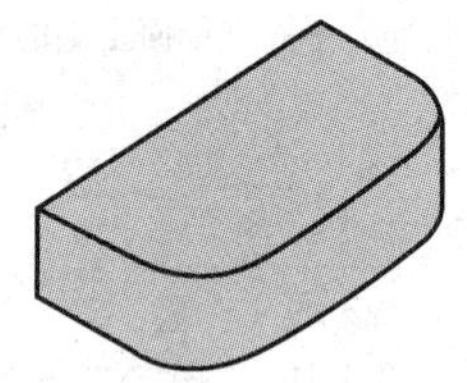

（f）擦除不可见线，整理加深

图 6.13　圆角的正等测图

6.2　轴测图的选择

绘制轴测图时，首先要考虑的是选用哪种轴测图来表达。在选择轴测投影的种类时，可根据画出的轴测图立体直观感是否强、图样是否表达完整清晰、作图是否简便等原则来进行选择。同时还要考虑从哪个方向去观察形体，才能使形体最复杂的部分显示出来。总之要求图形明显、自然，作图方法力求简便。

6.2.1　轴测类型的选择

1. 选择轴测类型应遵循的原则

（1）直观性要好。也就是画出的轴测图立体感强，要尽可能完整清晰地表达清楚形体各部分的形状，尤其是要把形体的主要形状和特征表达清楚。

（2）作图方法应简便。也就是能够较为简捷地画出形体的轴测图。

2. 常用的几种轴测投影的比较

究竟选用哪种轴测图，应根据各种轴测图的特点及物体的具体形状进行综合分析，然后作出决定。表 6.1 所示为常用的几种轴测投影的比较。

表 6.1 常用的几种轴测投影的比较

类型	参考形体的轴测图	轴间角和轴向变化率	直观性和立体感	作图的简便性	适用范围
正等测图	30° 30°	Z_1 r=0.82≈1 120° O_1 120° 120° p=0.82≈1 q=0.82≈1 X_1 Y_1	其次	再次	正等测图接近于视觉效果，其三个轴间角及轴向变化率均相等，作图简便，较为常用
正二测图	41° 25′ 7° 10′	Z_1 r=0.94≈1 97° 10′ 131° 25′ p=0.94≈1 O_1 X_1 131° 25′ q=0.47≈1/2 Y_1	最好	最复杂	正二测图更接近人的视觉印象，立体感最好，但因轴间角不同，作图较麻烦，对有曲线的形体不宜采用，常用于画平面立体
斜等测图	45°	Z_1 r=1 90° X_1 p=1 O_1 135° q=1 Y_1	最差	最简捷	斜轴测图的优点是形体上凡是平行于投影面的平面在图上都反映实形，因此，特别适用于正面形状复杂或有圆或曲线多的形体。当形体宽度值较大时宜采用斜二测图；当宽度值较小时，则适合采用斜等测图
斜二测图	45°	Z_1 r=1 90° X_1 p=1 O_1 135° q=1/2 135° Y_1	再次	其次	

6.2.2 投影方向的选择

投影方向的选择，即观察者从哪个方向去观察形体。影响轴测图表达效果的因素，除了选择合适的轴测图类型外，还应考虑选择有利的观察方向，使需要表达的部分更为明显，形体被遮挡的线条越少越好。如图 6.14 所示，四种不同投影方向的正等测图。

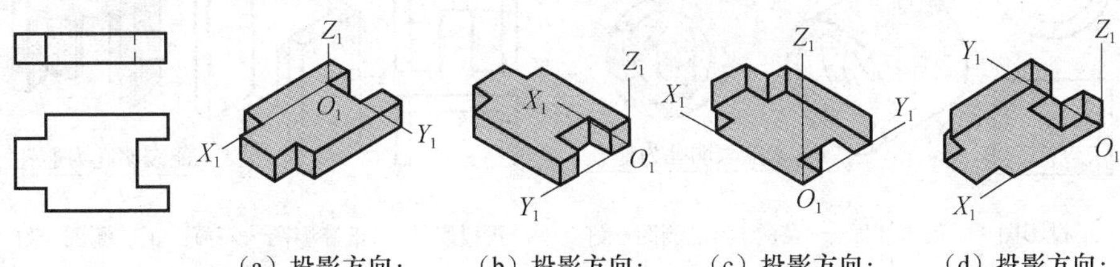

图 6.14 四种不同投影方向的正等测图

思考

试分析图6.15中的拱桥与柱头的轴测投影是什么类型？投影方向选择的是什么方向？为什么？

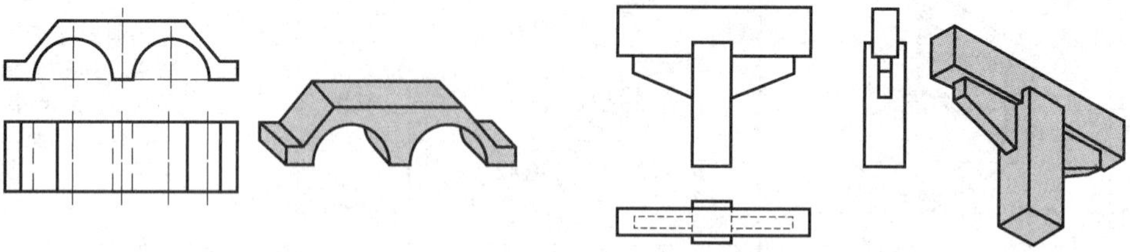

（a）拱桥　　　　（b）柱头

图6.15　形体轴测投影方向的选择

6.2.3　选择轴测图时应注意的问题

（1）遇形体的棱面或棱线与轴测投影面成45°方向时，则不宜选用正等测图，而应选用正二测图，以避免形体转角交线及面成直线，致使轴测图左右对称，呆板、失真，影响直观效果，如图6.16所示。

正投影图　正等测图—不好　正二测图—好　正投影图　正等测图—不好　正二测图—好

（a）避免平面积聚成直线　　　　（b）避免转角交线投影成直线

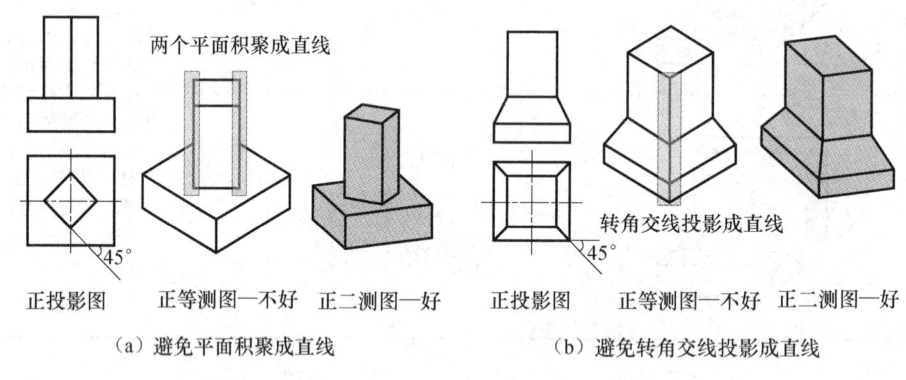

图6.16　避免平面、转角交线成直线

（2）类型选择避免被遮挡，应尽可能看全形体上的通孔、通槽等，如图6.17所示。

正投影图　正等测图—不好　斜二测图—好　正投影图　正等测图—不好　正二测图—好

（a）　　　　（b）

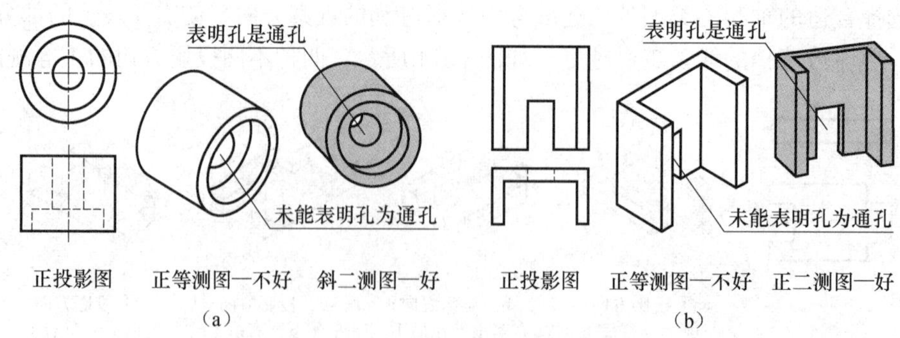

图6.17　类型选择避免被遮挡

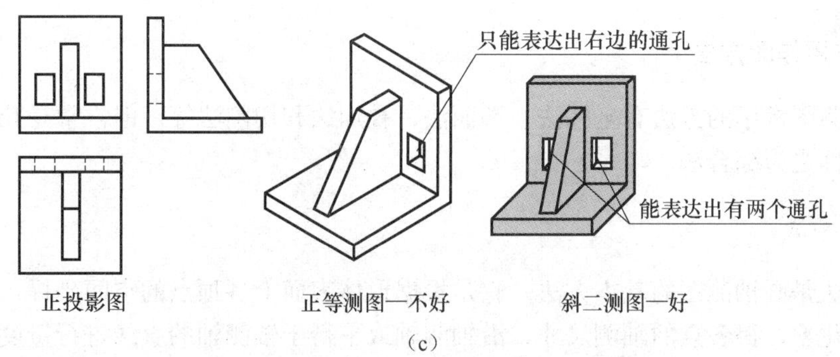

图 6.17　类型选择避免被遮挡（续）

(3) 投影方向的选择要合适。在表示顶面简单而底面复杂的形体（如梁或柱）时，采用仰视轴测图，如图 6.18（a）所示；而表示顶面较复杂的形体（如基础或台阶），常选用俯视轴测图，如图 6.18（b）所示。

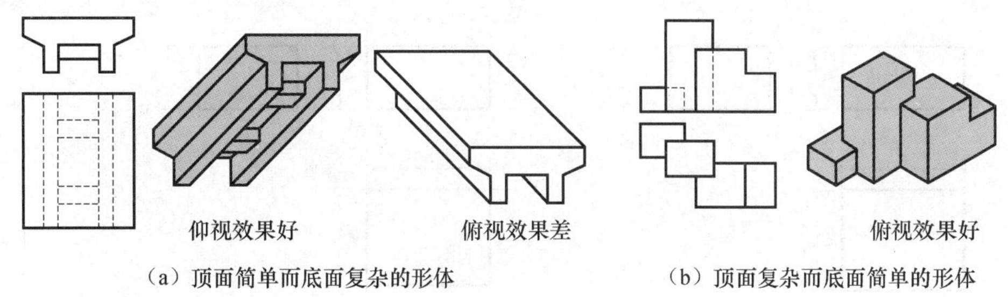

图 6.18　投影方向的选择要合适

6.3　轴测投影图的画法

6.3.1　基本作图步骤

通常依据形体三面投影图绘制轴测图，基本步骤如下：

(1) 首先应依据三面正投影，了解所画形体的实际形状和特征。

(2) 在正投影上确定空间直角坐标系 O-XYZ，原点 O 的位置应便利作图。确定坐标轴 OX、OY、OZ 的方向，这些方向通常应与形体的长、宽、高三个主要方向一致。

(3) 选择轴测图类型，确定投影方向，并按轴间角画出轴测轴。为了考虑作图简便，对方正、平直的形体宜采用正轴测投影法，对形状复杂或带有曲线的形体宜采用斜轴测投影法。

(4) 根据形体特征，按轴测投影的性质，以坐标法为基础，配合端面法、叠加法和切割法等方法作图。

(5) 检查底稿，加深轮廓线（一般情况下仅画可见轮廓线），擦去辅助线，完成轴测图。

6.3.2 常用作图方法

画轴测图常用的方法有坐标法、端面法、叠加法和切割法等，但常常是几种方法混合使用，称之为综合法。

1. 坐标法

坐标法是画轴测图的基本方法。它是根据形体表面上各顶点的空间坐标，乘以相应的轴向变化率，得各点的轴测尺寸，沿轴测轴或平行于轴测轴的直线进行量度，画出各点的轴测图，然后依次连接成形体表面的轮廓线，即得该形体的轴测图。

【例 6.1】 绘制图 6.19 所示四棱柱的正等测图。

分析 绘制平面立体的正等测图，应先选好恰当的直角坐标轴，然后画出相应的轴测轴，根据平面立体的各个顶点的坐标绘制出相应点的轴测投影，最后依次连接即可。

作图步骤 如图 6.19（b）～（e）所示。

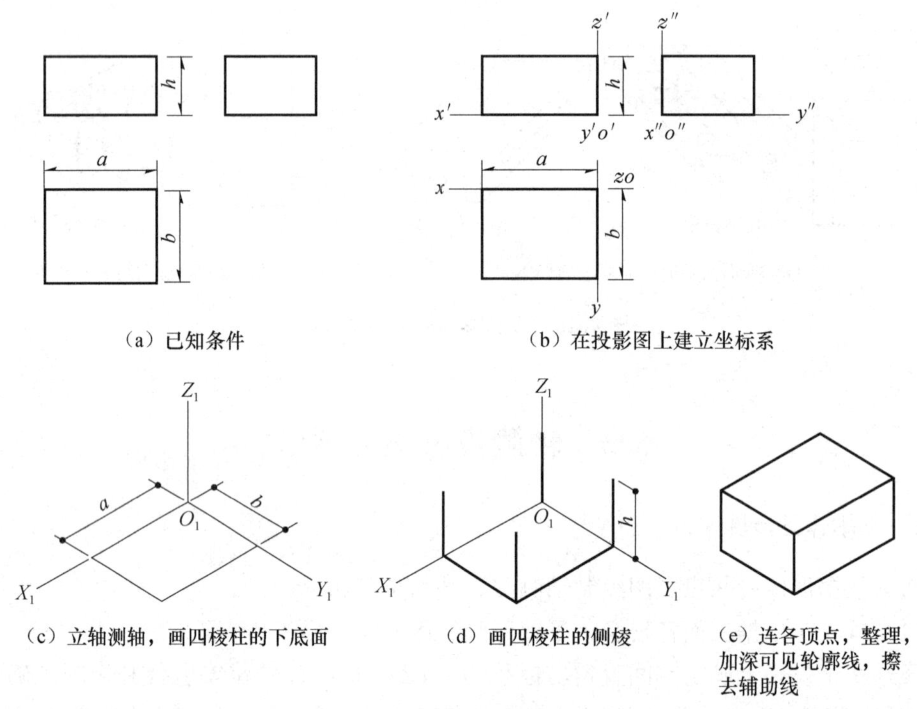

（a）已知条件
（b）在投影图上建立坐标系
（c）立轴测轴，画四棱柱的下底面
（d）画四棱柱的侧棱
（e）连各顶点，整理，加深可见轮廓线，擦去辅助线

图 6.19 四棱柱正等测图的画法

【例 6.2】 绘制图 6.20（a）所示三棱锥的正等测图。

分析与作图

(1) 分析已知条件可知，该三棱锥有四个控制点，底面三个 A、B、C，锥顶一个 S。

(2) 将三棱锥引入坐标系（X，Y，Z），根据轴测类型（正等测图轴间角 120°），立轴测轴 X_1、Y_1、Z_1。

(3) 在正投影图上量出四个“控制点”的“坐标”，分别乘以相应的轴向变化率（正等测图三条坐标轴的轴向变化率，均简化为1），再沿轴测轴截取这些尺寸，即得“控制点”轴测图，如图6.20（b）、(c) 所示。

(4) 将控制点“A、B、C”及“S”两两相连，得线，得面，进而得体，如图6.20（d）所示。

(5) 整理图形，去除多余线条，加深可见轮廓线，如图6.20（e）所示。

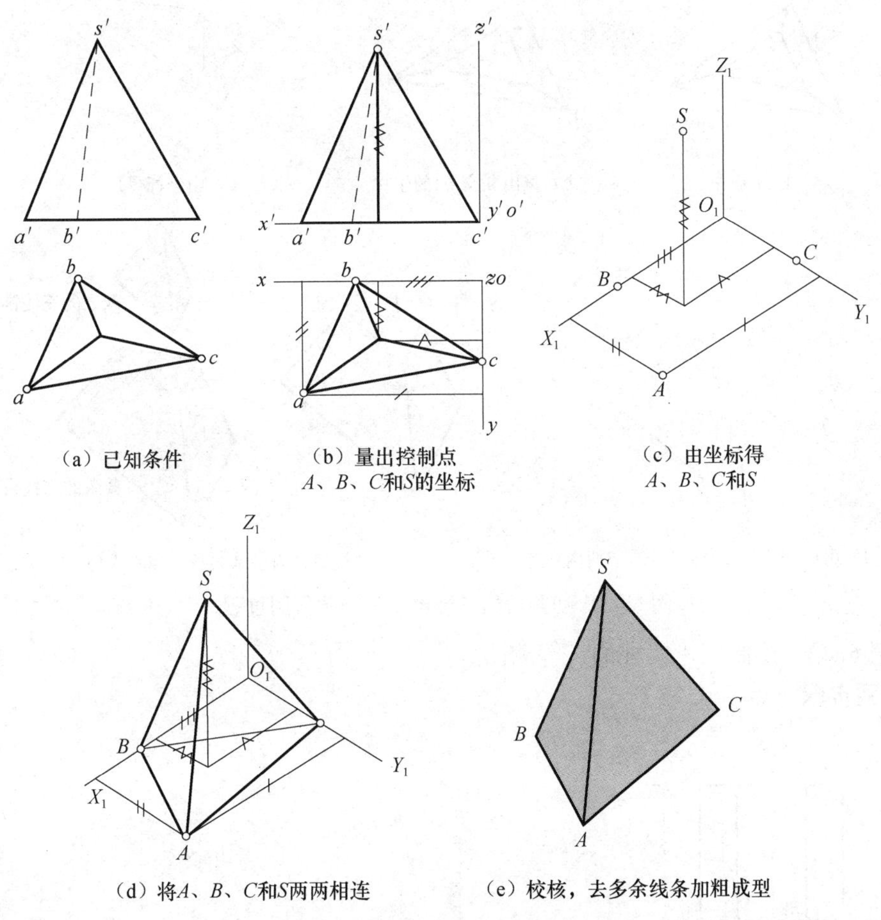

图6.20　三棱锥正等测图作图过程

【例6.3】 如图6.21（a）所示，三棱锥被一水平面截割，绘其正等测图。

分析与作图

水平面P截割三棱锥，得三角形ⅠⅡⅢ。如图6.21（b）、(c) 所示，三棱锥画法同上先由三面投影图量取Ⅰ的坐标，再沿轴测轴由Ⅰ的坐标得Ⅰ的轴测图。如图6.21（d）、(e) 所示，过Ⅰ作ⅠⅡ直线与三棱锥底边AB平行，即得Ⅱ，同理得Ⅲ，从而得截去的三棱锥和截余的三棱台。

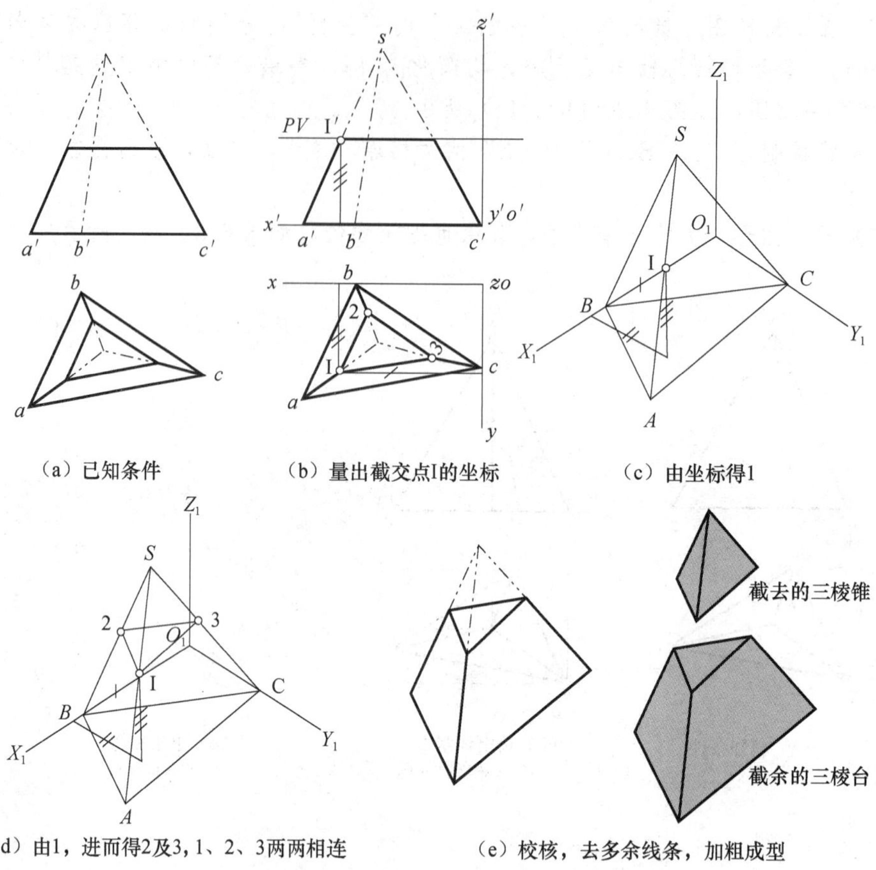

图 6.21　切割后的三棱锥正等测图作图过程

【例 6.4】 绘制正六棱柱的正等测图。

作图步骤　如图 6.22 所示。

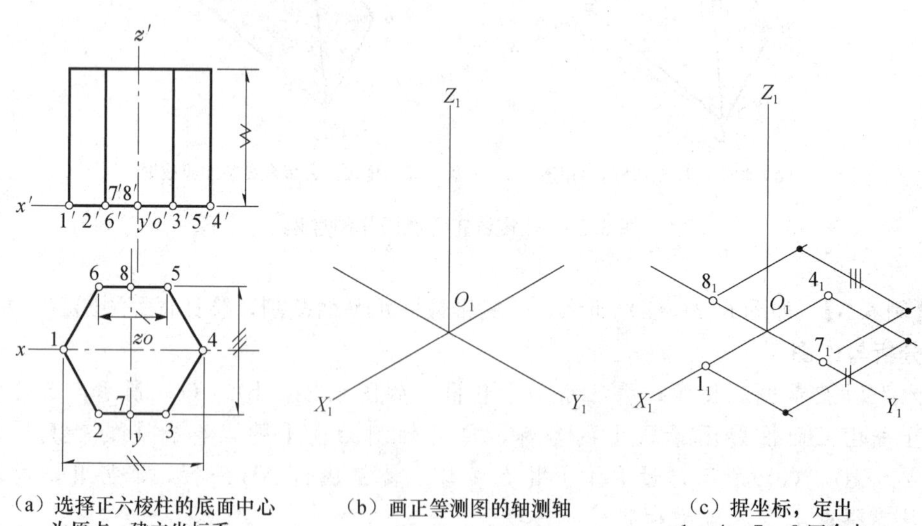

图 6.22　正六棱柱的正等测图

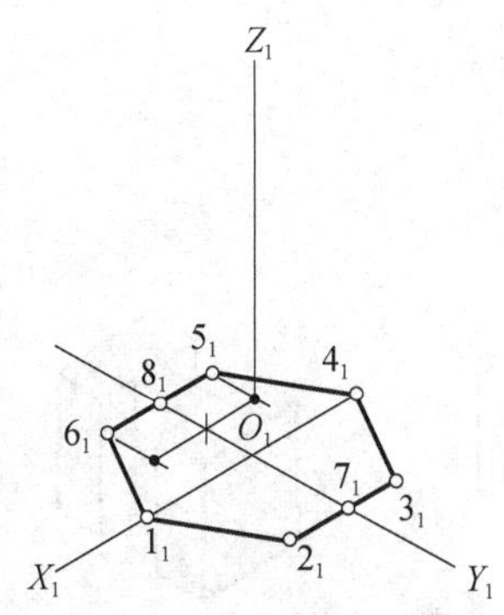

（d）过7_1、8_1点作平行于轴测轴的直线，根据实际尺寸定出2_1、3_1、5_1、6_1四个点，将各点两两相连

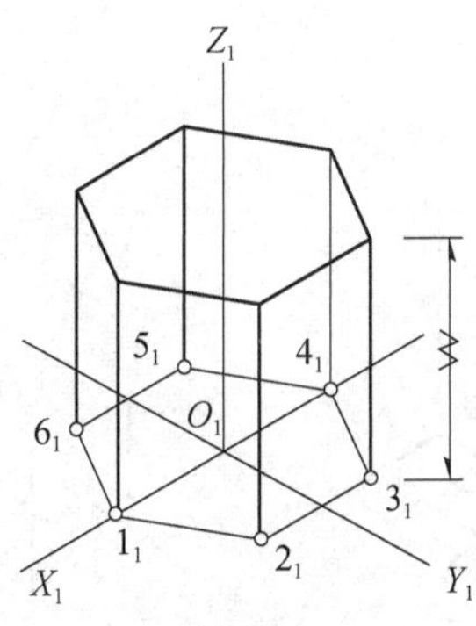

（e）过底面各点，向上截取棱高，得对应各顶点，顺次连线，即得顶面

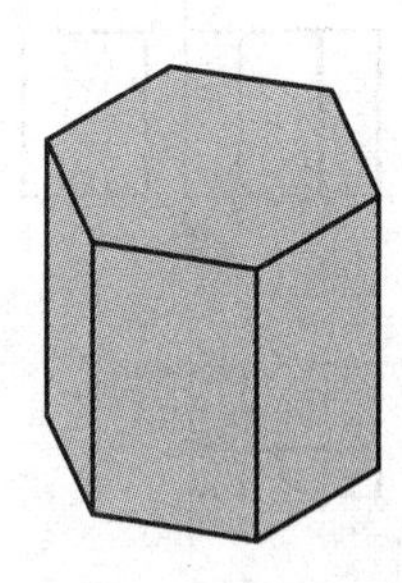

（f）去多余线条，加深

图 6.22　正六棱柱的正等测图（续）

2. 端面法（特征面法）

当形体的某一端面能够反映形体的形状特征时，可利用先画出该特征面的方法绘制轴测图较为简便。

【例 6.5】 绘制图 6.23 所示棱柱体的轴测图。

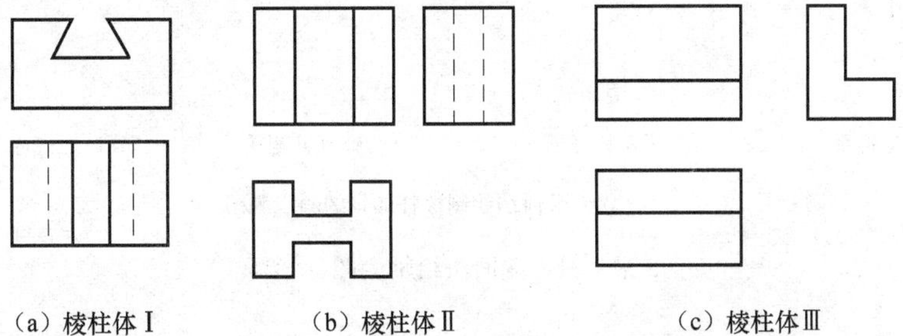

（a）棱柱体Ⅰ　（b）棱柱体Ⅱ　（c）棱柱体Ⅲ

图 6.23　已知条件

分析　先画出能反映棱柱体形状特征的一个可见底面（即特征面），然后画出平行于轴测轴的所有可见侧棱，再连出另一底面，完成轴测图。

作图步骤　如图 6.24 所示。

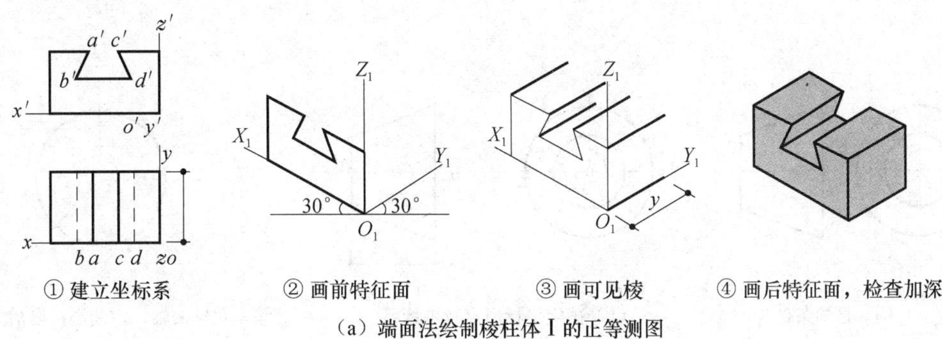

① 建立坐标系　② 画前特征面　③ 画可见棱　④ 画后特征面，检查加深

（a）端面法绘制棱柱体Ⅰ的正等测图

图 6.24　端面法绘轴测图

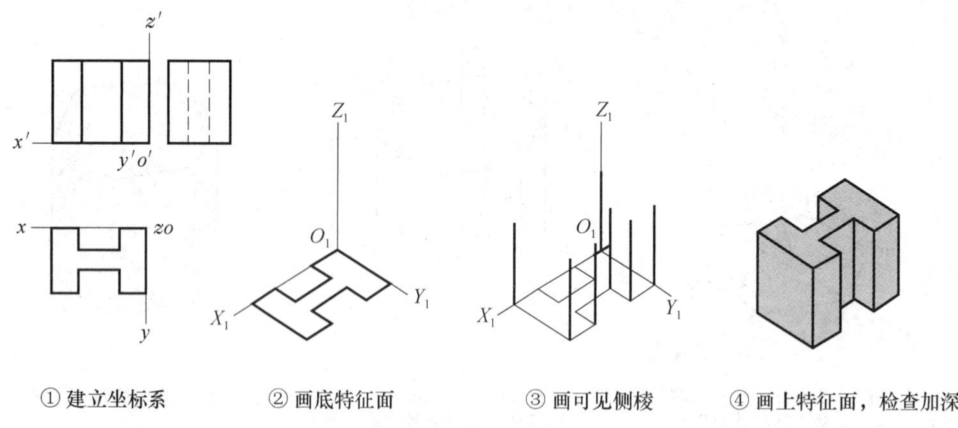

（b）端面法绘制棱柱体Ⅱ的正等测图

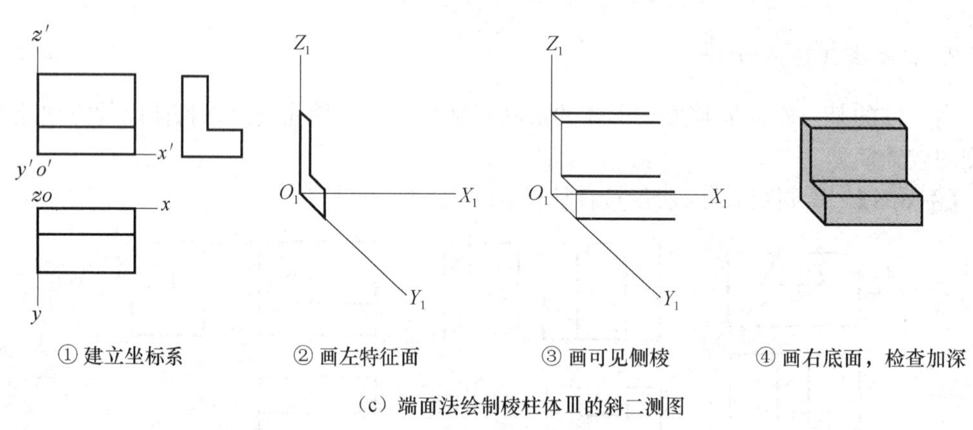

（c）端面法绘制棱柱体Ⅲ的斜二测图

图 6.24 端面法绘轴测图（续）

【例 6.6】 绘制图 6.25（a）所示圆台的斜二测图。

分析 绘制斜二测图时，由于一个坐标面 XOZ 平行于轴测投影面，轴向伸缩系数 $p=r=1$，故 XOZ 方向上的前后端面圆在轴测图上的投影均反映实形；$q=0.5$，故 Y 向长度在轴测图上绘制时应缩短一半。

作图步骤 如图 6.25（b）～(g) 所示。

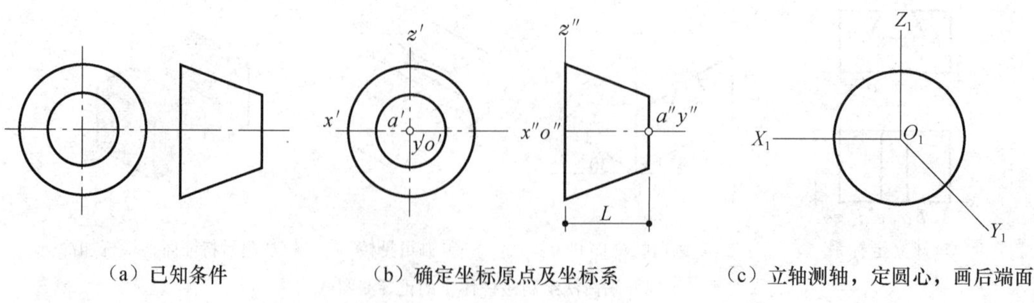

（a）已知条件　（b）确定坐标原点及坐标系　（c）立轴测轴，定圆心，画后端面

图 6.25 圆台的斜二测图

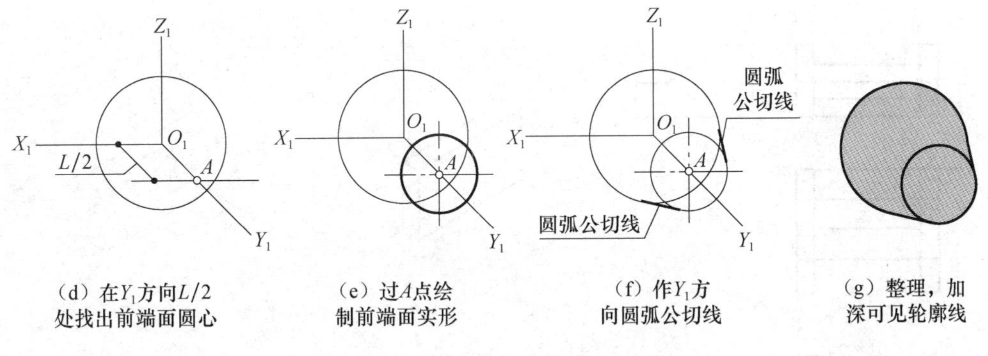

（d）在Y_1方向$L/2$处找出前端面圆心 （e）过A点绘制前端面实形 （f）作Y_1方向圆弧公切线 （g）整理，加深可见轮廓线

图 6.25 圆台的斜二测图（续）

3. 叠加法

由基本体经叠加而形成的组合体，画轴测图时可以分块绘制，但要保持各部分之间正确的位置关系。

【例 6.7】 绘制图 6.26（a）所示组合体的正等测图。

作图步骤 如图 6.26（b）～（f）所示。

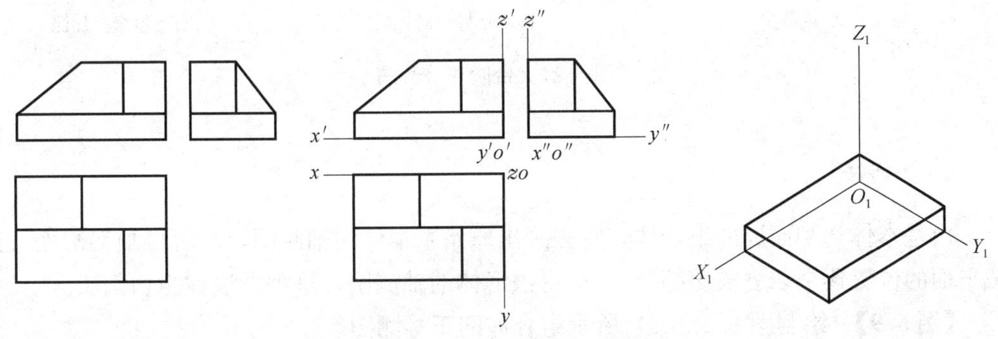

（a）已知条件 （b）在正投影图中定出原点和坐标轴的位置 （c）立轴测轴，画四棱柱—基础

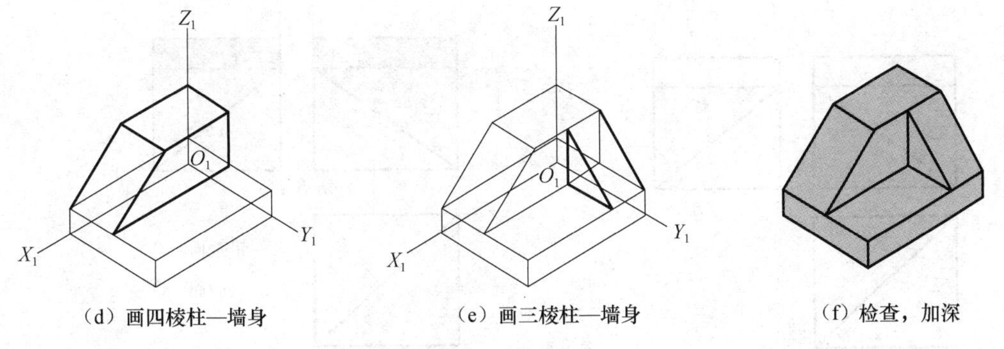

（d）画四棱柱—墙身 （e）画三棱柱—墙身 （f）检查，加深

图 6.26 叠加法绘制组合体正等测图

【例 6.8】 绘制图 6.27（a）所示台阶的正等测图。

作图步骤 如图 6.27（b）～（f）所示。

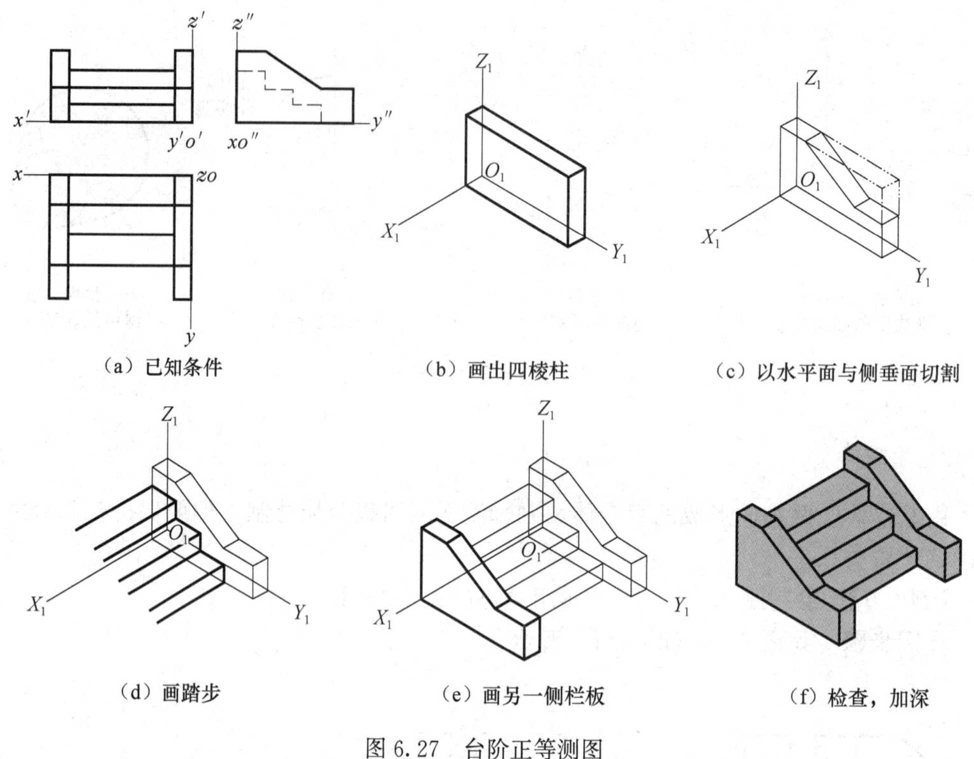

图 6.27　台阶正等测图

4. 切割法

由基本体切割而成的组合体，宜先画出原始基本体的轴测图，然后再画切割处（按截平面的位置逐个切去被切部分），即得该形体的轴测图，这种方法称为切割法。

【例 6.9】 绘制图 6.28（a）所示组合体的正等测图。

作图步骤 如图 6.28（b）~（e）所示。

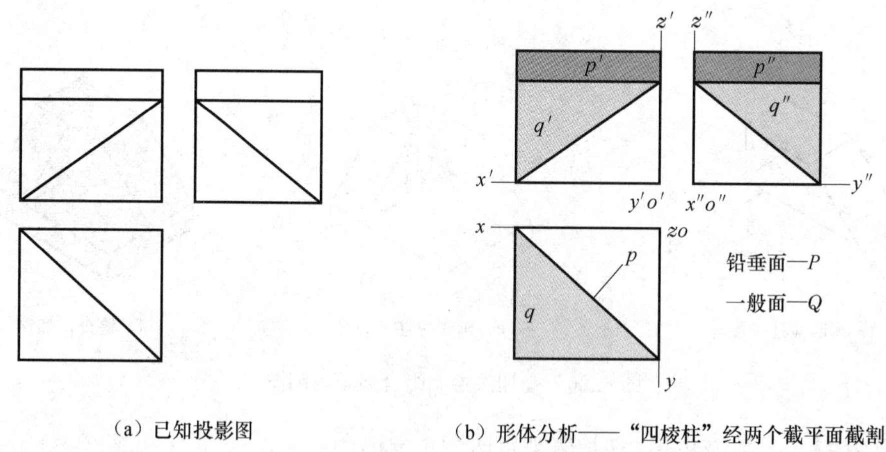

图 6.28　切割法绘制组合体正等测图

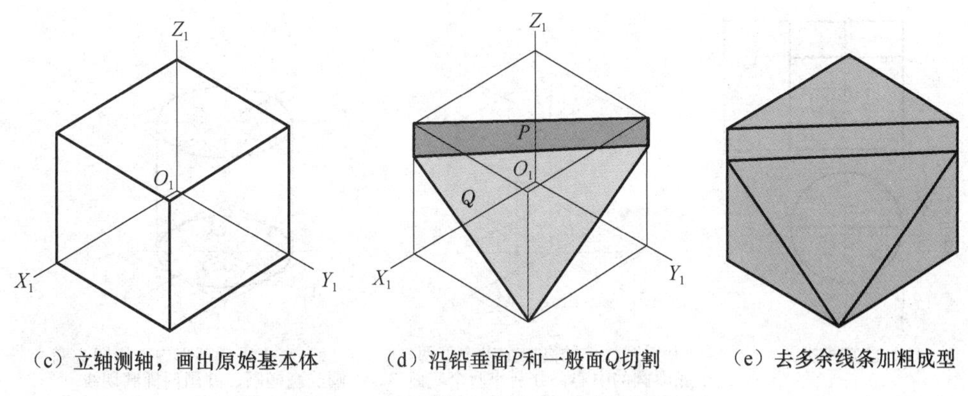

图 6.28　切割法绘制组合体正等测图（续）

【例 6.10】 绘制图 6.29（a）所示组合体的正等测图。

作图步骤　如图 6.29（b）～(f) 所示。

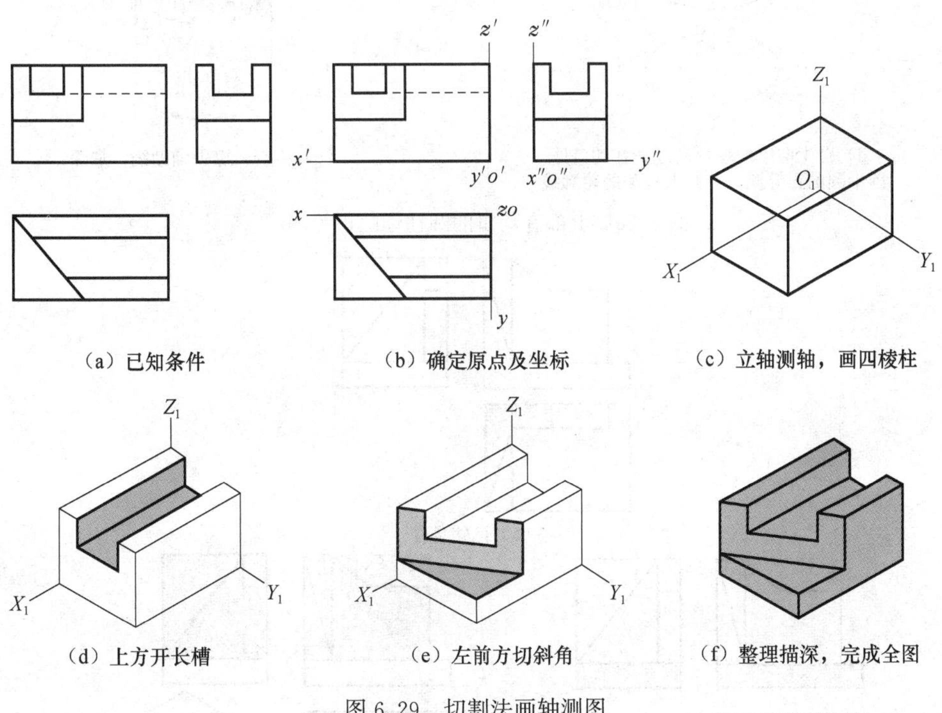

图 6.29　切割法画轴测图

【例 6.11】 绘制图 6.30（a）所示上部有切口的圆柱体的正等测图。

作图步骤　如图 6.30（b）～(e) 所示。

5. 综合法

对于较复杂的组合体，可以综合运用坐标法、叠加法与切割法绘制其轴测图。

【例 6.12】 绘制图 6.31（a）所示组合体的正等测图。

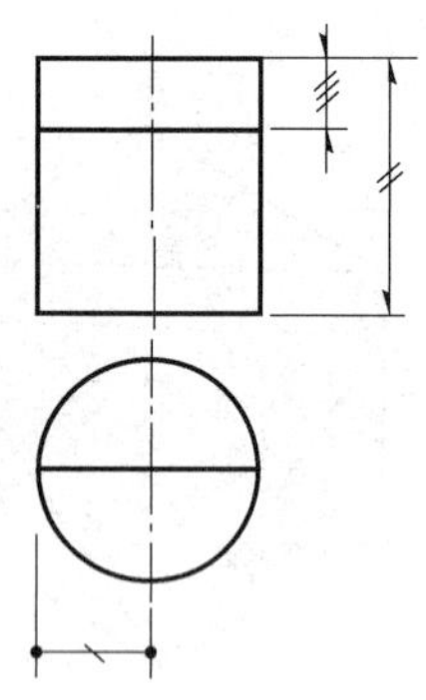
（a）已知投影图

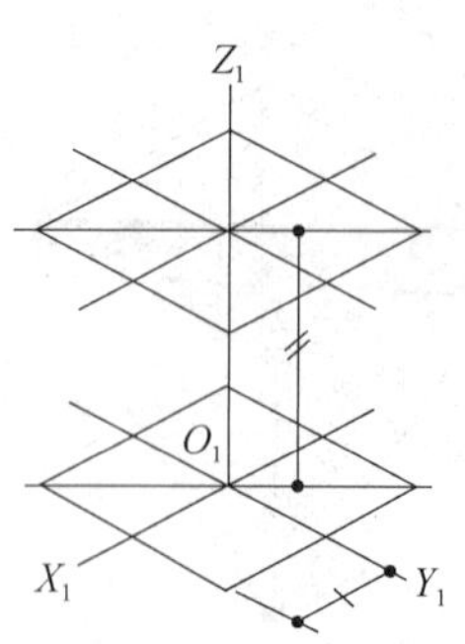

（b）以圆柱体的高，定出上下两个底面圆的中心，分别作两个底面圆外切正方形的正等测图（即菱形）

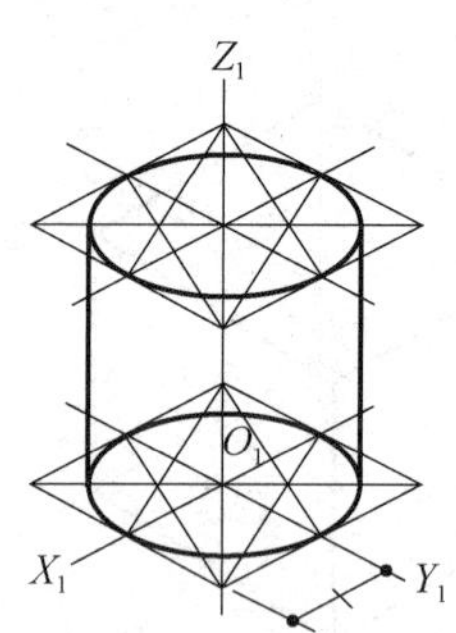

（c）在上下两菱形内，用四心椭圆法画椭圆，并画两椭圆切线

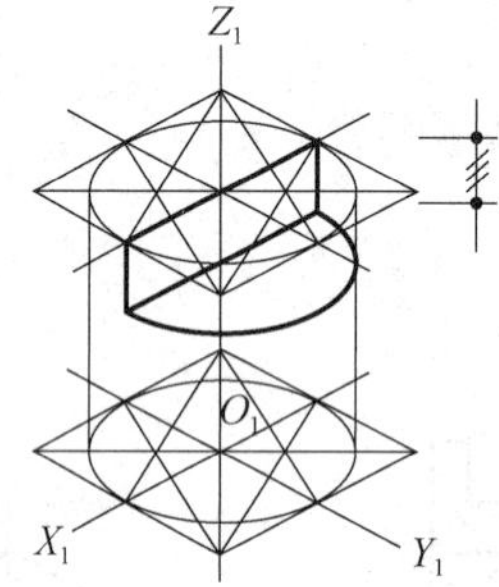

（d）自上向下取切口高度，在切口处画半圆的正等测，并画出有关的轮廓线

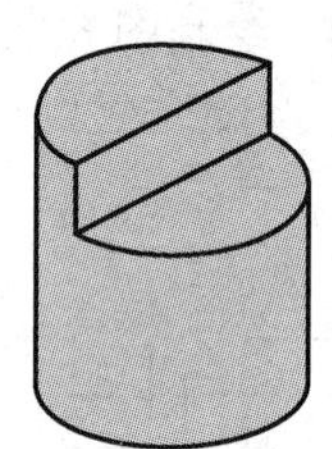
（e）检查，擦去辅助线，加深

图 6.30　上部有切口的圆柱体的正等测图

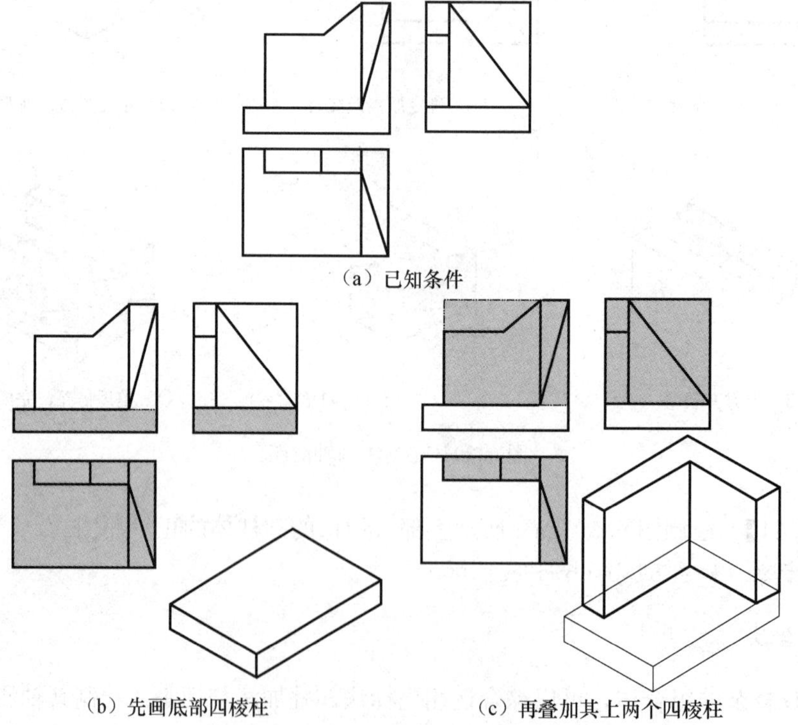
（a）已知条件

（b）先画底部四棱柱

（c）再叠加其上两个四棱柱

图 6.31　综合法绘制组合体正等测图

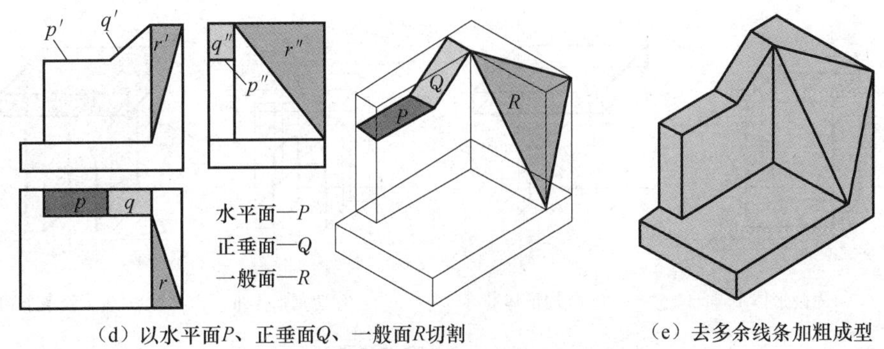

（d）以水平面P、正垂面Q、一般面R切割　　（e）去多余线条加粗成型

图6.31　综合法绘制组合体正等测图（续）

分析

（1）形体分析：该组合体，由底部四棱柱上叠加两个四棱柱，再在两个四棱柱上用水平面、正垂面、一般面三个截平面切割组合而成。

（2）将形体引入坐标系，据轴测类型，立轴测轴。

（3）先用坐标法画底部四棱柱，再叠加其上的两个四棱柱。

（4）再在两个四棱柱上按水平面、正垂面、一般面逐个切割。

【例6.13】 绘制图6.32（a）所示组合体的斜二测图。

分析　如图6.32（b）、（c）所示。

（1）形体分析：该组合体由形体Ⅰ和形体Ⅱ两部分叠加，再在形体Ⅰ上，切去形体Ⅲ而成。

（2）将形体引入坐标系，据轴测类型，立轴测轴。

（3）先用坐标法画形体Ⅰ，再叠加形体Ⅱ，最后切去形体Ⅲ。

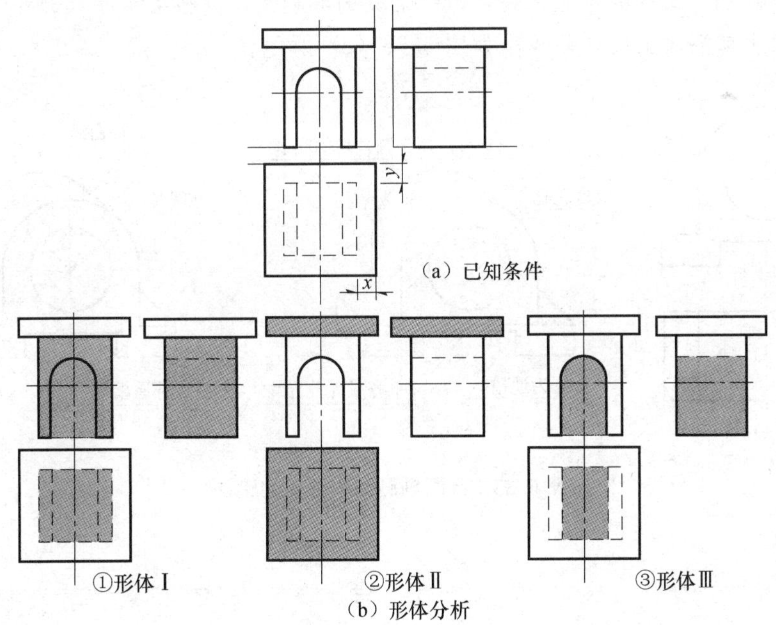

（a）已知条件

（b）形体分析

图6.32　绘制组合体斜二测图的过程

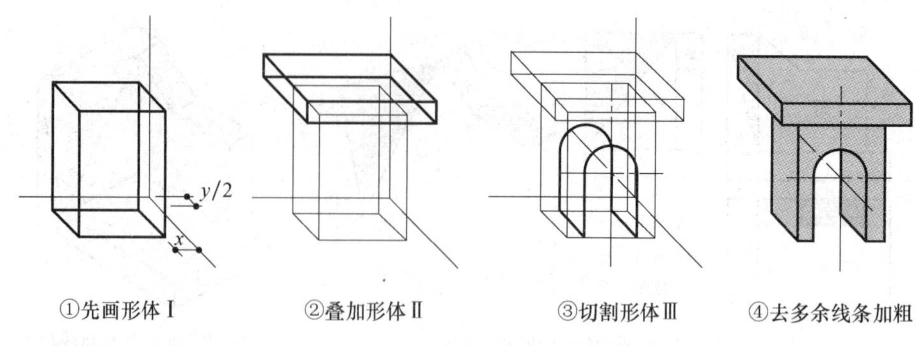

（c）绘制斜二测图

图 6.32　绘制组合体斜二测图的过程（续）

【例 6.14】 图 6.33（b）是根据图 6.33（a）绘制的斜二测图，判断图 6.33（b）中的错误并改正。

分析

（1）由图 6.33（a）可知，形体上的圆孔和下边的槽都是前后贯通的，而图 6.33（b）中没有画出。

（2）图 6.33（b）中上半圆柱的外轮廓，应有一条与前后半圆共切的轮廓素线。

（3）图 6.33（b）中形体的前端面应与图 6.33（a）中的正面投影相同，同一个平面中间不应有分割线。

作图步骤

（1）过前端面圆的圆心沿斜轴的方向量取物体的厚度，确定后端面圆心 A，过 A 补画与前端圆半径相等的可见圆弧，并将通槽中可见的部分补出。

（2）补画上半圆柱的轮廓素线，即前后圆的共切线，并擦去后半圆弧不可见部分。

（3）擦去前端面上的分割线，如图 6.33（c）所示。

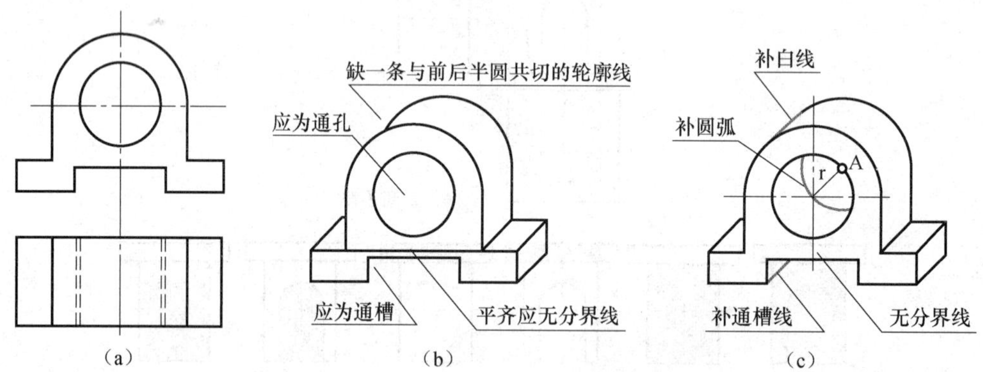

图 6.33　判断轴测图中存在的错误

小　结

轴测图在工程中常作为识读形体三视图的辅助图样。将本单元内容与单元 5“组合体的投影”中的画轴测图法识图、补视图、补漏线等内容相结合，能充分发挥轴测投影在识图中的翻译作用。本单元主要介绍了轴测投影的形成、分类、性质等基本知识；轴测图的选择中应注意的问题；绘制轴测图的方法与步骤。

复习思考题

1. 简述轴测投影的形成及其特性。
2. 简述轴测投影图的分类。
3. 正等轴测图和斜二轴测图各有何特点？
4. 如何选择轴测投影图？
5. 轴测图与三面正投影图相比有哪些优缺点？
6. 什么是轴间角、轴向变形系数？正等测图的简化轴向变形系数是多少？
7. 简述绘制轴测投影图的基本步骤与基本方法。

单元 7

剖面图和断面图

教学目标

1. 理解组合体剖面图、断面图的形成原理；
2. 掌握三视图基础上的组合体剖面图、断面图的画法；
3. 熟悉剖切体轴测图的画法；
4. 熟悉工程中剖面图、断面图的规定。

在画形体投影图时，一般规定用虚线来表示形体内部不可见结构的轮廓线。形体内部结构越复杂，虚线就越多，虚实线就越错综混杂，既影响图样的清晰表达、图样标注，也不利于读图者准确理解形体的整个构造。对于这种情况，工程上通常采用剖面图和断面图来解决。

7.1 剖面图

7.1.1 剖面图基本概念

1. 剖面图形成

用假想剖切平面将形体在适当部位切开，把处于观察者和剖切平面之间的部分移去，而将余下的部分向投影面投影，使原来看不见的内部结构成为可见的，并将剖切面与形体接触的部分画上剖面线或材料图例，如图 7.1 所示。用这种方法得到的图形称为剖面图，简称剖视。

2. 剖面图的标注

(1) 剖切位置。作剖面图时，一般使剖切平面平行于基本投影面，使断面的投影反映实形。由于剖切平面是投影面的平行面，与之垂直的投影面上的投影则积聚为一条直线，这条直线即表示剖切位置，称之为剖切位置线，简称剖切线。在投影图中用断开的一对短粗实线表示，长度为 5～10mm，如图 7.2 (a) 所示。

(2) 投影方向。为表示剖切后剩余部分形体的投影方向（即剖视方向），在剖切线两端的同侧各画一段长 4～6mm 的粗实线表示投影方向，如图 7.2 (a) 所示。

特别注意的是，“国标”中规定，投影方向是用剖切线两端的同侧各画一段用单边箭头指明投影方向的短细线来表示的，长度 4～6mm，如图 7.2 (b) 所示。

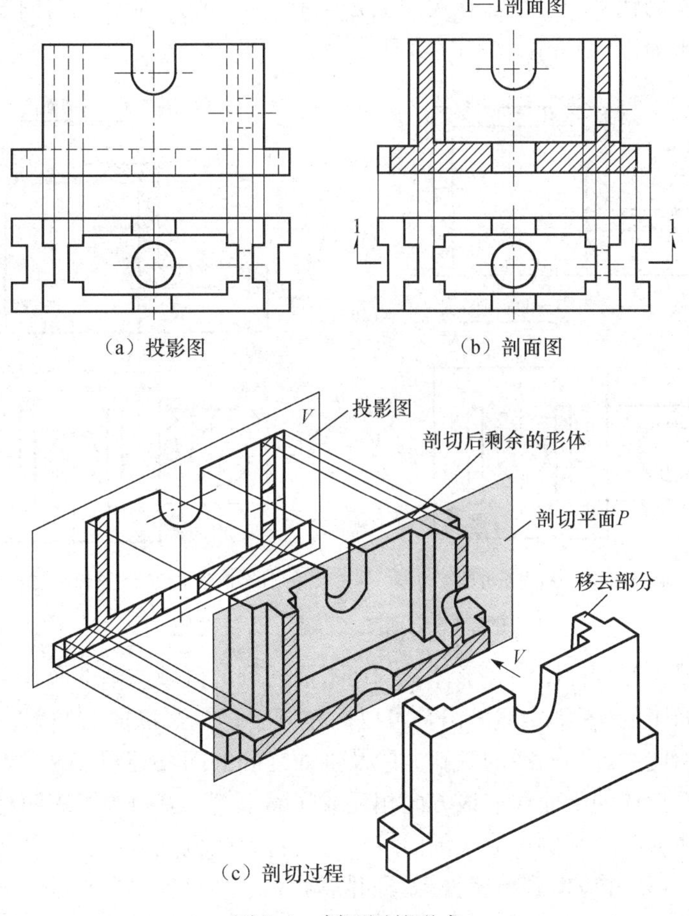

图 7.1　剖面图的形成

(3) 剖面图编号。如果结构较为复杂，可能要剖切几次。为了区分清楚，对每一次的剖切进行编号。按照规定，在剖视方向线的末端注写剖切符号的编号，编号可用阿拉伯数字、大写英文字母或大写的拉丁字母表示，如图 7.2 所示。

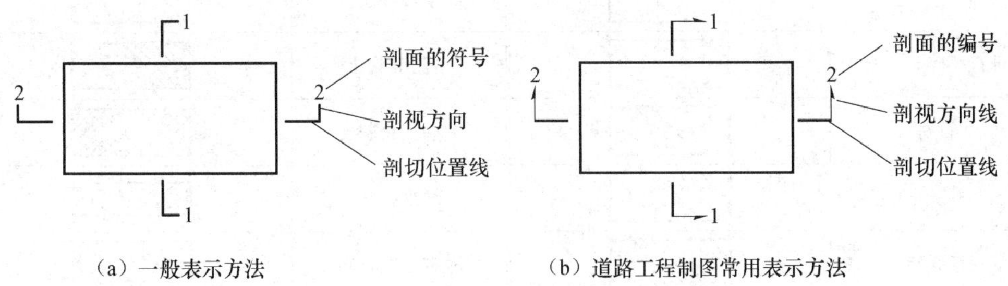

图 7.2　剖面图编号表示方法对比

(4) 剖面图名称。剖面图的名称应用相应的剖切编号，水平注写在相应的剖面图的下方，并在图名下画一条粗实线，其长度以图名所占长度为准。但是道路工程中视图名称或剖面、断面的代号均应标注在视图上方居中，图名底部应绘制与图名等长的粗、细实线，两线间距为 1～2mm，如图 7.3 所示。

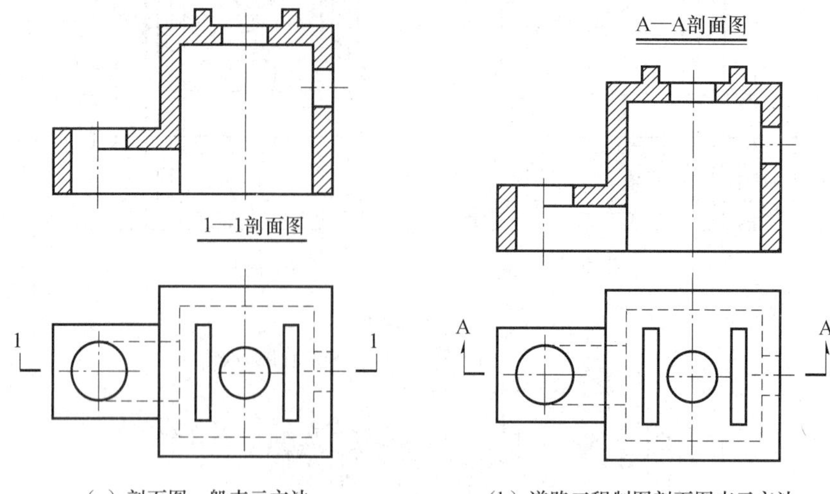

（a）剖面图一般表示方法　　（b）道路工程制图剖面图表示方法

图 7.3　剖面图名称表示方法对比

（5）剖面线。在剖面图中，形体被剖切平面切到的区域应画剖面线。剖面线通常用互相平行的等间距的 45°细实线画出，可以向左倾斜，也可以向右倾斜。但是，在同一形体的各个剖面图中，剖面线的倾斜方向及剖面线间的间隔必须一致。如果有两个形体接触，则相邻两形体的剖面线应该方向相反或间隔不等。有时为了表明材料，需在剖面区域画出该形体的材料图例以取代剖面线。常用材料图例见表 7.1，图例中的斜线一律画成 45°的细实线，并应做到疏密得当，间隔均匀。

表 7.1　常用材料图例

名　称	图　例	名　称	图　例
自然土壤		饰面砖	
夯实土壤		焦渣、矿渣	
砂、灰土		素混凝土	
砂砾石、碎砖三合土		钢筋混凝土	
石材		多孔材料	
石灰土		纤维材料	
普通砖		泡沫塑料材料	
耐火砖		木材	
空心砖		浆砌块石	

续表

名 称	图 例	名 称	图 例
浆砌片石		玻璃	
干砌片石		橡胶	
金属		塑料	
网状材料		防水材料	

7.1.2 剖面图的分类

根据不同的剖切方式，剖面图可以分为以下几种。

1. 全剖面图

全剖面图是用一个剖切平面把形体整个切开后所画出的剖面图。它多用于在某个方向上投影图形状不对称或外形比较简单、内部结构比较复杂的物体，如图7.4所示桥台的1—1剖面图，即为全剖面图。

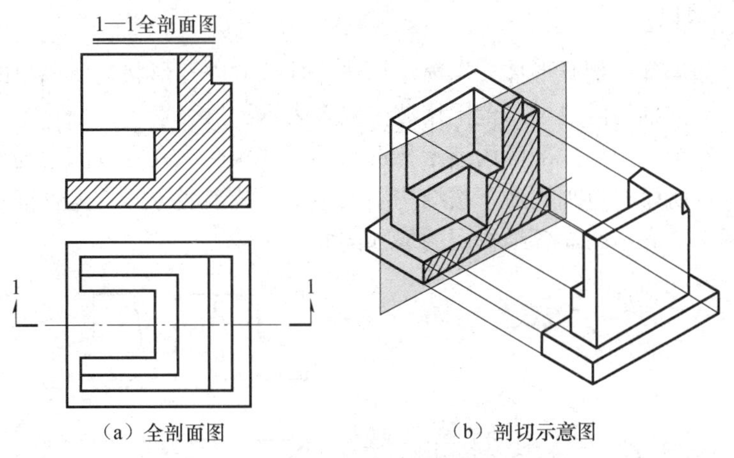

（a）全剖面图　　（b）剖切示意图

图7.4　桥台的全剖面图

2. 半剖面图

当形体具有对称面时，以中心线（对称线）为界，可将其投影一半画成剖面，以表达形体的内部形状，另一半画成投影图，以表达形体的外形，这种由半个剖面和半个投影图所组成的图形即称为半剖面。它多用于内外部结构都需要表达清楚的对称构件，如图7.5所示，蓄水池的1—1、2—2剖面图，即为半剖面图。

半投影图和半剖面图之间的分界线，必须为细点划线，半剖面图一般画在右侧或下方。

形体的内部结构通常已经在半剖面中表达清楚，在另一半外形图上一般不画虚线。

思考

试分析并绘出图 7.5（a）中形体原来的 V、W 面投影。

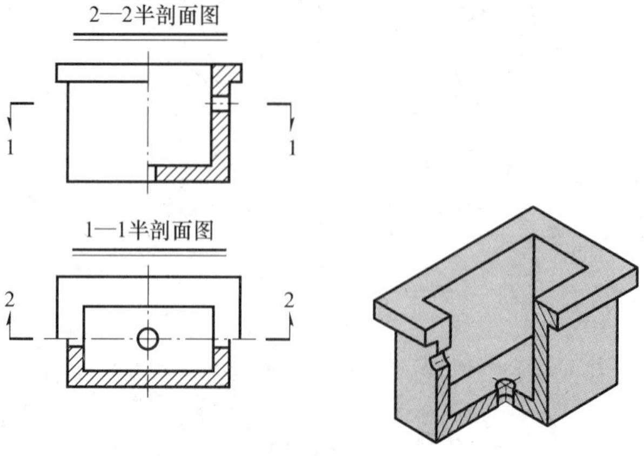

2—2半剖面图

1—1半剖面图

（a）半剖面图　　（b）剖切示意图

图 7.5　蓄水池的半剖面图

3. 局部剖面图

用剖切平面局部地剖开形体，以显示形体该局部的内部形状，所画出的剖面图称为局部剖面图。局部剖切的位置与范围用波浪线来表示。

如图 7.6 所示，用局部剖面图表示杯形基础局部构造。在专业图中局部剖面图可用来表示多层结构所用材料和构造，按结构层次逐层用波浪线分开，这种剖面图又称为分层剖面图，图 7.7 表示路面各结构层的局部剖面。

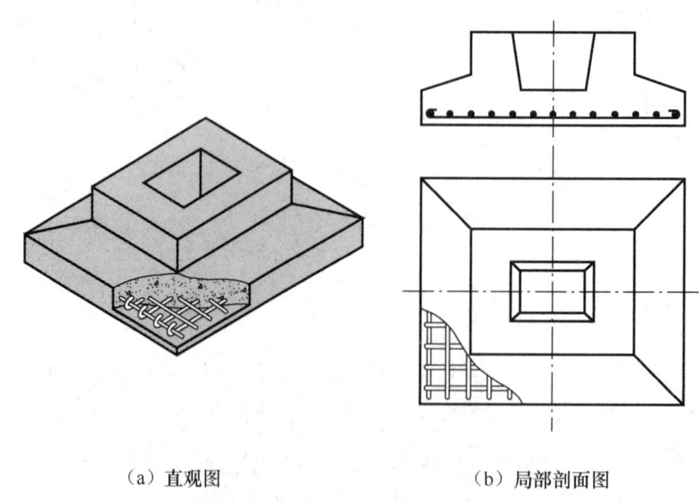

（a）直观图　　（b）局部剖面图

图 7.6　杯形基础局部剖面图

当形体轮廓线与对称中心线重合，不宜采用全剖或半剖时，可采用局部剖面图，如图 7.8 所示。

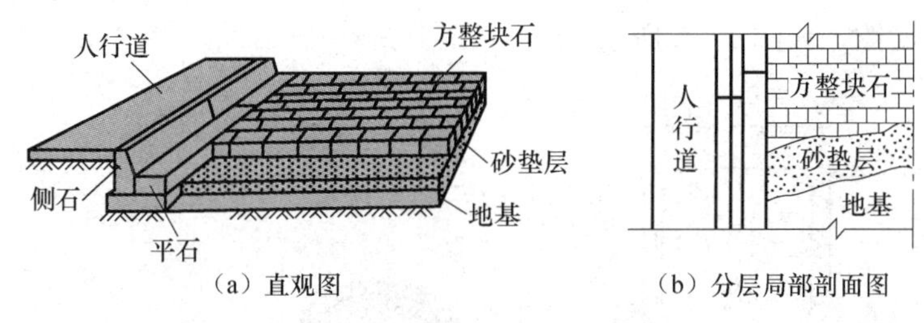

（a）直观图　　（b）分层局部剖面图

图 7.7　路面结构层局部剖面图

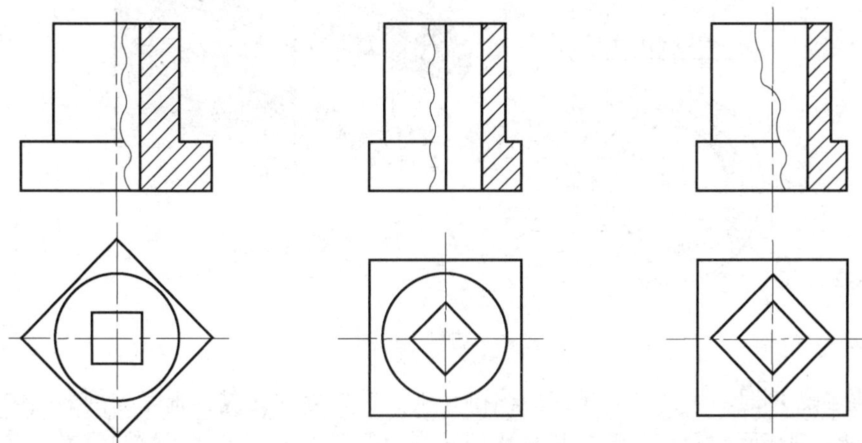
（a）中心线和外部轮廓线重合　（b）中心线和内部轮廓线重合　（c）中心线同时和内、外轮廓线重合

图 7.8　中心线和轮廓线重合的局部剖面图

4. 阶梯剖面图

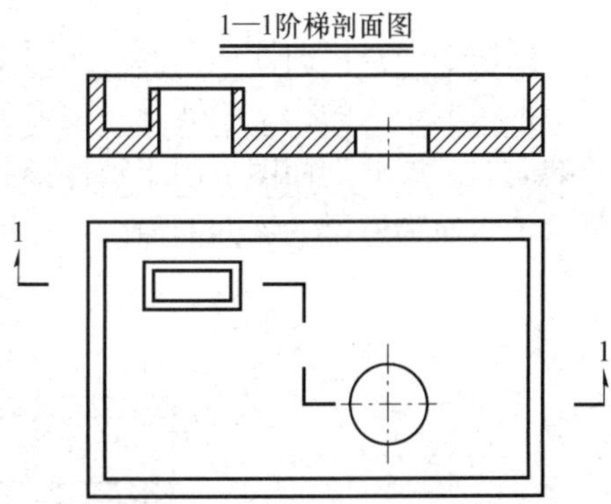

图 7.9　阶梯剖面图

当形体内部结构比较复杂，采用一个剖切平面不能把形体内部结构全部表达清楚时，则可假想用两个或两个以上相互平行的剖切平面对形体进行剖切，然后将各剖切平面所截到的形状同时画在一个剖面图中，所得到的剖面图称为阶梯剖面图，如图 7.9 所示。

画阶梯剖时应该注意：由于剖切是假想的，所以在剖面图中，不应画出两剖切平面转折处的分界线。同时，在剖切的起止和转折处均应标注剖切符号，转折处的剖切符号不应与图形轮廓线重合。当剖切平面位置明显，又不致引起误解时，转折处可不标注剖切符号。

5. 旋转剖面图

采用两个相交平面（交线垂直于投影面）剖切形体，并将其中不平行于投影面的剖切平面所截出的部分旋转到与投影面平行的位置后再进行投影，用这种方法得到的剖面图称为旋转剖面图，如图 7.10 所示。

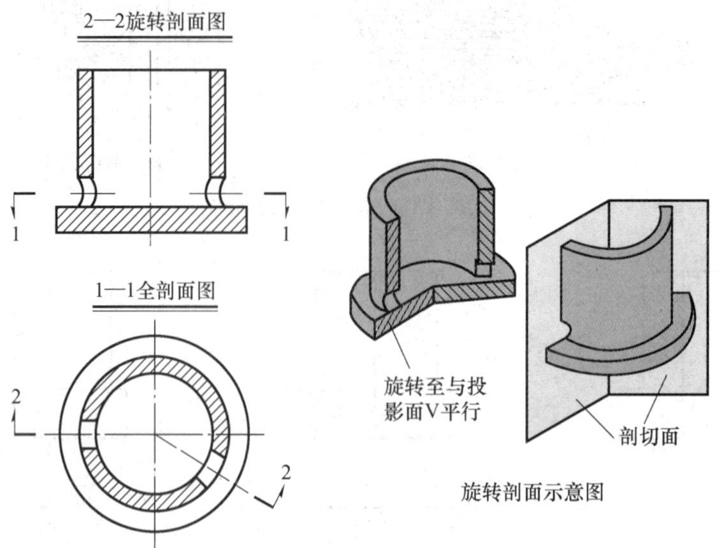

图 7.10　旋转剖面图

画旋转剖面图时必须注意：不能画出剖切平面转折处的交线；画完的剖面图中应进行标注，即在剖切面的起始、转折和终止处用剖切位置线表示出剖切面的位置，并用剖切方向线表明剖切后的投影方向，然后标注出相应的编号。

6. 展开剖面图

剖切平面是用曲面或平面与曲面组合而成的铅垂面，假想沿工程构造物的中心线剖切，再将剖切后的构造物展开，使之与投影面平行，这样投影后所得到的剖面图称为展开剖面图。展开剖面图适用于道路路线纵断面及带有曲线结构的工程形体。如图 7.11 所示正立面为弯梁的展开剖面图，是以梁的中心线展开绘制的。

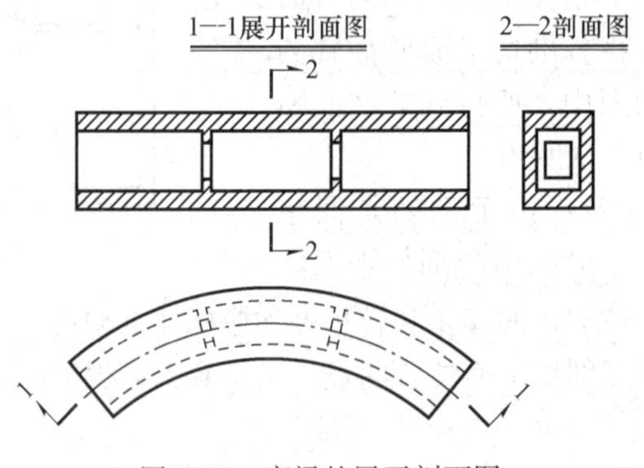

图 7.11　弯梁的展开剖面图

7.1.3　剖面图中的尺寸标注

在剖面图中尺寸标注时，除应遵守“国标”的规定外，还要注意下面几点：

(1) 在有剖面线的地方注写尺寸数字时，应把数字处的剖面线断开，如图 7.12 所示，切不可使剖面线穿过尺寸数字。

(2) 在半剖面图中标注尺寸，遇到有一端无法画出尺寸界线（如图 7.13 中尺寸 40）或尺寸起止符号（如图 7.13 中的尺寸 $\phi 24$）时，应把能完整标注的一端照旧画出，而将另一端画过对称轴或圆心适当长度，并按图形完整时的尺寸数字书写即可，如图 7.13 所示。

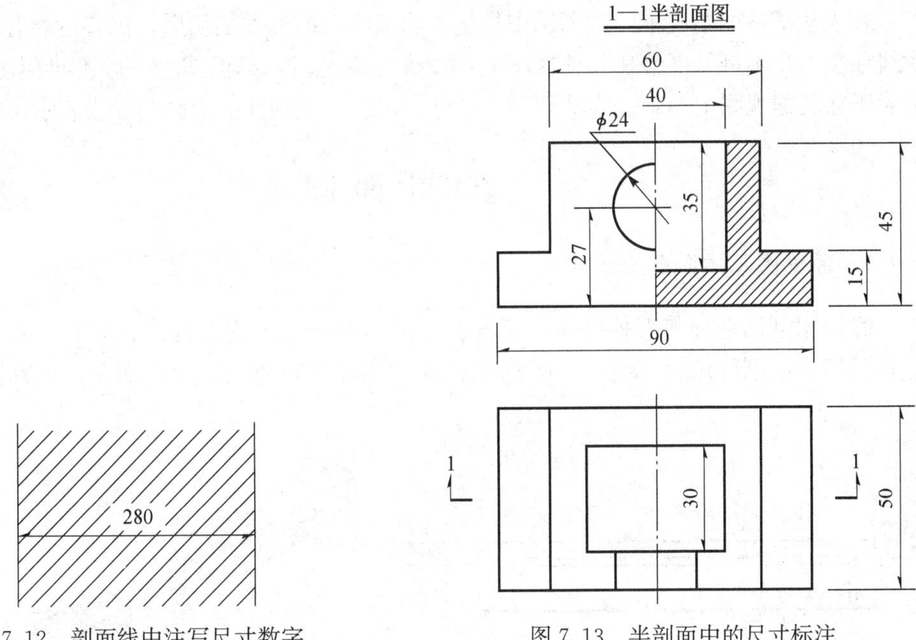

图 7.12　剖面线中注写尺寸数字　　图 7.13　半剖面中的尺寸标注

7.1.4　剖面图的绘制注意事项

1. 假想剖切平面

剖面图只是一种表达形体内部结构的方法，其剖切和移去一部分是假想的，因此除剖面图外的其他视图应按原状完整地画出。当再次剖切时，还是把形体作为完整的来剖切。

2. 剖切平面与投影面平行

形体的剖切平面位置应根据表达的需要来确定。为了完整清晰地表达内部形状，一般情况下应选用平行于投影面的平面作为剖切平面，并使其通过需要显露的孔、洞、槽等不可见部分的中心线。如果形体具有对称平面，则剖切平面应通过形体的对称平面。

3. 画出剖切符号

在可以说明剖切平面的位置和投影方向的视图上，应画出剖切符号，剖切符号由剖切位置线和投影方向线组成。绘制时，剖切符号不宜与图的轮廓线相接触。

4. 特殊剖切位置不注剖切符号

对于习惯的剖切位置、半剖、局部剖，可以不标注剖切符号。在全剖面或半剖面图中，它的剖切线和投影图的对称轴线重合，且图形又按投影图规定位置排列时，剖切线均可省去，或仅保留如“××剖面”等字样。

5. 剖面图中虚线的表达原则

在表达清楚的情况下，剖面图中尽量不画虚线。形体被剖切后，仍有可能有不可见轮廓线存在。当不可见部分在其他视图上可以表达清楚时，剖面图上一般不再用虚线表示。但对于在其他视图上亦难以表达清楚地部分，也允许在剖面图上画出虚线表示。

7.2 断面图

7.2.1 断面图基本概念

假想用剖切平面将形体的某处剖开，仅画出被剖切处断面的形状，并在断面内画上材料图例（或剖面线），如图7.14所示，这种图称为断面图，简称断面，也称截面图或截面。

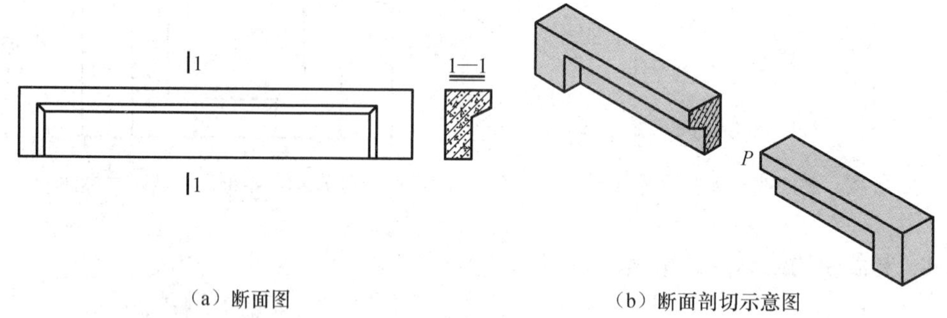

（a）断面图　　（b）断面剖切示意图

图7.14　断面图的形成

7.2.2 断面图和剖面图的区别

1. 基本概念不同

（1）断面图仅画出形体被剖切到部分的图形，是剖面图的一部分。

（2）剖面图除应画出断面图形外，还应画出沿投影方向看到的部分。如图7.15所示。

2. 剖切符号的标注方法不同

（1）断面图的剖切符号由剖切位置线和剖切编号组成。

（2）剖面图的剖切符号由剖切位置线、剖视方向线和剖切编号组成。

（3）断面图的剖切面不能转折，而剖面图的剖切面可以发生转折。

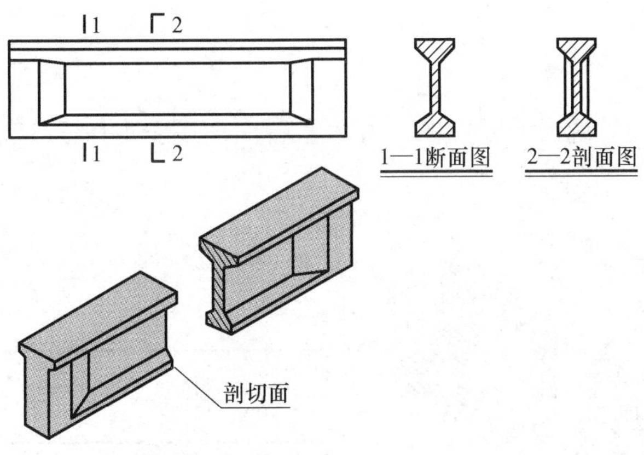

图 7.15　断面图与剖面图的区别

7.2.3　断面图的分类

1. 移出断面图

将断面图画在形体投影图的外面，称为移出断面图，如图 7.16 所示。移出断面的轮廓线用标准实线绘制，一般只画出剖切后的断面形状，但剖切后出现完全分离的两个断面时，这些结构应按剖面图画出。

当断面图较多的时候常采用移出断面，往往采用较大比例绘制。

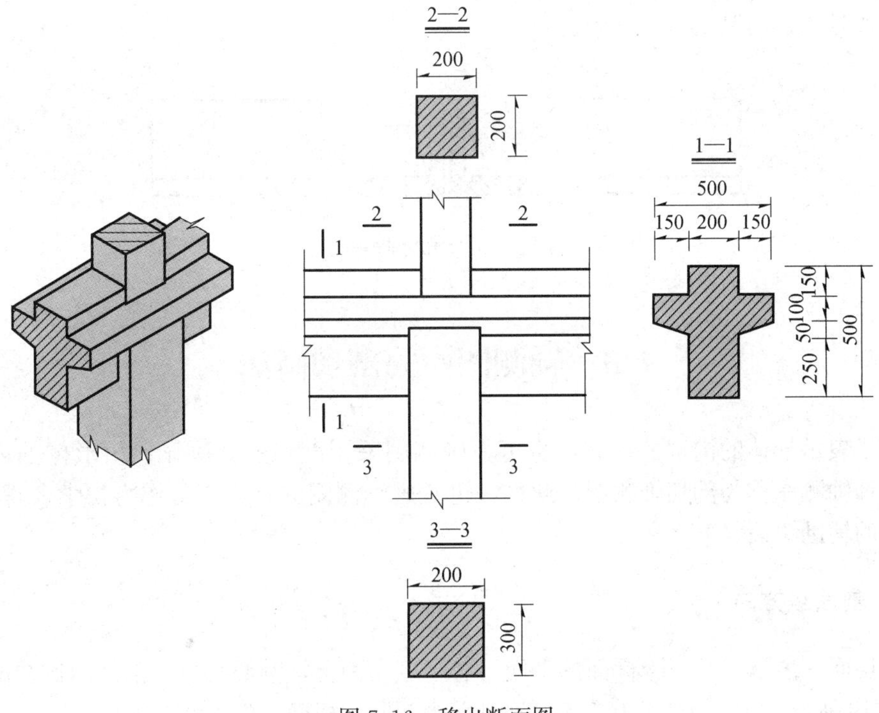

图 7.16　移出断面图

2. 重合断面图

重叠在基本视图轮廓内的断面图，称为重合断面图。如图 7.17 所示，为角钢的重合断面图。

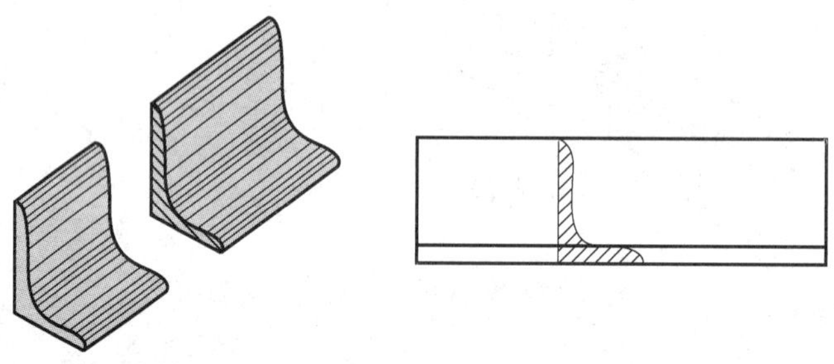

图 7.17　重合断面图

重合断面图的比例与基本视图一致。当断面不多且断面图形并不复杂时，可以采用重合断面，其断面轮廓线规定用细实线，且重合断面不需标注剖切符号。

3. 中断断面图

在基本视图中间假想截去一段后，把断面图画在构件投影图的中断处，就称为中断断面图。它主要用于一些较长且均匀变化的单一构件，如图 7.18 所示。中断断面不需标注，而且比例与基本视图一致。

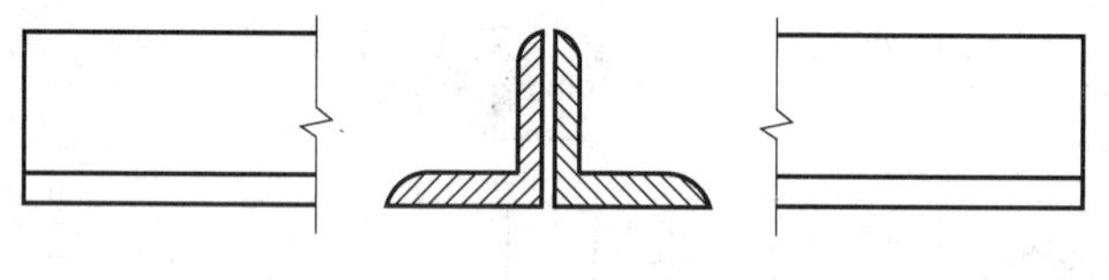

图 7.18　中断断面图

7.3　轴测图中的剖切画法

为了表示形体的内部的形状，也可将轴测图采用剖切的方法显示出形体的内部形状，这种轴测图称为剖切轴测图。此方法也是画轴测图的补充，可作为初学者识读剖、断面图的辅助手段。

7.3.1　剖面线方向

剖切面一般取平行于坐标面的平面。各个剖切面上，剖面线也叫剖切图例线的方向如图 7.19 所示。图 7.19 表明了各种轴测图中不同坐标面内的剖面线方向。

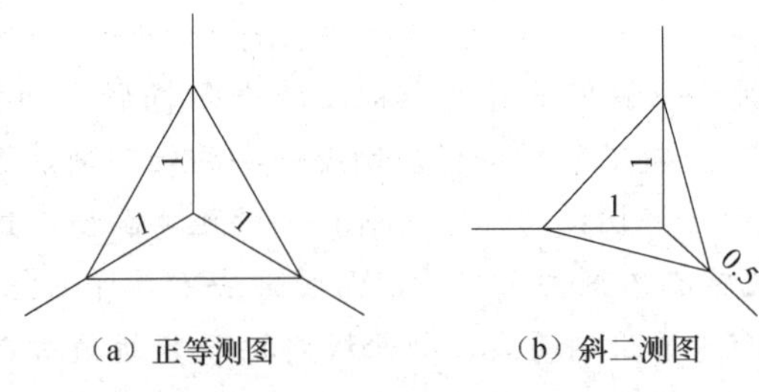

（a）正等测图　（b）斜二测图

图 7.19　不同轴测图的剖面线方向

7.3.2 剖切轴测图画法

作出图 7.20（a）所示形体的轴测图，并在轴测图上沿形体的两对称面把形体剖去 1/4。

作图步骤

（1）画出形体整体轴测图，如图 7.20（b）。

（2）沿轴测轴切去 1/4，画出形体被剖切后的截面轮廓线（即截交线）。截断边线的中点，逐点相连即是截面轮廓线，如图 7.20（c）所示。

（3）擦去多余的线条，并加粗截面轮廓线，如图 7.20（d）。

（4）在截面轮廓范围内画上剖面线，从而得到物体被剖切后的轴测图，如图 7.20（e）所示。

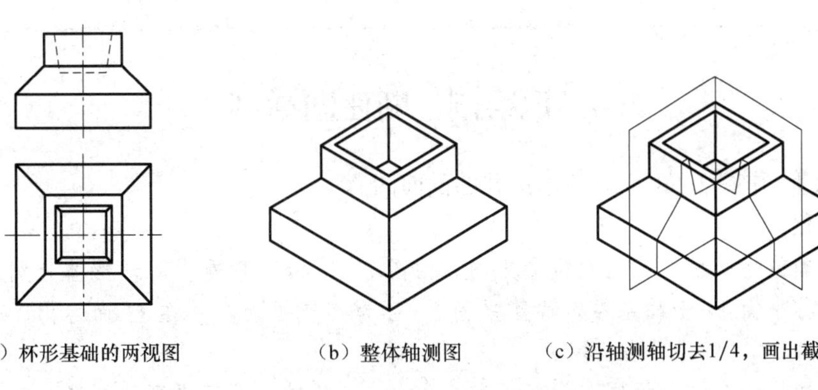

（a）杯形基础的两视图　（b）整体轴测图　（c）沿轴测轴切去1/4，画出截面轮廓线

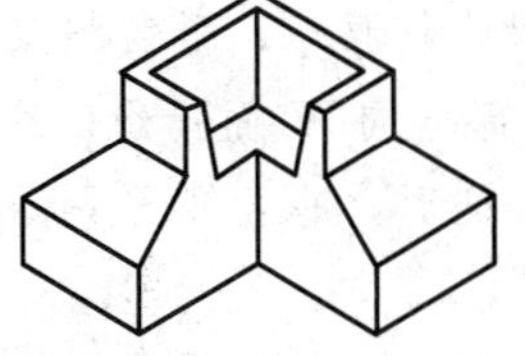

（d）去多余线条，加粗截面轮廓线

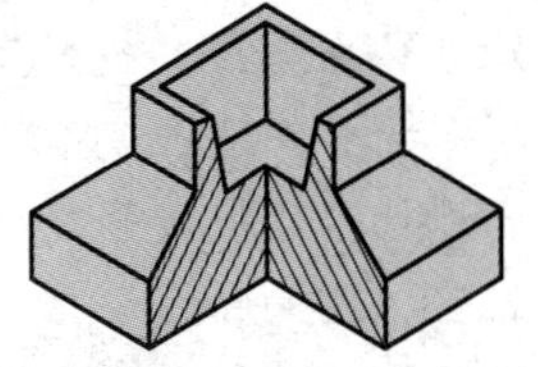

（e）画剖面线，完成剖切轴测图

图 7.20　轴测图的剖切画法

注意

1. 画剖切轴测图时，一般用平行于坐标面的平面将形体切去1/4，画出其内部形状，如图7.20所示。一般不采用将形体切去一半画轴测剖切图，如要采用这种画法，应按照图7.21所示，将切掉的部分向前移一段距离画出，这样才能比较全面地显示形体的结构，在此轴测图剖去1/2的剖面图画法不再详细介绍，方法同上。

2. 轴测图的剖切面应画出剖面线，剖面线要按照其断面所在坐标面的轴测方向绘制，如图7.20（e）。

3. 在轴测图上也可以把需要的某一部分局部切开，称为局部剖切。平行于坐标面的剖切部分画剖切图例线，对于不规则的断裂表面则画上波浪线，如图7.22所示。

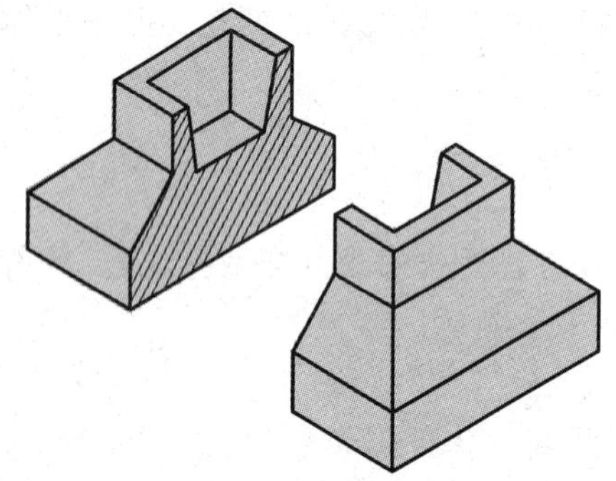

图7.21　轴测图剖去一半

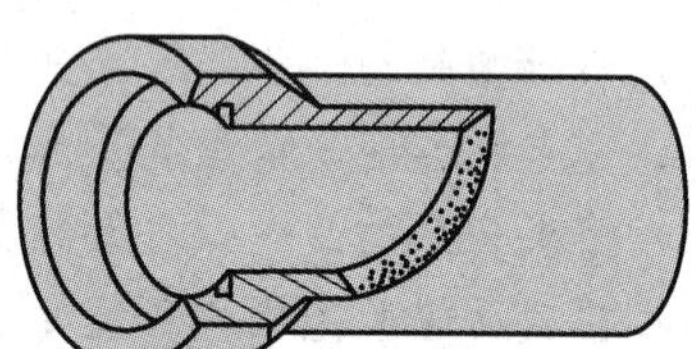

图7.22　局部剖切轴测图

7.4　识绘剖、断面图举例

【例7.1】 作图7.23（a）所示沉井的剖面图。

作图步骤

（1）明确剖切平面的位置及投影方向。由图7.23（a）可看出，该形体分别选用了沉井前后对称平面1—1和左右对称侧平面2—2为剖切平面，并在H面标出了剖切线和投影方向。

（2）剖切后剩余体的投影。假想以所选定的1—1剖切平面将形体剖开，移去前半部分，将剩余后半部分向V面投影。投影完毕，形体复原后，再假想以所选定的2—2剖切平面将形体剖开，移去左半部分，将剩余右半部分向W面投影。这时原V、W面投影图中的虚线均变为可见，故应改画成实线。但同时，也出现了两条被遮挡的轮廓线，画成虚线，如图7.23（b）所示。

（3）画剖面线。将剖切平面切着形体的部分（剖切区域）画上互相平行等间距的45°细剖面线，如图7.23（c）所示。

（4）标剖面图的名称。在与剖切符号相对应的剖面图上，用相应的编号作为视图名称注在视图的上方，完成剖面图的绘制，如图7.23（d）所示。

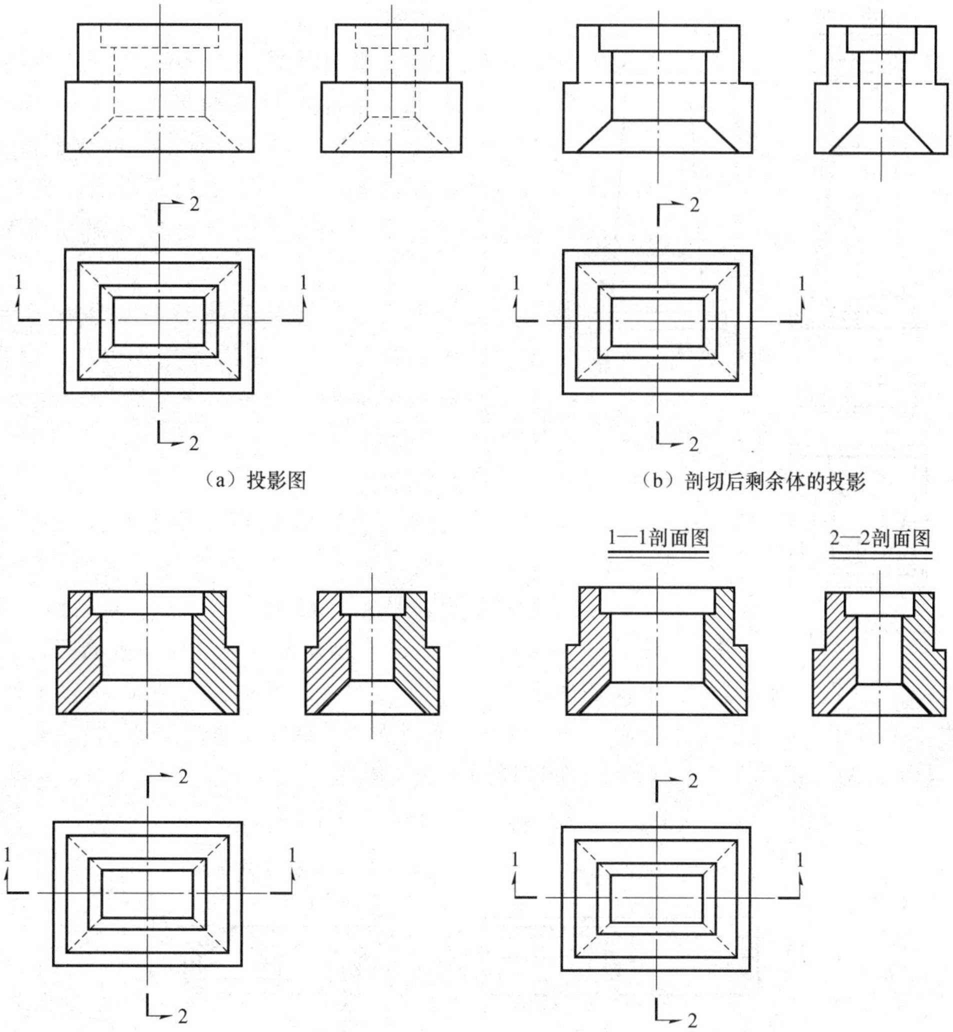

（a）投影图　　（b）剖切后剩余体的投影

（c）画出剖面线　　（d）完整剖面图

图 7.23　沉井剖面图画法

试绘出上例所示沉井的剖切轴测图。

【例 7.2】 识读图 7.24 所示空心桥墩的三面投影图。

分析

该图为一桥梁下部结构的空心桥墩的三面投影图。由图中可看出，该形体内外结构比较复杂，且左右、前后对称，其被剖切了两次，V 面和 H 面投影均采用了半剖面图。

各半剖面图均以对称中心点划线为界，一半画外形轮廓，另一半画剖面。由于在半剖面图中内部结构表达的很清楚，所以在半投影图中不需要画出虚线。

形体的剖切是假想的，当形体的一个投影图用剖面图来表达后，其余的投影图不受影响，仍按完整的形体画出；再次剖切时，还是把形体作为完整的来剖切。即对形体剖切完毕表达完善，形体复原后，再进行下一次剖切。

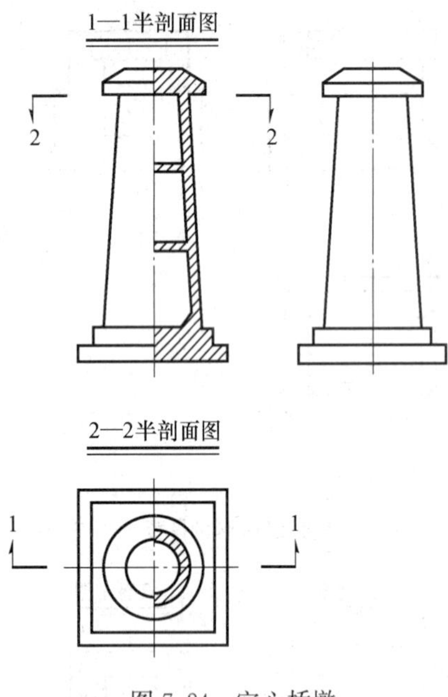

图 7.24 空心桥墩

识读步骤

(1) 1—1 半剖面图。

① 剖切。由形体 H 面投影上的 1—1 剖切符号（剖切线和投影方向）可看出，剖切平面为过形体前后对称线平行于 V 面的正平面。剖切后，去掉形体前半部分，将剩余的后半部分向 V 面投影。

② 剖面图。所得 V 面投影图即为 1—1 半剖面图，该图以左右对称中心点划线为界，由左半立面和右半剖面合并而成，左半部分表达外形，右半部分表达内部。

(2) 2—2 半剖面图。

① 剖切。由形体 V 面投影上的 2—2 剖切符号（剖切线和投影方向）可看出，剖切平面为过墩帽底面的平行于 H 面的水平面。剖切后，去掉形体上半部分，将剩余的下半部分向 H 面投影。

② 剖面图。所得 H 面投影图即为 2—2 半剖面图，该图以左右对称中心线为界，由左半平面和右半剖面合并而成，左半部分表达外形，右半部分表达内部。

【例 7.3】 识读图 7.25 所示行车道板的三面投影图。

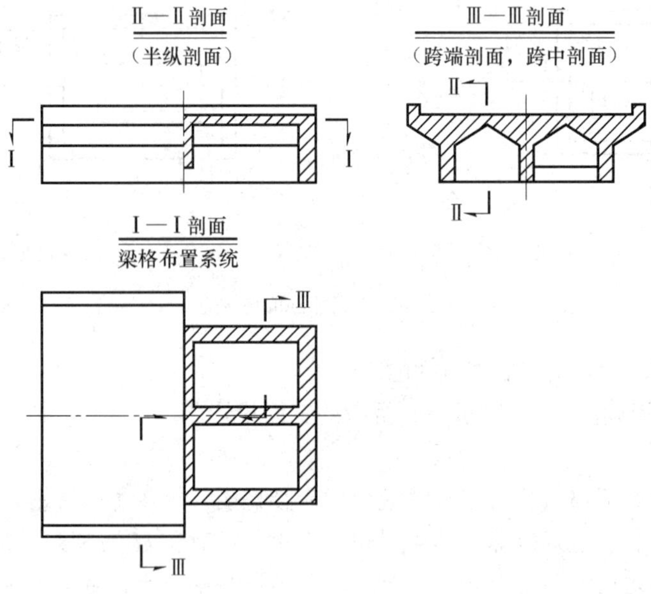

图 7.25 行车道板

分析

该图为一桥梁上部结构的行车道板的三面投影图，由图中可看出，该行车道板被剖切了三次，在三个投影面上，均画了剖面图。

形体的剖切是假想的，当形体的一个投影图用剖面图来表达后，其余的投影图不受影响，仍按完整的形体画出；再一次剖切时，仍作为完整的形体进行剖切。

识图步骤

（1）Ⅰ—Ⅰ剖面图。

① 剖切。由形体 V 面投影上的Ⅰ—Ⅰ剖切符号（剖切线和投影方向）可看出，剖切平面为平行于 H 面的水平面。剖切后，去掉形体上半部分，将剩余的下半部分向 H 面投影。

② 剖面图。所得 H 面投影图即为Ⅰ—Ⅰ半剖面图，该图以左右对称中心点划线为界，由左半立面和右半剖面合并而成，显示了行车道板的纵横梁布置，称为梁格布置系统。

（2）Ⅱ—Ⅱ剖面图。

① 剖切。由形体 W 面投影上的Ⅱ—Ⅱ剖切符号（剖切线和投影方向）可看出，剖切平面为平行于 V 面的正平面。剖切后，去掉形体前半部分，将剩余的后半部分向 V 面投影。

② 剖面图。所得 V 面投影图即为Ⅱ—Ⅱ半剖面图，该图以左右对称中心点划线为界，由左半立面和右半剖面合并而成，显示了行车道板的半个纵向构造，称为半纵剖面图。

（3）Ⅲ—Ⅲ剖面图。

① 剖切。由形体 H 面投影上的Ⅲ—Ⅲ剖切符号（剖切线和投影方向）可看出，两个互相平行的剖切平面平行于 W 面。剖切后，去掉形体左半部分，将剩余的右半部分向 W 面投影。

② 剖面图。所得 W 面投影图即为Ⅲ—Ⅲ阶梯剖面图。由于将行车道板横向剖切，故称为横剖面图，这里分为跨端剖面和跨中剖面两种情况。

【例 7.4】 识读图 7.26 所示构件的剖面图和断面图。

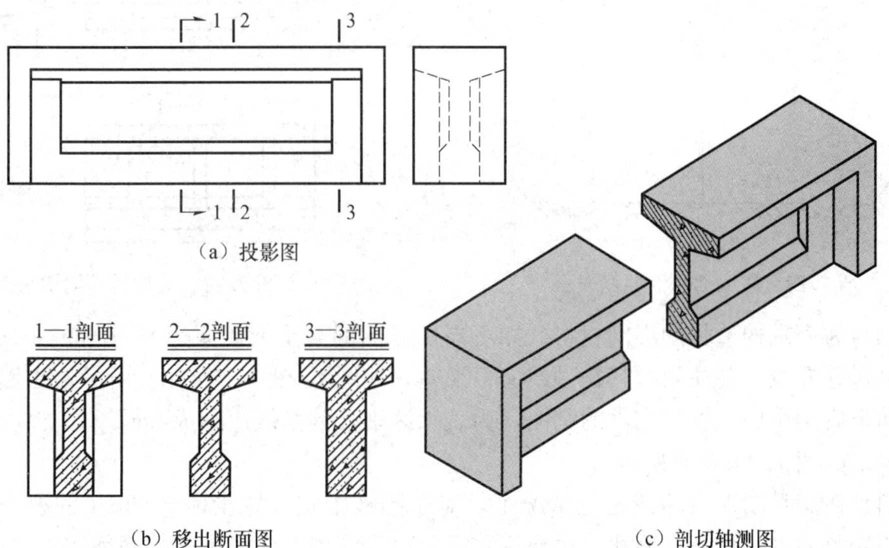

（a）投影图

（b）移出断面图

（c）剖切轴测图

图 7.26　变截面梁

识读步骤

（1）由图7.26（a）的V面和W面投影，可以看出该构件是一变截面梁，图7.19（c）为其剖切轴测图。由V面投影上的剖切符号，可看出该构件被截切了三次，剖切平面均为侧平面，1—1剖面采用全剖面图，2—2断面和3—3断面是移出断面图，如图7.19（b）所示。

（2）对这类变截面形体（如变截面梁、变截面柱等）一般常选择正立面图与若干断面图来表示，而不需要侧面图（这里加了1—1剖面，并与2—2断面和3—3断面放在一块，是为了方便初学者对剖面和断面有所比较）。这样表示的优点是可以在每一处不同的截面处给出它的截断面实形，而不会产生虚线，便于读图。

（3）根据图7.26（b）、（c）中剖切断面所画的图例，可判别出构件所用材料为钢筋混凝土。

7.5 工程中剖面图、断面图的规定画法

为使图样表达更为清晰，“国标”对剖、断面图的表达还作了一些规定，画图时应当遵守。

（1）较大面积的断面剖面线可以简化。如图7.27所示，道路的断面图，因面积较大，可允许只在其断面轮廓的边沿画等宽剖面线。

（2）薄板、圆柱状构件（如梁的横隔板、桩、柱、轴等），当剖面通过其对称中心或轴线时，均不画剖面线，但允许画出材料断面图例，如图7.28所示。

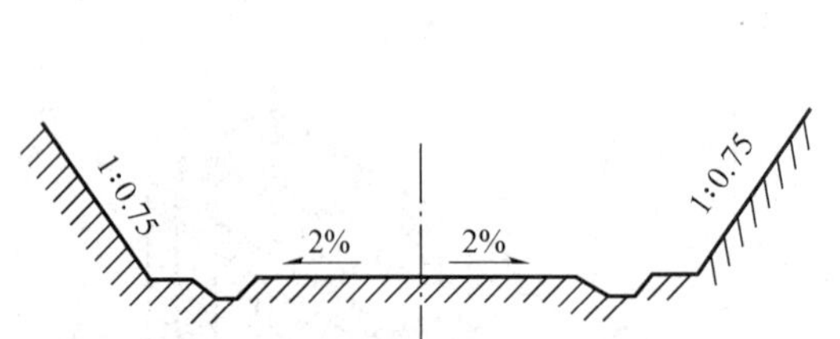

图7.27 较大面积剖面线表示

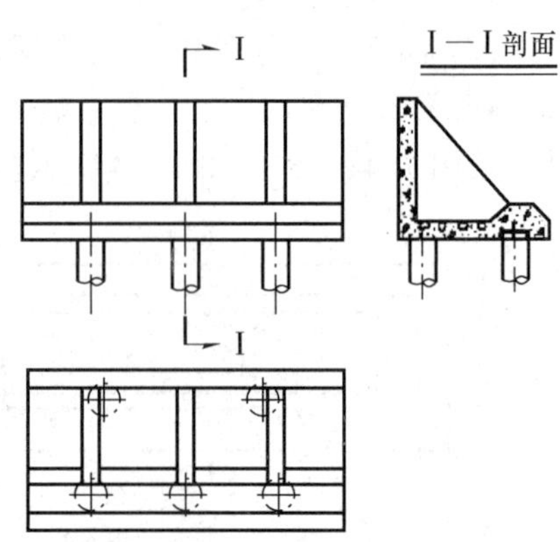

图7.28 桩作为不剖切来表示

（3）为表示构造物的不同材料（如不同标号的混凝土或砂浆等），在同一断面上应画出材料分界线，并注明材料符号或文字说明，如图7.29（a）、（b）所示挡土墙断面。对于两个或两个以上相邻构件的剖面，为表示区别，剖面线应画成不同倾斜方向或不同的间隔，如图7.29（c）所示。

（4）在满足图形表达清楚的情况下，对于图样上实际宽度小于2mm的狭小面积，允许用涂色的办法代替剖面线，也允许将全部面积涂黑，但邻近部分必须留出空隙，如图7.30所示。

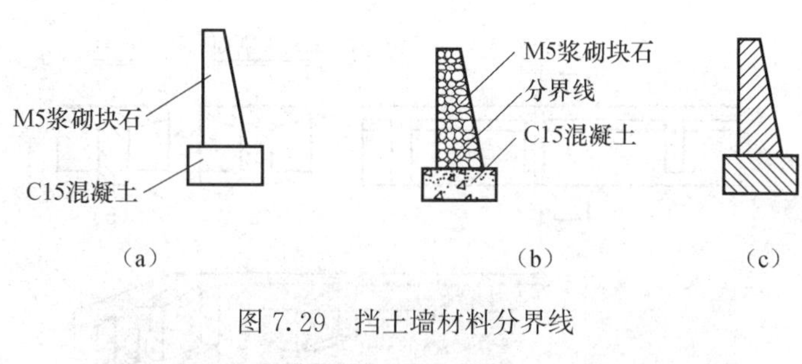

图 7.29　挡土墙材料分界线

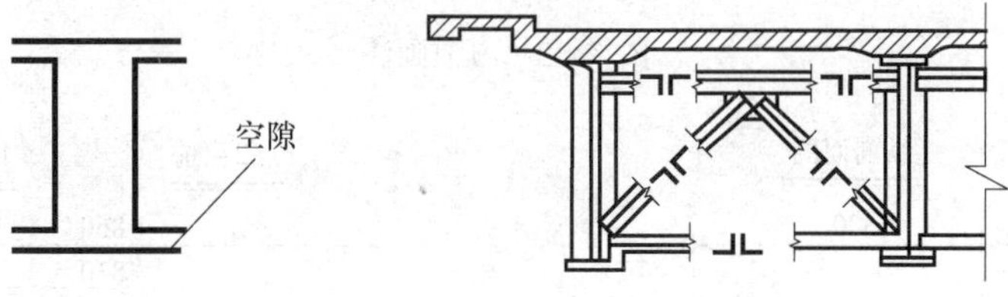

图 7.30　涂黑代替剖面线

(5) 对称图形可采用绘制一半或 1/4 图形的方法表示，除总体布置图外，在图形的图名前，应标注“1/2”或“1/4”字样，也可以对称中心线为界，一半画一般构造图，另一半画断面图；也可以分别画两个不同的 1/2 断面。在对称中心线的两端，可标注对称符号，对称符号应由两条平行的细实线组成，如图 7.31 所示。

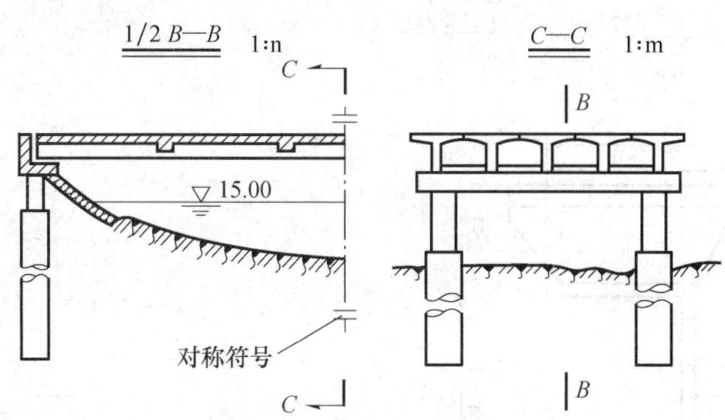

图 7.31　对称图形的表达

(6) 当土体或锥坡遮挡视线时，可将结构视图画成剖切土体或锥坡的断面图，使被土体遮挡部分成为可见体以实线表示，如图 7.31 所示的河床及锥坡。

(7) 按习惯，剖面图上的被切断面以外的可见部分，可根据需要而决定取舍，这种图仍然称为断面图，但不注写“断面”字样，仅注剖切编号字母，如图 7.32 所示，按理论其Ⅰ—Ⅰ剖面应画成（a）的形式，但专业图常用（b）的形式来表示，不把端隔板画出来。

(8) 当用虚线表示被遮挡的复杂结构图时，应仅绘制主要结构或离视图较近的不可见图线。如图 7.33 所示 U 型桥台的侧面图由从桥台的前、后两个方向投影所得到的台前、台后两个图合并而成，为表示主要结构，避免重迭不清，虚线未画出。

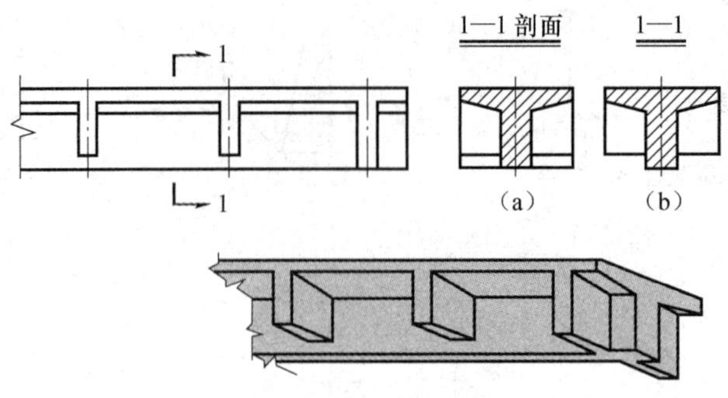

图 7.32　习惯画法

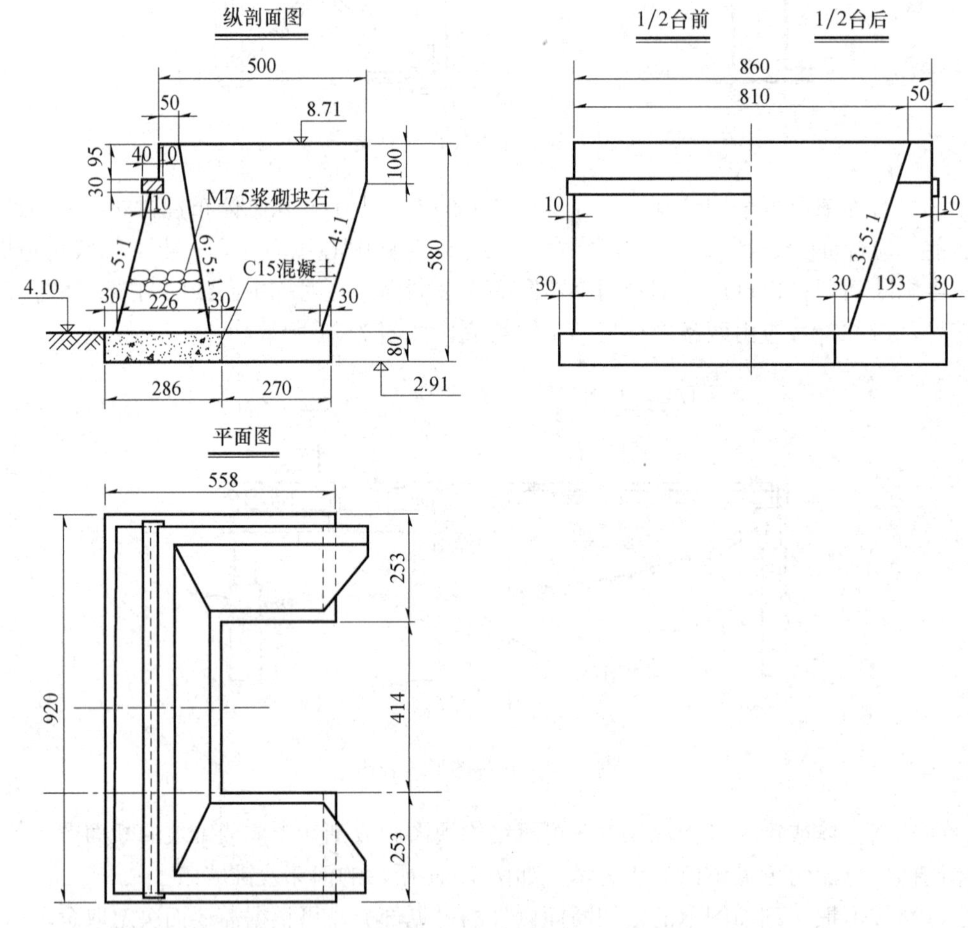

图 7.33　U型桥台

小　结

在对形体不可见部分或者是内部结构复杂形体进行绘图时，采用剖切的方法可以使原来看不见的部分变得清晰。本单元主要介绍了剖面图和断面图的形成、区别、分类和画法；轴测图中的剖切画法；识读剖、断面图举例；工程中剖、断面图的规定画法。

复习思考题

1. 剖面图是如何形成的？剖面图如何进行标注？

2. 断面图是如何形成的？断面图如何进行标注？

3. 剖面图和断面图的主要区别是什么？

4. 剖面图的种类有哪些？各自的适用范围有哪些？

5. 断面图的种类有哪些？各自的适用范围有哪些？

6. 简述工程中剖面图，断面图的规定画法与一般规定的区别。

7. 理解三视图、剖面图及断面图在表达形体时的异同，思考这三种表达方式如何相互结合可以清晰、完整地表达形体。

单元 8

标高投影

教学目标

1. 掌握标高投影的投影原理；
2. 掌握点、线、面的标高投影特性；
3. 掌握等高线、坡度比例尺的投影特性，掌握平面内作等高线的方法；
4. 掌握曲面的标高投影特性；
5. 能够求解平面、曲面与地形面的交线。

8.1 点和直线的标高投影

在工程建（构）筑物设计和施工中，常常需要绘制地形图，并在图上表示建筑物和图解有关的问题。道路是处于大自然中的带状构造物，是在地面上修建的，地面是不规则的曲面，长度方向比高度方向的尺寸大得多，用多面正投影法不能完全表达出其工程信息，因而人们提出了表达地形的有效方法——标高投影法（简称标高投影）。

标高投影法就是在水平投影图上加注某些特殊点、线、面的高程，以高程数字代替立面图的作用。

为了根据标高投影确定形体的形状和大小，在标高投影图上必须标明绘图比例尺及其长度单位。比例尺可以用文字注明或画出图示比例尺，常用长度单位为 m，以 m 为单位时，在图上无需注明。

8.1.1 点的标高投影

如图 8.1 所示，设水平面 H 为基准面，其高程为零。空间有三个点 A、B、C，点 A 在 H 以上 5 个单位，点 B 在 H 面上，点 C 在 H 面以下 3 个单位。首先，做出它们在 H 面上的投影点 a、b、c，如图 8.1（a）所示，并在投影图上字母的右下角分别标出它们与 H 面的高差 5、0、−3，即得到 A、B、C 三点的标高投影，5、0、−3 称为 A、B、C 三点的标高。点高于 H 面时，标高为正，低于 H 面时，标高为负，位于 H 面时，标高为零，如图 8.1（b）所示。

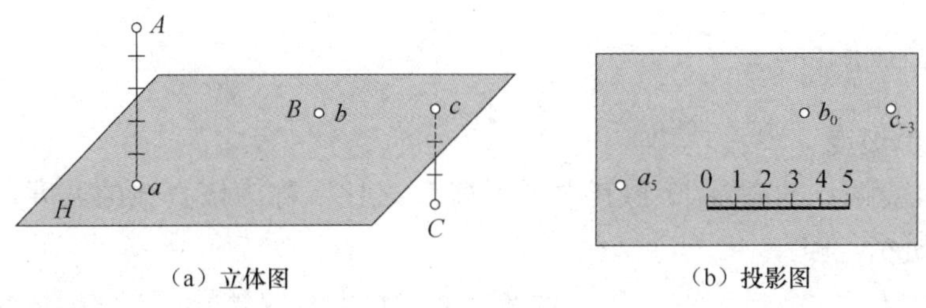

图 8.1　点的标高投影

8.1.2　直线的标高投影

1. 直线的表示方法

1）连接两点的标高投影

如图 8.2 所示，图中的 a_2b_5 为直线 AB 的标高投影。

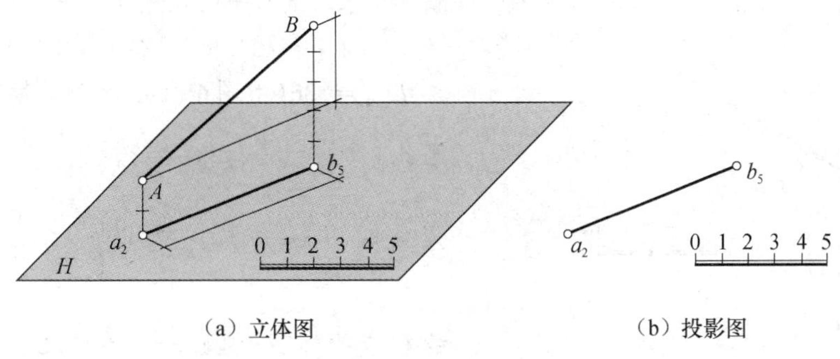

图 8.2　直线的标高投影

2）直线上一点的标高投影，并标注直线的坡度和方向

如图 8.3 所示，图中直线由直线上一点的标高投影及直线方向表示，并加注直线的坡度值。直线的方向用箭头表示，箭头指向下坡方向。

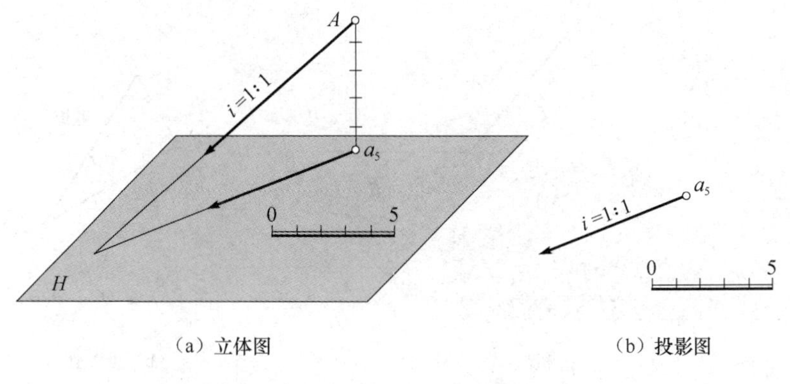

图 8.3　直线的表示法

2. 直线的坡度和平距

1）直线的坡度

直线上任意两点的高差 H 与其水平距离 L 之比，称为该直线的坡度，记为 i，如图 8.2（a）所示，即

$$i=\frac{\text{高差}}{\text{水平距离}}=\frac{H}{L}=\text{tg}\alpha$$

2）直线的平距

直线上两点的高差为 1 个单位时的水平距离称为平距，用符号 l 表示：

$$l=\frac{\text{水平距离}}{\text{高差}}=\frac{L}{H}=\text{ctg}\alpha=\frac{1}{i}$$

从上式可知，坡度和平距互为倒数。坡度大，则平距小；坡度小，则平距大。

【例 8.1】 求图 8.4 中所示直线的坡度与平距，并求直线上 C 点的标高。

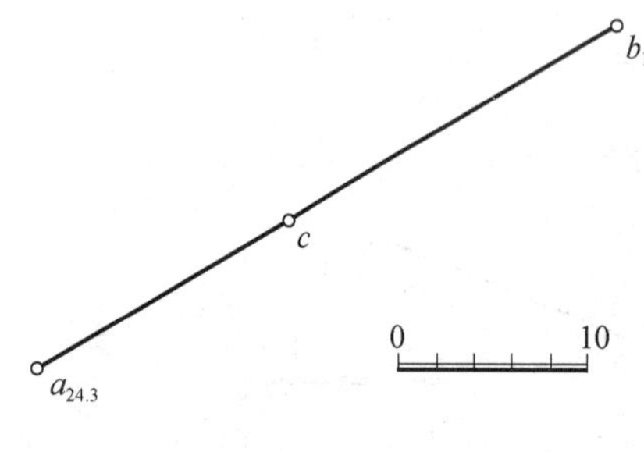

图 8.4　已知条件

解　为求坡度与平距，先求出高差和水平距离：

$$H_{AB}=24.3-12.3=12.0$$

$$L_{AB}=36\text{（用图中所示比例尺量得）}$$

因此 $i=\frac{12}{36}=\frac{1}{3}$；得 $l=3$。

又量得 $L_{AC}=15$；所以 $i=\frac{1}{3}=\frac{H_{AC}}{15}$ 得 $H_{AC}=5$。

故 C 点的标高为 24.3－5＝19.3。

3. 直线的实长及整数标高点的确定

1）直线的实长

同正投影一样，标高投影中，直线的实长，也是应用直角三角形求出的。如图 8.5

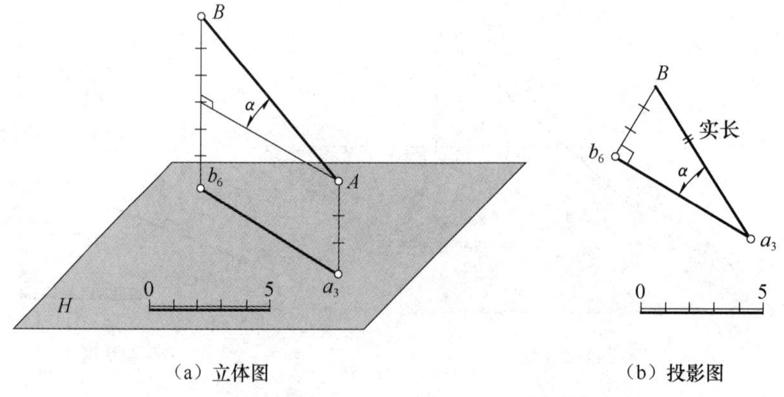

（a）立体图　　（b）投影图

图 8.5　求直线的实长及倾角

所示，以直线的标高投影为直角三角形的一条直角边，以直线两端点的高差为另一条直角边，作直角三角形，其斜边为实长，α为直线对基准面的倾角。

2）直线上整数标高点的确定

在实际工作中，常常需要在直线上定出各整数标高点。解决这类问题，可以用定比分割原理作图。

【例 8.2】 如图 8.6 所示，已知直线 AB 的标高投影 $a_{4.5}b_{8.7}$，求直线 AB 上的整数标高点。

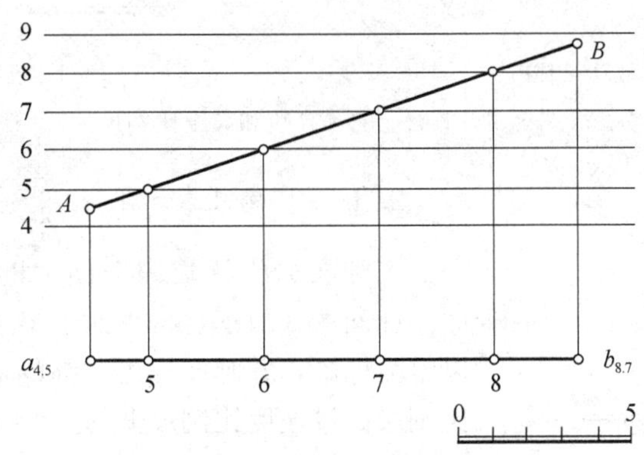

图 8.6 直线上整数标高点的确定

作图步骤

（1）作 6 条平行且间距相等的直线，从下往上分别令其标高为 4、5、6、7、8、9；

（2）由直线两端点 $a_{4.5}$，$b_{8.7}$ 作直线垂直于平行线组，在垂线上按其标高 4.5 和 8.7 分别定出 A、B 两点；

（3）连接 A、B 两点，得其与平行线组的交点，再把交点投影到直线上，便得到直线上的整数标高点的投影。

8.2 平面的标高投影

8.2.1 平面的表示方法

在正投影中，平面有几何元素、最大坡度线和迹线等表示方法，这些方法在标高投影中仍然适用，只是转换为用标高投影来表达。如由三点表示的平面，在标高投影中则为由三点的标高投影来表示。在标高中投影中，平面常用如下方法表示。

1. 等高线表示法

这种方法是用平面上的等高线表示平面。平面上的水平线称为平面上的等高线，在实际应用中我们一般采用高差相等，标高为整数的等高线来表示平面，基准面 H 上的等高线，标高为零，如图 8.7 所示。平面上的等高线是彼此平行的直线，当高差相同时，等高线间距相等。

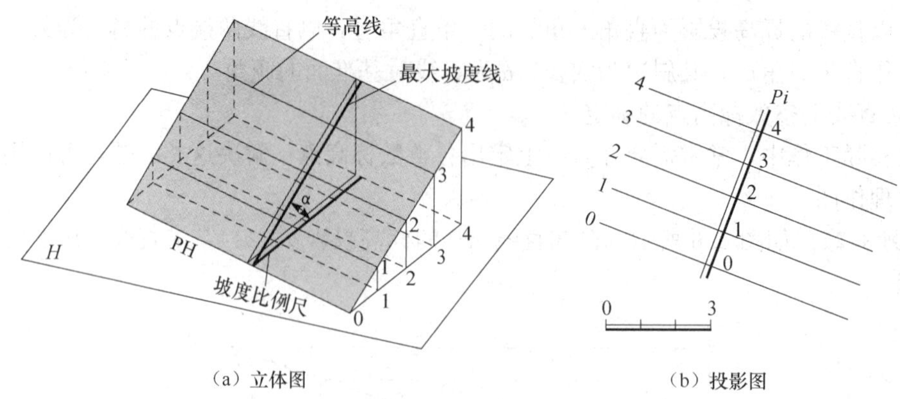

（a）立体图　　（b）投影图

图 8.7　平面上的等高线和坡度比例尺

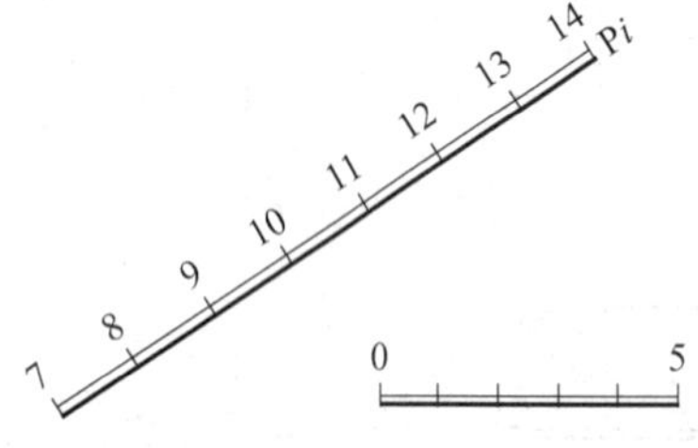

图 8.8　用坡度比例尺表示平面

2. 坡度比例尺表示法

这种表示法就是用平面上的最大坡度线表示平面。如图 8.8 所示，将平面上最大的坡度线的投影附以整数标高，并画成一粗一细的双线称为平面的坡度比例尺。过坡度比例尺上的整数标高点作坡度比例尺的垂线，就得到平面上的等高线。

思考

试分析图 8.8 中，如何求出平面 P 的坡度？

3. 平面上一条等高线和平面的坡度表示法

这种方法是用平面上的一条等高线和坡度方向及坡度值表示一个平面，从几何元素表示法的角度来看，可以归结为相交两直线表示法。

【例 8.3】 如图 8.9 所示，已知平面 P 上的一条等高线及其坡度，试将 P 平面转化为等高线表示的平面。

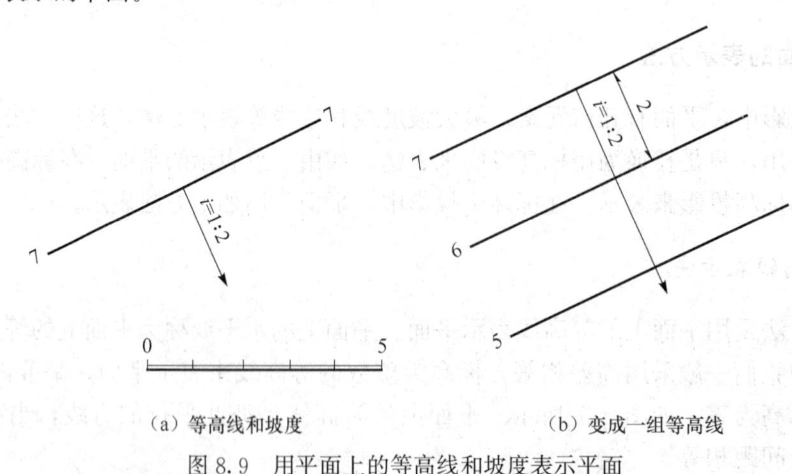

（a）等高线和坡度　　（b）变成一组等高线

图 8.9　用平面上的等高线和坡度表示平面

作图步骤

(1) 计算等高线的平距，因为平距与坡度互为倒数，所以平距为2。

(2) 在坡度线上自高程为7的点向下坡方向量取2m，过此点作已知等高线的平行线，此直线即为P平面上高程为6的等高线。

(3) 依步骤二求解出高程为5的等高线。

思考

能作出图8.9所示平面上标高为8m的等高线吗?

4. 用一条非等高线和平面坡度表示平面

【例8.4】 如图8.10 (a) 所示，已知一般位置线的标高投影 a_0b_3，平面的坡度值 i 和平面的倾斜方向（图中虚箭线），求平面的等高线。

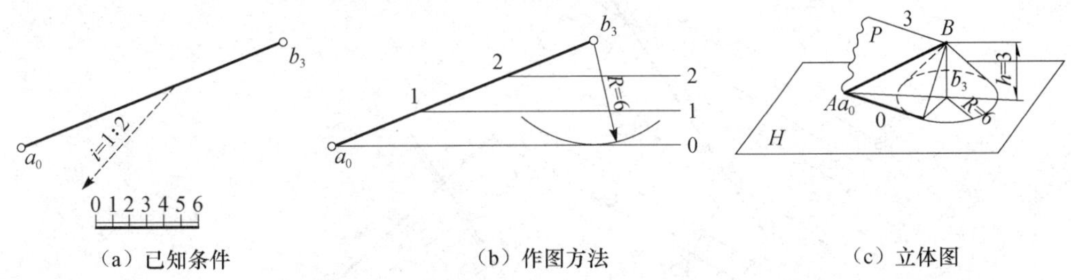

(a) 已知条件 (b) 作图方法 (c) 立体图

图8.10 用一条非等高线和平面坡度表示平面

分析 这种表示方法的原理如图8.10 (c) 所示，以已知直线的端点 B 为顶点，作一锥底角等于平面倾角的圆锥，即该圆锥的任何一条素线与基准面 H 的坡度值均等于平面的坡度值，故只要包含已知直线作该圆锥的切平面，则所作平面满足过 AB 直线和给定坡度值 i 两个条件，这样的解答有两个，但因平面的倾向已给定，便可求得唯一解。

求锥顶和锥底的高差 $H=3$，求锥底圆周的半径 $L=H/i=3\times2=6$

作图步骤

(1) 以 b_3 为圆心，以6为半径在平面倾斜方向一侧画圆弧，此圆弧是圆锥面上高程为0的等高线。

(2) 过 a_3 作圆弧的切线，即为平面 P 上高程为0的等高线。

(3) 平面P上其他等高线的求法为：先求直线 AB 上的整数标高点，将水平投影长 a_0b_3 三等分，就得到直线 AB 上标高为1、2的点，再过1、2分点作直线平行于等高线0，就得到高程为1、2的两条等高线，如图8.10 (b) 所示。

【例8.5】 已知一个平面由三点 $a_3b_8c_7$ 所给定，求平面上的等高线（每2米一根）、最大坡度线，平面对基准面的倾角 α，如图8.11所示。

分析

(1) 平面上的等高线是平面上高程相同两点的连线。直线 AB 的高程从 a_3 逐渐增加到 b_8，故其中必有一点的高程与 C 相同，设法求出该点，并与 c_7 连线即为平面上高程为 7 的一条等高线，其它等高线与之平行。

(2) 平面的最大坡度线与平面上的等高线垂直，平面对基准面的倾角即为最大坡度线的倾角，故解此题的关键是求平面的等高线。

作图步骤

(1) 求直线 AB 的整数标高点，找出高程为 7 的点，并连接该点与 c_7 点，即得到平面 ABC 上高程为 7 的等高线。

(2) 过直线 AB 上标高为 4、6 的整数标高点，作高程为 7 的等高线的平行线，即得高程为 4、6 的等高线。

(3) 作等高线的垂线得最大坡度线。

(4) 以两相邻等高线间的水平距离为一个直角边，以其高差为另一直角边，作直角三角形，高差所对的角即平面对基准面的倾角 α。

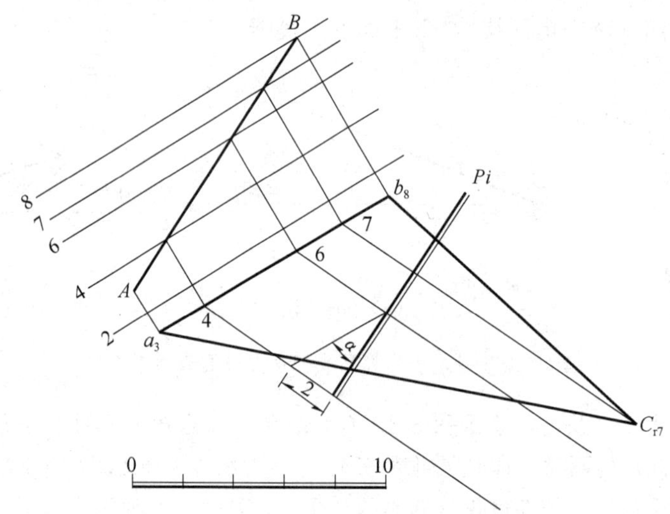

图 8.11　求平面的等高线、最大坡度线及 α 角

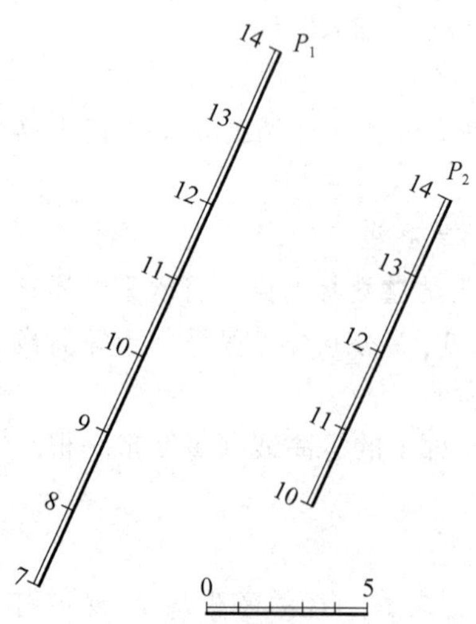

图 8.12　用坡度比例尺表示两平行平面

8.2.2　两平面的相对位置

两平面在空间的相对位置有平行与相交两种情况。

1. 两平面平行

如果两平面平行，则它们的坡度比例尺和等高线互相平行，平距相等，标高数字的增减方向一致，如图 8.12 所示。

2. 两平面相交

在标高投影中求两平面的交线，保留是保留利用辅助平面法在相交两平面上求得两个共有点，两

共有点的连线即为两平面的交线，只是投影中的等高线即是水平辅助面与已知平面的交线。故只需在不同高程上找到两平面对应等高线的交点，并用直线连接之即可得到两面交线，解法更加简单。如图 8.13 所示，求 P_1 与 P_2 平面的交线。用两个标高为 11m、12m 的水平作辅助平面，与 P_1、P_2 相交，其交线是标高为 11m 和 12m 的两对等高线，两对等高线的交点为 A、B，连接 A、B 两点即为所求交线。

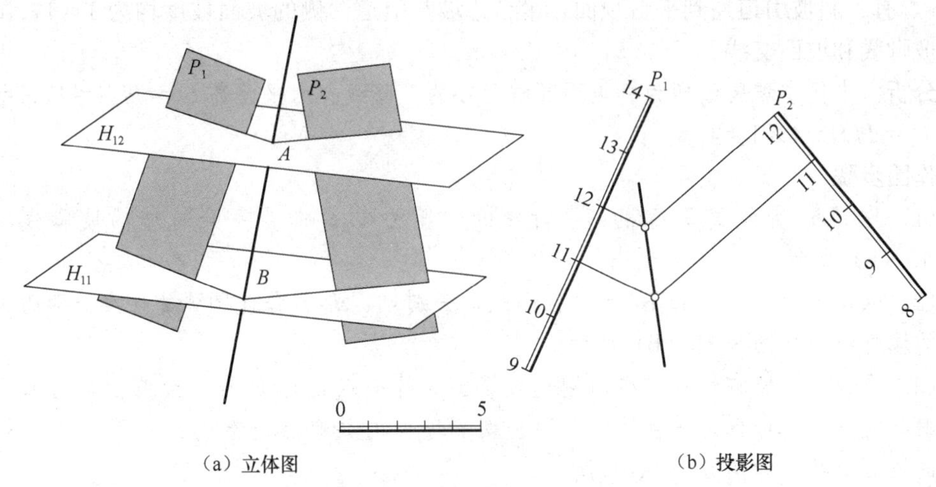

图 8.13　两平面相交求交线

在实际工程中，把建筑物上相邻两坡面的交线称为坡面交线，坡面与地面的交线称为坡脚线或开挖线。

【例 8.6】 如图 8.14（a）所示，已知基坑坑底的标高为−5m，以及坑底的大小和各坡面的坡度，设地面是标高为 0 的平面，求作基坑坡面与地面的交线以及各坡面的交线。

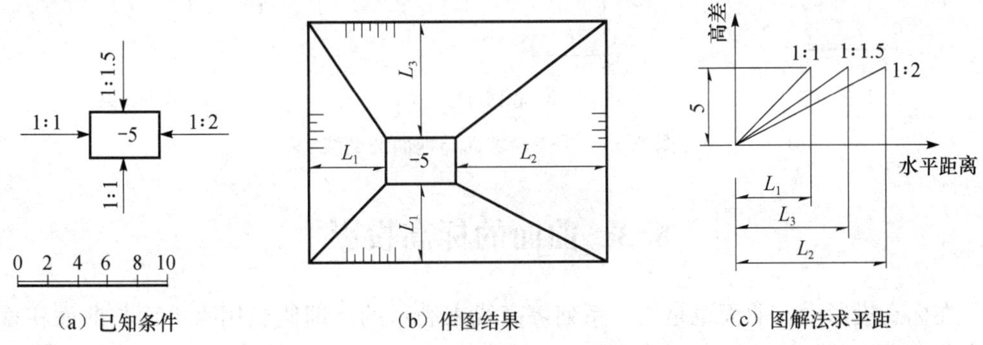

图 8.14　求作基坑坡面间及其与地面的交线

分析　求坡面与地面的交线即求各坡面上高程为 0 的等高线，故求解距离 L_1、L_2、L_3，如图 8.14（b）所示。

$L_1 = H/i = 5 \times 1 = 5, L_2 = H/i = 5 \times 2 = 10, L_3 = H/i = 5 \times 1.5 = 7.5$。

求距离 L_1、L_2、L_3 也可以用图解法，如图 8.14（c）所示。各坡面交线是顶面和底面对应顶点的连线。

作图步骤

(1) 作坑底各边的平行线，平行线间的距离分别为 L_1、L_2、L_3，即得各坡面与地面的交线。

(2) 连接顶面和底面对应顶点，即得各坡面间的交线。

【例 8.7】 如图 8.15 (a) 所示，在标高为 0m 的地面上修建一个平台，台顶高程为 4m，有一斜坡引道通到平台顶面，平台边坡与引道两侧的坡面坡度均为 1∶1，试画出其坡脚线和坡面交线。

分析 本例中坡脚线即为各坡面高程为 0 的等高线。水平距离 $L_1=H/i=4\times1=4$，半径 $L_2=H/i=4\times1=4$。

作图步骤

(1) 作 a_4b_4 直线的平行线，平行线的间距为 L_1，即为平台边坡的坡脚线，如图 8.15 (b) 所示。

(2) 以 a_4b_4 为圆心，以 L_2 为半径画弧，分别自 c_0d_0 点作此圆弧的切线，即为引道两侧的坡脚线，如图 8.15 (b) 所示。

(3) 平台边坡坡脚线与引道两侧边坡坡脚线的交点 e_0f_0 就是平台坡面与引道两侧坡面的共有点，a_4b_4 也是平台坡面与引道两侧坡面的共有点，连接 a_4e_0 及 b_4f_0，就是所求的坡面交线，如图 8.15 (c) 所示。

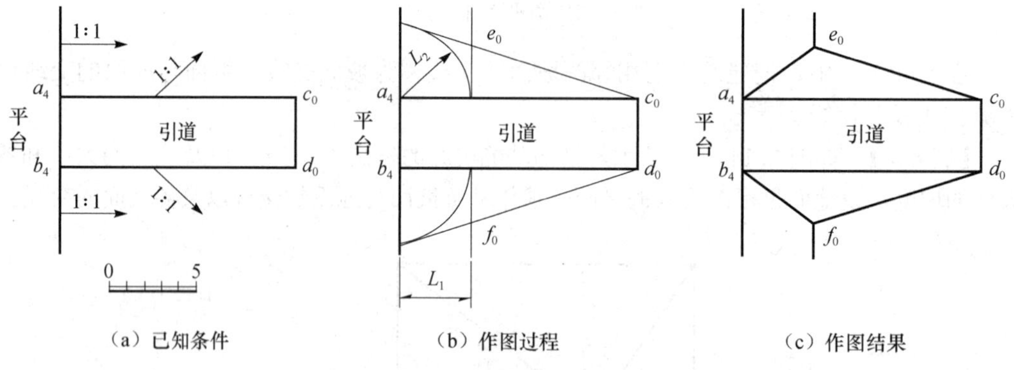

(a) 已知条件　　(b) 作图过程　　(c) 作图结果

图 8.15　求平台坡面与地面的交线

8.3　曲面的标高投影

在标高投影中，曲面也是用一系列等高线来表示的，即假想用水平面与曲面相截，画出各截交线的标高投影，并规定标高数字的字头朝向高处。

8.3.1　圆锥面

如图 8.16 所示，假想用水平面 P、Q、R 等截斜圆锥，画出各截交线的水平投影，并标明高程。所要注意的是：

(1) 必须注明锥顶高程，否则将无法区别圆锥和圆台。

(2) 等高线在遇到标高数字时，必须断开。

(3) 标高字头朝向高处以区分正圆锥与倒圆锥。

(4) 等高线的疏密反映了坡度的大小。

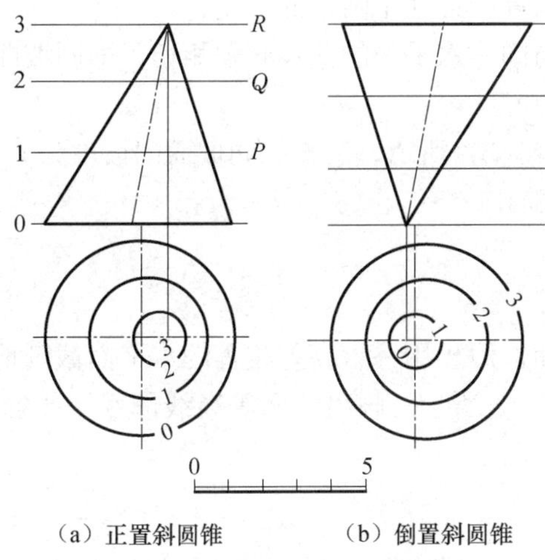

(a) 正置斜圆锥　　(b) 倒置斜圆锥

图8.16　圆锥的标高投影

8.3.2　同坡曲面

一个正圆锥沿一条空间曲导线运动且轴线方向保持不变，其包络曲面被称作同坡曲面，如图8.17 (a) 所示。

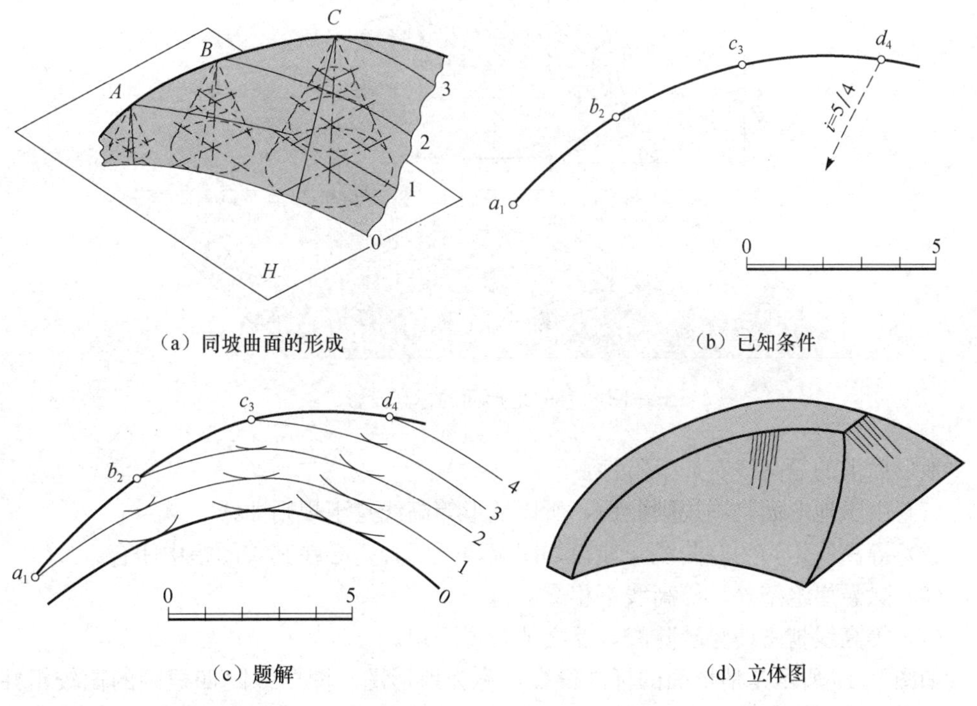

(a) 同坡曲面的形成　　(b) 已知条件

(c) 题解　　(d) 立体图

图8.17　同坡曲面的标高投影

同坡曲面有如下特征：

(1) 运动的正圆锥在任何位置都和同坡曲面相切，切线即为曲面在该处的最大坡度线，故曲面上各处坡度均等于运动正圆锥的坡度；

(2) 两个相切曲面与同一水平面的交线必须相切，即同坡曲面与运动正圆锥的同高程等高线必然相切。

【例 8.8】 如图 8.17 (b) 所示，已知一同坡面的坡度为 $i=5/4$，求其等高线。

作图方法及结果如图 8.17 (c)、(d) 所示。

8.3.3 地形面

地形面是非规则曲面，假想用一组高差相等的水平面截割地面，截交线便是一组不同高程的等高线。如图 8.18 所示，画出地面等高线的水平投影并标注其高程，即得地形面的标高投影。

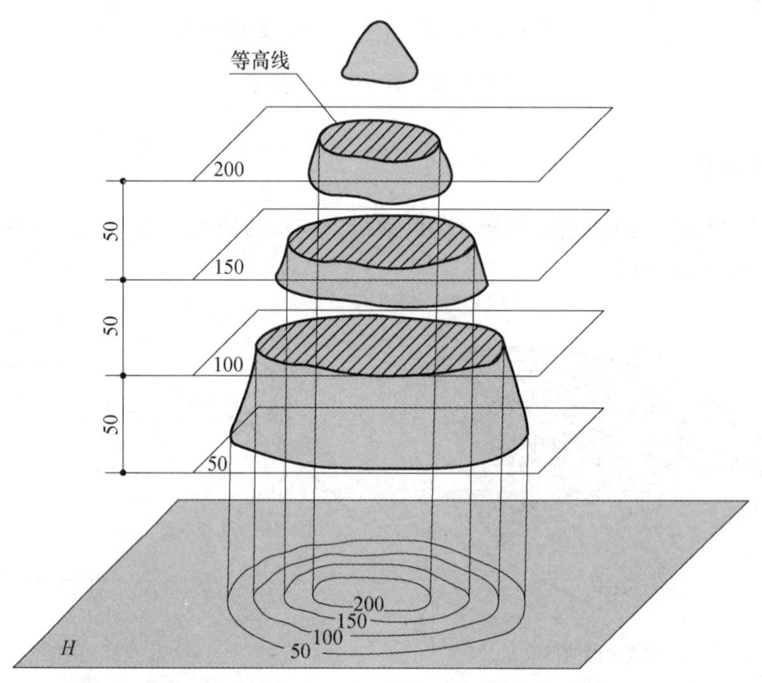

图 8.18 地形面的标高投影

地形面上的等高线有如下特性：

(1) 由于地形面是不规则曲面，所以地形等高线是不规则曲线。

(2) 等高线均为闭合曲线，如在本图幅内不闭合，必在其它图幅中闭合。

(3) 除悬崖绝壁外，等高线不相交。

(4) 等高线越密地势越陡峻，反之地势愈平坦。

如图 8.19 所示是地形面的标高投影，称为地形图。图中每隔四根画的比较粗并标注有标高数字的等高线，称为计曲线。由图可以看出两根相邻等高线的高差为 20m，高程为400m附近两处环状等高线是山头。

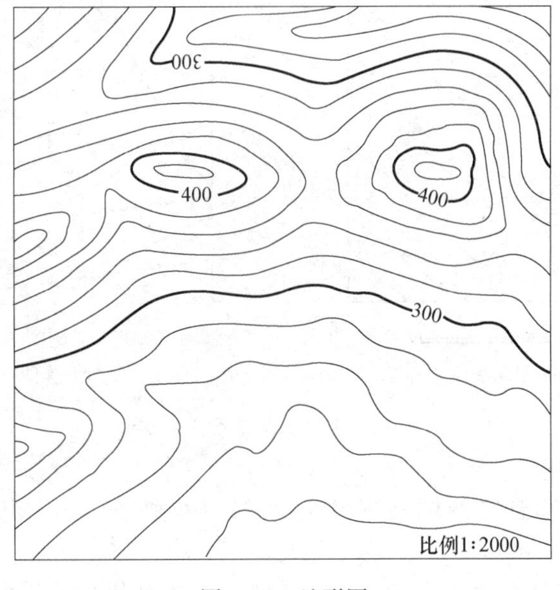

图8.19 地形图

8.4 平面、曲面与地形面的交线

求解构造物表面与地面的交线是道路工程实践中常遇到的问题，如估算土石方量时首先要求得交线。求平面或曲面与地面的交线，即求其与地形面上标高相同的等高线的交点，然后用平滑的曲线顺次连接起来即得交线。

8.4.1 平面与地形面的交线

【例8.9】 如图8.20（a）所示，求以等高线和坡度及倾向给定的坡面（平面）与地形面的交线。

分析 地面的等高线已经给定，平面的上等高线尚需根据已知条件画出。为此，求平面上等高线的平距：$l=1/i=1.5$。

作图步骤

按坡面的倾斜方向和图中所附的比例尺，作等高线55的平行线组（间距为1.5个单位），即得坡面上的等高线和地形面上标高相同的等高线的交点，即为所求交线上的点，如图8.20（b）所示。至于54与55以及17与18等高线之间的交线需用内插法求解，即分别对坡面和地面上的等高线按相应间距加密，求出更多的交点。将各交点连接即为坡面与地形面的交线。

有时需要画出某一地段的断面图，可假想将一个铅垂面与地形面相截，求得的交线就是所求断面的轮廓线。

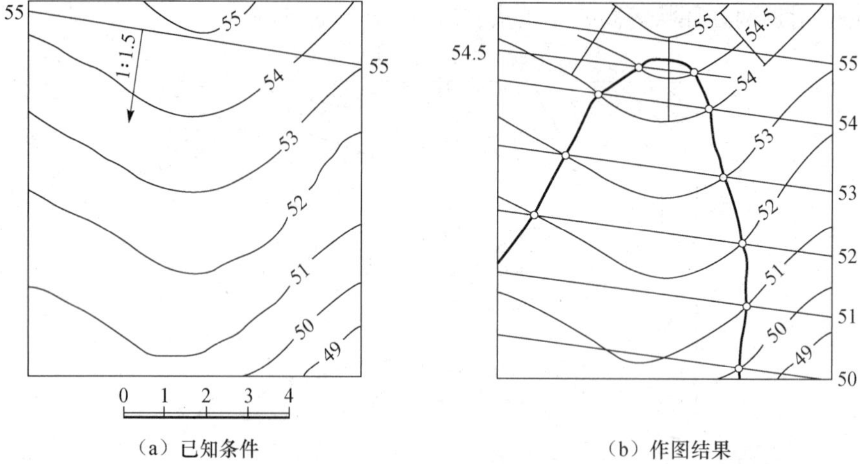

(a) 已知条件　　(b) 作图结果

图 8.20　求平面与地形面的交线

【例 8.10】 已知管线两端高程分别为 21.4m 和 24.6m，求管线 AB 与地面的交点。

分析　求直线与地形面的交点，一般是包含直线作铅垂面，求其与地形面的截交线，再求直线与截交线的交点，就是直线与地形面的交点。

作图步骤

(1) 作间距相等的平行线组，假设其高程分别为 20、21、22、23、24、25。

(2) 将直线的标高投影 $a_{21.4}b_{24.6}$ 与地形面上各等高线的交点按高程和水平距离点到平行线组中，连接各点得地形面截交线。

(3) 将直线的标高投影 $a_{21.4}b_{24.6}$ 按其水平距离点到平行线组中，连接之得 AB 直线，AB 直线与截交线的交点即是 AB 直线与地面的交点。

(4) 将所求交点顺次连接到标高投影中，并将地面以下的部分画成虚线，如图 8.21 所示。

【例 8.11】 如图 8.22 (a) 所示，假设要在山坡上修筑一个水平广场，其标高为 25m，填方边坡为 1∶1.5，挖方边坡为 1∶1，求填挖分界点。

作图步骤

(1) 首先确定填挖分界线。广场的高程为 25m，则地面上标高为 25m 的等高线为填挖方分界线，它与广场边缘的交点，为填挖边界线上的分界点。

(2) 分界点以上为挖方，以下为填方。填方和挖方各有三个坡面，这些坡面不仅与地面相交，相邻坡面也相交。

(3) 广场的边缘就是坡面上标高为 25m 的等高线。挖方边坡面上的等高线愈往外走，高程越高；填方边坡面上的等高线愈往外走，高程越低。

(4) 边界线就是各坡面与地面的交线。按填挖坡度算出各坡面上等高线的平距，作出各坡面上的等高线，把各坡面上等高线与地面上同标高的等高线的交点连接起来，即得填挖边界线，如图 8.22 (b) 所示。

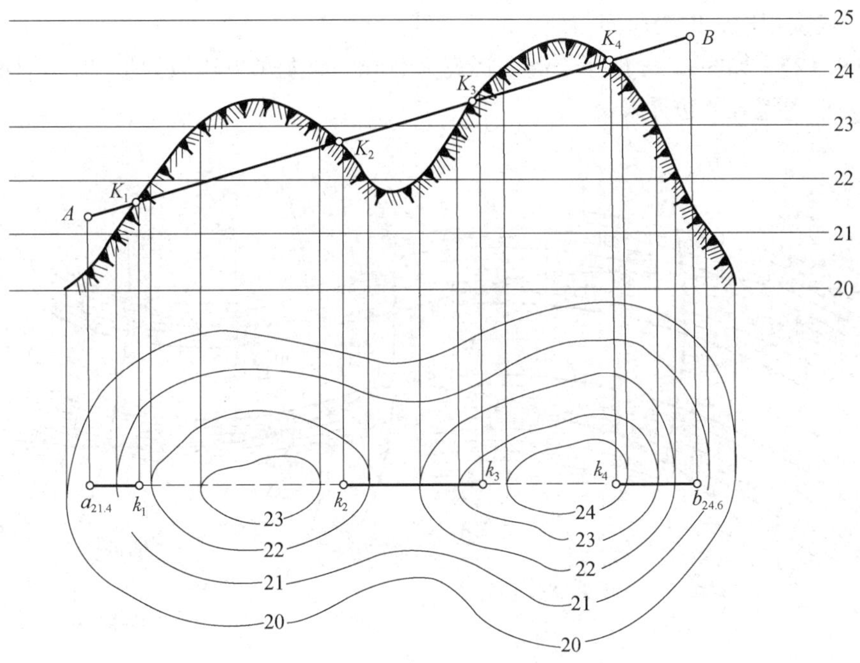

图 8.21　管线与地面线的交线

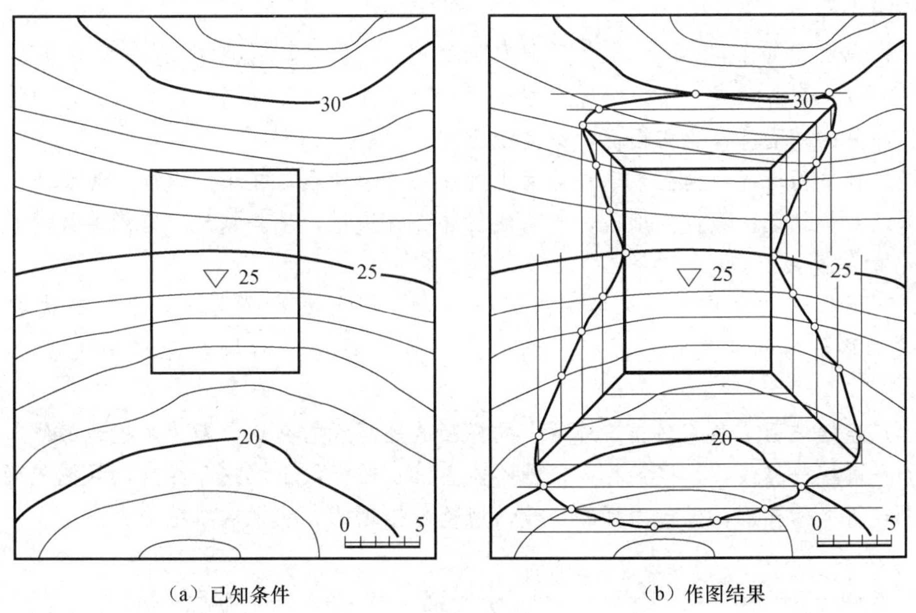

（a）已知条件　　（b）作图结果

图 8.22　求广场的填挖边界线

8.4.2　曲面与地形面的交线

求曲面与地形面的交线，即求曲面与地表面上一系列高程相等的等高线的交点，然

后把交点依次相连，即为曲面与地形面的交线。

【例8.12】 如图8.23所示，路面标高为20m，路基填方边坡为1∶1.5，挖方边坡为1∶1，求填挖方的边界线。

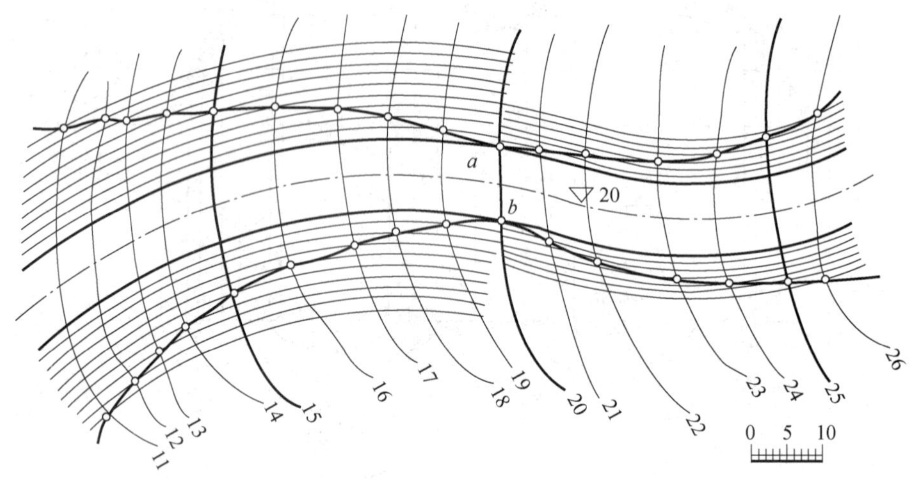

图8.23　求曲面与地形面的填挖分界线

作图步骤

(1) 先找出填挖分界点，地面上与路面上标高相同的点就是填挖分界点。如图8.23中的a、b两点。填挖分界点左面部分的标高比路面标高低，为填方；填挖分界点右面部分的地面标高比路面高，故为挖方。

(2) 各坡面为同坡曲面，同坡曲面上的等高线为曲线，在填方地段，等高线往外高程递减，地势越低；在挖方地段，等高线往外高程递增，地势越高。路缘曲线就是标高为20m的等高线。

(3) 根据填方和挖方的坡度算出同坡曲面上等高线的平距，作出路基边坡的等高线，当路线为圆曲线时，可找出圆心，作等间距的同心圆，即得到边坡上的等高线。

(4) 连接坡面上各等高线与地面上同标高的等高线的交点，即为填挖边界线。

如果填挖分界线不是整数标高，则不能直接从图上找出填挖分界点，只能先确定填挖分界点所在的范围，然后内插等高线，用逐步接近的办法来求填挖分界点。

小　结

在工程图中，常常需要借助于标高投影法绘制地形图，并在图上表示建筑物和图解有关的问题。标高投影的掌握，将会为下一单元的学习打下基础。本单元主要介绍了标高投影的形成及点、线、面的标高投影；曲面及地形面的标高投影；平面、曲面与地形面的交线。

复习思考题

1. 什么是标高投影？标高投影是如何形成的？
2. 什么是直线的坡度和平距？它们有什么关系？
3. 直线上的整数标高点如何确定？
4. 在标高投影中，直线和平面的表示法有哪些？
5. 如何求平面、曲面与地形面的交线？

第三部分　专 业 图

单元9 道路工程图

教学目标

1. 了解路线平面图，横断面的图示特点；
2. 能阅读路线平面图，纵断面图及横断面图。

道路是一种供车辆行驶和行人步行的带状构造物。道路的基本组成包括路基、路面、桥梁、涵洞、隧道、防护工程以及排水设施。

道路工程有组成复杂、长宽高三向尺寸相差悬殊、形状受地形影响大、涉及学科广的特点，所以道路工程的图示方法与一般工程图样不完全相同，它是由表达道路整体状况的路线工程图和表达其各组成部分的单项工作图构成的综合图示系统。

9.1 道路路线工程图

道路路线是以道路的中心线（简称中线）来表示的。由于受经济条件的制约，道路在满足相应等级的使用功能所必须具备的线型特征外，其形状取决于地形、地物和地质等自然条件的综合影响，因此道路路线是在平面上蜿蜒曲折，在高程上起伏不平的空间曲线。

道路路线工程图是由路线平面图、路线纵断面图和路线横断面图三个部分构成。

9.1.1 路线平面图

路线平面图是绘有道路中心线的地形图。其作用是表达路线的方位、平面线型，沿线两侧一定范围内的地形、地物情况和结构物的平面位置。图 9.1 为某公路 $K_3+481.89\sim K_4+075.84$ 段的路线平面图，其内容包括地形、地物、路线和沿线构造物。

1. 路线平面图的内容

(1) 比例：道路路线工程图的地形图，是经过勘测而绘制的，可根据地形的起伏采用相应的比例。山岭重丘区一般采用 1∶2000，微丘和平原区一般采用 1∶5000。图 9.1 的比例为 1∶2000。

思考

试推标图 9.1 所示路线平向图所采用的比例。

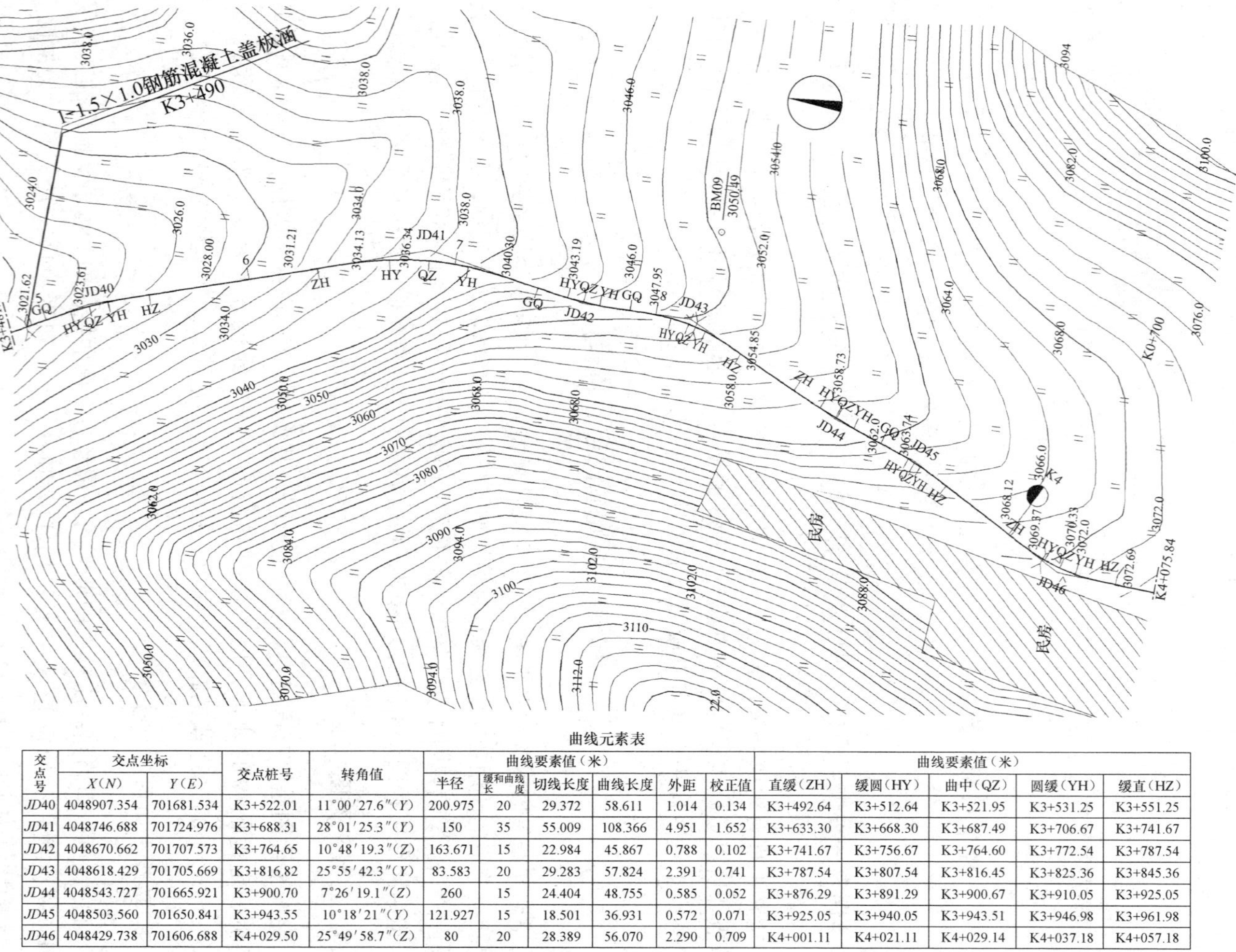

曲线元素表

交点号	交点坐标		交点桩号	转角值	曲线要素值（米）						曲线要素值（米）				
	X(N)	Y(E)			半径	缓和曲线长度	切线长度	曲线长度	外距	校正值	直缓（ZH）	缓圆（HY）	曲中（QZ）	圆缓（YH）	缓直（HZ）
JD40	4048907.354	701681.534	K3+522.01	11°00′27.6″(Y)	200.975	20	29.372	58.611	1.014	0.134	K3+492.64	K3+512.64	K3+521.95	K3+531.25	K3+551.25
JD41	4048746.688	701724.976	K3+688.31	28°01′25.3″(Y)	150	35	55.009	108.366	4.951	1.652	K3+633.30	K3+668.30	K3+687.49	K3+706.67	K3+741.67
JD42	4048670.662	701707.573	K3+764.65	10°48′19.3″(Z)	163.671	15	22.984	45.867	0.788	0.102	K3+741.67	K3+756.67	K3+764.60	K3+772.54	K3+787.54
JD43	4048618.429	701705.669	K3+816.82	25°55′42.3″(Y)	83.583	20	29.283	57.824	2.391	0.741	K3+787.54	K3+807.54	K3+816.45	K3+825.36	K3+845.36
JD44	4048543.727	701665.921	K3+900.70	7°26′19.1″(Z)	260	15	24.404	48.755	0.585	0.052	K3+876.29	K3+891.29	K3+900.67	K3+910.05	K3+925.05
JD45	4048503.560	701650.841	K3+943.55	10°18′21″(Y)	121.927	15	18.501	36.931	0.572	0.071	K3+925.05	K3+940.05	K3+943.51	K3+946.98	K3+961.98
JD46	4048429.738	701606.688	K4+029.50	25°49′58.7″(Z)	80	20	28.389	56.070	2.290	0.709	K4+001.11	K4+021.11	K4+029.14	K4+037.18	K4+057.18

图9.1　路线平面图

(2) 坐标网与指北针：在路线平面图上应画出坐标网或指北针，作为指出公路所在地区的方位与走向，同时坐标网或指北针又可以作为拼接图形时校对之用。

(3) 地物：地物和道路附属结构物是用图例表示的，表示地物常用图例如表9.1所示。

表9.1 道路工程常用地物图例

名 称	图 例	名 称	图 例	名 称	图 例
机场		港口		井	
学校	文	交电室		房屋	
土堤		水渠		烟囱	
河流		冲沟		人工开挖	
铁路		公路		大车道	
小路		低压电力线 高压电力线		电讯线	
果园		旱地		草地	
林地		水田		菜地	
导线点		三角点		图根点	
水准点		切线交点		指北针	

(4) 地形：由图9.1可看出，两等高线的高差为2m。

2. 路线部分

(1) 桩号：路线平面图中以一条加粗实线表示道路的中线（设计线），在中线的两侧标注道路的里程桩号，规定按左小右大的顺序布置桩号，并将公里桩标注在路线前进方向的左侧，用符号“◑”表示桩位，用“K”后附数字表示其公里数，用垂直于路线的短线表示百米桩，其侧面注有桩号。

(2) 平曲线：路线的平面线型包含直线和平曲线两类几何元素，而平曲线又包含缓和曲线与圆曲线，路线上的各种几何元素必须光滑连接。在平面图中，将导线的交点标记为“JD”，并沿前进方向按顺序将交点编号，如图9.1中，JD_{41}表示该设计路线段上第41个交点。在每个交点处一般需要设置圆曲线，圆曲线与前后直线的切点，分别标记为“ZY”（直圆点）和“YZ”（圆直点）。而把曲线中心点，标记为“QZ”（曲中点）；如果设置缓和曲线，则将缓和曲线与前、后段直线的切点分别标记为“ZH”（直缓点）

和“HZ”（缓直点）；将圆曲线与前、后段缓和曲线的切点分别标记为“HY”（缓圆点）和“YH”（圆缓点）。

除上面控制曲线位置的要素外，控制曲线形态的要素还有：α_z 为左偏角，α_y 为右偏角，圆曲线的设计半径 R，切线长 T，曲线长 L，外距 E，如果设置缓和曲线还有缓和曲线长 Ls，这些曲线要素须填入路线平面图的曲线要素表，高等级公路还应列出导线点的坐标表。

（3）结构物和控制点：在平面图上还须标示出道路沿线的结构物和控制点，如桥梁、涵洞、三角点和水准点等。道路工程常用结构物图例如表 9.2 所示，结合此表可从路线平面图上读到道路沿线结构物的位置、类型和分布情况以及控制点的坐标和高程。

表 9.2　道路工程常用的结构物图例

项目	序号	名　称	图　例	项目	序号	名　称	图　例
平面	1	涵洞		平面	9	管理机构	
	2	桥梁（大、中桥按实际长度绘制）			10	防护栏	
	3	隧道		纵断	1	箱涵	
	4	养护机构			2	盖板涵	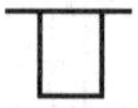
	5	隔离墩			3	拱涵	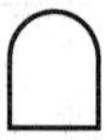
	6	通道			4	分离式立交 a. 主线上跨 b. 主线下穿	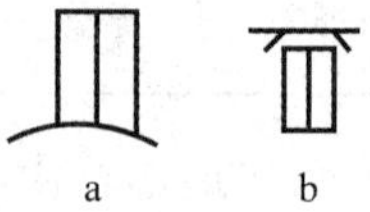 a　b
	7	分离式立交 a. 主线上跨 b. 主线下穿	a b		5	桥梁	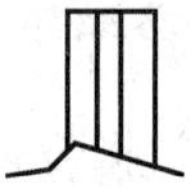
	8	互通式立交（按采用形式绘）			6	箱型通道	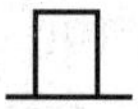
					7	管涵	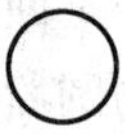
					8	互通式立交 a. 主线上跨 b. 主线下穿	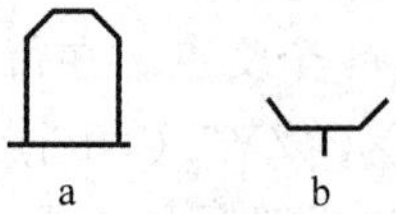 a　b

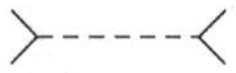

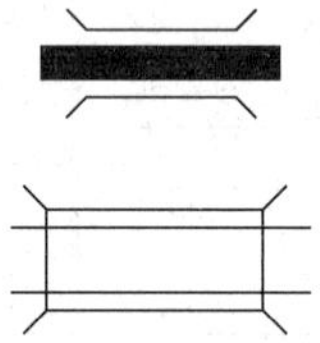

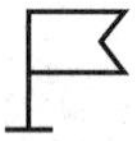

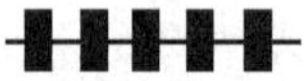

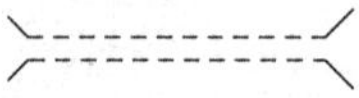

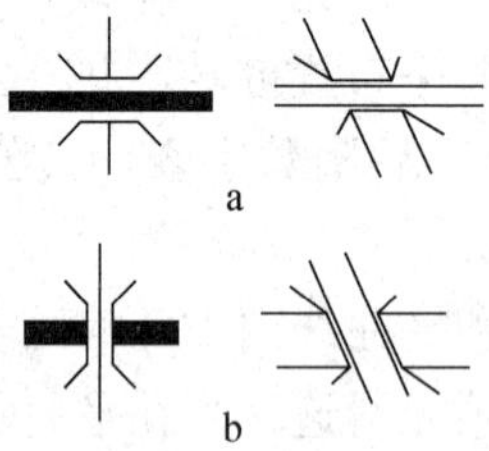

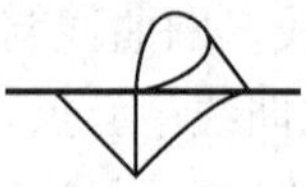

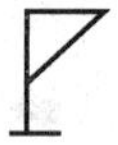

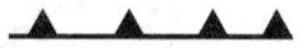

3. 画路线平面图的注意事项

(1)“国标”规定，以加粗实线绘制路线设计线，以加粗虚线表示比较线；

(2) 路线平面图应从左向右绘制，桩号为左小右大；

(3) 平面图的植物图例，应朝上或向北绘制；每张图纸的右上角应有角标（亦可用表格形式），注明图纸序号及总张数；

(4) 由于公路路线具有狭长曲折的特点，需要分段画在若干张图纸上，使用时可以将图拼接起来，如图 9.2 所示。路线分段应在直线部分取整数桩号断开，断开的两端均应以点划线垂直于路线画出接图线。

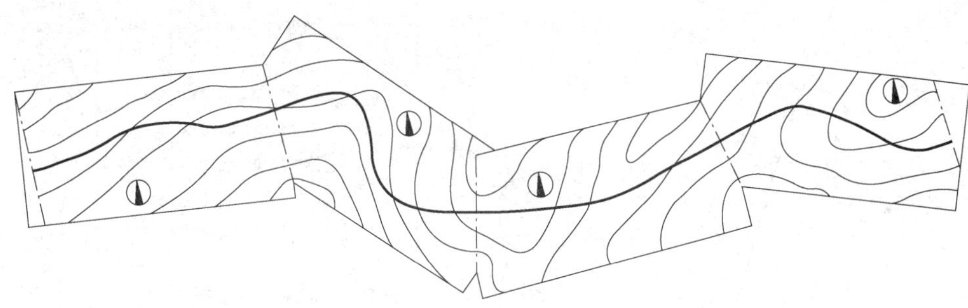

图 9.2 路线图幅拼接

9.1.2 路线纵断面图

路线纵断面图是假想用铅垂的平面和曲面，将道路沿中线剖切开来，然后将断面展开到同一平面上得到的，如图 9.3 所示。

图 9.3 路线纵断面形成示意图

路线纵断面图的作用是表达路线的纵面线形、地面起伏、地质和沿线构造物的概况等。纵断面图包括高程标尺、图样和测设数据表三部分内容。“国标”第 3.2.1 条规定，图样应画在图幅上部，测设数据应布置在图幅下部，高程标尺应布置在测设表上方左侧，如图 9.4 所示。

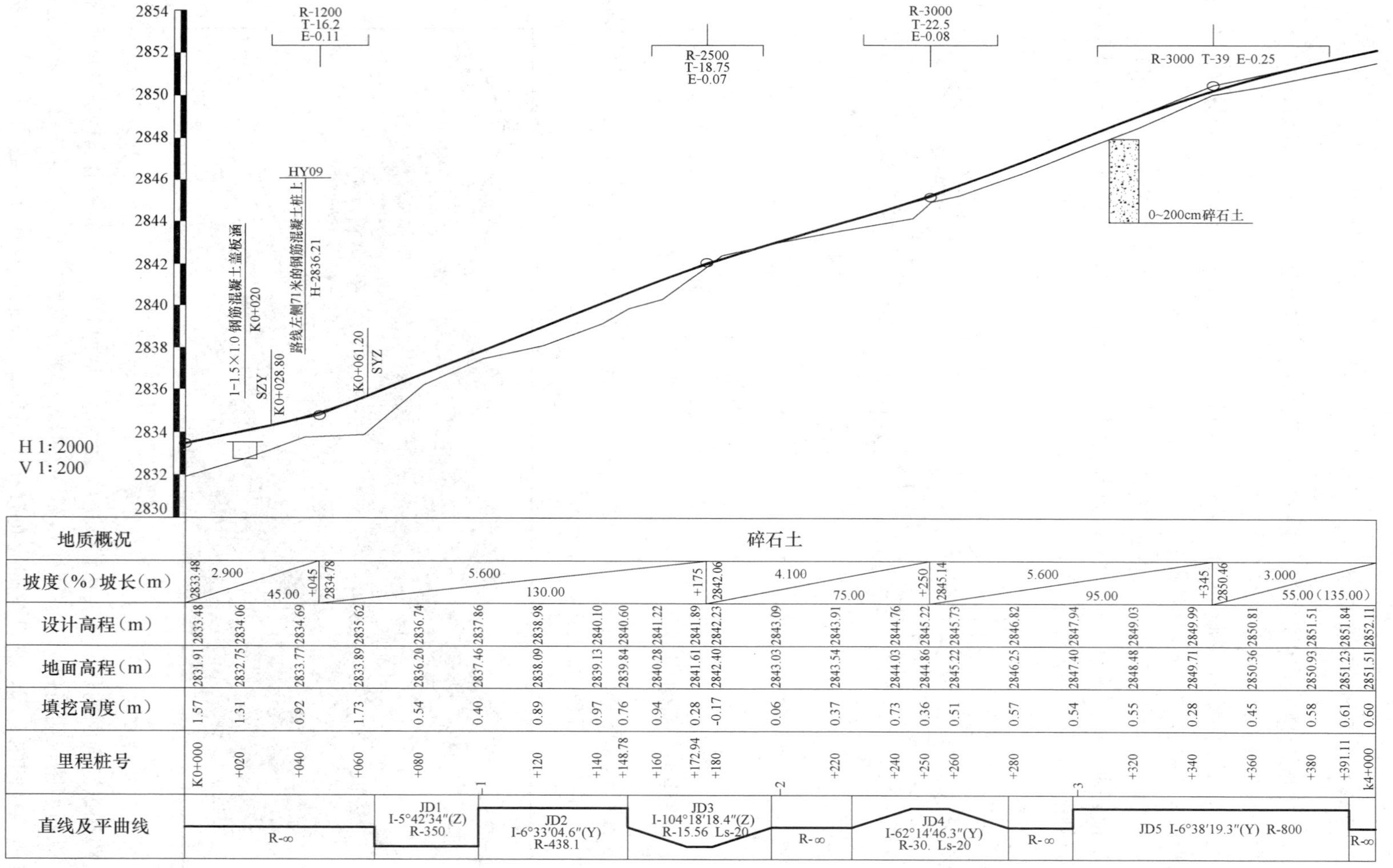

里程桩号	设计高程(m)	地面高程(m)	填挖高度(m)
K0+000	2833.48	2831.91	1.57
+020	2834.06	2832.75	1.31
+040	2834.69	2833.77	0.92
+060	2835.62	2833.89	1.73
+080	2836.74	2836.20	0.54
1	2837.86	2837.46	0.40
+120	2838.98	2838.09	0.89
+140	2840.10	2839.13	0.97
+148.78	2840.60	2839.84	0.76
+160	2841.22	2840.28	0.94
+172.94	2841.89	2841.61	0.28
+180	2842.23	2842.40	-0.17
2	2843.09	2843.03	0.06
+220	2843.91	2843.54	0.37
+240	2844.76	2844.03	0.73
+250	2845.22	2844.86	0.36
+260	2845.73	2845.22	0.51
+280	2846.82	2846.25	0.57
3	2847.94	2847.40	0.54
+320	2849.03	2848.48	0.55
+340	2849.99	2849.71	0.28
+360	2850.81	2850.36	0.45
+380	2851.51	2850.93	0.58
+391.11	2851.84	2851.23	0.61
k4+000	2852.11	2851.51	0.60

图 9.4 路线纵断面图

1. 图示要点

(1) 比例。路线纵断面图的横向表示路线的里程，纵向表示地面及路基的高程。由于地形和设计线的高程变化比起路线的长度要小得多，为了在路线纵断面图上清晰地显示出高程的变化和设计上的处理，纵向比横向宜采用更大的比例（一般扩大 10 倍），并在第一张图的适当位置注明纵、横向所用比例。

(2) 地面线。图上不规则的细折线表示设计中线处的地面线，是剖切面与原地面的交线，绘制过程是将一系列中桩处的地面高程点连接起来。

(3) 设计坡度线。简称设计线，即图上比较规则的粗实线，它表示道路中线的纵向设计线型，是剖切面与设计道路的交线。由若干条坡度不等的直线和纵向曲线两种几何元素构成。

设计线在纵坡变化处（变坡点），均须设置竖曲线，以利于汽车平衡行驶。竖曲线分为凸形和凹形两种，分别用“┌┬┐”和“└┬┘”符号表示，并将竖曲线的半径 R、切线长 T 和外距 E 等诸要素注于其上，如图 9.4 所示。

(4) 沿线构造物。当路线上设有桥涵、通道、立交等人工构造物时，应在其相应设计里程和高程处，按图例绘制并注明构造物名称、种类、大小和中心桩号。

如图 9.4 中 K0＋020 处，设有 1－1.5×2.0 的钢筋混凝土盖板涵。

2. 测设数据表

测设数据表一般包括“地质概况”、“坡度及坡长”、“设计高程”、“地面高程”、“填挖高度”、“里程桩号”、“直线及平曲线”等栏目，表中各项可根据不同设计阶段和不同道路等级的要求增减。路线纵断面图的测设数据表是与图样上下对应布置的，这种表示方法，较好地反映出纵向设计线在各桩号处的高程、填挖高度、地质条件和坡度，以及平曲线与竖曲线的配合关系。

(1) 坡度及坡长。把设计坡度线上的一个直线段称作一个坡度段。每个坡度段的坡长是该段的终止桩号与起始桩号的差值，坡度是该段坡度线与水平面的倾斜度。

(2) 平曲线。在路线设计中竖曲线与平曲线的配合关系，直接影响着汽车行驶的安全性和舒适性，以及道路的排水状况，故《公路路线设计规范》JTGD20—2006 对路线的平纵配合提出了严格的要求。由于路线平面图与纵断面图是分别表示的，所以在纵断面的测设数据表中，以简约的方式表示出平纵配合关系。

在纵断面图平曲线中，以“——”表示直线段；以“╱‾‾╲”和“╲__╱”或“┌─┐”和“└─┘”四种图样表示曲线段，其中前两种表示设置缓和曲线的情况，后两种表示不设缓和曲线的情况，图样的凹凸表示曲线的转向，上凸表示右转曲线，下凹表示左转曲线。

(3) 超高。为了减少汽车在弯道上行驶时的横向作用力，当道路圆曲线的半径小于不设超高最小半径时，要在平曲线处设计成外侧高内侧低的形式，道路边缘与设计线有高程差，称超高。

3. 画路线纵断面图应注意的几点：

(1) 左侧纵坐标表示标高尺，横坐标表示里程桩。

(2) 纵断面图的比例中竖向比例比横向比例扩大10倍，纵断面的纵横比例一般在第一张图的注释中说明。

(3) 里程桩号图从左向右按桩号大小绘出，设计线用粗实线，地面线用细实线，地下水位应采用细双点划线及水位符号表示；地下水位测点可仅用水位符号表示，如图9.5所示。

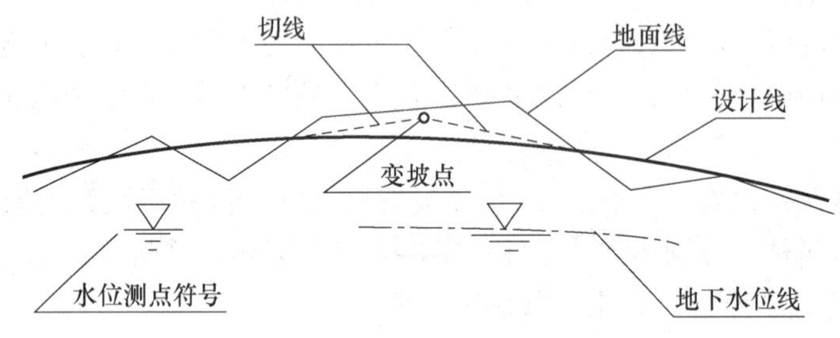

图9.5 道路设计线

(4) 变坡点一般用直径为2mm的中粗线圆圈表示；切线一般用细虚线表示；竖曲线一般用粗实线表示。

(5) 纵断面图的标题栏绘在最后一张图或每张图下方，注明路线名称、纵向比例、横向比例等。每张图的右上角应有角标，注明图纸序号及总张数。

9.1.3 路线横断面图

在公路沿线设置的中心桩号处，根据测量资料和设计要求顺次画出路基横断面图，它主要用来计算土石方数量和作为路基施工时的依据。

1. 路基横断面图的形成

路线横断面图是假想用垂直于道路中线的平面剖切得到的。在路线每一中心桩处假设用一平面垂直于设计中心线进行剖切，画出剖切面与地面的交线；再根据填挖高度和规定的路基宽度和边坡，画出路基横断面设计线，即成为路基横断面图，如图9.6所示。

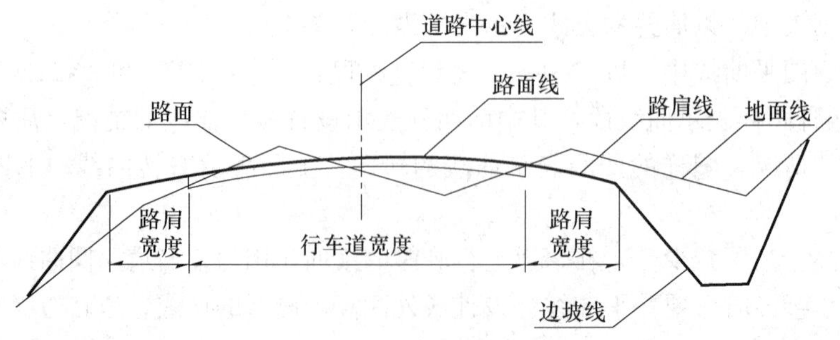

图9.6 路基横断面图

路基横断面图的水平和铅垂方向采用同一比例，通常用1∶200。

2. 路基横断面图的形式

路基横断面图形式基本上有三种：

(1) 填方路基：即路堤，如图9.7 (a) 所示。在图下注有该断面的里程桩号、中心线处的填方高度 H_t(m) 以及该断面的填方面积 A_T(m^2)。

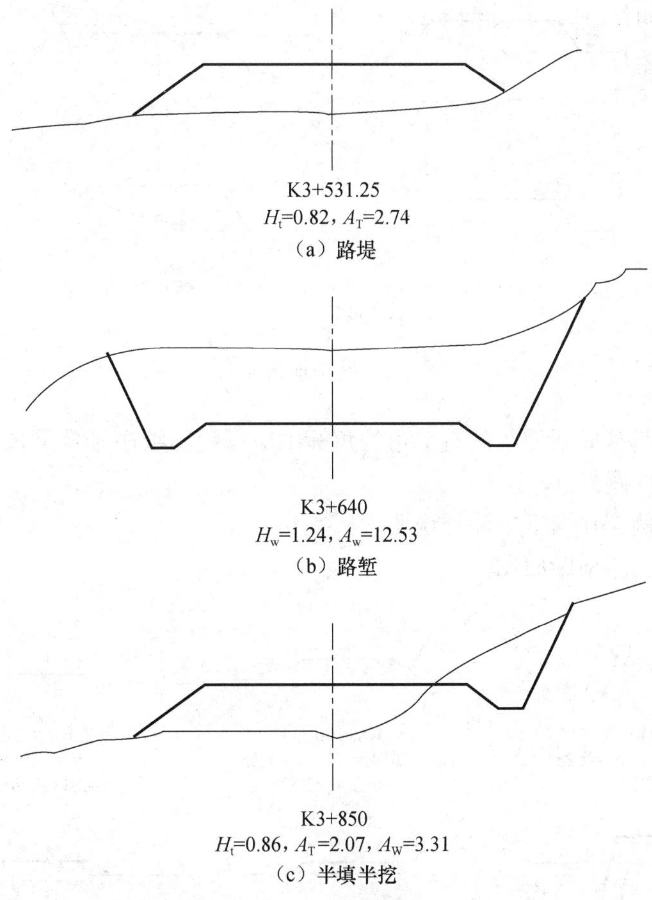

(a) 路堤

(b) 路堑

(c) 半填半挖

图9.7　路基横断面的基本形式

(2) 挖方路基：即路堑，如图9.7 (b) 所示。在图下注有该断面的里程桩号、中心线处挖方高度 H_w(m) 以及该断面的挖方面积 A_W(m^2)。

(3) 半填半挖路基：即前两种路基的综合，如图9.7 (c) 所示。在图下注有该断面的里程桩号、中心线处的填方高度或挖方高度以及该断面的填方面积和挖方面积。

3. 画路基横断面图应注意的几点

(1) 横断面图的地面线一律用细实线，设计线一律用粗实线，如图9.8所示。

(2) 在同一张图纸内绘制的路基横断面图，应按里程桩号顺序排列，从图纸的左下方开始，先由下而上，再自左向右排列，如图 9.8 所示。

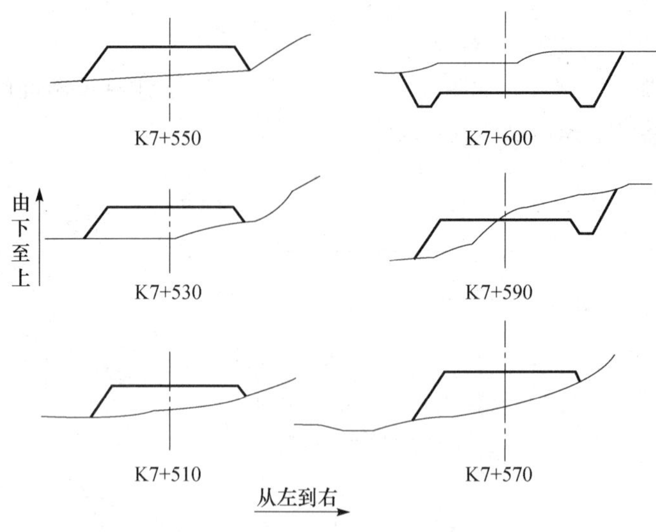

图 9.8 路基横断面图

(3) 在每张路基横断面图的右上角的角标中应写明图纸序号及总张数，在最后一张图的右下角绘制标题栏。

(4) 绘图比例应在图纸中注释说明。

图 9.9 为某公路横断面图。

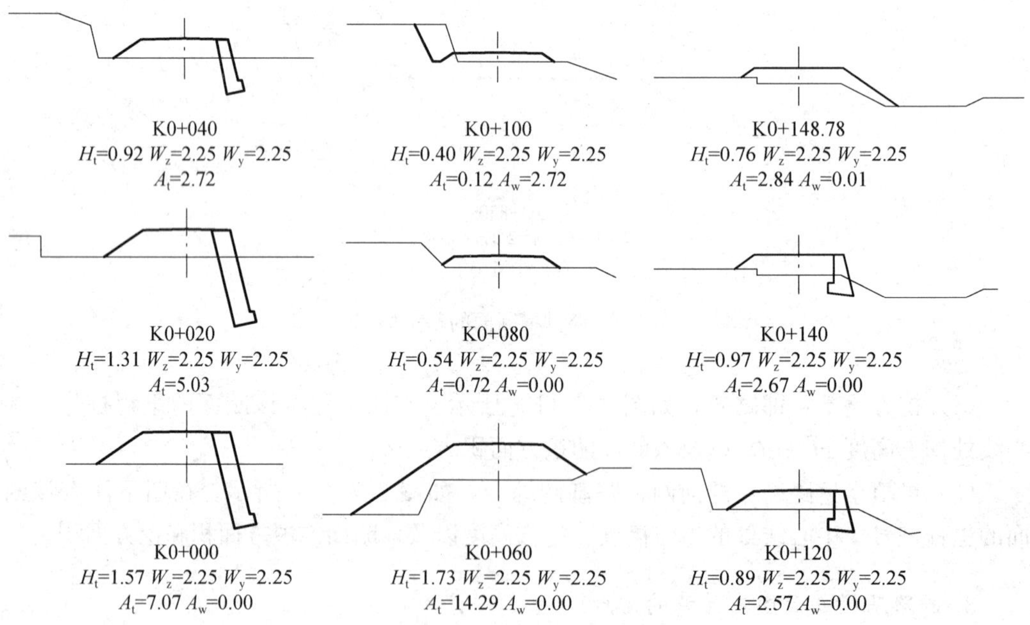

图 9.9 某公路路基横断面图

9.2 公路路面结构图

路面最上层直接与外界的车辆、行人以及自然因素相接触，其最下层则铺垫于土基之上，受土基的影响最大；此外，行车荷载和自然因素对路面的作用，一般随深度而逐渐减弱。为适应这些特点，绝大部分路面结构是多层次的，按使用要求、受力情况、土基状况以及自然因素影响程度的不同，划分不同的结构层次，选用不同的材料进行铺筑。其构造主要包括：行车道宽度、路面横坡、中央分隔带和路肩，以上各部分的关系已在标准横断面上表达清楚，但是路面和路面横坡的形式等内容需绘制相关图样予以表达。

9.2.1 路面结构图

典型的路面结构形式为：磨耗层、上面层、下面层、联结层、上基层、下基层和垫层按由上向下顺序排列，如图 9.10（a）所示。

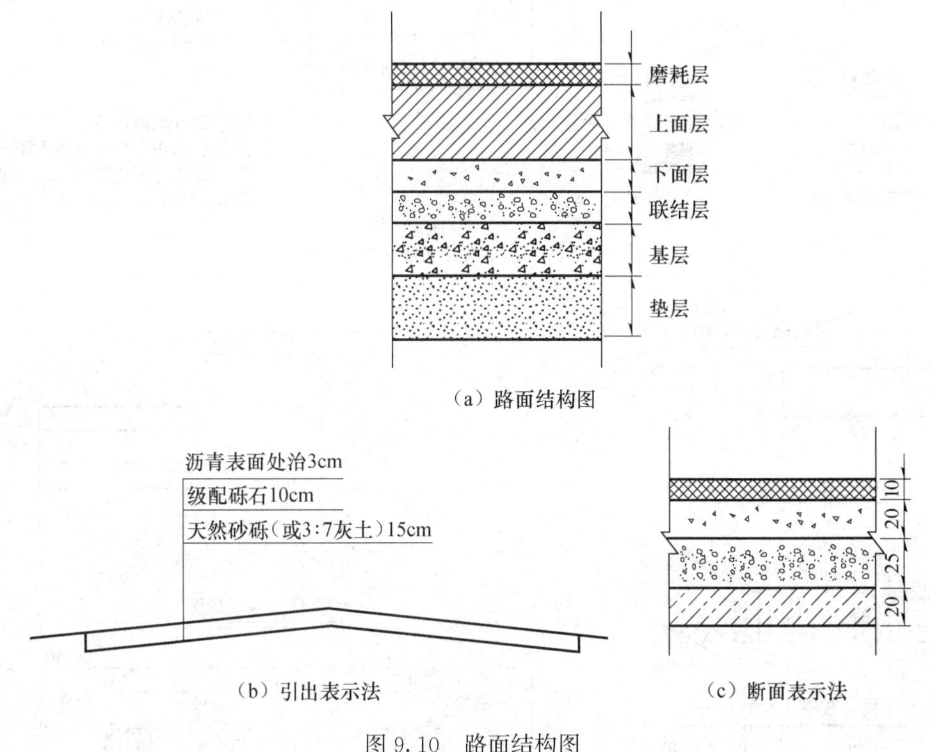

图 9.10 路面结构图

路面结构图的任务就是表达各结构层的材料和设计厚度。当路面结构类型单一时，可在标准横断面上，用竖直引出线标注，即引出表示法，如图 9.10（b）所示，当路面结构类型较多时，可按各路段不同的结构分别绘制路面结构图，并标明材料符号（或名称）及厚度，即断面表示法，如图 9.10（c）所示。

某公路路面结构设计图，如图 9.11 及图 9.12 所示。

自然区别		图1
土基情况		粉质土
设计情况		28.9（0.01mm）
路面类型		沥青混凝土路面
干湿类型		中湿
适用范围		行车道及
路面结构	代号	Ⅰ—1
	结构图式	4 / 5 / 30 / 30
地基模量（EO）		45.0MPa

沥青混凝土路面边缘构造图Ⅰ

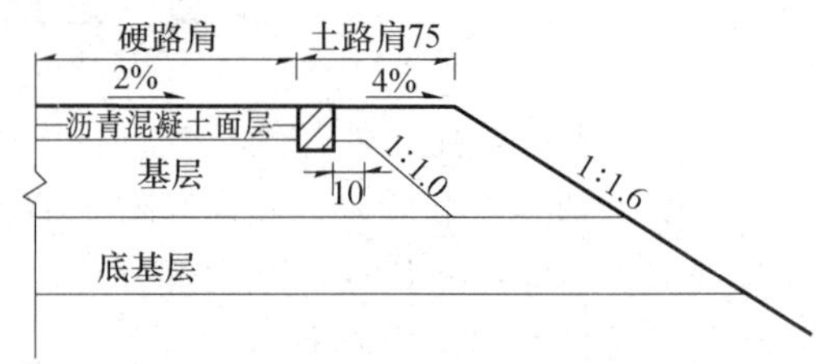

沥青混凝土路面边缘构造图Ⅰ

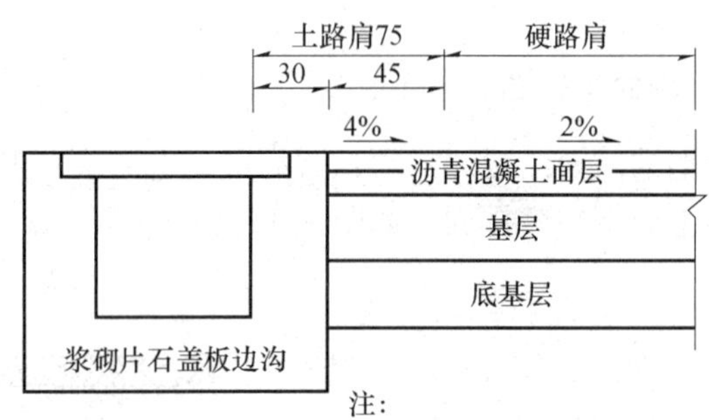

图例

沥青混凝土（AC-13）　沥青混凝土（AC-16）

水泥稳定砂砾　级配砂砾

注：
1. 图中尺寸均以厘米计。
2. 硬路肩采用与行车道相同的结构，结合路面边部排水及环保要求。

图 9.11　某公路路面结构设计图

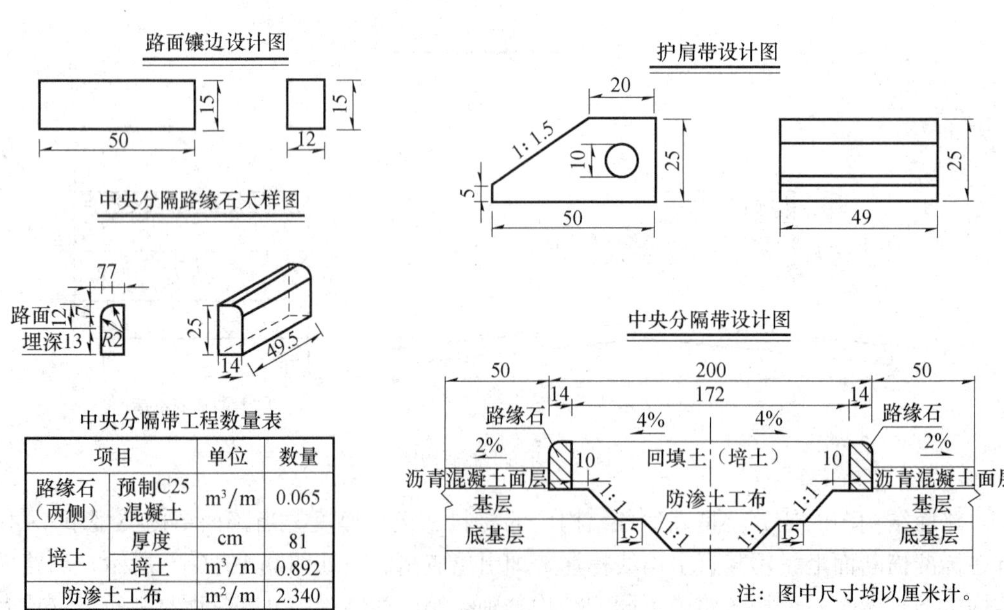

中央分隔带工程数量表

项目		单位	数量
路缘石（两侧）	预制C25混凝土	m^3/m	0.065
培土	厚度	cm	81
	培土	m^3/m	0.892
防渗土工布		m^2/m	2.340

注：图中尺寸均以厘米计。

图 9.12　某公路路面结构设计图

9.2.2 路拱大样图

路拱是为了满足道路的横向排水设计的，其形式有抛物线、双曲线和双曲线中插入圆曲线等。

路拱大样图的任务就是表达清楚路面横向的形状。为了清晰地表达路拱的形状，应按垂直向比例大于水平向比例的方法绘制路拱大样图，如图 9.13 所示。

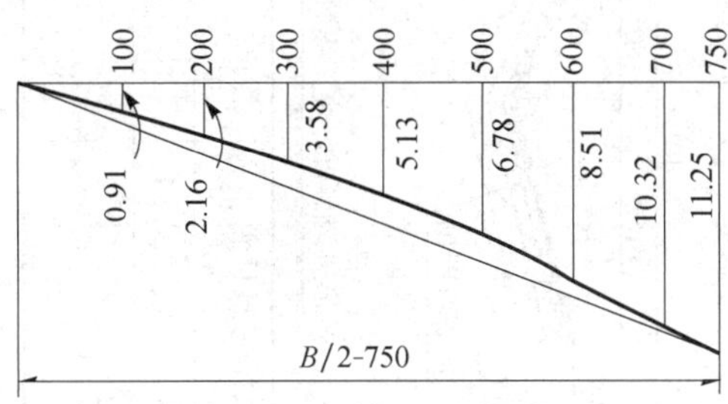

图 9.13 路拱大样图（尺寸单位：cm）

9.3 排水系统及防护工程图

道路排水系统相当复杂，且是保证道路发挥其功能的必要设施。道路排水系统包括地面排水系统和地下排水系统，地面排水系统由边沟、截水沟、排水沟、跌水及急流槽等组成；地下排水系统由明沟、暗沟及渗沟等组成。

9.3.1 边沟

边沟一般布置在路堑的路肩外侧或较低矮路堤坡脚外侧，用于汇集和排除降落在路基范围内以及流向路基的少量地表水。边沟的纵坡宜与路线纵坡相一致，并不宜小于 0.3%，困难情况下可以减至 0.1%。

边沟的断面形式，常用的有梯形、矩形、三角形和流线型几种。一般情况下，土质边沟宜采用梯形，石质边沟宜采用矩形；流线型边沟适合积雪或积砂路段；矮路堤或机械施工时，可采用三角形。图 9.14 是某公路边沟设计图，图中给出了边沟截面形式，尺寸和衬砌要求。

9.3.2 截水沟

截水沟又称天沟，一般布置在路堑边坡或陡坡路堤上侧，用以拦截并排除路基上方流向路基的地面径流，减轻边沟的水流负担，保证挖方边坡和填方坡脚不受流水冲刷。

截水沟的纵坡不宜小于 0.3%，长度的考虑以汇水既不造成过大的冲刷，又不淤积为原则。截水沟断面一般为梯形，其边沟坡度，因岩土条件而定，一般采用 1∶1.0～1∶1.5。沟底宽度 b 不小于 0.5m，沟深 h 按设计流量而定，亦不应小于 0.5m。

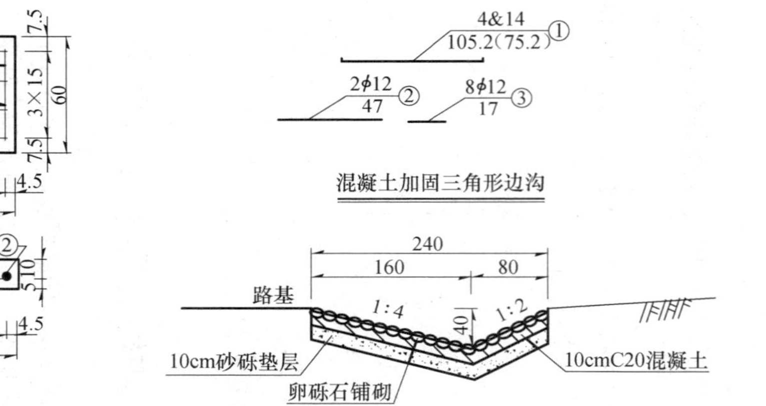

矩形边沟盖板每块工程数量表

钢筋编号	钢筋直径 mm	每根长度 cm	根数	总长 m	重量 Kg	总重Kg	C30 混凝土m³
①	&14	105.2（75.2）	4	4.21（3.01）	5.09（3.64）	7.13（5.68）	0.08（0.063）
②	&12	47	2	0.94	0.83		
③	&12	17	8	1.36	1.21		

每延米工程数量表

工程项目	混凝土加固三角形边沟				浆砌片石矩形盖板边沟					混凝土矩形边沟				浆砌片石矩形边沟			
工程名称	C20混凝土	砂砾垫层	卵砾石铺砌	挖基	M7.5浆砌片石	C25混凝土	砂砾垫层	挖基	回填	C25混凝土	砂砾垫层	挖基	回填	M7.5浆砌片石	砂砾垫层	挖基	回填
单位	m³/m	m³/m	m³/m	m³/m	m³/m	m³/m	m³/m	m³/m	m³/m	m³/m	m³/m	m/m	m/m	m³/m	m³/m	m³/m	m³/m
数量	0.25	0.25	2.54	0.50	0.66	0.09	0.18	2.16	0.72	0.26	0.105	0.76	0.24	0.72	0.18	2.16	0.72

注：
1. 本图尺寸均以厘米计，钢筋以毫米计。
2. 当土质挖方小于3米时，采用混凝土加固三角形边沟，在边沟表面采用卵砾石铺砌；当挖方大于3米时，采用浆砌片石矩形盖板边沟。
3. 边沟排水至涵洞或自然沟谷中，应衔接顺畅。
4. 盖板括号内数字为40×40cm边沟用盖板。

图 9.14　某公路排水工程设计图

9.3.3　排水沟

排水沟的作用是将路基范围内各种水源的水流（如边沟、截水沟、取土坑、边坡和路基附近积水），引排至桥涵或路基范围以外的指定地点。

排水沟的布置可以根据需要并结合当地地形条件而定，距离路基坡脚不宜小于3～4m，平面上应力求直捷，需要转弯时亦应尽量圆顺，做成弧形，其半径不宜小于10～20m，连续长度宜短，一般不超过500m。

排水沟应具有合适的纵坡，以保证水流畅通，不致流速太大而产生冲刷，亦不可流速太小而形成淤积，为此宜通过水文水力计算而择优选定。一般情况下，可取0.5～1.0%，不小于0.3%，亦不宜大于3%。

排水沟水流注入其他沟渠或水道时，应使原水道不产生冲刷或淤积。通常应使排水沟与原水道两者成锐角相交，交角不大于45°，有条件可用半径$R=10b$（b为沟顶宽）的圆曲线朝下游与其他水道相接，如图9.15所示。排水沟的横断面，一般采用梯形，尺寸大小应经过水力水文计算选定。

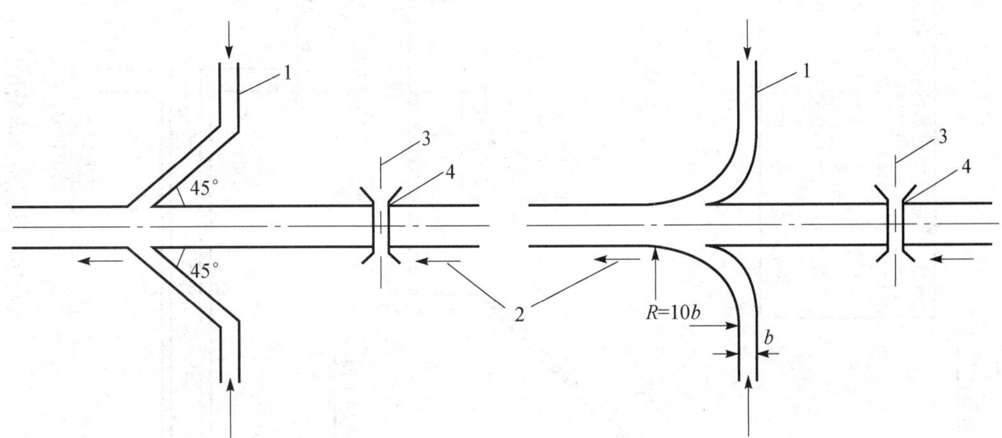

图9.15　排水沟与水道衔接示意图

1—排水沟；2—其他渠道；3—路基中心线；4—桥涵

9.3.4　跌水和急流槽

在山岭重丘地段，地形险峻，排水沟渠纵坡较陡，冲刷力强。为接引水流，降低流速，削减能量，防止对路基与桥涵结构物造成危害，多采用跌水和急流槽。跌水由进水口、消力池和出水口三个部分组成，有单级和多级之分，单级跌水适用于连接沟渠的水位落差较大、需要消能或改善水流方向。急流槽的结构分为进水口、槽身和出水口三个部分。急流槽的纵坡，比跌水的平均纵坡更陡。图9.16是某公路急流槽设计图。其图样部分由急流槽槽身断面图、平面图和立面图三个图样构成，表达了急流槽的结构、尺寸和组成部分所使用的材料等。

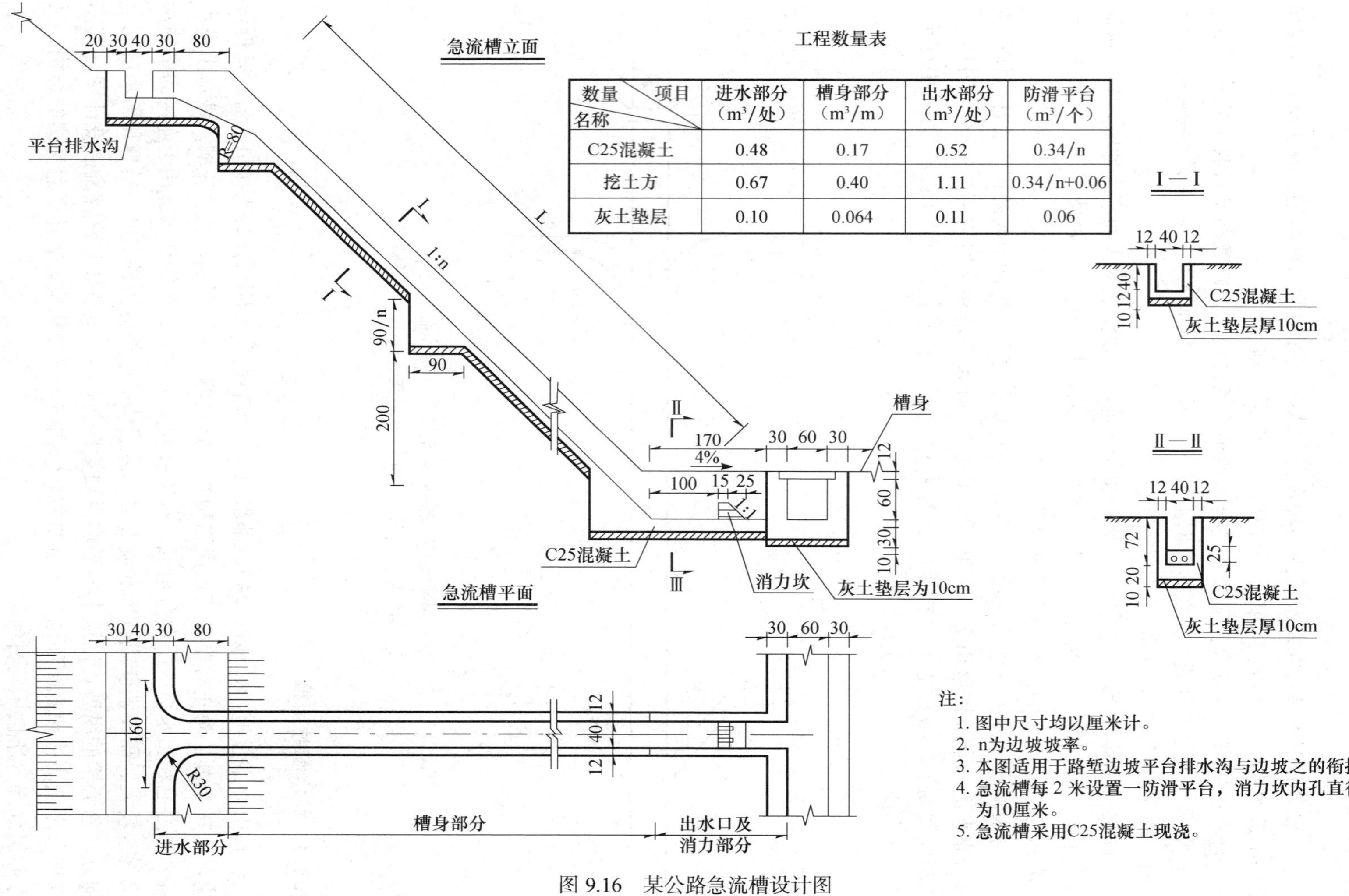

工程数量表

数量 项目 / 名称	进水部分（m^3/处）	槽身部分（m^3/m）	出水部分（m^3/处）	防滑平台（m^3/个）
C25混凝土	0.48	0.17	0.52	0.34/n
挖土方	0.67	0.40	1.11	0.34/n+0.06
灰土垫层	0.10	0.064	0.11	0.06

注：
1. 图中尺寸均以厘米计。
2. n为边坡坡率。
3. 本图适用于路堑边坡平台排水沟与边坡之的衔接。
4. 急流槽每 2 米设置一防滑平台，消力坎内孔直径为10厘米。
5. 急流槽采用C25混凝土现浇。

图 9.16　某公路急流槽设计图

9.3.5　暗沟

暗沟是设在地面以下引导水流的沟渠，用于排除泉水和地下集中水流，是设置在地下引道水流的沟渠，无渗水和汇水作用。

当路基范围内遇有个别泉眼，泉水外涌，路线不能绕避时，为将泉水引至填方坡脚以外或挖方边沟，加以排除，可在泉眼与出口之间开挖沟槽，修建暗沟。暗沟沟底纵坡建议不小于1%。如出口处为边沟，暗沟底应高出边沟最高水位20cm以上，不允许出现倒灌现象。暗沟可分为洞式和管式两大类，沟宽或管径一般为20～30cm，净高约为20cm，如图9.17所示。

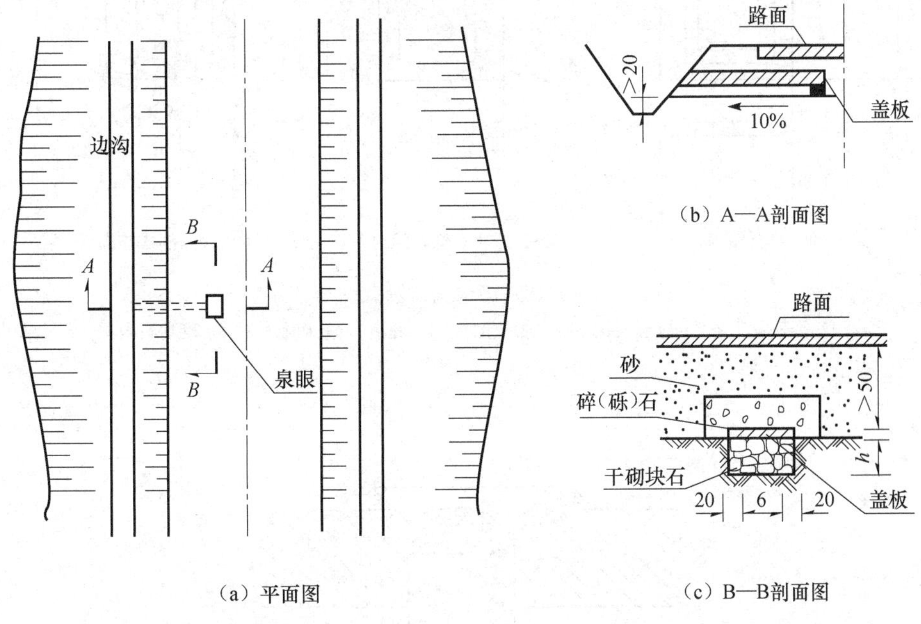

(a) 平面图　(b) A—A剖面图　(c) B—B剖面图

图9.17　暗沟布置及构造图（尺寸单位：cm）

9.3.6　渗沟

渗沟是以渗透的方式来吸收降低地下水位，汇集和拦截流向路基的地下水，并通过沟底通道将水排到路基范围以外的指定地点。使路基上部保持干燥，不致因地下水成害。根据地下水位分布情况，渗沟可设在边沟、路肩、路基中线以下或路基上侧山坡适当位置。渗沟由碎（砾）石或管（洞）排水层、反滤层和封闭层组成。按排水层的形式，渗沟可分为三种：填石渗沟、管式渗沟和洞式渗沟，如图9.18所示。

9.3.7　渗井

将排不出的地表水或边沟水渗到地下水层中而设置的用透水材料填筑的竖井称为渗井，是设置于地面以下的排水沟渠。渗井上部为集水结构，下部为排水结构，如图9.19

所示。从图中可以看出，渗井属于立式（竖向）排水设备，井内由中心向四周按层次分别填入由粗到细的砂石材料，粗料渗水，细料反滤。

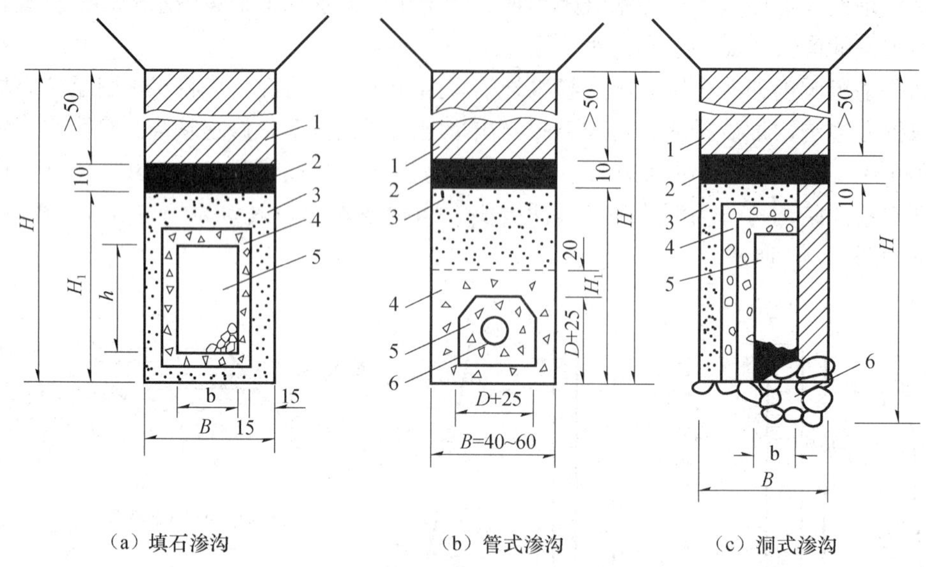

图 9.18　渗沟构造示意图

1—夯实黏土；2—双层反铺草皮；3—粗砂；4—石屑；5—碎石；6—浆砌片石沟洞

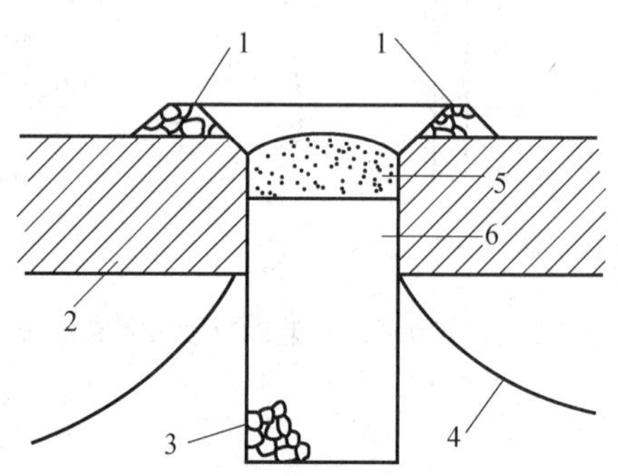

图 9.19　渗井构造图

1—防护土堤；2—不透水层；3—碎（砾）石；4—渗透扩散曲线；5—粗砂；6—砾石

9.3.8　路基防护工程

路基防护工程是防治路基病害，保证路基稳定，改善环境景观，保护生态平衡的重要设施。其类型可分为坡面防护和河堤河岸冲刷防护。图 9.20 是某道路边坡防护设计图，图中包括图样、工程数量表和附注三部分内容。图样部分表达了护坡的结构形式、尺寸和材料，工程数量表中表达了护坡所用各种材料的数量，附注部分说明了图中尺寸单位和技术要求。

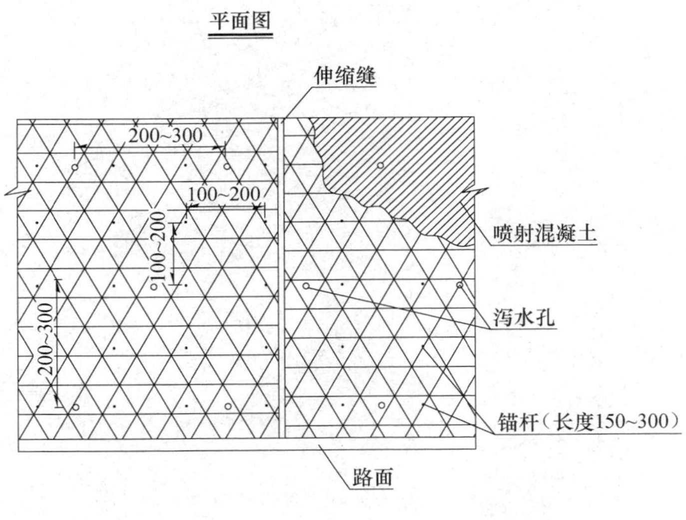

平面图

伸缩缝
200~300
100~200
100~200
200~300
喷射混凝土
污水孔
锚杆（长度150~300）
路面

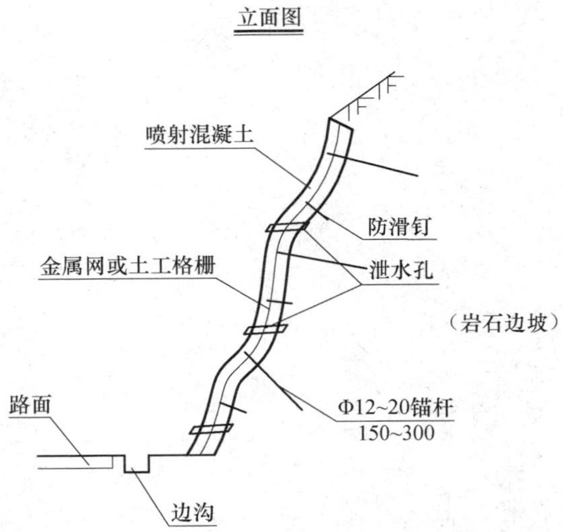

立面图

喷射混凝土
防滑钉
金属网或土工格栅
泄水孔
（岩石边坡）
路面
Φ12~20锚杆
150~300
边沟

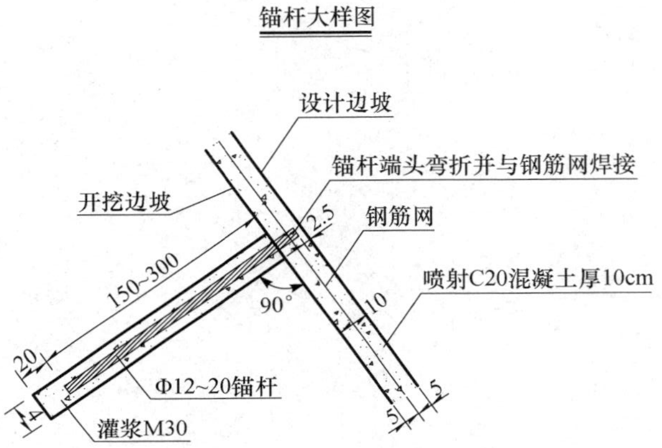

锚杆大样图

设计边坡
锚杆端头弯折并与钢筋网焊接
开挖边坡
钢筋网
2.5
150~300
90°
喷射C20混凝土厚10cm
10
20
Φ12~20锚杆
4
灌浆M30
5
5

单位面积工程数量表

喷射混凝土（m^3）	钢丝网或土工网（kg）	锚杆钢筋（kg）	污水管（m）
0.1	2.55	3.55	0.3

说明：
1. 本图尺寸钢筋以mm计，余均以cm计；
2. 金属网与锚杆钢筋结点采用点焊，并用铁丝绑扎；
3. 喷射混凝土每10~15m长为一段，中间设置伸缩缝（缝宽2cm，内填沥青防水材料）；
4. 泄水孔内放置泄水管，喷混凝土前应将泄水管出口遮挡，喷后除去遮挡物；
5. 喷射厚度宜为5~10cm，可根据边坡岩石性质及裂隙密度确定。

图 9.20　某公路路基防护工程图

小　结

道路是一种供车辆行驶和行人步行的带状构造物。道路工程的图示方法与一般工程图样不完全相同。本单元主要介绍了道路路线工程图、公路路面结构图、排水系统及防护工程图的基本读图方法。

复习思考题

1. 道路路线工程图包含哪些内容？其图示方法有何特点？
2. 道路路线工程图包含哪些图样？其作用是什么？
3. 什么是路线平面图、路线纵断面图、路线横断面图？
4. 路线纵断面图由哪几部分组成？

单元10

桥隧工程图

教学目标

1. 了解桥梁的各部分构造组成、桥梁的类型；
2. 掌握钢筋的有关知识，以及钢筋混凝土结构图的图示特点、图示内容；
3. 掌握桥位平面图、桥位地质断面图、桥梁总体布置图的图示内容与图示方法；
4. 能阅读及绘制桥梁总体布置图及各构件（主梁、桥台、桥墩、桩等）详图。

当道路路线通过江河、山谷或与其他路线（公路或铁路）立体交叉时，需要修筑桥梁以保证路线畅通，车辆行驶正常。

在山岭地区修筑道路时，为了减少土石方数量，保证车辆平稳行驶和缩短里程要求，可考虑修筑公路隧道。

桥梁与隧道是道路工程的重要组成部分。

10.1 桥梁概述

10.1.1 桥梁的基本组成

桥梁是道路在跨路过河中常见的工程构筑物。桥梁由上部结构（桥跨结构）、下部结构（桥墩及桥台）和附属结构组成，如图10.1所示。

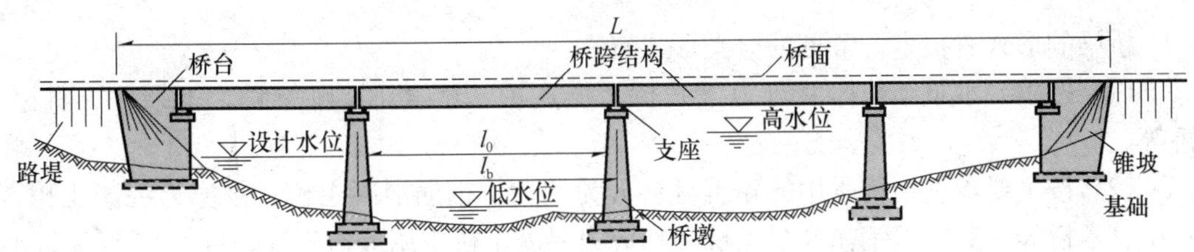

图10.1 梁桥基本组成部分

（1）上部结构。上部结构被习惯称为桥跨结构，包括承重结构和桥面系，是在路线中断时跨越障碍的主要承重结构。其作用是承受车辆、行人等荷载，并通过支座传给墩台。

支座是桥跨结构与桥墩和桥台的支承处所设置的传力装置。

桥面构造包括桥面铺装、防水和排水构造、伸缩缝、人行道（或安全带）、栏杆（或护栏）及灯柱等，如图10.2所示。

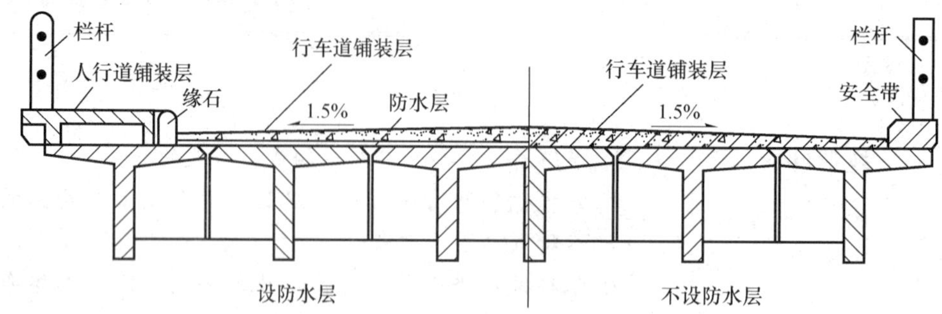

图10.2　桥面构造示意图

（2）下部结构。由桥墩、桥台组成（单孔桥没有桥墩）。其作用是支承上部结构，并将结构重力和车辆荷载等传给地基，同时桥台还与路堤连接并抵御路堤土压力。

（3）附属结构。包括桥台两侧与路堤衔接处的锥形护坡、护岸以及导流结构物等。其作用是抵御水流的冲刷、防止路堤填土坍塌。

（4）低水位、高水位和设计水位。河流中的水位是变动的，在枯水季节的最低水位称为低水位；洪峰季节河流中的最高水位称为高水位；桥梁设计中按规定的设计洪水频率计算所得的高水位称为设计水位。

（5）净跨径（l_o）。设计水位上相邻两个桥墩（台）之间的净距。

（6）总跨径（Σl_o）。多孔桥梁中各孔净跨径的总和，它反映了桥下宣泄洪水的能力。

（7）标准跨径（l_b）。梁桥为两桥墩中线间或桥墩中线与台背前缘间的距离；拱桥为净跨径。

（8）桥梁全长（L）。有桥台的桥梁，应为两岸桥台侧墙或八字墙尾端间的距离；无桥台的桥梁，应为桥面系长度。

10.1.2　桥梁的分类

桥梁的形式有很多，常见的分类形式有：

（1）按主要承重结构体系分为梁式桥、拱式桥、悬索桥、刚架桥、桁架桥、斜拉桥等。

（2）按主要承重结构所用的建筑材料分为钢桥、钢筋混凝土桥、预应力混凝土桥、石桥、木桥等，其中以钢筋混凝土桥和预应力混凝土桥应用最为广泛。

（3）按跨越障碍的性质分为跨河桥、跨线桥（立体交叉）、高架桥和栈桥。

（4）按多孔跨径总长和跨径的不同分为特殊大桥、大桥、中桥和小桥，见表10.1。

表10.1 按多孔跨径总长和跨径的不同分类

桥梁分类	多孔跨径总长 L（m）	单孔跨径 L_k（m）	桥梁分类	多孔跨径总长 L（m）	单孔跨径 L_k（m）
特大桥	$L>1000$	$L_k>150$	中桥	$30<L<100$	$20\leqslant L_k<40$
大桥	$100\leqslant L\leqslant 1000$	$40\leqslant L_k\leqslant 150$	小桥	$8\leqslant L\leqslant 30$	$5\leqslant L_k<20$

注：① 单孔跨径系指标准跨径。
② 梁式桥、板式桥的多孔跨径总长为多孔标准跨径的总长；拱式桥为两岸桥台内起拱线间的距离；其他形式桥梁为桥面系车道长度。

（5）按上部结构的行车道位置分为上承式桥、下承式桥和中承式桥。桥面布置在主要承重结构之上者称为上承式桥，布置在主要承重结构之下者称为下承式桥，布置在主要承重结构中间的称为中承式桥，如图10.3所示。

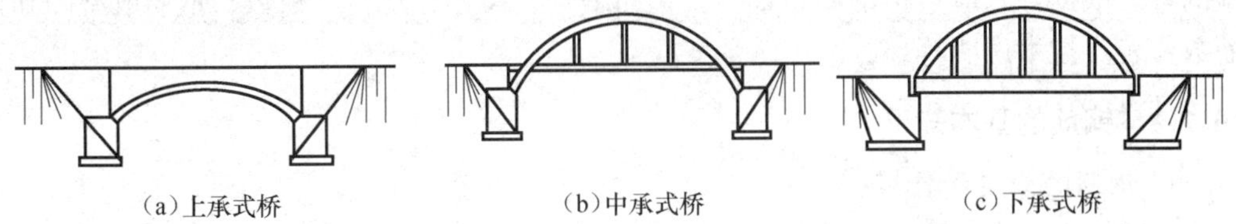

图10.3 按上部结构的行车道位置分类

10.1.3 桥梁工程图的组成

桥梁的类型很多，构造组成也各有不同，但是桥梁工程图的图示方法基本相同。桥梁工程图是由桥位平面图、桥位地质断面图、桥梁总体布置图、构件结构图（构件详图）等组成。

目前桥梁工程中，钢筋混凝土结构的应用广泛，故先行介绍有关钢筋混凝土的基本知识及钢筋混凝土结构的图示特点，为学习桥梁工程图打好基础。

10.2 钢筋混凝土结构图

混凝土是由水泥、砂子、石子和水按一定的比例配合，经养护硬化后得到的一种人工材料。混凝土按其抗压强度不同分为C15、C20、C25、C30、C35、CA0、C45、C50、C55、C60、C65、C70、C75、C80十四个等级。数字越大，混凝土的抗压强度越高。混凝土抗压强度较高，但抗拉强度较低，容易因受拉而断裂。为提高混凝土构件的抗拉能力，常在构件的受拉区加入一定数量的钢筋，由钢筋承受拉力，混凝土承受压力。这种配有钢筋的混凝土构件称为钢筋混凝土构件，如图10.4所示。

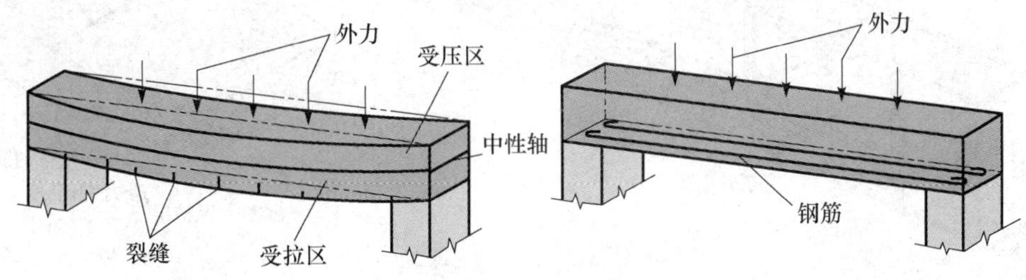

图10.4 钢筋混凝土简支梁受力示意图

钢筋混凝土构件的制作，是先将不同直径的钢筋按照需要的长度截断（叫作下料），根据设计要求进行弯曲成型（叫作钢筋加工），再将弯曲后的成型钢筋绑扎或焊接在一起形成钢筋骨架（叫作钢筋安装），将其置于模板内，最后浇筑混凝土，待其凝固拆模后即成。钢筋混凝土构件的制作有在工程现场就地浇筑和在工程现场以外的工厂预制好后运到现场进行安装的两种，它们分别称为现浇混凝土构件和预制混凝土构件。此外，如在制作时通过对钢筋的张拉，预加给混凝土一定的压力以提高构件的强度和抗裂性能，就成为预应力钢筋混凝土构件。

为了把钢筋混凝土结构表达清楚，需要画出钢筋混凝土结构图（简称钢筋结构图）。钢筋结构图主要是表达构件内部钢筋的布置情况，是钢筋断料、加工、绑扎、焊接和检验的重要依据，它应包括钢筋布置图、钢筋编号、尺寸、规格、根数、钢筋成型图和钢筋数量表及技术说明等。

10.2.1 钢筋的基本知识

1. 钢筋的分类和作用

钢筋按其在整个构件中所起的作用不同，可分为下列五种：

(1) 受力钢筋（主筋）。用来承受拉力或压力的钢筋，用于梁、板、柱等各种钢筋混凝土构件。

(2) 箍筋（钢箍）。用以固定受力钢筋位置，并承受一部分剪力或扭力。

(3) 架立钢筋。大多用于钢筋混凝土梁中，用来固定箍筋的位置，并与梁内的受力筋、箍筋一起构成钢筋骨架。

(4) 分布钢筋。大多用于钢筋混凝土板或高梁结构中，用以固定受力钢筋位置，使荷载分布给受力钢筋，并防止混凝土收缩和温度变化出现的裂缝。

(5) 构造筋。因构件的构造要求和施工安装需要配置的钢筋，如腰筋、预埋锚固筋、吊环等。

图10.5所示为钢筋混凝土梁、板钢筋配置示意图。

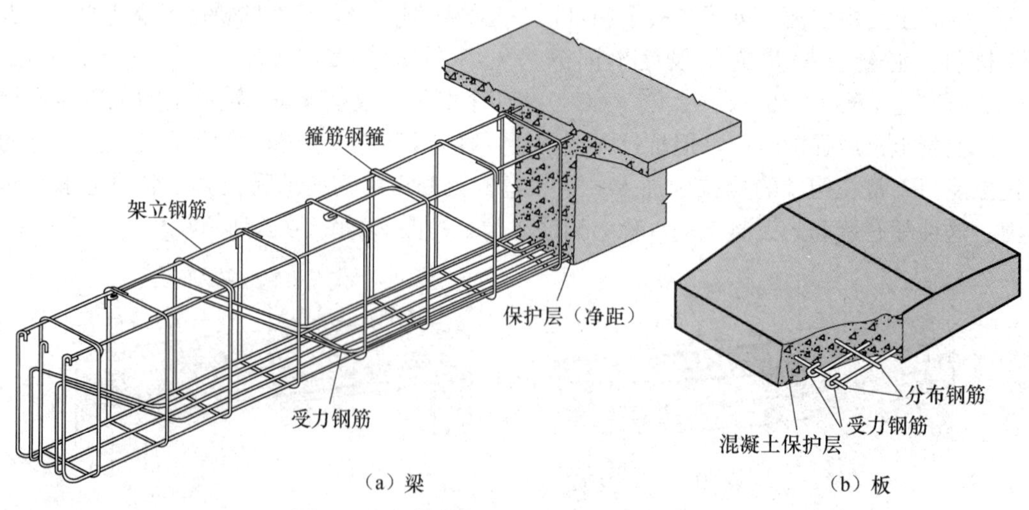

图10.5　钢筋混凝土梁、板钢筋配置示意图

2. 钢筋的种类和符号

钢筋分为普通钢筋和预应力钢筋两类，普通钢筋是指用于钢筋混凝土结构中和预应力混凝土结构中的非预应力钢筋，普通钢筋按照强度和品种不同可把钢筋分为四类，见表 10.2。预应力钢筋宜采用钢绞线和消除应力钢丝，也可采用热处理钢筋。

表 10.2　钢筋混凝土用普通钢筋的种类、符号、材料和直径范围

钢筋品种	符号	材料	直径范围 d（mm）	说　明
HPB235	Φ	Q235	8～20	热压光圆钢筋
HRB335	Φ	20MnSi	6～50	热压带肋钢筋
HRB400	Φ	20MnSiV、20MnSiNb、20MnTi	6～50	热压带肋钢筋
KL400	$Φ^R$	K20MnSi	8～40	余热处理带肋钢筋

表 10.2 中，光圆钢筋和带肋钢筋的形式如图 10.6 所示。

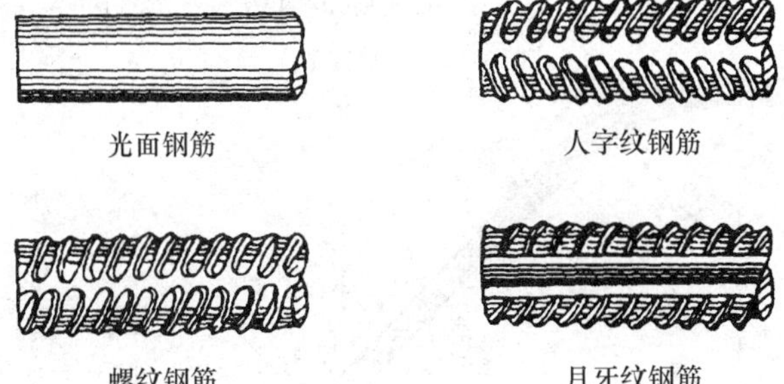

图 10.6　钢筋的形式

3. 钢筋的保护层

为了防止钢筋锈蚀和保证钢筋与混凝土的紧密黏结，梁、板、柱等构件都应具有足够的混凝土保护层。受力钢筋的外边缘到混凝土外边缘的最小距离，称为保护层厚度或净距。混凝土保护层厚度视不同的构件而异。

4. 钢筋的弯钩和弯起

1）钢筋的弯钩

对于受力钢筋，为了增加它与混凝土的黏结力，在钢筋的端部做成弯钩。弯钩的形式有半圆弯钩、斜弯钩和直弯钩三种，如图 10.7 所示。这时钢筋的长度要加上其弯钩的增长数值。

2）钢筋的弯起

根据结构受力要求，有时需要将部分受力钢筋弯起，这时弧长比两切线之和短些，如图 10.8 所示，其计算长度应减去折减数值。

为避免计算和方便画图，钢筋弯钩的增长数值和弯起的折减数值均编有表格备查。表 10.3 为光圆钢筋弯钩增长数值表，表 10.4 为光圆钢筋弯起折减数值表。

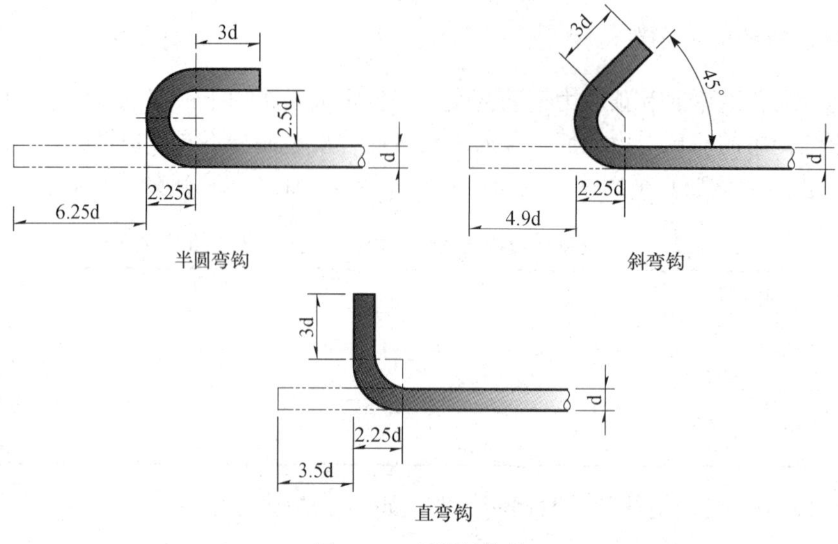

图 10.7 钢筋的弯钩

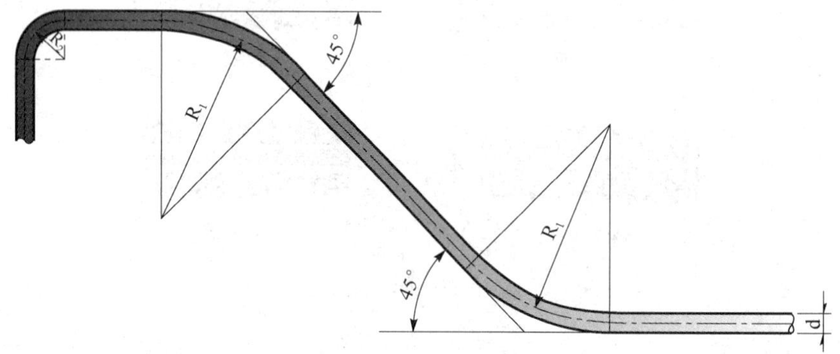

图 10.8 钢筋的弯起

表 10.3 光圆钢筋弯钩增长数值表

钢筋直径 d/mm	弯钩增长值/cm				理论重量 /(kg/m)	螺纹钢筋外径/mm
	光圆钢筋			螺纹钢筋		
	90°	135°	180°	90°		
10	3.5	4.9	6.3	4.2	0.617	11.3
12	4.2	5.8	7.5	5.1	0.888	13.0
14	4.9	6.8	8.8	5.9	1.210	15.5
16	5.6	7.8	10.0	6.7	1.580	17.5
18	6.3	8.8	11.3	7.6	2.000	20.0
20	7.0	9.7	12.5	8.4	2.470	22.0
22	7.7	10.7	13.8	9.3	2.980	24.0
25	8.8	12.2	15.6	10.5	3.850	27.0
28	9.8	13.6	17.5	11.8	4.830	30.0
32	11.2	15.6	20.0	13.5	6.310	34.5
36	12.6	17.5	22.5	15.2	7.990	39.5
40	14.0	19.5	25.0	16.8	9.870	43.5

表 10.4　光圆钢筋弯起折减数值表

类别 \ 钢筋直径/mm			10	12	14	16	18	20	22	25	28	32	36	40
弯折修正值/cm	光圆钢筋	45°		−0.5	−0.6	−0.7	−0.8	−0.9	−0.9	−1.1	−1.2	−1.4	−1.5	−1.7
		90°	−0.8	−0.9	−1.1	−1.2	−1.4	−1.5	−1.7	−1.9	−2.1	−2.4	−2.7	−3.0
	螺纹钢筋	45°		−0.5	−0.6	−0.7	−0.8	−0.9	−0.9	−1.1	−1.2	−1.4	−1.5	−1.7
		90°	−1.3	−1.5	−1.8	−2.1	−2.3	−2.6	−2.8	−3.2	−3.6	−4.1	−4.6	−5.2

如图 10.9 所示，$\phi10$ 的光圆钢筋两端半圆钩端点的长度为 126cm，求下料长度（其中某根钢筋在下料之前的剪切长度，就是剪切多长的钢筋能够完成该根钢筋的加工）。

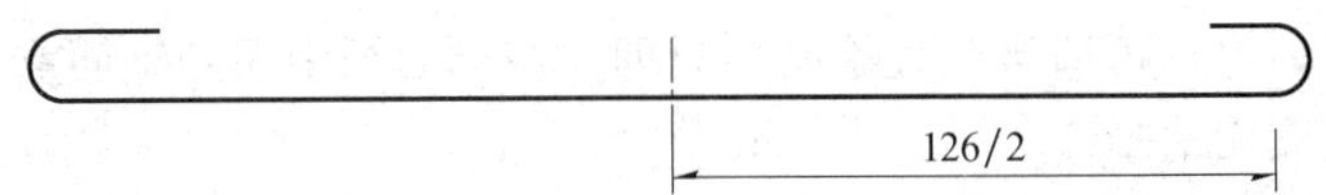

图 10.9　光圆钢筋弯钩（尺寸单位：cm）

根据题意：钢筋的下料长度等于直钢筋部分与半圆弯钩所需要的钢筋长度之和。查表 10.2，得出弯钩的长度为 6.3cm。即

$$126+2\times6.3=126+12.6=138.6\text{cm}\approx139\text{cm}$$

又如图 10.10 所示，4 号 $\phi22$ 的钢筋长度为 728+65×2，求下料长度。

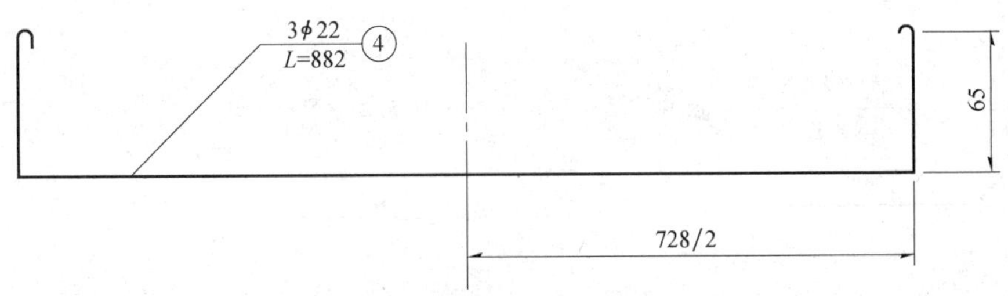

图 10.10　钢筋的弯钩与弯起

根据题意：查表 10.3、表 10.4，得出半圆弯钩长度为 13.8cm、90°弯转长度为 1.7cm，则计算长度数值为

$$728+65\times2+2\times(13.8-1.7)=882.2\text{cm}\approx882\text{cm}$$

10.2.2　钢筋混凝土结构图的内容

钢筋混凝土结构图包括两类图样，一类称为构件构造图（或模板图），即对于钢筋

混凝土结构，只画出构件的形状和大小，不表示内部钢筋的布置情况。另一类称为钢筋结构图（或钢筋构造图或钢筋布置图），即主要表示构件内部钢筋的布置情况。

1. 钢筋结构图的图示特点

（1）为突出结构物中钢筋的配置情况，在绘制配筋图时，可假设混凝土是透明的，能够看清楚构件内部的钢筋。

（2）构件的外形轮廓用细线表示，钢筋用粗实线表示，若箍筋和分布筋数量较多，也可画为中实线。

（3）在构件的断面图中，不画出混凝土的材料符号，钢筋形象地用实心小圆点或空心小圆圈表示。

（4）对钢筋的级别、根数、直径、长度及间距等要加以标注。

（5）由于钢筋的弯钩和钢筋保护层的尺寸相对构件的尺寸较小，若严格按比例画则线条会重叠不清，这时可适当夸大绘制。同理，在立面图中遇到钢筋重叠时，也可在中间留有空隙，使图面清晰。

（6）钢筋结构图，不一定三个投影图都画出来，而是根据需要来决定，例如画钢筋混凝土梁的钢筋图，一般不画平面图，只用立面图和断面图来表示。

2. 钢筋的编号和尺寸标注方式

在钢筋结构图中为了区分不同类型、不同直径、不同长度、不同形状的钢筋，应将不同类型的钢筋，按直径大小和钢筋主次加以编号并注明数量、直径、长度和间距。钢筋编号的标注方式如图 10.11 所示。

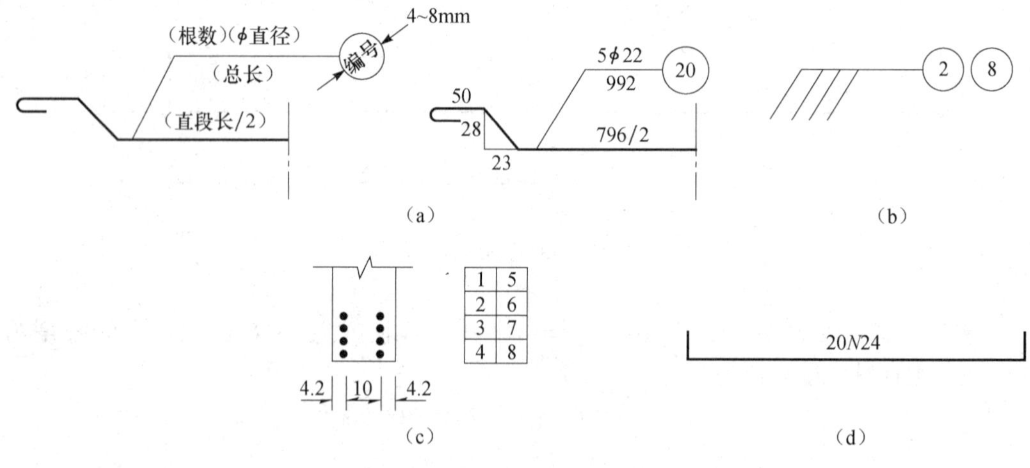

图 10.11　钢筋标注的方法

（1）编号标注在引出线右侧的细实线圆圈内，圆圈的直径为 4～8mm。

（2）将冠以 N 字的编号，注写在钢筋的侧面，根数注在 N 字之前，编号注在 N 字之后。

（3）在钢筋断面图中，编号可标注在对应的方格内。在道路工程图中，钢筋直径的尺寸单位采用 mm，其余尺寸单位均采用 cm，图中无需注出单位。钢筋的数量、直径、长度和间距，通常采用如下格式标注：

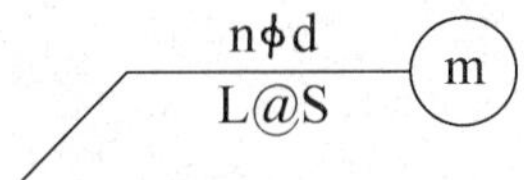

其中：m——钢筋的编号；

n——钢筋的根数；

ϕ——钢筋直径符号，也表示钢筋的类型；

d——钢筋直径的数值（mm）；

L——钢筋的下料长度数值，cm；

@——钢筋中心间距符号；

S——钢筋间距的数值（cm）。

如：$\frac{3\phi22}{L=625@30}$②中，“②”表示 2 号钢筋，“3ϕ22”表示直径为 22mm 的 HPB235 钢筋有 3 根，“L＝625”表示每根钢筋的下料长度为 625cm，“@30”表示钢筋轴线之间的距离为 30cm。

3. 钢筋结构图的图示内容

1）配筋图

主要表明各种钢筋的配置，是绑扎或焊接钢筋骨架的依据。为此，应根据结构特点选用基本投影。如对于梁、柱等长条形构件，常选用一个立面图和几个断面图，如图 10.12 所示；对于钢筋混凝土板，则常采用一个平面图或一个平面图和一个立面图，如图 10.13 所示。

2）钢筋成型图

钢筋成型图是表示每根钢筋形状和尺寸的图样，是钢筋成型加工的依据。因此，在钢筋结构图中，为了能充分表明钢筋的形状以便于配料和施工，还必须画出每种钢筋加工成型图（钢筋详图），而且主要钢筋应尽可能与配筋图中同类型的钢筋保持对齐关系，长度尺寸可直接注写在各段钢筋旁，图上应注明钢筋的符号、直径、根数、弯曲尺寸和断料长度等，如图 10.12 和图 10.13 所示。有时为了节省图幅，可把钢筋成型图画成示意略图放在钢筋数量表内。

3）钢筋数量表

在钢筋结构图中，为了便于施工备料和计算工程数量，一般还附有钢筋数量表，内容包括钢筋的编号、直径、每根长度、根数、总长及质量等，必要时可加画略图，如表 10.5 所示。

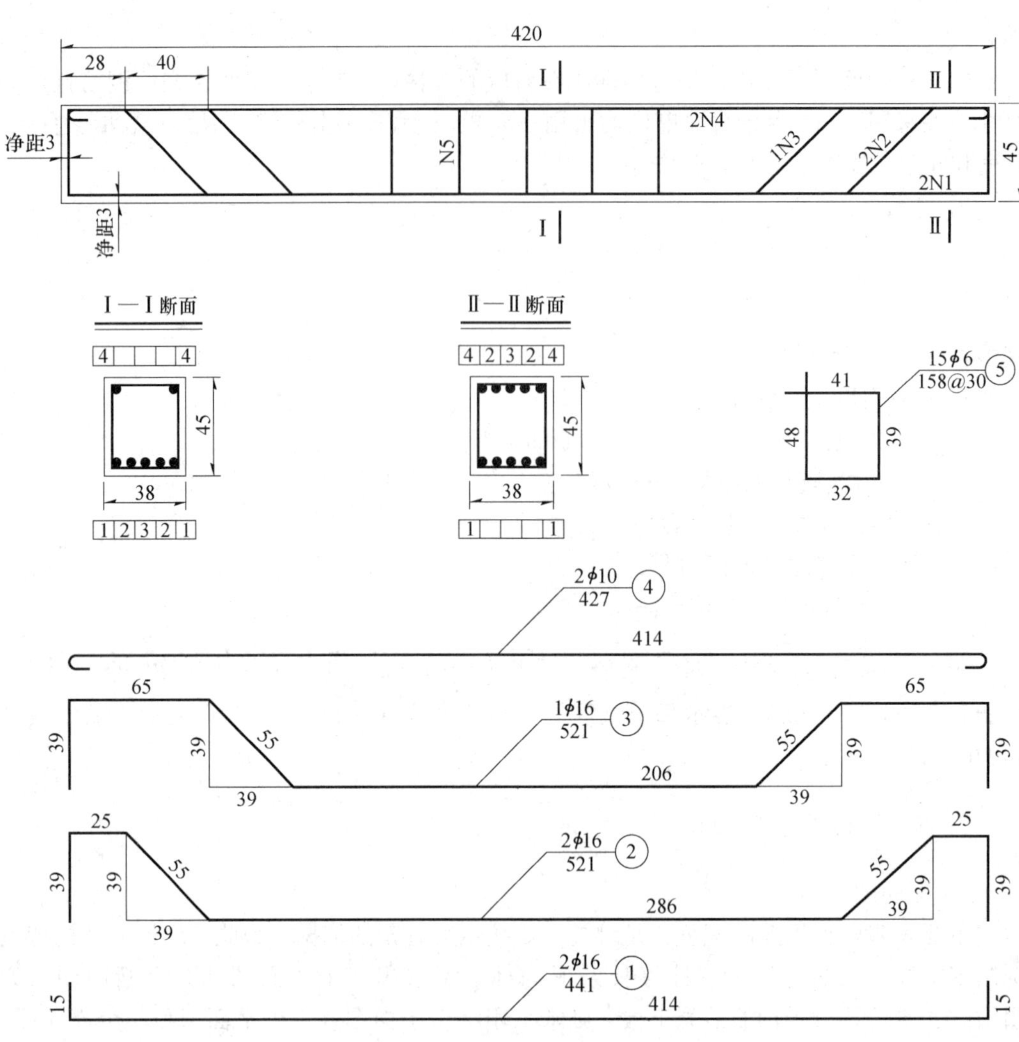

图 10.12　矩形梁的配筋图

表 10.5　钢筋混凝土梁钢筋数量表

编号	钢号和直径/mm	长度/cm	根数	总长/m	每米质量/(kg/m)	总重/kg
1	ϕ22	528	1	5.28	2.984	15.76
2	ϕ22	708	2	14.16	2.984	42.25
3	ϕ22	892	2	17.84	2.984	53.23
4	ϕ22	882	3	26.46	2.984	78.96
5	ϕ22	745	2	14.90	0.888	13.23
6	ϕ6	198	24	47.52	0.222	10.55
总计						213.98
绑扎用铅丝 0.5%						1.07

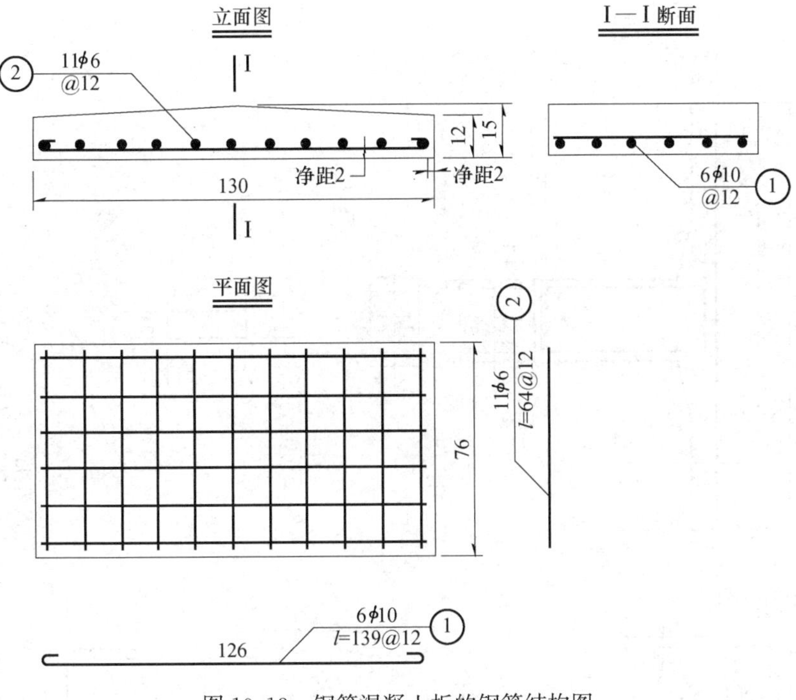

图 10.13 钢筋混凝土板的钢筋结构图

10.2.3 钢筋结构图举例

如图 10.12 所示，梁的钢筋布置情况是用立面图和断面图以及钢筋成型图表示的。由图可看出该梁断面为矩形，宽 38cm，高 45cm，梁长 420cm。梁内共有五种钢筋，其中①、②、③号是受力筋，均为 HPB235 钢筋，直径为 16mm。①号是直筋，有两根，布置在梁的底部两侧；②号是弯起钢筋，也是两根，在跨中位于梁的底部，两端弯起后位于梁的上部；③号也是弯起钢筋，只有一根，弯起部位与②号钢筋稍有不同；④号是架立筋，为直径 10mm 的 HPB235 钢筋，共有两根，位于梁的上部两侧；⑤号是箍筋，为直径 6mm 的 HPB235 钢筋，沿梁的长度方向每隔 30cm 布置一根，共有 15 根。在立面图中箍筋可不全画出，只示意性画出几根即可。立面图中各钢筋的编号和数量可用简略形式标注，如“lN3”表示 1 根③号钢筋，“2N1”表示 2 根①号钢筋。Ⅰ—Ⅰ、Ⅱ—Ⅱ是梁的端部断面图。在断面图中钢筋的编号就标注在对应的小方格内，这样就清楚地表示出②和③号钢筋在跨中是位于梁的底部，在两端是位于梁的顶部。该梁上下及侧面的保护层厚度（净距）均为 3cm。

如图 10.14 所示，为一根钢筋混凝土梁的钢筋结构图，从Ⅰ—Ⅰ断面图可以看出梁的断面为 T 形，称为 T 形梁，梁内六种钢筋的形状和尺寸在钢筋成型图上均已表达清楚。从立面图及Ⅰ—Ⅰ断面图中可以看出钢筋排列的位置及数量。Ⅰ—Ⅰ断面图的上方和下方的小方格内注有数字，用以表明钢筋在梁内的位置及其编号。如立面图中的 2N5 是表示有两根⑤号钢筋，安置在梁内的上部，对应在Ⅰ—Ⅰ断面图中则可以看出两根⑤号钢筋在梁内的上部对称排列。

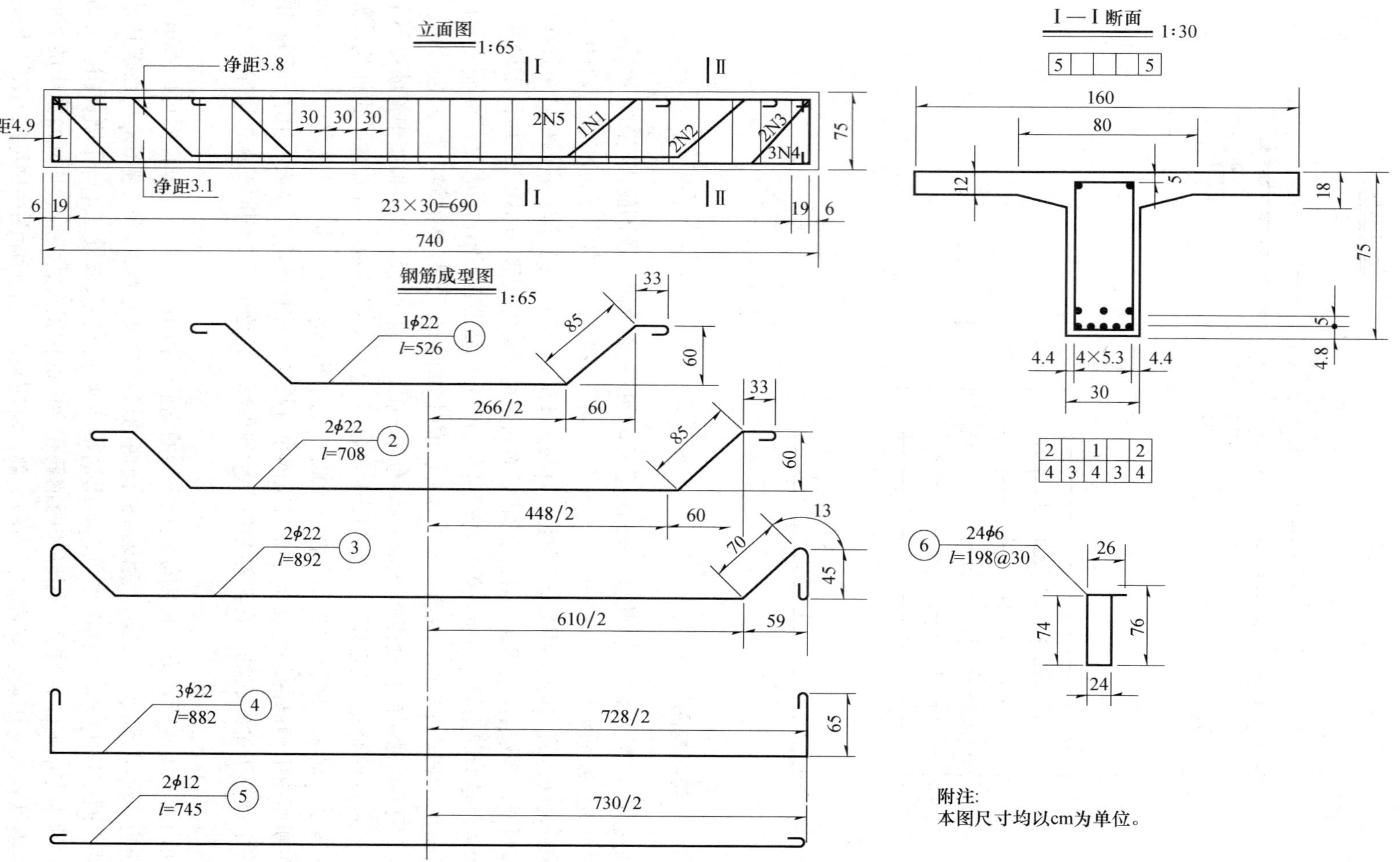

图 10.14　T形梁钢筋结构图

表 10.5 中所列为该梁钢筋数量表，其中“每米质量（kg/m）”一栏数字，可以从有关工程手册中查得。表中所列铅丝是用来绑扎钢筋的，铅丝数量按规定为钢筋总质量的 0.5%。如不用铅丝绑扎而采用焊接时，则应注出焊接长度和厚度。

10.3 桥梁工程图

桥梁工程图中桥位平面图、桥位地质断面图及桥梁总体布置图是控制桥梁位置、地质情况及桥梁结构系统的主要图样。表示桥梁工程的图样一般可分为桥位平面图、桥位地质断面图、桥梁总体布置图、构件结构图（构件详图）等。其图示方法均采用前面单元所讲的基本理论和方法，现运用这些理论和方法结合专业特点论述桥梁工程图的图示内容、图样阅读及绘制方法。

10.3.1 桥位平面图

桥位平面图主要表明桥梁和路线连接的平面位置，通过实际地形测量绘出桥位处的道路、河流、水准点、地质钻孔位置、附近的地形和地物（如房屋、旧桥、旧路等），以便作为设计桥梁、施工定位的依据。其画法与路线平面图相同，只是桥位平面图一般采用较大的比例，例如 1∶500、1∶1000、1∶2000 等。

如图 10.15 所示，为某桥的桥位平面图。除了表示路线的平面形状、地形和地物外，还表明了钻孔、里程、水准点的位置和数据。桥位平面图中，由指北针或以坐标网格及坐标轴线代号与数字标定路线的走向，植被、水准符号等均应按照正北方向为准，图中文字书写方向沿用路线工程图的要求及总图标方向确定。

10.3.2 桥位地质断面图

桥位地质断面图是根据水文调查和地质勘探所得的资料绘制的桥位所在河床地质断面图包括河床断面线、最高水位线常水位线和最低水位线，作为设计桥梁和计算土石方工程数量的依据。为准确表明桥位处地质变化情况，断面图还应附公路里程桩号及地面高程表。如图 10.16 所示为某桥位地质断面图。

地质断面图为了显示地质和河床深度变化情况，特意把地形高度（标高）的比例较水平方向比例放大数倍画出。例如图 10.16 中地形高度方向比例 1∶500，水平方向则采用 1∶2000。

10.3.3 桥梁总体布置图

桥梁总体布置图主要表明桥梁的型式、跨径、孔数、总体尺寸、桥面标高、桥面宽度、各主要构件的相互位置关系，桥梁各部分的标高、材料数量以及总的技术说明等，作为施工时确定墩台位置、安装构件和控制标高的依据。一般由立面图、平面图和剖面图组成。

图 10.17 为某桥的总体布置图，该桥为三孔钢筋混凝土空心板简支梁桥，总长度 34.90m，总宽度 14m，中孔跨径 13m，两边孔跨径 10m。桥中设有两个柱式桥墩，两端为重力式混凝土桥台，桥台和桥墩的基础均采用钢筋混凝土预制打入桩。上部承重构件为钢筋混凝土空心板梁。

JD	a		R	T	L	E	ZY	QZ	YZ
	Z	Y							
30	21°15′25.5″		659.784	311.476	615.790	28.973	87+622.703	87+950.598	88+238.493

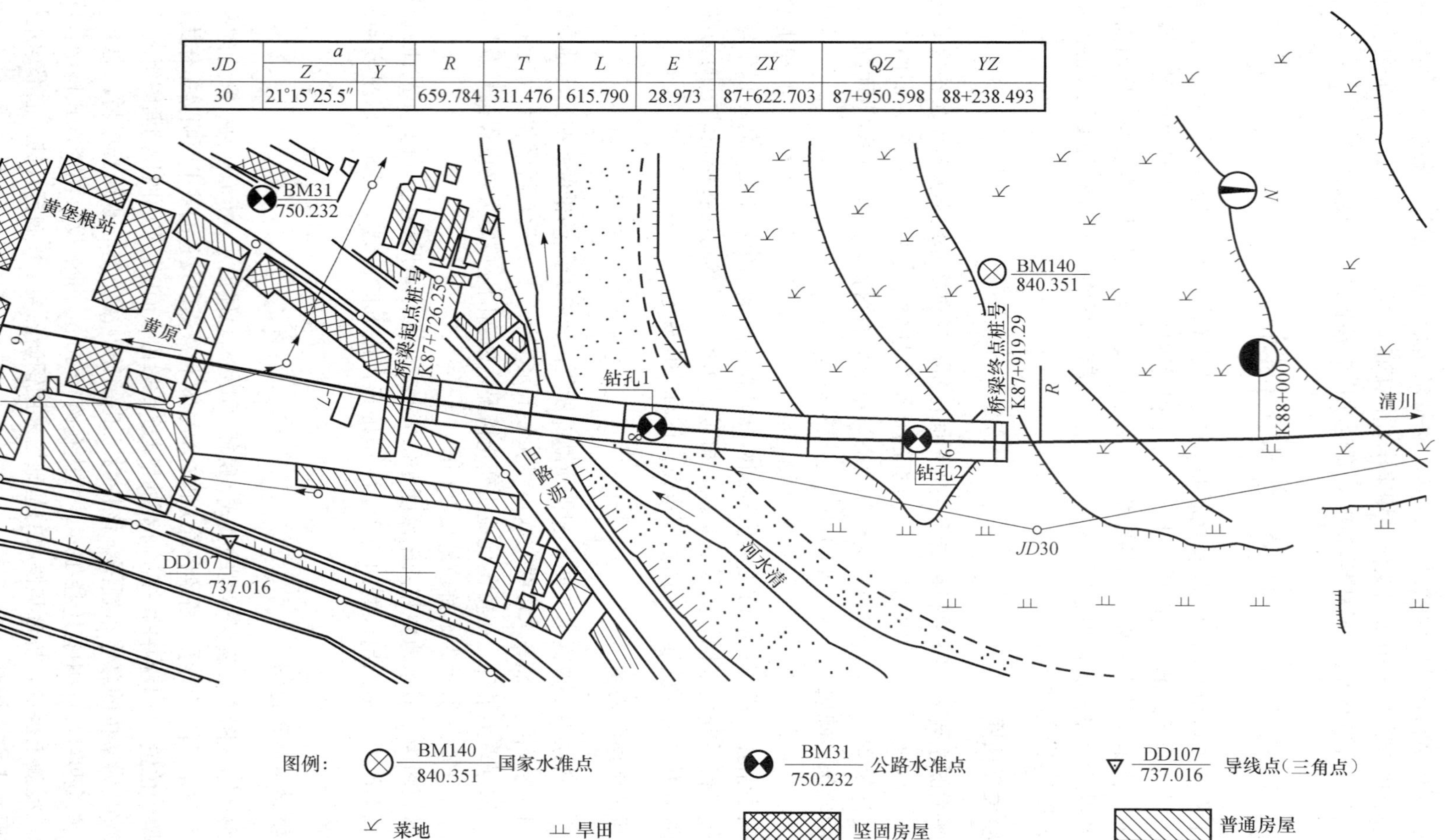

图 10.15　某桥位平面图

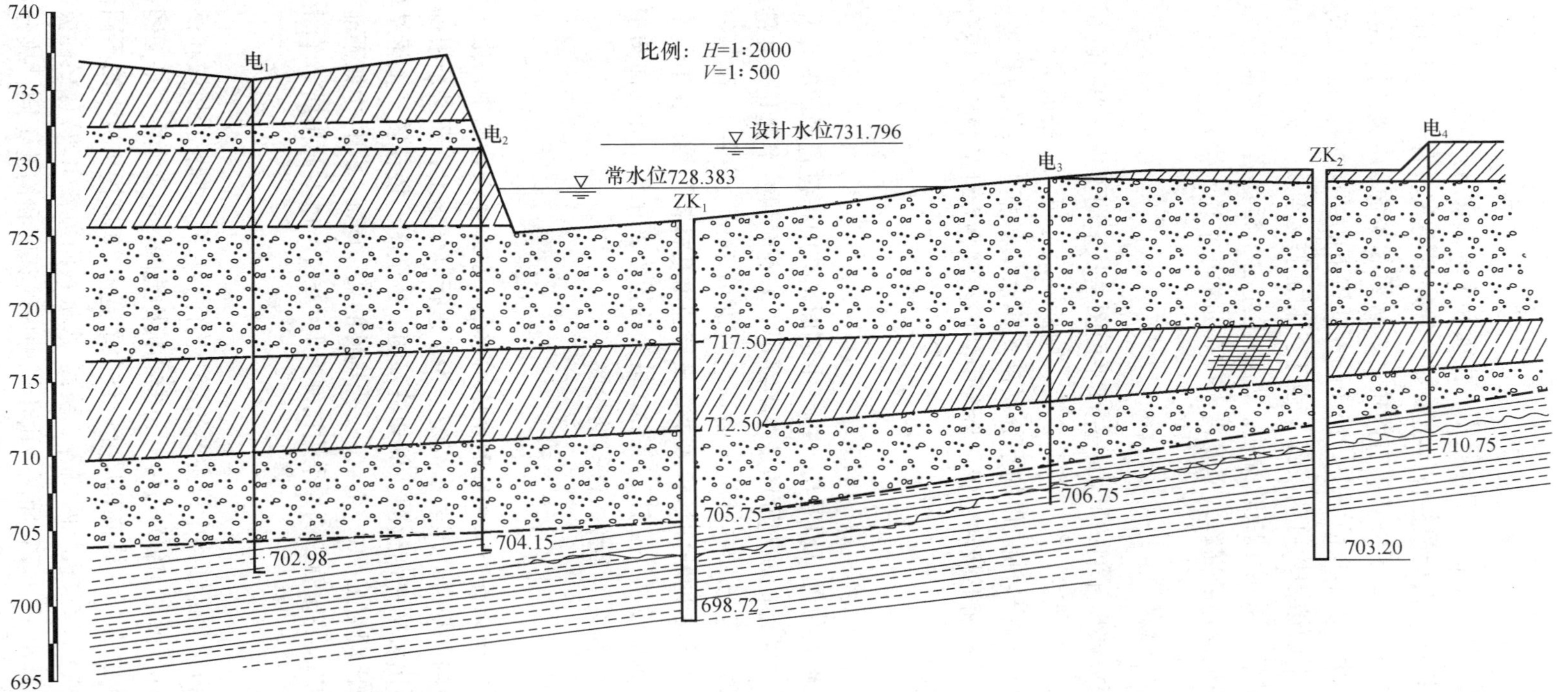

比例：H=1∶2000
V=1∶500

地质概况	上部为黄土状亚黏土、下部为卵砾石					砂砾				轻亚黏土，下部为砂砾石			
地面标高	735.75	736.25	736.75	735.49	725.73	726.48	727.49	728.43	729.23	729.82	729.43	730.58	730.97
里程桩号	+142	+162	+177	+200	+218	+252	+296	+320	+355	+380	+427	+453	+482

图例：ZK_1 钻孔及编号　电$_1$ 电探孔及编号　轻亚黏土　砾卵石　亚黏土　推测风化界线　页岩

图 10.16　某桥位地质断面图

1. 立面图

桥梁一般是左右对称的，所以立面图常常是由半立面和半纵剖面合成的。左半立面图为左侧桥台、1号桥墩、板梁、人行道栏杆等主要部分的外形视图。右半纵剖面图是沿桥梁中心线纵向剖开而得到的，2号桥墩、右侧桥台、板梁和桥面均应按剖开绘制。图中还画出了河床的断面形状，在半立面图中，河床断面线以下的结构如桥台、桩等用虚线绘制，在半剖面图中地下的结构均画为实线。由于预制桩打入到地下较深的位置，不必全部画出，为了节省图幅，采用了断开画法。图中还注出了桥梁各重要部位如桥面、梁底、桥墩、桥台、桩尖等处的高程，以及常水位（即常年平均水位）。

2. 平面图

桥梁的平面图也常采用分层局部剖的形式。左半平面图是从上向下投影得到的桥面俯视图，主要画出了车行道、人行道、栏杆等的位置。由所注尺寸可知，桥面车行道净宽为10m，两边人行道各2m。右半部采用的是分层剖切画法假想把上部结构移去后，画出了2号桥墩和右侧桥台的平面形状和位置。桥墩中的虚线圆是立柱的投影，桥台中的虚线正方形是下面方桩的投影。

3. 横剖面图

根据立面图中所标注的剖切位置可以看出，Ⅰ—Ⅰ剖面是在中跨位置剖切的，Ⅱ—Ⅱ剖面是在边跨位置剖切的，桥梁的横剖面图是左半部Ⅰ—Ⅰ剖面和右半部Ⅱ—Ⅱ剖面拼成的。桥梁中跨和边跨部分的上部结构相同，桥面总宽度为14m，是由10块钢筋混凝土空心板拼接而成，图中由于板的断面形状太小，没有画出其材料符号。在Ⅰ—Ⅰ剖面图中画出了桥墩各部分，包括墩帽、立柱、承台、桩等的投影。在Ⅱ—Ⅱ剖面图中画出了桥台各部分，包括台帽、台身、承台、桩等的投影。

10.3.4 构件结构图

图10.18为图10.17所示桥梁各主要构件的立体示意图。在总体布置图中，由于比例较小，不可能将桥梁各种构件都详细地表示清楚。为了进行制作施工，还必须根据总体布置图采用较大的比例画出各构件结构图。例如桩基图、桥墩图、桥台图、主梁结构图等，构件结构图常采用的比例为1∶10～1∶50。当构件的某一局部在构件中如不能清晰完整的表达时，还应采用更大的比例，例如采用比例为1∶3～1∶10等画出局部详图。

1. 钢筋混凝土空心板图

钢筋混凝土空心板是该桥梁上部结构中最主要的受力构件，它两端搁置在桥墩和桥台上，中跨为13m，边跨为10m。图10.19为边跨10m空心板构造图，由立面图、平面图和断面图组成，主要表达空心板的形状、构造和尺寸。整个桥宽由10块板拼成，按不同位置分为三种：中板（中间6块）、次边板（两侧各1块）、边板（两边各1块）。三种板的厚度相同，均为55cm，故只画出了中板立面图。由于三种板的宽度和构造不同，故分别绘制了中板、次边板和边板的平面图，中板宽124cm，次边板、边板宽162cm，纵向是对

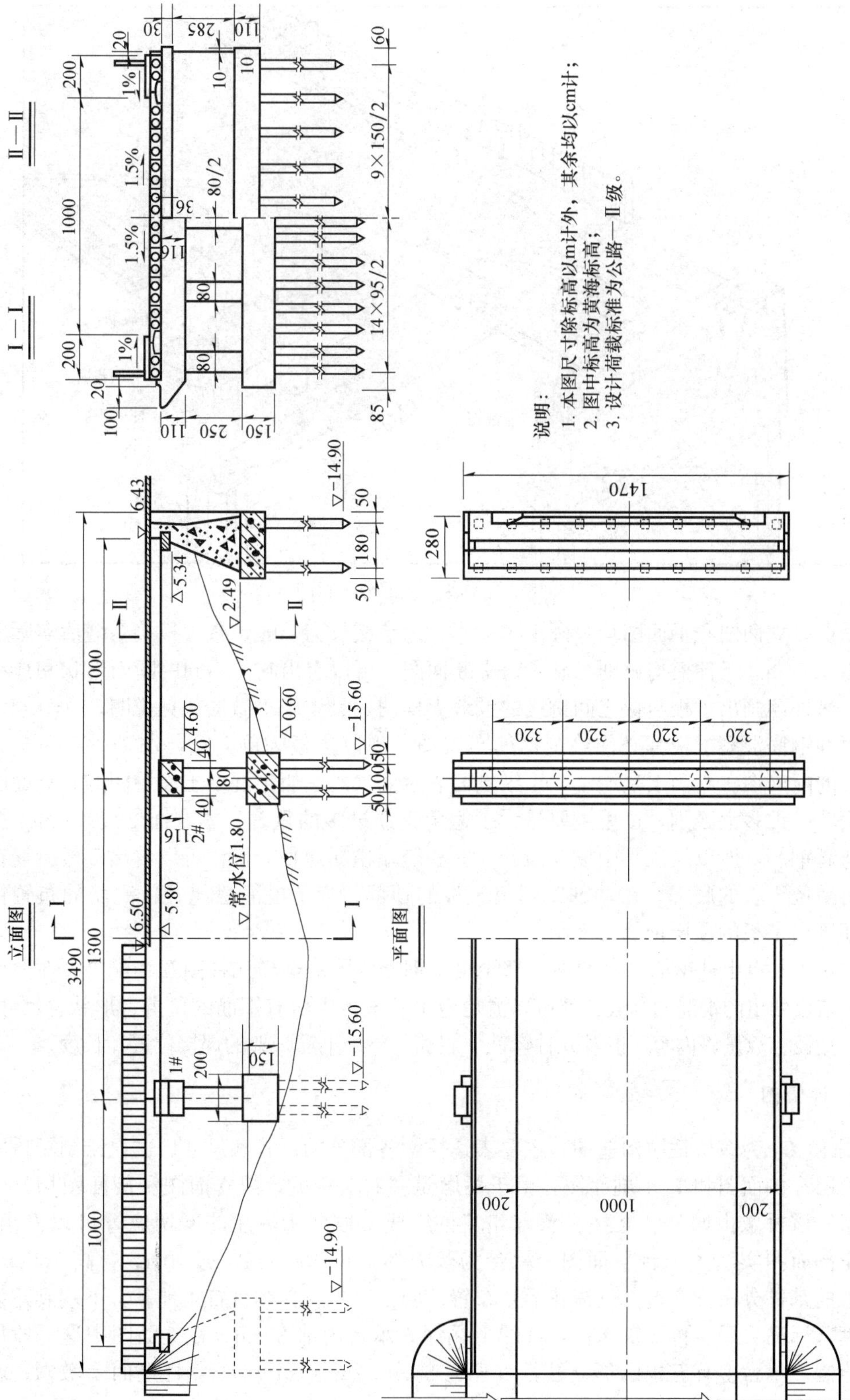

立面图

I—I

II—II

平面图

说明：
1. 本图尺寸除标高以m计外，其余均以cm计；
2. 图中标高为黄海标高；
3. 设计荷载标准为公路—II级。

图 10.17　某桥梁的总体布置图

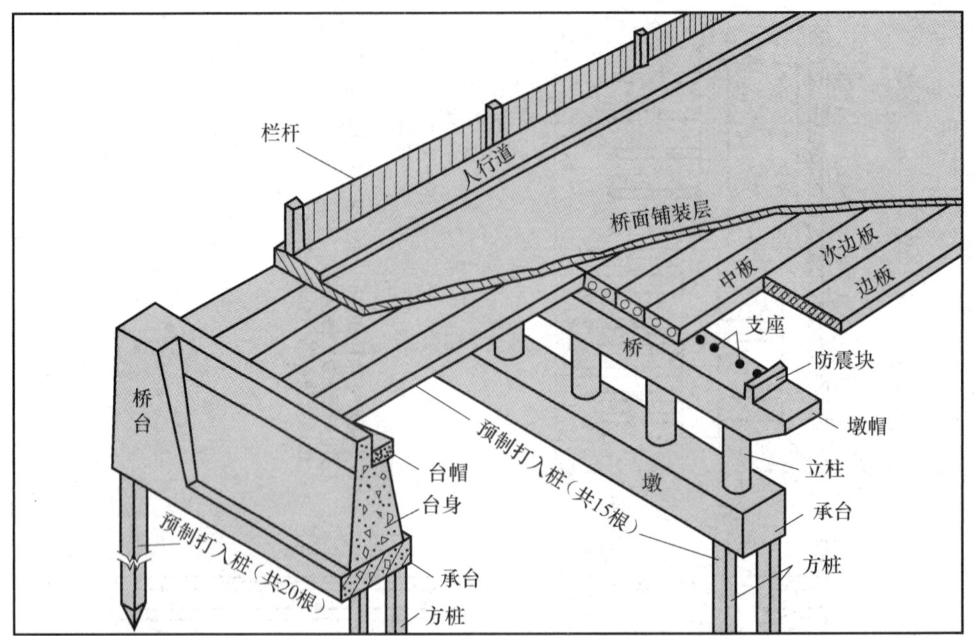

图 10.18　桥梁各组成部分示意图

称的，所以立面图和平面图均只画出了一半，边跨板长为10m，减去板接头缝后实际上板长为996cm。三种板均分别绘制了跨中断面图，可以看出它们不同的断面形状和详细尺寸。另外还画出了板与板之间拼接的铰缝大样图，具体施工做法详见说明。

每种钢筋混凝土板都必须绘制钢筋布置图，现以边板为例介绍，图 10.20 为 10m 板边板的配筋图。立面图是用Ⅰ—Ⅰ纵剖面表示的（既然假定混凝土是透明的，立面图和剖面图已无多大区别，这里主要是为了避免钢筋过多的重叠，才这样处理）。由于板中有弯起钢筋，所以绘制了中横断面Ⅱ—Ⅱ和跨端横断面Ⅲ—Ⅲ，可以看出 2 号钢筋在中部时是位于板的底部，在端部时则位于板的顶部。为了更清楚地表示钢筋的布置情况，还画出了板的顶层钢筋平面图。

整块板共有十种钢筋，每种钢筋都绘出了钢筋详图。这样几种图互相配合，对照阅读，再结合列出的钢筋明细表，就可以清楚地了解该板中所有钢筋的位置、形状、尺寸、规格、直径、数量等内容，以及几种弯筋、斜筋与整个钢筋骨架的焊接位置和长度。

2. 桥墩图

图 10.21 为该桥桥墩构造图，主要表达桥墩各部分的形状和尺寸。这里绘制了桥墩的立面图、侧面图和Ⅰ-Ⅰ剖面图，由于桥墩是左右对称的，故立面图和剖面图均只画出一半。该桥墩由墩帽、立柱、承台和基桩组成。根据所标注的剖切位置可以看出，Ⅰ—Ⅰ剖面图实质为承台平面图，承台为长方体，长 1500cm，宽 200cm，高 150cm。承台下的基桩分两排交错（呈梅花形）布置，施工时先将预制桩打入地基，下端到达设计深度（标高）后，再浇筑承台，桩的上端深入承台内部 80cm，在立面图中这一段用虚线绘制。承台上有五根圆形立柱，直径为 80cm，高为 250cm。立柱上面是墩帽，墩帽的全长为 1650cm，宽为 140cm，高度在中部为 116cm，在两端为 110cm，有一定的

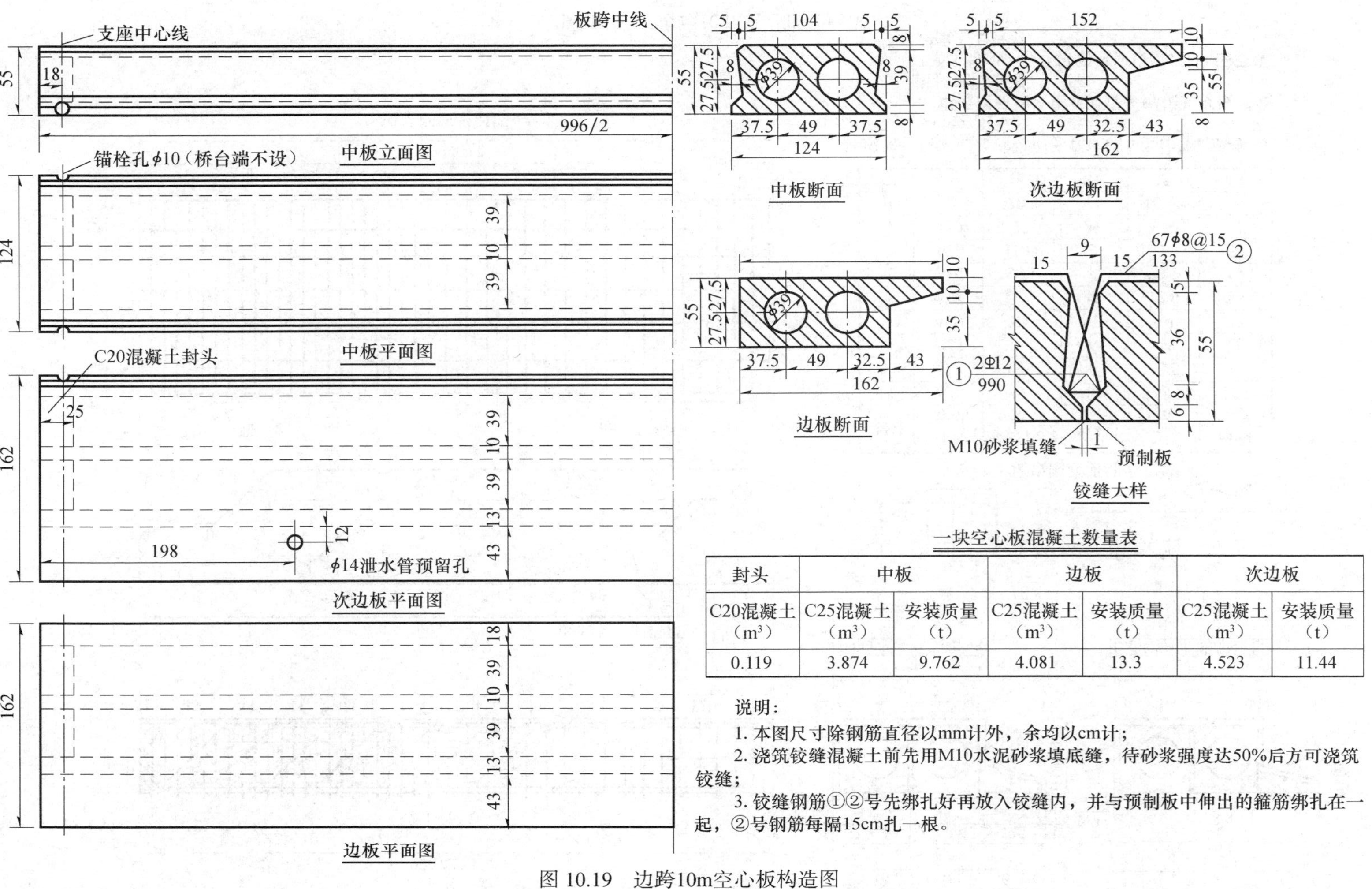

一块空心板混凝土数量表

封头	中板		边板		次边板	
C20混凝土（m^3）	C25混凝土（m^3）	安装质量（t）	C25混凝土（m^3）	安装质量（t）	C25混凝土（m^3）	安装质量（t）
0.119	3.874	9.762	4.081	13.3	4.523	11.44

说明：

1. 本图尺寸除钢筋直径以mm计外，余均以cm计；
2. 浇筑铰缝混凝土前先用M10水泥砂浆填底缝，待砂浆强度达50%后方可浇筑铰缝；
3. 铰缝钢筋①②号先绑扎好再放入铰缝内，并与预制板中伸出的箍筋绑扎在一起，②号钢筋每隔15cm扎一根。

图 10.19　边跨10m空心板构造图

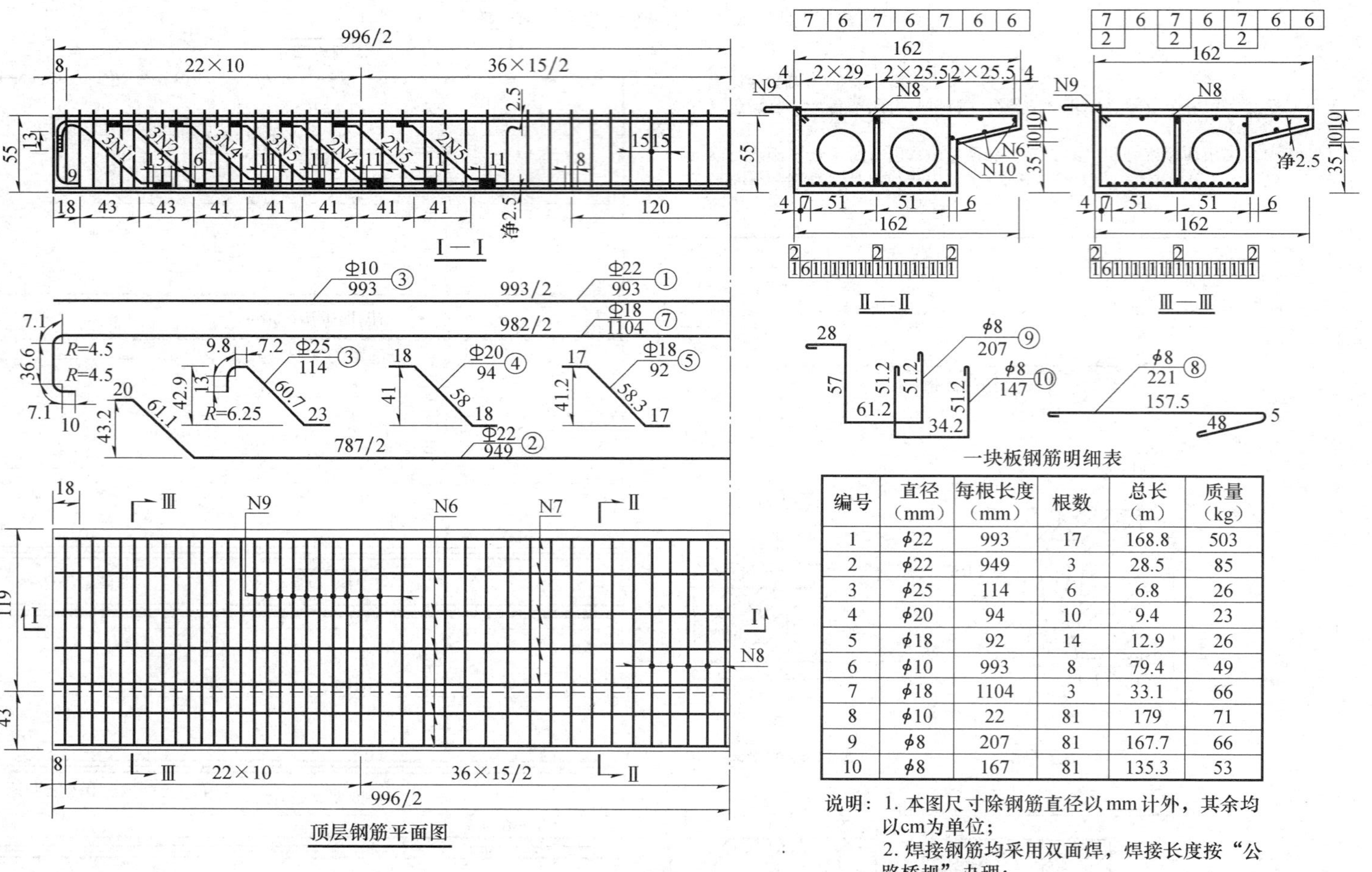

一块板钢筋明细表

编号	直径（mm）	每根长度（mm）	根数	总长（m）	质量（kg）
1	ϕ22	993	17	168.8	503
2	ϕ22	949	3	28.5	85
3	ϕ25	114	6	6.8	26
4	ϕ20	94	10	9.4	23
5	ϕ18	92	14	12.9	26
6	ϕ10	993	8	79.4	49
7	ϕ18	1104	3	33.1	66
8	ϕ10	22	81	179	71
9	ϕ8	207	81	167.7	66
10	ϕ8	167	81	135.3	53

说明：1. 本图尺寸除钢筋直径以mm计外，其余均以cm为单位；
2. 焊接钢筋均采用双面焊，焊接长度按“公路桥规”办理；
3. N8 与N9、N10钢筋对应设置，N9 钢筋弯直伸入人行道。

图 10.20　边跨10m 空心板配筋图

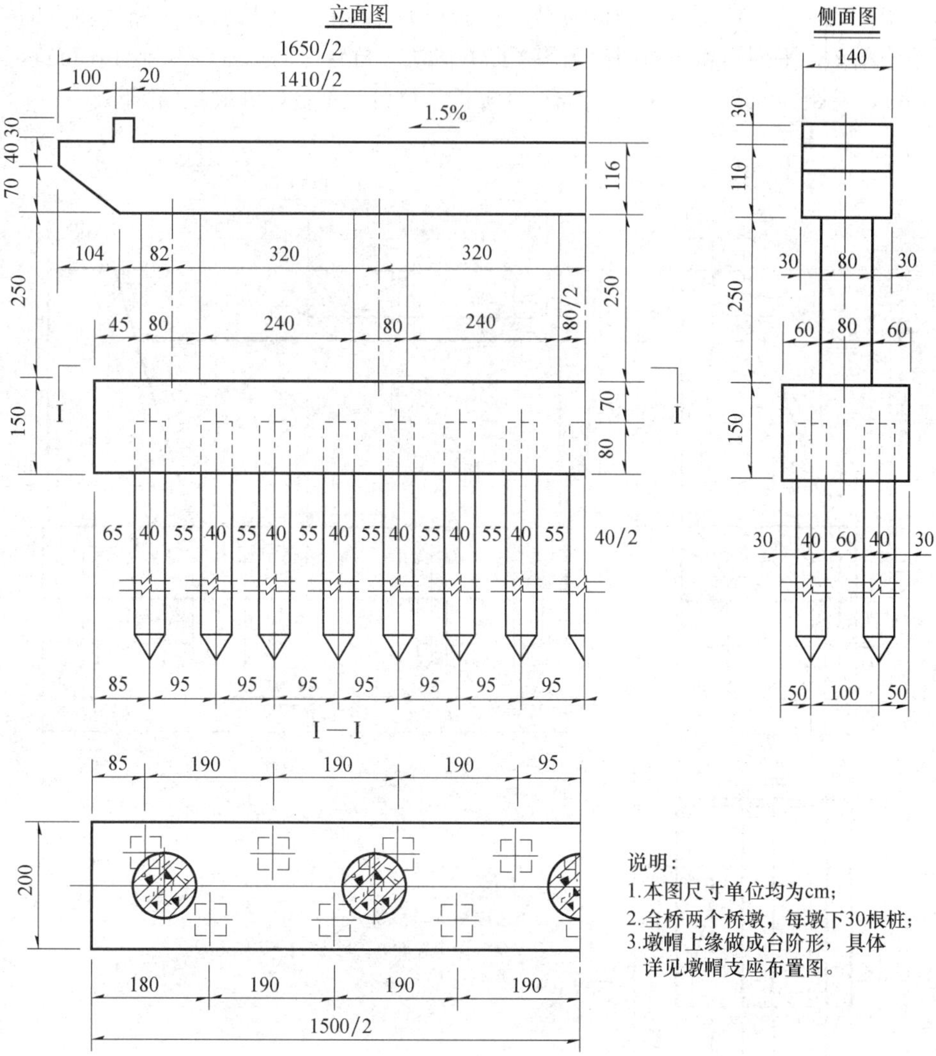

立面图

侧面图

I—I

说明：
1.本图尺寸单位均为cm；
2.全桥两个桥墩，每墩下30根桩；
3.墩帽上缘做成台阶形，具体详见墩帽支座布置图。

图 10.21　桥墩构造图

坡度，为的是使桥面形成 1.5％的横坡。墩帽的两端各有一个 20cm×30cm 的抗震挡块，是为防止空心板移动而设置的。

3. 桥台图

桥台属于桥梁的下部结构，主要是支承上部的板梁，并承受路堤填土的水平推力。我国公路桥梁桥台的型式主要有实体式桥台（又称重力式桥台）、埋置式桥台、轻型桥台、组合式桥台等。

图 10.22 为该桥重力式混凝土桥台的构造图，用剖面图、平面图和侧面图表示。该桥台由台帽、台身、侧墙、承台和基桩组成。这里桥台的立面图用Ⅰ—Ⅰ剖面图代替，既可表示出桥台的内部构造，又可画出材料符号。该桥台的台身和侧墙均用 C30 混凝土浇筑而成，台帽和承台的材料为钢筋混凝土。桥台的长为 280cm，高为 493cm，宽 1470cm。由于宽度尺寸较大且对称，所以平面图只画出了一半。侧面图由台前和台后两个方向视图

各取一半拼成，所谓台前是指桥台面对河流的一侧，台后则是桥台面对路堤填土的一侧。为了节省图幅，平面图和侧面图都采用了断开画法。桥台下的基桩分两排对齐布置，排距为180cm，桩距为150cm，每个桥台有20根桩。桥台的承台等处的配筋图略。

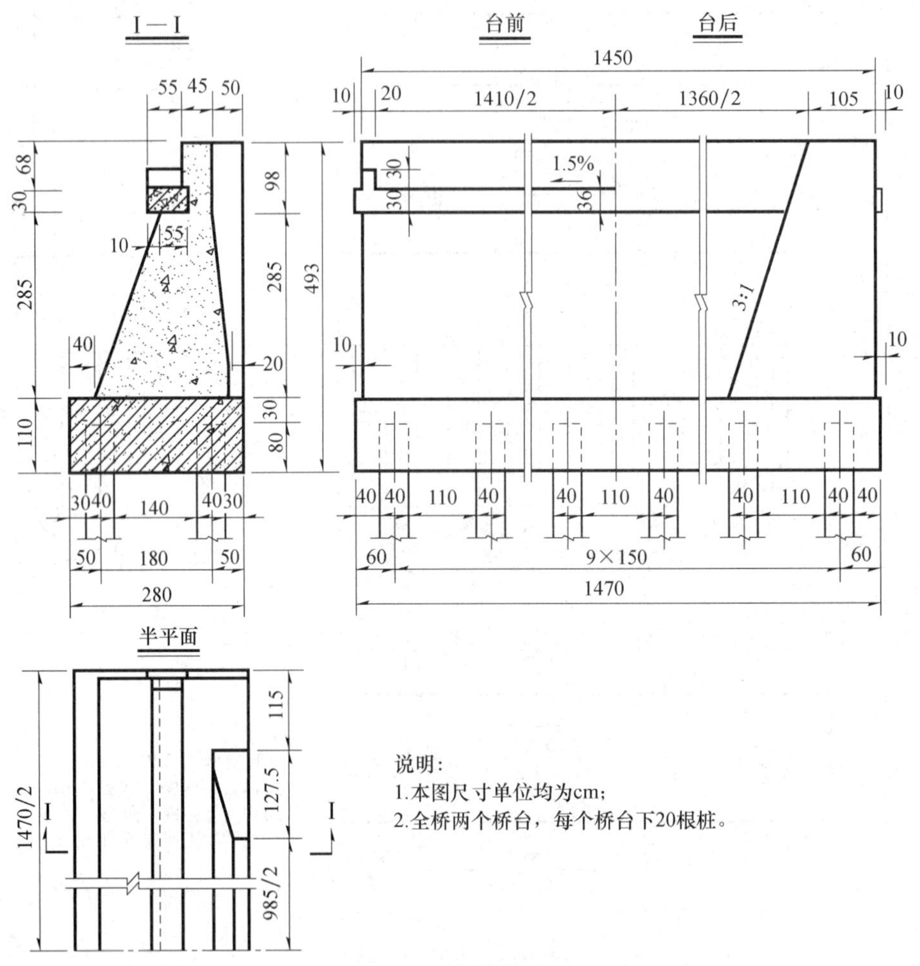

图 10.22　桥台构造图

4. 桥墩基桩钢筋构造图

该桥梁的桥墩和桥台的基础均为钢筋混凝土预制桩，桩的布置形式及数量已在上述图样中表达清楚。图10.23为预制桩的配筋图，主要用立面图和断面图以及钢筋详图来表达。由于桩的长度尺寸较大，为了布图的方便常将桩水平放置，断面图可画成中断断面或移出断面。

由图可以看出该桩的截面为正方形（40cm×40cm），桩的总长为17m，分上下两节，上节桩长为8m，下节桩长为9m。上节桩内布置的主筋为8根①号钢筋，桩顶端有钢筋网1和钢筋网2共三层，在接头端预埋4根⑩号钢筋。下节桩内的主筋为4根②号钢筋和4根③号钢筋，一直通过桩尖部位，⑥号钢筋为桩尖部位的螺旋形钢筋。④和⑤号为大小两种方形箍筋，套叠在一起放置，每种箍筋沿桩长度方向有三种间距，④号箍筋从

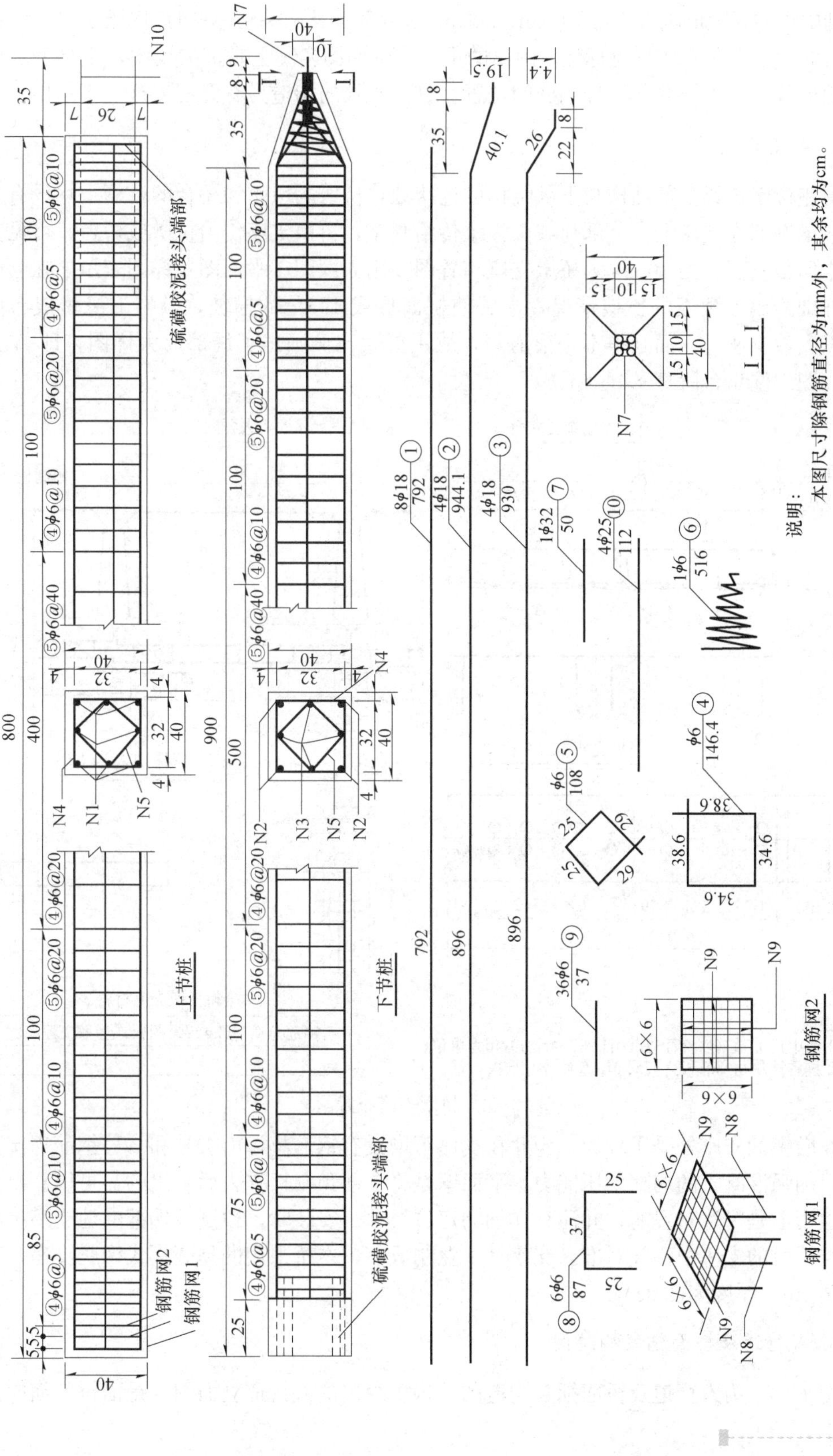

说明：

本图尺寸除钢筋直径为mm外，其余均为cm。

图 10.23　桥墩基桩钢筋构造图

两端到中央的间距依次为 5cm、10cm、20cm，⑤号箍筋从两端到中央的间距分别为 10cm、20cm、40cm，具体位置详见标注。画出的Ⅰ—Ⅰ剖面图实际上是桩尖视图，主要表示桩尖部的形状及⑦号钢筋与②号钢筋的位置。桩接头处的构造另有详图，这里未示出。

5. 支座布置图

支座位于桥梁上部结构与下部结构的连接处，桥墩的墩帽和桥台的台帽上均设有支座，板梁搁置在支座上。上部荷载由板梁传给支座，再由支座传给桥墩或桥台，可见支座虽小但很重要。图 10.24 为桥墩支座布置图，用立面图、平面图及详图表示。在立面图上详细绘制了预板的拼接情况，为了使桥面形成 1.5%的横坡，墩帽上缘做成台阶形，以安放支座。立面画得不是很清楚，故用更大比例画出了局部放大详图，即 A 大样图，图中注出台阶宽 1.88cm。

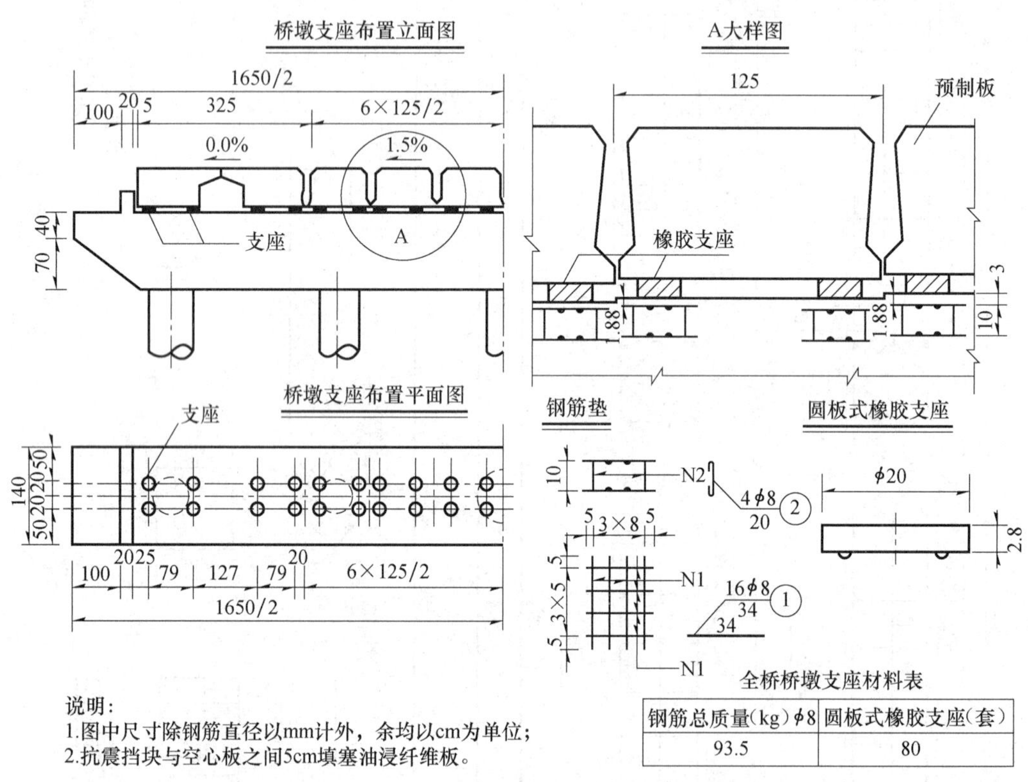

钢筋总质量(kg) ϕ8	圆板式橡胶支座(套)
93.5	80

图 10.24　桥墩支座布置图

在墩帽的支座处受压较大，为此在支座下增设有钢筋垫，由①号和②号钢筋焊接而成，以加强混凝土的局部承压能力。平面图是将上部预制板移去后画出的，可以看出支座在墩帽上是对称布置的，并注有详细的定位尺寸。安装时，预制板端部的地支座中心线应与桥墩的支座中心线对准。支座是工业制成品，本桥采用的是圆板式橡胶支座，直径为 20cm，厚度为 2.8cm。

6. 人行道及桥面铺装构造图

图 10.25 为人行道及桥面铺装构造图，这里绘出的人行道立面图，是沿桥的横向剖

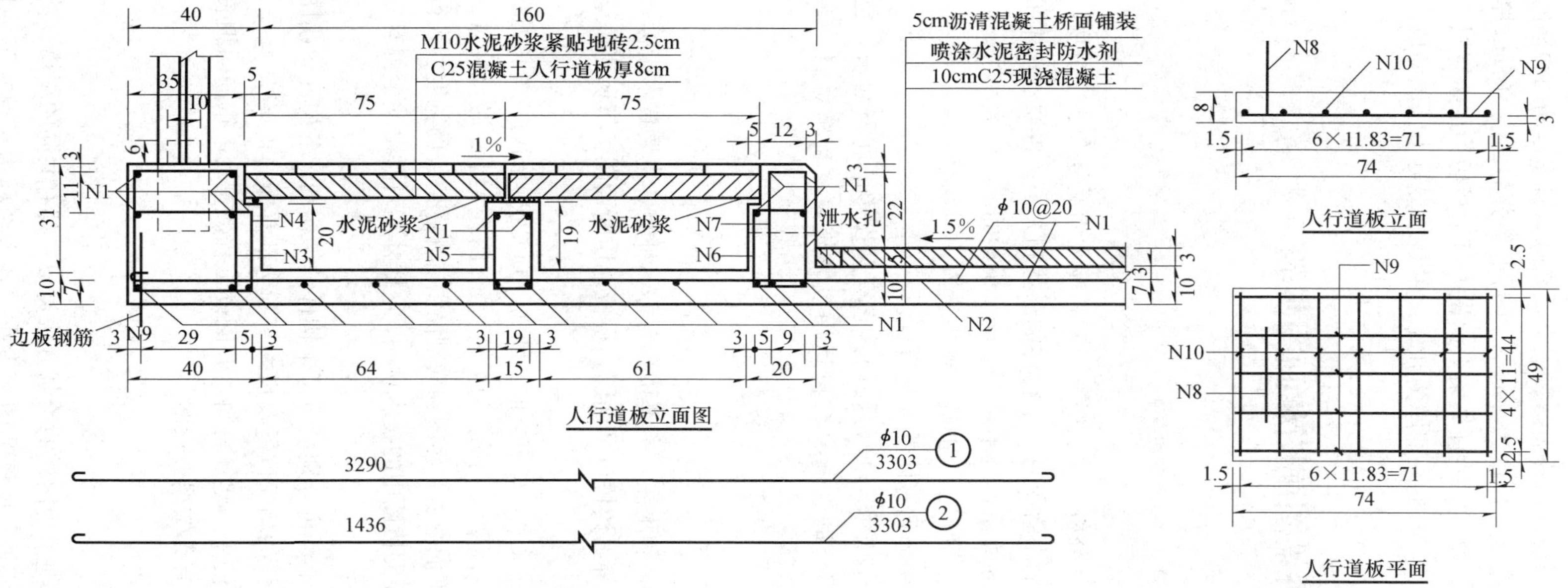

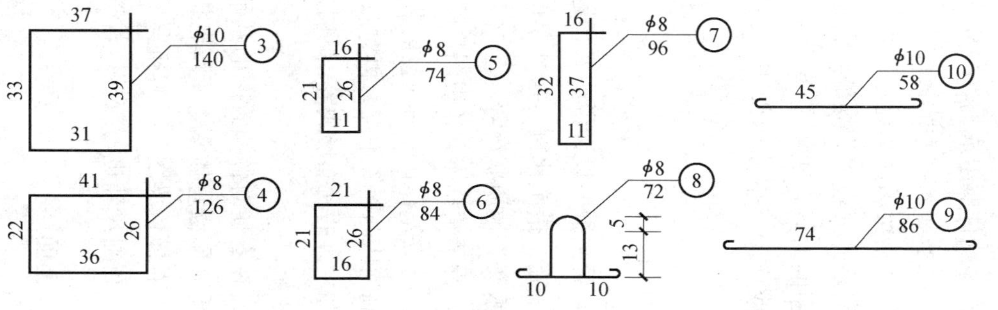

5cm沥清混凝土桥面铺装

喷涂水泥密封防水剂

10cmC25现浇混凝土

M10水泥砂浆紧贴地砖2.5cm

C25混凝土人行道板厚8cm

人行道板立面图

人行道板立面

人行道板平面

说明：
1.本图尺寸除钢筋直径以mm计外，余均以cm计；
2.人行道板全桥共264块；
3.人行道撑梁、路缘石采用现浇C25混凝土，在墩台处断开，并注意将人行道和地砖的拼接缝与其对齐，桥面泄水管在路缘石现浇时埋入；
4.箍筋N3，N4，N5，N6，N7沿桥跨方向布置间距为20cm，在栏杆柱处可适当调整间距；
5.边板伸出钢筋N9，应与栏杆垫梁钢筋牢固绑扎；
6.N8钢筋在人行道板安装完毕后切除。

图 10.25　人行道及桥面铺装构造图

切而得到的，实质上是人行道的横剖面图。桥面铺装层主要是由纵向①号钢筋和横向②号钢筋形成的钢筋网，现浇C25混凝土，厚度为10cm。车行道部分的面层为5cm厚沥青混凝土。人行道部分是在路缘石、撑梁、栏杆垫梁上铺设人行道板后构成架空层，面层为地砖贴面。人行道板长74cm，宽为49cm，厚为8cm，用C25混凝土预制而成，另画有人行道板的钢筋布置图。

10.4 桥梁图读图和画图步骤

10.4.1 读图

1. 读图的方法

读桥梁工程图的基本方法是形体分析方法。桥梁虽然是庞大而又复杂的建筑物，但它是由许多构件所组成的，只要我们了解了每一个构件的形状和大小，再通过总体布置图把它们联系起来，弄清彼此之间的关系，就不难了解整个桥梁的形状和大小了。因此必须把整个桥梁图由大化小、由繁化简，各个击破、解决整体。

也就是先由整体到局部，再由局部到整体的反复过程。

看图的时候，决不能单看一个投影图，而是要同其它有关投影图联系起来，包括总体图或详图、钢筋明细表、说明等联系起来。再运用投影规律，互相对照、弄清整体。

2. 读图的步骤

（1）看图纸的设计说明及标题栏和附注，了解桥梁名称、种类、主要技术指标，荷载等级、施工措施比例、尺寸单位等。读桥位平面图、桥位地质断面图了解所建桥梁的位置、水文、地质状况等。

（2）弄清楚总体图各视图之间的关系，如有剖面、断面，则要找到剖切位置和观察方向。看图时应先看立面图（包括纵剖面图），了解桥型、孔数、跨径大小、墩台数目、总长、总高河床断面等情况。再对照平面图、侧面图和横剖面图等，了解桥的宽度、人行道的尺寸和主梁的断面形式等，同时要阅读图中的技术说明，这样才能对桥梁的全貌有一个初步的了解。

（3）在看懂总体布置图的基础上，再分别读懂每个构件的结构图。各构件图读懂之后，再重来阅读总体图，了解各构件的相互位置及尺寸直到全部看懂为止。

（4）看懂桥梁图，了解桥梁所使用的建筑材料，并阅读工程数量表，钢筋明细表及说明等，再对尺寸进行校核，检查有无错误或遗漏。

10.4.2 画图

绘制桥梁工程图，基本上与其他工程图样的绘制方法类似，都有共同的规律。首先要确定视图数目（包括剖面、断面图）、比例和图幅大小。各类图样由于要求不一样，

采用的比例也不同。表 10.6 为桥梁工程图常用比例参考表。

表 10.6　桥梁常用比例参考表

项　目	图　名	说　明	比　例	
			常用比例	分类
1	桥位图	表示桥位及路线的位置及附近的地形、地物情况。对于桥梁、房屋及农作物等只画出示意性符号	1∶500～1∶2000	小比例
2	桥位地质断面图	表示桥位处的河床地质断面及水文情况，为了突出河床的起伏情况，高度比例较水平方向比例放大数倍画出	1∶100～1∶500（高度方向比例） 1∶500～1∶2000（水平方向比例）	普通比例
3	桥梁总体布置图	表示桥梁的全貌、长度、高度尺寸，通航及桥梁各构件的相互位置。横剖面图可较立面图放大 1～2 倍画出	1∶50～1∶500	
4	构件结构图	表示梁、桥台、人行道和栏杆等杆件的构造	1∶10～1∶50	大比例
5	大样图（详图）	钢筋的弯曲和焊接、栏杆的雕刻花纹、细部等	1∶3～1∶10	大比例

注：上述 1、2、3 项中，大桥选用较小比例，小桥采用较大比例。

现以图 10.26 为例来说明总体布置图的绘制方法和步骤。

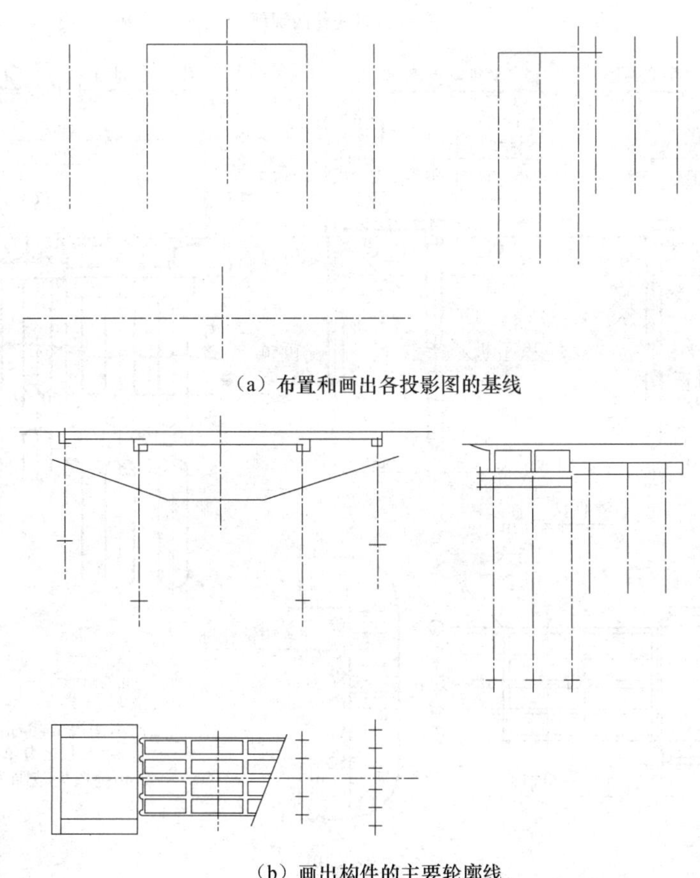

（a）布置和画出各投影图的基线

（b）画出构件的主要轮廓线

图 10.26　桥梁总体布置图的画图步骤

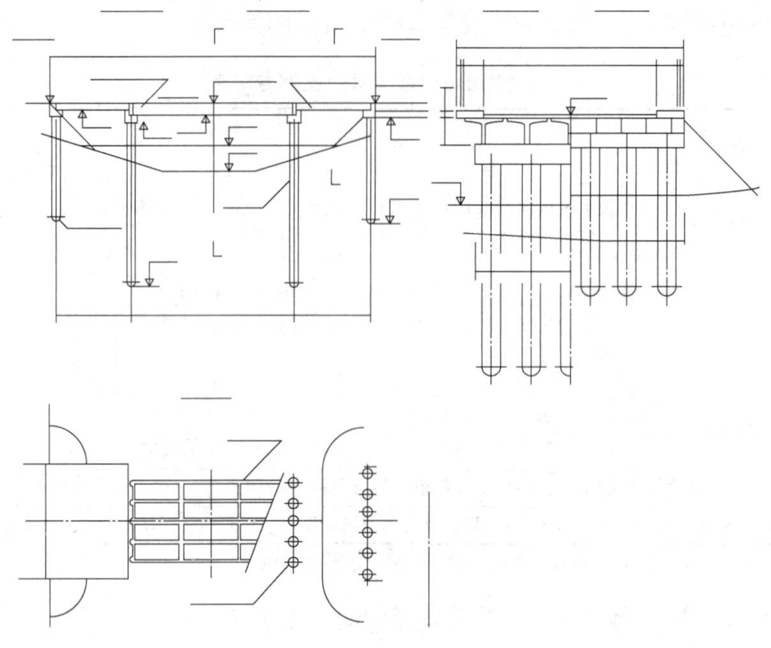

（c）画各构件的细部

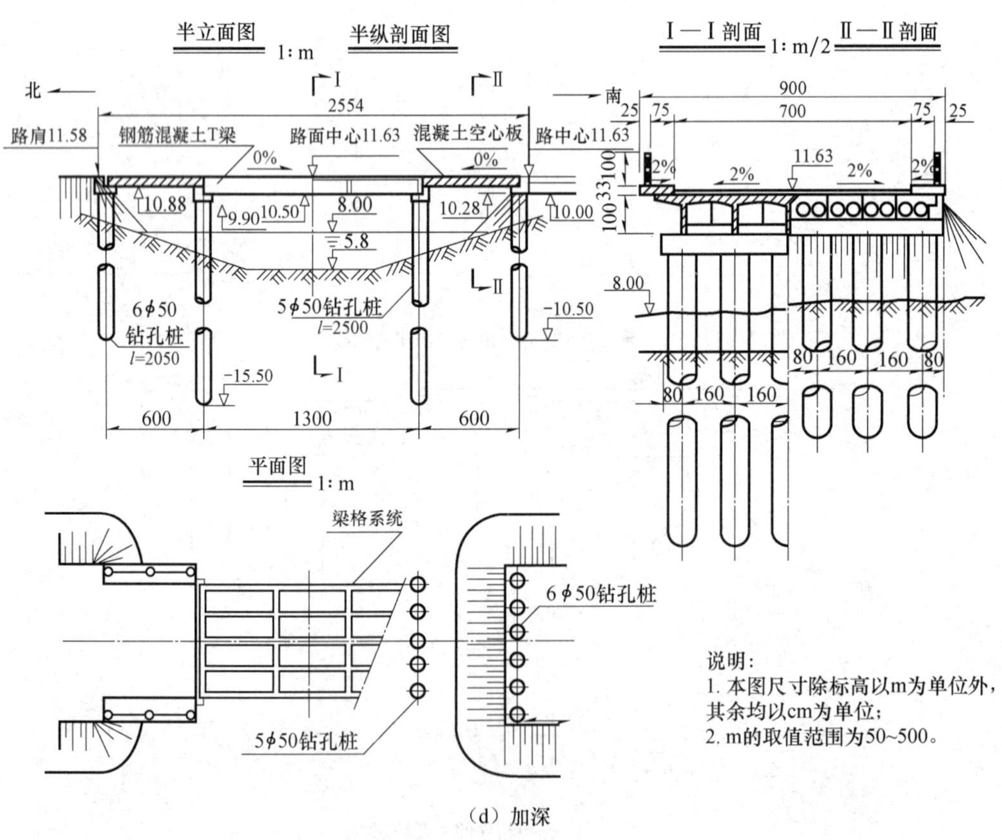

说明：
1. 本图尺寸除标高以m为单位外，其余均以cm为单位；
2. m的取值范围为50~500。

（d）加深

图 10.26　桥梁总体布置图的画图步骤（续）

画图的步骤：

（1）布置和画出各投影图的基线，根据所选定的比例及各投影图的相对位置把它们匀称地分布在图框内，布置时要注意空出图标、说明、投影图名称和标注尺寸的地方。当投影图位置确定之后，便可以画出各投影图的基线或构件的中心线。如图 10.26（a）所示，首先画出三个图形的中心线，其次画出墩台的中心线，立面图中的水平线是以梁顶作为水平基线。

（2）画出构件的主要轮廓线，如图 10.26（b）所示，以基线或中心线作为量度的起点，根据标高及各构件的尺寸，画构件的主要轮廓线。

（3）画各构件的细部，如图 10.25（c）所示，根据主要轮廓从大到小画全各构件的投影，注意各投影图的对应线条要对齐，并把剖面、栏杆、坡度符号线的位置、标高符号及尺寸线等画出来。

（4）加深

如图 10.26（d）所示，各细部线条画完，经检查无误即可加深，最后画出断面符号、标注尺寸和书写文字等。

10.5　隧道工程图

隧道是道路穿越山岭的建筑物，它虽然形体很长，但中间断面形状很少变化，所以隧道工程图除了用平面图表示它的位置外，它的构造图主要用隧道洞门图、横断面图（表示洞身形状和衬砌）及避车洞图等来表达。

10.5.1　隧道洞门图

隧道洞门大体上可以分为端墙式和翼墙式两种。图 10.27（a）为端墙式洞门立体图，图 10.27（b）为翼墙式洞门立体图。

（a）端墙式　　（b）翼墙式

图 10.27　隧道洞门立体图

如图10.28所示，为端墙式隧道洞门三面投影图。

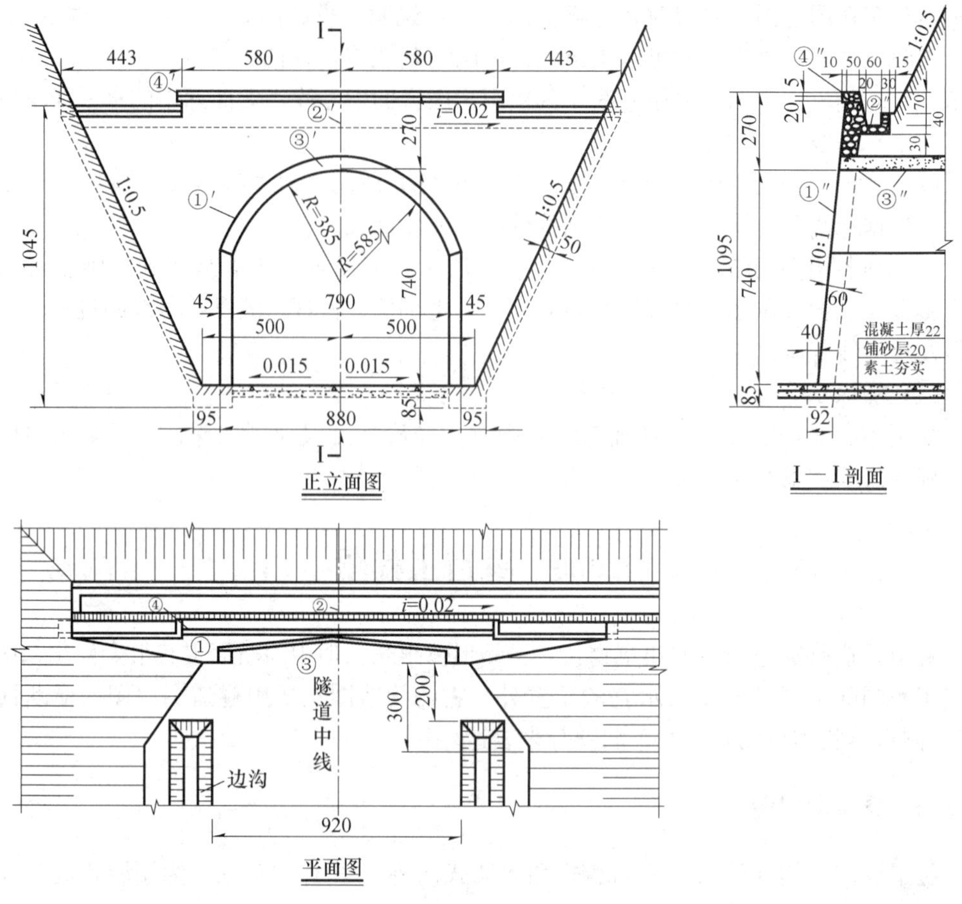

图10.28　隧道洞门投影图

1. 正立面图

正立面图（即立面图）是洞门的正立面投影，不论洞门是否左右对称均应画全。正立面图反映出洞门墙的式样，洞门墙上面高出的部分为顶帽，同时也表示出洞口衬砌断面类型，它是由两个不同半径（$R=385$cm和$R=585$cm）的三段圆弧和两直边墙所组成，拱圈厚度为45cm。洞口净空尺寸高为740cm，宽为790cm；洞门墙的上面有一条从左往右方向倾斜的虚线，并注有$i=0.02$的箭头，这表明洞门顶部有坡度为2%的排水沟，用箭头表示流水方向。其它虚线反映了洞门墙和隧道底面的不可见轮廓线，它们被洞门前面两侧路堑边坡和公路路面遮住，所以用虚线表示。

2. 平面图

仅画出洞门外露部分的投影，平面图表示了洞门墙顶帽的宽度、洞顶排水沟的构造

及洞门口外两边沟的位置（边沟断面未示出）。

3. Ⅰ—Ⅰ剖面图

仅画出靠近洞口的一小段，图中可以看到洞门墙倾斜坡度为10∶1，洞门墙厚度为60cm，还可以看到排水沟的断面形状、拱圈厚度及材料断面符号等。

为了读图方便，图10.28还在三个投影图上对不同的构件分别用数字注出，如洞门墙为①′、①、①″，洞顶排水沟为②′、②、②″，拱圈为③′、③、③″，顶帽为④′、④、④″等。

10.5.2　避车洞图

避车洞有大、小两种，是供行人和隧道维修人员及维修小车避让来往车辆而设置的，它们沿路线方向交错设置在隧道两侧的边墙上。通常小避车洞每隔30m设置一个，大避车洞则每隔150m设置一个，为了表示大、小避车洞的相互位置，采用位置布置图来表示。

如图10.29所示，由于这种布置图图形比较简单，为了节省图幅，纵横方向可采用不同比例，纵方向常采用1∶2000，横方向采用1∶200等比例。

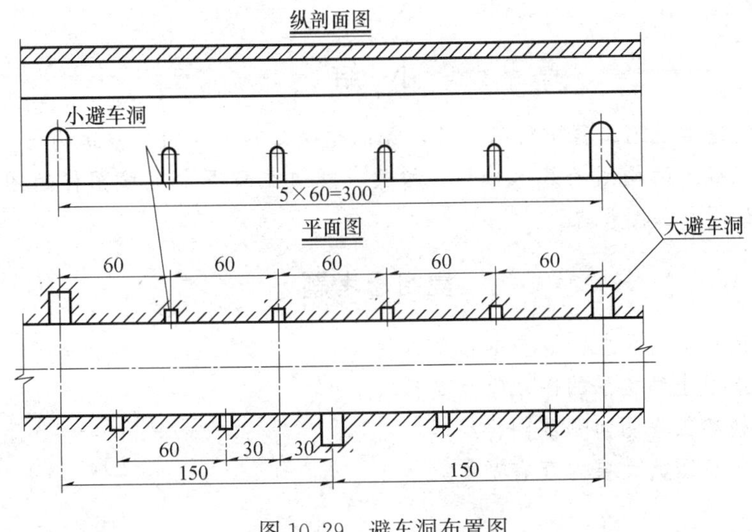

图10.29　避车洞布置图

大小避车洞构造形状类似，只是构造尺寸不同而已。如图10.30（a）所示，为大避车洞示意图，图10.30（b）为大避车洞详图，洞内底面两边做成斜坡以供排水之用。

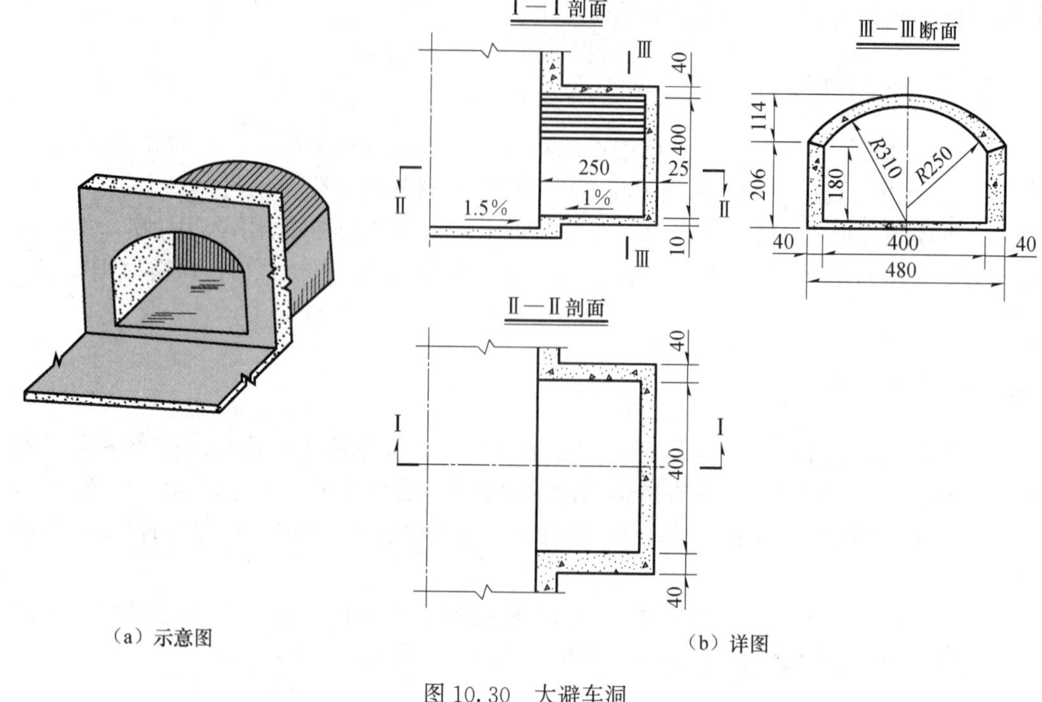

图 10.30　大避车洞

小　结

桥梁与隧道是道路工程中跨路过河，穿山越岭必不可少的工程结构物。本单元主要介绍了钢筋混凝土结构图的基本知识；桥梁、隧道工程图中主要图样的图示特点与内容；桥梁图读图和画图步骤。

复习思考题

1. 钢筋的种类有哪些？各自的作用如何？
2. 钢筋混凝土结构图的图示特点是什么？
3. 一般桥梁工程图由哪些图样组成？
4. 隧道工程图的主要内容有哪些？

单元 11

涵洞与通道工程图

教学目标

1. 了解涵洞的分类方法；
2. 了解涵洞的组成；
3. 了解涵洞与通道工程的图示方法及表达内容；
4. 掌握涵洞与通道工程图的阅读方法。

现在道路设计中，在一般情况下山区道路的每条自然沟渠或者平原区道路的每条排水或灌溉渠均应设置涵洞，对全封闭、全互通、固定进出口和分道分向行驶特点的高速公路所增加的通道和涵洞则更多，使得涵洞和通道的数量在整个道路工程中，占有很大的比例。

涵洞是宣泄路堤下水流的工程构筑物，它与桥梁的主要区别在于跨径的大小和填土的高度。根据《公路工程技术标准》（JTGB01—2003）中的规定，凡是单孔跨径小于5m，多孔跨径总长小于8m，以及圆管涵、箱涵，不论其管径或跨径大小、孔数多少均称为涵洞。

涵洞顶上一般有较厚的填土（洞顶填土大于50cm），填土不仅可以保持路面的连贯性，而且分散了汽车荷载的集中压力，并减少对涵洞的冲击力。

通道是指专供行人车辆通行，跨径不大的构造物。其图示特点和图样表达与涵洞有许多类似之处。

11.1 涵洞的分类与组成

11.1.1 涵洞分类

（1）按构造形式分为圆管涵、拱涵、箱涵、盖板涵等，工程上多用此分类法。

（2）按建筑材料分为钢筋混凝土涵、混凝土涵、砖涵、石涵、木涵、金属涵等。

（3）按洞身断面形状分为圆形、卵形、拱形、梯形、矩形等。

（4）按孔数分为单孔、双孔、多孔等。

（5）按洞口形式分为一字式（端墙式）、八字式（翼墙式）、领圈式、走廊式等。

（6）按洞顶有无覆盖土分为明涵和暗涵（洞顶填土大于50cm）等。

11.1.2 涵洞组成

涵洞是由洞口、洞身和基础三部分组成的排水构造物。图 11.1 为拱涵的立体示意图，从中可以了解涵洞各部分的名称、位置和构造。

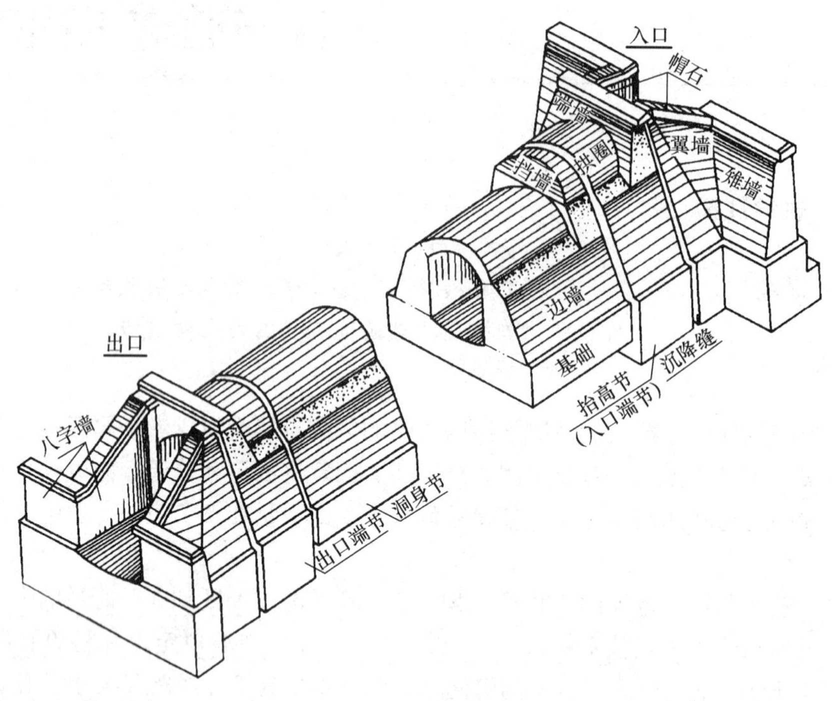

图 11.1 涵洞各部分组成示意图

(1) 洞口包括端墙、翼墙或护坡、截水墙和缘石等部分，是洞身、路基、河道三者的连接，保证涵洞基础和两侧路基免受冲刷，使水流顺畅的构造。一般进出水口均采用同一形式，位于涵洞上游侧的洞口称进水口，位于涵洞下游侧的洞口称出水口。

常用的洞口形式有八字式、端墙式、锥坡式、直墙式、扭坡式、平头式、走廊式、流线型式等结构形式，如图 11.2 所示。设计时应根据实地情况选择上下游洞口的形式与洞身组合使用。

(2) 洞身是涵洞的主要部分，它由若干节组成，靠近出、入口的一节叫端节，中间的称为洞身节。端节和洞身节均由基础、边墙、拱圈组成。

洞身的主要作用是承受活载压力和土压力等并将其传递给地基，并保证设计流量通过的必要孔径。常见的洞身形式有圆管涵、拱涵、箱涵、盖板涵，如图 11.3 所示。

(3) 基础是修筑在地面之下，承受整个涵洞的重量，防止水流冲刷而造成的沉陷和坍塌，保证涵洞的稳定和牢固。

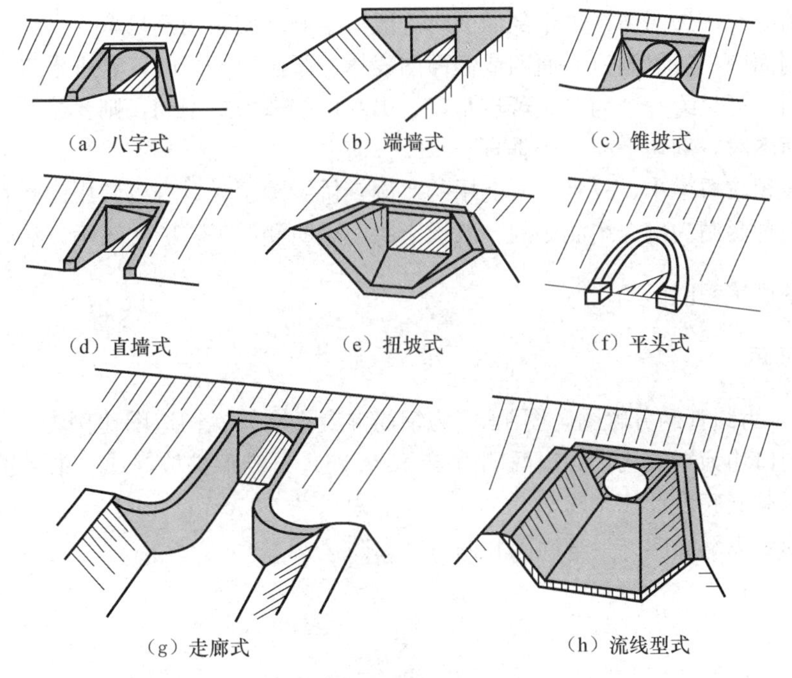

图 11.2　几种常见的洞口形式

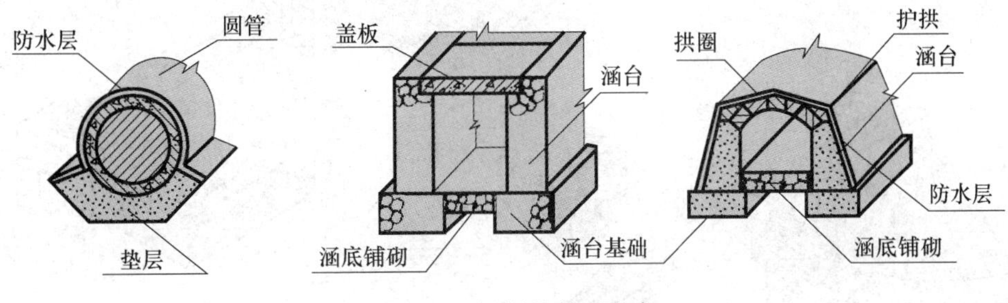

图 11.3　涵洞的断面形式

11.2　涵洞工程图

11.2.1　涵洞的图示方法及表达内容

涵洞是窄而长的构造物，它从路面下方横穿过道路，埋置于路基土层中。根据涵洞的构造特点，涵洞工程图包括常用的平面图、立面图、剖面图（有时还要附加构件详图，如钢筋布置图、翼墙断面图等）。

(1) 涵洞的水流方向可以与道路正交或斜交，一般涵洞的顺水流方向较长，故以水流方向为纵向，立面一般画成半纵剖面图，剖切平面通过顺水流方向的洞身轴线。

(2) 平面图常以水平投影图或半剖面图表达，画水平投影图时，为了表达清楚，将洞顶覆盖的土看作透明体；画半剖面图时一般沿涵洞基础顶面剖切。

(3) 侧面图一般以洞口立面图或剖面图表达。画洞口立面时，若进水口、出水口构造形式相同，可只绘一个洞口。若进水口、出水口构造形式不同，则要绘两个洞口构造图。绘剖面图时，剖切平面一般垂直于水流方向。

涵洞体积较桥梁小，故画图所选用的比例较桥梁图稍大。现以常用的圆管涵、盖板涵和拱涵三种涵洞为例介绍涵洞的一般构造图，说明涵洞工程图的表示方法。

11.2.2 涵洞工程图

1. 圆管涵

图11.4为圆管涵分解图，图11.5为钢筋混凝土圆管涵构造图比例为1∶60。该涵洞进出水洞口均为端墙式，洞口两侧由20cm干砌片石锥形护坡组成，锥形护坡坡度为1∶1.5，涵洞洞底设计流水坡度为1%，涵洞总长为1335cm。由于构造对称，只绘出了该涵洞的半纵剖面图、半平面图和洞口立面图。

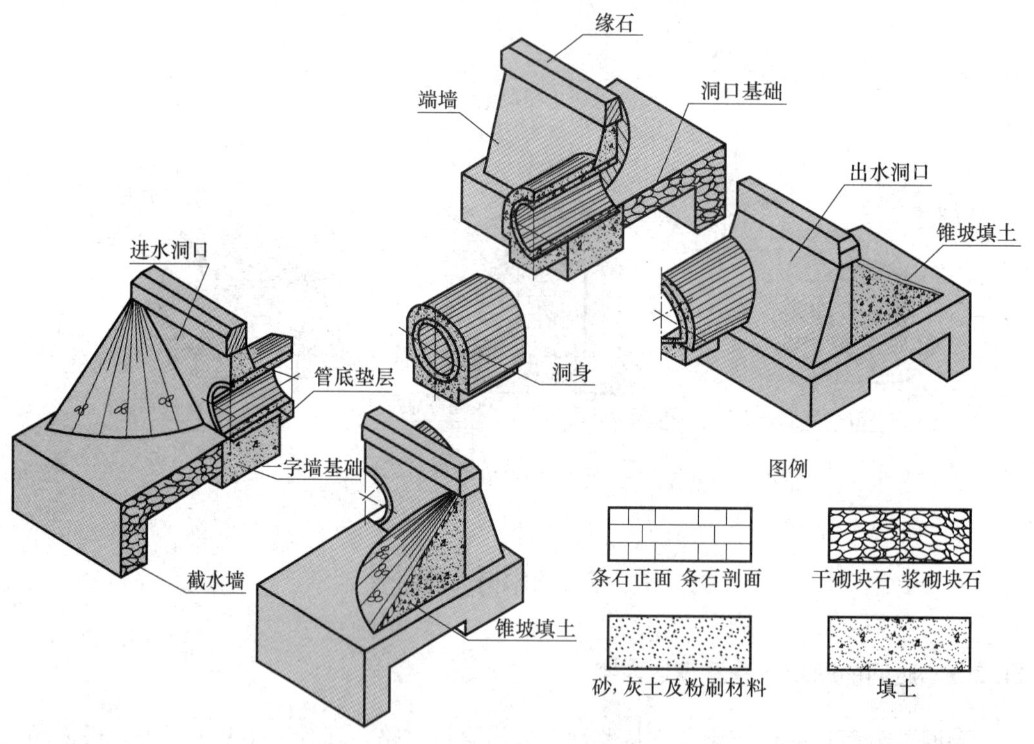

图11.4 圆管涵分解图

1) 半纵剖面图

由于该涵洞左右基本对称，以对称中心线为分界线，布置图中只画出半纵剖面图。从该图中我们可以读出：洞口由基础、端墙、缘石，以及30cm厚的浆砌片石铺砌，20cm干砌片石锥形护坡组成。基础顶面与洞口铺砌的顶面平齐。涵洞的圆管内径

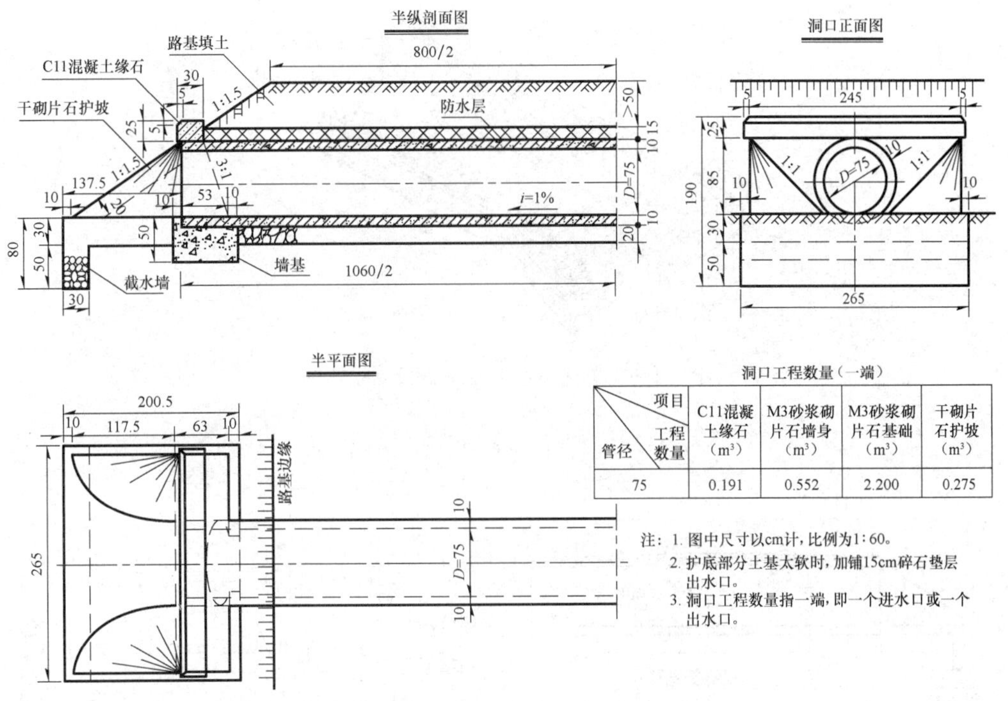

项目 / 工程数量 / 管径	C11混凝土缘石（m³）	M3砂浆砌片石墙身（m³）	M3砂浆砌片石基础（m³）	干砌片石护坡（m³）
75	0.191	0.552	2.200	0.275

图 11.5　某单孔钢筋混凝土圆管涵构造图

75cm、壁厚 10cm，管长 1060cm，圆管的端部嵌于端墙墙身内，管内圆孔与洞口铺砌顶面相切；在圆管下铺砌 20cm 浆砌片石，圆管外壁设 15cm 厚的防水层。涵上路基覆土厚度大于 50cm。按构造要求，圆管应纵向分节，图纸未示出。

2）半平面图

平面图与半纵剖面图相配合，故也只画一半。图中将涵顶覆土作透明处理，但画出了路基边缘线，并以示坡线表示路基边坡。半平面图中着重表达洞口基础、端墙、缘石和护坡的平面形状和尺寸，以及管径尺寸与管壁厚度。

3）侧面图

侧面图又称为洞口正面图，主要表示管涵孔径和壁厚、洞口缘石和端墙的侧面形状及尺寸、锥形护坡的坡度等。为了使图形清晰起见，把土壤作为透明体处理，并且某些虚线未予画出。

2. 钢筋混凝土盖板涵

如图 11.6 所示盖板涵的立体图，图 11.7 所示为某单孔钢筋混凝土盖板涵的布置图。该涵洞为明涵，所以其路基宽度与涵身长度相等，为 1200cm，加上两端洞口铺砌长度分别为 240cm 和 292cm，即涵洞总长为 1732cm。该投影图采用纵剖面图、平面图及洞口正立面来表达，由于用三个基本视图不能清楚地反映翼墙、洞身的详细构造和尺寸，通过绘制Ⅰ—Ⅰ、Ⅱ—Ⅱ断面图及缘石大样图来表示。

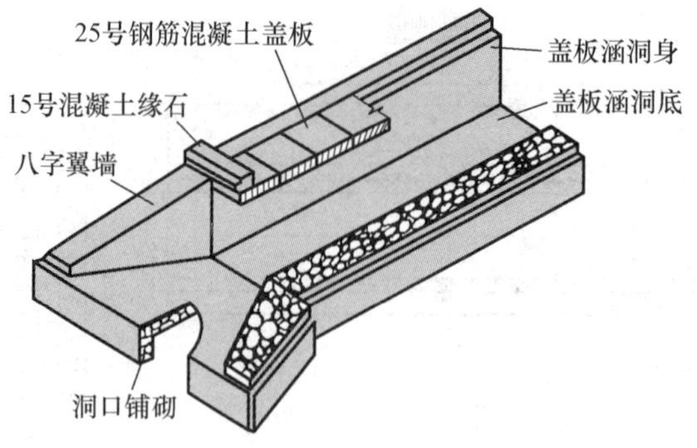

图 11.6　单孔钢筋混凝土盖板涵立体图

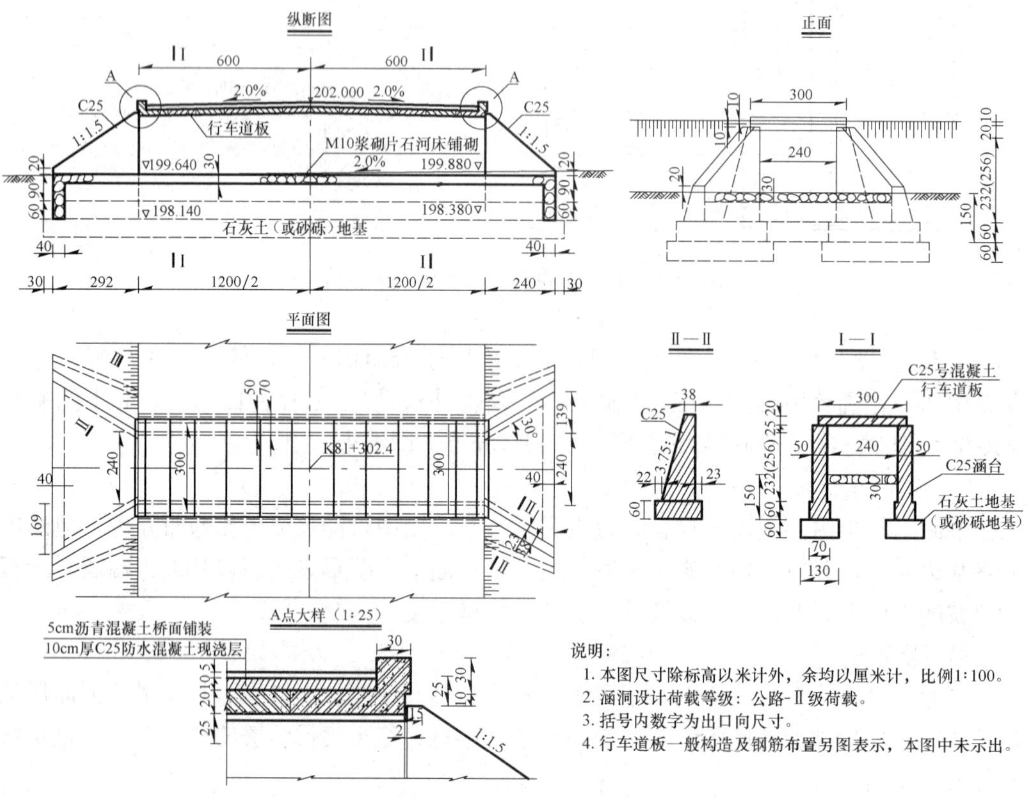

图 11.7　某钢筋混凝土盖板涵构造图

1）纵断面图

纵断面图中详尽表示出涵洞各细部在长度方向的尺寸，路面横坡以及八字翼墙和其与洞身的连接关系等，八字翼墙坡度为 1∶1.5，采用 C25 混凝土，进水口涵底的标高为 199.880m，出水口涵底的标高为 199.640m，洞底采用 M10 浆砌片石凝铺砌，厚 30cm，截水墙深 150cm，涵台基础另有 60cm 厚地基处理层。图中还画出了原地面线。为更清楚地表达洞身构造，画出了Ⅰ—Ⅰ断面图。

2）平面图

平面图与纵断面图对应，画出路肩边缘线及示坡线。采用折断线截去涵洞两侧适当位置以外的部分，突出表示涵洞。涵洞中心桩号为K81＋302.4，涵台台身宽50cm，台身基础宽70cm，因其水平投影被路堤遮挡，均被画成虚线。平面图中清晰表示出进出水洞口的八字翼墙及其基础的投影形状和尺寸。为更清楚地表达八字翼墙的构造，对其Ⅱ—Ⅱ位置进行剖切，并画出断面图，以便放样或制作模板。

3）侧面图

也称为洞口立面图，表达了洞高和净跨径，同时表示出缘石、盖板、八字冀墙、基础等的相对位置和它们的侧面形状。图中地面线以下不可见轮廓线用虚线画出。

3. *石拱涵*

石拱涵由主拱圈、涵台、台墙基础、洞口侧墙及八字冀墙等组成。也常用纵剖面图、平面图、洞口正面图、洞身断面图等来表达其构造。

如图11.8所示为石拱涵的立体示意图，图11.9所示为某单孔石拱涵的构造图。图11.9中，该石拱涵的洞身长3888cm，涵洞总长5533cm，净跨径L_0＝400cm，矢高f_0＝248cm，矢跨比$\frac{f_0}{L_0}=\frac{248}{400}\approx 1:1.7$。路基宽度700cm，路基覆土1072cm。

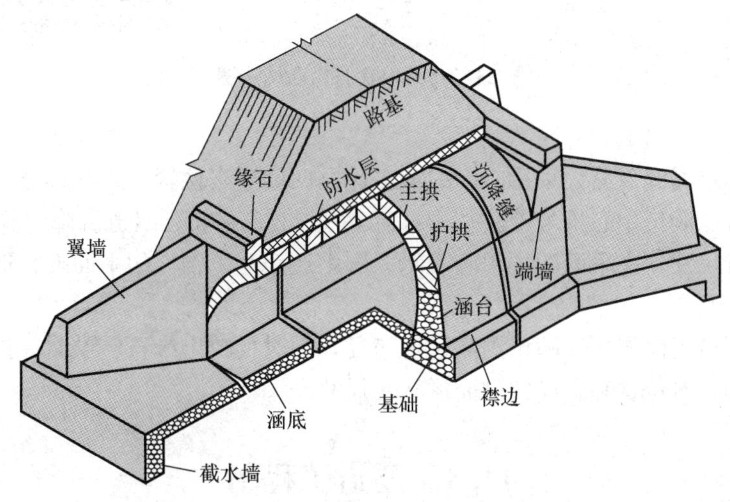

图11.8　石拱涵示意图

1）纵断面图

本图沿涵洞纵向轴线进行全剖，表达洞身的内部结构。涵顶覆土厚1072cm，锥体护坡纵向坡度为1∶1.5与路基边坡相同；进水口涵底标高1142.56m、涵底中心标高1142.27m、出水口涵底标高1141.97m、设计流水坡度1.5％、洞底采用30cm厚5号浆砌片石铺砌，并以10cm厚砂砾垫层；上游洞口铺砌长804cm、下游洞口铺砌长841cm、截水墙深150cm。

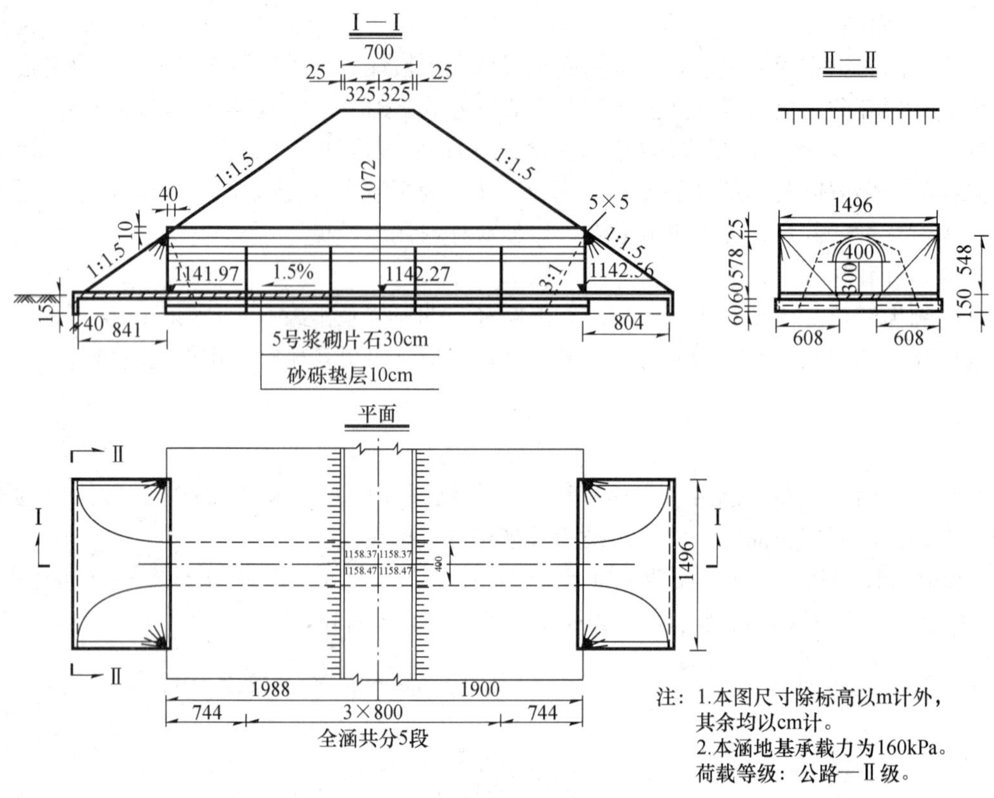

图 11.9　某单孔石拱涵构造图

2）平面图

为突出表示涵洞部分，采用折断线截去涵洞两侧适当位置以外的部分，画出路基边缘线及示坡线。涵位中心桩号处路基中线标高为 1158.47m。四道沉降缝把洞身分成五段，每段洞身尺寸均在平面图中明确表示。图中还表达了锥坡的平面投影形状。

3）侧面图

本图为洞口正面图，反映出洞高和净跨径，同时反映出缘石、拱圈、护拱、锥体护坡、基础等的相对位置和它们的侧面形状及尺寸。

11.3　通道工程图

由于通道工程的跨径一般比较小，故投影图处理及投影特点与涵洞工程图一样，也是以通道洞身轴线作为纵轴，立面图以纵断面表示，水平投影则以平面图的形式表示，投影过程中同时连同通道支线道路一起投影，从而比较完整地描述通道的结构布置情况。如图 11.10 所示，为某通道一般布置图。

1. 立面图

从图上可以看出，立面图用纵断面取而代之，高速公路路面宽 26m，边坡坡率采用

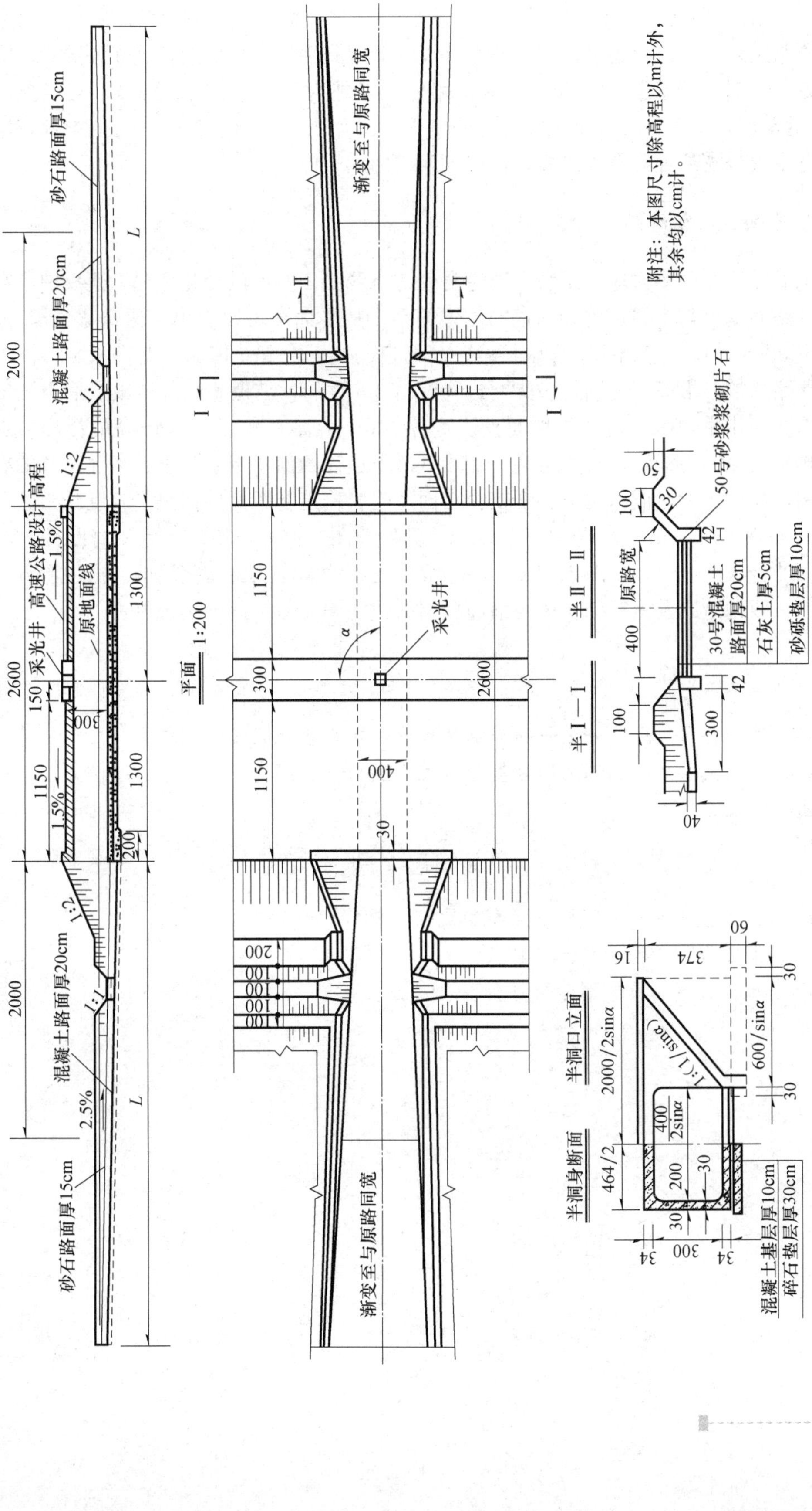

附注：本图尺寸除高程以m计外，其余均以cm计。

图 11.10　某通道一般布置图

1∶2，通道净高3m，长度26m与高速公路同宽，属明涵形式。洞口为八字墙，为顺接支线原路及外形线条流畅，采用倒八字翼墙，既起到挡土防护作用，又保证美观。洞口两侧各20m支线路面为厚20cm混凝土路面，以外为15cm厚砂石路面，支线纵向用2.5%的单坡，汇集路面水于主线边沟处集中排出，由于通道较长，在通道中部，即高速公路中央分隔带处设有采光井，以保证通道内的采光。

2. 平面图及断面图

平面图与立面图对应，反映了通道宽度与支线路面宽度的变化情况，还反映了高速公路的路面宽度与支线道路和通道的位置关系。从平面图可以看出，通道宽4m。通道帽石宽30cm，长度依倒八字翼墙长确定。通道与高速公路夹角α，支线两洞口设渐变段与原路顺接，沿高速公路边坡脚两边各留出2m宽的护坡道，其外侧设有底宽100cm的梯形断面排水边沟，边沟内坡面投影宽各100cm，最外侧设100cm宽的挡堤，支线路面排水也流向主线纵向排水边沟。在图纸最下边还给出了半Ⅰ—Ⅰ、半Ⅱ—Ⅱ的合成剖面图，显示了右侧洞口附近剖切支线路面及附属构造物断面的情况。其混凝土路面厚20cm、石灰土厚5cm、砂砾垫层厚10cm。为使读图方便，还给出了半洞身断面与半洞口断面的合成图，可以知道该通道为钢筋混凝土箱涵洞身、倒八字翼墙。通道洞身、各构件的一般构造图及钢筋结构图与前面介绍的桥涵图类似，此处不再赘述。

小　结

涵洞作为公路组成部分之一的排水结构物，在公路的运营过程中发挥着不可替代的作用。本单元主要介绍了涵洞的分类与组成；涵洞工程图的图示内容、图示方法；通道工程图样的表达方法。

复习思考题

1. 涵洞工程图如何分类？其主要组成部分有哪些？
2. 涵洞工程图的图示特点是什么？
3. 通道工程图有哪些图示特点？

第四部分　AutoCAD 软件应用

单元 12

AutoCAD 软件的基础应用

教学目标 ☞

1. 熟悉 AutoCAD 软件的启动、关闭的操作过程；
2. 熟悉新建文档、保存文档的操作过程；
3. 熟悉用鼠标滚轮缩放、平移观察图形的操作过程；
4. 能够用鼠标滚轮缩放、平移观察视图。

12.1 AutoCAD 软件概述

12.1.1 AutoCAD 的软件简介

软件全称：Automatic Computer Aided Design（自动计算机辅助设计）。

开发公司：美国 Autodesk 公司。

首次出版时间：1982。

软件用途：自动计算机辅助设计软件，用于二维绘图、详细绘制、设计文档和基本三维设计。

软件版本：本书中采用的软件版本为 AutoCAD2008。

AutoCAD 是由美国 Autodesk 公司于 20 世纪 80 年代初为计算机上应用 CAD 技术而开发的绘图程序软件包，经过不断的完善，现已经成为国际上广为流行的绘图工具。

AutoCAD 具有良好的用户界面，通过交互菜单或命令行方式便可以进行各种操作。它的多文档设计环境，让非计算机专业人员也能很快地学会使用。在不断实践的过程中更好地掌握它的各种应用和开发技巧，从而不断提高工作效率。

12.1.2 软件的特点

AutoCAD 软件具有如下特点：

（1）具有完善的图形绘制功能。

（2）有强大的图形编辑功能。

（3）可以采用多种方式进行二次开发或用户定制。
（4）可以进行多种图形格式的转换，具有较强的数据交换能力。
（5）支持多种硬件设备。
（6）支持多种操作平台
（7）具有通用性、易用性，适用于各类用户。此外，从 AutoCAD2000 开始，该系统又增添了许多强大的功能，如 AutoCAD 设计中心（ADC）、多文档设计环境（MDE）、Internet 驱动、新的对象捕捉功能、增强的标注功能以及局部打开和局部加载的功能，从而使 AutoCAD 系统更加完善。

12.1.3 CAD 的发展历史

CAD（Computer Aided Design）诞生于 20 世纪 60 年代，是美国麻省理工大学提出了交互式图形学的研究计划，由于当时硬件设施的昂贵，只有美国通用汽车公司和美国波音航空公司使用自行开发的交互式绘图系统。

20 世纪 70 年代，小型计算机费用下降，美国工业界才开始广泛使用交互式绘图系统。

20 世纪 80 年代，由于 PC 机的应用，CAD 得以迅速发展，出现了专门从事 CAD 系统开发的公司。该 CAD 软件升级迅速。

12.2 文档和视图操作

12.2.1 新建文档

使用【新建文档】命令的方法如下：
（1）执行【文件】菜单→【新建】命令。
（2）单击【标准】工具栏中的按钮。
（3）使用快捷键 Ctrl＋N。
（4）在命令行中键入 new 或 qnew，然后按回车键。

双击 AutoCAD 软件的图标，打开 CAD 软件时，软件会自动新建一个空白文档。如果是双击某个 CAD 图形文件时，也可以打开软件，但软件不会新建文件。这时单击【新建】命令打开如图 12.1 所示的对话框，在这个对话框内软件提供了许多“图形模板”，系统默认的是“acad.dwt”模板，这个模板和系统自动新建的空白文档是同一个文档。

12.2.2 打开文档

打开调用已存的文档，其打开方式有：
（1）执行【文件】菜单→【打开】命令。
（2）单击【标准】工具栏中的“打开(O)”命令按钮。

图 12.1　“新建”对话框

（3）使用快捷键Ctrl+O。

（4）在命令行中键入open，然后按回车键。

12.2.3　保存和另存为命令

1. 保存命令

保存命令是指保存当前文档，如果当前的图形是新建的（即没有保存过），激活“保存”命令会打开如图12.2所示的对话框，系统要求你输入保存位置和文件名称、类

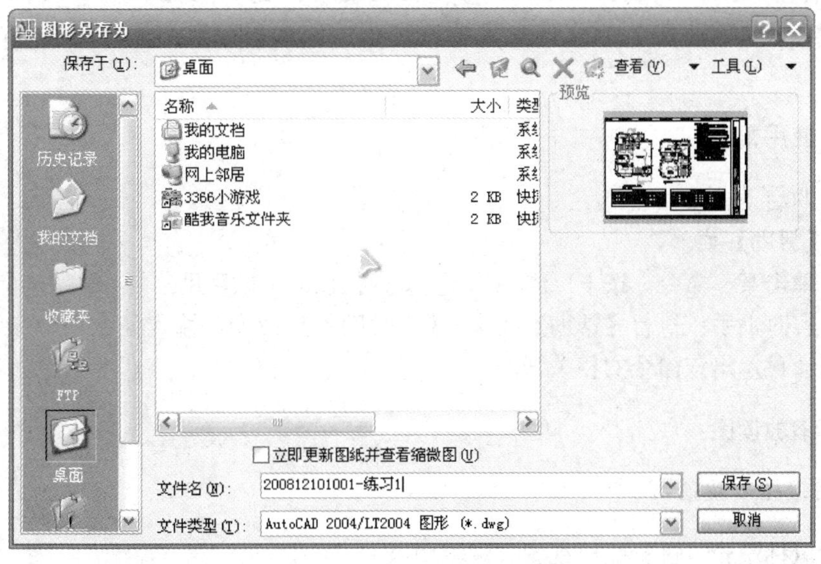

图 12.2　“另存为”对话框

型；如果该文件是电脑中已经存在的或是已经保存过，这时激活该命令，不会弹出对话框，系统自动将文档替换原来的文件，原来的文件则变成备份文件（即后缀名为 .bak 的文件），如图 12.3 所示。

备份文件还可以还原成 CAD 图形文件，方法是将它的后缀更改为 .dwg。但注意更改后缀的文件，其名称不能和其他图形文件重复，否则计算机系统不允许更改。

使用方法：

(1) 执行【文件】→【保存】命令。

(2) 在【标准】工具栏上单击“保存(S)”按钮。

(3) 使用快捷键 Ctrl+s。

(4) 在命令行中输入 save 或 qsave，然后按回车键。

2. 另存为命令

另存为命令是指将当前文件重新保存一份，即重新更改保存位置、文件名称或文件类型。

使用方法：执行【文件】→【另存为】命令。

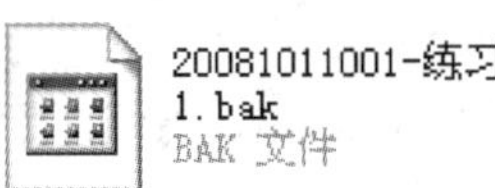

图 12.3　备份文件

使用【保存】命令进行文档保存时，如果用移动设备将该图形文件拷贝到其他机器上打开该文档时，常见的一个问题是忽略了该文档所依赖的文件，例如字外部参照和字体文件等。针对这个问题 AutoCAD 2006 以后的版本新增功能中，可以用【文件】菜单中的【电子传递】命令，该命令功能类似于【另存为】命令，不同点是使用电子传递，图形文件的依赖文件会自动包含在传递压缩包内，从而降低了出错的可能性。

12.2.4　使用帮助

帮助的启动方法如下：

(1)【帮助】菜单。

(2) 单击某一命令，按 F1 键，可以直接查找该命令的帮助。

(3) 实时助手：执行【帮助】菜单→【实时助手】命令，输入任意一个命令时，实时助手都会显示出该命令的相关帮助。

12.2.5　缩放读图

1. 用滚轮缩放读图

前后鼠标滚轮，进行缩放视图，观察图纸。

其规律是：滑动滚轮放大或缩小图纸时，图纸是以光标为中心向外放大，或向内缩小。

注意

用这种方法缩放图纸时，要时刻注意光标所处的位置。

2. 用缩放命令读图

（1）命令激活方法。

① 打开【视图】→【缩放】子菜单，如图 12.4 所示。

② 在命令行中键入 Z，然后按回车键。

（2）参数含义。

① 实时：激活该参数时，是用鼠标拖动的方式放大或缩小视图，即按住左键不动，移动鼠标。

② 窗口：激活该参数后，单击鼠标左键，移动鼠标再单击鼠标（鼠标两次单击所构成的直线是一个矩形窗口的对角线），被这个窗口选中的图形将被放大到整个绘图区域进行显示。

③ 全部：激活该参数后，如果图形尺寸小于栅格界限，则在绘图区域内最大化显示栅格界限；如果图形尺寸超过栅格界线范围，则绘图区域内将所有图形最大显示。

图 12.4　缩放子菜单

④ 范围：激活该参数后，将所有图形最大化显示到绘图区域内。

⑤ 其他参数，不常用，这里不做介绍，有需要了解该内容的同学可以在【帮助】中查找。

注意

初学软件绘图过程中经常出现误操作，即随意滑动滚轮，这样出现的现象就是图形滑出视口之外，用滚轮缩放的方法无法将图纸显示在视口中。这时，可以用以上方法将图形显示在视口中。

12.2.6　平移读图

按下鼠标滚轮，同时移动鼠标，这时光标变成手的形状，可以进行平移；

用鼠标滚轮是平移视图最常用的方式，还可以在【视图】→【平移】子菜单中激活相关命令，但这种方法不常用，这里不做介绍。

【例 12.1】

要求

（1）打开指定文档（AutoCAD 安装目录内，sample 文件夹内一张 AutoCAD 图纸），并用缩放平移命令观察图形。

（2）将文档另存到桌面，名字更改为：个人学号＋任务 1。

（3）新建一个文档，然后保存到 D 盘，名称为：个人学号＋任务 2。

操作过程

（1）激活命令：单击【文件】菜单→【打开】命令；打开如图 12.5 所示的对话框。

(2) 在【搜索】下列条中选择 AutoCAD 安装目录中的“sample”文件夹。

C：\ program Files \ AutoCAD2008 \ sample \ 。

(3) 单击该文件夹内的 CAD 图形文件，就会在对话框右侧预览框内会显示该图形的预览图。

(4) 单击“打开”命令，打开该图形。

(5) 用缩放和平移命令观察该图形。

(6) 单击【文件】菜单→【另存为】命令，打开如图 12.2 所示对话框。

(7) 在【保存于】下拉条中，选择桌面，在“文件名”框内输入名字。

(8) 单击【保存】按钮。

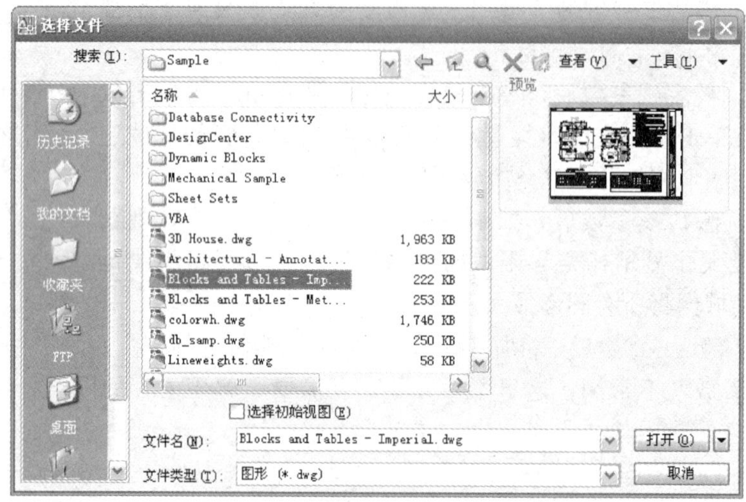

图 12.5 【打开】命令对话框

小 结

通过本单元的学习，初步熟悉 AutoCAD 软件的环境以及命令的操作特点。

本单元主要介绍了 AutoCAD 软件的特点、发展；掌握在 AutoCAD 软件中打开、保存文档的操作，以及在 CAD 中如何观察图形。

复习思考题

1. 保存和另存为有什么区别?
2. 备份文件能不能直接双击打开?
3. 新建的文档，当第一次单击【保存】命令时，会不会弹出对话框?
4. 新建的文档能不能用【另存为】命令进行保存?
5. 每次激活【另存为】命令时，都会弹出对话框吗?
6. 怎样新建一个空白文档?
7. 能不能用一个已经存在的文档来绘制新图形?

单元 13

基本投影图的绘制

教学目标 ☞

1. 熟悉正投影图轴测投影图、断面图的特点；
2. 能够用绝对坐标、相对坐标、偏移量输入、相对极坐标这几种方法绘制图形；
3. 能够运用辅助工具完成正等轴测投影图的绘制；
4. 能够运用所学知识设置图形的线型、颜色和线宽；
5. 能够运用【复制】命令对图形进行精确定位复制；
6. 能够运用【镜像】命令产生镜像图形；
7. 能够用【标注】命令对图形进行标注。

13.1 正投影图

13.1.1 CAD 中激活命令的基本方法

1. 通过菜单中的命令

例如：执行【绘图】下拉菜单→【直线】命令→单击左键选取第一点→单击选取第二点→右键取消。

2. 使用绘图工具栏上的按钮

常用绘图、编辑按钮可以在工具栏里列出。

3. 在命令行内输入命令或快捷键命令

例如：在命令行内输入 line 或 L 回车。

4. 通过右键菜单选取命令（按空格键）

在绘图区域内单击鼠标右键，可以弹出快捷菜单，在快捷菜单上列出了许多常用命令，如复制、粘贴等，另外刚执行过的命令，或最近执行过的命令也列在菜单的顶端，可以使我们快速地执行。

5. 直接按回车键或空格键

可以激活前一个刚执行过的命令。

13.1.2 命令的取消

取消命令是指某命令被激活后，中断继续的操作。取消的方法是用键盘左上角 Esc 键（退出键）取消该命令。

13.1.3 直线

命令的激活：

（1）【绘图】菜单→【直线】命令。

（2）绘图工具栏上的⟋按钮。

（3）输入 line 或快捷键 L。

13.1.4 坐标的输入

在 CAD 软件中绘图时，经常需要确定点的位置，即点的坐标。例如绘制一条直线，只要确定两个点的坐标就可以确定该直线的位置。绘制圆时，先要确定圆心的位置，也就是圆心的坐标。移动图形时，需要确定图形新的位置，也就是图形移动后的坐标。

1. 用鼠标点取

用鼠标在屏幕上拾取点或捕捉特殊点，这里的特殊点是指已知图形上的特殊点。例如直线上的端点和中点，圆的圆心点和象限点等。用鼠标选取特殊点时必须借助“对象捕捉”工具。

如果我们绘制的图形与坐标原点的关系不重要，可以采用这种方式确定点的坐标。

2. 绝对坐标

绝对坐标是指点的坐标是针对坐标原点的。即以原点（0，0）为基准点的坐标，例如（125，321），该点的 x 坐标是 125，y 坐标是 321。

（1）绝对坐标的输入格式：

① 当动态输入法关时：x，y 回车（或空格）。

② 当动态输入法开时：#x，y 回车（或空格）。

（2）绝对坐标的输入过程演示。

【例 13.1】

用绝对坐标输入法绘制图 13.1 所示的图形（关闭动态输入）。

注意

下面的命令演示中，阴影部分是软件命令行中显示的提示内容。

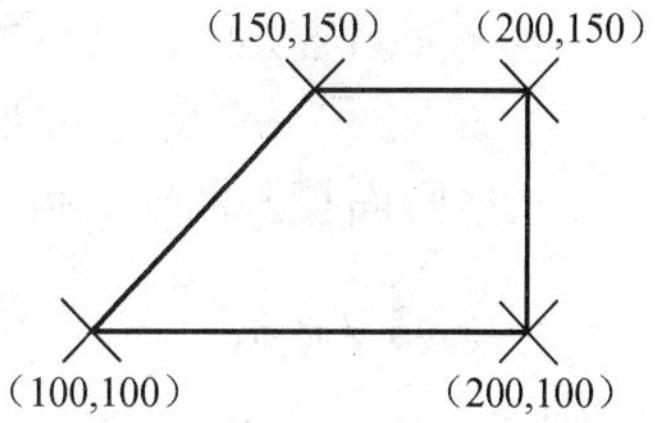

- 命令：输入 L 回车或空格（激活直线命令）；
- LINE 指定第一点：输入“100，100”回车
- 指定下一点或［放弃（U）］：输入“150，150”回车
- 指定下一点或［放弃（U）］：输入“200，150”回车
- 指定下一点或［闭合（C）/放弃（U）］：输入“200，100”回车
- 指定下一点或［闭合（C）/放弃（U）］：输入参数 C 回车或空格

（150,150）　（200,150）
（100,100）　（200,100）

图 13.1　坐标输入图形

3. 相对坐标

相对坐标是指所输入的坐标是相对于前一个点的坐标值，即以上一个点为基准点的坐标。

（1）相对坐标的输入格式：

① 当动态输入法关时：@x，y 回车（或空格）。

② 当动态输入法开时：x，y 回车（或空格）。

注意：用相对坐标的方式输入点的坐标时，第一个点必须是已知的。例如绘制直线时，第一个点必须先用其他方式确定，第二个点才可以用相对坐标输入。

（2）相对坐标的输入过程演示。

【例 13.2】 用相对坐标输入法绘制图 13.2 所示的三棱柱的三面投影图（关闭动态输入）。

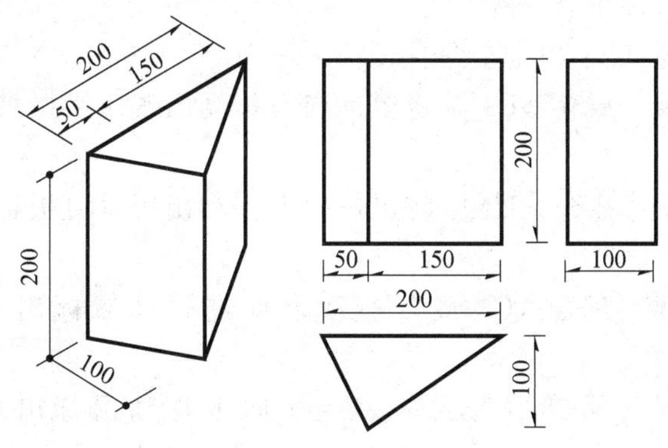

图 13.2　三棱柱三面投影图

绘图过程（以绘制水平投影图为例）：

- 命令：输入 L 回车或空格（激活直线命令）；
- LINE 指定第一点：用鼠标在绘图区域内单击输入第一点；
- 指定下一点或［放弃（U）］：输入“@200，0”回车

- 指定下一点或［放弃（U）］：输入“－150，－100”回车
- 指定下一点或［闭合（C）/放弃（U）］：输入参数 C 回车或空格

其他两面投影图绘制方法相似，此处省略。

4. 偏移量输入

输入方法为：先移动鼠标，选取一个方向，然后输入相对前一个点的偏移量值。

【例 13.3】 用偏移量输入法以绘制图 13.3 所示的三面投影图（动态输入按钮打开或关闭没有关系）

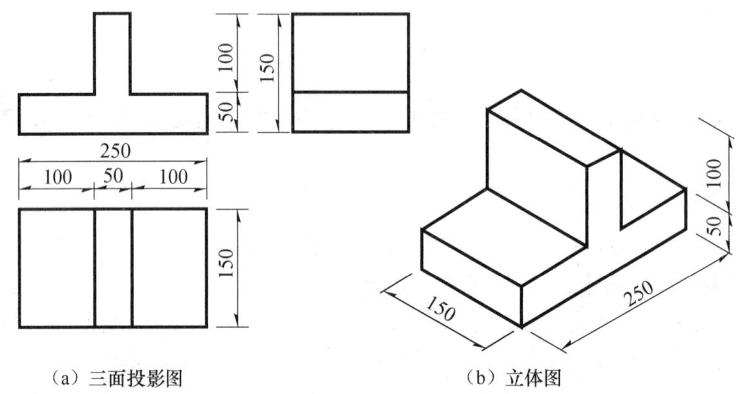

（a）三面投影图　（b）立体图

图 13.3　组合体

偏移量输入过程演示（以绘制水平投影图为例）：

- 命令：输入 L 回车或空格；
- LINE 指定第一点：单击左键输入第一点
- 指定下一点或［放弃（U）］：将鼠标向右移动出现水平极轴，直接输入“250”回车
- 指定下一点或［放弃（U）］：将鼠标向上移动出现垂直极轴，直接输入“150”回车
- 指定下一点或［闭合（C）/放弃（U）］：向左移动鼠标出现水平极轴，输入“250”回车
- 指定下一点或［闭合（C）/放弃（U）］：向下移动鼠标出现水平极轴，输入“150”回车
- 指定下一点或［闭合（C）/放弃（U）］：向右移动鼠标出现水平极轴，输入“100”回车
- 指定下一点或［闭合（C）/放弃（U）］：向上移动鼠标出现水平极轴，输入“150”回车
- 指定下一点或［闭合（C）/放弃（U）］：向右移动鼠标出现水平极轴，输入“50”回车

- 指定下一点或［闭合（C）/放弃（U）］：向下移动鼠标出现水平极轴，输入“150”回车
- 指定下一点或［闭合（C）/放弃（U）］：按空格结束直线命令

其他投影图绘制过程类似，此处省略。

5. 绝对极坐标

绝对极坐标是指以原点为基点，用该点到原点的直线距离和该点到原点的连线与 x 轴的夹角来确定点的具体位置。该方法在建筑 CAD 绘图过程中极少使用，本书作为了解内容。

绝对极坐标的输入格式：

（1）当动态输入法关时：x<y 回车。

（2）当动态输入法开时：#x<y 回车。

即输入点距离原点的距离 x，再输入点与原点连线与水平方向的夹角。

6. 相对极坐标

相对极坐标与绝对极坐标的原理基本相同，不同的地方是基点不同，相对极坐标是以前一个点为基点，输入点到前一个点的直线距离和点到前一个点的连线与 X 轴正方向的夹角。

相对极坐标的输入格式：

（1）当动态输入法关时：@x<y 空格。

（2）当动态输入法开时：x<y 空格。

即输入点与前一个点的距离 x，再输入该点与前一个点连线与水平方向的夹角 y。

7. 动态输入法

该方法是 AutoCAD2006 版本以后，新增的一个功能，目的在于方便快速输入坐标和显示当前绘图状态（如显示当前光标与前一个点的距离和角度等）。但是该方法对于电脑的硬件要求较高，如果电脑硬件配置较低，打开动态输入法将会影响绘图速度，这时只要关闭该功能就可以了。

动态输入法格式：

x—Tab 键—y 回车（注意，不能用空格键代替）

即输入该点与前一个点的距离 x，在输入该点与前一个点连线与水平方向的夹角。

注意：输入角度的时候，光标所处的位置影响所输入的数值，正值表示与光标方向相同，输入负值表示点与光标方向相反。如果输入过程中校正输入数值，只能用 Tab 键。

13.1.5　图层特性管理器 LAYER（快捷键 LA）

图层工具是为了方便管理图形。其作法相当于是将多张图纸重叠，而每张图纸是透

明的，这样最终形成一张图纸，如图13.4所示。

图13.4　图层工具栏

1. 激活“图层管理器”命令的方法：

（1）单击图层工具栏上的按钮；
（2）输入命令layer或者快捷键LA，回车。

2. 图层特性设置

（1）激活命令后，弹出如图13.5所示的对话框。

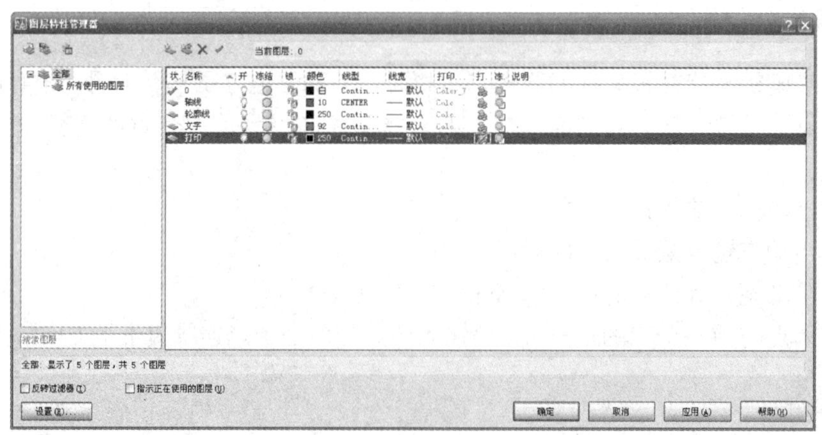

图13.5　图层特性管理器

在没有设置图层之前，系统默认只有一层，即“0”层，无论有多少层，“0”层不能被删除、也不能进行重命名，但是可以对“0”层进行设置特性，如颜色、线宽或线型；

（2）新建或删除图层。单击【新建】按钮，即可在下面自动生成一个新图层，单击该层上的颜色块，可以对其颜色设定，同理可以设定该图层的线型和线宽。

如果要删除某图层，点击对话框上的按钮即可，但是如果该图层上有图形，那么该图层不能被删除。

（3）图层状态的设定。图层有四种状态，即打开与关闭、冻结与解冻、锁定与解锁、打印与非打印。

① 打开与关闭：单击小灯泡图标可以转换打开或关闭状态。图层被关闭，该图层的图形不可见，也不能被编辑或打印。该图层的图形能遮盖其他图层的图形。

② 冻结与解冻状态：单击小太阳图标或雪花图标可以转换冻结与解冻状态。

图层被冻结，该图层的图形不可见，不能被编辑、打印或重生成。该图层上的图形不会遮盖其他图形。

③ 解锁与锁定状态：图层被锁定，该图层的图形可见，可以被捕捉，可以绘制新图形，可以被打印，但不能被选择或编辑。

④ 打印与不打印状态：该状态是在图层特性管理器上设定的。用于设置图层是否被打印。但是当图层是关闭的或冻结的，即使设置该图层为打印的，也不能打印。

(4) 将某个图层调到当前。将图层调到当前，就是将这个图层调到众多图层的最上面。

方法 1：先确定当前绘图状态是任何图形都没有被选中，然后在图层工具栏的下拉菜单内单击某一图层，即可将该图层调到当前。

方法 2：选择该图层上的某个图形，然后单击图层工具栏上的按钮。

(5) 调整图形到某图层上。

方法 1：先将该图层调到当前，然后再绘图。

方法 2：如果图形已经画好，选中该图形，然后单击图层工具栏的下拉菜单选择该图层，即可将图形调到该图层上。

【例 13.4】 绘制图 13.6 所示的挡土墙三面投影图。

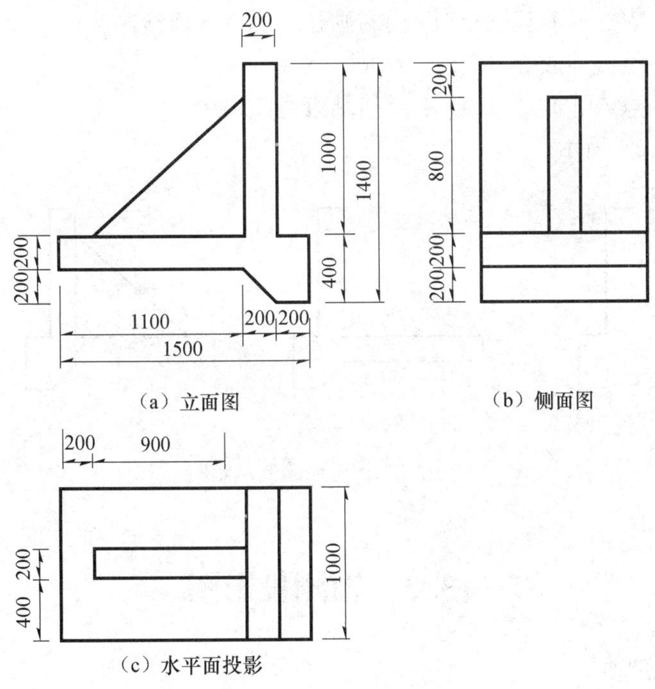

图 13.6　坐标输入图形

绘图过程

本例只介绍图13.6中（a）图的绘制过程。（a）图的绘制这里用偏移量、相对坐标输入过程（打开“极轴”按钮，关闭“动态输入”按钮）：

- 命令：输入L空格，激活直线命令
- 指定第一点：用鼠标单击确定第一点
- 指定下一点或［放弃（U）］：向右移动鼠标，出现水平极轴，输入“200”回车
- 指定下一点或［放弃（U）］：先下移动鼠标，出现垂直极轴，输入“1000”回车
- 指定下一点或［闭合（C）/放弃（U）］：向右移动鼠标，输入“200”回车
- 指定下一点或［闭合（C）/放弃（U）］：向下移动鼠标，输入“400”回车
- 指定下一点或［闭合（C）/放弃（U）］：向左移动鼠标，输入“200”回车

如图13.7（a）所示。

- 指定下一点或［放弃（U）］：输入“@-200，200”回车
- 指定下一点或［放弃（U）］：向左移动鼠标，输入“1100”回车
- 指定下一点或［闭合（C）/放弃（U）］：向上移动鼠标，输入“200”回车
- 指定下一点或［闭合（C）/放弃（U）］：向右移动鼠标，输入“1100”回车
- 指定下一点或［闭合（C）/放弃（U）］：输入C空格

如图13.7（b）所示。

- 命令：输入L激活直线命令
- LINE指定第一点：移动到1点，出现端点捕捉标记，单击左键
- 指定下一点或［放弃（U）］：向右画长为200的直线
- 指定下一点或［放弃（U）］：@900，800
- 指定下一点或［放弃（U）］：空格结束直线命令

如图13.7（c）所示。

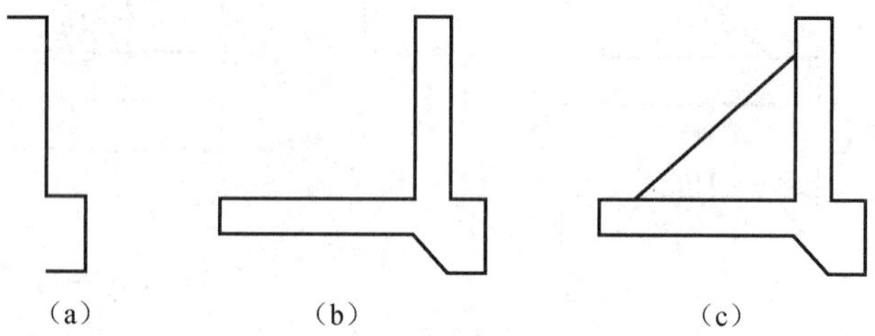

图13.7　挡土墙绘制示意图

13.2　轴测投影图

13.2.1　正交和极轴

正交工具和极轴工具是一对互斥的功能，即系统要么是正交状态，要么是极轴状态，或者两者都不是，但CAD系统不能同时处于正交和极轴状态。

1. 正交

利用正交功能可将光标限制在水平或垂直轴上，可以创建垂直和水平对齐之外，还可以增强平行性或创建现有对象的常规偏移。

激活正交的方法：

（1）在状态栏上单击“正交”按钮，如图 13.8 所示。

（2）按 F8 键来切换启用或关闭状态。

（3）输入 ortho 回车。

捕捉 栅格 正交 极轴 对象捕捉 对象追踪 DUCS DYN 线宽 模型

图 13.8　辅助工具栏

2. 极轴

该功能可将光标的移动限制为沿极轴角度的指定增量，并且可显示由指定的极轴角所定义的临时对齐路径。极轴的角度可以任意设置，如图 13.9 所示。

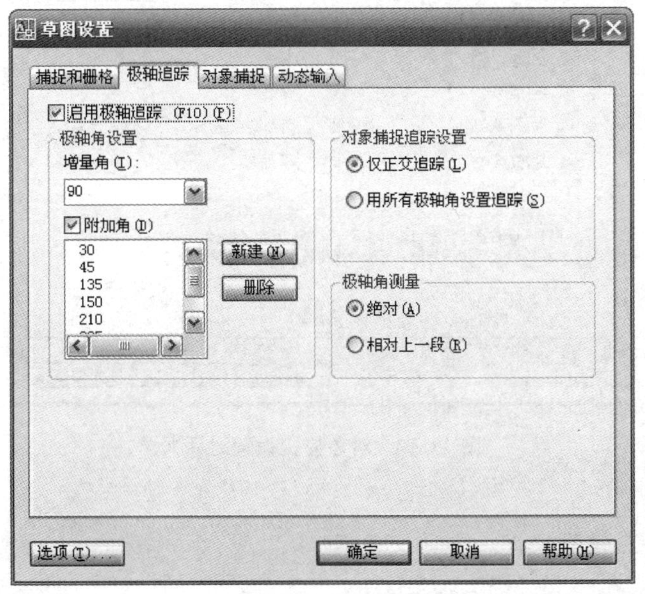

图 13.9　极轴追踪设置对话框

（1）极轴的激活：

① 在状态栏上单击“极轴”按钮。

② 按功能键 F10 切换极轴状态的打开与关闭，即按一次 F10 是打开，再次按是关闭。

（2）参数含义：

① 增量角：系统默认在第一个已知点水平向右是第一条极轴，按照增量角会出现

极轴，例如增量角为90°，则在第一个已知点正上方，左侧水平位置和正下方270°的位置出现极轴。

② 附加角：在增量角的方位有极轴的前提下，在额外增加的极轴角度。

③ 仅正交极轴追踪：指对特殊点进行追踪时，只在水平和垂直方向上有追踪功能。

④ 用所有极轴角设置追踪：指对特殊点进行追踪时，在设置的各个极轴上都可以进行追踪。

13.2.2 对象捕捉

为尽可能提高绘图的精度，可用对象捕捉功能将指定点限制在现有对象的确切位置上，如中点或交点等，快速、准确地绘制图形。可以迅速指定对象上的精确位置，而不必输入坐标值，如图13.10所示。

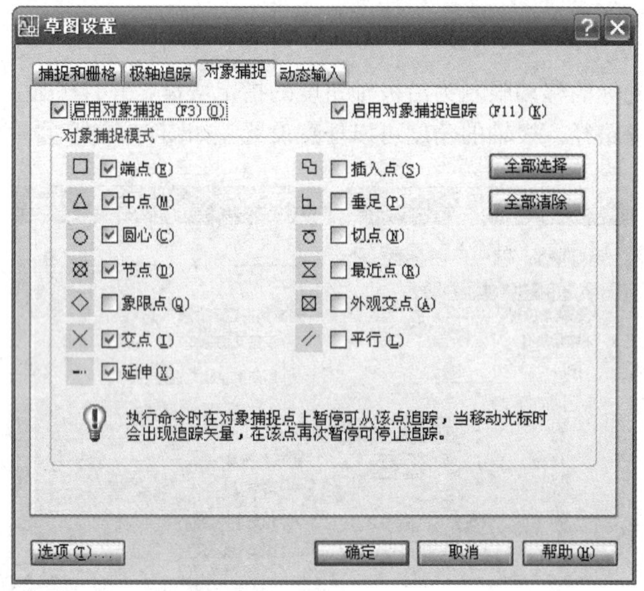

图13.10 对象捕捉设置对话框

1. 对象捕捉的激活

(1) 单击状态栏上的“对象捕捉”。

(2) 右键单击任意工具栏，弹出工具栏快捷菜单，选择“对象捕捉”工具栏。

(3) 在输入点的时候，按住Shift键，单击右键，弹出对象捕捉快捷菜单。

(4) 对象捕捉属性设置：【工具】菜单－“草图设置”命令。

(5) 右击“对象捕捉”按钮，在弹出的快捷菜单上选择“设置”命令。

2. 参数含义

(1) 端点：圆弧、椭圆弧、直线、多线、多段线线段、样条曲线或射线等的端点。

（2）中点：捕捉到圆弧、椭圆、椭圆弧、直线、多段线线段、面域、实体、样条曲线或参照线的中点。

（3）节点：指用“点”命令输入的点，或用“等分点命令”输入的点。

（4）象限点：圆、椭圆对象上的上下左右四个特殊点。

（5）交点：各种对象交叉的点。

（6）延伸：直线对象上的端点延长线上的某个点。

（7）插入点：块或文字对象上的基础点。

（8）垂足：做某个对象垂线的垂足点。

（9）切点：圆、椭圆对象的切线的切点。

（10）最近点：任意对象上距离光标最近的点。

（11）平行：某线型对象平行线的特殊点。

（12）外观交点：用于三维操作，指两个对象在空间内不相交，但在当前平面视图内看上去相交的交点。

13.2.3 对象追踪

对象追踪和对象捕捉是配合起来工作的。将光标在已知图形的特殊点上暂停一下，可以从特殊点进行追踪，移动鼠标时会出现追踪矢量，类似于极轴。再次在该特殊点暂停，停止追踪。

对象追踪的激活：

（1）单击辅助工具栏上的“对象追踪”按钮。

（2）按 F11 键可以切换打开和关闭的状态。

13.2.4 栅格捕捉

栅格是由许多点所组成的矩阵形的图案，利用栅格点可有效地精确定位光标。当栅格捕捉打开时，移动鼠标时，光标会在栅格点上移动，而不会落到其他位置上。

【例 13.5】 图 13.11 所示是挡土墙正等轴测投影图，用直线命令、删除命令和辅助工具完成。

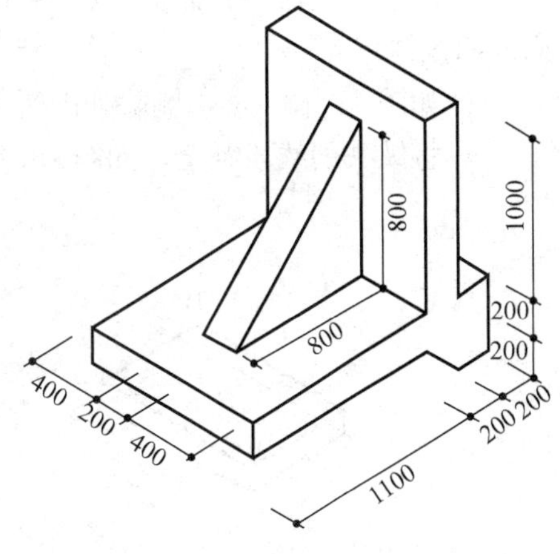

图 13.11 极轴与对象捕捉示例

绘图分析

（1）正等轴测投影图和正投影图的相互关系。绘制轴测投影图时，各条线段的尺寸是从正投影图上直接引用过来的，如图 13.12（a）所示。

（2）挡土墙正等轴测投影图的组合规律。如图 13.12（b）所示，按照组合体组合规律，挡土墙投影图可以分为四部分叠加组成。

（3）用 CAD 软件绘制正等轴测投影图，为了方便快速绘图，首先设置极轴，绘制正等轴测投影图坐标轴。

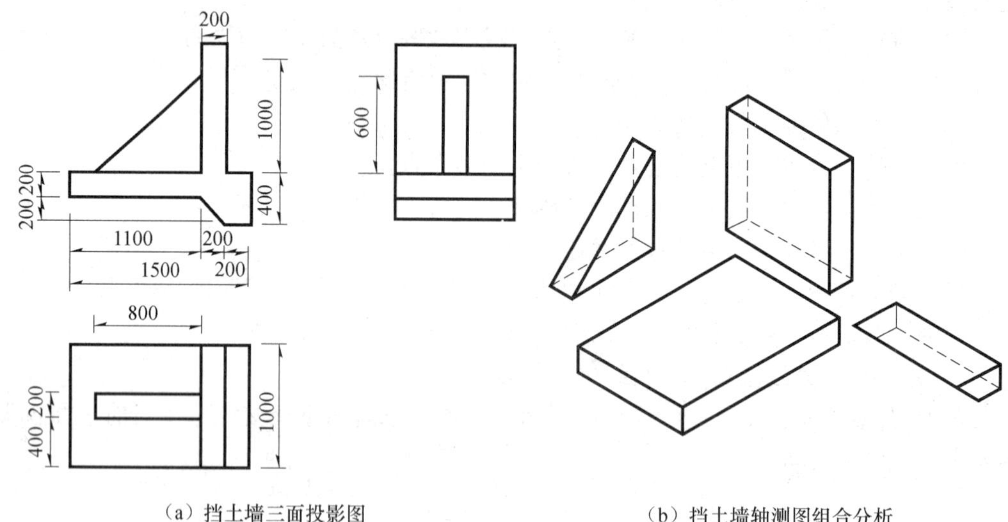

（a）挡土墙三面投影图　　（b）挡土墙轴测图组合分析

图 13.12　组合体投影分析

（4）绘图顺序。先绘制一个水平放置的长方体，在长方体上绘制一个垂直放置的长方体，再放置一个三棱柱体，最后完成底下的四棱柱。

绘图过程

- 首先，打开“极轴追踪”设置对话框，设置极轴附加角度 30°、150°、210°、330°；
- 激活直线命令，绘制如图 13.13（a）所示的图形。
- 删除辅助线段，如图 13.13（b）所示，激活直线命令，捕捉 1 点，沿着 210°极轴，绘制线段 200，到 2 点，然后依次按照尺寸绘制垂直长方体图形。
- 激活直线命令，捕捉 3 点，如图 13.13（c），按照 3-4-5-6 和 4-7-8 绘制线段，完成三棱柱体。
- 激活直线命令，捕捉 3 点，如图 13.13（d）所示，绘制粗实线部分，完成最下面的四棱柱体。
- 如图 13.13（e），删除如图所示的线段。
- 将缺失的线段补全，如图 13.13（f）所示。

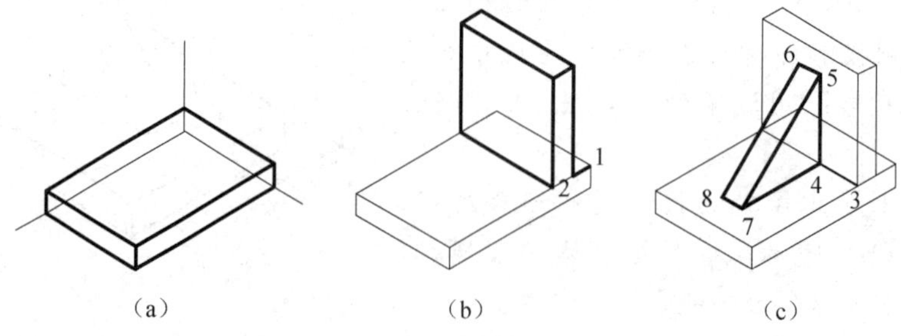

（a）　　（b）　　（c）

图 13.13　任务执行过程

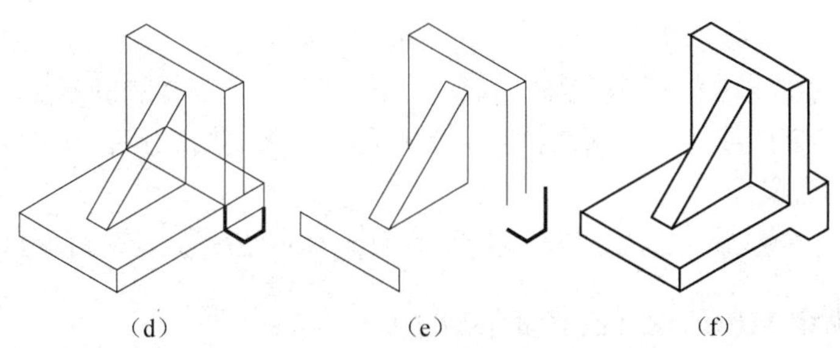

（d）　　（e）　　（f）

图 13.13　任务执行过程（续）

13.3　断面图

13.3.1　移动命令 MOVE（快捷命令 M）

1. MOVE 命令的激活方法

（1）【修改】下拉菜单→【移动】选项。
（2）修改工具栏→图标按钮。
（3）在命令行内键入 move 或 M。

2. 命令的执行过程

- 命令：改为输入 M 空格
- 选择对象：选择对象
- 找到 21 个
- 选择对象：回车结束对象选择
- 指定基点或［位移（D）］<位移>：用鼠标指定基点
- 指定第二个点或<使用第一个点作为位移>：确定第二点，方法参照复制命令中的参数位移的含义中的方法

13.3.2　复制命令 COPY（快捷命令 CO/CP）

1. COPY 命令的激活方法

（1）【修改】下拉菜单→【复制】选项。
（2）【修改】工具栏→图标按钮。
（3）在命令行内键入 copy 或 CO 或 CP。

2. 命令的执行过程

- 命令：输入 CO 空格
- 选择对象：选择要复制的对象

- 选择对象：继续选择对象或回车确认选择完成
- 指定基点或［位移（D）/模式（O）］＜位移＞：指定复制的基点
- 指定第二个点或＜使用第一个点作为位移＞：确定第二点，其方法有 4 种，参照后面参数位移的含义
- 指定第二个点或［退出（E）/放弃（U）］＜退出＞：继续拾取点或者回车退出

13.3.3 镜像命令 MIRROR（快捷命令 MI）

1. MIRROR 命令的激活方法

（1）【修改】下拉菜单→【镜像】选项。
（2）【修改】工具栏→图标按钮。
（3）在命令行内键入 mirror 或 MI。

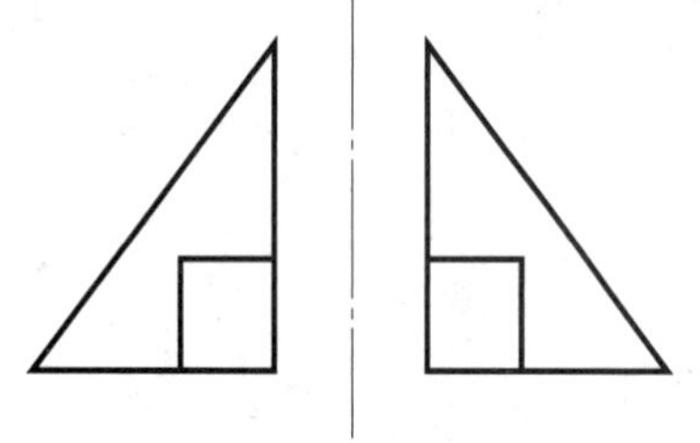

图 13.14 图形镜像示意图

2. 命令的执行过程（图 13.14）

- 命令：输入 MI 空格
- 选择对象：选择图形，可以选择多个
- 找到 5 个
- 选择对象：回车，结束对象选择过程
- 指定镜像线的第一点：用鼠标拾取对称线上的第一个点
- 指定镜像线的第二点：用鼠标拾取对称线上的第二个点
- 要删除源对象吗？［是（Y）/否（N）］＜N＞：输入参数确定是否删除源对象

13.3.4 圆环命令 DONUT（快捷键 DO）

圆环命令绘制效果如图 3.15 所示。

(a)

(b)

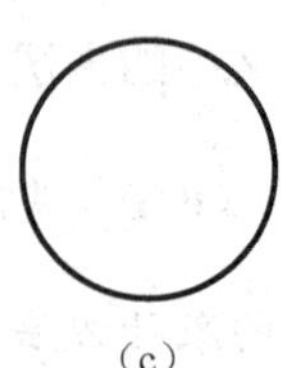

(c)

图 13.15 圆环命令绘制类

1. 圆环命令的激活方法

（1）【绘图】菜单→【圆环】命令。
（2）在命令行内输入 donut 或快捷键 DO。

2. 命令的执行过程

- 命令：输入 DO 空格，激活命令 donut
- 指定圆环的内径＜0.0000＞：输入“0”回车
- 指定圆环的外径＜100.0000＞：输入“100”回车
- 指定圆环的中心点或＜退出＞：用鼠标点击确定圆环圆心
- 指定圆环的中心点或＜退出＞：空格结束命令

13.3.5　文字样式 STYLE（快捷键 ST）

1. STYLE 命令激活方法

(1)【格式】下拉菜单→【文字样式】命令。
(2) 在样式工具栏上单击按钮；
(3) 在命令行内键入 style 或 ST。

2. 命令执行过程

- 激活命令后，弹出如图 13.16 所示的对话框。
- 单击“新建”按钮，在弹出的对话框内输入新建文字样式的名字。
- 在“字体名”下拉条中选择文字字体。

其他的按照默认。

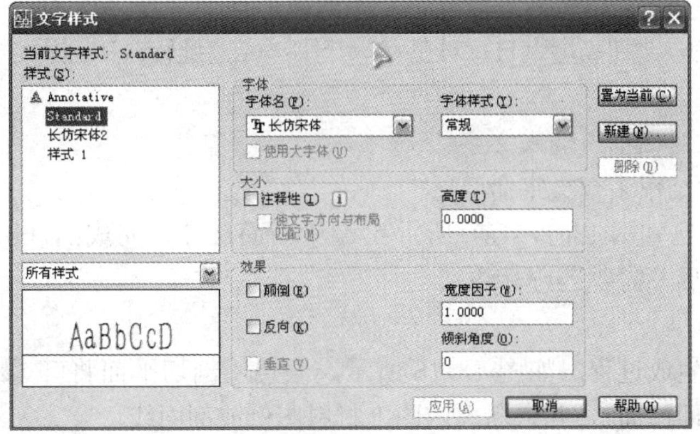

图 13.16　文字样式设置对话框

13.3.6　单行文字 TEXT（快捷键 DT）

1. ROTATE 命令激活方法

(1)【绘图】下拉菜单→【文字】子菜单→【单行文字】命令。

（2）在命令行内输入：TEXT 或 DT。

2. 命令执行过程

- 命令：输入 dt 空格激活单行文字命令
- 当前文字样式："Standard" 文字高度：733.0397 注释性：否
- 指定文字的起点或［对正（J）/样式（S）］：用光标单击输入文字的起点
- 指定高度<733.0397>：输入 "500" 回车
- 指定文字的旋转角度<0>：空格
- 输入文字："建筑单位："
- 回车，（换行可以继续输入文字），再次回车结束命令

13.3.7 多行文字 MTEXT（快捷键 T）

1. 多行命令激活方法

（1）【绘图】下拉菜单→【文字】子菜单→【多行文字】命令。
（2）在绘图工具栏上单击 A 按钮；
（3）在命令行内键入：MEXT 或 T。

2. 命令执行过程

- 命令：输入 t 回车激活多行文字命令
- 当前文字样式："Standard" 当前文字高度：2.5
- 指定第一角点：用光标点取文字范围的第一点
- 指定对角点或［高度（H）/对正（J）/行距（L）/旋转（R）/样式（S）/宽度（W）］：点取范围对角点
- 在打开的对话框内输入文字
- 按确定键结束多行文字命令

【例 13.6】 已知图 13.17（a）所示 T 型梁断面尺寸，完成图（b）所示 T 梁桥断面图（只绘制图形不需要进行标注）。

绘图分析

（1）断面图生成过程。如图 13.18 所示，假想用剖切平面将 T 梁桥剖开，只画出断面处的形状（即截面），并在断面内画上材料图例或剖面线。

（2）T 梁断面图均由直线段构成，可以用【直线】命令或【多段线】命令。

（3）构成该图形直线的状态有：水平线、垂直线和倾斜线。

（4）单个 T 梁断面是左右中心对称的，只要绘制该图形的一半，然后用【镜像】命令生成另一半。

（5）多个 T 梁可以用复制来完成，最后给断面加上图例。

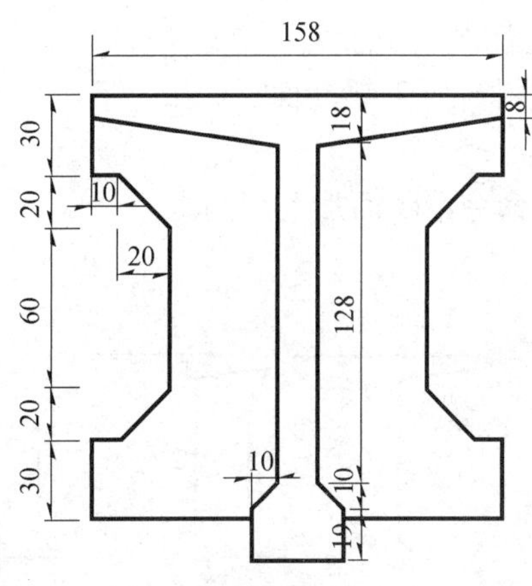

（a）T梁桥断面尺寸

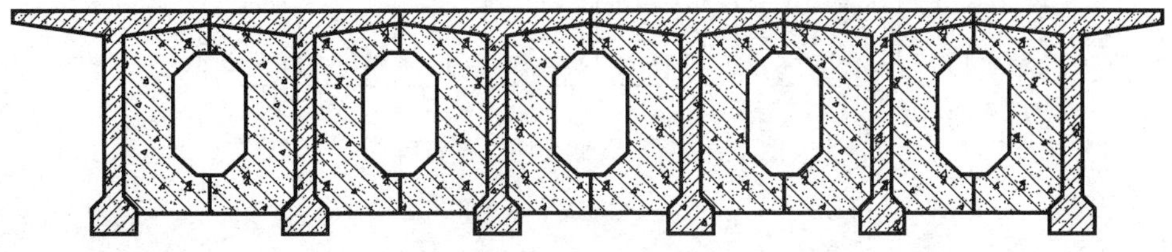

（b）T 梁桥断面图

图 13.17　T 梁桥断面图

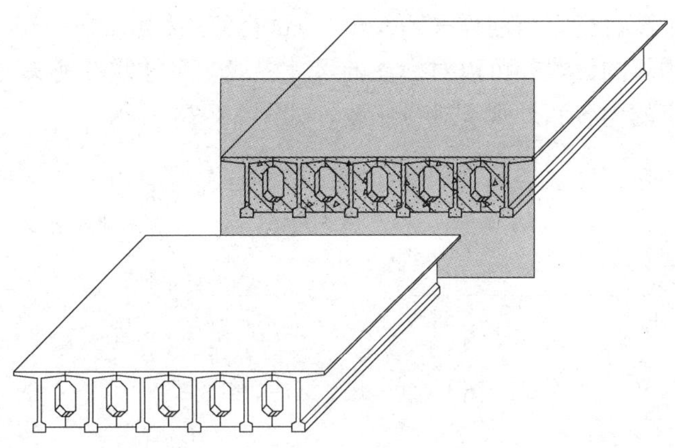

图 13.18　T 梁桥断面生成示意图

绘图过程　如图 13.19 所示。

- 首先绘制长为 158 的水平直线，在该直线的中点处绘制辅助线。
- 按照尺寸绘制左侧梯梁线形，如第二个图形。
- 绘制横隔板左侧图形。
- 用【镜像】命令绘制右侧梯梁和横隔板图形。

- 删除辅助线，添加梯梁最下面的线。
- 用【复制】命令，复制 5 个 T 梁断面。
- 删除边梁处的横隔梁。
- 最后用【图案填充】命令给断面加上图例。

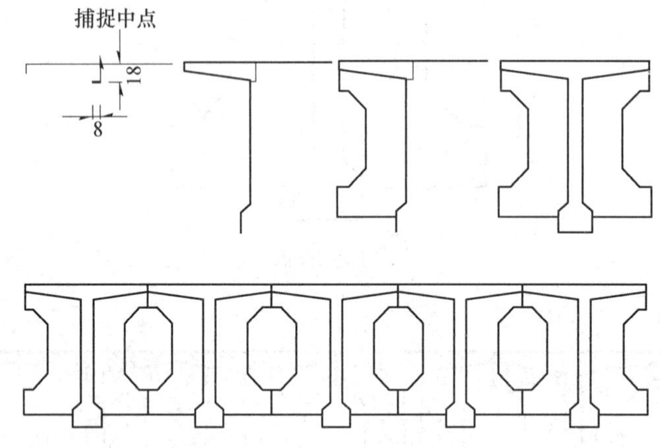

图 13.19　T 梁截面图绘制过程

13.4　投影图的尺寸标注

标注样式控制着标注的格式和外观。通常情况下，AutoCAD 使用当前的标注样式来创建标注。如果没有指定当前样式，AutoCAD 将使用默认的 standard 样式来创建标注。通过对标注样式的设置，可以对标注的尺寸界线、尺寸线、箭头、中心线或中心标记，以及标注文字的内容和外观等进行修改，如图 13.20 所示。

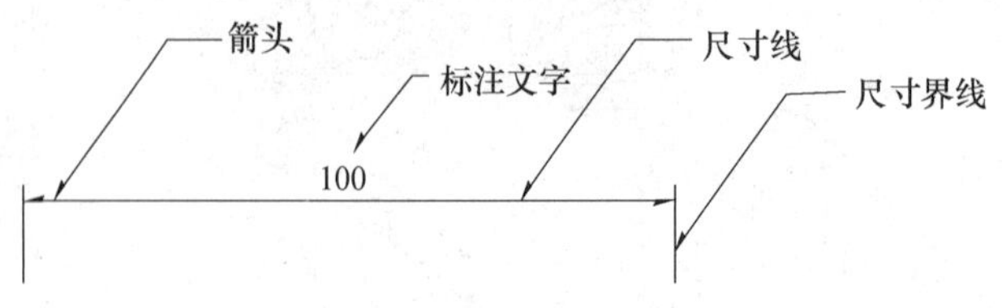

图 13.20　尺寸标注的组成

标注样式的设置是用标注样式管理器进行设置的。

13.4.1　标注样式命令

标注样式管理器的激活方法：

（1）【标注】下拉菜单→【标注样式】选项。

（2）样式工具栏（或标注工具栏）→标注样式按钮。

（3）命令行→输入 dimstyle。

（4）命令行→输入快捷命令 D（或 DST/DDIM）。

13.4.2　标注样式设置过程

激活标注样式管理器后，弹出如图 13.21 所示的对话框。然后按下列过程设置标注样式。

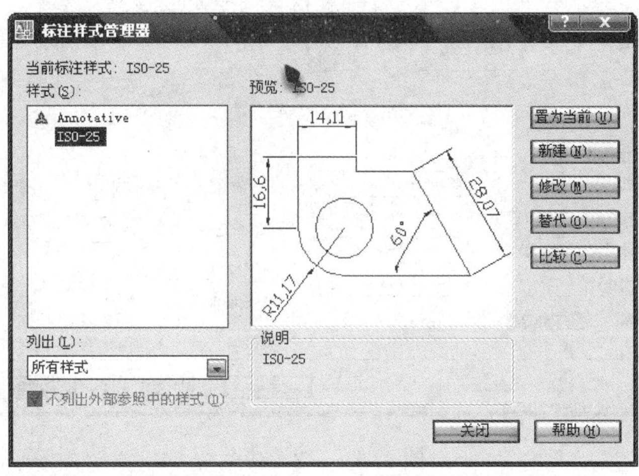

图 13.21　标注样式管理器对话框

单击【新建】按钮，弹出如图 13.22 所示的“创建新标注样式”对话框。

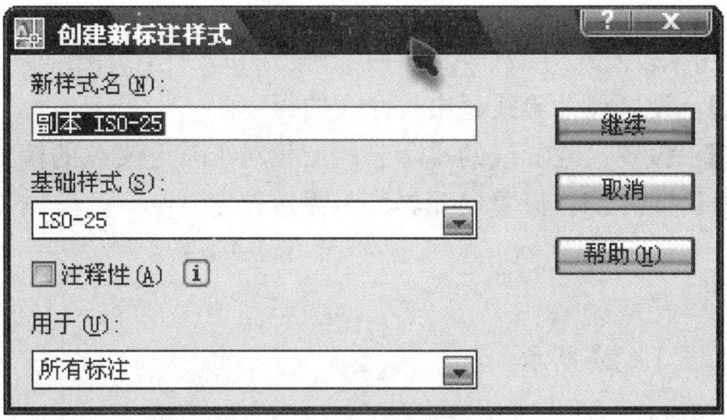

图 13.22　创建新标注样式对话框

（1）【新样式名称】：在文本框内输入新建样式的名称。

（2）【基础样式】：在下拉列表内选择作为基础的样式。

（3）【用于】：在下拉列表内选择该样式适用范围。

以上内容确定后，可单击【继续】按钮，即可打开“新建标注样式”对话框，如图 13.23 所示。

该对话框中共包括“线”、“符号和箭头”、“文字”、“调整”、“主单位”、“换算单位”和“公差”7 个选项卡。

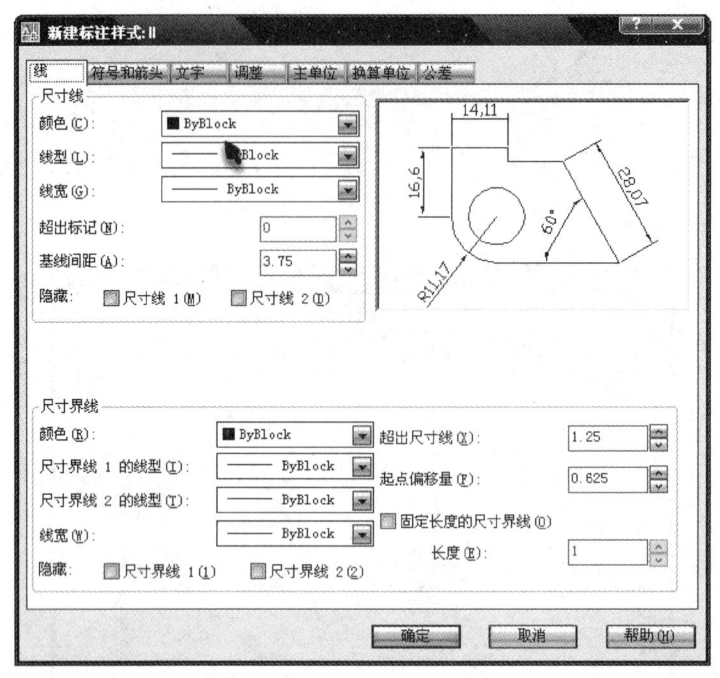

图 13.23　线选项卡

下面对各个选项卡的选项设置作详细介绍。

1. 线

“线”选项卡用来设置尺寸线、尺寸界线的格式和属性，如图 13.23 所示。

【超出尺寸线】：设置尺寸界线超出尺寸线的距离。

【起点偏移量】：设置尺寸界线的实际起始点相对于其定义点的偏移距离。

【固定长度的尺寸界线】：设置尺寸界线为固定长度。

2. 符号和箭头

符号和箭头如图 13.24 所示。

3. 文字

【从尺寸线偏移】：设置标注文字和尺寸线之间的缝隙距离，如图 13.25 所示。

4. 调整

该选项卡用于控制标注文字、尺寸线和尺寸箭头的位置，如图 13.26 所示。

【使用全局比例】：用于给尺寸标注所有元素的尺寸设置缩放比例。比如全局比例为 2，则箭头大小、文字大小、超出尺寸线距离等都乘以 2 倍。

【标注时手动放置文字】：使用给选项，则在做标注时，最后手动放置文字。

【在尺寸界线之间绘制尺寸线】：该选项决定是否绘制尺寸线。

图 13.24　符号和箭头选项卡

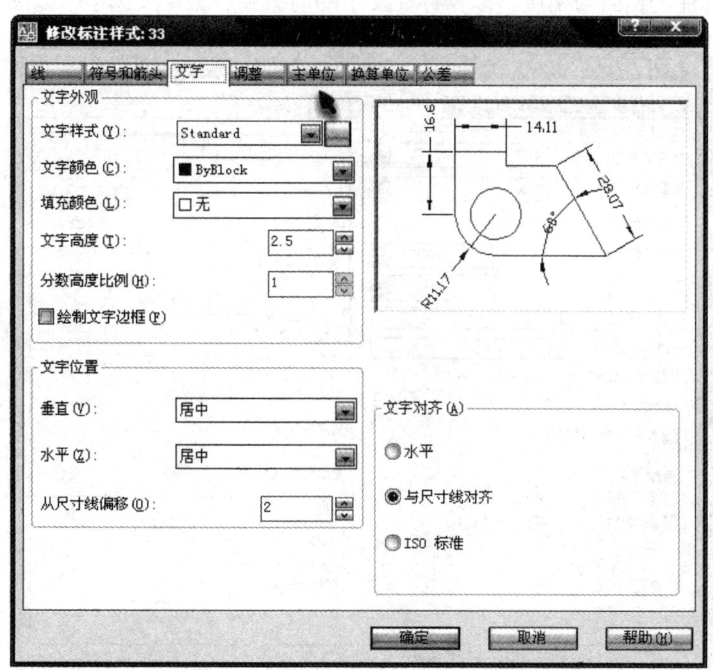

图 13.25　文字选项卡

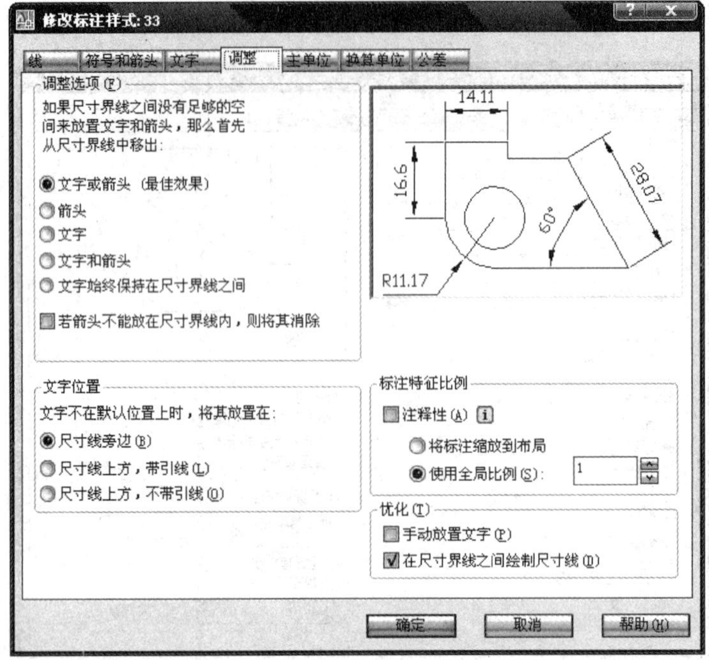

图 13.26　调整选项卡

5. 主单位

用于设置标注的格式与精度，以及标注文字的前缀和后缀，其选项卡如图 13.27 所示。

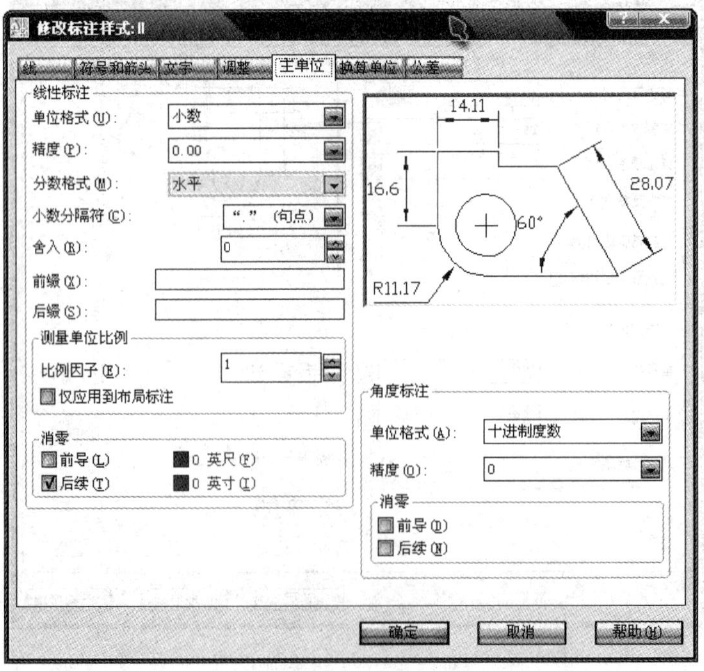

图 13.27　主单位选项卡

13.4.3　尺寸标注

1. 线性标注 DIMLINEAR

线性标注用于标注水平方向，垂直方向的尺寸，如图 13.28 所示。

（1）命令的激活方法：

①【标注】下拉菜单→【线性】选项。

② 标注工具栏→图标按钮。

③ 在命令行内键入 dimlinear 或 DIMLIN 或 DLI。

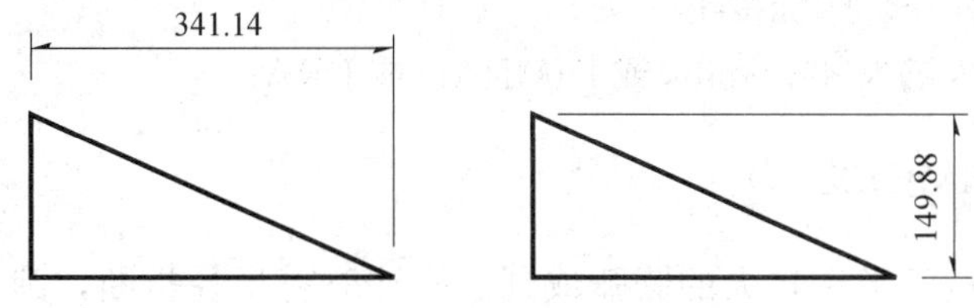

图 13.28　线型标注示意图

（2）命令的执行过程：

- 输入命令：dimlinear
- 指定第一条尺寸界线原点或＜选择对象＞：选择标注图形的一点
- 指定第二条尺寸界线原点：选择图形上的第二点
- 指定尺寸线位置或［多行文字（M）/文字（T）/角度（A）/水平（H）/垂直（V）/旋转（R）］：用鼠标确定标注尺寸线的位置

标注文字＝286.01

2. 对齐标注 DIMALIGNED

对齐标注用于标注倾斜直线的尺寸，如图 13.29 所示。

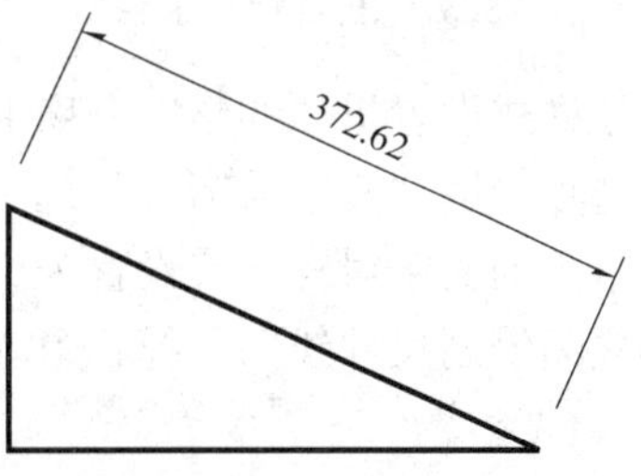

图 13.29　对齐标注示意图

（1）命令的激活方法：

①【标注】下拉菜单→【对齐】选项。

② 标注工具栏→图标按钮。

③ 在命令行内键入 dimaligned 或 DAL。

（2）命令的执行过程（略）。

3. 半径标注 DIMRADIUS

半径标注有四种样式，第一种是文字与尺寸线对齐，标注在圆弧里侧，第二种是文字与尺寸线对齐标注在圆外侧，第三种是文字水平放置或采用 ISO 标准形式，第四种样式与前一种的不同处是它在将“调整”选项卡中的“在尺寸界线之间绘制尺寸线”去掉了。如图 13.30 所示。

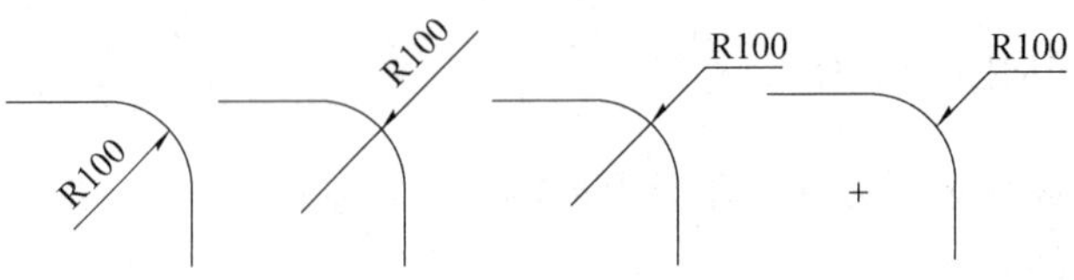

图 13.30　半径标注样式

命令的激活方法：

(1)【标注】下拉菜单→【半径】选项。

(2) 标注工具栏→图标按钮。

(3) 在命令行内键入 dimradius 或 DIMRAD 或 DRA。

4. 折弯标注 DIMJOGGED

折弯标注一般用于半径较大的圆弧或圆。标注时将半径折断，圆心的位置人为拟定。如图 13.31 所示。

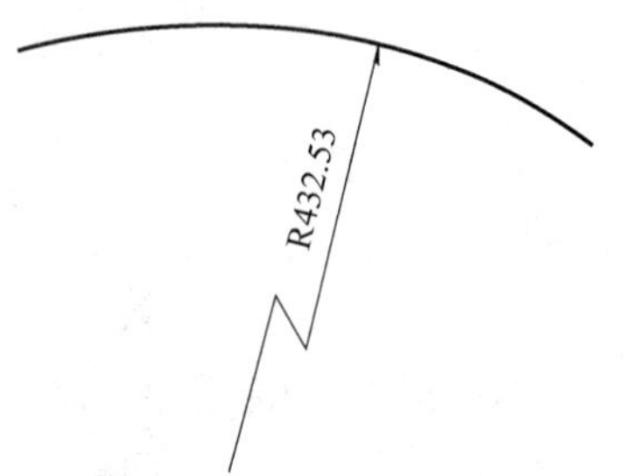

图 13.31　折弯标注示意图

命令的激活方法：

(1)【标注】下拉菜单→【折弯】选项。

(2) 标注工具栏→图标按钮。

(3) 在命令行内键入 dimjogged 或 DJO。

5. 直径标注 DIMDIAMETER

直径标注的形式与半径标注的形式类似，如图 13.32 所示，从左向右，前两个图的标注形式是在标注样式设置里“调整”选项卡里“文字”选中；第三个图是在标注样式设置里“调整”选项卡里“文字或箭头”选中；第四个图是与第一个图类似，不同在于将“文字”选项卡里的文字对齐方式设置为“水平”；第五个图是将“调整”选项卡中的“在尺寸界线之间绘制尺寸线”去掉；第六个图是将文字设置成居中方式。

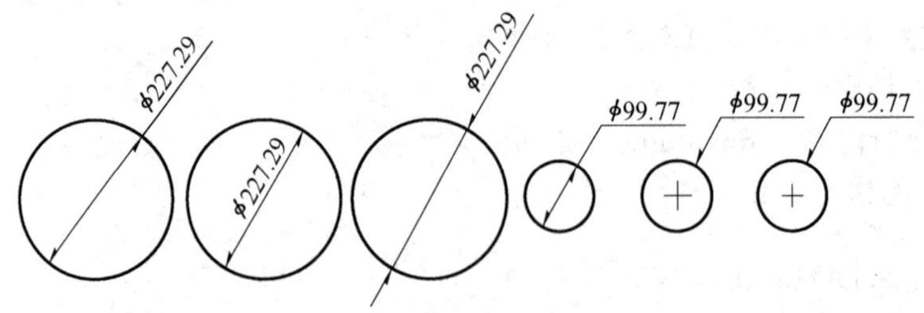

图 13.32　直径标注样式

命令的激活方法：

（1）【标注】下拉菜单→【直径】选项。

（2）标注工具栏→图标按钮。

（3）在命令行内键入 dimdiameter 或 DDI。

6. 角度标注 DIMANGULAR

如图 13.33 和图 13.34 所示。

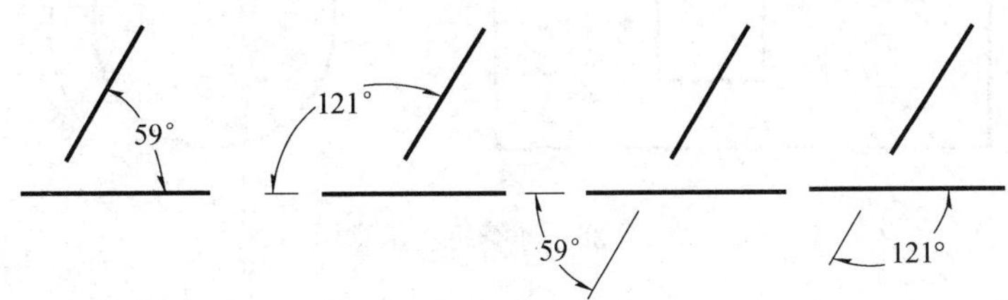

图 13.33　直线的角度标注样式

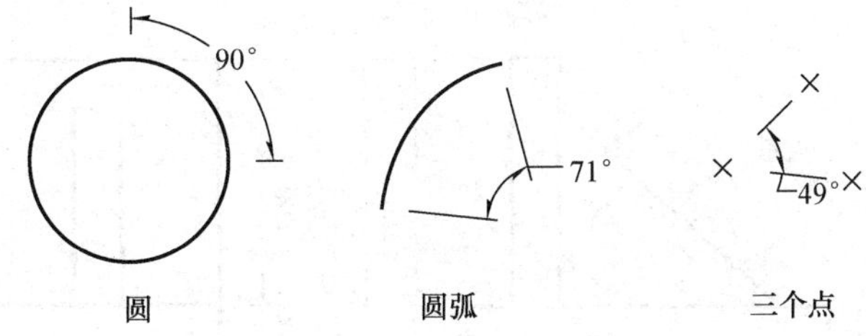

图 13.34　其他角度标注样式

7. 基线标注 DIMBASELINE

基线标注是在其他尺寸标注的基础上进行的，如图 13.35 所示。例如线性标注、对齐标注、角度标注等。如果进行了线性标注，立即激活基线标注，那么在刚进行的线性标注基础上进行基线标注；如果两个命令之间有其他命令，基线标注命令执行时要选择该线性标注才可以对它进行基线标注。

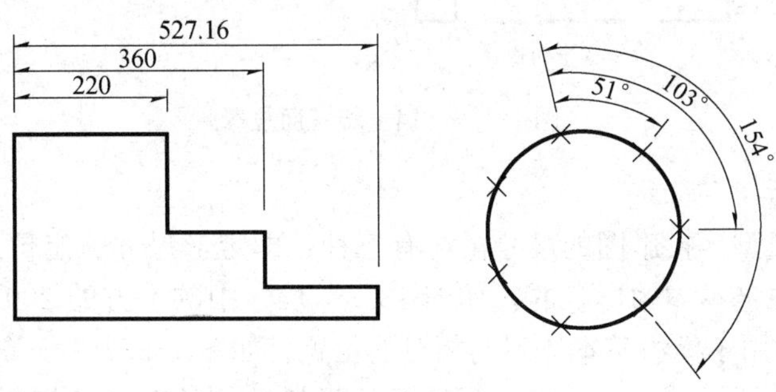

图 13.35　基线标注示意图

8. 连续标注 DIMCONTINUE

连续标注命令执行效果如图 13.36 所示。

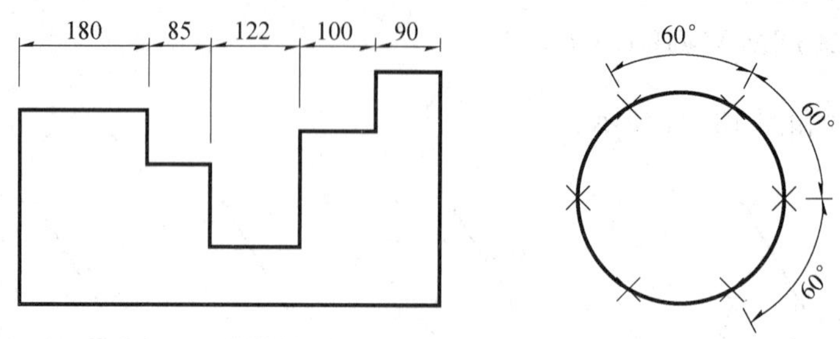

图 13.36 连续标注示意图

【例 13.7】 如图 13.37 所示，根据前面例 13.6 所绘制的挡土墙三面投影图，进行尺寸标注。

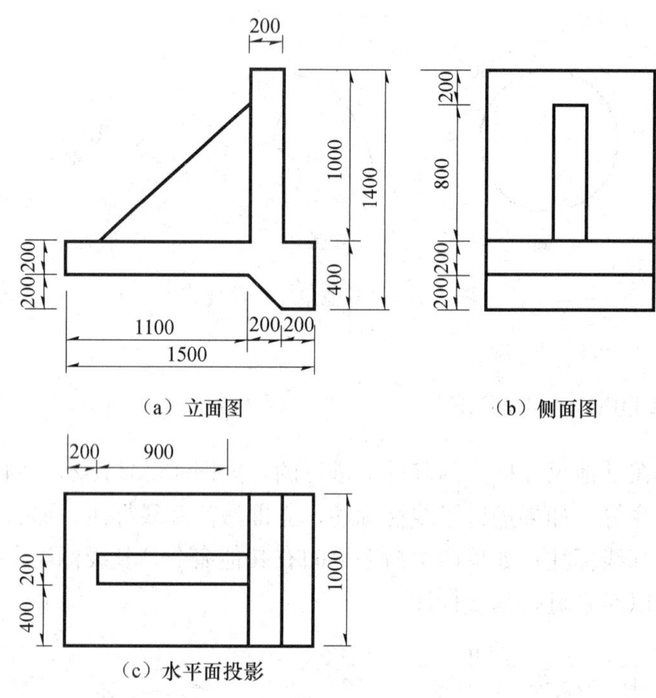

图 13.37 挡土墙三面投影

尺寸标注分析

(1) 标注的类型。投影图的尺寸标注有三种：即定形尺寸、定位尺寸和总体尺寸。定形尺寸用于标注基本体的形状的，如图 13.37 (a) 中的上方的 200、右侧的 1000 和 400 等；定位尺寸用于标注基本体间的相对的位置，如图 13.37 (c) 的上方的 200 和左侧的 400 都属于定位尺寸；总体尺寸用于标注形体整体的轮廓，如图 13.37 (a) 中的 1400、1500 等。

(2) 尺寸标注的要点。尺寸数字应该在尺寸线的上方，且平行于尺寸线；同一方向上的标注应调整为同一条直线；在一个投影图中标注的尺寸可以不在其他投影面上重复；相邻两投影图的尺寸标注应尽量安排在两图中间，如本任务中的图 13.37 (a) 和图 13.37 (c) 图在标注时，图 13.37 (a) 的标准尽量安排在下方与水平投影图靠近，同理，图 13.37 (c) 的标注尽量安排在上方与图 13.37 (a) 靠近，这样做可以方便读图人员对相邻图线的尺寸进行对比，达到快速、准确的阅读图形的效果。

(3) 尺寸标注所用的 CAD 命令。在图形里面，标注的方向有两种，一种是水平方向的，另一种是垂直方向的；所以可以用【线性标注】命令或【对齐标注】命令。

尺寸标注过程

(1) 建立标注样式：

- 依次单击【标注】下拉菜单→【标注样式】选项，激活标注样式管理器。
- 单击【新建】按钮，打开创建标注样式对话框，在【新样式名称】文本框内输入“22”，单击【继续】按钮。
- 打开“线”选项卡，【超出尺寸线】为 2，【起点偏移量】为 5。
- 打开“符号和箭头”选项卡，设置【箭头大小】为 3；
- 打开“文字”选项卡，设置【文字高度】5，文字位置，【垂直】为上方，【水平】为居中，【从尺寸线偏移】1，【文字对齐】为与尺寸线对齐。
- 打开“调整”选项卡，设置【使用全局比例】为 20。
- 打开“主单位”选项卡，设置【精度】为“0.00”，【小数分隔符】为“.”。
- 其他的选项按照默认执行。

(2) 标注尺寸：

- 用【线性标注】命令进行标注。

小　结

通过本单元的学习，进一步熟悉 AutoCAD 软件绘图的特点，回顾工程制图中基本投影图的知识，应用相对最基本、最简单的 CAD 命令，依次掌握三面正投影图、轴测投影图、断面图的绘制和投影图的尺寸标注。本单元主要介绍了绘制正投影图所用到的【直线】命令、坐标的输入方法等；绘制轴测投影图，应用【极轴】、【对象追踪】，复习【直线】、坐标的输入方法的过程；绘制断面图【移动】、【复制】、【镜像】等命令的应用；投影图的尺寸标注【标注样式】、【线性标注】、【对齐标注】等命令的应用。

复习思考题

1. 用相对坐标输入法绘制图形时，第一个点怎样输入？
2. 用 ESC 键能将所有的命令都取消吗？
3. 空格键在 CAD 中的功能有哪些？
4. 你认为哪一种方式激活命令更快捷？
5. 镜像命令执行时，是不是在图中先画出对称轴才能进行镜像操作？

6. 用镜像命令能不能达到复制命令的效果?
7. 复制命令执行时，在指定基点之前，是不是要按回车或空格键?
8. 移动命令与复制命令有哪些相同之处?
9. 设置极轴附加角为−30°与设置附加角为330°有区别吗?
10. 用线性标注命令能对线性进行标注吗?
11. 用复制命令能不能达到镜像命令的效果?

单元 14

道路桥梁专业图形的绘制

教学目标

1. 熟悉道路平面图、纵断面图、横断面图、桥梁一般构造图、钢筋构造图、涵洞构造图等专业图的图示内容与特点；
2. 能够运用【单行文字】、【圆角】、【圆】、【旋转】、【夹点编辑】、【等分点】、【修剪】、【偏移】、【填充】、【查询】、【缩放】、【阵列】等命令完成道路桥梁涵洞等专业图纸的绘制；
3. 能够运用标注命令完成专业图的尺寸标注。

14.1 道路平面图

14.1.1 倒角命令 CHAMFER（快捷命令 CHA）

1. CHAMFER 命令的激活方法

（1）【修改】下拉菜单→【倒角】选项。
（2）修改工具栏→图标按钮。
（3）在命令行内键入 chamfer 或 CHA。

2. 命令的执行过程

• 命令：输入 cha 空格，激活命令
• （“修剪”模式）当前倒角距离 1=0.0000，距离 2=0.0000
• 选择第一条直线或［放弃（U）/多段线（P）/距离（D）/角度（A）/修剪（T）/方式（E）/多个（M）］：输入参数 d 设置倒角距离
• 指定第一个倒角距离<0.0000>：输入第一倒角距离 10
• 指定第二个倒角距离<10.0000>：输入第二倒角距离 20
• 选择第一条直线或［放弃（U）/多段线（P）/距离（D）/角度（A）/修剪（T）/方式（E）/多个（M）］：选择倒角的第一条直线

• 选择第二条直线，或按住 Shift 键选择要应用角点的直线：选择倒角的第二条直线

14.1.2 圆角命令（快捷命令 F）

1. 命令的激活方法

（1）【修改】下拉菜单→【圆角】选项。
（2）修改工具栏→图标按钮。
（3）在命令行内键入：fillet 或 F。

2. 命令的执行过程

如图 14.1 所示。

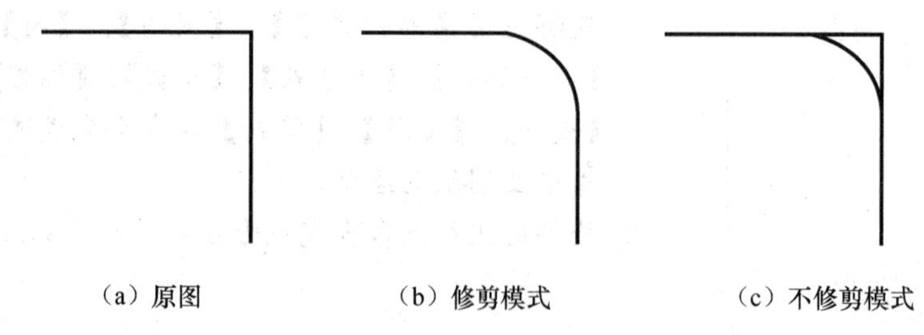

（a）原图　　（b）修剪模式　　（c）不修剪模式

图 14.1　倒圆角修剪模式示意图

14.1.3 样条曲线命令

样条曲线是经过或接近一系列给定点的光滑曲线。

1. 命令的激活方法

（1）【绘图】菜单→样条曲线命令。
（2）绘图工具栏上按钮。
（3）输入命令 spline。
（4）输入快捷键 SPl。

2. 命令的执行过程

• 命令：输入 SPl 激活样条曲线命令
• 指定第一个点或［对象（O）］：用光标单击第一点
• 指定下一点：单击第二点
• 指定下一点或［闭合（C）/拟合公差（F）］<起点切向>：单击输入第三点
• 指定下一点或［闭合（C）/拟合公差（F）］<起点切向>：单击输入第四点

- 指定下一点或［闭合（C）/拟合公差（F）］<起点切向>：按空格键结束点的输入
- 指定起点切向：用光标点取起点切线方向
- 指定端点切向：用光标点取端点切线方向

14.1.4　打断命令

打断命令用于在线型对象上打开一个缺口或者将一个整体线型打断与一点。

1. 命令的激活方法

（1）【修改】菜单→打断命令。

（2）修改工具栏→□按钮或□按钮。

（3）输入命令 break 或快捷键 BR。

2. 命令的执行过程

- 命令：break
- 选择对象：用鼠标点击要打断的对象（光标点击对象的点默认为打断的第一点）
- 指定第二个打断点或［第一点（F）］：用鼠标在该对象上选择第二打断点（也可以输入参数 F 重新指定第一点）

【例 14.1】　完成如图 14.2 所示道路平曲线，图中的三个曲线的相关参数见下表。

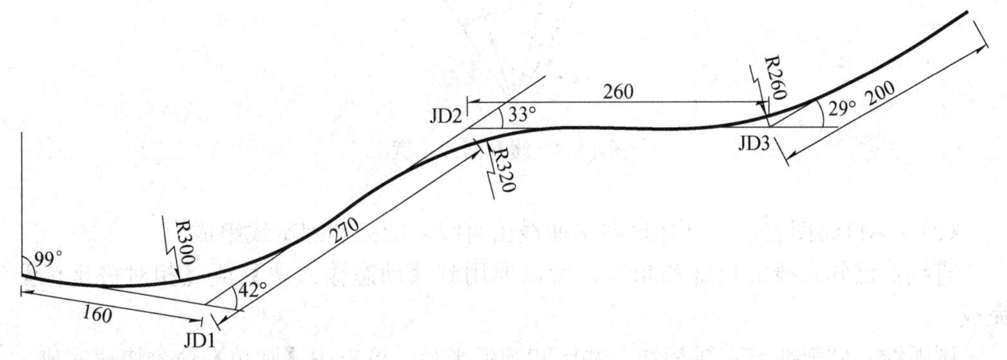

图 14.2　道路平曲线

JD1	JD2	JD3
转角 $\alpha_1=42°$	转角 $\alpha_2=33°$	转角 $\alpha_3=29°$
半径 $R_1=300m$	半径 $R_2=320m$	半径 $R_2=260m$ 切线长 T=103.37m 缓和曲线长 Ls=70m; 圆弧内移值 P=0.78m

绘图分析

(1) 道路平曲线。道路平曲线包括两种形式，一种是普通圆曲线，另外一种是带缓和曲线的圆曲线。

① 圆曲线的要素有：转角 α、半径 R、切线长 T，外距 E（指交点到圆弧中点的距离）、弧长 L。

② 带缓和曲线的圆曲线要素：转角 α、圆曲线半径 R、切线总长 T、缓和曲线长 Ls、曲线总长 L、外距 E、圆曲线内移值 P。

缓和曲线是连接直线与圆曲线的过渡线型，是一种螺旋线，它的特点是连接直线的一段半径无限大、连接圆曲线的半径为 R，也就是说该线的半径由无限大逐渐过渡到 R，汽车在缓和曲线上行驶时，离心力会逐渐增加，从而由直线到圆曲线平稳过渡，如图 14.3 所示。

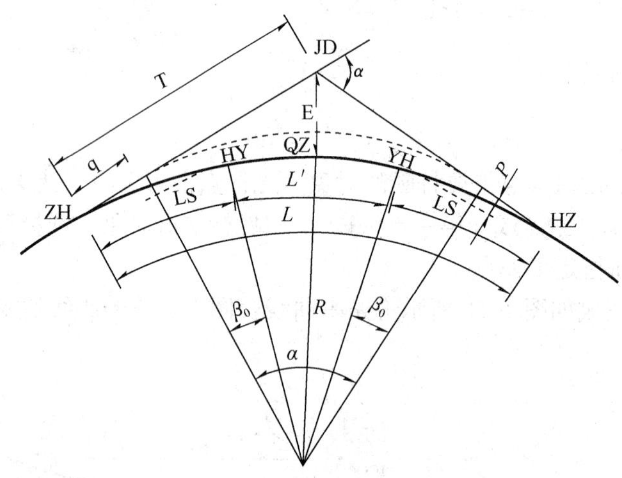

图 14.3　缓和曲线示意图

(2) CAD 绘图要点。已知道路平曲线由直线、圆弧和螺旋线组成。

直线：已知直线的长度和角度，所以要用到【动态输入法】或【相对极坐标】来完成。

圆弧线：圆弧线与直线相切、并已知圆弧半径，可以用【圆角】命令快速完成。

缓和曲线（即螺旋线）：可以用【样条曲线】命令近似绘制。

绘图过程

- 先用【直线】命令完成平曲线中的直线段。
- 然后用【圆角】命令将三个交点处的圆弧加上去。
- 接下来调整并完成带缓和曲线的圆曲线。
- 沿着 JD3 向左 103.37 的位置（即 ZH 点）位置上绘制辅助线段，长度自拟，并垂直于道路直线段。
- 然后用复制命令将该辅助线向右复制，间距为 70。

• 用垂足捕捉绘制辅助线垂直于右侧道路直线段，并将该辅助线用【移动】命令移动到 HZ 点处。

• 用【复制】命令将该辅助线沿着直线段复制，间距为 70。

• 用直线连接 JD3 和 QZ 点。

辅助线绘制完成，如图 14.4（a）所示。

• 用【移动】命令将圆曲线沿着外距线段移动 P=0.78。

• 用【打断】命令将该圆曲线沿着辅助线将两端打断并删除，得到 HY 点和 YH 点。

如图 14.4（b）所示。

• 用【样条曲线】命令分别连接 ZH 与 HY 点、YH 与 HZ 点。

如图 14.4（c）所示。

• 删除辅助线如图 14.4（d）所示。

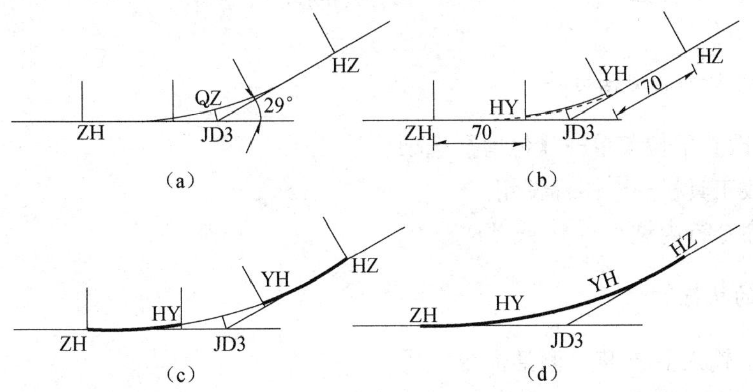

图 14.4　缓和曲线绘图过程

14.1.5　圆命令 CIRCLE（C）

1. 命令的激活方法

（1）【绘图】菜单→【圆】子菜单→选择其中一种圆命令。

（2）单击绘图工具栏上的⊙按钮。

（3）输入命令 CIRCLE 空格。

（4）输入快捷键 C 空格。

2. 命令的执行过程（以圆心半径圆为例）

• 命令：输入 C 空格

• 指定圆的圆心或［三点（3P）/两点（2P）/相切、相切、半径（T）］：用鼠标单击确定圆心

• 指定圆的半径或［直径（D）］：输入“100”回车

14.1.6 修剪命令 TRIM（快捷命令 TR）

利用修剪命令可以将图形上的一部分去掉，在删除不需要的部位时，需要一个边界，也就是说沿着哪一条边将图形剪掉。这个边界有两种形式，如图 14.5 所示，一种是边界与所修剪的图形实际上是相交的，另一种是边界的延长线与所修剪的图形相交。

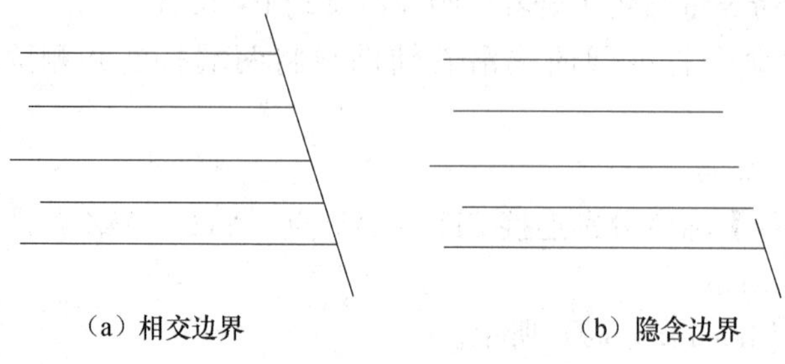

（a）相交边界　　（b）隐含边界

图 14.5　修剪边界示意图

1. TRIM 命令的激活方法

(1)【修改】下拉菜单→【修剪】选项。

(2) 修改工具栏→图标按钮。

(3) 在命令行内键入 trim 或 TR。

2. 命令的执行过程

- 命令：输入 tr 空格，激活命令
- 当前设置：投影＝UCS，边＝无
- 选择剪切边...
- 选择对象或<全部选择>：选择作为修剪边界的对象
- 找到 1 个
- 选择对象：选择要修剪的对象，或按住 Shift 键选择要延伸的对象，或［栏选（F）/窗交（C）/投影（P）/边（E）/删除（R）/放弃（U）］：选择需要修剪图形的部分
- 选择要修剪的对象，或按住 Shift 键选择要延伸的对象，或［栏选（F）/窗交（C）/投影（P）/边（E）/删除（R）/放弃（U）］：(回车结束命令)

如图 14.6 所示。

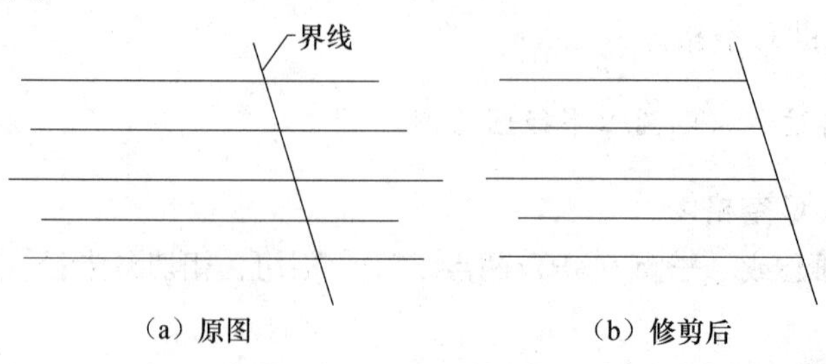

（a）原图　　（b）修剪后

图 14.6　修剪命示意图

14.1.7　延伸命令 EXTEND（快捷命令 EX）

1. EXTEND 命令的激活方法

（1）【修改】下拉菜单→【延伸】选项。
（2）修改工具栏→图标按钮。
（3）在命令行内键入 extend 或 EX。

2. 命令的执行过程

（略）

14.1.8　旋转命令 ROTATE（快捷命令 RO）

图形旋转后从效果上有两种形式，如图 14.7 所示，一种是旋转后不保留源图，另一种是旋转后保留源图。

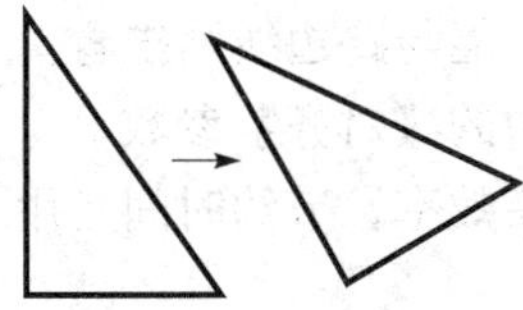

（a）旋转后不保留源图

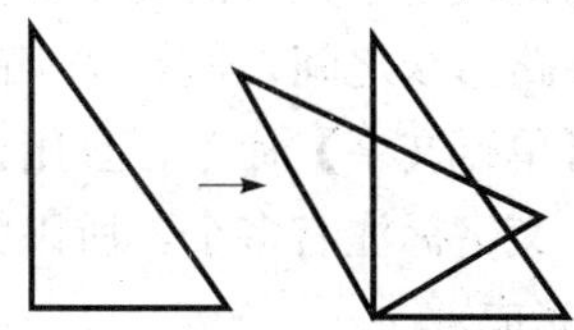

（b）旋转后保留源图

图 14.7　图形旋转效果图

1. ROTATE 命令激活方法

（1）【修改】下拉菜单→【旋转】选项。
（2）修改工具栏→图标按钮。
（3）在命令行内键入 rotate 或 RO。

2. 命令的执行过程

- 命令：输入 ro 回车激活旋转命令
- UCS 当前的正角方向：ANGDIR＝逆时针 ANGBASE＝0
- 选择对象：用框选单击第一点
- 指定对角点：单击对角点
- 找到 1 个
- 选择对象：按空格键结束对象选择
- 指定基点：用光标点取基点
- 指定旋转角度或［参照（R）］：输入旋转角度回车

【例 14.2】　完成图 14.8 所示道路平面图。

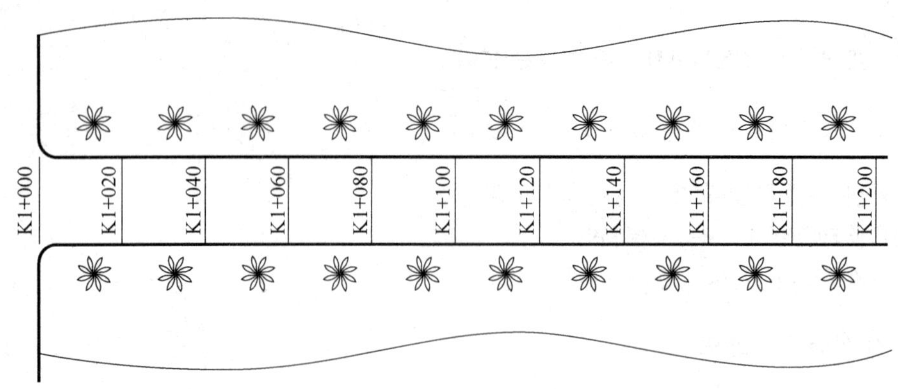

图 14.8　某道路平面图

绘图分析

（1）本图形主要是由直线和曲线构成。所以用到【直线】命令、【样条曲线】命令，虚线要用到“特性”工具修改。

（2）比较难的是道路中桩号的文字标注。仔细观察，发现文字标注时，要垂直道路中线，文字宽度在路边线之间，但是文字的两端不能与路边线紧挨着。

（3）所以用【单行文字】命令，且用该命令中的【对齐】参数。

（4）图形中，文字标注有多个，所以为了提高效率，节约时间，用【复制】命令和“文字修改”方法完成。

绘图过程

- 首先绘制长175的直线，用【复制】命令生成道路边线，如图14.9（a）所示。
- 在左侧起点用直线连接，如图14.9（b）所示。

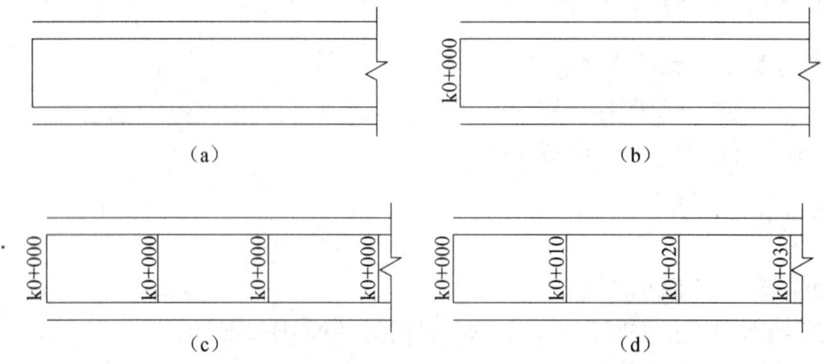

图 14.9　桩号标注过程

- 用【单行文字】命令的“对齐”方式输入“K0＋000”，使桩号与竖直线对齐，注意，在选择“对齐”基线的两个端点时，要用对象追踪的方法使选取的基线端点在直线两个端点内侧，即使桩号数字两侧与道路边线离开一点，以免打印时不清晰。
- 用【复制】命令复制多个桩号，间距为10，如图14.9（c）所示。

• 双击第二个桩号，进入单行文字的在位编辑状态，修改桩号为K0＋010，依次类推修改其他桩号，如图14.9（d）所示。

• 完成其他线形。

14.1.9　偏移命令OFFSET（快捷命令O）

可以进行偏移的图形有直线、矩形、圆、椭圆、圆弧、多段线、修订云线等，如图14.10所示。

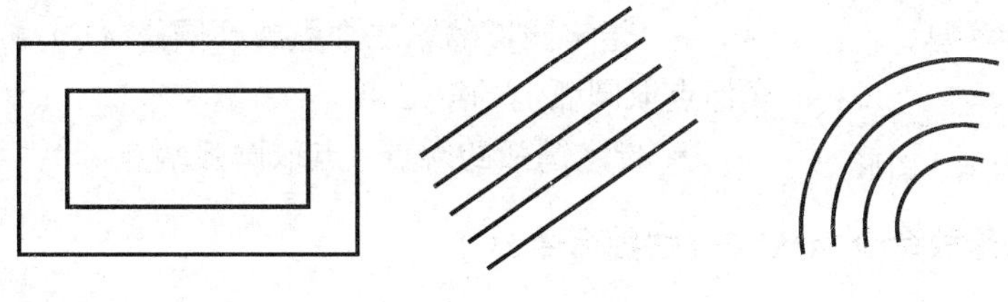

图14.10　偏移图形

1. OFFSET命令的激活方法

(1)【修改】下拉菜单→【偏移】选项。

(2)【修改】工具栏→图标按钮。

(3) 在命令行内键入offset或O。

2. 命令的执行过程

• 命令：输入o空格，激活命令

• 当前设置：删除源＝否　图层＝源 OFFSETGAPTYPE＝0

• 指定偏移距离或［通过（T）/删除（E）/图层（L）］＜通过＞：输入偏移距离值

• 选择要偏移的对象，或［退出（E）/放弃（U）］＜退出＞：选择偏移对象，只能选择1个

• 指定要偏移的那一侧上的点，或［退出（E）/多个（M）/放弃（U）］＜退出＞：用鼠标在需要生成偏移图形的一侧单击

• 选择要偏移的对象，或［退出（E）/放弃（U）］＜退出＞：继续选择偏移对象或回车退出

14.2　道路纵断面图

14.2.1　圆弧命令ARC（快捷键A）

1. 命令的激活方法

(1)【绘图】菜单→【圆弧】子菜单→选择一项命令，如图14.11所示。

三点(P)
起点、圆心、端点(S)
起点、圆心、角度(T)
起点、圆心、长度(A)
起点、端点、角度(N)
起点、端点、方向(D)
起点、端点、半径(R)
圆心、起点、端点(C)
圆心、起点、角度(E)
圆心、起点、长度(L)
继续(O)

图 14.11　坐标输入图形

（2）绘图工具栏上的按钮。
（3）输入 ARC 命令或快捷键 A。

2. 命令的执行过程

以三点圆弧为例：
- 命令：ARC
- 指定圆弧的起点或［圆心（C)］：用光标点取圆弧起点
- 指定圆弧的第二个点或［圆心（C)/端点（E)］：用光标点取圆弧上的第二点
- 指定圆弧的端点：点取圆弧端点

14.2.2　等比缩放命令 SCALE（快捷命令 SC）

图形缩放后从效果上有两种形式，如图 14.12 所示，一种是缩放后不保留源图，另一种是缩放后保留源图。

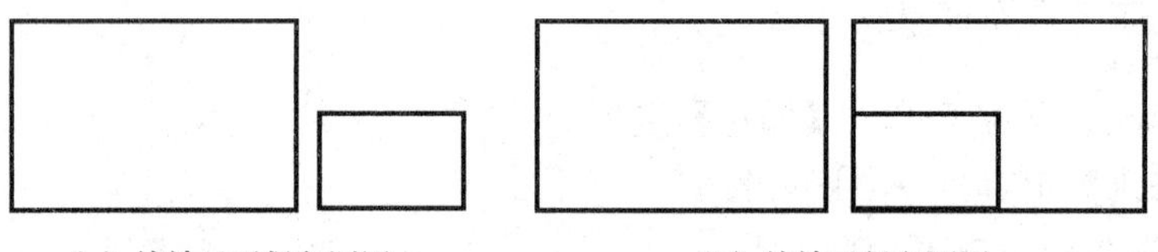

（a）缩放后不保留源图　　（b）缩放后保留源图

图 14.12　等比缩放效果图

1. SCALE 命令的激活方法

（1）【修改】下拉菜单→【缩放】选项。
（2）修改工具栏→图标按钮。
（3）在命令行内键入：SCALE 或 SC。

14.2.3　阵列命令 ARRAY（快捷命令 AR）

阵列命令有两种方式，即矩形阵列和环形阵列。矩形阵列有两种效果如图 14.13 所示，一种是倾斜角度为 0 的阵列，另一种是带有一定倾斜角度的阵列；环形阵列有三种

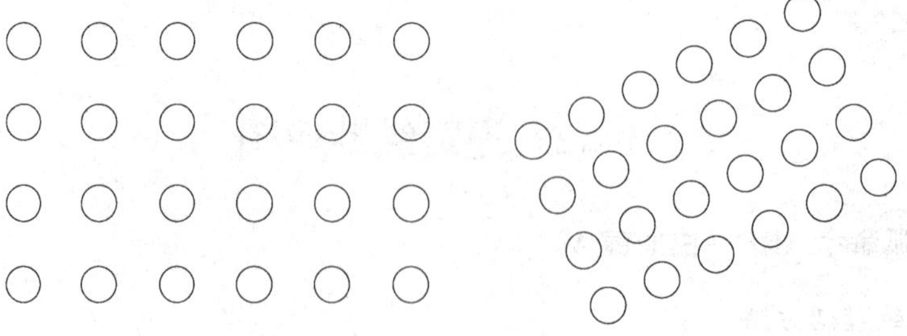

（a）倾斜角度为0的阵列　　（b）带倾斜角的阵列

图 14.13　矩形阵列示意图

效果如图 14.14 所示，第一种是阵列时旋转对象，第二种是阵列时不旋转对象，第三种是在一定角度内阵列。

（a）阵列时旋转对象

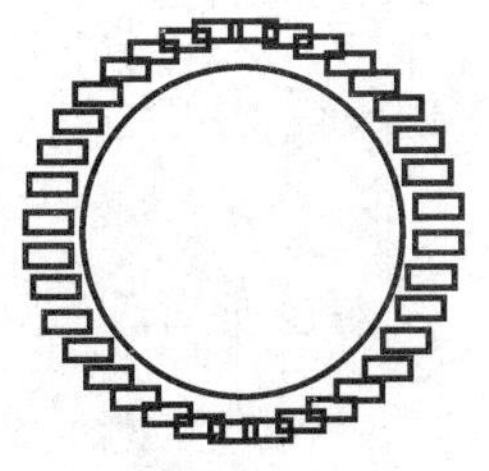

（b）阵列时不旋转对象

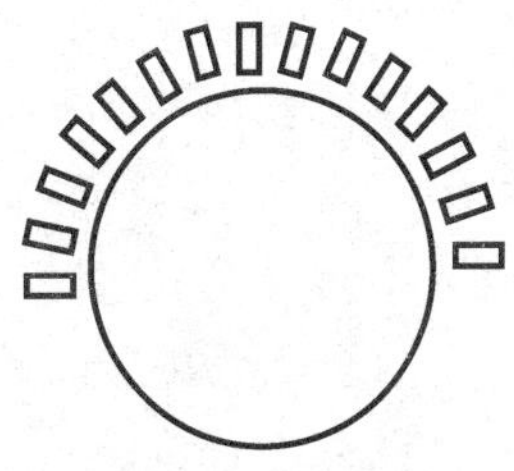

（c）在一定角度内阵列

图 14.14　环形阵列示意图

1. ARRAR 命令的激活方法

（1）【修改】下拉菜单→【阵列】选项。

（2）【修改】工具栏→图标按钮。

（3）在命令行内键入：ARRAY 或 AR。

2. 命令的执行过程

（略）

【例 14.3】 完成图 14.15 所示某二级公路道路纵断画图。

绘图分析

（1）道路纵断面图是沿着道路中线竖直剖切后展开得到的断面图，其作用是表达路线的纵面线形、地面起伏、地质和沿线构造物的概况等。

（2）纵面断面图上包括的内容有：高程标尺、地面线、设计线、地面高程、设计高程、填挖高度、里程桩号、平曲线等。

（3）地面线与设计线。地面线是由一系列折线构成的，设计线是由直线和竖曲线组成的。设计线用粗实线绘制，地面线是由细实线构成。

（4）比例尺。沿着里程方向一般用 1∶2000，高程方向一般用 1∶200。

（5）CAD 绘图要点。在以前的任务中，在前面所完成的工程图形都是按照图中所给的实际尺寸来绘制的。但本例中的道路纵断面图在横向和纵向的比例不一致，所以本图在绘制时，不能按照实际尺寸绘制。

纵方向 10mm 代表实际高程 2000mm（即 2m），例如起点处的地面高程为 11.388m，在绘制地面线时可以用直线命令绘制一条垂直线长度为 11.388/0.2＝56.94mm 的线段来找到地面高程点。但是每次需要先将地面高程除以 2 然后再绘制直线找到地面点，这样就比较复杂了。

为了方便绘图，并考虑到纵向比例尺为 1∶200，首先绘制一张 420mm×297mm 的 A3 图纸，在这张图纸上绘制图框线，标题栏等等，然后将这张图纸整体放大 2 倍。放大 2 倍，相当于将整张 A3 图纸放大 2 倍，即整张图纸变成了 A1 图纸（841×594）。比例尺就变成了 1∶100，即 10mm 代表实际高程 1000mm。这样就可以直接绘制原来长度的线段来定位地面高程了。

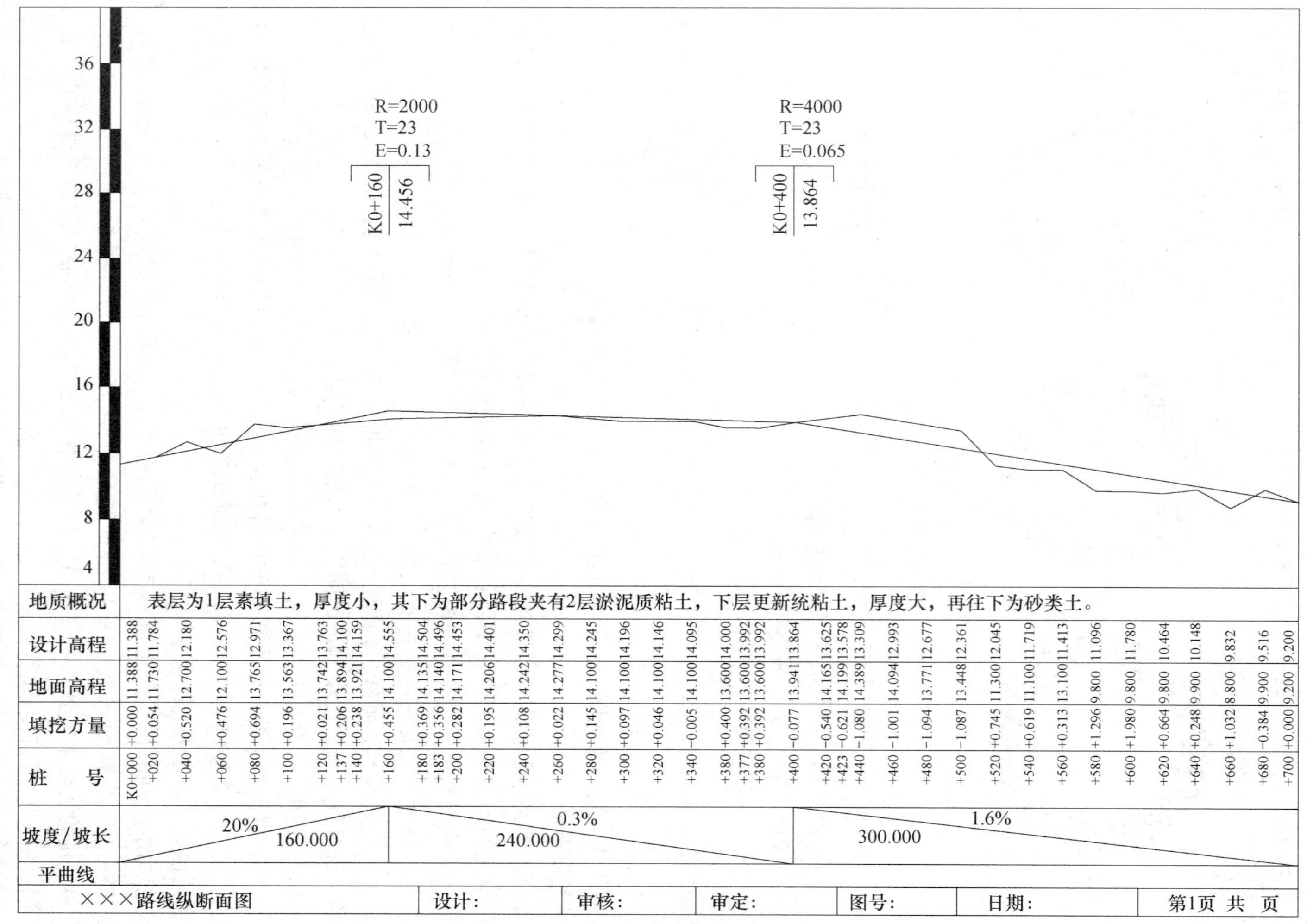

地质概况	表层为1层素填土，厚度小，其下为部分路段夹有2层淤泥质粘土，下层更新统粘土，厚度大，再往下为砂类土。

桩号	K0+000	+020	+040	+060	+080	+100	+120	+137	+140	+160
设计高程	11.388	11.784	12.180	12.576	12.971	13.367	13.763	14.100	14.159	14.555
地面高程	11.388	11.730	12.700	12.100	13.765	13.563	13.742	13.894	13.921	14.100
填挖方量	+0.000	+0.054	−0.520	+0.476	+0.694	+0.196	+0.021	+0.206	+0.238	+0.455

桩号	+180	+183	+200	+220	+240	+260	+280	+300	+320	+340
设计高程	14.504	14.496	14.453	14.401	14.350	14.299	14.245	14.196	14.146	14.095
地面高程	14.135	14.140	14.171	14.206	14.242	14.277	14.100	14.100	14.100	14.100
填挖方量	+0.369	+0.356	+0.282	+0.195	+0.108	+0.022	+0.145	+0.097	+0.046	−0.005

桩号	+380	+377	+380	+400	+420	+423	+440	+460	+480	+500
设计高程	14.000	13.992	13.992	13.864	13.625	13.578	13.309	12.993	12.677	12.361
地面高程	13.600	13.600	13.600	13.941	14.165	14.199	14.389	14.094	13.771	13.448
填挖方量	+0.400	+0.392	+0.392	−0.077	−0.540	−0.621	−1.080	−1.001	−1.094	−1.087

桩号	+520	+540	+560	+580	+600	+620	+640	+660	+680	+700
设计高程	12.045	11.719	11.413	11.096	11.780	10.464	10.148	9.832	9.516	9.200
地面高程	11.300	11.100	13.100	9.800	9.800	9.800	9.900	8.800	9.900	9.200
填挖方量	+0.745	+0.619	+0.313	+1.296	+1.980	+0.664	+0.248	+1.032	−0.384	+0.000

坡度/坡长	20% 160.000	0.3% 240.000	1.6% 300.000
平曲线			

×××路线纵断面图	设计：	审核：	审定：	图号：	日期：	第1页 共 页

图 14.15　某三级公路道路纵断图

绘制完图形后，在打印时，可以在【打印】命令里设置成缩印的效果，使打出来的图形仍然是 A3 图纸。

绘图过程

- 首先用【矩形】命令绘制 420mm×297mm 的 A3 纸边缘线和里面 380mm×277mm 的图框线。
- 用【直线】命令，绘制标题线。
- 用【直线】和【填充】命令完成纵向标尺。
- 用【单行文字】和【复制】命令完成各栏的标题，标题文字高度为 4。
- 用【单行文字】和【阵列】命令完成里程桩号和地面高程的输入。
- 用【比例缩放】命令将整个图形放大 2 倍。
- 用【直线】命令从各个里程桩号处向上垂直绘制线段代表地面高程点。
- 用直线连接各个地面高程点构成地面线。
- 用【直线】命令进行拉坡，即完成设计线。
- 用【圆弧】命令完成竖曲线并对竖曲线进行标注。
- 用【距离查询】命令查询各里程桩处的设计标高。
- 用【单行文字】和【阵列】命令完成设计高程和填挖高度的输入。
- 完成地质概况和坡度、坡长的输入。
- 删除辅助直线。

14.3　道路横断面图

14.3.1　正多边形 POLYGON（快捷键 POL）

该命令用于快速绘制正多边形，可以绘制 3～1024 条边的正多边形。

1. POLYGON 命令的激活方法

（1）【绘图】菜单→【正多边形】命令。
（2）绘图工具栏→图标按钮。
（3）在命令行内键入 polygon 或 POL。

2. 命令的执行过程

- 命令：输入 POL 空格；
- 输入边的数目<4>：输入 4 回车
- 指定正多边形的中心点或［边（E）］：用鼠标在绘图区域内单击
- 输入选项［内接于圆（I）/外切于圆（C）］<I>：按空格，按<>内的参数执行
- 指定圆的半径：输入“50”回车完成图形并结束命令

14.3.2　矩形 RECTANG（快捷键 REC）

1. RECTANGG 命令的激活方法

（1）【绘图】菜单→【矩形】命令。

（2）绘图工具栏上的□按钮。
（3）输入命令 rectang 或快捷键 REC。

2. 命令的执行过程

（略）

14.3.3 图案填充 BHATCH（快捷键 H）

1. BHATCH 命令的激活方法

（1）【绘图】菜单→【图案填充】命令。
（2）绘图工具栏→▦图标按钮。
（3）在命令行内键入：bhatch 或 H。

2. 命令的执行过程

激活该命令后，会弹出如图 14.16 所示对话框。在该对话框内依次设定：

① 图案：单击“图案”选项的右侧的按钮，在弹出的对话框内选择填充图案。

② 添加对象：单击“添加：拾取点”按钮，然后再绘图区域内单击选择填充区域。

③ 预览：单击“预览”按钮，可以预览填充效果。

④ 确定：单击“确定”按钮，完成图案填充。

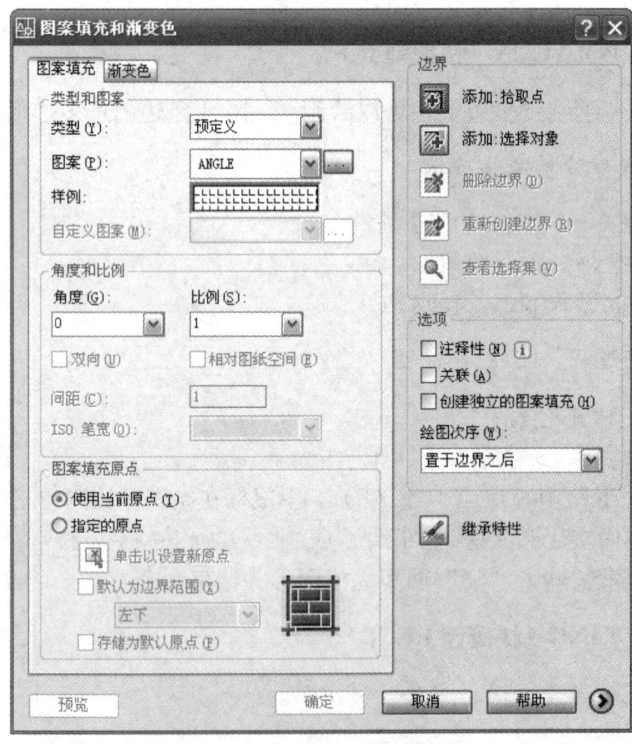

图 14.16　图案填充对话框

14.3.4　渐变色填充 BHATCH（快捷键 H）

渐变色填充与图案填充是同一个命令，激活的方法稍有不同。

渐变色填充命令的激活方法

（1）【绘图】菜单→【渐变色】命令。

（2）绘图工具栏→图标按钮。

（3）在命令行内键入：bhatch 或 H。

【例 14.4】 完成图 14.17 所示某二级公路路堑断面图。

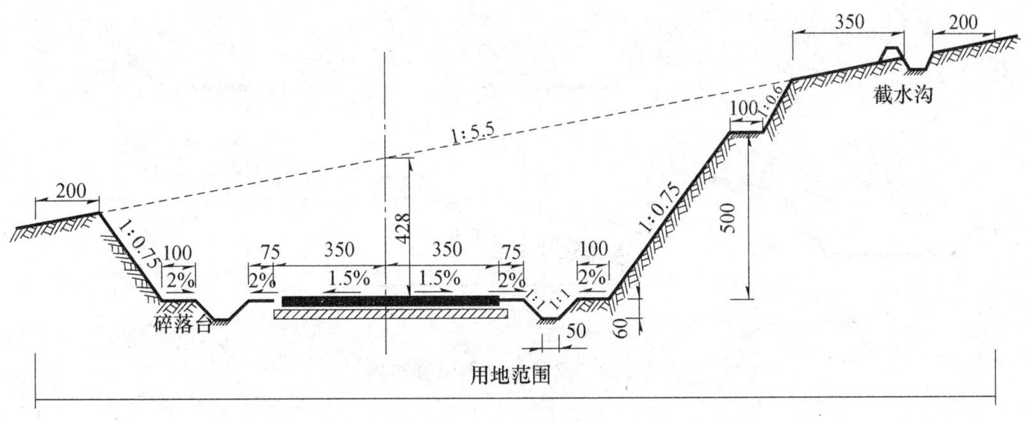

图 14.17　路堑断面图

绘图分析

（1）道路整体结构设计可以用道路横断面图反映，道路横断面图包括三类：路堑、路堤和半挖半填。

（2）本图中有许多斜线并给出斜线的坡度，所以在绘制过程中需要用到对象追踪等辅助工具。

（3）绘图中还要注意线型，路面和地面线用粗实线绘制线宽为 0.4，其他线型都是细线。对称轴用点画线，原地面被挖掉的部分用虚线表示。

（4）在填充时，表示地面的填充图案在填充图案中没有，可以用直线命令和复制命令完成。

绘图过程

• 首先，用直线命令绘制原地面线，如图 14.18（a）所示。

• 从轴线与地面线交点处向下再绘制长为 428 的线段，定位路面中点，然后按照尺寸绘制路面左侧结构线，如图 14.18（b）所示。

• 用【镜像】命令将左侧线镜像到右侧，如图 14.18（c）所示。然后从点 4 向上绘制长 500 的线段，再向右绘制任意长度线段用于定位二级边坡的位置。

• 如图 14.18（d）所示，按照已知尺寸继续绘制右侧边坡交到地面线点 5 处，从点5向右绘制长为350的线段，定位截水沟的位置，然后绘制截水沟示意图（尺寸自拟）。再从截水沟右侧边缘点向右绘制长为200的线段，定位道路建筑用地范围边缘。

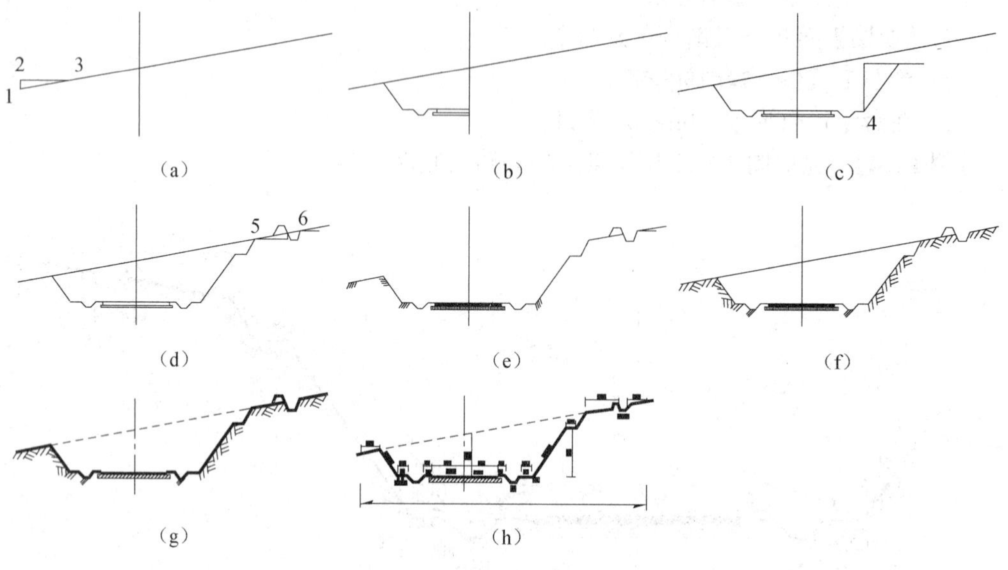

图14.18 路堑断面图绘制步骤

• 用【修剪】命令剪掉路堑挖掉的地面线和边沟挖掉的地面线，如图14.18（e）所示。

• 用填充命令，填充路面结构部位。绘制地面线时，先在不同坡度的端点处绘制基本单元，如图14.18（e）所示。

• 将路堑挖掉的地面线补上，如图14.18（f）所示。用【复制】命令将地面图案复制完成，这里具体的操作方法不做详述，注意对于斜线部位复制时用“最近点捕捉”会更方便。

• 调整线的线宽和线型，如图14.18（g）所示。

• 最后，对图形进行标注，如图14.18（h）所示。

14.3.5 距离查询DIST（快捷键DI）

1. 命令的激活方法

（1）依次单击【工具】菜单→【查询】子菜单→【距离】命令，如图14.19所示。

（2）输入命令dist或快捷键DI。

2. 命令的执行过程

• 命令：输入DI空格

- 指定第一点：用光标指定第一点
- 指定第二点：用光标指定第二点
- 距离＝72.7663，XY 平面中的倾角＝350，与 XY 平面的夹角＝0
- X 增量＝71.5823，Y 增量＝－13.0732，Z 增量＝0.0000

距离（D）
面积（A）
面域/质量特性（M）
列表显示（L）
点坐标（I）
时间（T）
状态（S）
设置变量（V）

图 14.19　查询子菜单

14.3.6　面积查询 AREA

1. 命令的激活方法

（1）依次单击【工具】菜单→【查询】子菜单→【面积】命令，如图 14.20 所示。
（2）输入命令 area 或快捷键 AA。

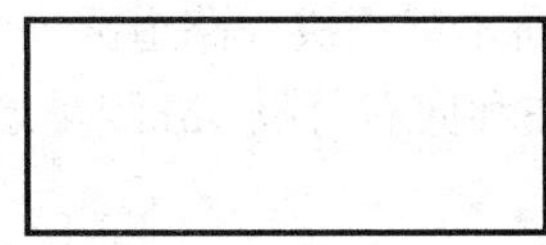

图 14.20　查询矩形面积

2. 命令的执行过程

- 命令：激活面积查询命令；
- 指定第一个角点或［对象（O）/加（A）/减（S）］：捕捉矩形的第一个角点
- 指定下一个角点或按回车键全选：依次捕捉第二个角点
- 指定下一个角点或按回车键全选：依次捕捉第三个角点
- 指定下一个角点或按回车键全选：捕捉第四个角点
- 指定下一个角点或按回车键全选：按空格键结束
- 面积＝1000.0000，周长＝140.0000

14.3.7　列表显示 LIST（快捷键 LI）

用该命令可以打开一个文本框，详细显示所选对象的各种信息，如图 14.21 所示。如直线所处的图层、颜色、线宽、线型，直线的起点、终点坐标，直线长度、倾角等。

1. 命令的激活方法

（1）依次单击【工具】菜单→【查询】子菜单→【列表】命令。
（2）输入命令 list 或快捷键 LI。

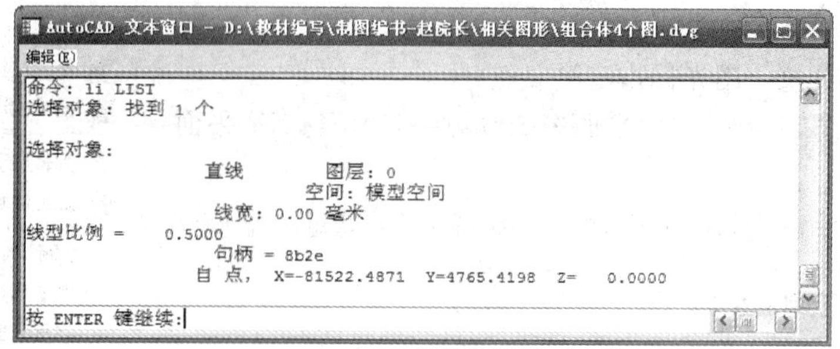

图 14.21 列表查询文本框

还有其他查询，如面域/质量特性查询、时间查询、状态查询等，由于这些查询不常用，这里不做介绍，有兴趣的同学可以在帮助文件内查找。

【例 14.5】 完成如图 14.22 所示某二级公路道路横断面图。

已知横断面测量从中心线向左和向右每隔 3m 测量地面高程列在下表内。

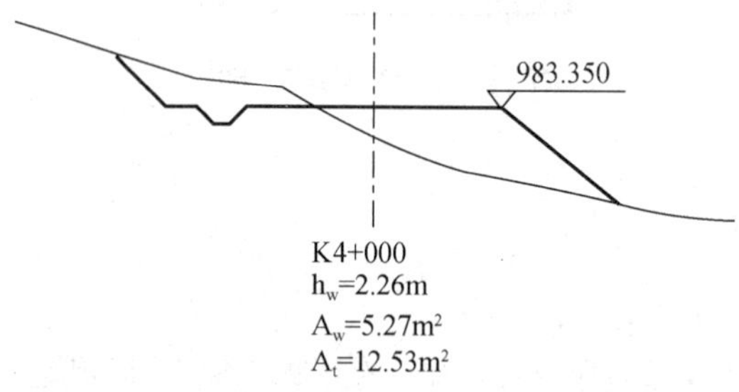

图 14.22 路基横断面图

	−12m	−9m	−6m	−3m	0	3m	6m	9m	12m
K4+000	986.032	985.075	984.250	984.000	982.315	981.300	980.805	980.032	979.650

其中，K4+000 路面中心线处设计高程分别为 913.458m。道路断面图组成按照上一任务的道路断面图执行，即路面宽为 3.5m+3.5m 车道，路肩宽为 0.75m，填方边坡坡度为 1∶1.25，挖方边坡坡度为 1∶1，边沟深 0.6m，边沟边坡坡度都为 1∶1。

绘图分析

(1) 道路横断面图是在路线各中心桩（公里桩、百米桩、曲线桩、中点桩）处，垂直于道路中心线剖切所得的断面图，用于计算公路设计时所需的填挖方量。

(2) 已知地面线的绝对标高，在找地面线时，可以假定一条水准线，从水准线向上绘制线段，其长度代表地面线与水准线的相对高度，这样可以找出地面线，本图中最低地面标高为 979.650m，假设水准线绝对高程为 978.000m。

(3) 填挖方面积需要用到【查询】命令。

(4) 最后用文字命令输入。

绘图过程

• 首先，如图 14.23（a）用直线命令在点 1 绘制垂直线段，长为 1.650（即 979.650－978.000），再激活直线命令从点 1 向左绘制长为 3.000 的线段到点 2，从点 2 向上画长为 2.032（即 980.032－978.000）的线段，依次类推，一直到点 9。

• 如图 14.23（b），用直线依次连接竖直线段的上端点。再从点 5 向上画长为 5.350（即 983.35－978.000）的线段。

• 如图 14.23（c），从点 10 开始，按照道路横断面的设计尺寸绘制设计线，即"戴帽"。

• 激活【面积】查询命令，分别查询如图 14.23（d）所示的两个阴影部分的面积。

• 删除所有辅助线，如图 14.23（e）。再用直线命令在道路中线处绘制轴线。

• 最后，用单行文字命令对道路横断面图进行标注，如图 14.23（f）所示。

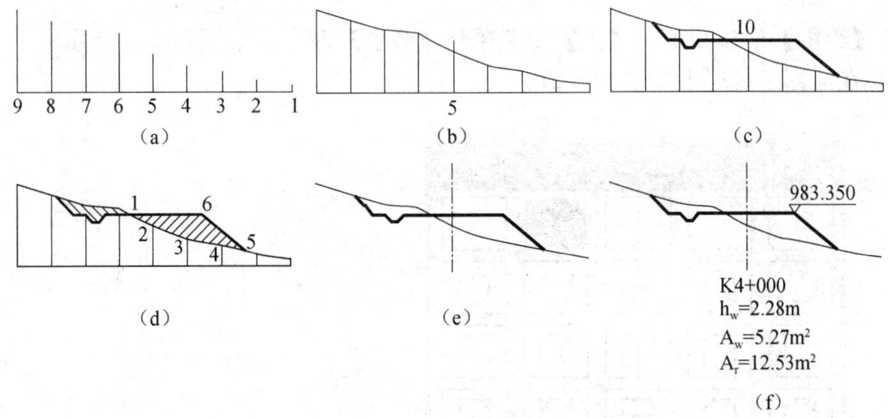

图 14.23　路基横断面图绘图步骤

14.4　桥梁一般构造图

14.4.1　点样式的设置

依次单击【格式】菜单→【点样式】命令，激活点样式设置对话框，如图 14.24 所示。

在该对话框内，上面是点的一些样式，下面是设置点的大小。点的大小有相对大小和绝对大小两种。相对大小是相对于屏幕显示的绘图区域大小，绝对大小是绝对尺寸大小。

14.4.2　单点 POINT（快捷键 PO）

在 AutoCAD 中，点的输入有 4 种命令，分别是单点、多点、定数等分点和定距等分点。

1. POINT 命令的激活方法

(1)【绘图】下拉菜单→【点】子菜单→【单点】命令；
(2) 输入 point 或快捷键 PO。

2. 命令的执行过程

- 命令：输入 PO 空格
- 当前点模式：PDMODE=3　PDSIZE=0.0000
- 指定点：用光标单击，命令自定结束

14.4.3　多点命令

1. POINT 命令的激活方法

(1)【绘图】下拉菜单→【点】子菜单→【多点】命令，如图 14.25 所示；
(2) 在绘图工具栏上单击·按钮。

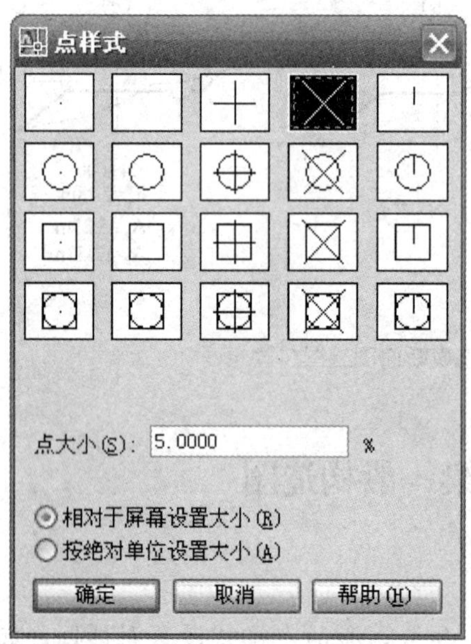

图 14.24　点样式设置对话框

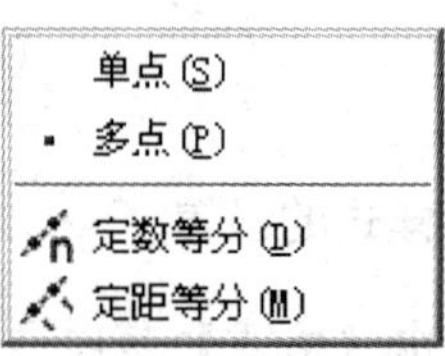

图 14.25　点子菜单

2. 命令的执行过程

- 命令：激活多点命令
- 当前点模式：PDMODE=3　PDSIZE=0.0000
- 指定点：用光标依次单击输入多个点
- 按 ESC 键结束命令

注意

单点与多点命令激活方法不完全相同。多点可以一次性输入多个点，但多点在结束时必须用 ESC 键，而不能用空格键或回车键。

14.4.4　定数等分 DIVIDE（快捷键 DIV）

用该命令可以在已知图形上插入等分点，将图形按照一定数目等分。

1. DIVIDE 命令的激活方法

(1)【绘图】下拉菜单→【点】子菜单→【定数等分】命令；
(2) 输入 divide 或快捷键 DIV。

2. 命令的执行过程

【例 14.6】 绘制如图 14.26 所示的“花瓣”示意图。

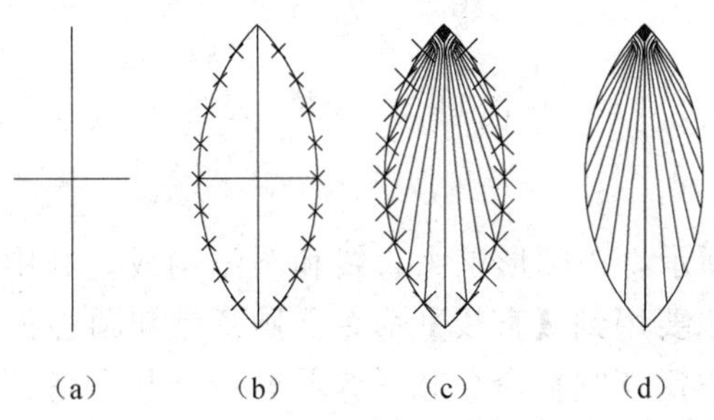

图 14.26 “花瓣”绘制步骤

绘图过程

• 首先用直线命令绘制一条垂直线段，长为 1000，从该线段中点向两侧绘制长为 200 的线段
• 激活圆弧命令，依次捕捉，线段的三个端点，完成两侧圆弧的绘制
• 命令：输入 DIV 空格
• 选择要定数等分的对象：选择一个圆弧
• 输入线段数目或［块（B)］：输入等分数目 10 回车，结束命令
• 同样在另一个圆弧上也插入等分点
• 激活直线命令，依次连接各个等分点与圆弧上端点
• 删除等分点

14.4.5　定距等分 MEASURE（快捷键 ME）

用该命令可以在已知图形上插入等分点，将图形按照一定数目等分。

1. MEASURE 命令的激活方法

(1)【绘图】下拉菜单→【点】子菜单→【定距等分】命令。

(2) 输入 measur 或快捷键 ME。

2. 命令执行过程

(略)

【例 14.7】 完成如图 14.27 所示拱桥示意图，只绘制图形不需要进行标注。

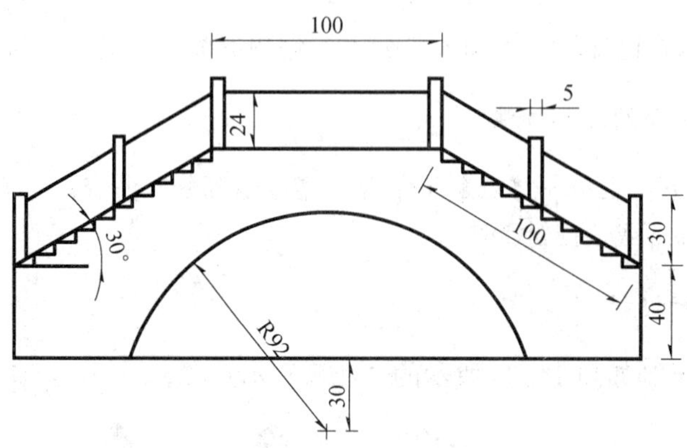

图 14.27 拱桥示意图

绘图分析

(1) 如图 14.28 所示，该图形是由直线和圆弧构成。其中直线的状态有水平的、垂直的和倾斜的，所以要用到【直线】命令。圆弧已知圆心和半径，但是圆心不是已知图形的特殊点，可以用【圆】命令和【修剪】命令共同完成。

(2) 该图形是左右对称的，可以借助【镜像】命令。

(3) 该图形已知拱桥上面桥面的长度 100 和桥面斜桥面长度 100，但不知道拱桥水平总长度，所以可以首先确定绘图顺序是由上向下绘制。

(4) 楼梯台阶可以用【复制】命令绘出。

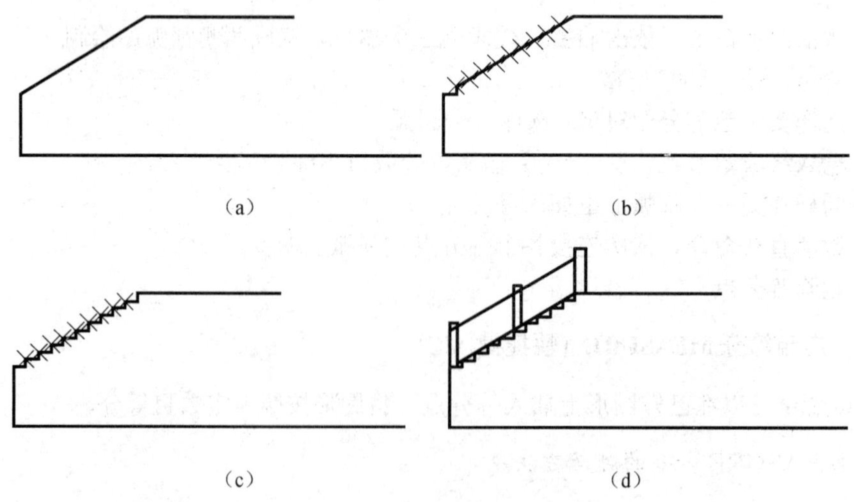

图 14.28 拱桥示意图绘制过程

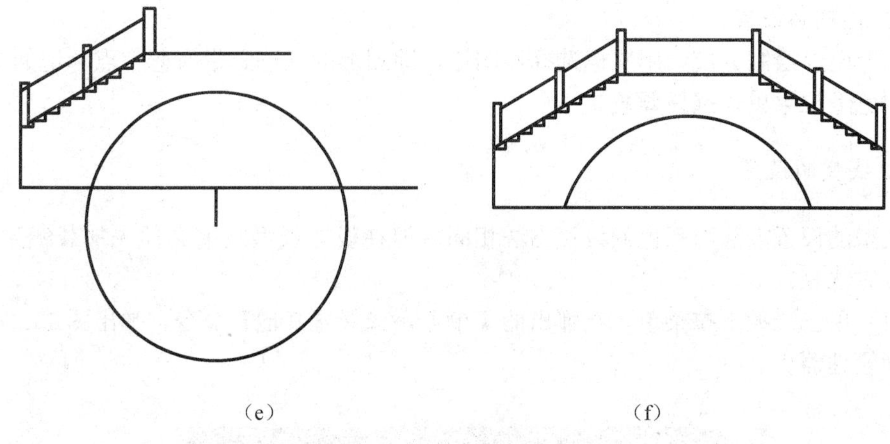

图 14.28　拱桥示意图绘制过程（续）

绘图过程

• 首先用直线命令绘制如图 14.28（a）所示图形，尺寸参照图 14.27。

• 用【定数等分】点命令将斜线等分为 10 份，插入节点，用直线命令绘制一级台阶，如图 14.28（b）。

• 用【复制】命令完成台阶图形，如图 14.28（c）。

• 删除等分点，绘制栏杆图形，并用【复制】命令完成栏杆图形，如图 14.28（d）。

• 用【修剪】命令修剪栏杆中多余线段，在底边中点绘制长为 30 的辅助线，以辅助线端点为圆心绘制半径为 92 的圆，如图 14.28（e）。

• 用【修剪】命令将圆下半部分修剪掉，用【镜像】命令将左边台阶栏杆图形复制到右侧，用直线命令补全栏杆图形，删掉辅助线，如图 14.28（f）。

14.4.6　特性设置

图形的特性是指图形的颜色、线型、粗细。如图 14.29 所示，该工具栏是三个下拉菜单。第一个下拉菜单是颜色下拉菜单，单击弹出下拉菜单；第二个下拉菜单是线型下拉菜单；第三个下拉菜单是线宽下拉菜单。

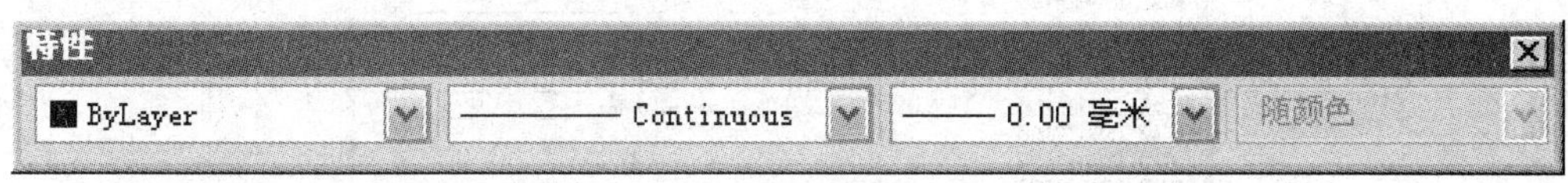

图 14.29　特性工具栏

1. 颜色设置方法

图形颜色设置有以下两种方法。

1）预先设置

绘图前设置，即在绘制图形前，单击特性工具栏上的颜色下拉菜单，选择一个颜色，对该图形的颜色预先进行设置。

2）绘图后设置

图形已经绘制完成，用鼠标选择该图形，即图形的状态是带有蓝色点标记的，然后单击颜色下拉菜单，选择颜色。

2. 线型的设置

线型的设置方法与颜色的设置方法相同。但在设置线型之前必须先加载线型种类。其设置方法是：

（1）单击线型下拉菜单，在弹出的菜单上，选择【其他】命令，弹出图 14.30 所示的线型管理器。

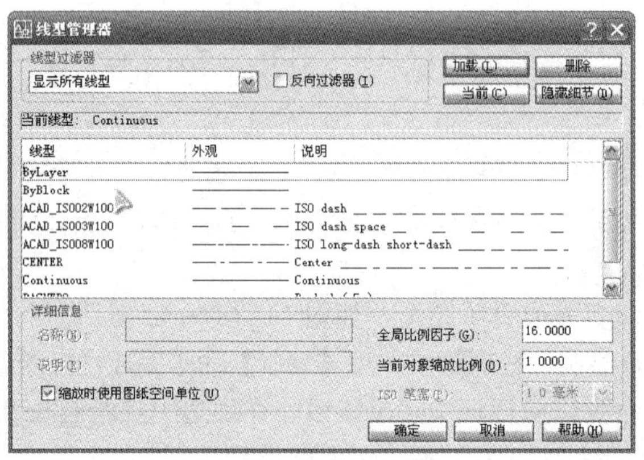

图 14.30　线型管理器

（2）在线型管理器上，单击“加载”按钮，会弹出图 14.31 所示的加载对话框。

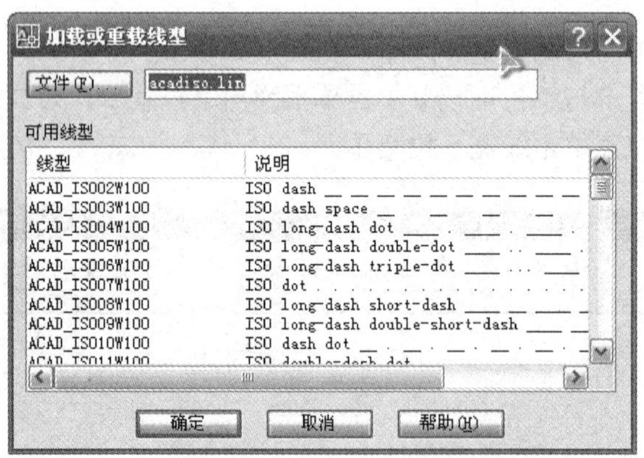

图 14.31　加载线型

在该对话框内选择相应的线型，单击“确定”按钮。

最终图形线型被放大倍数等于全局比例乘以当前比例。

3. 线宽设置

线宽的设置与颜色的设置方法相同，可以绘图前预先设置线宽，也可以绘图后设置线宽。在 CAD 软件里，由于屏幕显示的问题，导致大多数宽度的线不能正常显示，一般情况是 0.25mm 以下包括 0.25mm 不能显示出宽度，0.30mm 以上的宽度可以显示。

但是显示的宽度过宽，导致图形不清晰。所以 CAD 软件设置了一个按钮控制屏幕是否显示线的宽度。在【辅助工具栏】上的“线宽”按钮。

【例 14.8】 绘制如图 14.32 所示的桥墩一般构造图。

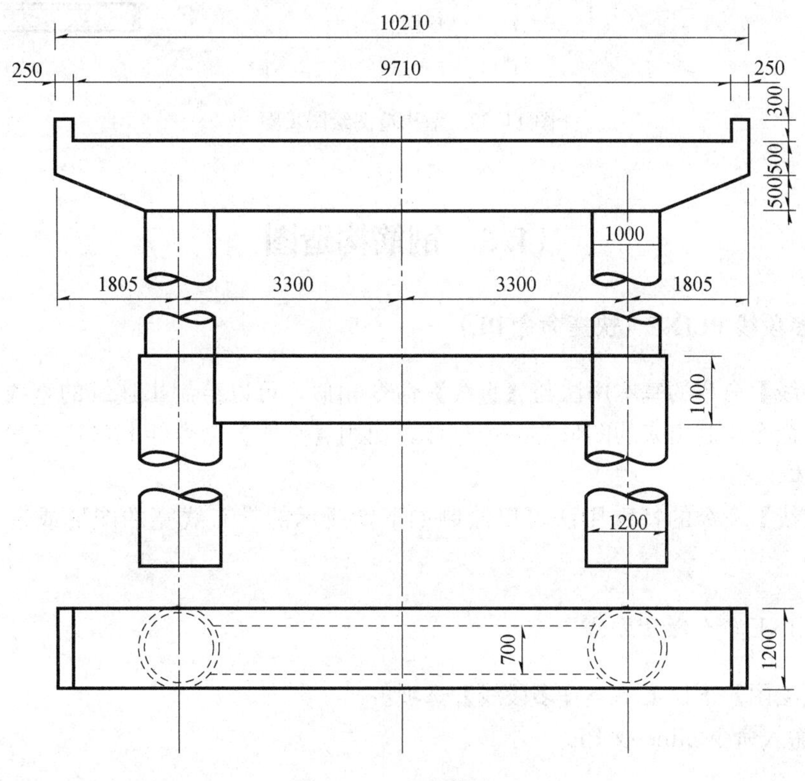

图 14.32　桥墩构造图

绘图过程

- 首先，激活直线命令，绘制如图 14.33（a）所示图形，尺寸参照图 14.32。
- 用直线命令绘图 14.33（b）中粗实线的部分。
- 删除上面的直线，如图 14.33（c）所示，再绘制如图 14.33（c）、(d) 所示的粗实线。
- 按照图 14.33（e）的尺寸绘制图形。
- 绘制图 14.33（f）中的轴线，具体方法这里不做具体介绍。

- 用样条曲线绘制图 14.33（g）中的截断线。
- 绘制图 14.33（h）中的一般构造图的平面图。

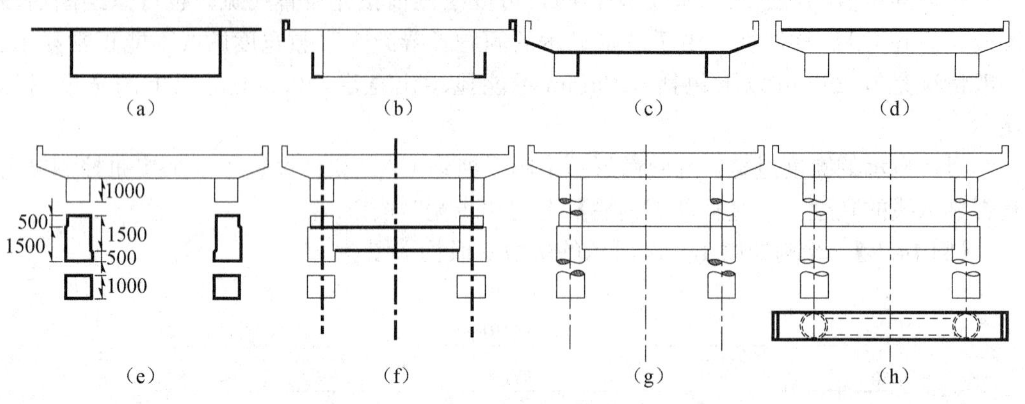

图 14.33　墩构造图绘图步骤

14.5　钢筋构造图

14.5.1　多段线 PLINE（快捷命令 PL）

【多段线】命令的基本用法与【直线】命令相似，可以绘制出连续的直线段。但用【多段线】命令绘制出来的图形是一个整体，而用【直线】命令绘制的连续线段之间是独立的个体。

【多段线】命令的特殊用法可以绘制如下图所示的带有线宽的图形或带有圆弧的图形。

1. PLINE 命令激活方法

（1）【绘图】下拉菜单→【多段线】选项。
（2）输入命令 pline 或 PL。

2. 命令的执行过程

【例 14.9】 绘制图 14.34 中的箭头。

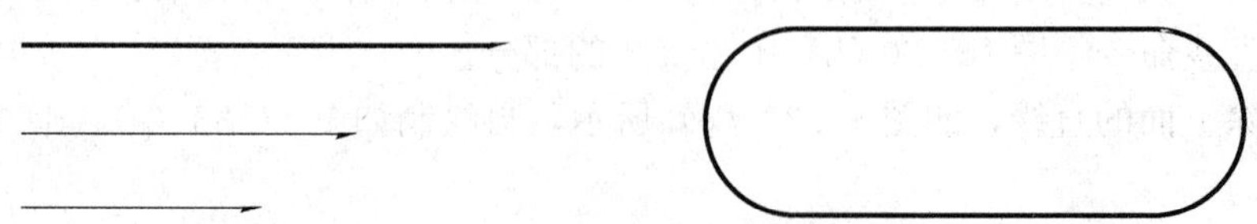

图 14.34　“多段线”命令绘制的图形

绘图过程

- 命令：输入 PL 空格激活多段线命令
- 指定起点：用光标点击输入第一点
- 当前线宽为 0.0000
- 指定下一个点或［圆弧（A）/半宽（H）/长度（L）/放弃（U）/宽度（W）］：输入参数 w 按空格键
- 指定起点宽度＜0.0000＞：输入起点线宽 10 回车
- 指定端点宽度＜10.0000＞：按空格键表示直线＜＞中的参数
- 指定下一个点或［圆弧（A）/半宽（H）/长度（L）/放弃（U）/宽度（W）］：用光标确定线段的第二点
- 指定下一点或［圆弧（A）/闭合（C）/半宽（H）/长度（L）/放弃（U）/宽度（W）］：输入参数 w 按空格
- 指定起点宽度＜10.0000＞：输入起点线宽 30 回车
- 指定端点宽度＜30.0000＞：输入终点线宽 0 回车
- 指定下一点或［圆弧（A）/闭合（C）/半宽（H）/长度（L）/放弃（U）/宽度（W）］：用光标指定下一个点位置
- 指定下一点或［圆弧（A）/闭合（C）/半宽（H）/长度（L）/放弃（U）/宽度（W）］：空格结束命令

14.5.2　分解命令 EXPLODE（快捷命令 X）

分解命令可以将一个整体对象，如矩形、正多边形、块、尺寸标注、多段线以及面域等分解成一个独立的对象，以便于我们修改操作。

但是注意，多段线被分解后，其线宽会丢失，圆环分解后，圆环的厚度也会丢失。而且所有的对象一旦被分解后，便不可再复原。

1. EXPLODE 命令激活方法

（1）【修改】下拉菜单→【分解】选项。
（2）修改工具栏→图标按钮。
（3）在命令行内键入 explode 或 X。

2. 命令的执行过程

（略）

14.5.3　用夹点编辑

所谓的夹点就是对象上的一些特征点。如图 14.35 所示，不同的图形其夹点的多少也不同，利用夹点可以对图形对象进行编辑，这种编辑与前面讲述的 AutoCAD 修改命令的编辑方式不同。

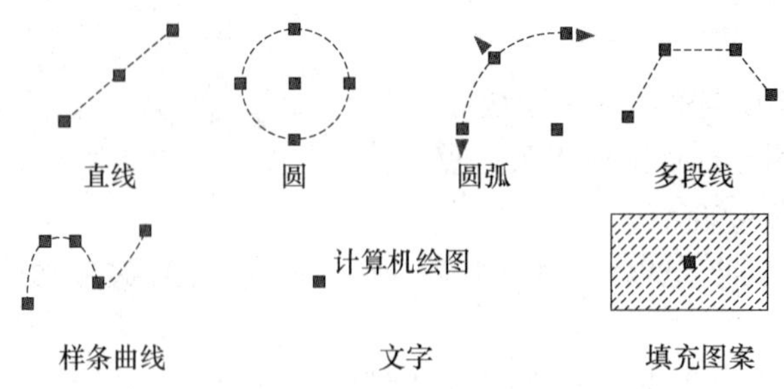

图 14.35 图形夹点示意图

14.5.4 对象特性管理器

1. 对象特性管理器的激活方法

(1)【工具】下拉菜单→【特性】选项，如图 14.36 所示。

(2) 标准工具栏→【特性】按钮。

(3) 选择对象→右键菜单→【特性】选项。

(4) 在命令行内键入 properties。

(5) 在命令行内键入快捷命令 MO、CH 或 PR。

(6) 按快捷键 Ctrl+1。

(7) 双击需要编辑的图形。

图 14.36 特性管理器

将鼠标放在“特性”管理器的左侧深色标题栏上，按住左键拖动鼠标可以将它置于绘图区域的任意位置。在标题栏上单击右键，将弹出控制管理器的快捷菜单，在菜单里可以选择“允许固定”或“自动隐藏”选项。

2. 特性管理器的使用

使用特性管理器修改对象特性时，在管理器的窗体里会显示对象的所有特性。如果选择了多个对象，那么管理器会显示所选对象的“共有特性”。

【例 14.10】 绘制图 14.37 所示的斜板钢筋布置图，并对图形进行标注。

绘图分析

(1) 如图 14.38 所示，首先，该图形外围有两个图框，且图框间距已知，所以初步设计外面的图框要用【多段线】命令，然后用【偏移】命令完成里面的图框。当然本方案不是唯一的。

(2) 图形中间的直线多是平行的，且直线间距相等，适合用【阵列】命令完成。

(3) 用阵列命令生成竖向直线，沿着水平方向阵列。

(4) 用阵列命令生成水平方向的直线，沿着倾斜方向阵列。

(5) 该图形中有水平直线的标注，用【线性标注】命令。

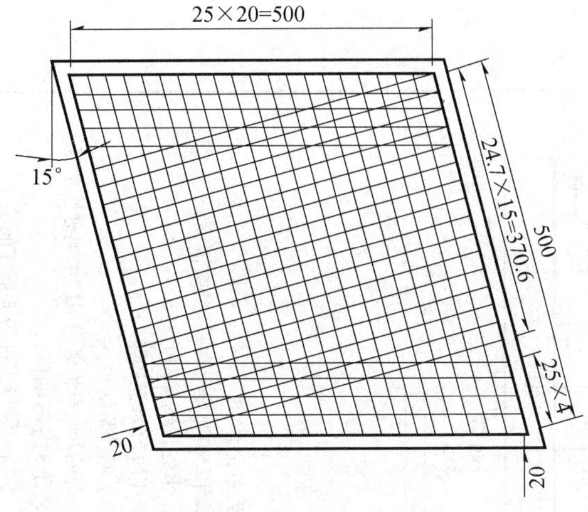

图 14.37　斜板桥钢筋布置图

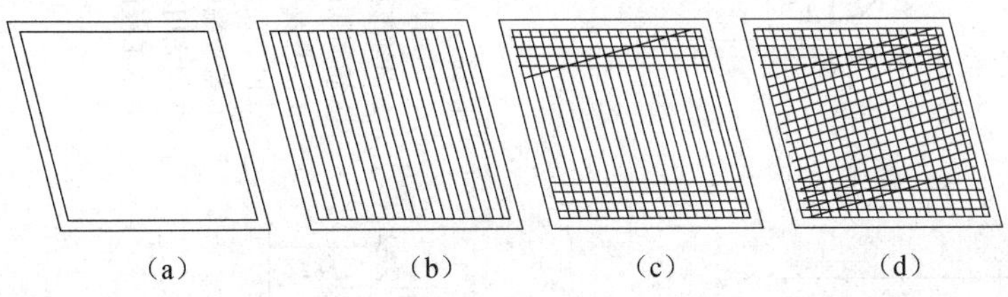

图 14.38　斜板桥钢筋布置图绘制过程图

(6) 该图形有倾斜直线的标注，用【对齐标注】命令。

(7) 图形中，还有倾斜直线的角度标注，用【角度标注】命令。

(8) 在该图形中，标注不只是单纯一个数字，而是用一个公式表示直线的个数和间距，所以要用到【特性管理器】。

(9) 标注尺寸的分类："20"是定位尺寸，"500"是总体尺寸，其他的都是定形尺寸。

绘图过程

• 首先用【多段线】命令绘制平行四边形，最后要闭合，如图 14.38 (a) 所示。

• 用【偏移】命令将四边形向外偏移 20，如图 14.38 (a) 所示。

• 用【分解】命令将内侧的四边形分解。

• 用【阵列】命令将四边形的左边向右阵列，

具体参数：行偏移 0，列偏移 25，阵列角度 15，个数 20，图 14.38 (b) 所示。

• 用【阵列】命令分别将四边形的上边和下边进行阵列，如图 14.38 (c) 所示。

• 从四边形的右上角顶点绘制直线，使直线垂直于左边，如图 14.38 (c) 所示。

• 用【阵列】命令将该直线向下进行阵列，如图 14.38 (d) 所示。

14.6　涵洞构造图

【例 14.11】 绘制如图 14.39 所示的钢筋混凝土盖板涵构造图。

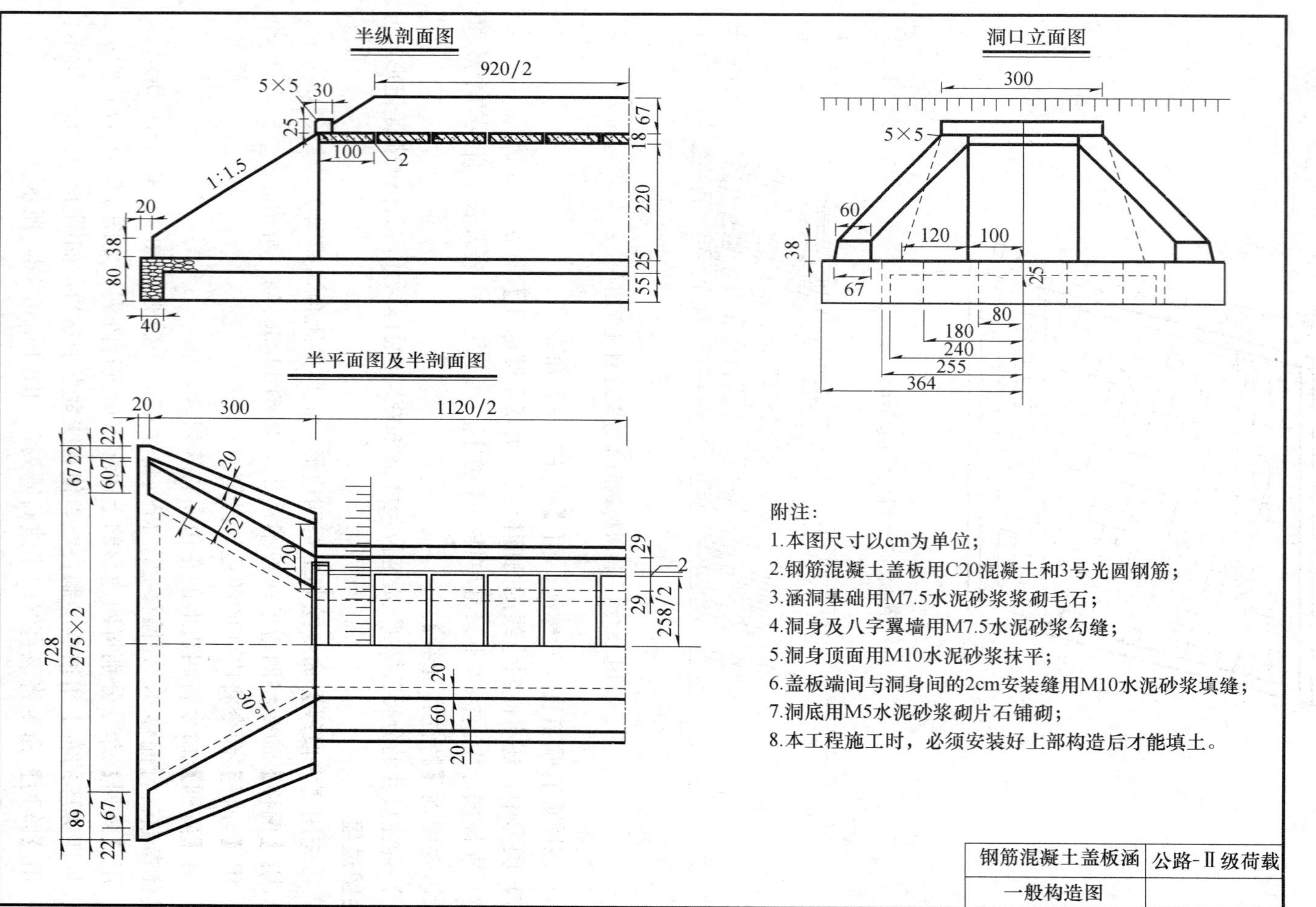

图 14.39　钢筋混凝土盖板涵构造图

绘图分析

（1）钢筋混凝土盖板涵构造图。涵洞的组成是由洞口、洞身和基础组成。

（2）图形特点。该涵洞是左右对称的，所以只需要绘制半幅构造图即可。

图形以直线为主，没有复杂图形。但用到命令较多：【直线】、【复制】、【镜像】、【偏移】、【修剪】、【标注】、【夹点编辑】等，各命令的应用可参考前述相关知识。在绘制时，先要完成每幅图的轮廓线，再完成细节图线。

绘图过程

本图中没有复杂图形也没有新学的命令，图形绘制过程省略。

小　结

通过本单元的学习，回顾专业图的图示内容与特点，掌握 CAD 绘制道路、桥梁和涵洞等专业图的绘图方法及技巧。本单元主要介绍了绘制道路平面图［圆角］、［样条曲线］、［圆］、［修剪］、［单行文字］、［偏移］等命令的应用；绘制道路纵断面图［圆弧］、［缩放］、［阵列］等命令的应用；绘制道路横断面图［填充］、［查询］等命令的应用；绘制拱桥示意图，桥墩一般构造图［等分点］、［特性设置］等命令的应用；绘制钢筋构造图［多段线］、［夹点编辑］、［特性管理器］等命令的应用；绘制涵洞构造图对前式 CAD 命令的综合应用。

复习思考题

1. 用偏移命令一次可以生成多个对象吗？
2. 下面哪个图形可以用偏移命令生成？

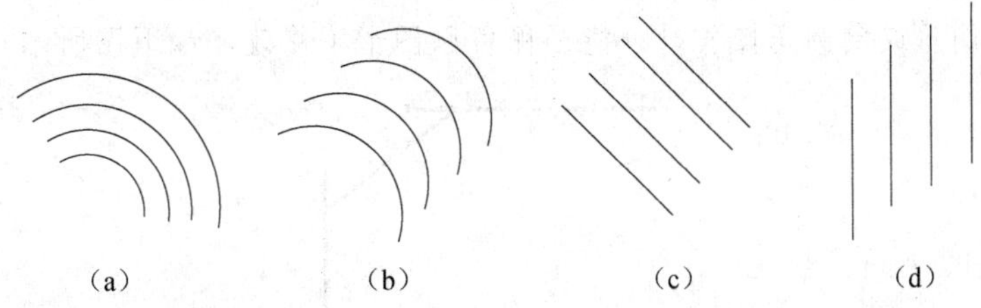

3. 修剪命令执行时，第一次按回车键或空格键时，表示什么含义？
4. 用偏移命令生成的图形能用复制命令完成吗？
5. 修剪命令和延伸命令执行时，按什么键可以进行相互切换？
6. 修剪命令和删除命令有相同之处吗？
7. 下图中如果以粗实线为边界，哪些图形能用修剪命令进行修剪？

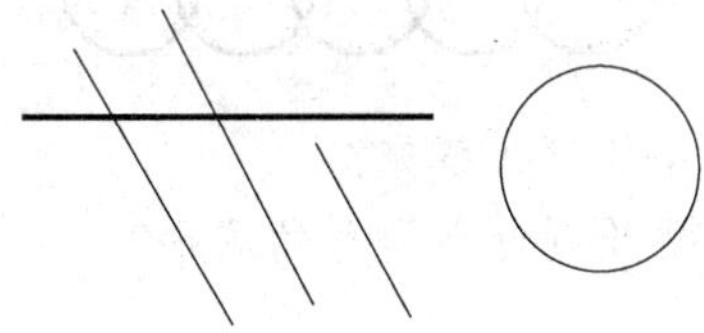

8. 下图中粗实线已经沿着边界被修剪，剩下的部分还能用修剪命令去掉吗？

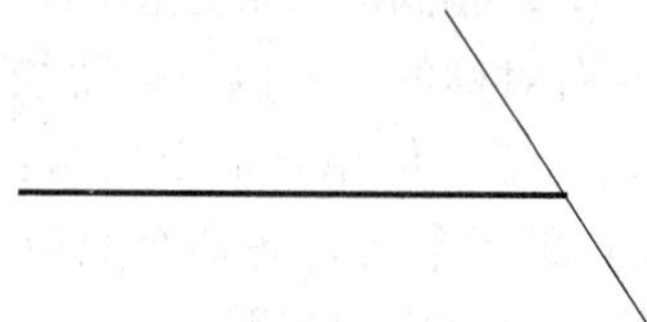

9. 修改下图时，能否用倒角命令完成？

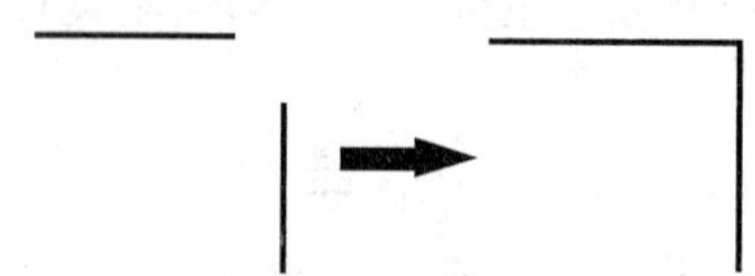

10. 用阵列命令能不能生成如下图所示的单行图形？

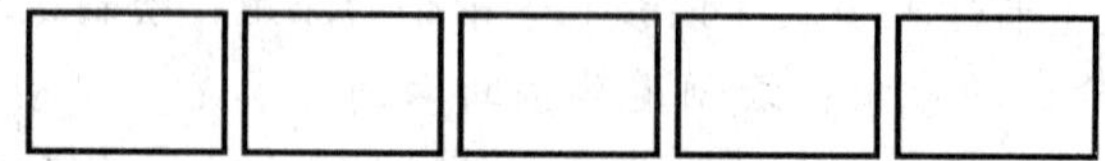

11. 同一个填充区域可以填充几个图案？
12. 要反映道路整体结构，需要绘制什么类型的图形？
13. 带有线宽的多段线分解后，直线段还有线宽吗？
14. 已经正确将一条线段设置了0.7mm宽度，但没有显示出宽度，是什么原因？
15. 样条曲线能设置宽度吗？
16. 用什么方法可以保持标注两侧标注界线长度固定不变？
17. 当倒角距离大于对象尺寸时，能进行倒角吗？
18. 进行倒角或倒圆角操作时，能否保留原图形不修改，如下图所示？

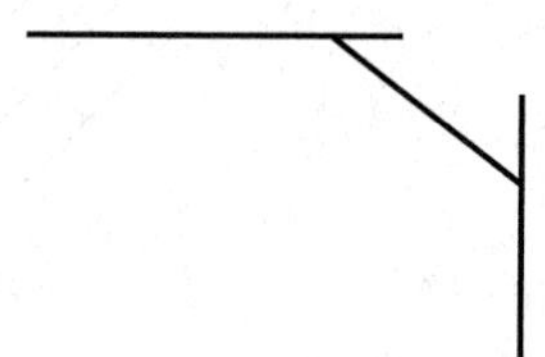

19. 用阵列命令生成下图，是什么原因使圆与圆之间交叠在一起？

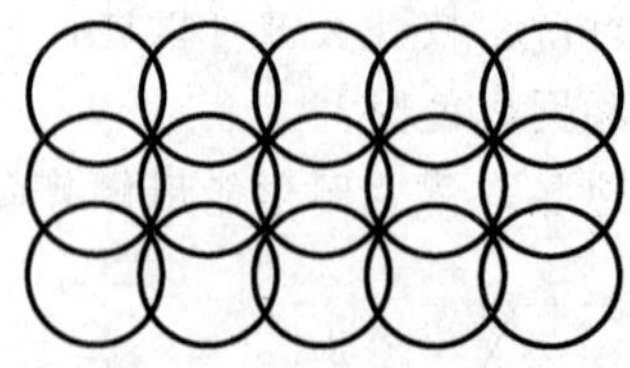

20. 对于不封闭的区域能不能进行填充？
21. 要反映路面结构，需要绘制什么类型的图形？
22. 圆还能被分解吗？

23. 如果图形已经绘制完成，再使图形具有颜色，怎样操作?
24. 现在需要绘制一个圆，要求圆带有一定宽度，有几种方法?
25. 当用夹点编辑的方法修改图形时，尺寸标注是不是也随着改变?
26. 在同一个标注样式下，半径标注与其他标注的样式可以是不同的吗?
27. 特性管理器有几种激活方法?
28. 用正多边形命令能否直接绘制出带有一定线宽的图形?

单元 15 打印出图

教学目标

1. 熟悉块的创建过程；
2. 熟悉块的插入过程；
3. 熟悉图层的概念；
4. 能够运用所学知识绘制图框线，并保存成块；
5. 能够运用所学命令正确给所绘制的图形加上图框线；
6. 能正确运用所学知识将图纸打印出来。

15.1 图框线的绘制

【例 15.1】 绘制 A3 图框，并将该图框用【写块】命令保存到硬盘。然后给路基断面图加上 A3 图框，如图 15.1 所示。

绘图分析

根据“国标”中的规定，选取图纸的幅面及图框尺寸，如表 1.2 所示。

图纸以短边作为垂直边称为横式，以短边作为水平边称为立式。一般 A0～A3 图纸宜横式使用，必要时，也可立式使用。

绘图过程

(1) 绘制图框线。

- 首先用矩形命令绘制图框，外面的矩形表示 A3 图纸的边缘，尺寸为 420×297，内侧矩形表示图框线，尺寸为 380×277；图框线与图纸边缘线的位置关系是左侧距离为 30，其他三个边距离为 10。
- 用直线命令在图框线下面加上标题栏，宽度为 10。

(2) 输入文字。

- 在标题栏左侧绘制一段辅助线，如图 15.2 所示。
- 命令：输入 dt 激活单行文字命令。
- 当前文字样式：“Standard”；文字高度：4.0000；注释性：否。

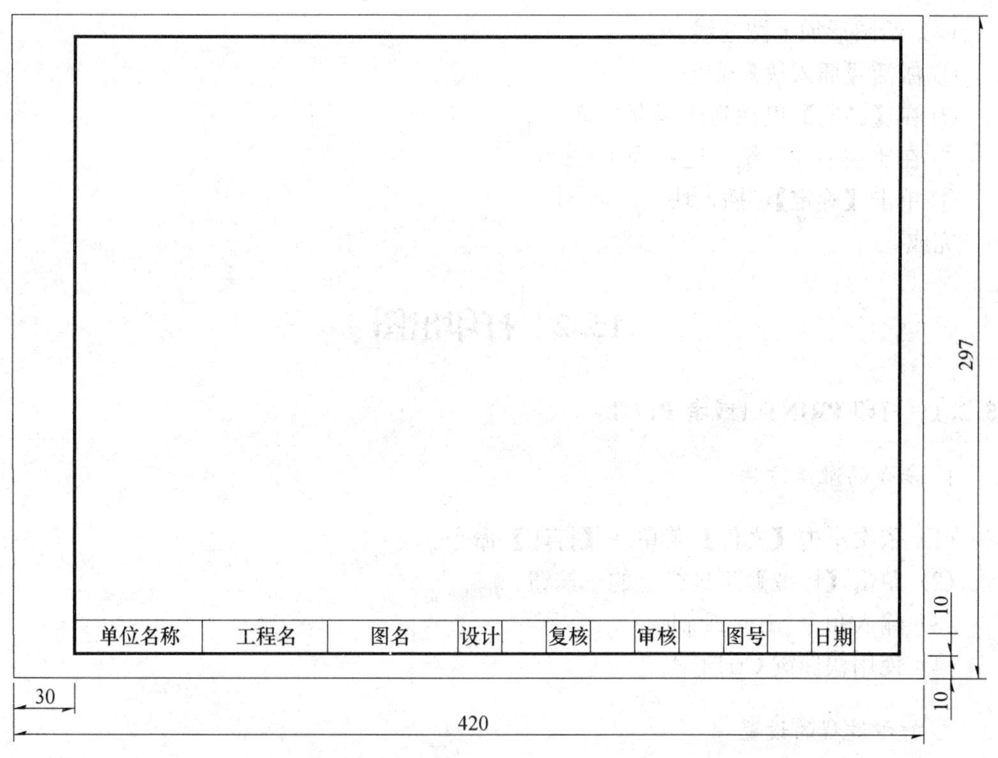

图 15.1　A3 图框线及标题栏

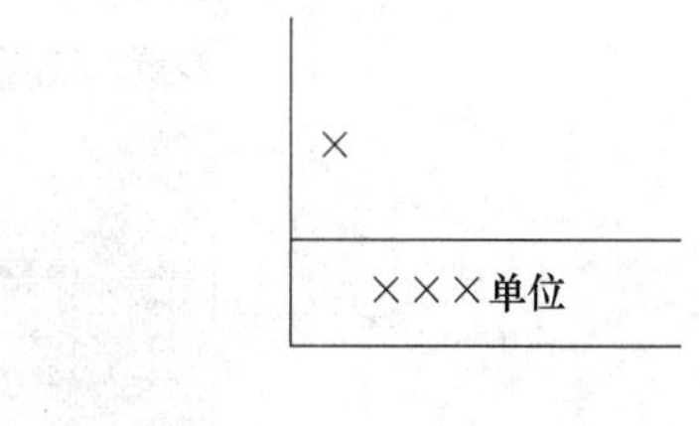

图 15.2　标题栏文字的输入

• 指定文字的起点或［对正（J）/样式（S）］：输入 J 空格。

• ［对齐（A）/调整（F）/中心（C）/中间（M）/右（R）/左上（TL）/中上（TC）/右上（TR）/左中（ML）/正中（MC）/右中（MR）/左下（BL）/中下（BC）/右下（BR）］：ML。

• 指定文字的左中点：用光标捕捉辅助线段的中点。

• 指定高度<4.0000>：输入 3.5 回车。

• 指定文字的旋转角度<0>：空格。

• 输入文字“×××单位”。

• 连续按两次回车键，结束单行文字命令。

• 用复制命令将该文字向右复制。

• 双击复制的文字，进入文字编辑状态，输入“×××工程”。

• 用同样的方法完成其他文字的输入。

（3）写块。

• 激活【写块】命令。

• 将该图形保存成永久块。

(4) 给图形加上图框线。

① 激活【插入块】命令。

② 在【浏览】里找到块保存位置。

③ 在比例中设置统一比例为1∶200。

④ 单击【确定】，插入块。

完成。

15.2 打印出图

15.2.1 打印PRINT（或者PLOT）

1. 命令的激活方法

(1) 依次单击【文件】菜单→【打印】命令。

(2) 单击【标准】工具栏上的按钮。

(3) 输入命令print或plot。

(4) 使用快捷键Ctrl+P。

2. 打印过程的设置

激活打印命令后，弹出如图15.3所示的对话框。

图15.3 模型空间打印对话框

1) 设置打印机

如果计算机有连接的打印机，则选择该打印机即可。我们在学习期间，可以选择计算机内部打印机，即以图片的格式或类似图片的格式保存到计算机硬盘上，这种打印机打印出来的效果与实际打印机相同。

我们可以选择“Microsoft Office Document Image Writer”打印机、“DWG to PDF”打印机或“DWF6 ePlot.pc3”打印机。

2）图纸尺寸

选择打印出图的图纸尺寸。

3）打印范围

打印范围有：窗口、显示、图形界限、范围四种方式。

窗口：单击该方式后，然后光标跳到绘图区域内用框选选择打印范围。

显示：选择该方式后，以当前窗口显示范围为界限打印。

图形界限：图形界限是用【格式】菜单上的【图形界限】命令设置的范围，选择该选项即用图形界限为范围打印。

范围：指所有绘制的图形所达到的范围，选择该选项，可以将绘图区域内所有的图形都打印。

4）打印偏移

用于设置所选图形在图纸上的偏移，默认地打印原点按在打印图纸的左下角。

可以在“X”和“Y”输入框内设定选定打印范围的偏移距离；还可以选择“居中”按钮，将选定打印区域在图纸上居中。

5）打印比例

选择“布满图纸”选项，可以自动将画好的图形自动缩放到图纸上；如果不勾选该选项，必须手动输入打印比例。

6）打印样式表

对于带有颜色的图形进行打印，如果打印机是黑白色打印机，这时打印出的图形颜色变成灰色，即比较淡。

设置成 monochrome. ctb，可以将图形在输入到打印机之前将所有颜色转变成黑色。

7）图形方向

可以设置打印范围在图纸上的摆放方向，可以在打印对话框的中间看到图形方向在图纸上的摆放情况。

15.2.2　模型空间内打印

在模型空间内打印过程顺序如下：

（1）保证当前窗口是模型空间。

（2）给绘制好的图形加上图框（参照上一个任务）。

（3）建立新图层，名字可以设定为“打印”，将该图层设定为“非打印”状态。

（4）将图框中的图纸外边缘线调整到该图层上，即不打印图纸外边缘线。

（5）激活【打印】命令。

（6）设置好各项参数，打印。

【例 15.2】 在模型空间内打印图 15.4，使用打印机“DWF6 ePlot. pc3”，打印到 A3 纸上。

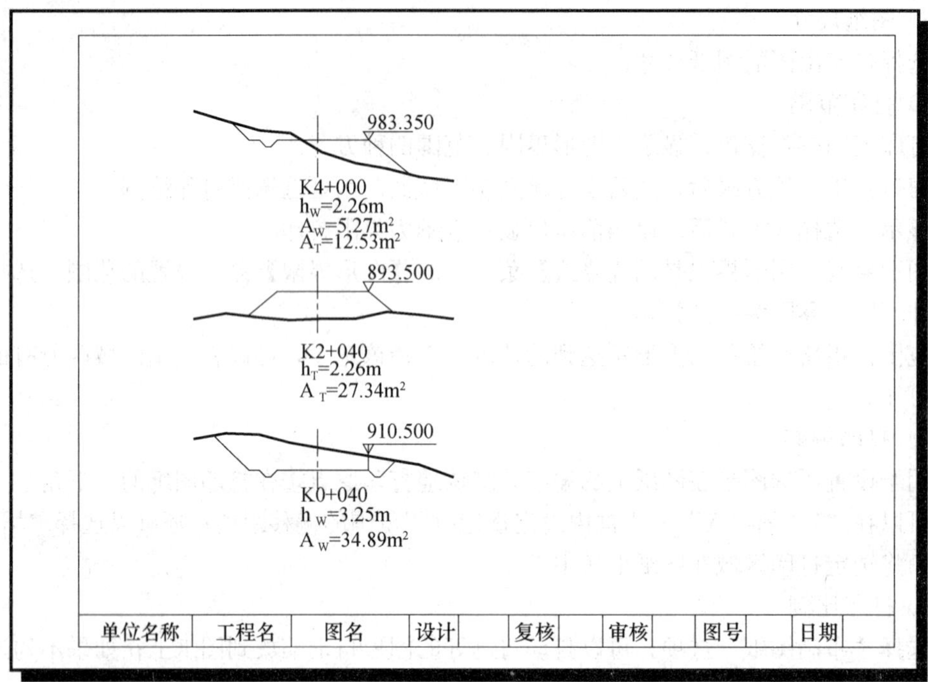

图 15.4　打印 A3 图纸

打印过程

- 给图形加上图框。
- 激活【图层特性管理器】，新建一个图层，将该图层状态设置为“非打印”，将图纸外边缘线调整到该图层上。
- 激活打印命令。
- 设置各项参数。
- 单击“确定”进行打印。

小　结

本单元主要介绍了出图前对图形加图框线【块】、【写块】、【插入块】等命令的应用；打印图形【图层】、【打印】等命令的应用。

通过本单元的学习可以将工程图形进行打印。

复习思考题

1. 用创建块命令保存的块图形保存在哪里？
2. 用插入块命令可以调出永久块吗？
3. 用写块命令保存的块图形保存在哪里？
4. 如果图层被锁定了，那么该图形就打印不出来了，对吗？
5. 如果图形带有除了黑色以外的其他颜色，如何设置可以使打印出来的图形都是黑色？

主要参考文献

曹雪梅，王海春．2007．道路工程制图与识图［M］．重庆：重庆大学出版社．

程陶佳，谈非．2004．中文 AutoCAD 2004 案例教程［M］．北京：冶金工业出版社．

邓美荣．2008．建筑 CAD2008 中文版［M］．北京：机械工业出版社．

樊琳娟．2008．道路工程识图与绘图［M］．北京：人民交通出版社．

樊琳娟．2008．工程制图［M］．北京：人民交通出版社．

高兰尊，冯桂辰．2006．工程制图［M］．北京：国防工业出版社．

和丕壮，王鲁宁．2001．交通土建工程制图［M］．北京：人民交通出版社．

及秀琴．2007．工程制图［M］．北京：清华大学出版社．

刘继海．2007．画法几何与土木工程制图习题集［M］．武汉：华中科技大学出版社．

刘松雪，樊琳娟．2006．道路工程制图［M］．北京：人民交通出版社．

孙世青．2002．建筑装饰制图与阴影透视［M］．北京：科学出版社．

唐人卫．2003．画法几何及土木工程制图［M］．南京：东南大学出版社．

王成刚．2009．工程识图与绘图［M］．武汉：武汉理工大学出版社．

王德方．2003．画法几何及土建制图习题集［M］．上海：同济大学出版社．

王娟玲．2008．道路工程制图［M］．北京：中国水利水电出版社．

王磊，郭景全．2010．道路 CAD［M］．北京：中国电力出版社．

杨翠华，高连生．2001．工程识图［M］．北京：人民交通出版社．

张立明，何欢．2005．AutoCAD 2004 道桥制图［M］．北京：人民交通出版社．

张世海．2008．道路工程制图［M］．兰州：兰州大学出版社．

郑国权．2001．道路工程制图［M］．北京：人民交通出版社．

中华人民共和国交通部．1996．《道路工程制图标准》（GB 50162—92）［S］．北京：中国计划出版社．

朱毓丽．2000．道路工程制图［M］．北京：人民交通出版社．

高等职业教育道路与桥梁工程技术专业系列教材

道路工程制图与CAD习题集

姚青梅　主编

科学出版社
北　京

内 容 简 介

本习题集与高等职业教育道路与桥梁工程技术专业《道路工程制图与CAD》教材（姚青梅主编，科学出版社出版）配套使用。本习题集各单元与教材《道路工程制图与CAD》相对应。其内容深度及顺序紧扣教材，选题适当、循序渐进、深入浅出，注重识图训练，理论结合实际，习题丰富，应用中可根据专业和学时数的不同，按实际情况选用。

本习题集适用于高等职业教育道路与桥梁工程技术专业的学生学习，也可作为相关专业的继续教育和职业培训教材，还可供公路工程技术人员参考使用。

图书在版编目(CIP)数据

道路工程制图与CAD习题集/姚青梅主编. —北京：科学出版社，2013
（高等职业教育道路与桥梁工程技术专业系列教材）
ISBN 978-7-03-036627-6

Ⅰ.①道… Ⅱ.①姚… Ⅲ.①道路工程-工程制图-计算机制图-AutoCAD软件-高等职业教育-教材 Ⅳ.①U412.5-39

中国版本图书馆CIP数据核字(2013)第020944号

责任编辑：李太铼 李 欣 / 责任校对：马英菊
责任印制：吕春珉 / 封面设计：曹 来

科学出版社 出版
北京东黄城根北街16号
邮政编码：100717
http://www.sciencep.com
新科印刷有限公司 印刷
科学出版社发行 各地新华书店经销
*
2014年8月第 一 版 开本：787×1092 1/16
2021年8月第九次印刷 印张：11 1/2
字数：136 000

（如有印装质量问题，我社负责调换〈新科〉）
销售部电话 010-62134988 编辑部电话 010-62135763-1012（VA03）

前　言

本习题集与高等职业教育道路与桥梁工程技术专业《道路工程制图与CAD》教材（姚青梅主编，科学出版社出版）配套使用。本习题集难度适宜，由浅入深，题量适度，是为适应教学改革的要求而编写的，符合高职高专职业教育的要求及特点。本习题集以发展学生的思维能力为指导思想，注重培养学生的工程素质、创新能力及实践技能，习题与教材内容相匹配，编排顺序一致。教师可根据专业和学时数的不同，按实际情况选用。

本习题集编写的指导思想是：

1. 力求把图示方法、制图标准和制图技能三者较好地结合起来。

2. 以帮助学生消化、巩固基础理论和基本知识，训练基本技能为目的。

3. 使本习题集成为教师的助手，协助教师更好地发挥主导作用；利用习题中多种训练形式，启发、引导学生培养图学思维能力，逐步掌握绘图和识图的技能与技巧。

4. 遵循认知规律，采取由浅入深、由易到难、由简到繁、循序渐进、逐步提高的原则编排习题内容。

5. 完成习题的过程，也是挖掘和开发多种思维能力和创新能力，培养和训练学生发现问题、分析问题、解决问题、增强能力的过程。

6. 在保证掌握投影基本理论的基础上，加强形体表达、读图训练的习题量，以拓展学生的空间思维和创新能力。在教学内容推进的各阶段都设计有大作业。

7. 有关计算机绘图的习题，遵循“以应用为主，强化绘图和识图能力的培养”为原则。

本习题集由青海交通职业技术学院姚青梅教授担任主编。参加编写的有：朱一飞（单元1、2）；刘润新（单元3、4）；姚青梅（单元5、6）；贾春燕（单元7）；王荣（单元8、9）；骆毅（13）；李世文（单元14、15）。

由于时间仓促，编者水平有限，书中难免有疏漏和不足之处，敬请有关专家和读者提出宝贵意见和建议，以便进一步完善。

目　录

1-1 字体练习。

线型测长宽厚度标高形状楼梯体积轴线垂直机械材料散水前后左右下上立

路桥梁隧道给排水供热风煤气暖电动质量地基础习力脚勤平纵横顺直迅速

物理结构施房屋车间门窗柱墙砧瓦砂石混凝土浆涂抹练习预应力锚挂梁固

单元1	制图的基本知识	专业班级		姓名		学号		日期	

比例尺长宽厚度标高形状防水体积轴线垂直机械材料散铰链保护顺水吊顶平拱窗高性能混凝土大体

路桥梁隧道素土夯实热风煤气暖电动质量地基础习力脚素坡度雨水口盖沟檐变形积高强混凝土基坑

物理结构施房屋车间门窗柱墙砖瓦砂石混凝土浆涂抹练桥台桥墩基础地基温度面开挖耐久性稳定度

路基沥青砂石碎土水泥砂浆混合砂浆刚木平立剖面承重结构三合土石灰混凝土散干燥中湿潮湿过湿

单元1	制图的基本知识	专业班级		姓名		学号		日期	

A B C D E F G H J K L 1 2 3 4 5 6 7 8 9 0

M N O P R S T U W X Z Q

Y b c d e f g h t k

单元1	制图的基本知识	专业班级		姓名		学号		日期	

1–2线型练习。

（1）在指定位置照画各种图线。

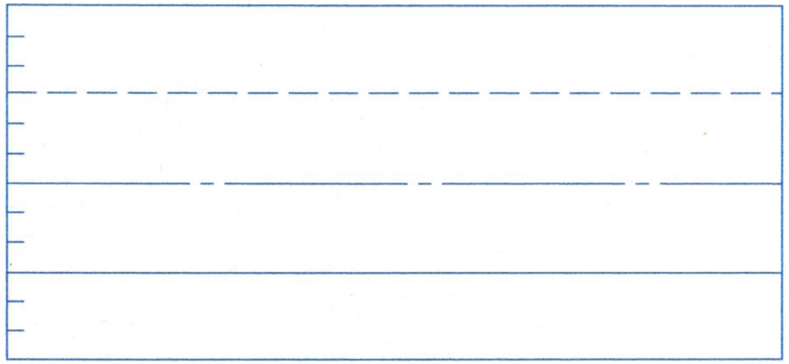

（2）以中心线的交点为圆心，过线上指定四点，由大到小依次画出标准实线、细实线、细点划线、细虚线的圆。

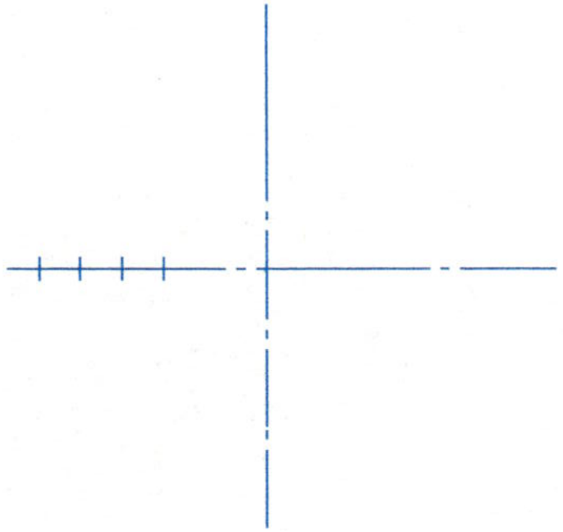

（3）用45°细实线将图中区域填满。

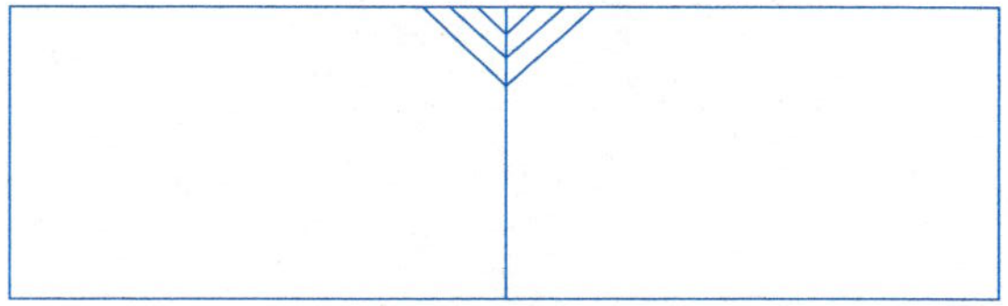

（4）完成图形中左右对称的各种图线。

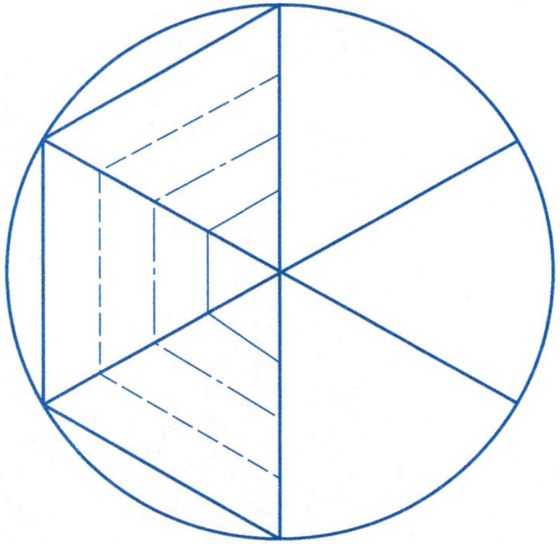

单元1	制图的基本知识	专业班级		姓名		学号		日期	

No.1　线型练习　作业指导书

一、目的

1．熟悉主要线型规格及其画法；掌握图框及标题栏的画法。

2．正确使用绘图仪器和工具。

二、内容与要求

1．按给出图例绘制由各种图线所组成的图形；绘制图框线和标题栏（标题栏格式及大小见教材图1.12）。

2．用A4图纸，竖放，比例1:1，不标注尺寸。

三、作图步骤

1．画底稿（用H或2H铅笔）

（1）画图框和标题栏。

（2）按图纸幅面的中心布图，画图形定位线，再按图样中所注尺寸开始作图。

（3）校对底稿，擦去多余图线。

2．铅笔描深

（1）按底稿线画粗实线圆和直线（分别用B、2B铅笔）。

（2）画细虚线、细点划线、细实线的圆和直线（曲线用B铅笔，直线用HB铅笔）。

（3）目测间隔，画45°斜线。

（4）用标准字体填写标题栏，按要求加深图框和标题栏。

四、注意事项

1．稿线要轻、细、淡，以修改不留痕迹为度。描深时，粗实线宽度宜选用0.7mm，其余各线的宽度按“国标”规定的比例，即中实线、中虚线为0.35mm，细实线、细点划线为0.18mm。为保证作图质量，一定要勤修铅笔。

2．细虚线和细点划线的划、长划与间隔，在画底稿时就应准确画出，以便描深。

3．细点划线的点要与长划一次画出，不要画好长划后再加点。

4．标题栏内的图名及校名建议用7号字，其余汉字为5号字，日期、字母、数字等为3.5号或2.5号。

五、质量要求

图形正确及作图准确 50分；布图均匀、合理10分；图线色调一致、粗细均匀、线型分明 20分；字体规范、书写认真 10分；图面整洁10分。

六、图例（尺寸单位：mm）

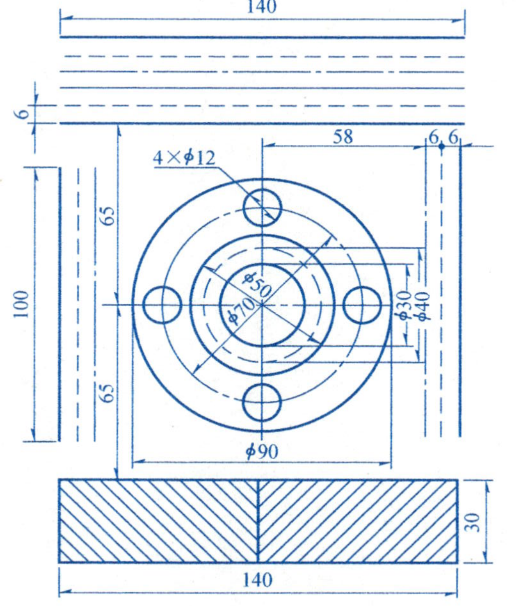

1–3 尺寸标注。

分析左图初学尺寸标注常出现的错误，并在右图正确标注出尺寸。

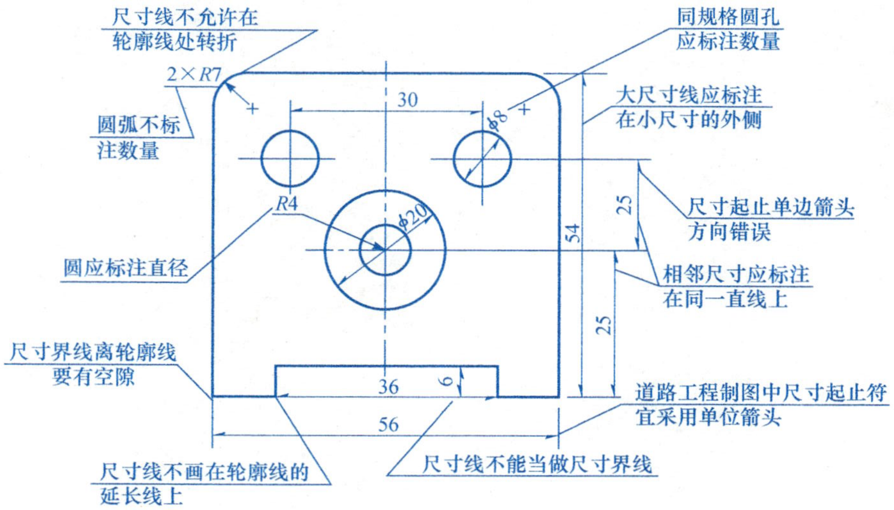

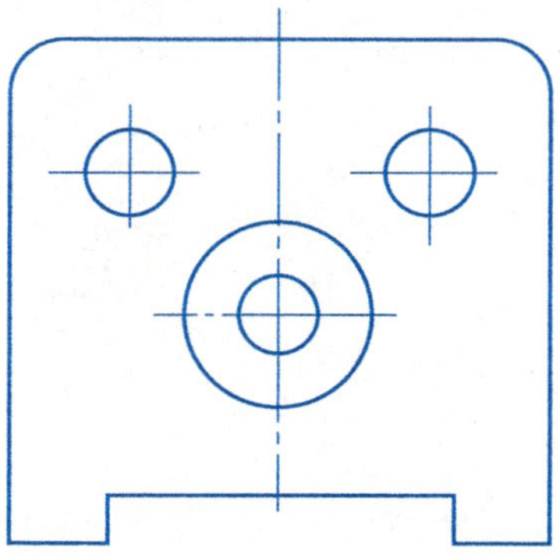

单元1	制图的基本知识	专业班级		姓名		学号		日期	

1-4 几何作图。

（1）按右上角的图例完成下图。

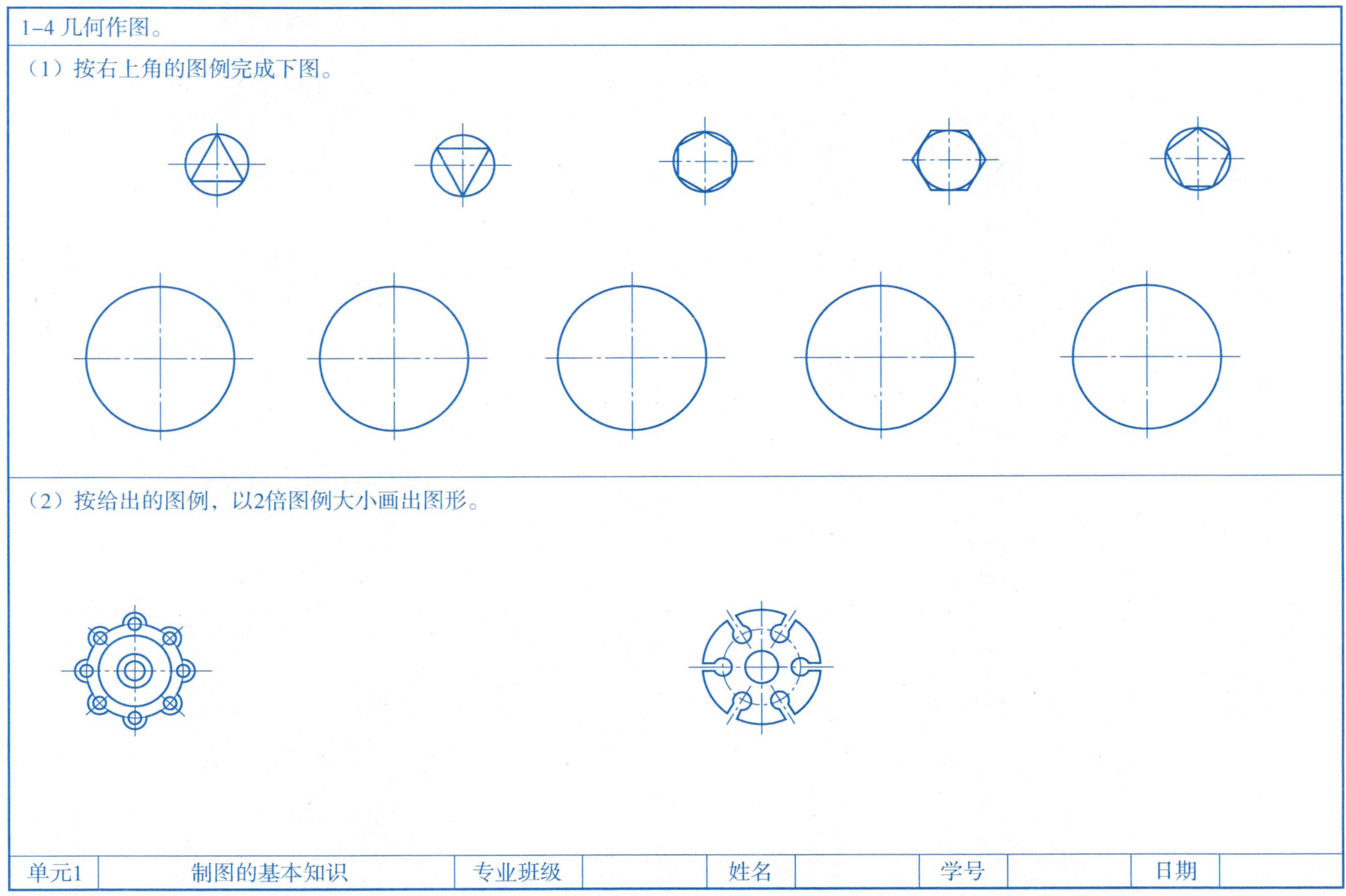

（2）按给出的图例，以2倍图例大小画出图形。

单元1	制图的基本知识	专业班级		姓名		学号		日期	

(3) 按小图中的尺寸完成下列平面图形（保留作图线）。

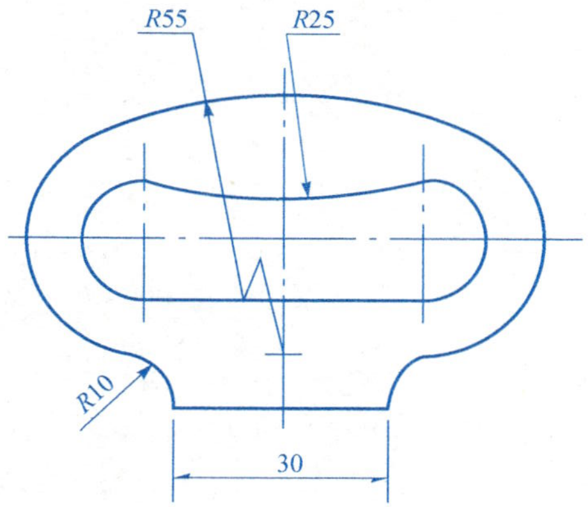

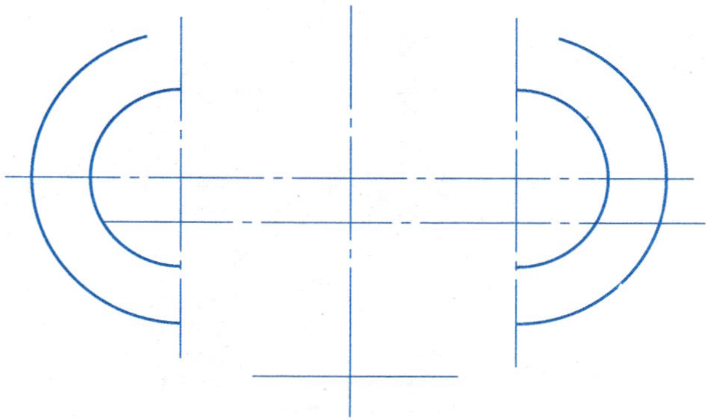

(4) 完成图形的线段连接，标出连接弧的圆心和切点。

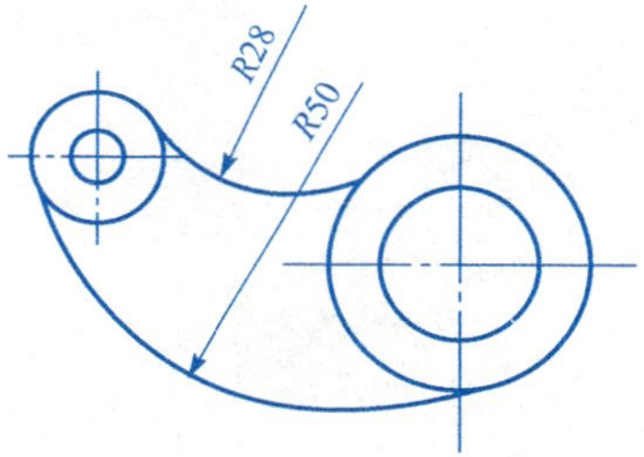

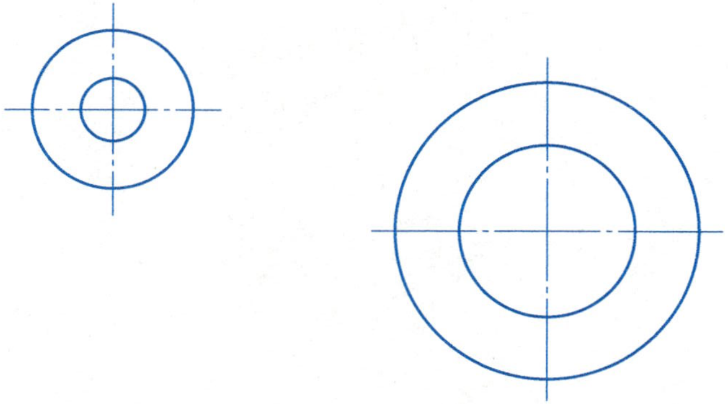

单元1	制图的基本知识	专业班级		姓名		学号		日期	

（5）已知椭圆的长轴为60mm，短轴40mm，分别用同心圆法和四心圆法画出椭圆（保留作图线）。

单元1	制图的基本知识	专业班级		姓名		学号		日期	

No.2　平面图形及尺寸　作业指导书

一、目的

1. 熟悉平面图形的绘制步骤及尺寸注法。
2. 掌握线段连接方法及技巧。

二、内容与要求

1. 按给出的卵形涵洞和立交桥图例绘制平面图形。
2. 用A4图纸，横放，自己选定绘图比例，标注尺寸。

三、作图步骤

1. 分析图形。分析图形中的尺寸作用及线段性质，确定作图步骤。
2. 画底稿（用 H 或2H铅笔）

（1）画图框和标题栏。

（2）合理布置两图的位置，画出各图形定位线、对称线及圆的中心线等。

（3）按照圆弧连接的方法与步骤画出图形。

（4）画出尺寸界线和尺寸线。

3. 检查修改底稿并用铅笔加深图形。
4. 画箭头、标注尺寸数字、填写标题栏。
5. 校对及修饰图形。

四、注意事项

1. 布置图形时，应考虑标注尺寸的位置。
2. 画底稿时，作图线应轻而准确，并应找出连接弧的圆心与切点。
3. 圆弧与直线的连接要光滑不打结，曲线与直线的线宽、色调均应一致。
4. 为保证图面整洁，必须按一定顺序加深，画水平线先上后下，画竖直线先左后右。尽量做到同一方向图线一次加深，同一类线型一次加深。一般按“先细后粗，先曲后直，先水平后竖、斜”的顺序加深图形。
5. 尺寸线与轮廓线或平行尺寸线间的距离约为6mm，所有这种间距必须保持相等。尺寸界线一端应离开轮廓线不小于2mm，另一端宜超出尺寸线 1~3mm，不宜太远。
6. 用标准字体填写尺寸数字及标题栏，加深图框和标题栏。注意作图规范。

五、质量要求

图形正确及作图准确40分；布图均匀、合理，比例合适10分；图线色调一致、粗细均匀、线型分明20分；字体规范、书写认真10分；尺寸标注正确10分；图面整洁10分。

六、图例

（1）卵形涵洞（尺寸单位：cm）

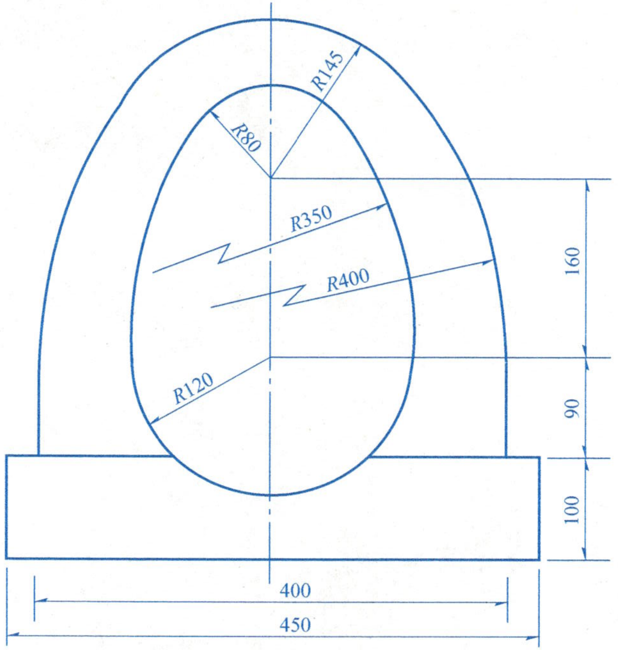

（2）立交桥（尺寸单位：cm）

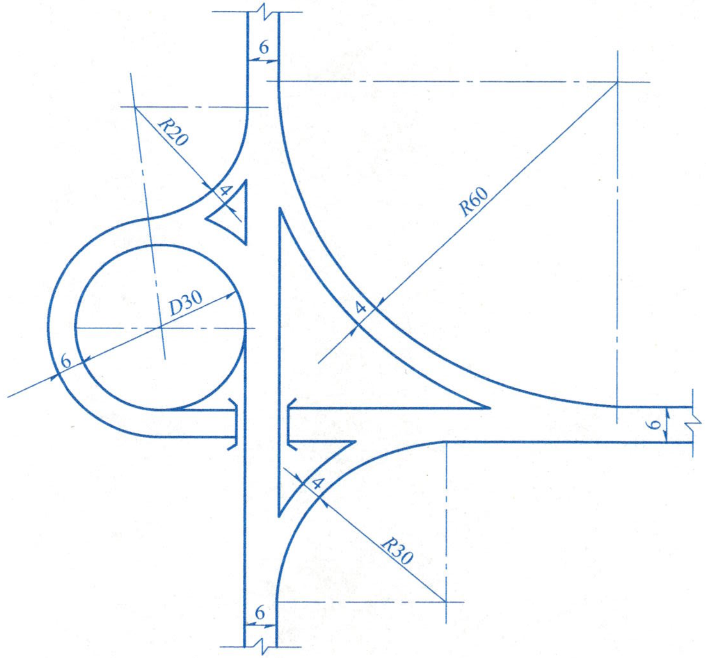

2-1 找出与三面投影图相对应的形体的直观图，并填写直观图序号。

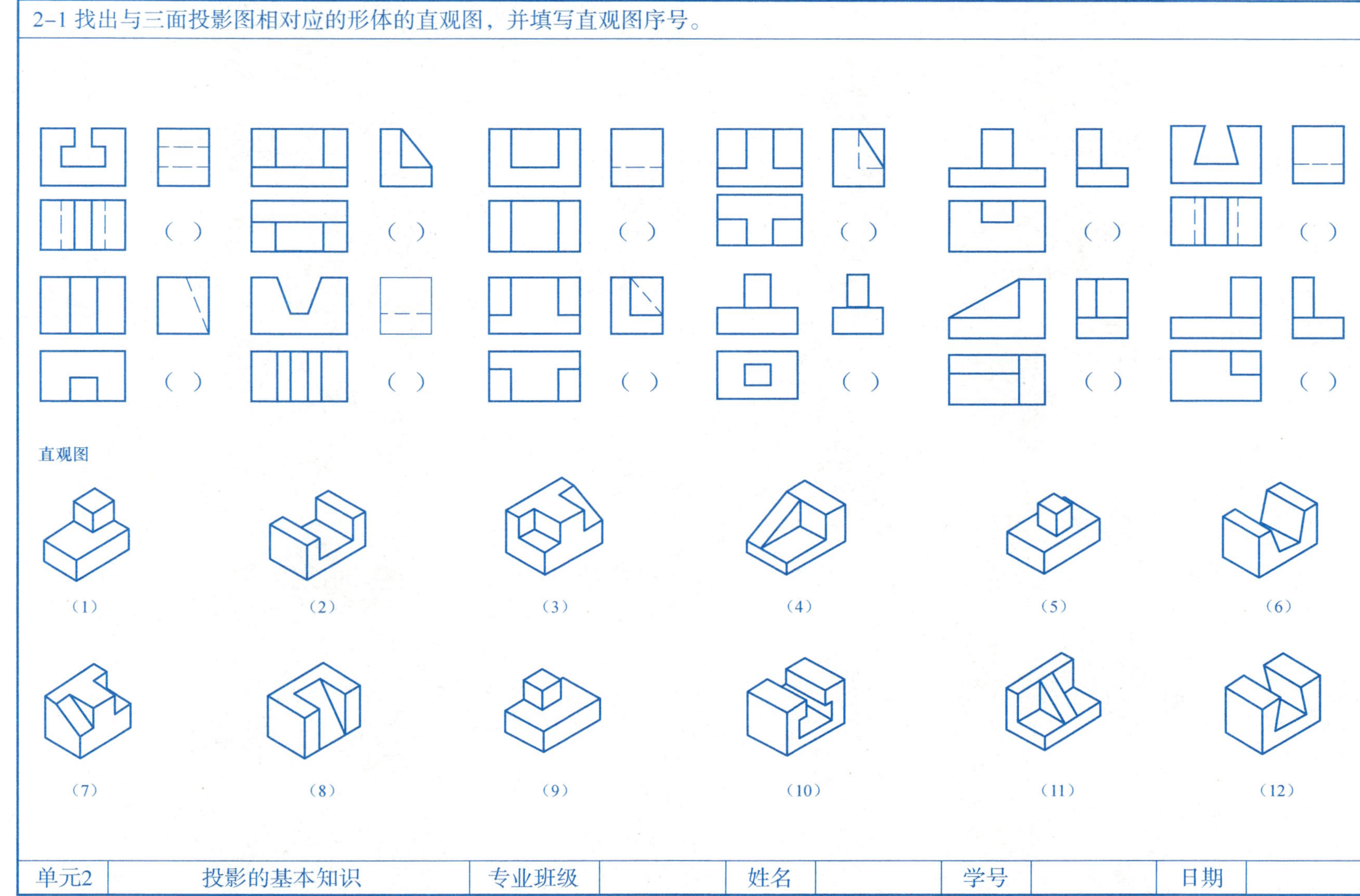

单元2	投影的基本知识	专业班级		姓名		学号		日期	

2-2 在直观图上指明了三面投影图的投影方向，参照直观图补画投影图中所缺的图线。

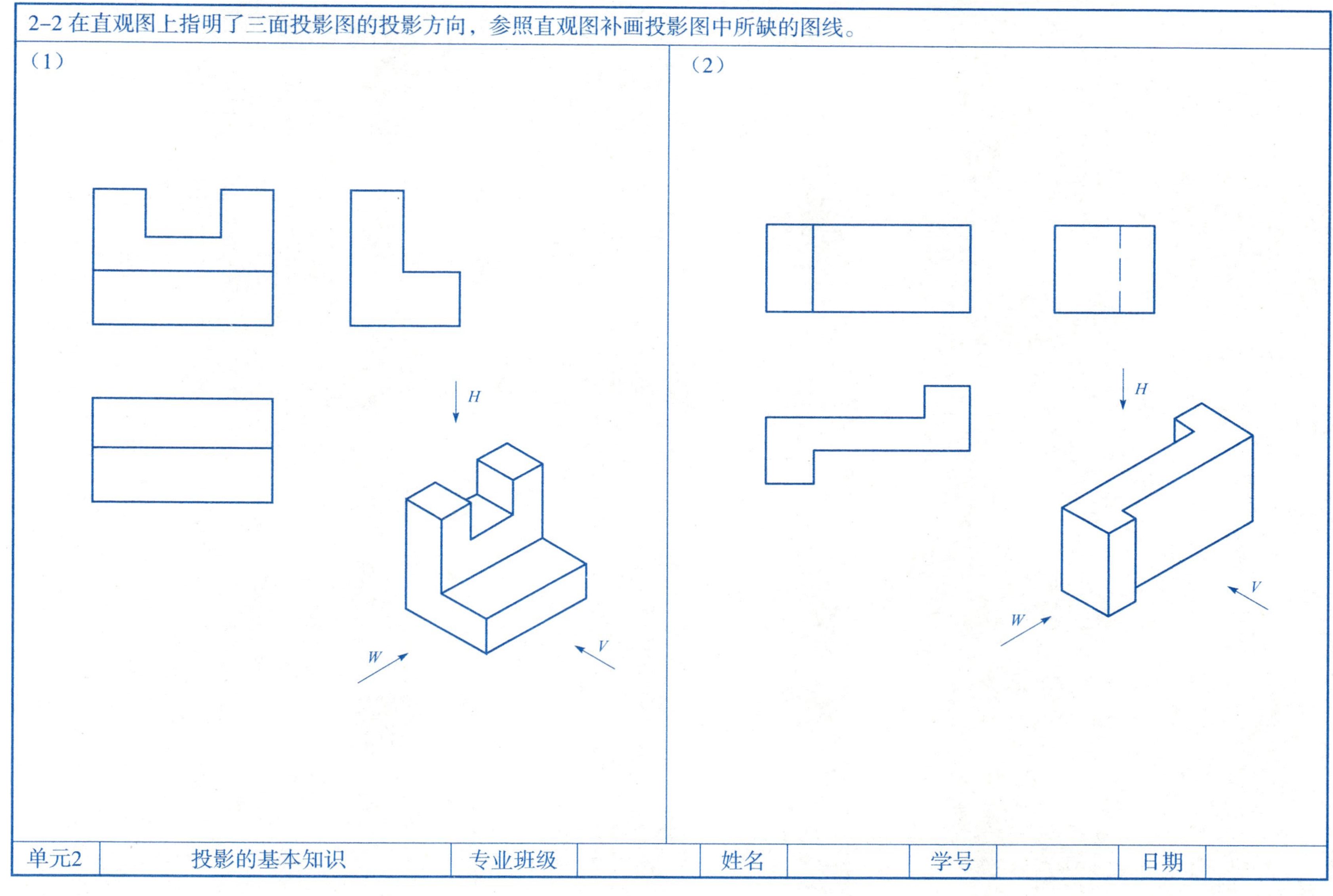

单元2	投影的基本知识	专业班级		姓名		学号		日期	

2-3 画基本形体的三视图（图中箭头方向是V面投影的投射方向，尺寸从图上量取，按1∶1比例画图）。

（1）

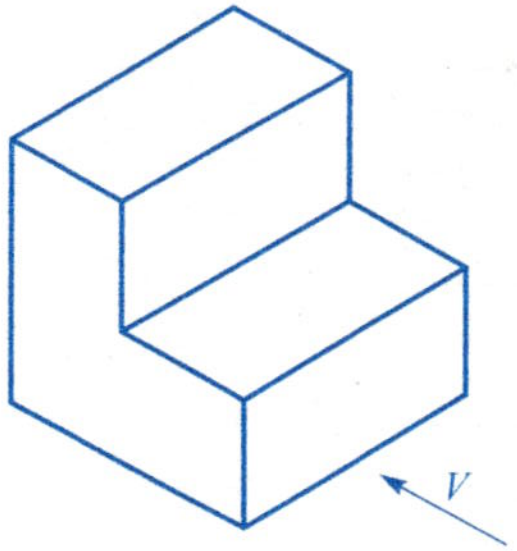

V

（2）

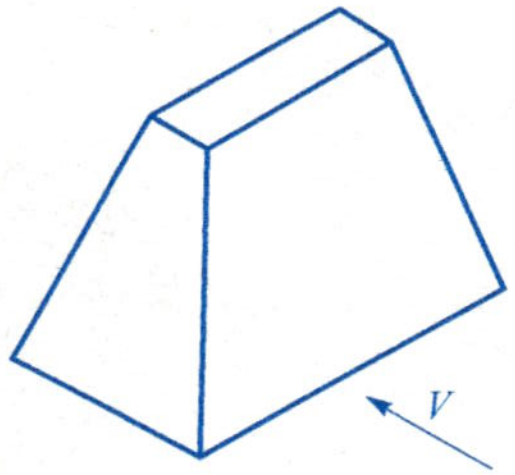

V

（3）

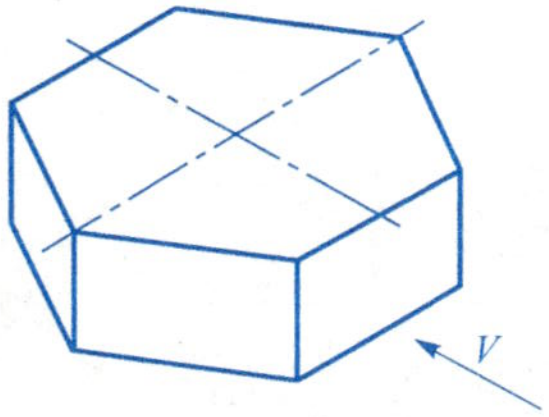

V

（4）

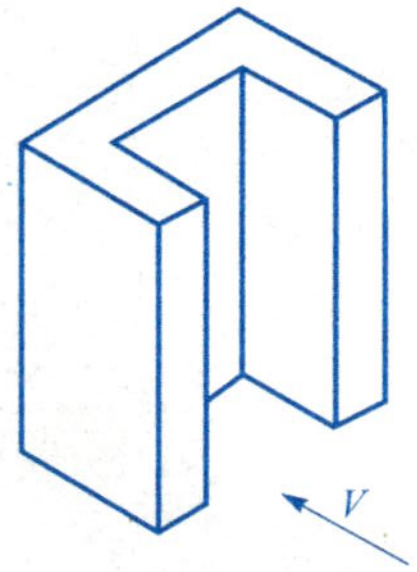

V

单元2	投影的基本知识	专业班级		姓名		学号		日期	

2-4 补全基本形体的三面投影图。

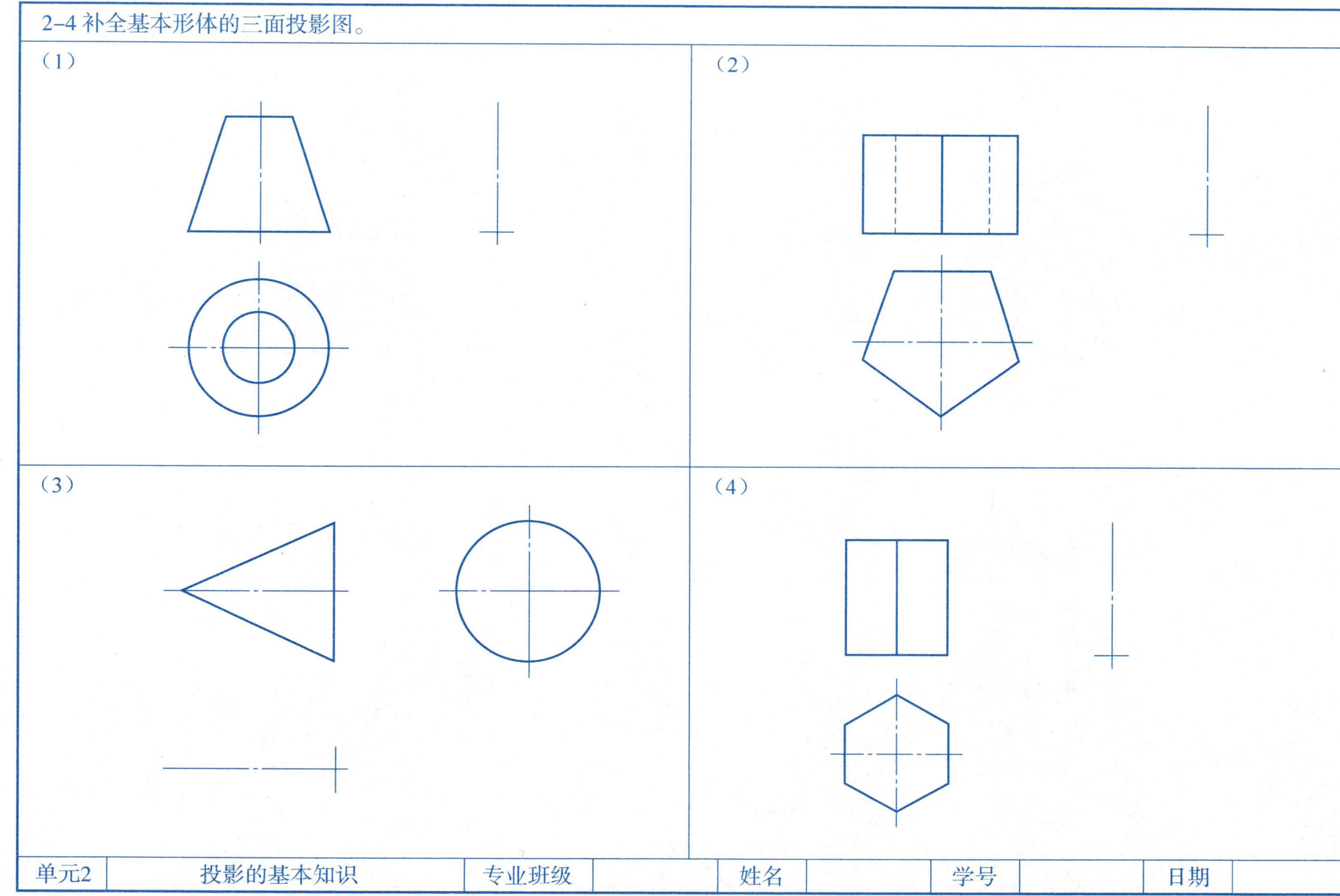

单元2	投影的基本知识	专业班级		姓名		学号		日期	

3-1 点的投影。

（1）已知各点的两个投影，求第三个投影，并在表格中填上各点到投影面的距离。

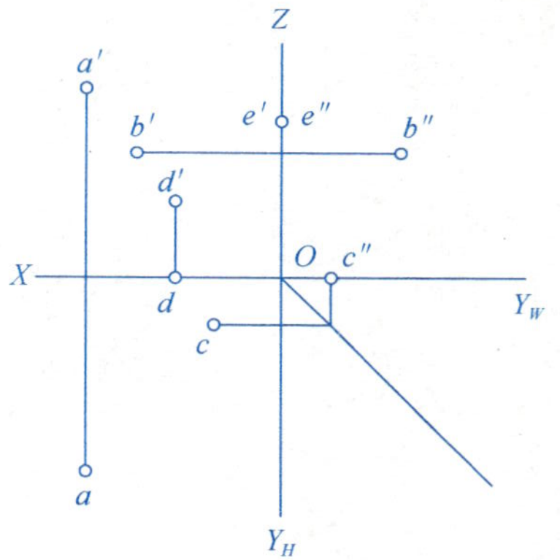

单位：mm

距离 点	距H面	距V面	距W面
A			
B			
C			
D			
E			

（2）已知各点的坐标，求各点的三面投影。

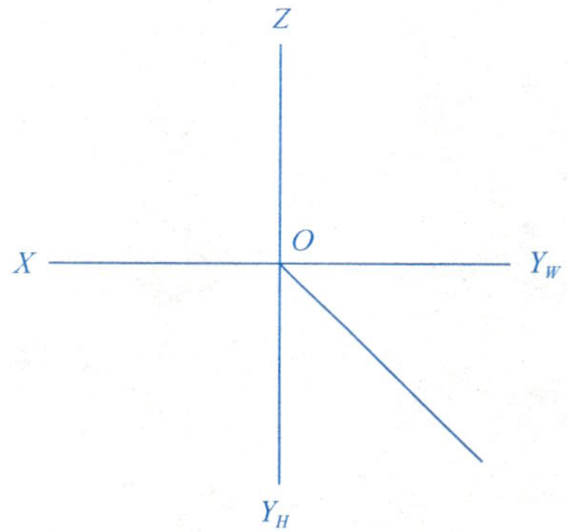

单位：mm

坐标 点	X	Y	Z
A	10	10	5
B	20	0	10
C	0	15	0

（3）补全点的投影，并判别两点在空间的相对位置。

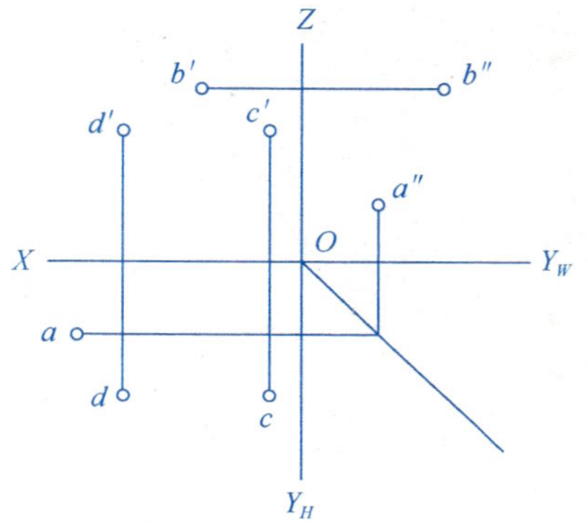

点A在点B的 ________

点B在点C的 ________

点C在点D的 ________

点D在点A的 ________

（4）根据直观图，作点的三面投影图。

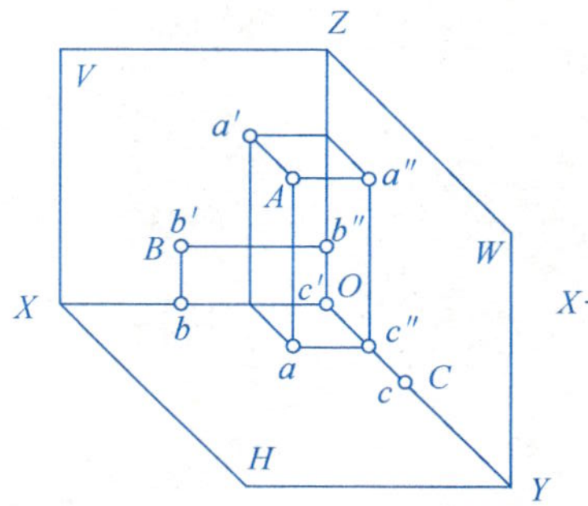

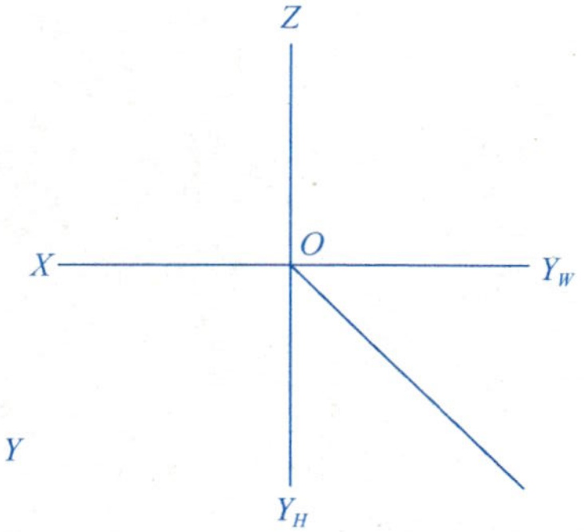

单元3	点、直线、平面的投影	专业班级		姓名		学号		日期	

（5）已知点A的投影，点B在点A的左方10mm，前方15mm，点C在点A正下方6mm，求点B、C的三面投影，并判别可见性。

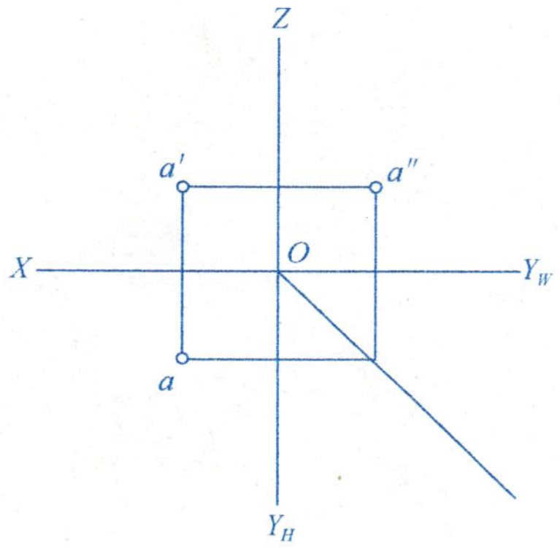

Z a' a'' X O Y_W a Y_H

（6）对照立体图，在三面投影图中注明A、B、C、D、E各点的位置，并判别可见性。

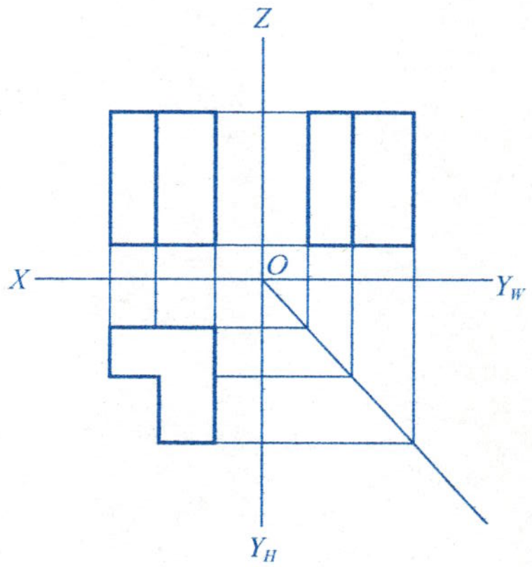

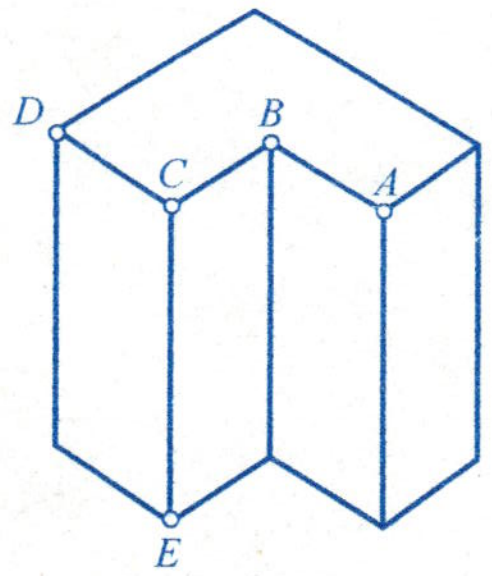

Z X O Y_W Y_H D B C A E

3-2 已知直线的两面投影，求第三面投影，并判别其空间位置。

（1）

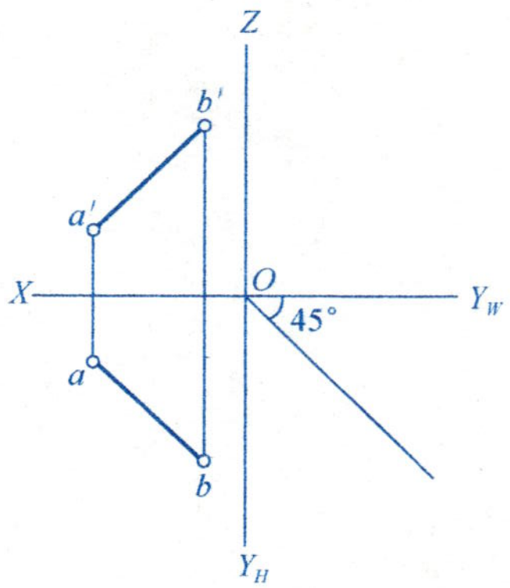

Z b' a' X O 45° Y_W a b Y_H

AB是________线

（2）

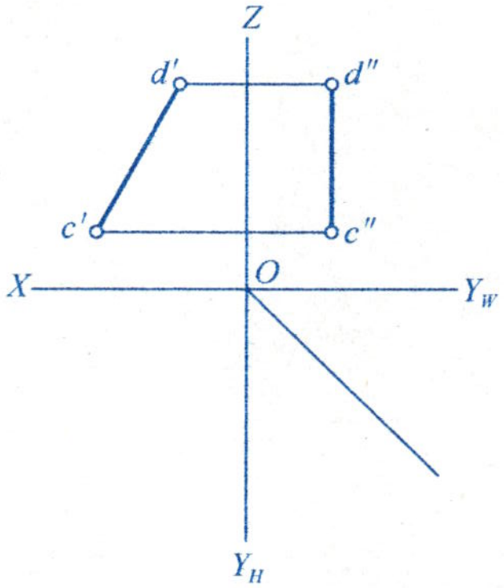

Z d' d'' c' c'' X O Y_W Y_H

CD是________线

单元3	点、直线、平面的投影	专业班级		姓名		学号		日期	

(3)

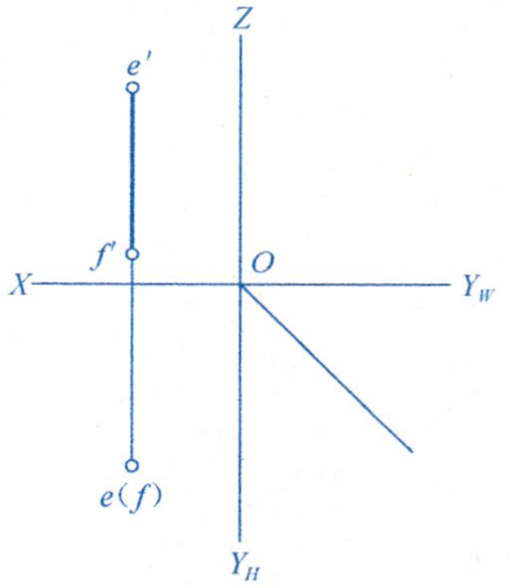

e', f', $e(f)$, X, Z, O, Y_W, Y_H

EF是______线

(4)

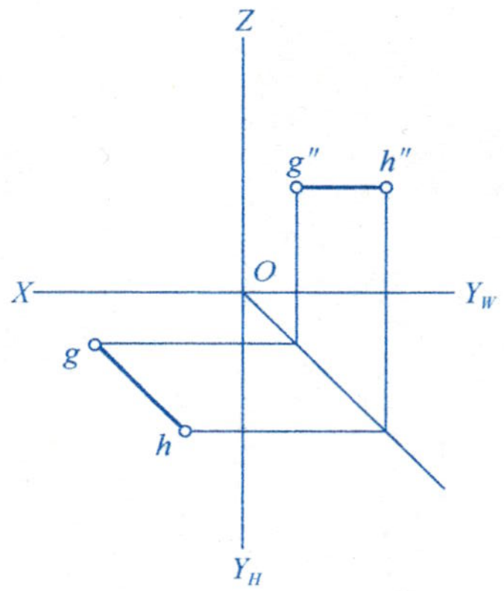

g'', h'', g, h, X, Z, O, Y_W, Y_H

GH是______线

(5)

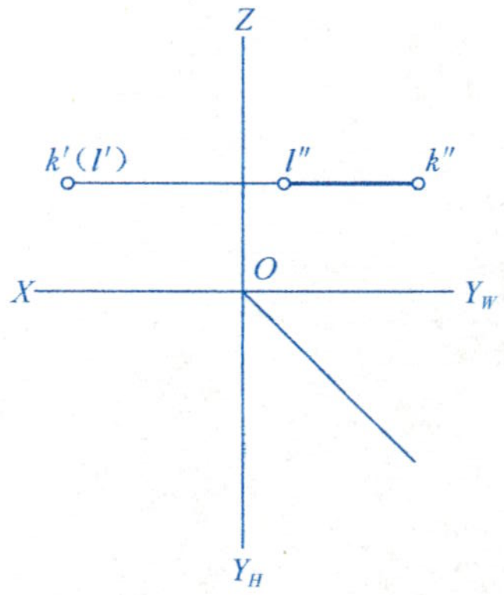

$k'(l')$, l'', k'', X, Z, O, Y_W, Y_H

KL是______线

(6)

m', n', m, n, X, Z, O, Y_W, Y_H

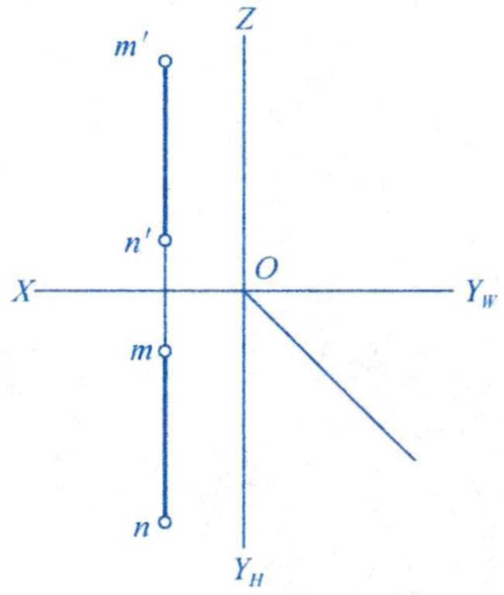

MN是______线

单元3	点、直线、平面的投影	专业班级		姓名		学号		日期	

3-3 在投影图中标出立体图上所标注线段的三面投影，并判别其空间位置。

（1）

（2）

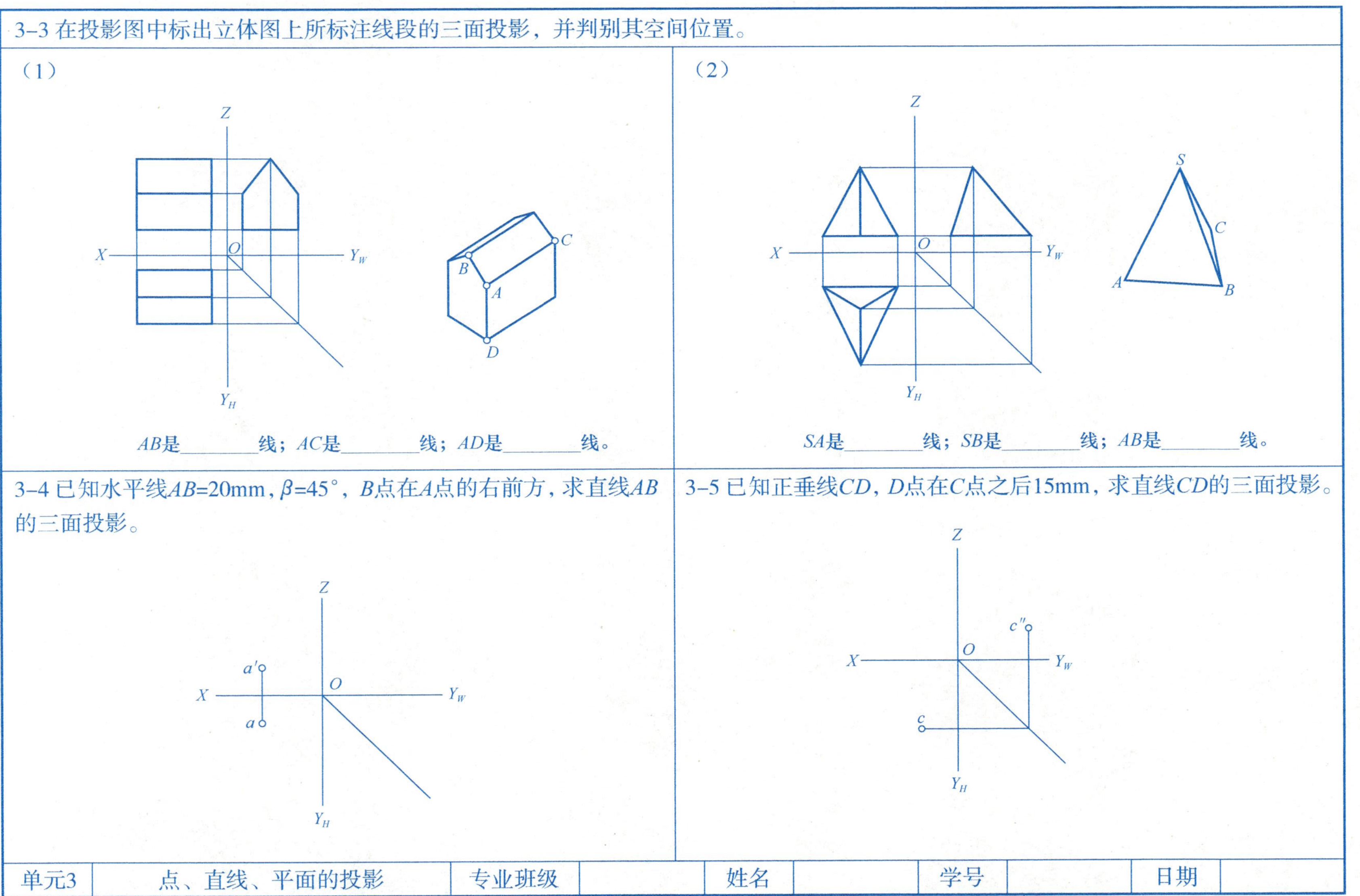

（1）AB是________线；AC是________线；AD是________线。

（2）SA是________线；SB是________线；AB是________线。

3-4 已知水平线AB=20mm，β=45°，B点在A点的右前方，求直线AB的三面投影。

3-5 已知正垂线CD，D点在C点之后15mm，求直线CD的三面投影。

单元3	点、直线、平面的投影	专业班级		姓名		学号		日期	

3-6 已知直线EF的端点坐标E(25，5，20)，F(5，15，10)，求直线EF的三面投影。

3-7 已知直线CD平行于H面，且距H面10mm，作CD的V、W面的投影。

3-8 作图判断K点是否在直线AB上。

3-9 求作直线AB的正面投影，并在该直线上取一点K，使AK=20mm。

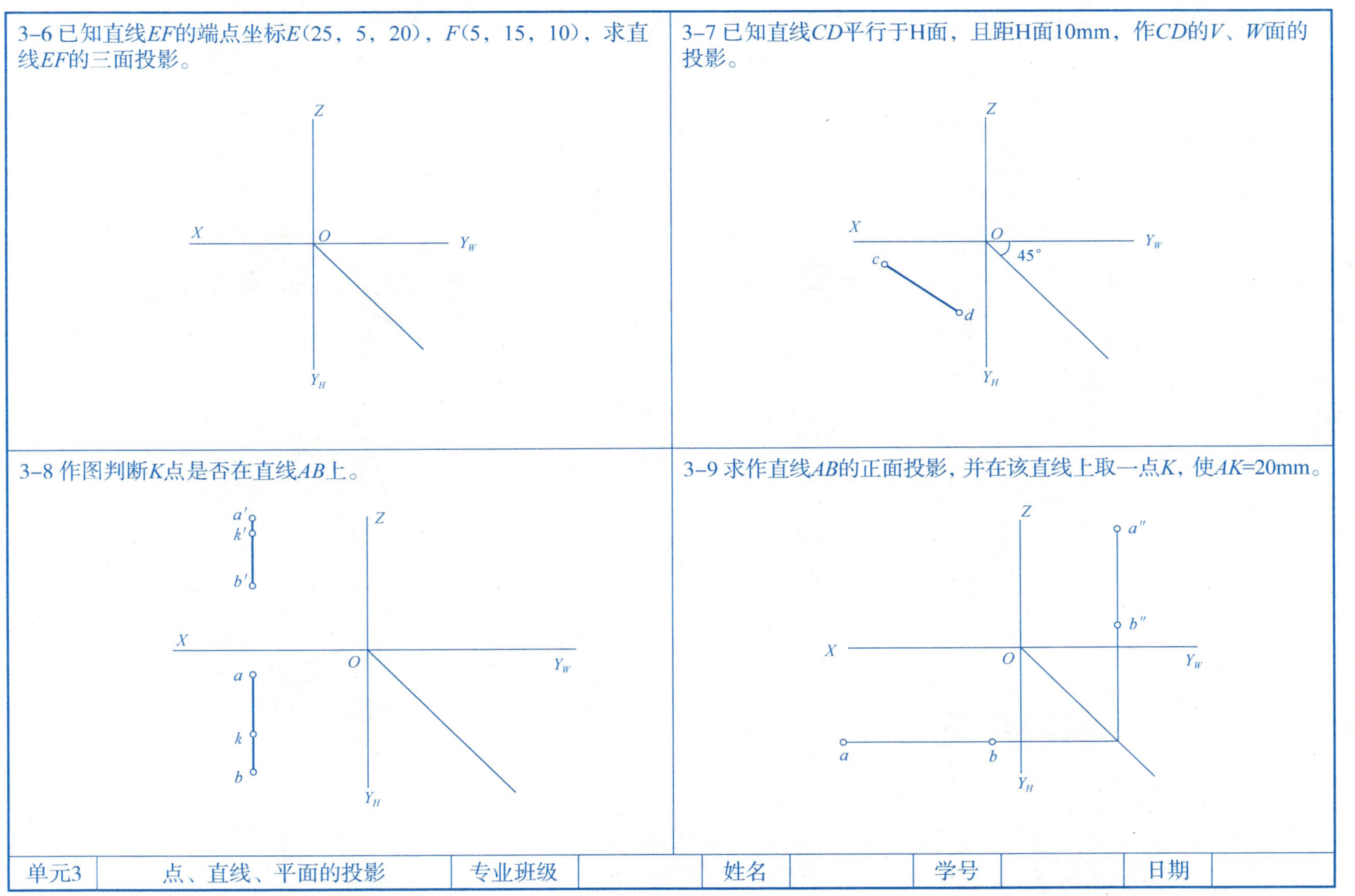

单元3	点、直线、平面的投影	专业班级		姓名		学号		日期	

3-10 已知平面的两面投影，求第三面投影，并判别其空间位置。

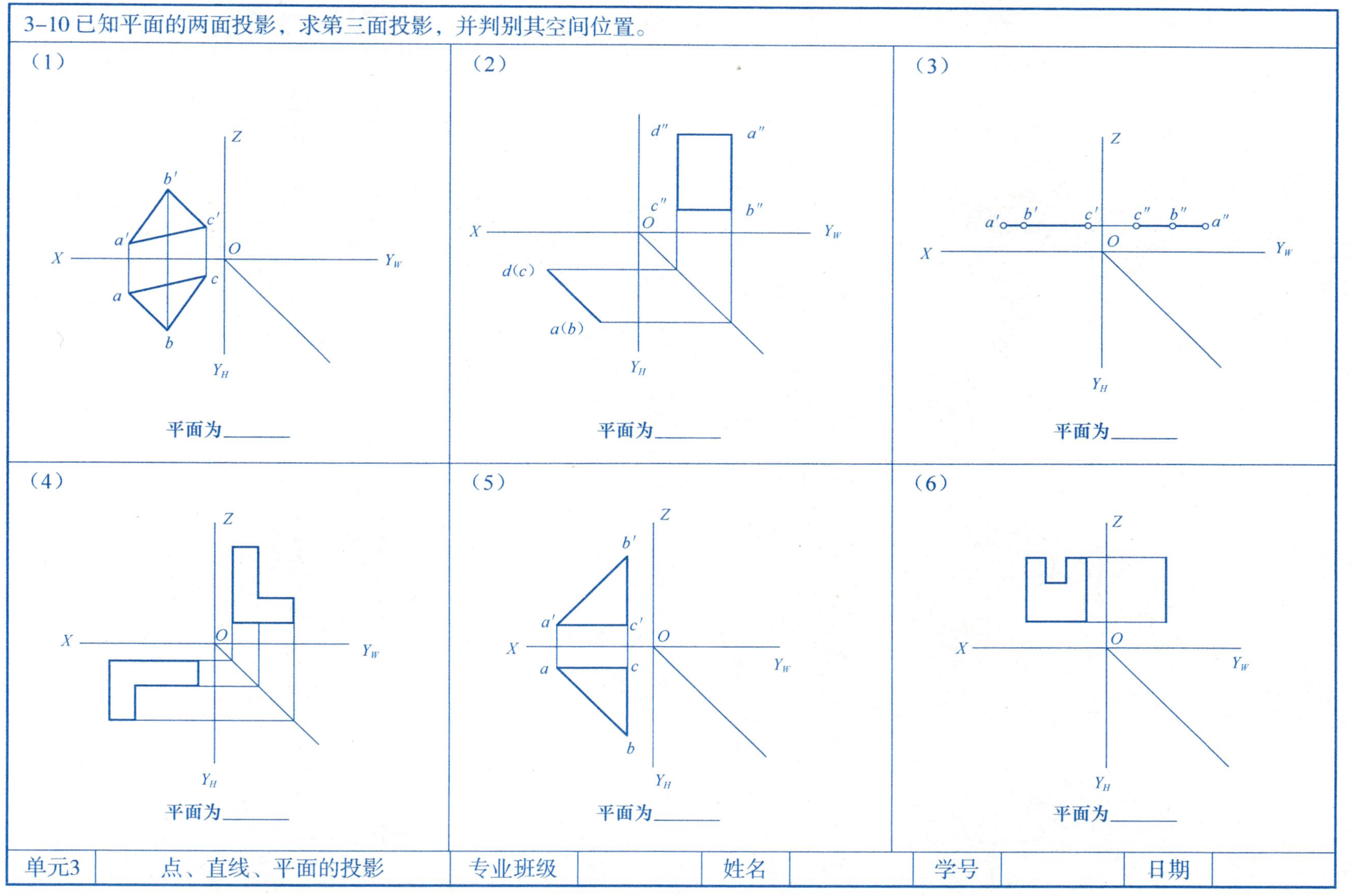

单元3	点、直线、平面的投影	专业班级		姓名		学号		日期	

3-11 已知三角形ABC为铅垂面，$\beta=45°$，A点在最前面，求三角形ABC的H、W面投影。

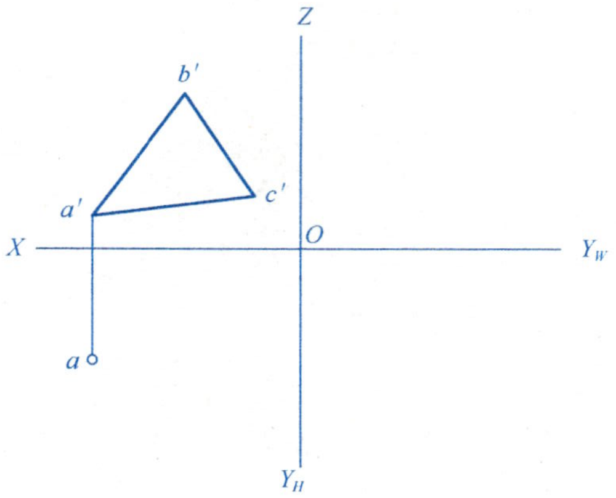

3-12 判别已知点是否属于平面。

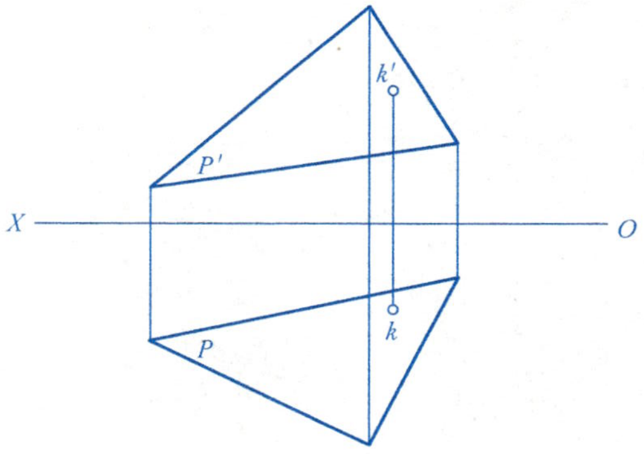

K点________P平面

3-13 完成五边形的V面投影。

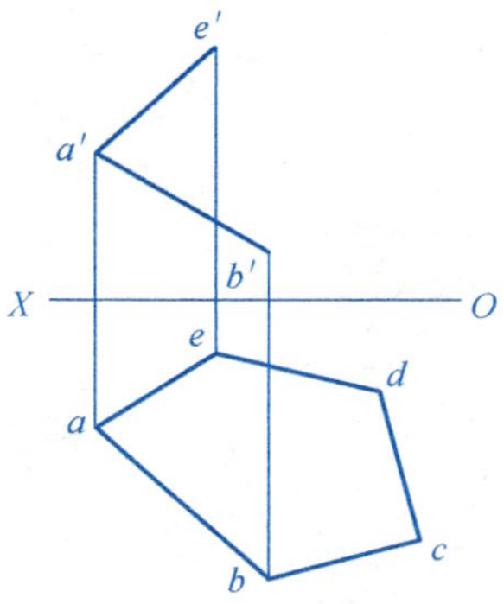

3-14 判别已知直线是否属于平面。

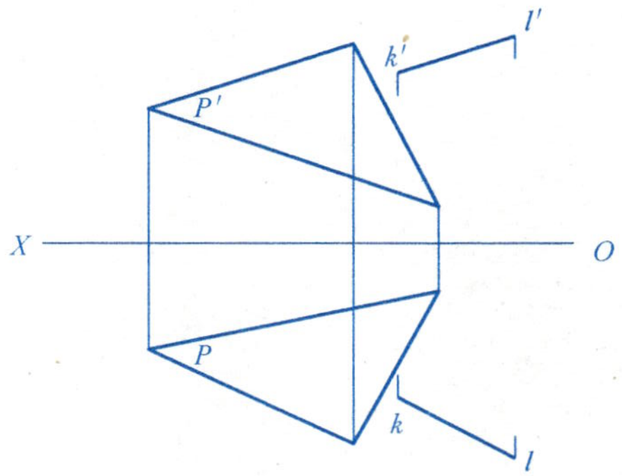

KL________Q平面

单元3	点、直线、平面的投影	专业班级		姓名		学号		日期	

4-1 平面立体的投影。

（1）已知正三棱柱的底面的V面、H面投影，三棱柱高20mm，完成三棱柱的三面投影。

（2）已知四棱锥的V、W面投影，完成四棱锥的三面投影。

（3）已知五棱柱体高20mm，底面与H面平行且距离为5mm，完成五棱柱的三面投影。

（4）已知五棱锥体高20mm，底面与H面平行且距离为5mm，作五棱锥的投影。

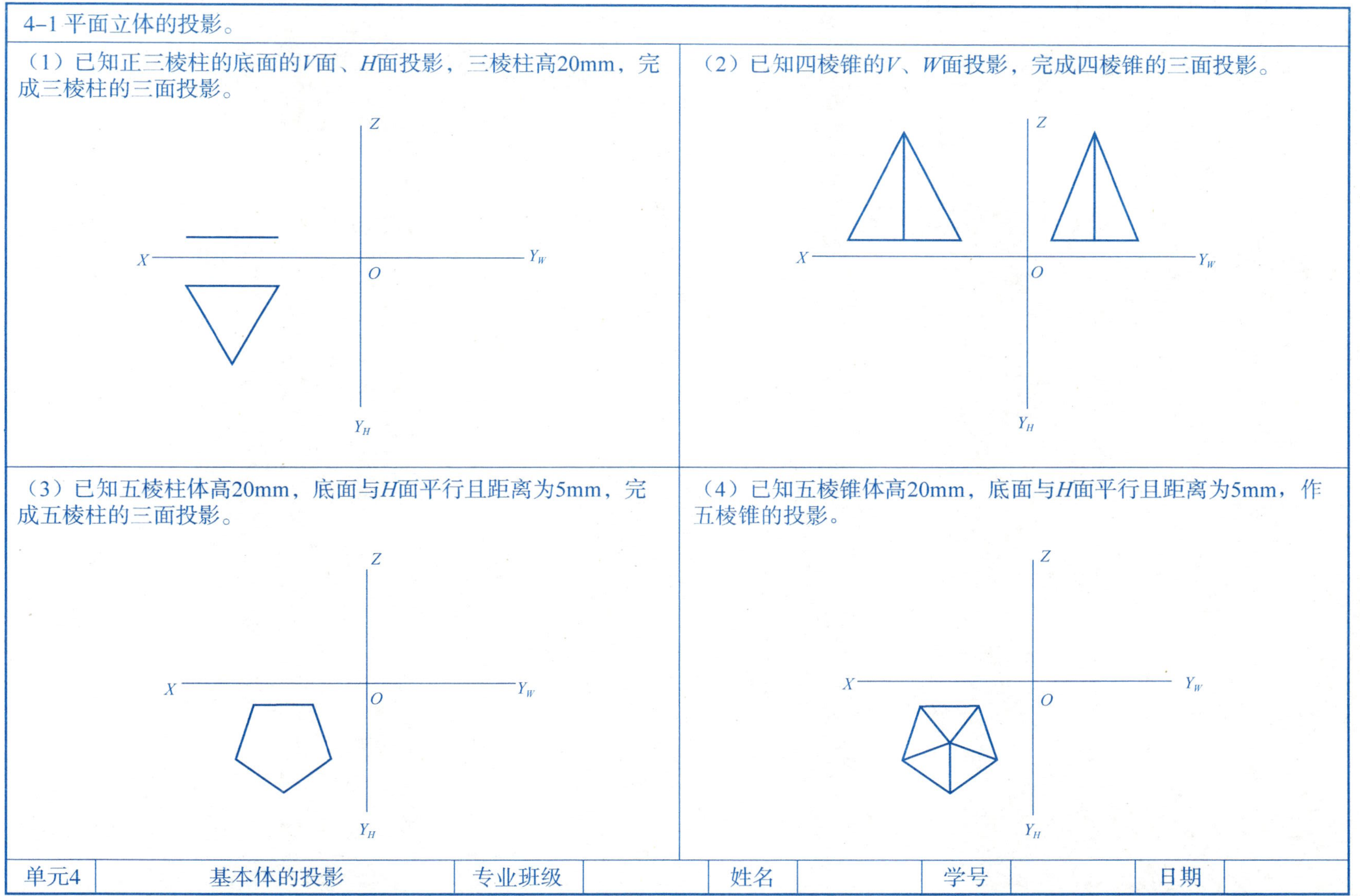

单元4	基本体的投影	专业班级		姓名		学号		日期	

4-2 根据平面体表面上的点的一个投影，求作其他两个投影。

（1）

（2）

4-3 补出平面体的侧面投影，并补全表面上各点的三面投影。

（1）

（2）

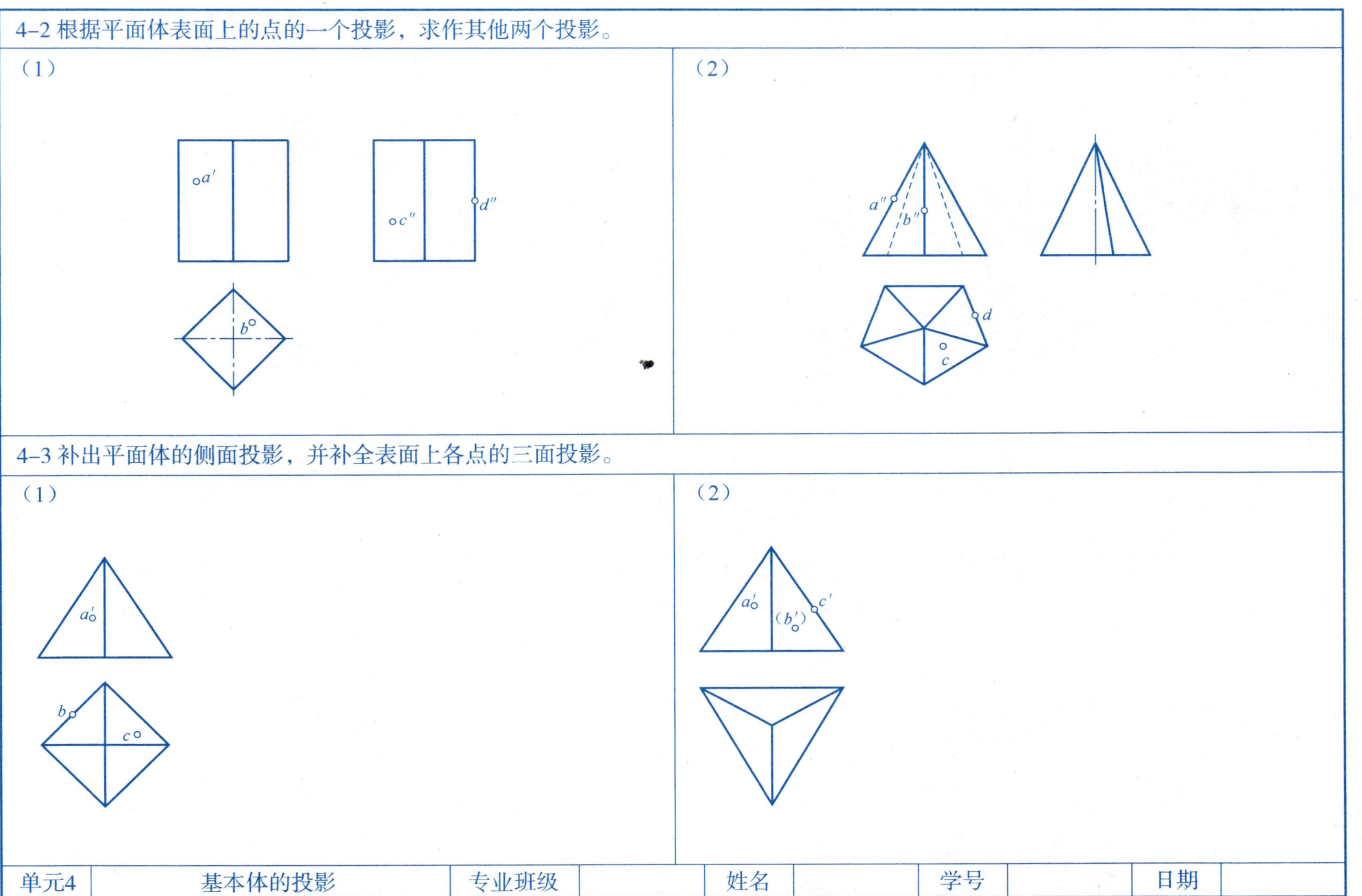

单元4	基本体的投影	专业班级		姓名		学号		日期	

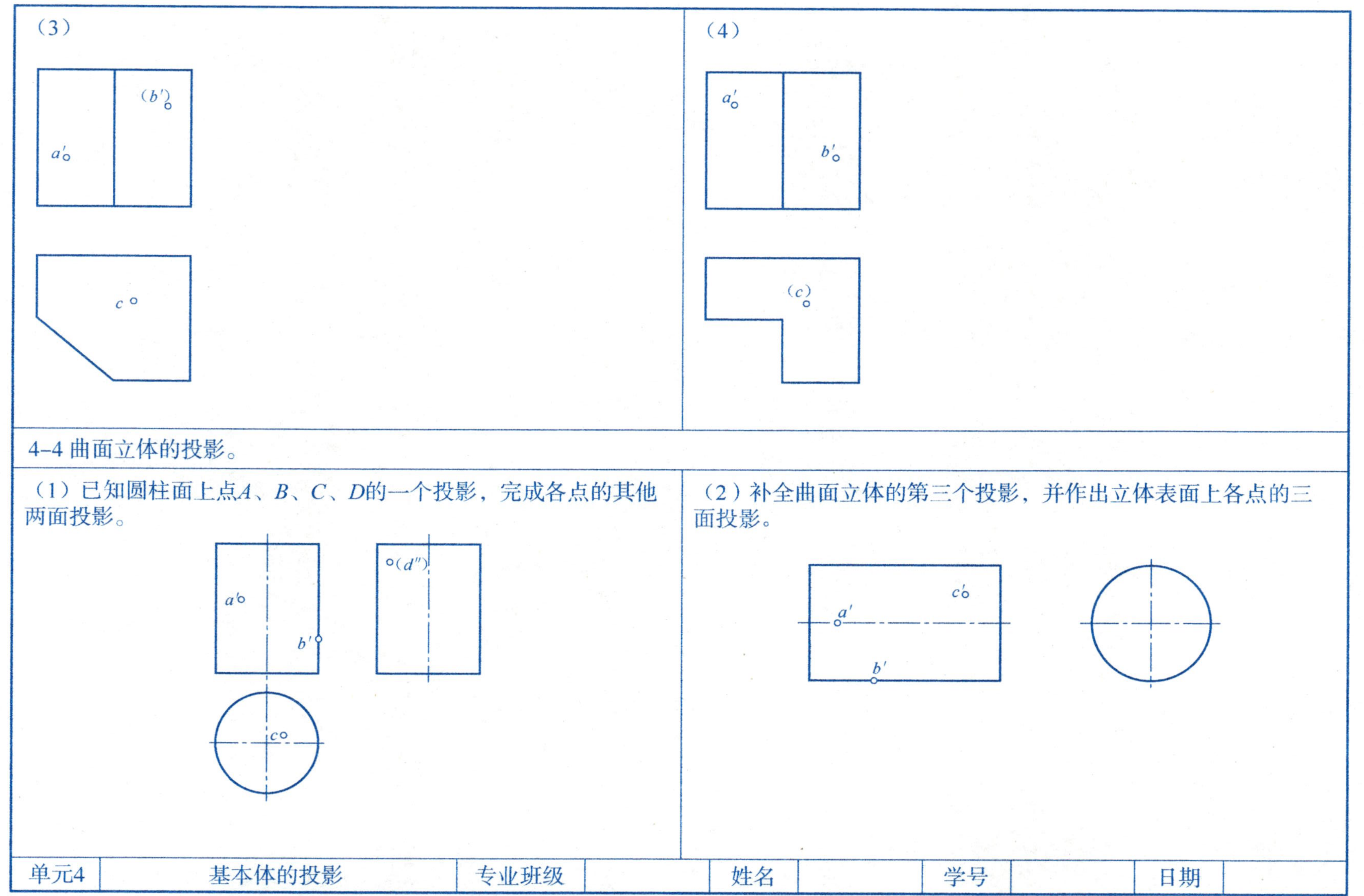
(3)
(b')
a'
c
(4)
a'
b'
(c)
4-4 曲面立体的投影。
(1) 已知圆柱面上点A、B、C、D的一个投影，完成各点的其他两面投影。
a'
b'
(d'')
c
(2) 补全曲面立体的第三个投影，并作出立体表面上各点的三面投影。
a'
b'
c'
单元4
基本体的投影
专业班级
姓名
学号
日期

4-5 平面与立体相交，完成被切割的平面立体的三面投影。

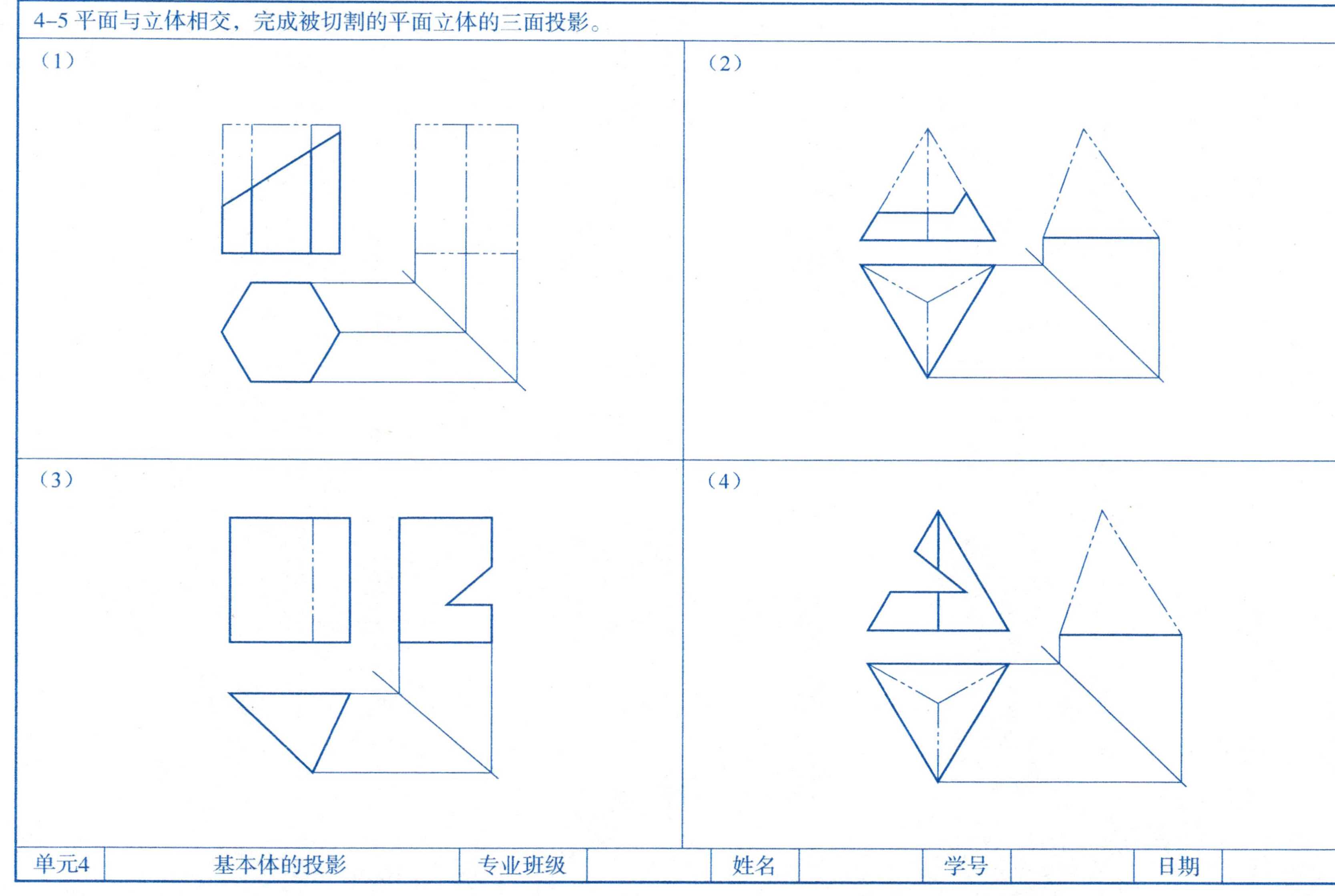

单元4	基本体的投影	专业班级		姓名		学号		日期	

4-6 完成被切割的曲面立体的三面投影。

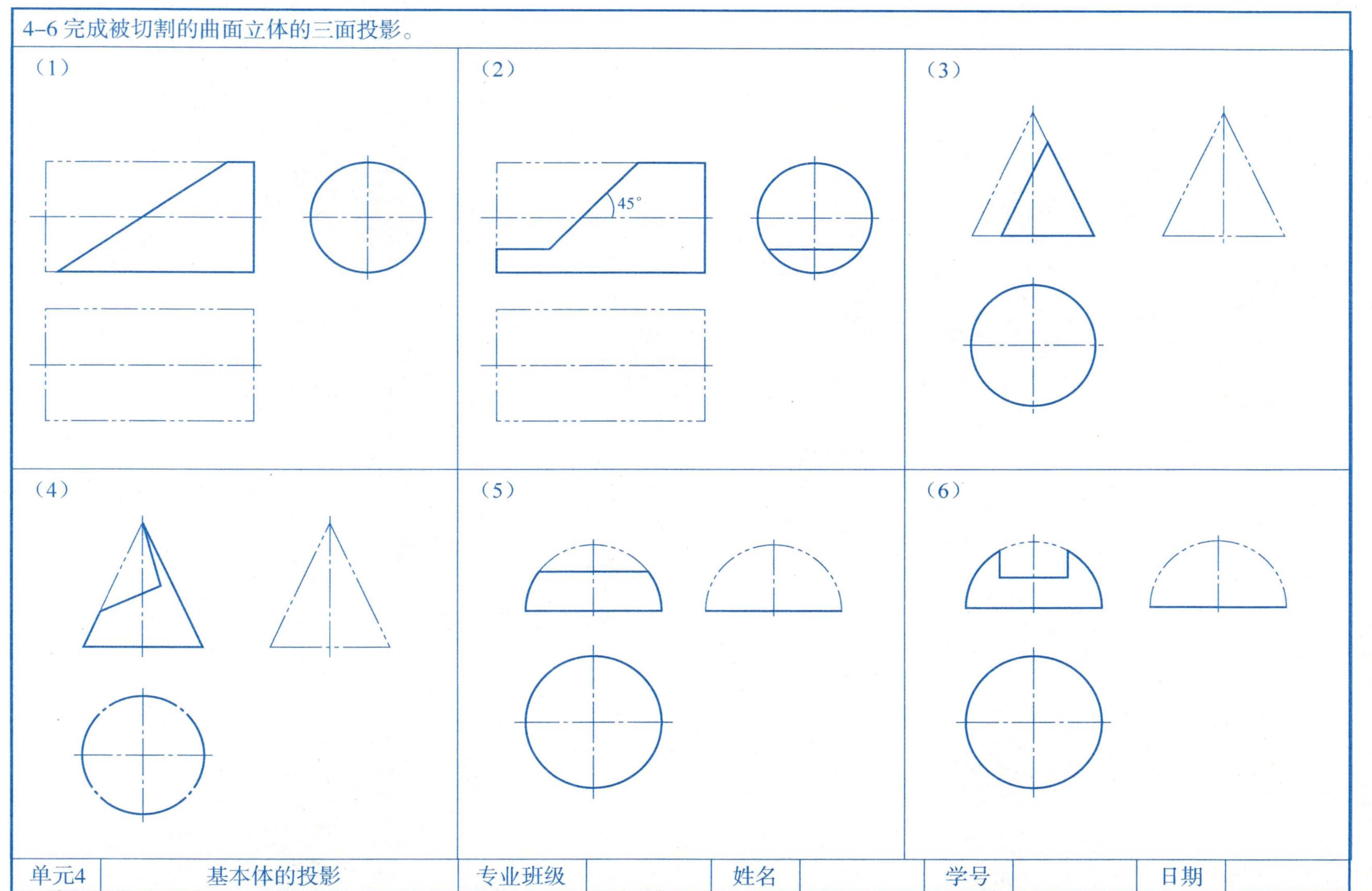

单元4	基本体的投影	专业班级		姓名		学号		日期	

4-7 立体与立体相交。

(1) 求两平面立体的相贯线。

(2) 求三棱锥被穿孔(四棱柱)后的投影。

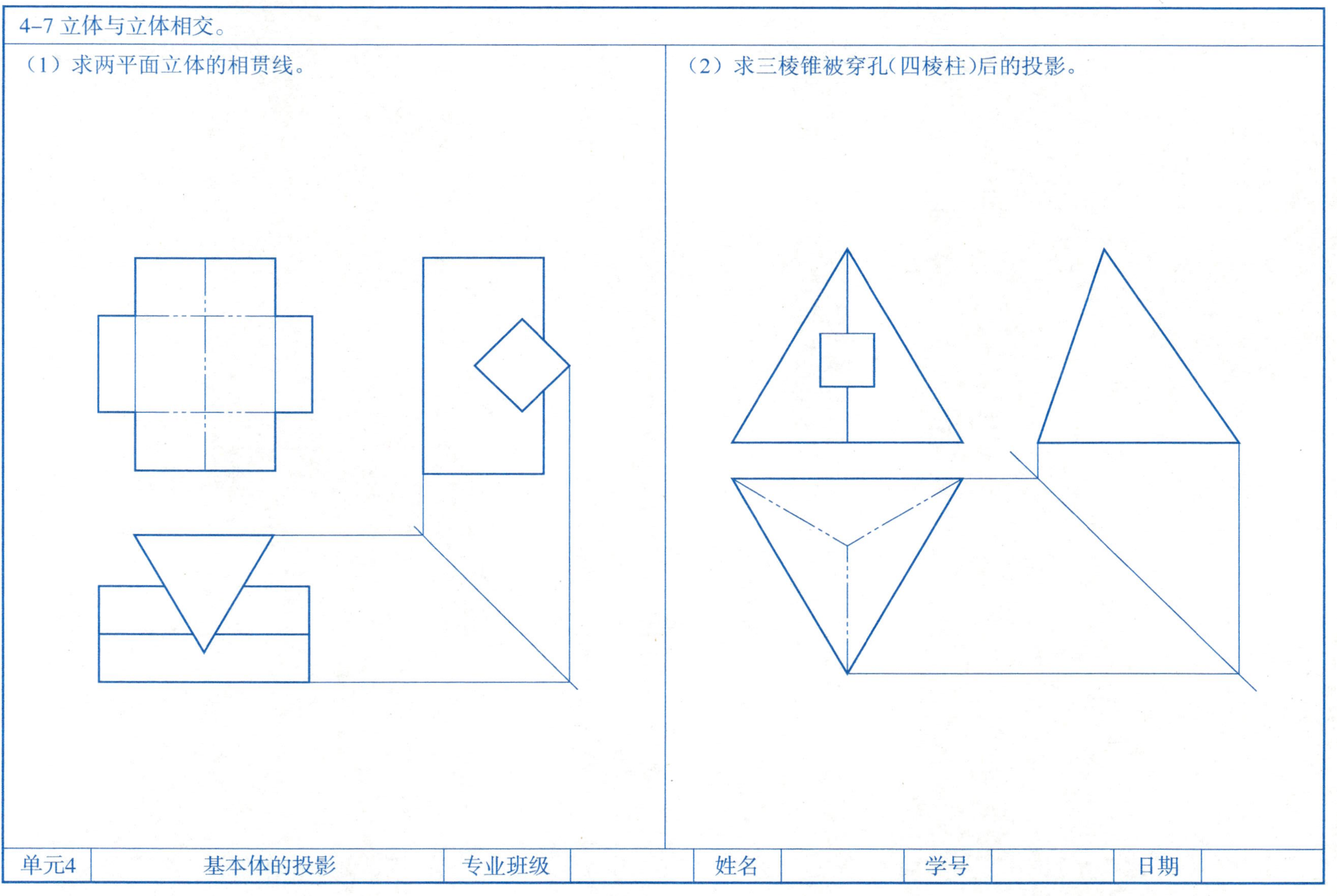

单元4	基本体的投影	专业班级		姓名		学号		日期	

5-1 已知形体的立体图，绘制其三面投影图（比例1:1）。

（1）

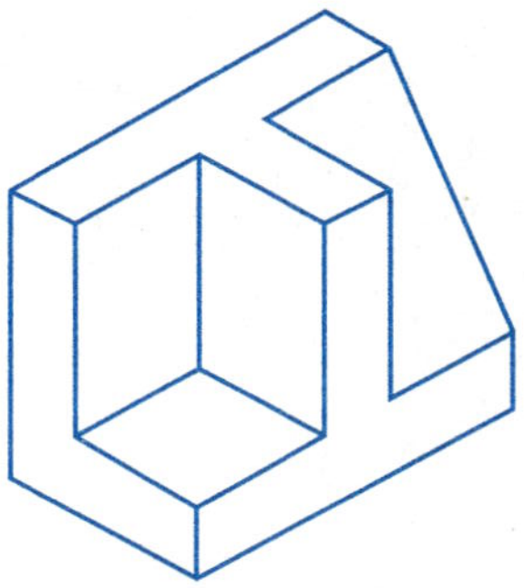

（2）

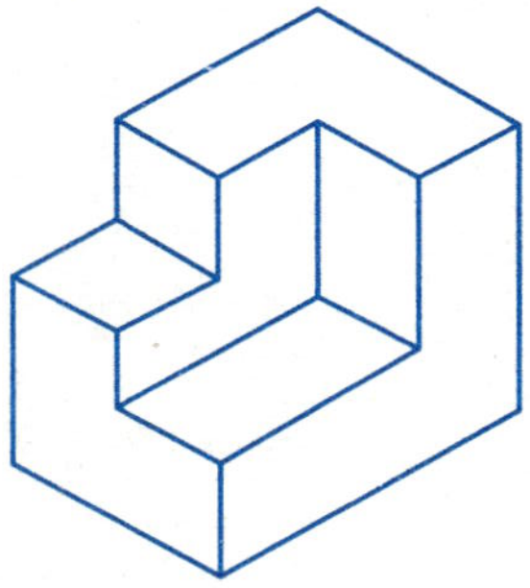

单元5	组合体的投影	专业班级		姓名		学号		日期	

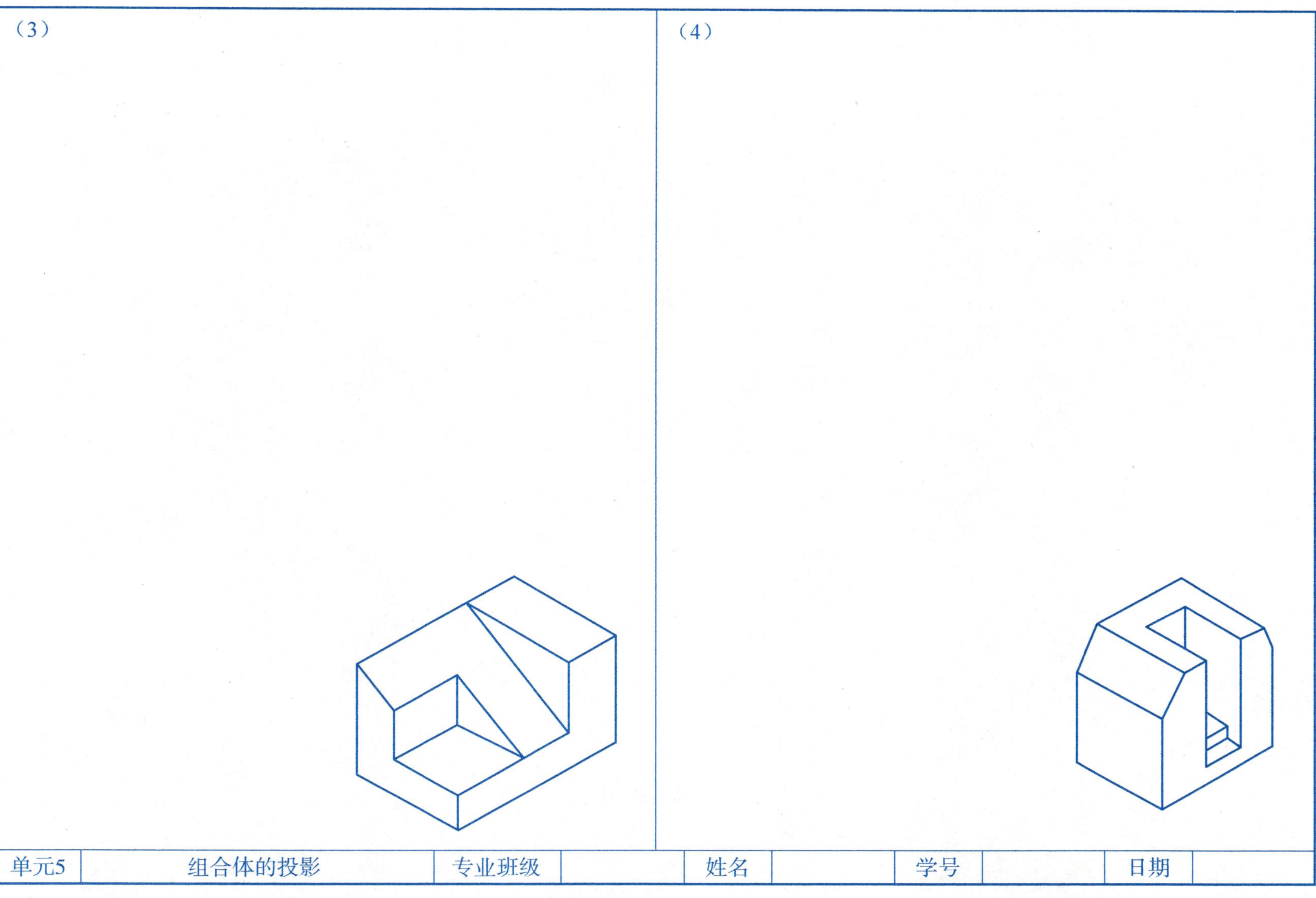

单元5	组合体的投影	专业班级		姓名		学号		日期	

5–2 绘制形体第三面投影，并判别指定平面相对投影面的位置。

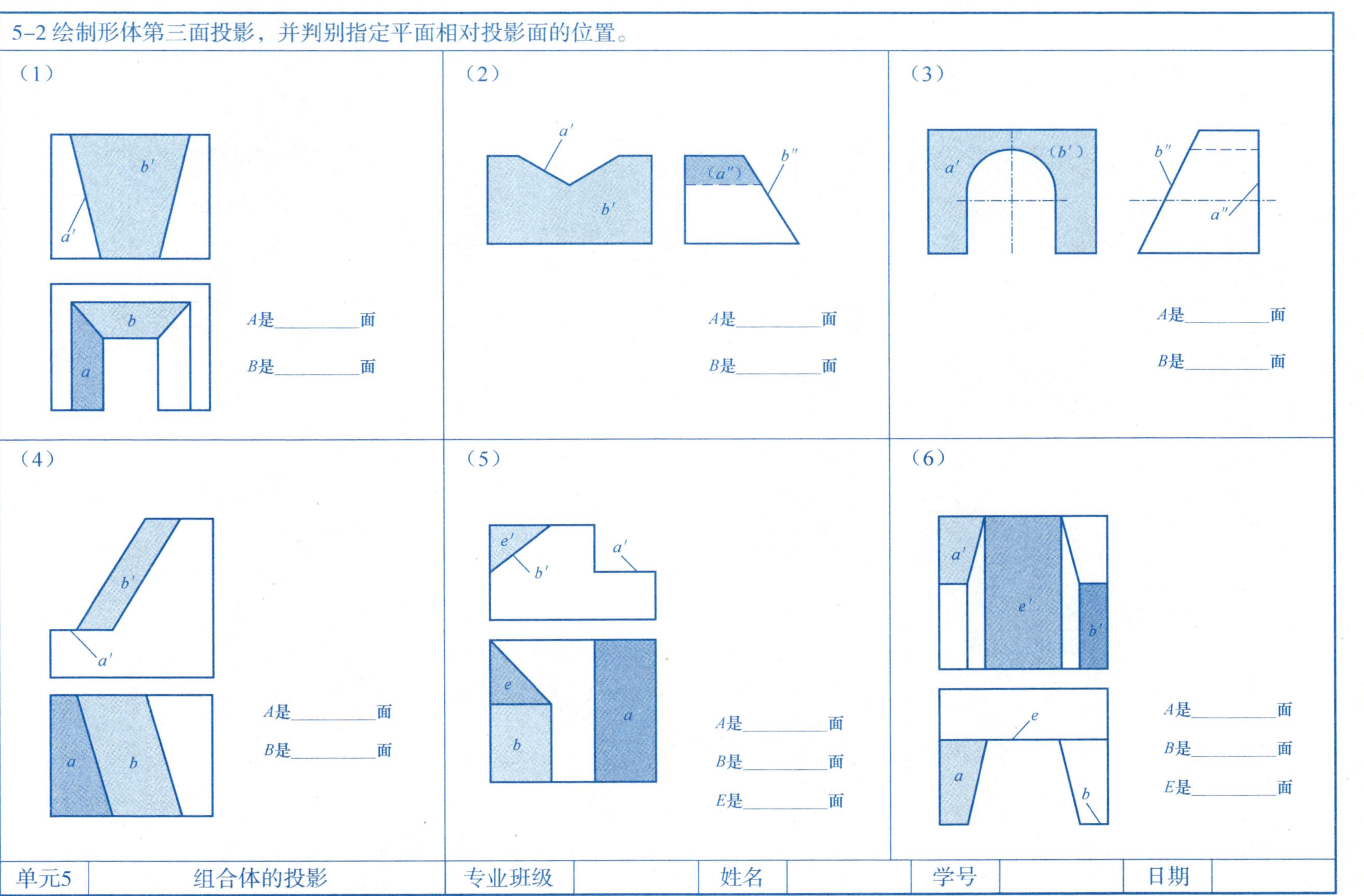

单元5	组合体的投影	专业班级		姓名		学号		日期	

5-3 已知形体的立体图和两面投影图，补画第三面投影图。

（1）

（2）

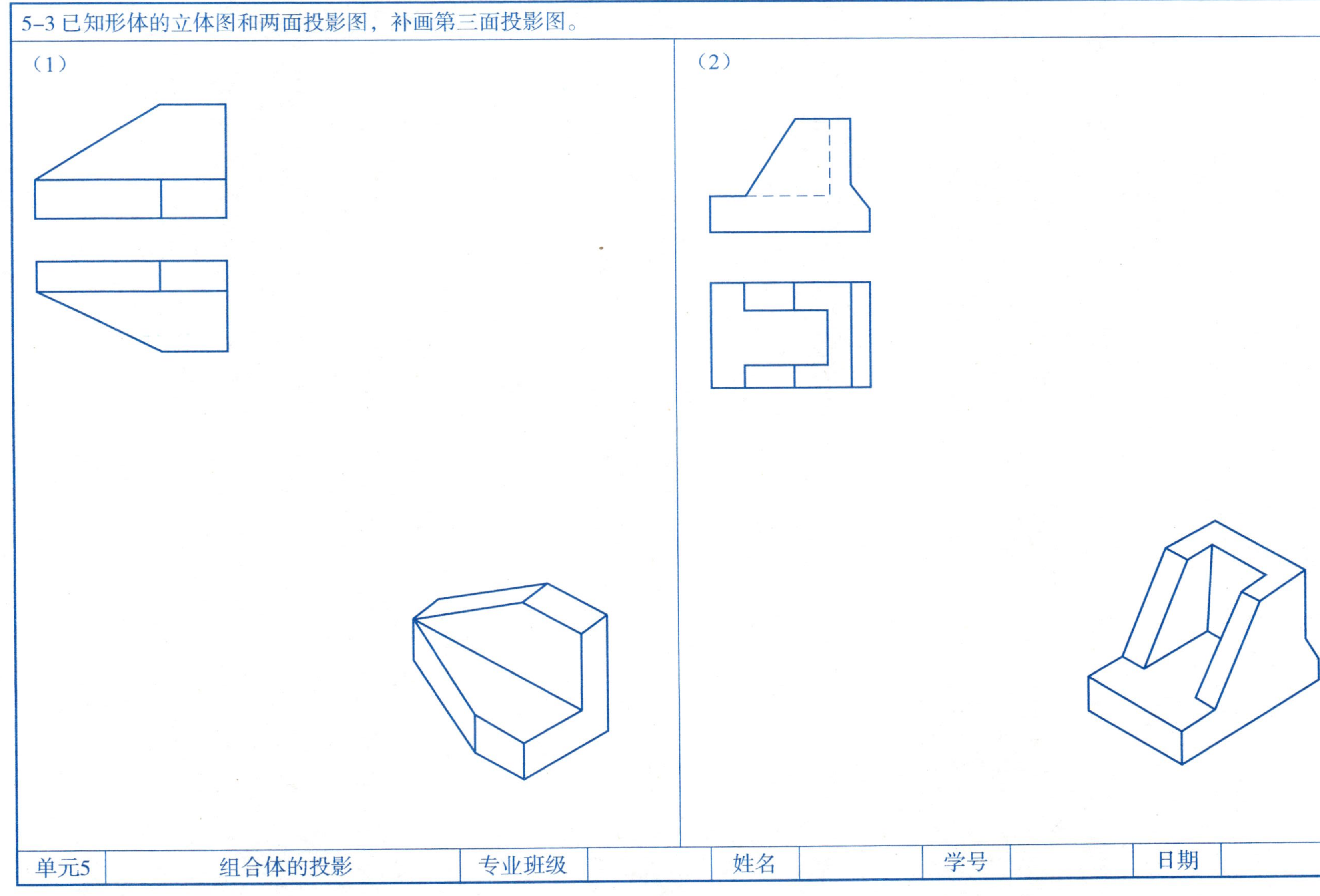

单元5	组合体的投影	专业班级		姓名		学号		日期	

（3）

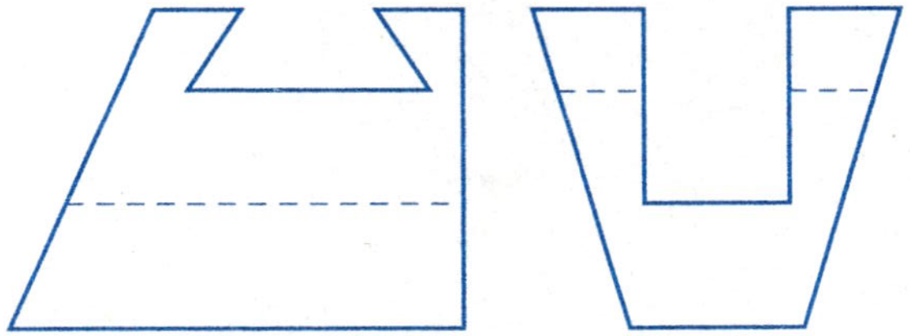

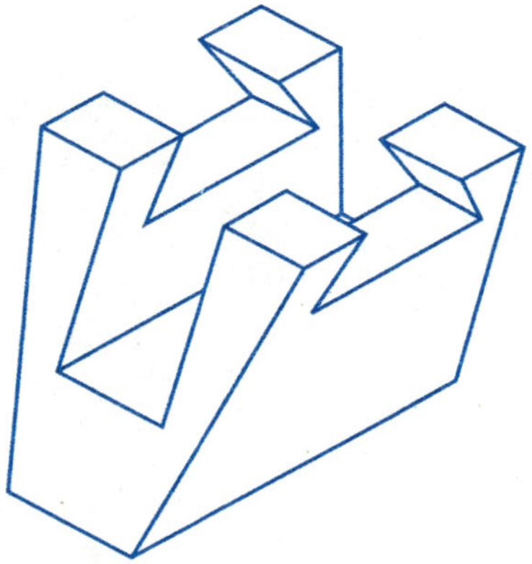

（4）

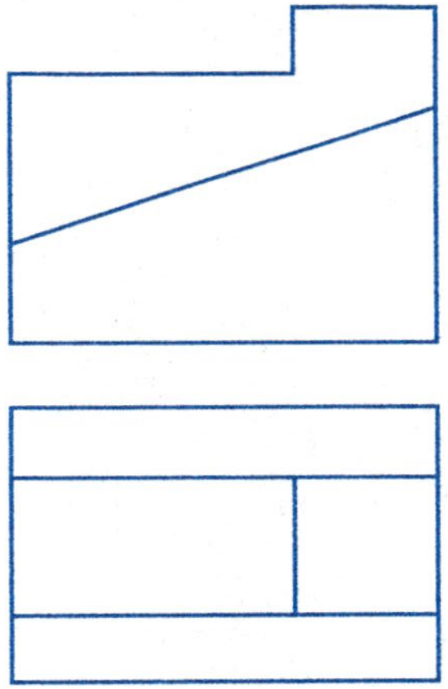

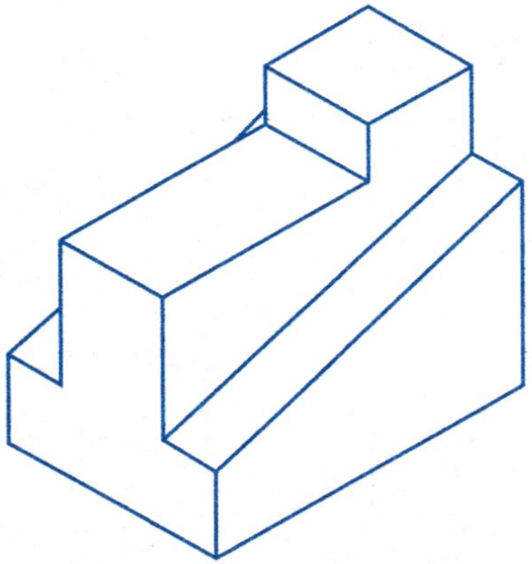

单元5	组合体的投影	专业班级		姓名		学号		日期	

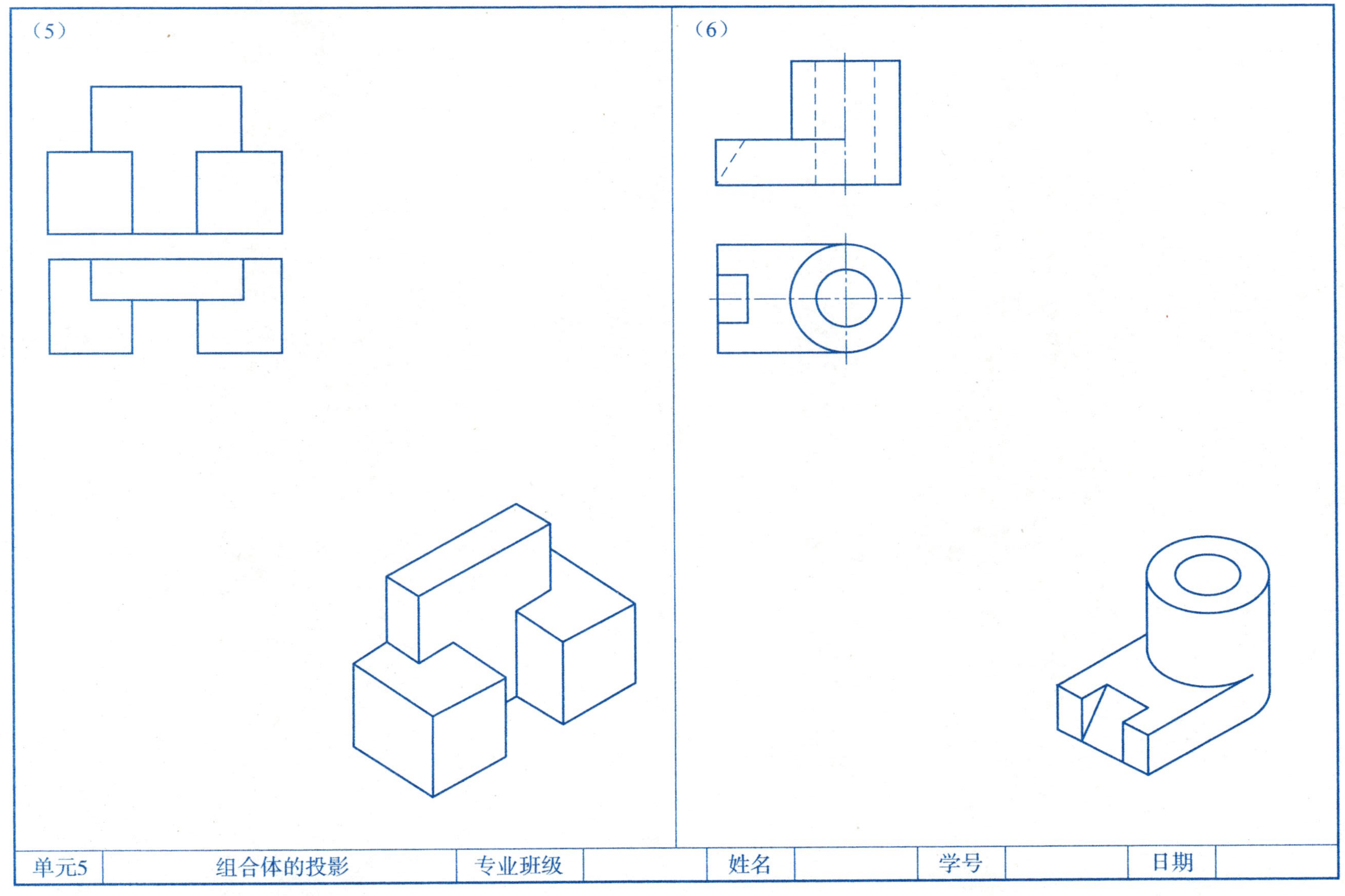

单元5	组合体的投影	专业班级		姓名		学号		日期	

（7）

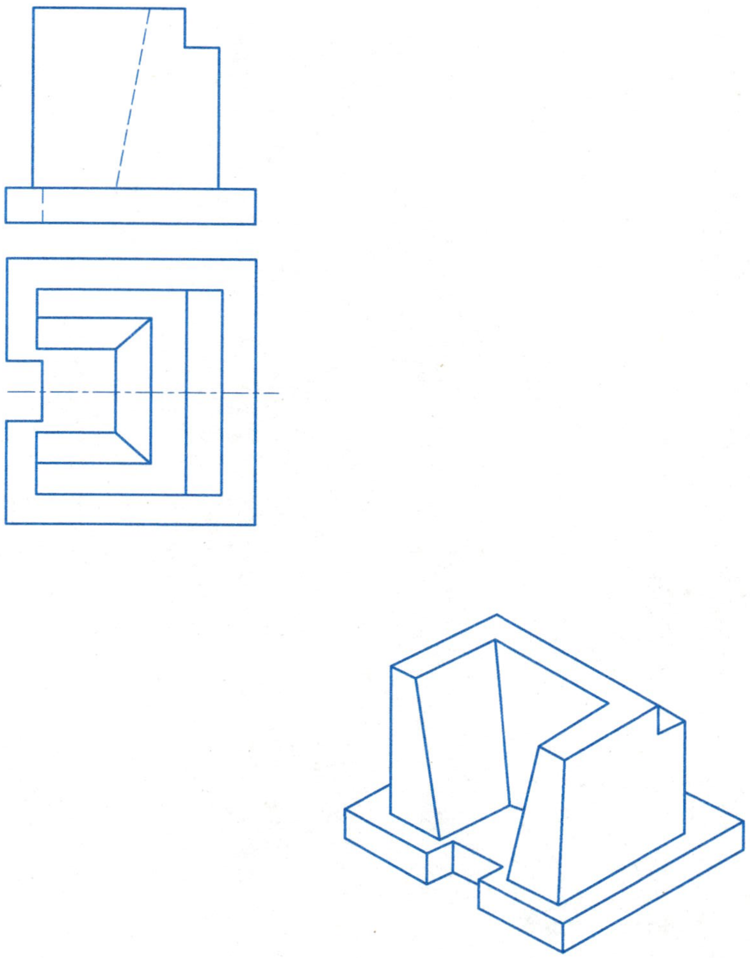

（8）

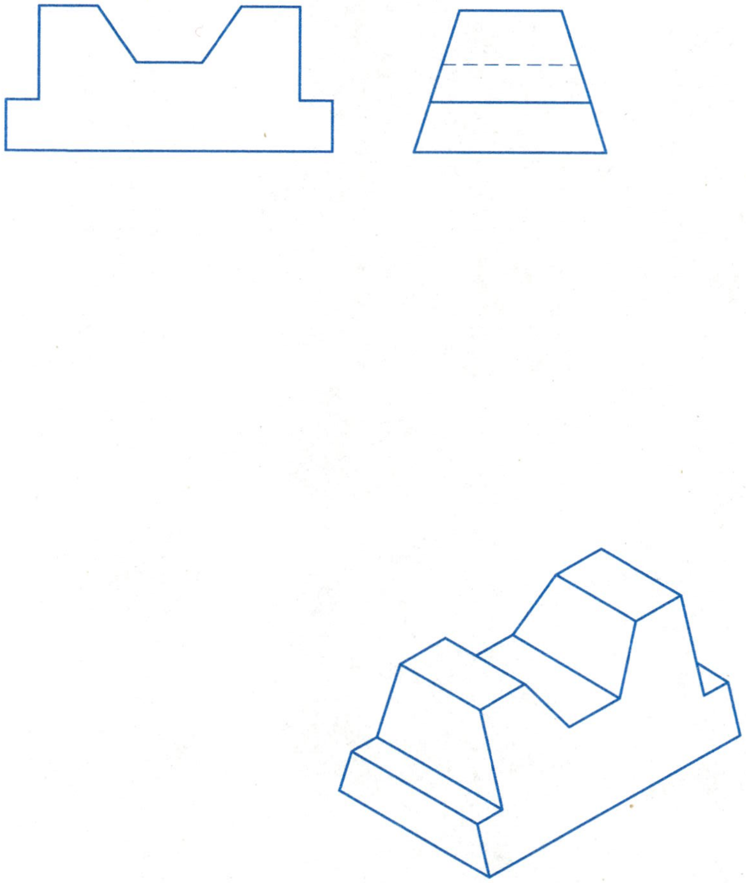

单元5	组合体的投影	专业班级		姓名		学号		日期	

5-4 已知组合体的两面投影，补画其第三面投影。（提示：补画困难时，可边绘制轴测图，边补绘缺图。）

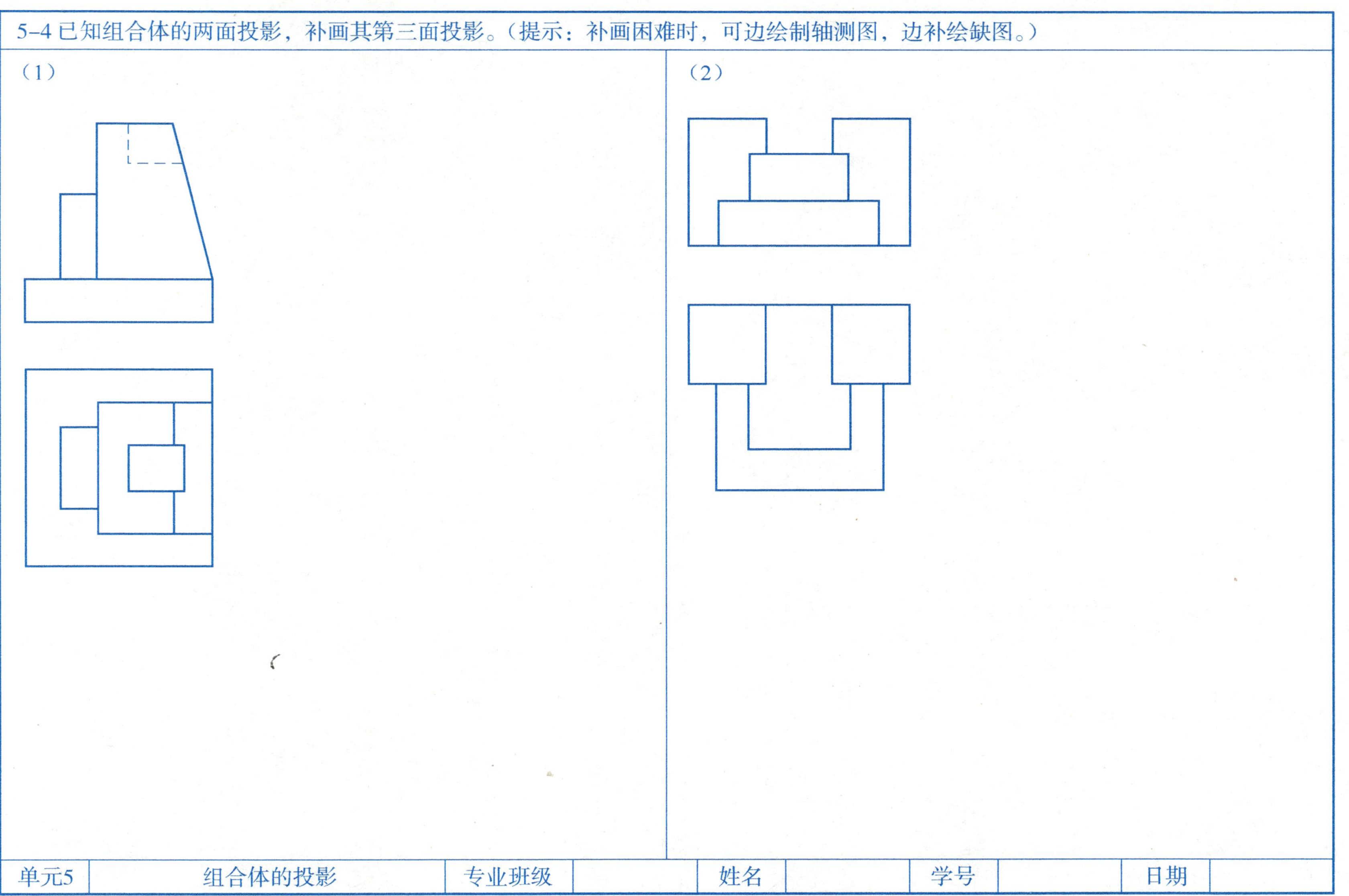

（1）

（2）

单元5	组合体的投影	专业班级		姓名		学号		日期	

（3）

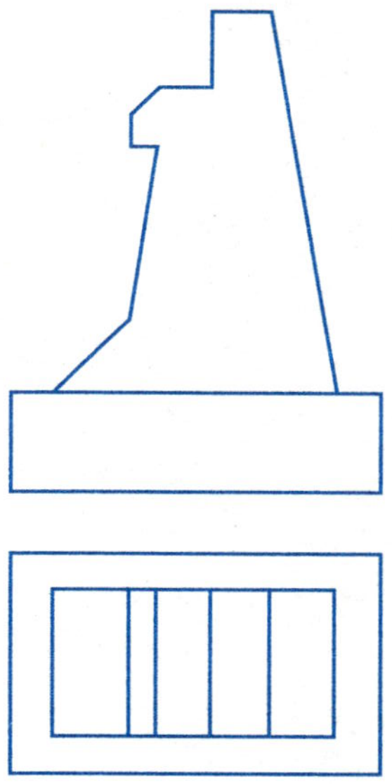

（4）

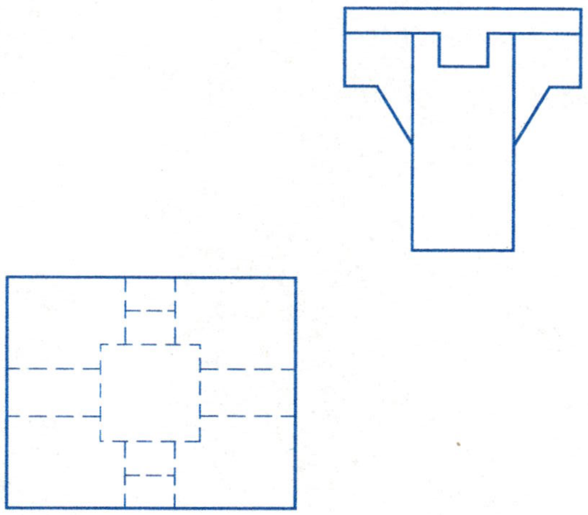

单元5	组合体的投影	专业班级		姓名		学号		日期	

（5）

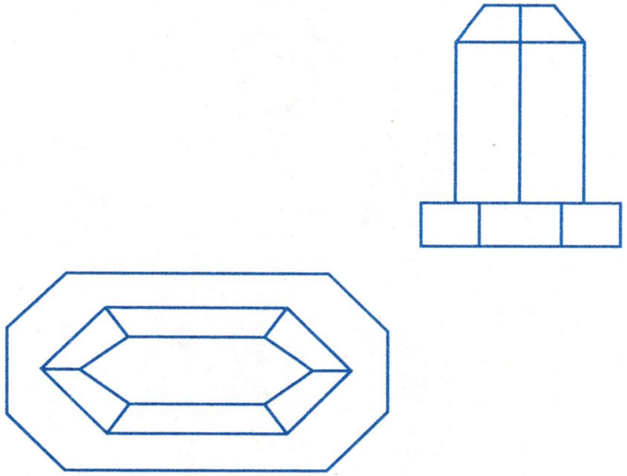

（6）

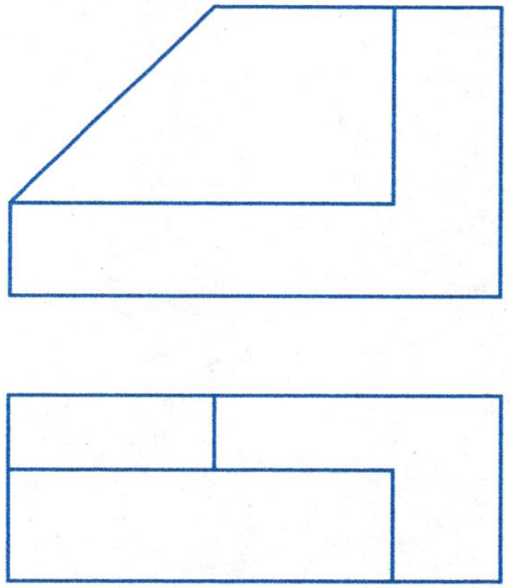

单元5	组合体的投影	专业班级		姓名		学号		日期	

（7）

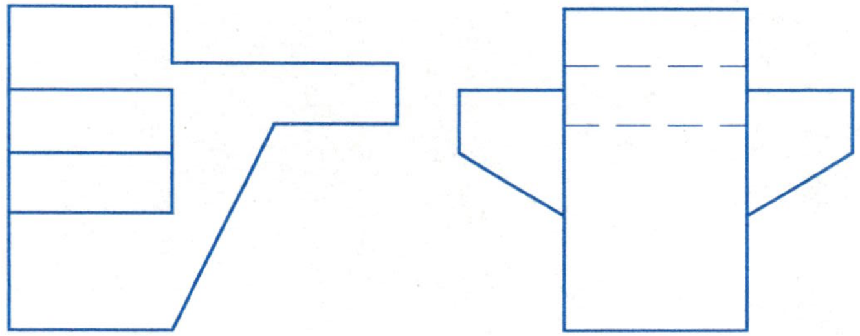

（8）

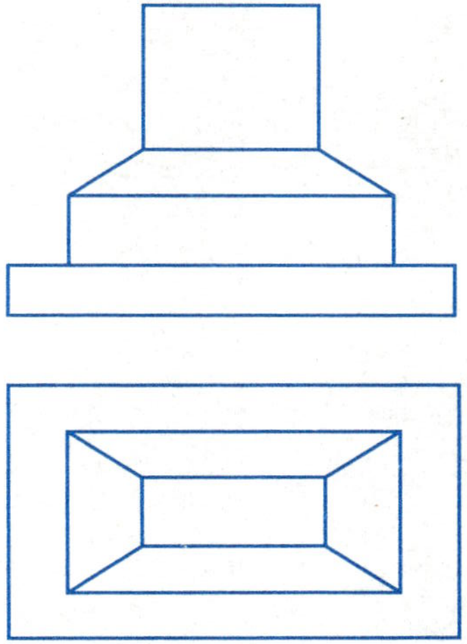

单元5	组合体的投影	专业班级		姓名		学号		日期	

（9）

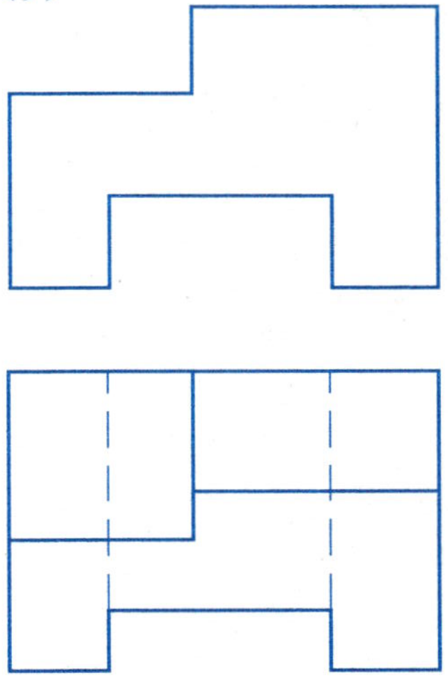

（10）

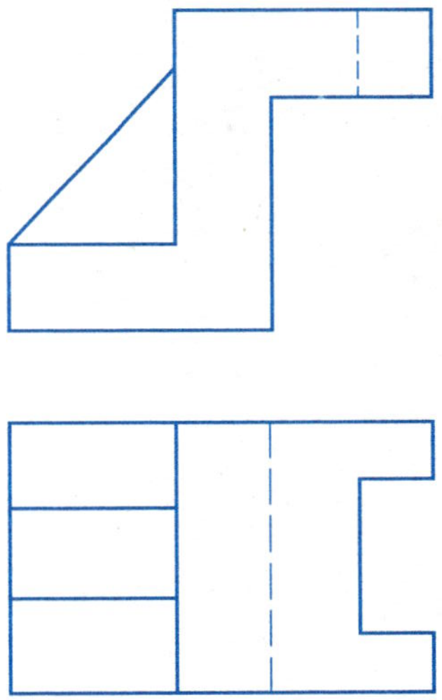

单元5	组合体的投影	专业班级		姓名		学号		日期	

5-5 补画下列投影图中所缺少的图线。（提示：补画困难时，可边绘制轴测图，边补画漏线。）

（1）

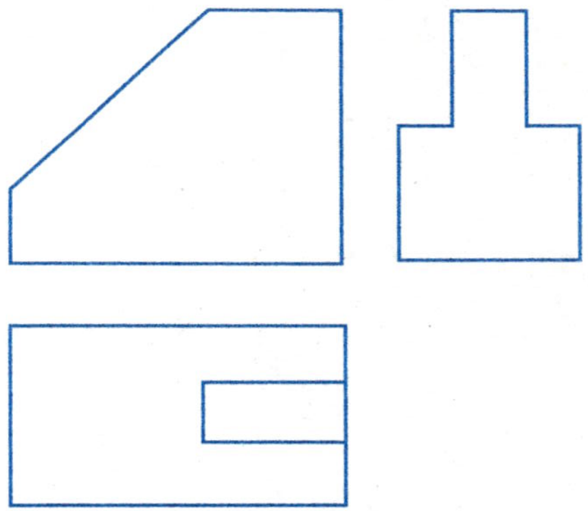

（2）

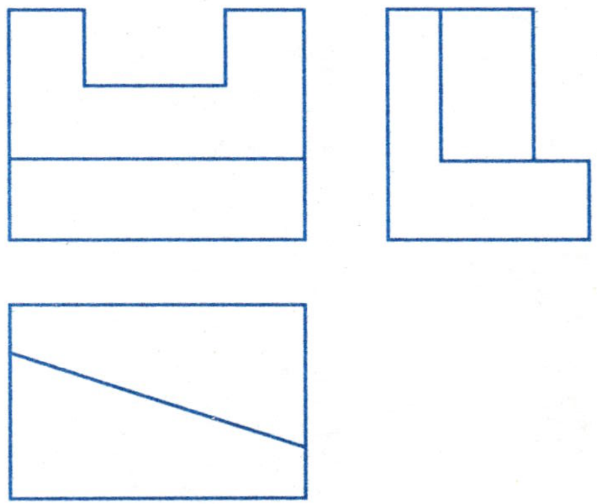

（3）

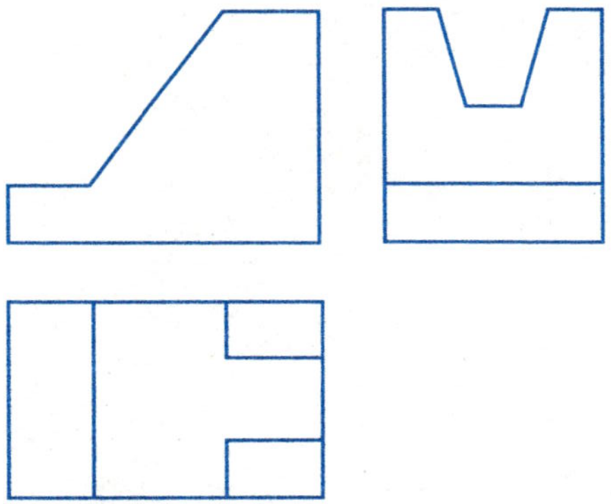

（4）

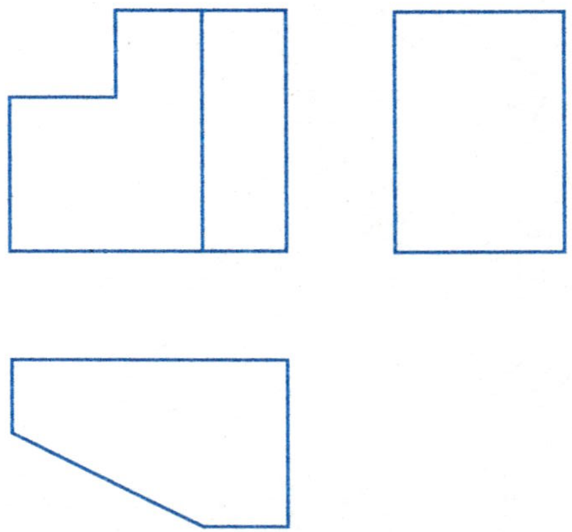

（5）

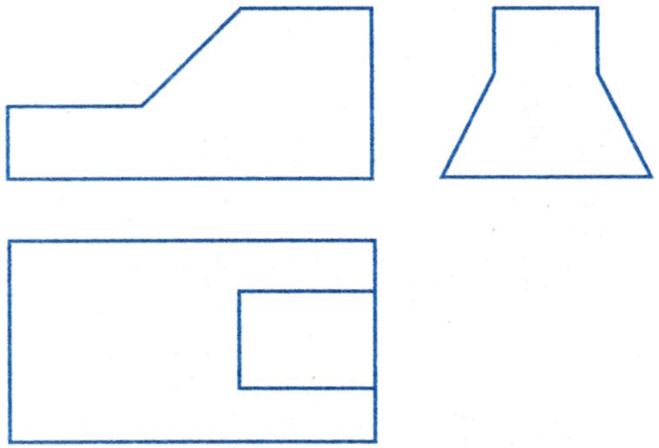

（6）

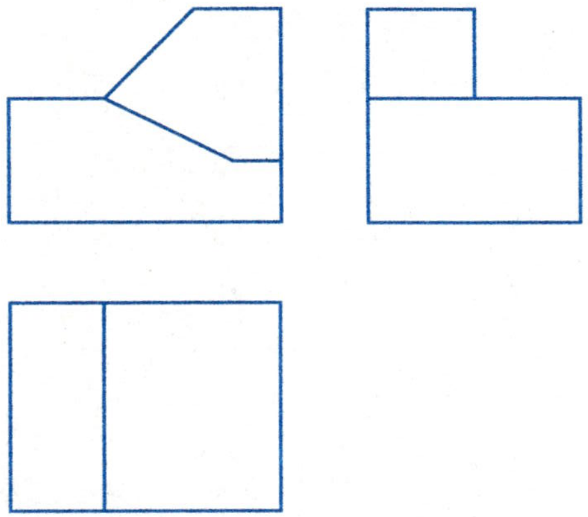

单元5	组合体的投影	专业班级		姓名		学号		日期	

5-6 依据形体的立体图，绘制其三面投影图，并标注其尺寸（比例1∶1，尺寸数字按图实量，以毫米为单位）。

（1）

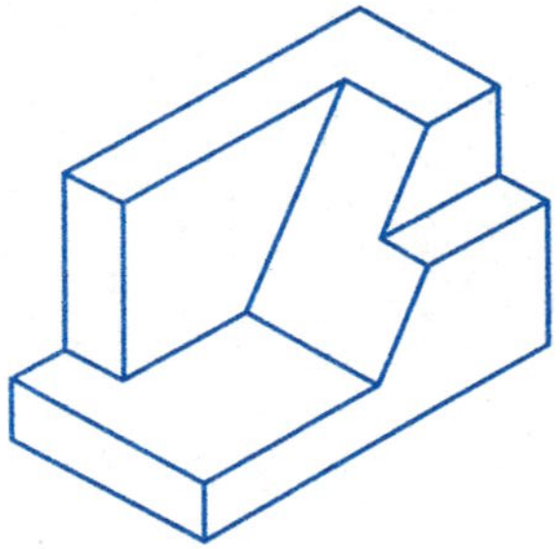

（2）

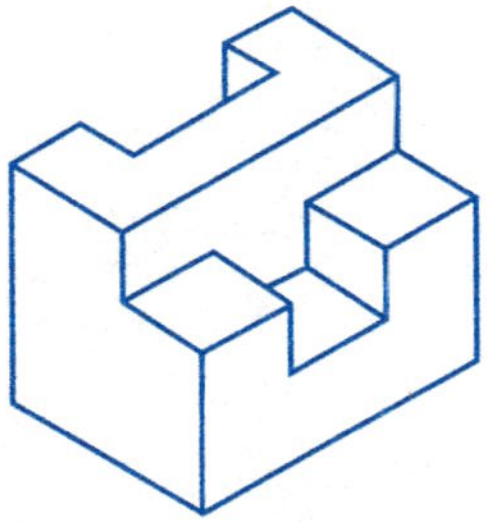

单元5	组合体的投影	专业班级		姓名		学号		日期	

（3）

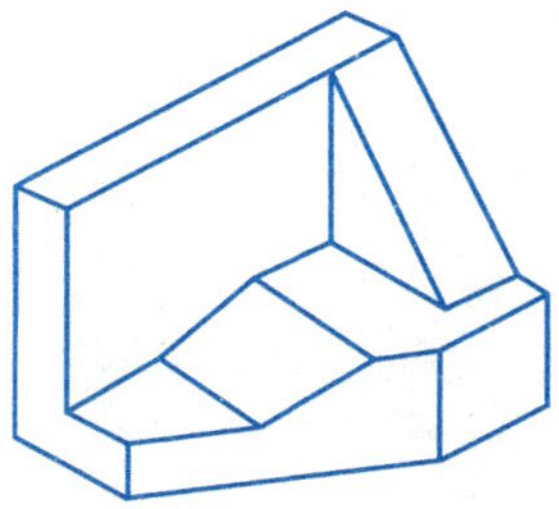

（4）

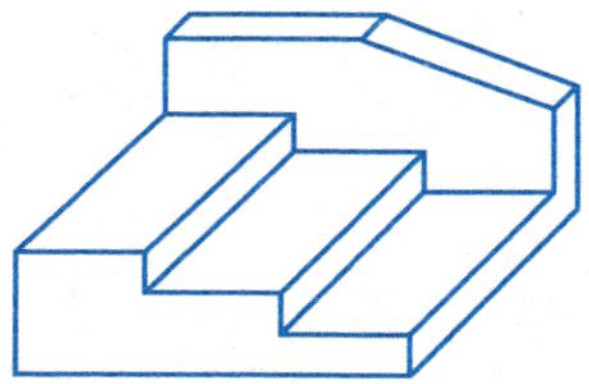

单元5	组合体的投影	专业班级		姓名		学号		日期	

5-7 已知形体的两面投影图及尺寸标注，指出图中定形尺寸、定位尺寸和总体尺寸。

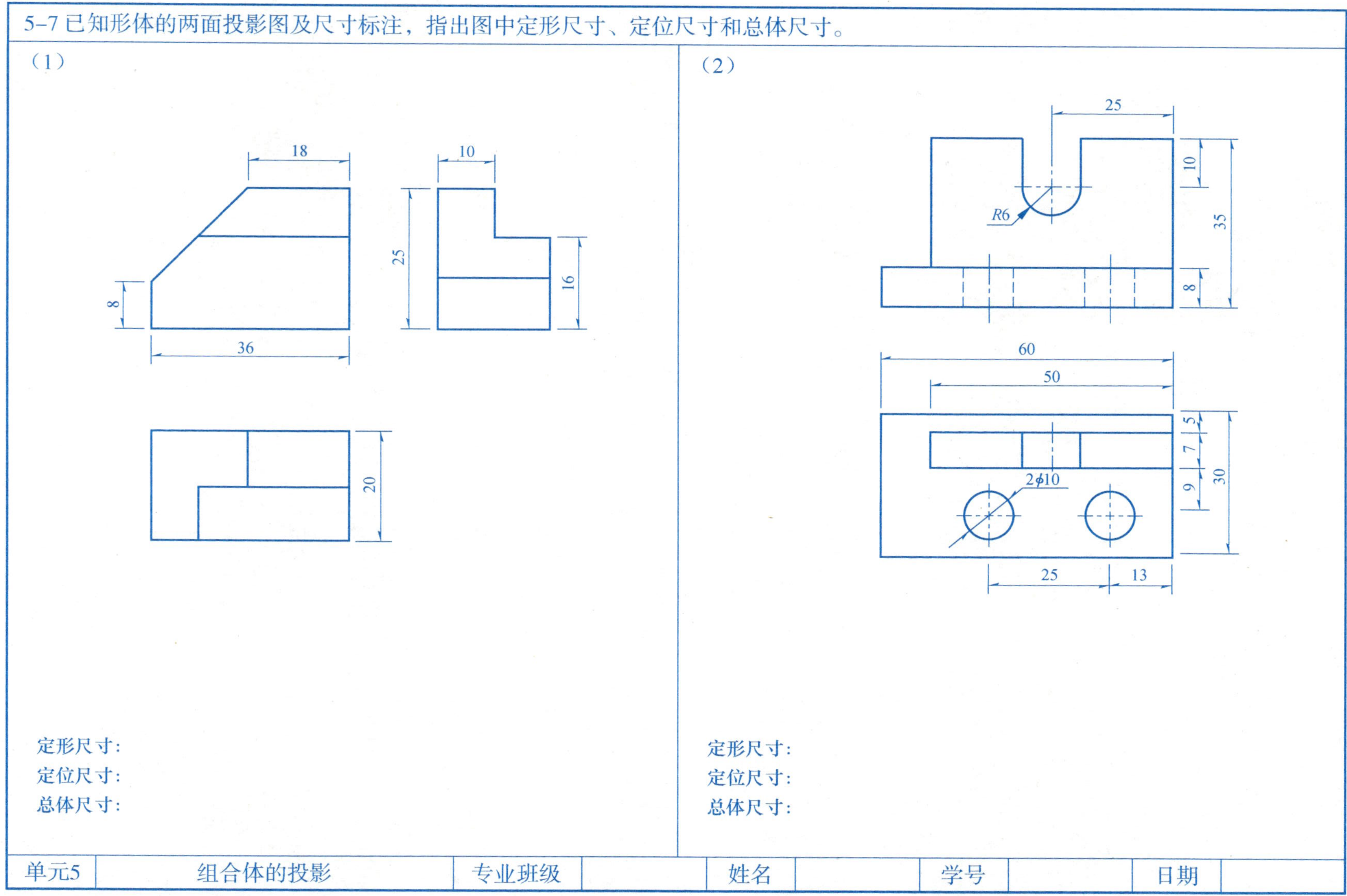

（1）

定形尺寸：

定位尺寸：

总体尺寸：

（2）

定形尺寸：

定位尺寸：

总体尺寸：

单元5	组合体的投影	专业班级		姓名		学号		日期	

5-8 检查下列图中尺寸标注的错误，并在下图中重新标注。

5-9 补画图中所缺少的尺寸，并标出尺寸数字（尺寸数字按图实量，以毫米为单位）。

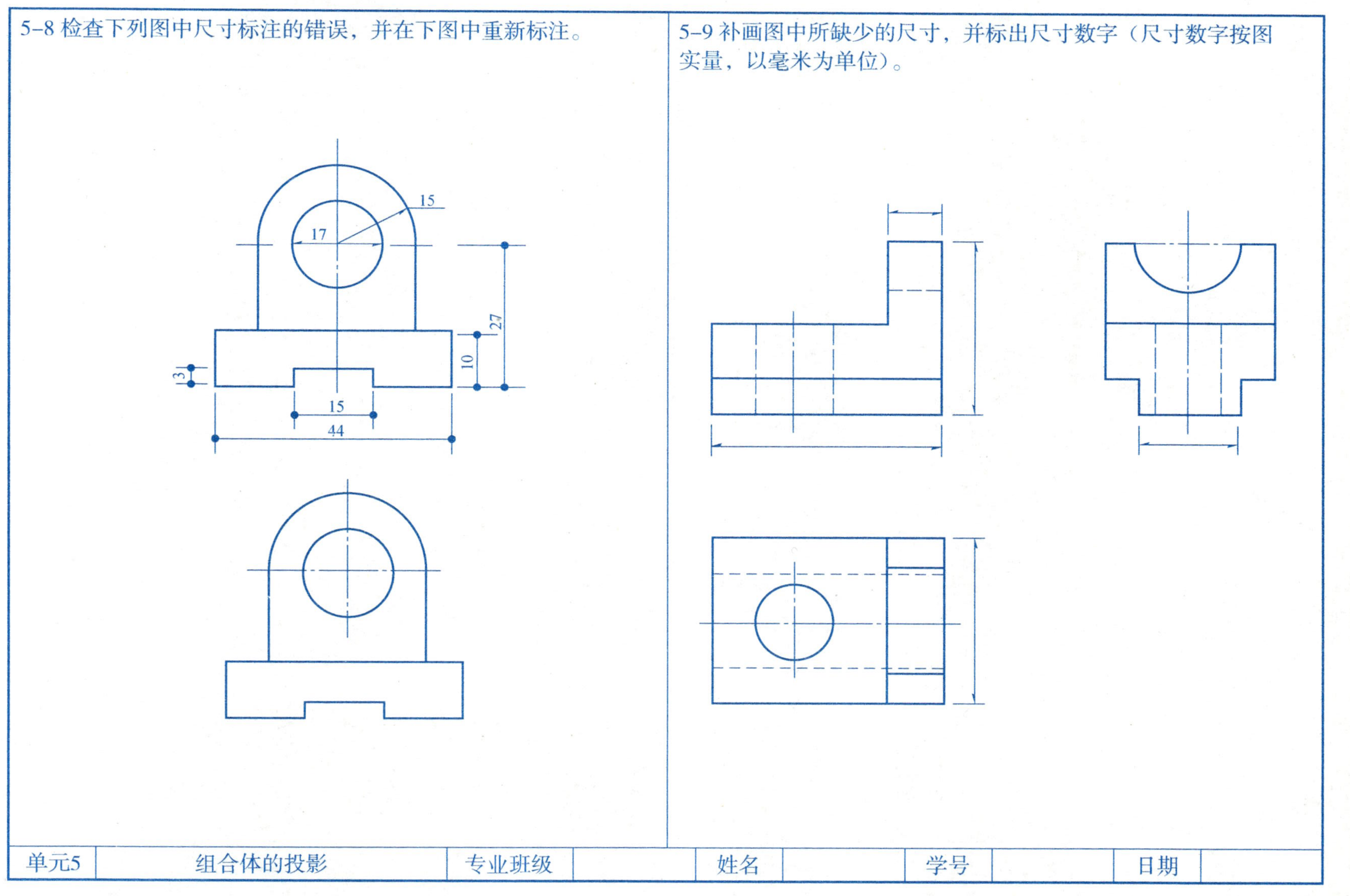

单元5	组合体的投影	专业班级		姓名		学号		日期	

5-10 在形体的三面投影图上，标注其尺寸(尺寸数字以毫米为单位)。

(1) 标注组合体的尺寸，数字从图中按比例1∶2量取，取整数。

(2) 标注组合体的尺寸，数字从图中按比例1∶10量取，取整数。

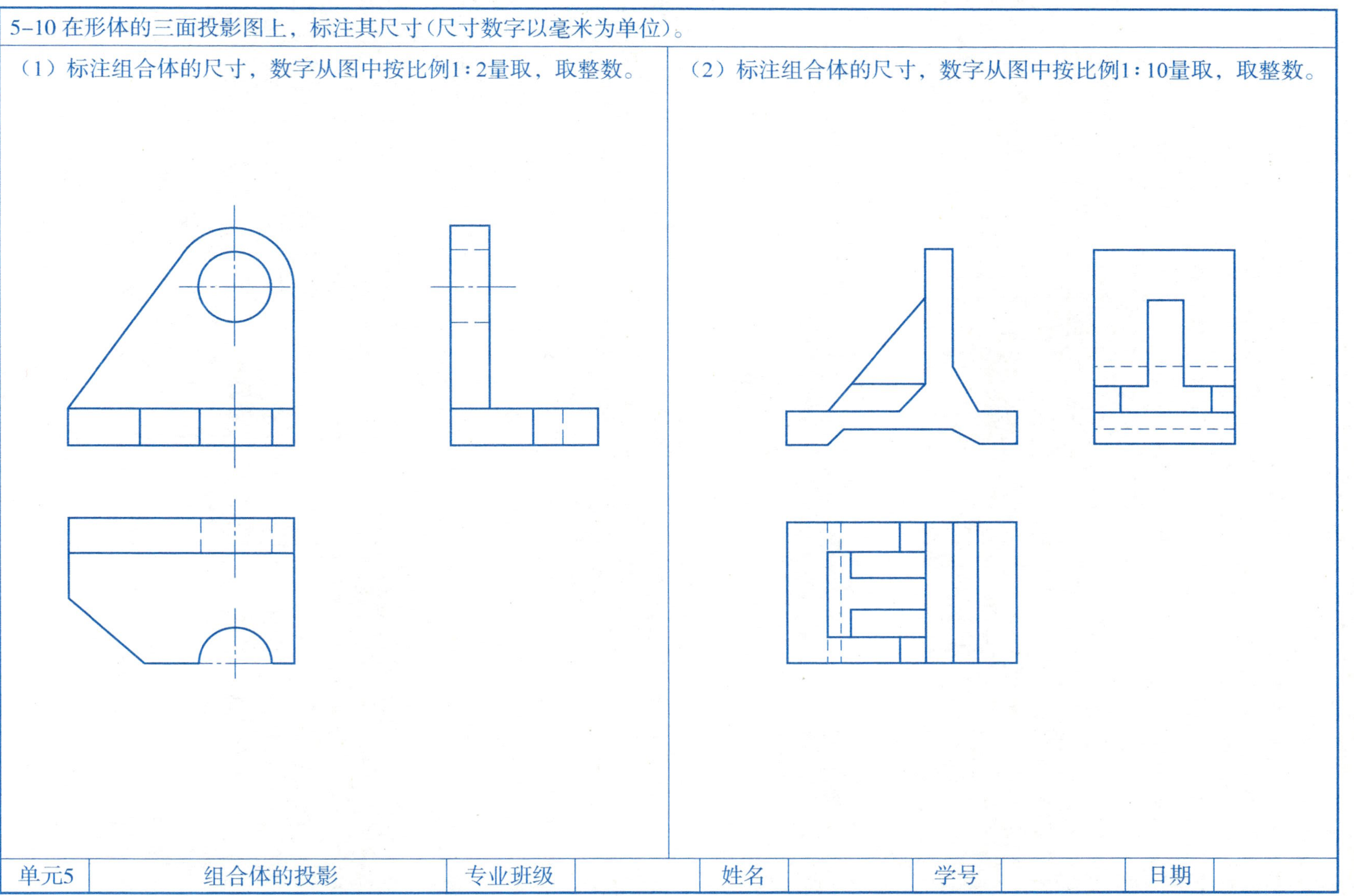

单元5	组合体的投影	专业班级		姓名		学号		日期	

No.3　组合体投影图　作业指导书

一、目的

1. 掌握根据轴测图画组合体三面投影图的方法，提高绘图技能。
2. 学会用形体分析法正确、完整、清晰地标注组合体的尺寸。

二、内容

根据图示轴测图及其尺寸，画柱头和涵洞口的三面投影图，并标注尺寸。

三、要求

1. 用A4图纸，横放。
2. 确定合适的比例。
3. 选择最佳表达方案。
4. 线型、字体、标题栏、布图等同以前作业。

四、作图步骤

1. 运用形体分析法，搞清组合体各组成部分之间的相对位置和组合关系。
2. 确定立面图的投影方向。立面图应体现出组合体的形状特征，并使其他视图表达清晰从而易画。
3. 画底稿（注意底稿的画图步骤）。
4. 检查改正错误，擦去多余图线。
5. 描深（注意描深顺序）。
6. 标注尺寸（参阅教材有关内容）。
7. 填写标题栏，按要求加深图框和标题栏。

五、注意事项

1. 合理安排两组合体投影图的位置，布置投影图时，注意留出标注尺寸的位置。
2. 必须运用形体分析法，按三类尺寸的需求标注尺寸，做到正确、完整、清晰。
3. 标题栏应按要求认真填写，且符合规范。

六、质量要求

图形正确及作图准确40分；布图均匀、合理，比例合适10分；图线色调一致、粗细均匀、线型分明20分；字体规范、书写认真10分；尺寸标注正确10分；图面整洁10分。

七、图例

（1）柱头（尺寸单位：cm）

（2）涵洞口（尺寸单位：cm）

6-1 绘制下列形体的正等测图。

（1）

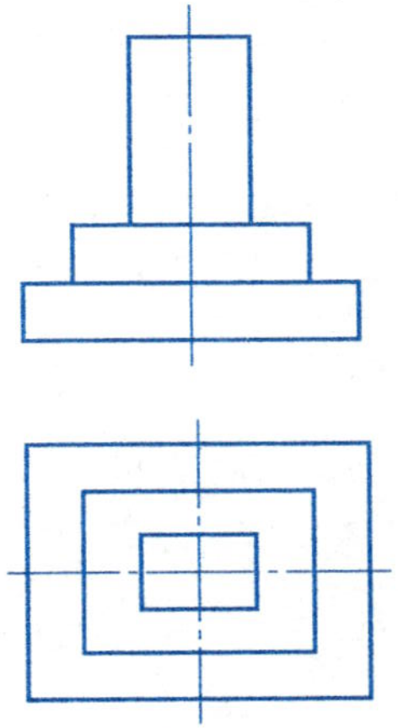

（2）

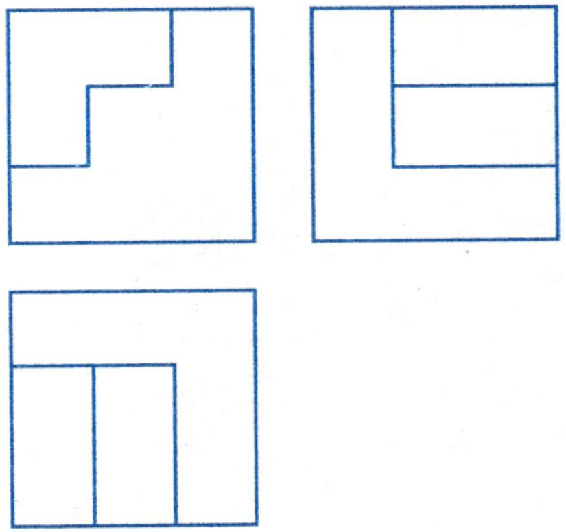

（3）

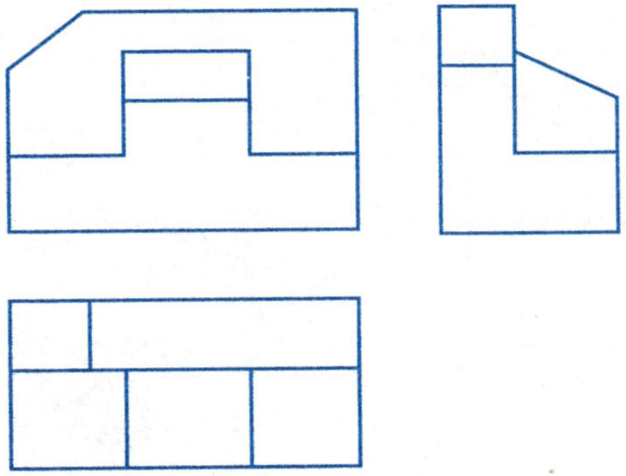

单元6	轴测投影	专业班级		姓名		学号		日期	

（4）

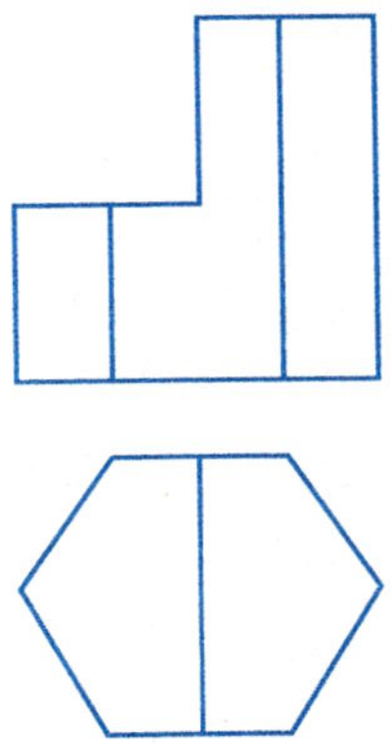

（5）

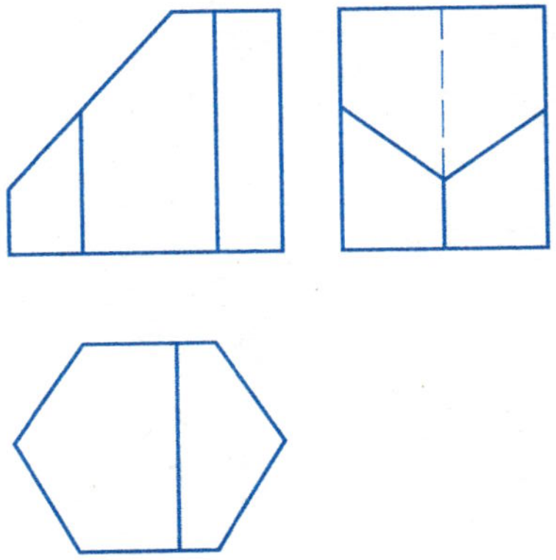

（6）

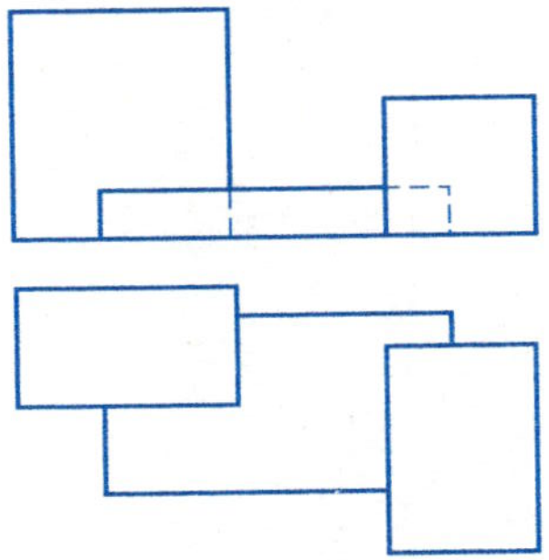

单元6	轴测投影	专业班级		姓名		学号		日期	

（7）

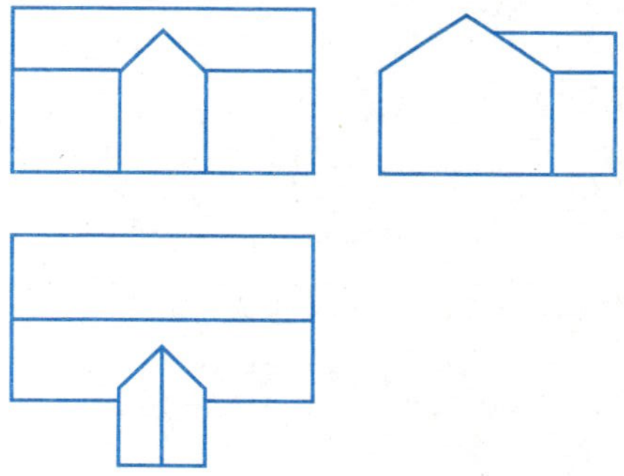

（8）

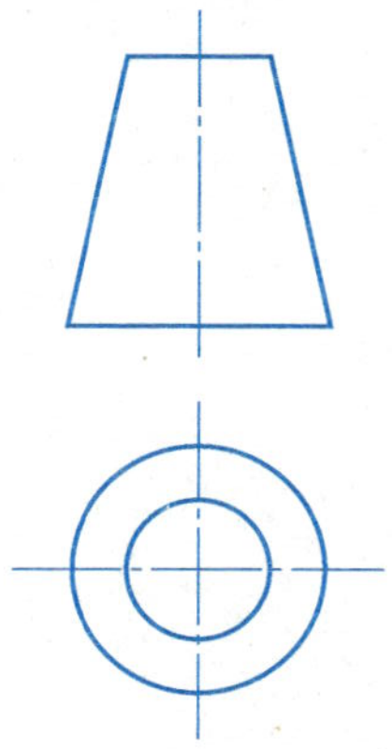

（9）

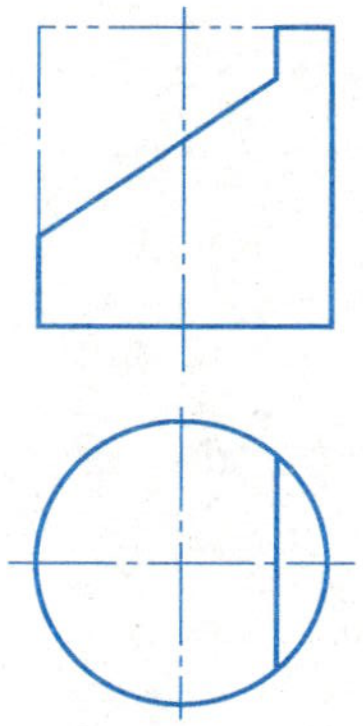

单元6	轴测投影	专业班级		姓名		学号		日期	

6–2 绘制下列形体的斜二测图。

（1）

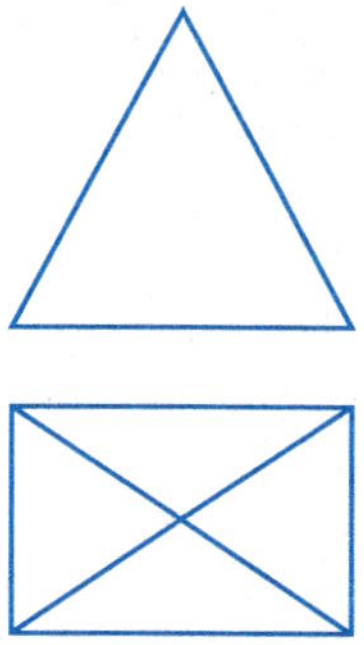

（2）

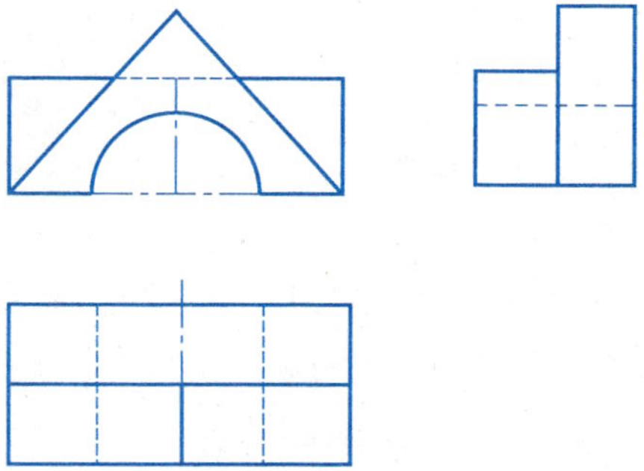

（3）

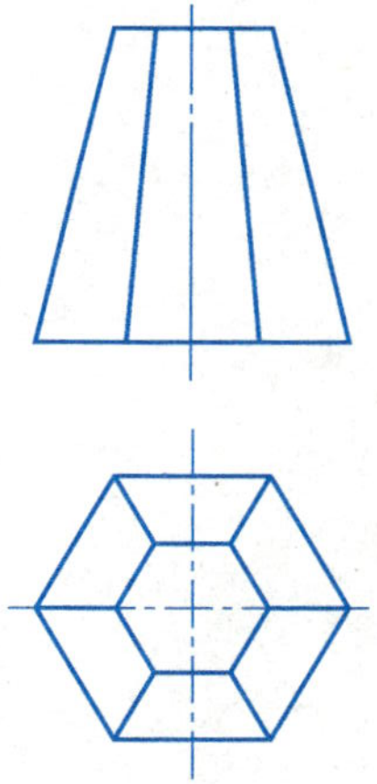

单元6	轴测投影	专业班级		姓名		学号		日期	

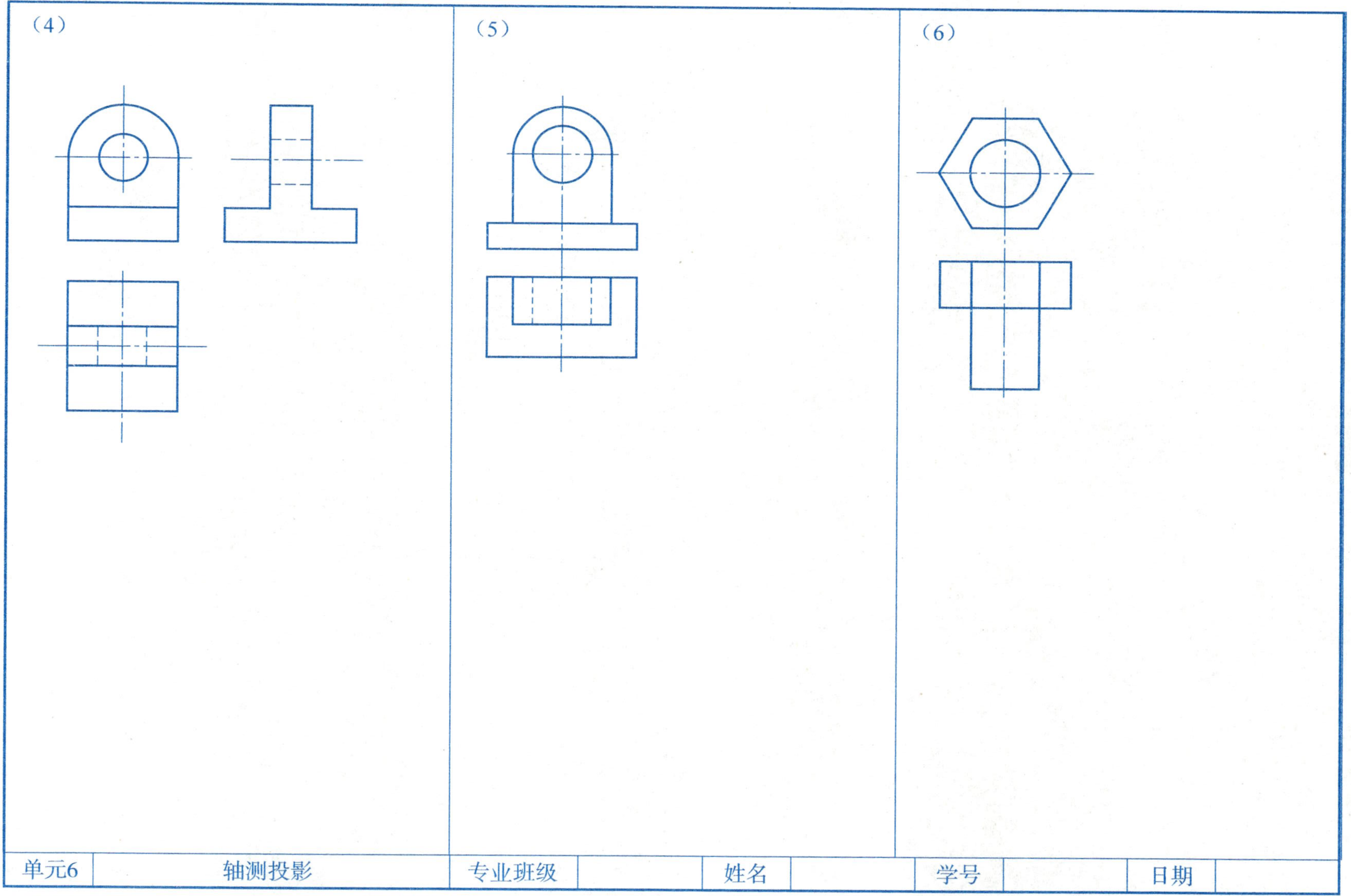

单元6	轴测投影	专业班级		姓名		学号		日期	

No.4　画轴测图与补漏线　作业指导书

一、目的

1．巩固组合体三面投影图的绘制方法。

2．掌握轴测图的绘制方法，把轴测图作为检测空间想象能力的工具。

3．边画轴测图，边补全三面投影图，增强空间构想与空间思维能力。

二、内容

选择图例所示不完善的三面投影图中的 2~5 个，进行抄绘，画轴测图（轴测类型自选），并补画投影图中所缺少的图线。

三、要求

1．用A4或A3图纸，横放。

2．确定合适的比例。

3．线型、字体、标题栏、布图等同以前作业。

四、作图步骤

1．初步识读各形体投影图，推敲各组成部分之间的相对位置和组合关系，试画漏线。

2．画底稿（用 H 或2H铅笔）

（1）轻画图框和标题栏。

（2）根据比例及所要绘制三面投影图和轴测图的数量，合理布置各分图的位置，轻画基准线。

（3）先抄绘已知投影图，再将形体引入坐标系，立轴测轴，边绘轴测图，边补全投影图中的漏线。

3．检查改正错误，擦去多余作图线。

4．描深（注意描深顺序）。

5．填写标题栏，按要求加深图框和标题栏。

五、注意事项

1．画轴测图过程中，应与三面投影图不断比对，补出漏线，并判别所补漏线的正确性，训练立体感。

2．可尝试以模型制作，代替画轴测图在补漏线中的辅助作用。

3．启发学生不断思考、不断构想，不拘泥于一种答案。

六、质量要求

图形正确及作图准确50分；布图均匀、合理，比例合适10分；图线色调一致、粗细均匀、线型分明20分；字体规范、书写认真10分；图面整洁10分。

七、图例

（1）

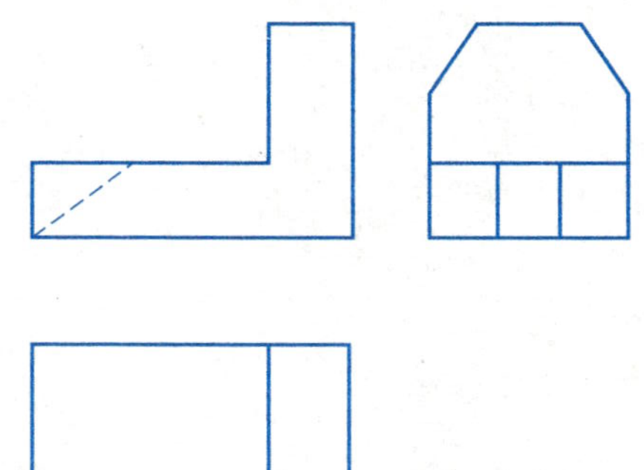

（2）

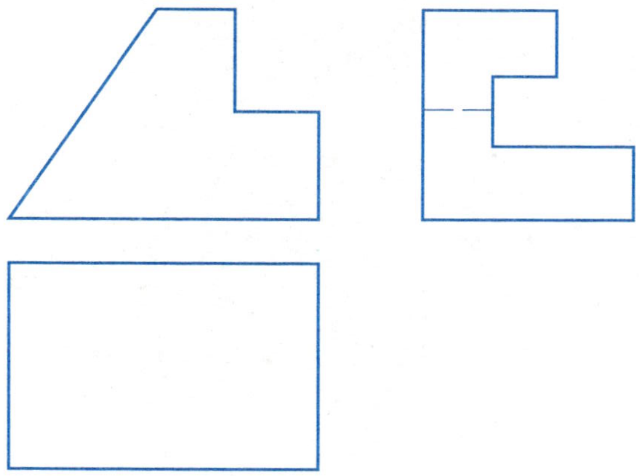

（4）

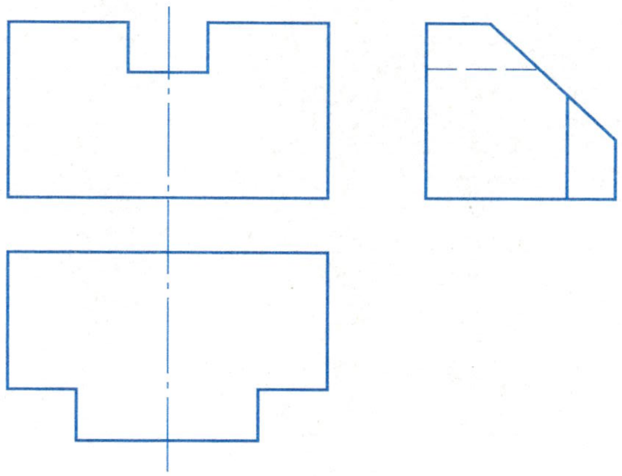

（3）

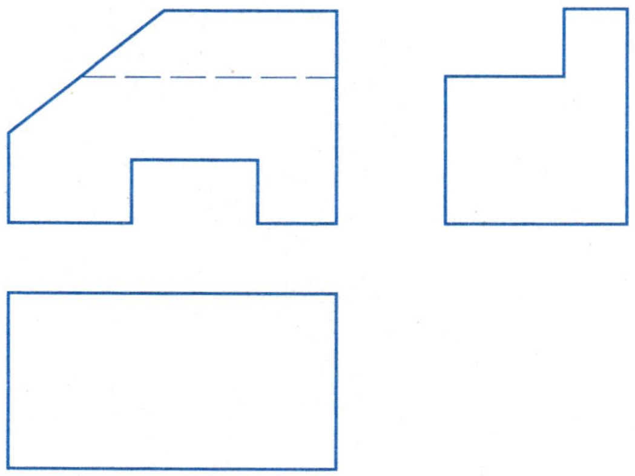

（5）

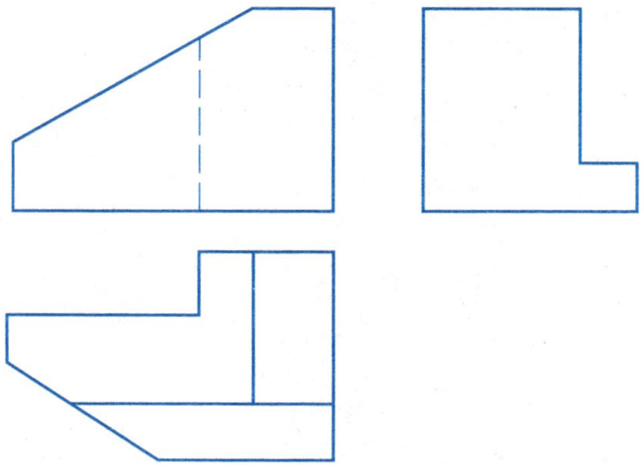

7-1 补绘2—2剖面图。

（1）

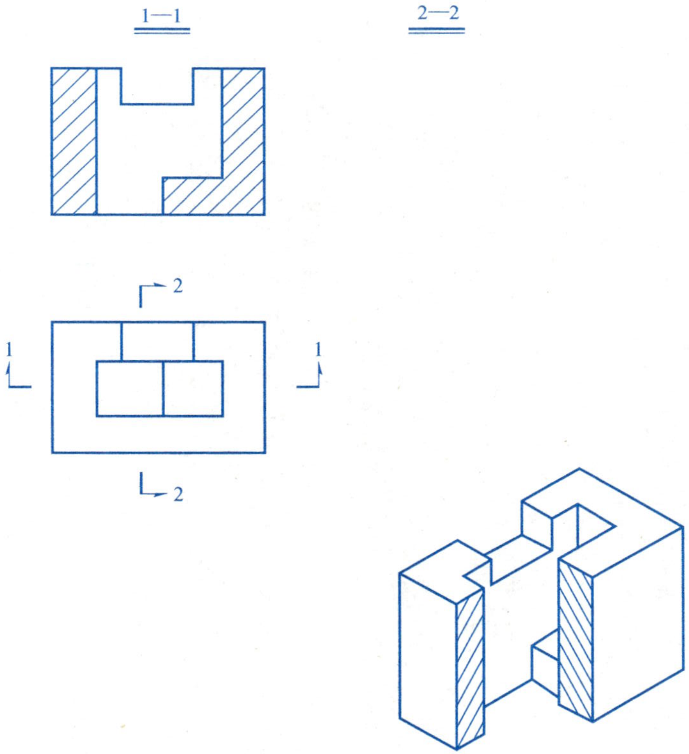

1—1

2—2

（2）

2—2

1—1

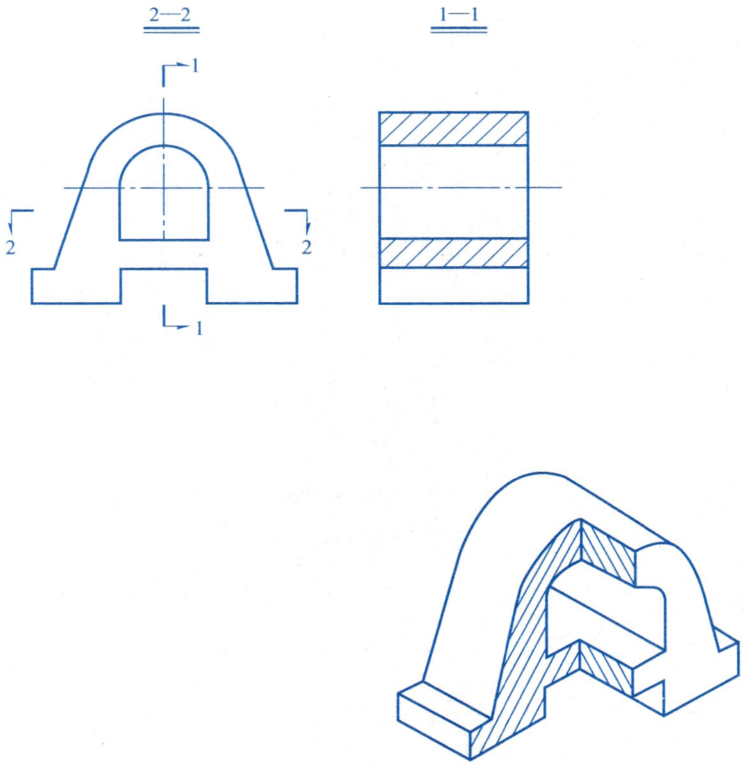

单元7	剖面图和断面图	专业班级		姓名		学号		日期	

7-2 补绘2—2剖面图。

（1）

（2）

（3）在指定位置，作出1—1半剖面图。

（4）在指定位置，作出1—1阶梯剖面图。

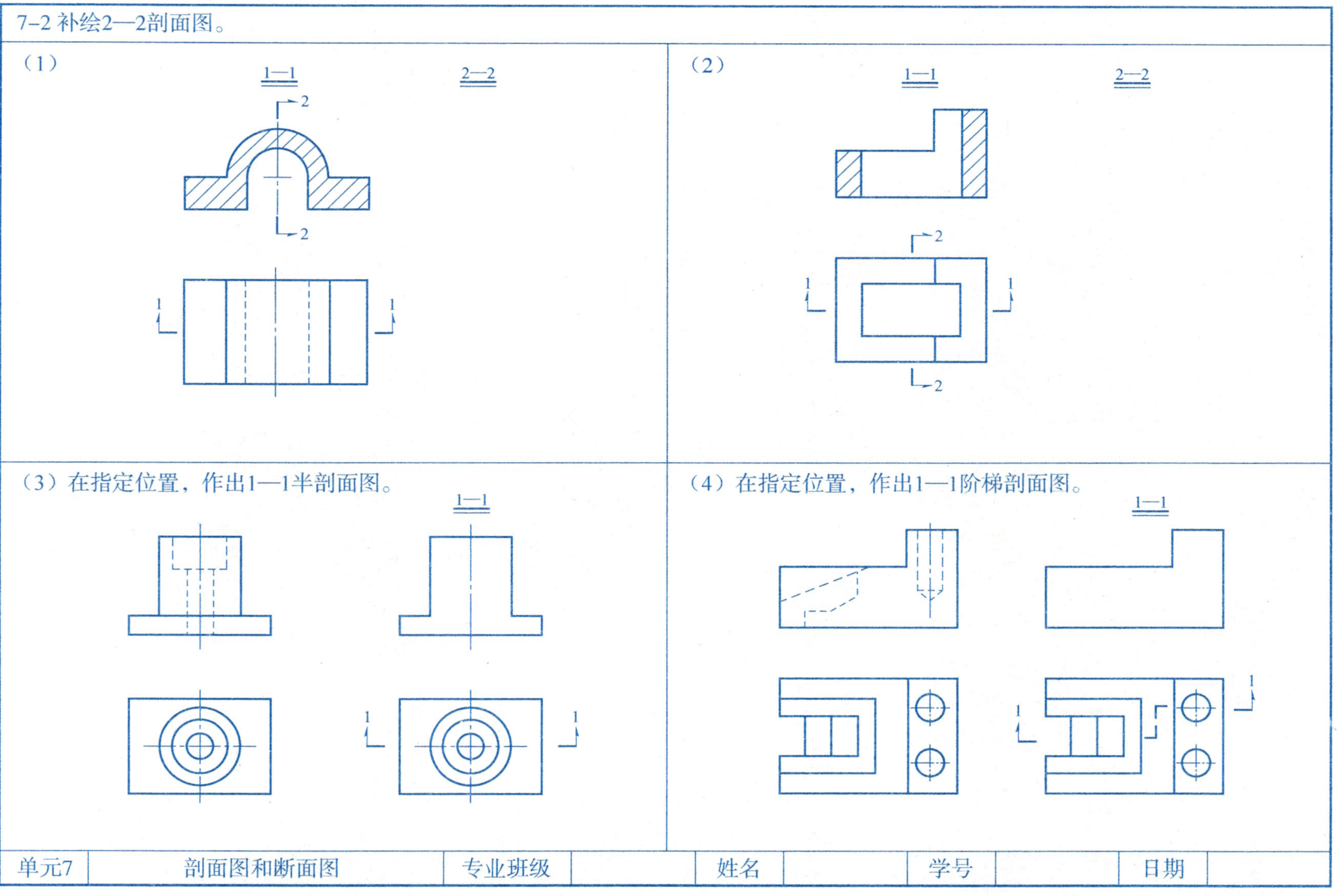

单元7	剖面图和断面图	专业班级		姓名		学号		日期	

7-3 补绘1—1、2—2剖面图（全剖或半剖）。

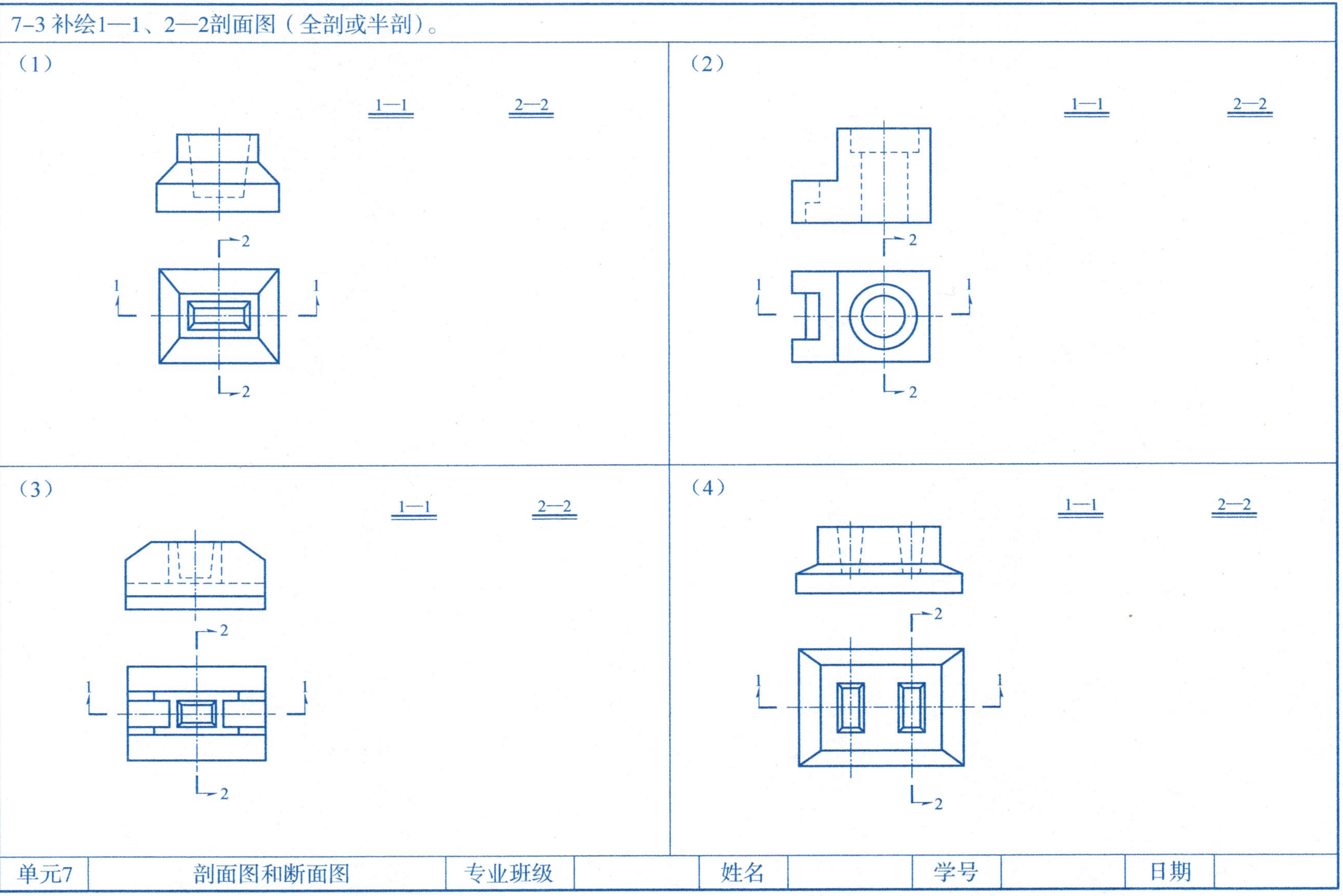

单元7	剖面图和断面图	专业班级		姓名		学号		日期	

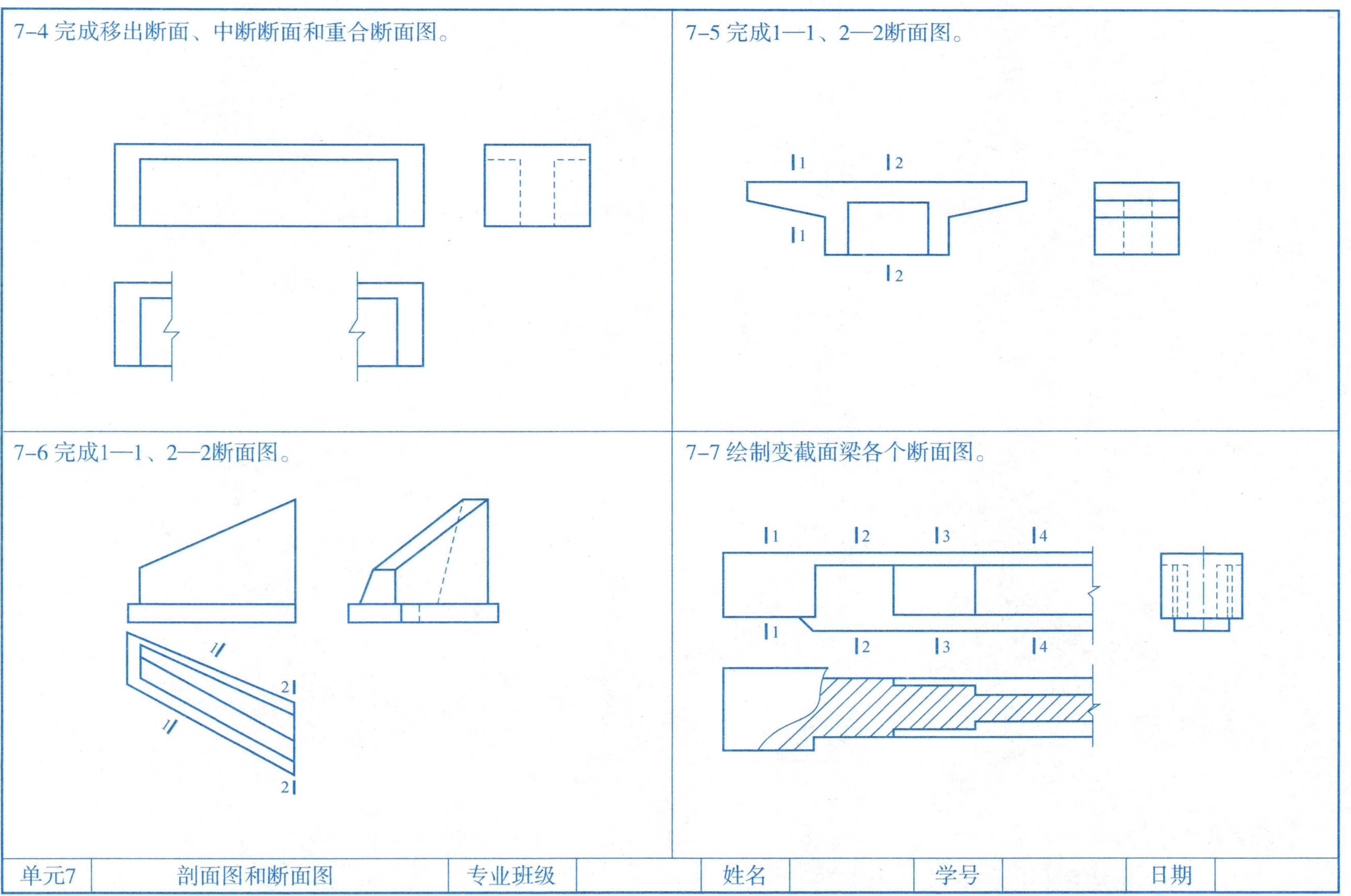
7-4 完成移出断面、中断断面和重合断面图。
7-5 完成1—1、2—2断面图。
1
2
1
2
7-6 完成1—1、2—2断面图。
2
2
7-7 绘制变截面梁各个断面图。
1
2
3
4
1
2
3
4
单元7
剖面图和断面图
专业班级
姓名
学号
日期

7-8 作构件的断面图。

（1）作钢筋混凝土梁1—1、2—2、3—3、4—4断面图。

（2）作钢筋混凝土构件的1—1、2—2断面图。

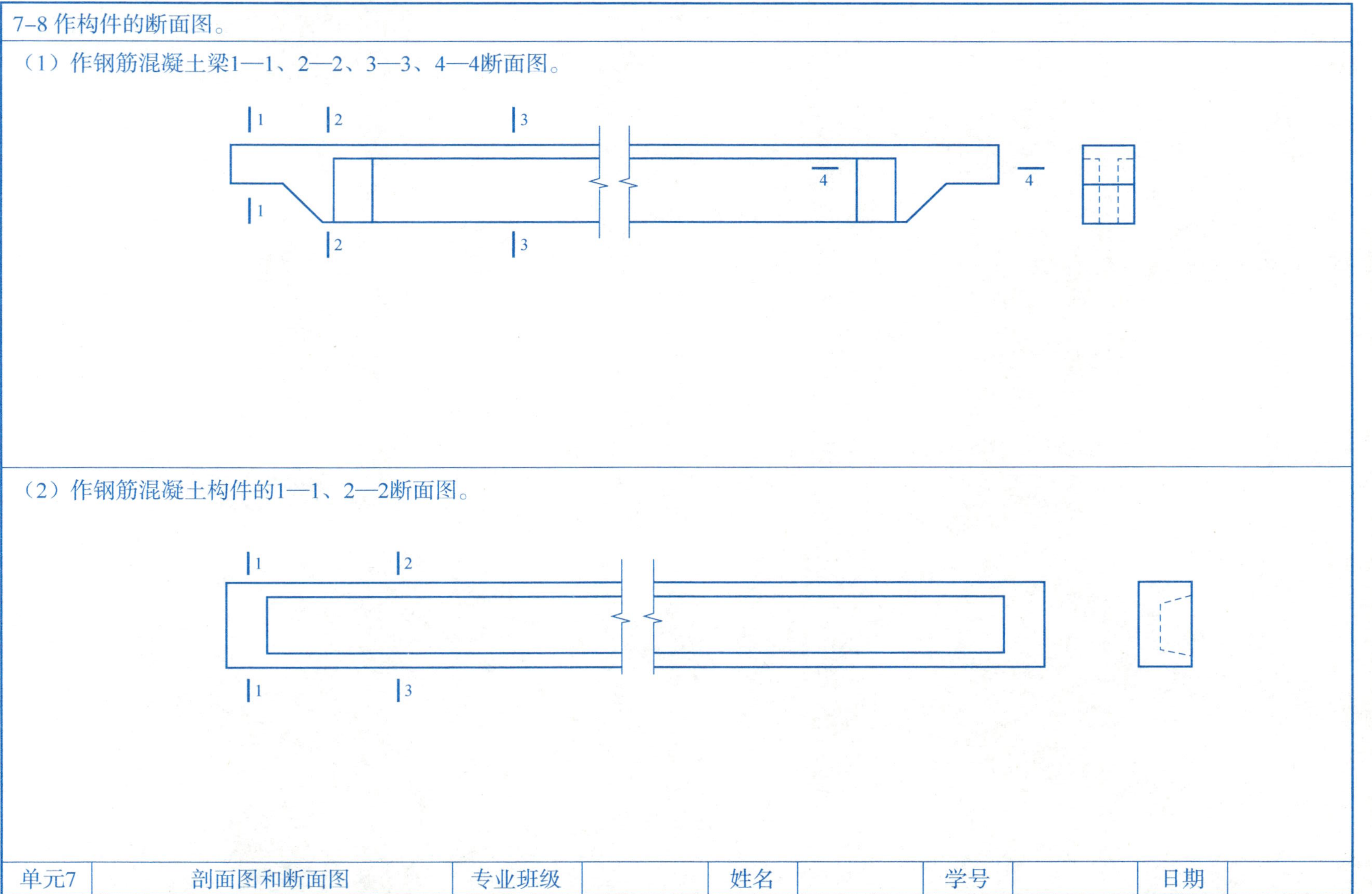

单元7	剖面图和断面图	专业班级		姓名		学号		日期	

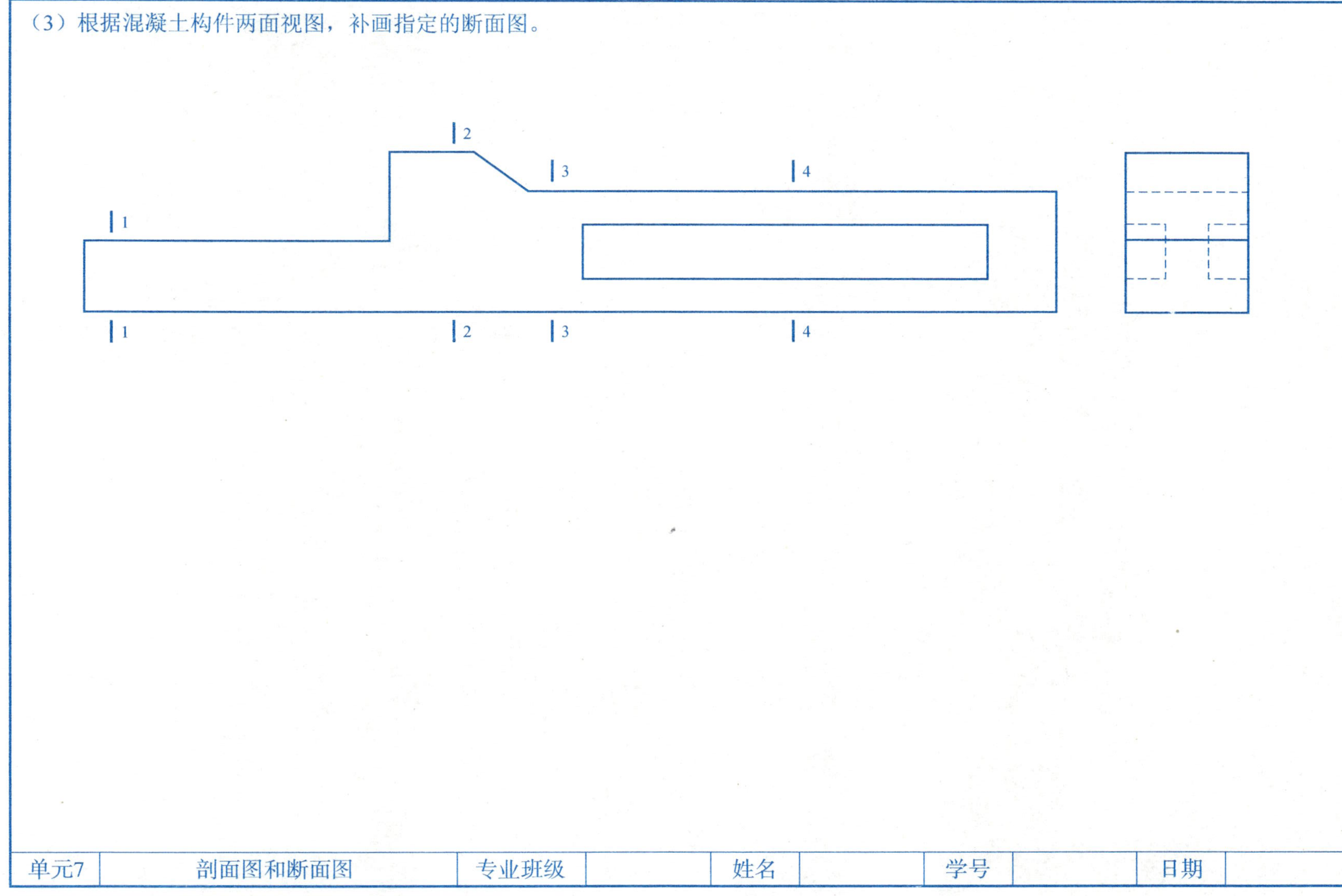
(3) 根据混凝土构件两面视图，补画指定的断面图。
1
1
2
2
3
3
4
4
单元7
剖面图和断面图
专业班级
姓名
学号
日期

No.5　剖面图　作业指导书

一、目的

1. 熟悉剖面图、断面图的画法，进一步提高空间想象力。
2. 进一步提高形体分析能力及形体结构的表达能力。

二、内容

（1）窨井

按附图尺寸抄绘两面视图，补画侧面图，并把三个视图改画成适当的剖面图。

（2）沉井

按附图尺寸抄绘三视图，并把立面图和侧面图改画成适当的剖面图。

（3）行车道板

按附图尺寸抄绘三视图，并把三个视图均改画成适当的剖面图。

三、要求

1. 至少应完成三个分题中的两个，可加画相应构件的轴测剖切图。
2. 比例、图幅自选。
3. 在每一个分题中均要求标注尺寸，并写明图名、比例。
4. 线型、字体、标题栏、布图等同以前作业。

四、作图步骤

1. 画底稿（用 H 或2H铅笔）

（1）轻画图框和标题栏。

（2）要求读懂各分题构件的投影图，再按形体特征选择恰当的剖面图，并进行试画，检查无误后，再正式布图绘制；各构件画法可参阅教材有关内容。

（3）剖面图可直接画出，也可先画成视图，再改画成剖面图。

2. 检查改正错误，擦去多余作图线。
3. 描深（注意描深顺序）。
4. 标注尺寸（参阅教材有关内容）。
5. 填写标题栏，按要求加深图框和标题栏。

五、注意事项

1. 剖面图上，当所用材料已知时，要画出材料图例，否则画剖面线。
2. 剖面线一般不应画底稿线，而在描深时一次画成。各视图中的剖面线方向和间隔应保持一致。
3. 画剖切轴测图时，应先在稿纸上作出轮廓底图，以确定所占图幅大小，进行合理布图；注意剖切轴测图上剖面线的正确画法。
4. 注意将剖切轴测图与所画剖面图相互对照，以检验剖面图的正确性。
5. 标注尺寸仍需应用形体分析法。

六、质量要求

图形正确及作图准确 40 分；布图均匀、合理，比例合适10分；图线色调一致、粗细均匀、线型分明 20 分；字体规范、书写认真10分；尺寸标注正确10分；图面整洁10分。

七、附图

（1）窨井（尺寸单位：cm）

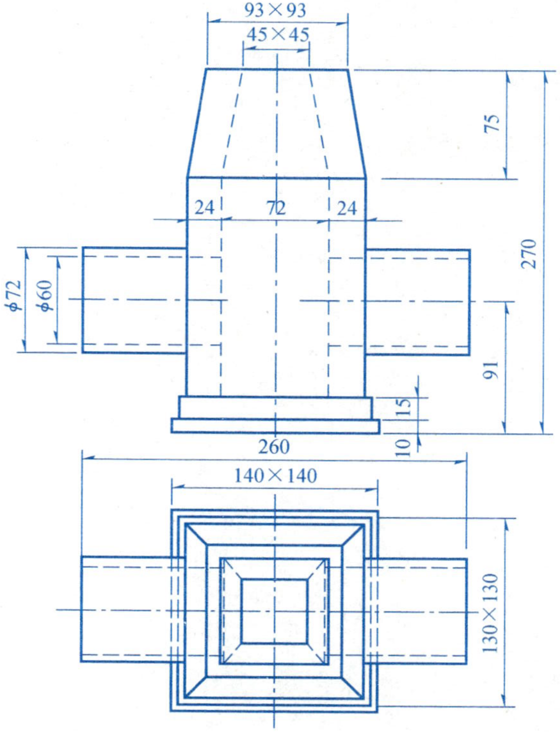

（2）沉井（尺寸单位：cm）

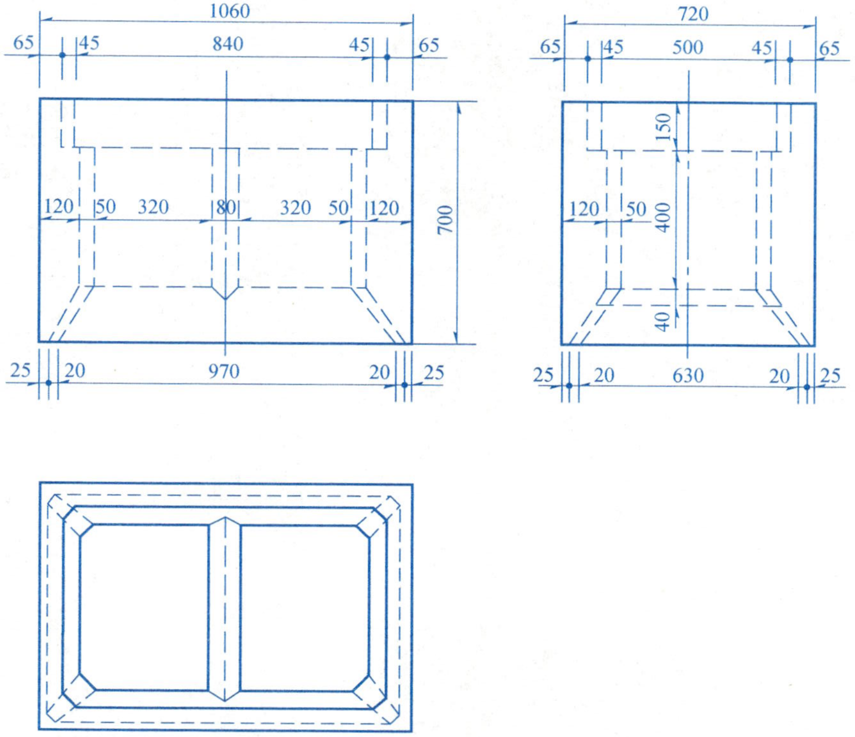

（3）行车道板（尺寸单位：cm）

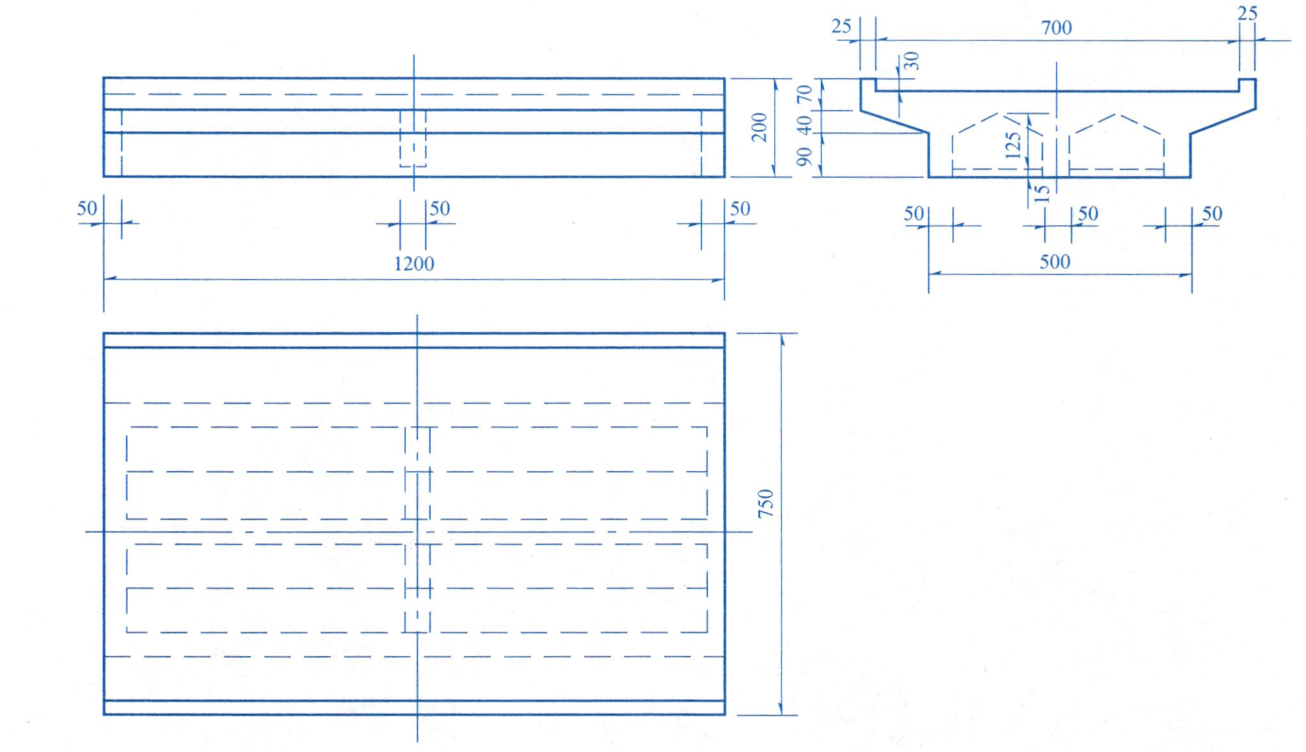

8-1 已知直线上A点的标高投影$a_{12.6}$及直线的方向和坡度，求作直线上高程为18m的点B及该线段上标高为整数的各点。

8-2 已知$\triangle ABC$的标高投影，求作：①平面上整数高程的等高线；②平面上过点A的坡度线；③平面的坡度比例尺Pi，并作出该平面与H面的倾角α。

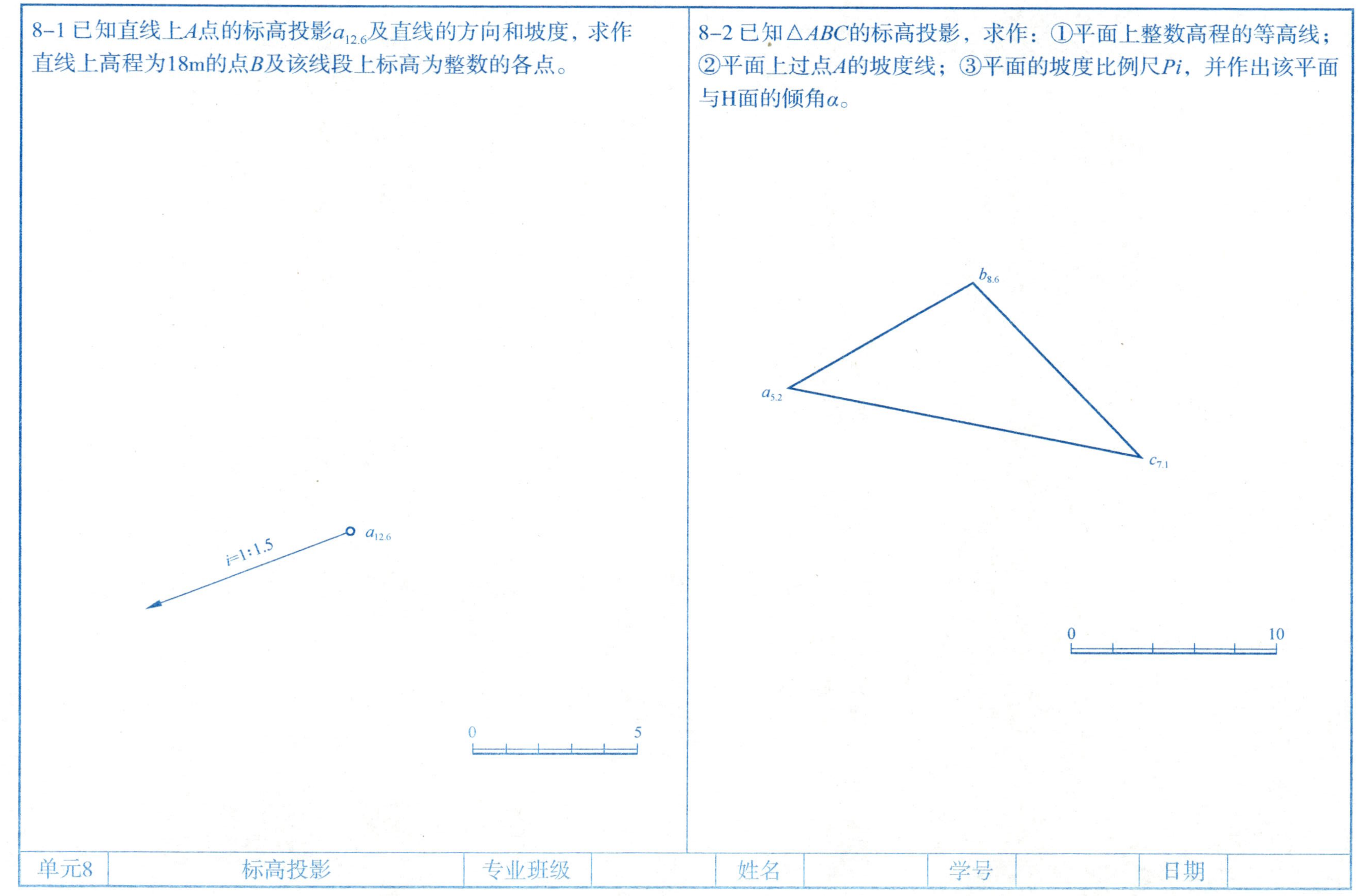

单元8	标高投影	专业班级		姓名		学号		日期	

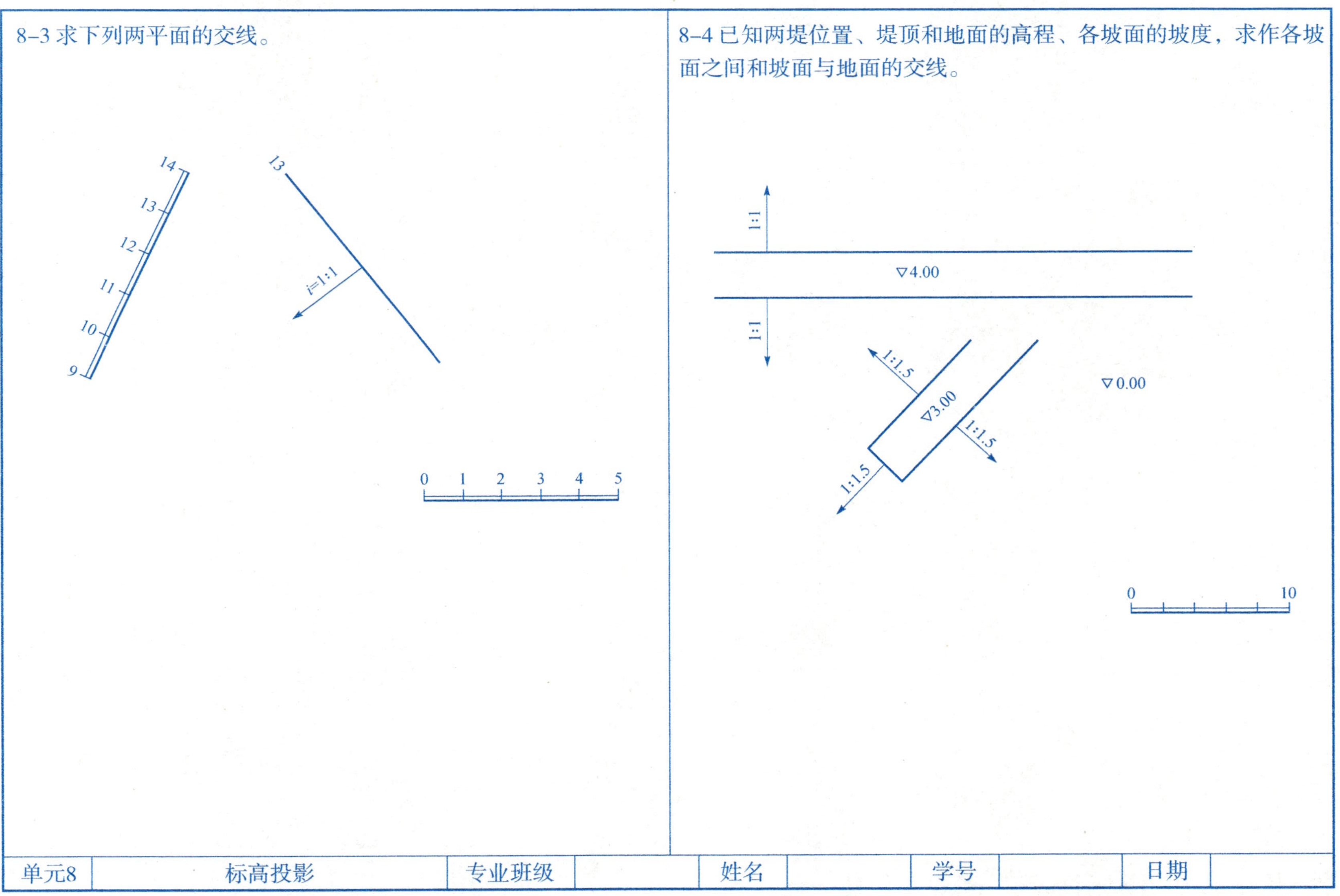

单元8	标高投影	专业班级		姓名		学号		日期	

8-5 已知地面、坝顶、河底的标高河岸、堤坝坡度均如图所示，求堤坝各表面与河底、河岸间的交线，以及河岸边坡与河底的交线。

8-6 已知平台和地面的高程、平台各坡面的坡度，求作各坡面之间、坡面与地面的交线。

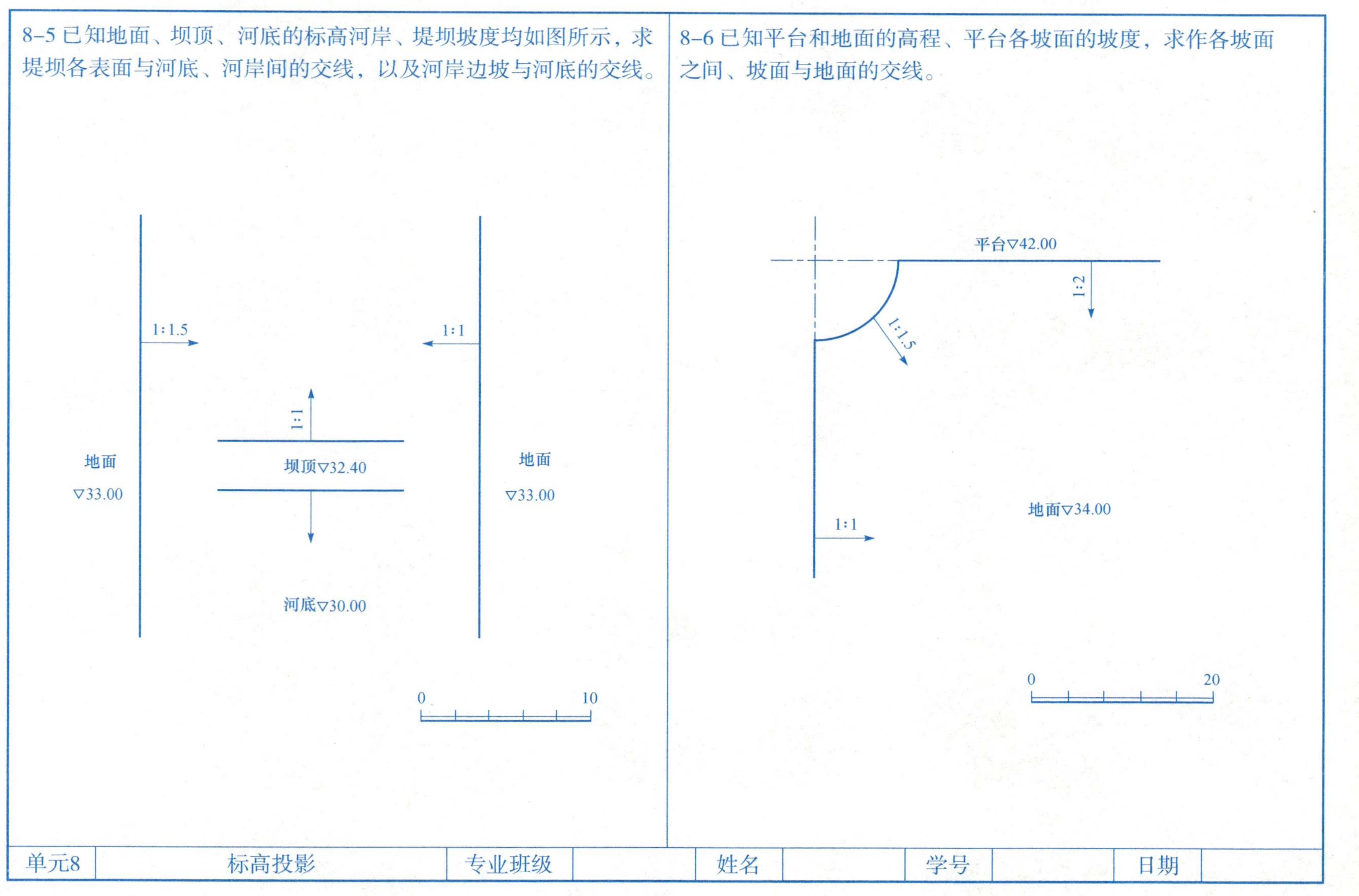

单元8	标高投影	专业班级		姓名		学号		日期	

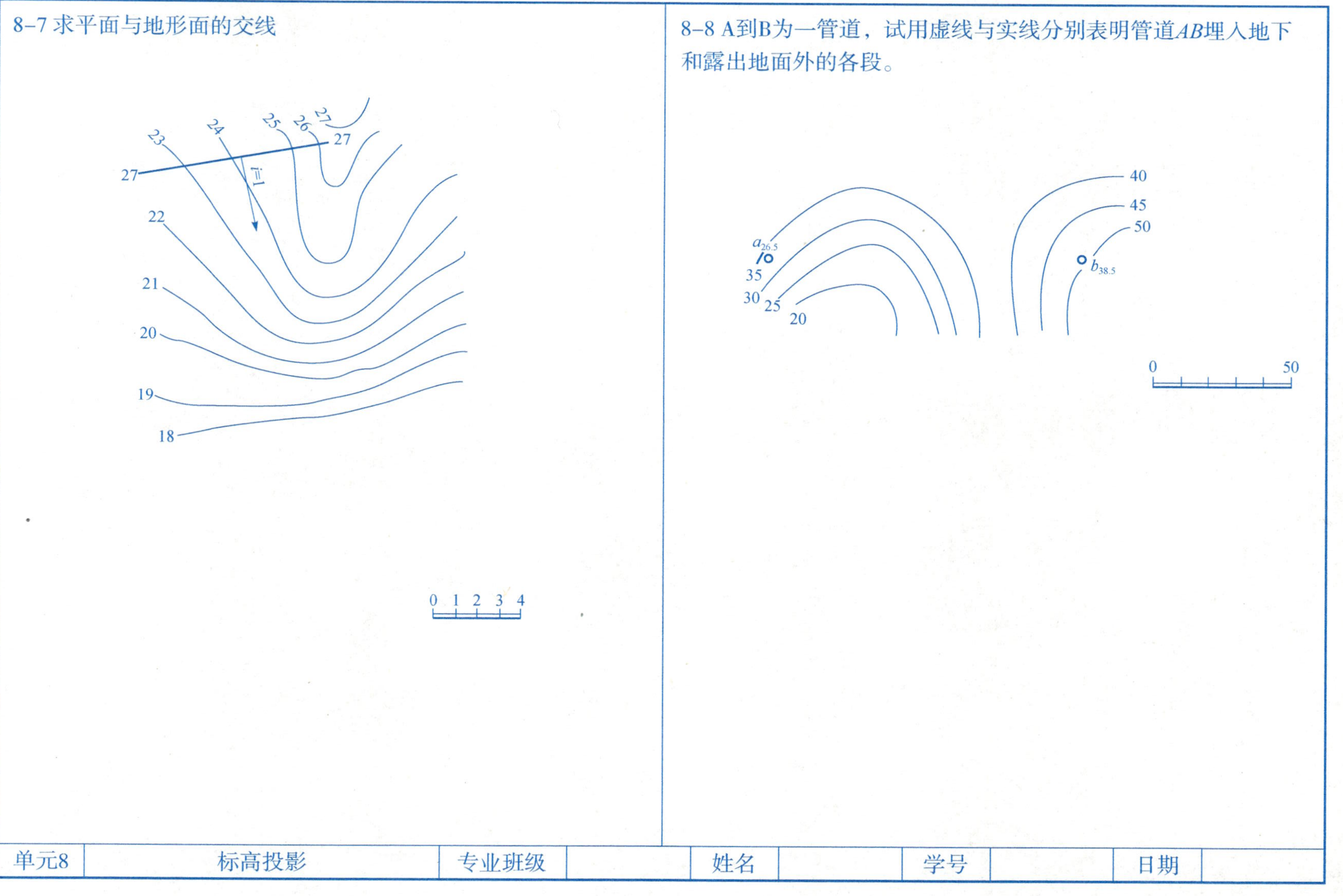
8-7 求平面与地形面的交线
27
23
24
25
26
27
27
i=1
22
21
20
19
18
0 1 2 3 4
8-8 A到B为一管道，试用虚线与实线分别表明管道AB埋入地下和露出地面外的各段。
$a_{26.5}$
35
30
25
20
40
45
50
$b_{38.5}$
0
50
单元8
标高投影
专业班级
姓名
学号
日期

8-9 水平道路路面标高为+42.00，填方坡度为1:1.5，挖方坡度为1:1，求填挖方界线。

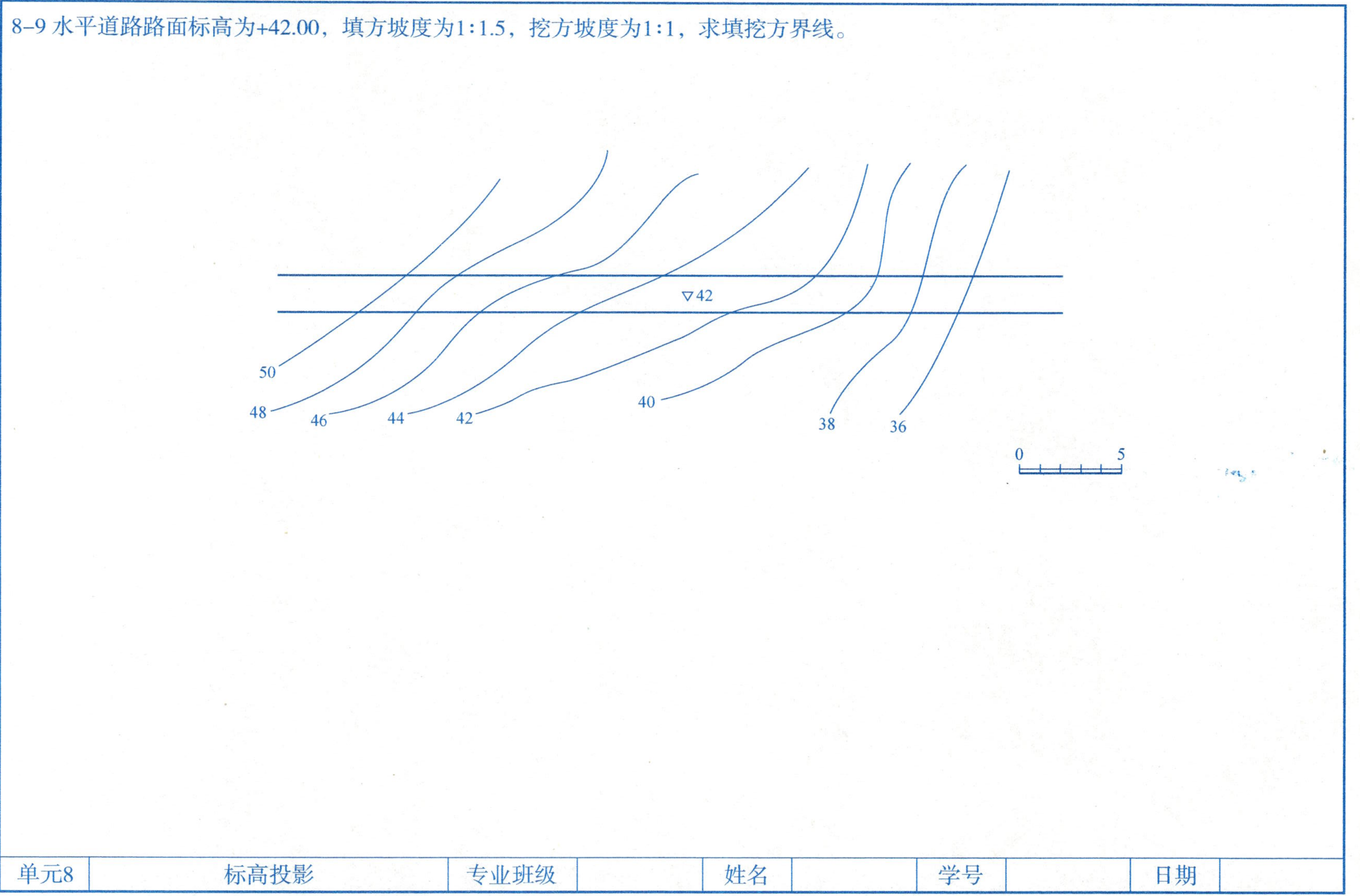

单元8	标高投影	专业班级		姓名		学号		日期	

8-10 已知广场为一平面场地，高程为51，求图中广场的坡面与地面的交线，以及各坡面的交线。坡面的挖方坡度为1:2，填方坡度为1:1.5。

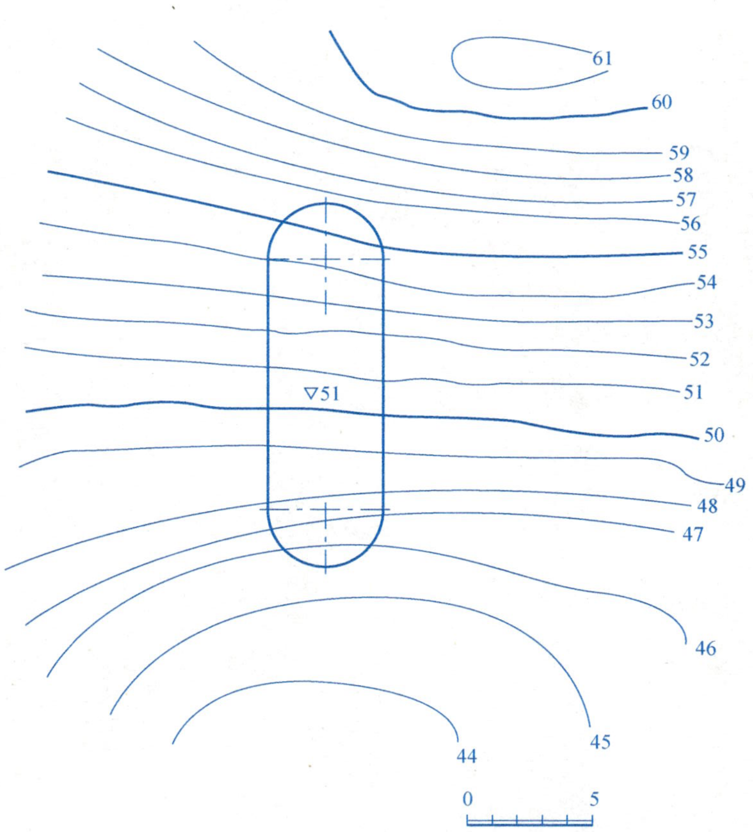

61
60
59
58
57
56
55
54
53
52
51
▽51
50
49
48
47
46
45
44
0
5

单元8	标高投影	专业班级		姓名		学号		日期	

9-1 填空题

（1）路线工程图的图示方法与一般工程图样不完全相同，它是采用________作为平面图，用________作为立面图，用________作为侧面图。

（2）道路路线设计的最后结果是以________、________和________图来表达。

（3）路线平面图主要是表示路线的________和________，以及沿线两侧一定范围内的______等情况。

（4）路线长度用________表示，里程由左向右递增。路线左侧设有“________”标记，表示为公路里程桩号，右侧设有百米桩标记“________”，数字写在短细实线端部，字头朝向________。

（5）路线纵断面图是通过公路中心线用假想的________进行剖切展平后获得的。

（6）路线纵断面图包括______和______两部分，一般____画在图纸的上部，______布置在图纸的下部。

（7）路基横断面图的作用是表达各中心桩处横向____以及设计路基情况。

（8）如果某道路纵断面图中水平比例为1∶2000，则垂直比例为_____。

（9）画出下列道路建筑材料的图例。

钢筋混凝土	干砌块石	水稻田	天然土壤

（10）城市以外或在城市郊区的道路称为______，位于城市范围内的道路称为______。

（11）路基横断面是用假想的________，垂直于路中心线剖切而得到的图形。

（12）路基横断面的基本形式有三种，分别是______、______、______。

（13）平面图的植物图例，应朝____或向____绘制；每张图纸的右上角应有______，注明图纸序号及总张数。

（14）横断面图的地面线一律用______线，设计线用______线。

单元9	道路工程图	专业班级		姓名		学号		日期	

9-2 单项选择题

1. 路线平面图中，里程桩号标记在路线的（　　）。

A. 左侧　B. 右侧　C. 下方　D. 上方

2. 路线走向规定由（　　）。

A. 由左向右　B. 由右向左　C. 由下向上　D. 由上向下

3. 道路路线平面图所用比例一般较小，通常在城镇区为（　　）。

A. 1∶500或1∶1000　B. 1∶2000　C. 1∶5000或1∶10000

4. 公路纵断面图中设计线上各点的标高通常是指（　　）。

A. 路基中心线的设计高程　B. 路基边缘的设计高程

C. 路面中心线的设计高程

5. 为了路基施工放样和计算土石方的需要，在路线的每一（　　）桩处，应根据实测资料和设计要求，画出一系列的路基横断面图，主要是表达路基横断面的形状和地面高低起伏状况。

A. 公里　B. 中心　C. 百米

6. 路线平面图，相邻图纸拼接时，路线中心对齐，接图线重合，并以（　　）方向为准。

A. 正北　B. 正南　C. 正东　D. 正西

7. 在同一张图纸上绘制的路基横断面图，应按里程桩号顺序排列，从图纸的（　　）方开始，先由下而上，再自左向右排列。

A. 左上　B. 左下　C. 右上　D. 右下

9-3 多项选择题

1. 在横断面图中，（　　）均用粗实线表示，路面厚度用中粗实线表示，原有地面线用细实线表示，路中心线用细点划线表示。

A.路面线　B.开挖线　C.路肩线　D.边坡线　E.护坡线

2. 横断面图的水平方向和高度方向宜采用相同比例，一般比例为（　　）。

A.1∶200　B.1∶20　C.1∶100　D.1∶10　E.1∶50　F.1∶500

3. 圆曲线带有缓和曲线段的曲线主点是（　　）。

A.直缓点（ZH点）　B.直圆点（ZY点）　C.缓圆点（HY点）

D.圆直点（YZ点）　E. 曲中点（QZ点）　F.圆缓点（YH点）

G.缓直点（HZ点）

4. 圆曲线不带缓和曲线段的曲线主点是（　　）。

A.直缓点（ZH点）　B.直圆点（ZY点）　C.缓圆点（HY点）

D.圆直点（YZ点）　E. 曲中点（QZ点）　F.圆缓点（YH点）

G.缓直点（HZ点）

5. 在公路纵断面图中，资料表主要包括以下项目和内容：（　　）。

A.地质概况　B.水准点　C.超高　D.填高

E.坡度/距离　F.地面高程　G.里程桩号

H.平曲线　I.挖深　J.加宽　K. 设计高程

单元9	道路工程图	专业班级		姓名		学号		日期	

9-4 根据已知条件，点绘地面线，复核设计线，计算填挖高度。

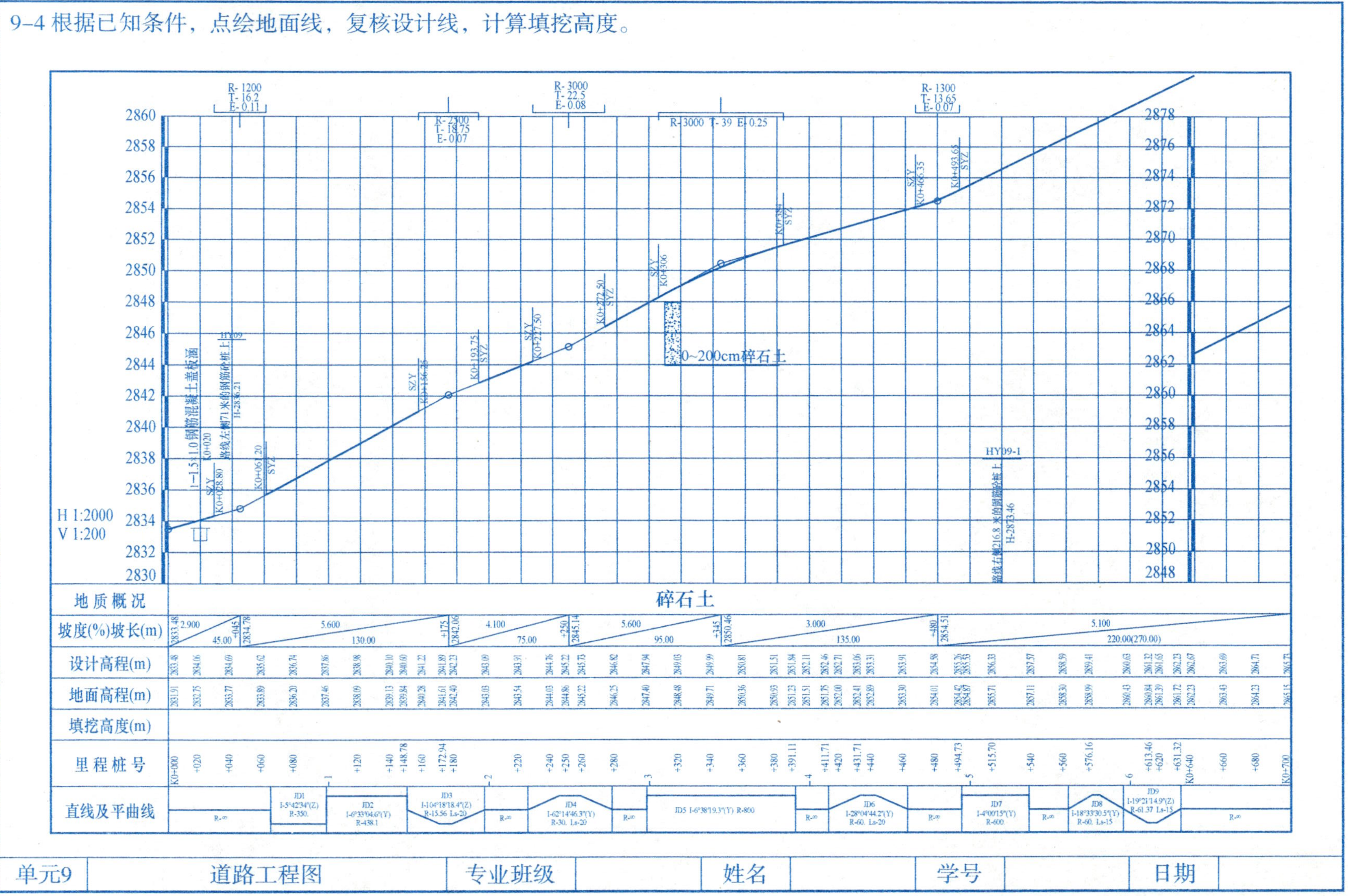

里程桩号	地面高程(m)	设计高程(m)
K0+000	2831.91	2833.48
+020	2832.75	2834.06
+040	2833.77	2834.69
+060	2833.89	2835.62
+080	2836.20	2836.74
1	2837.46	2837.86
+120	2838.09	2838.98
+140	2839.13	2840.10
+148.78	2839.84	2840.60
+160	2840.28	2841.22
+172.94	2841.61	2841.89
+180	2842.40	2842.23
2	2843.03	2843.09
+220	2843.54	2843.91
+240	2844.03	2844.76
+250	2844.86	2845.22
+260	2845.22	2845.73
+280	2846.25	2846.82
3	2847.40	2847.94
+320	2848.48	2849.03
+340	2849.71	2849.99
+360	2850.36	2850.81
+380	2850.93	2851.51
+391.11	2851.23	2851.84
4	2851.51	2852.11
+411.71	2851.75	2852.46
+420	2852.00	2852.71
+431.71	2852.41	2853.06
+440	2852.89	2853.31
+460	2853.30	2853.91
+480	2854.01	2854.58
+494.73	2854.42	2855.26
5	2854.87	2855.53
+515.70	2855.71	2856.33
+540	2857.11	2857.57
+560	2858.30	2858.59
+576.16	2858.99	2859.41
6	2860.43	2860.63
+613.46	2860.84	2861.32
+620	2861.39	2861.65
+631.32	2861.72	2862.23
K0+640	2862.23	2862.67
+660	2863.43	2863.69
+680	2864.23	2864.71
K0+700	2865.15	2865.73

单元9	道路工程图	专业班级		姓名		学号		日期	

No.6 钢筋混凝土结构图 作业指导书

一、目的

1. 熟悉钢筋混凝土结构图的图示内容和图示特点。
2. 掌握绘制钢筋混凝土结构图的方法和步骤。
3. 通过抄绘，提高识读钢筋混凝土结构图的能力。

二、内容

抄绘教材单元10图10.14所示的T形梁钢筋结构图，选用 A3 图幅，比例自定。

三、要求

1. 抄绘前应熟读图上的全部内容。
2. 抄绘时要注意图形、尺寸、说明和标题栏四个部分的完整性。
3. 读懂各部分的结构和尺寸的作用和含义。
4. 画出底稿，对照检查无误后，擦除多余图线、描深，最后书写汉字。

四、绘图步骤

1. 画底稿（用H或2H铅笔）

（1）画图框和标题栏。

（2）根据比例合理布置三视图的位置，轻画各图的基准线。

（3）轻画各钢筋、外形的轮廓线。

2. 检查改正错误，擦去多余作图线。
3. 描深（注意描深顺序）。
4. 最后标注尺寸（参阅教材有关内容），注写必要说明等。
5. 填写标题栏，按要求加深图框和标题栏。

五、注意事项

1. 画图前要仔细读懂所绘图样，掌握所绘构造物的构造及投影特性，再确定画图步骤。
2. 边抄绘，边复核，边识读，进行目的性抄绘。
3. 稿线要轻、细、淡。加深时粗线宽度宜用 0.7mm，其他各种线型必须符合“国标”的规定。主要受力筋用粗实线，箍筋、分布筋用中粗线，构件外轮廓线、尺寸线等均用细实线。
4. 汉字应用长仿宋体。标题栏中的校名、图名用 7 号字，其余汉字为 5 号字。日期、尺寸数字、字母为3.5号或2.5号；断面图中小方格内编码数字为2.5号。
5. 钢筋保护层厚度很小，所以钢筋净距、钢筋弯钩等均采用夸大画出，但以清楚为度。
6. 钢筋的弯起角度均为45°。

No.7　桥梁总体布置图　作业指导书

一、目的

1．熟悉桥梁总体布置图的图示内容和图示特点。

2．掌握绘制桥梁总体布置图的方法和步骤。

3．通过抄绘，提高识读桥梁总体布置图的能力。

二、内容

抄绘附图所示的钢筋混凝土T形梁桥总体布置图，选用A3图幅，比例自定。

三、要求

1．抄绘前应熟读图上的全部内容。

2．抄绘时要注意图形、尺寸、说明和标题栏四个部分的完整性。

3．读懂各部分的结构和尺寸的作用和含义。

4．画出底稿，对照检查无误后，擦除多余图线、描深，最后书写汉字。

四、绘图步骤

1．画底稿（用H或2H铅笔）。

（1）画图框和标题栏。

（2）根据比例合理布置各图的位置。

（3）轻画各图的基准线，一般选取各投影图的中心线作为基准线。如立面图和侧面图以桥面线为高度方向基准线，平面图以桥中心线为长度方向基准线（见附图）。

（4）轻画各主要构件的轮廓线。

2．检查改正错误，擦去多余作图线。

3．描深（注意描深顺序）。

4．最后标注尺寸（参阅教材有关内容），注写必要说明等。

5．填写标题栏，按要求加深图框和标题栏。

五、注意事项

1．画图前要仔细读懂所绘图样，掌握所绘构造物的构造及投影特性，再确定画图步骤。

2．边抄绘，边复核，边识读，进行目的性抄绘。

3．剖面图应在剖切部位画出剖面线或材料断面图例。

4．稿线要轻、细、淡。加深时粗线宽度宜用0.7mm，其他各种线型必须符合“国标”的规定。剖切到的轮廓线用粗线，可见轮廓线用中粗线，尺寸线、剖面线、示坡线等均用细实线。

六、附图

（1）桥梁总体布置图绘图的基准线。

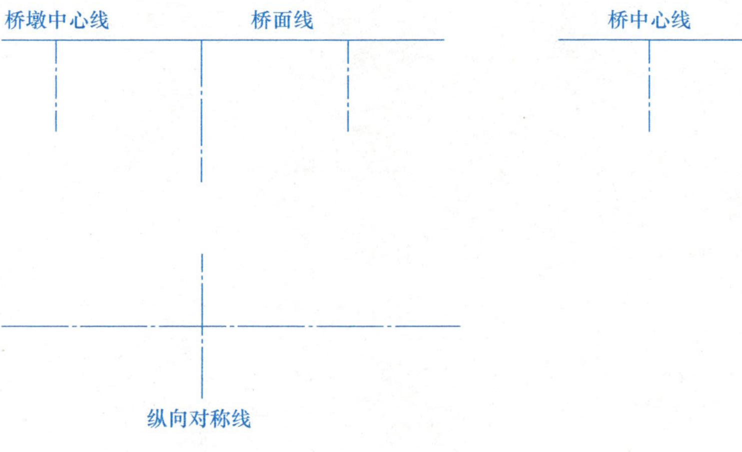

（2）钢筋混凝土T形梁桥总体布置图。

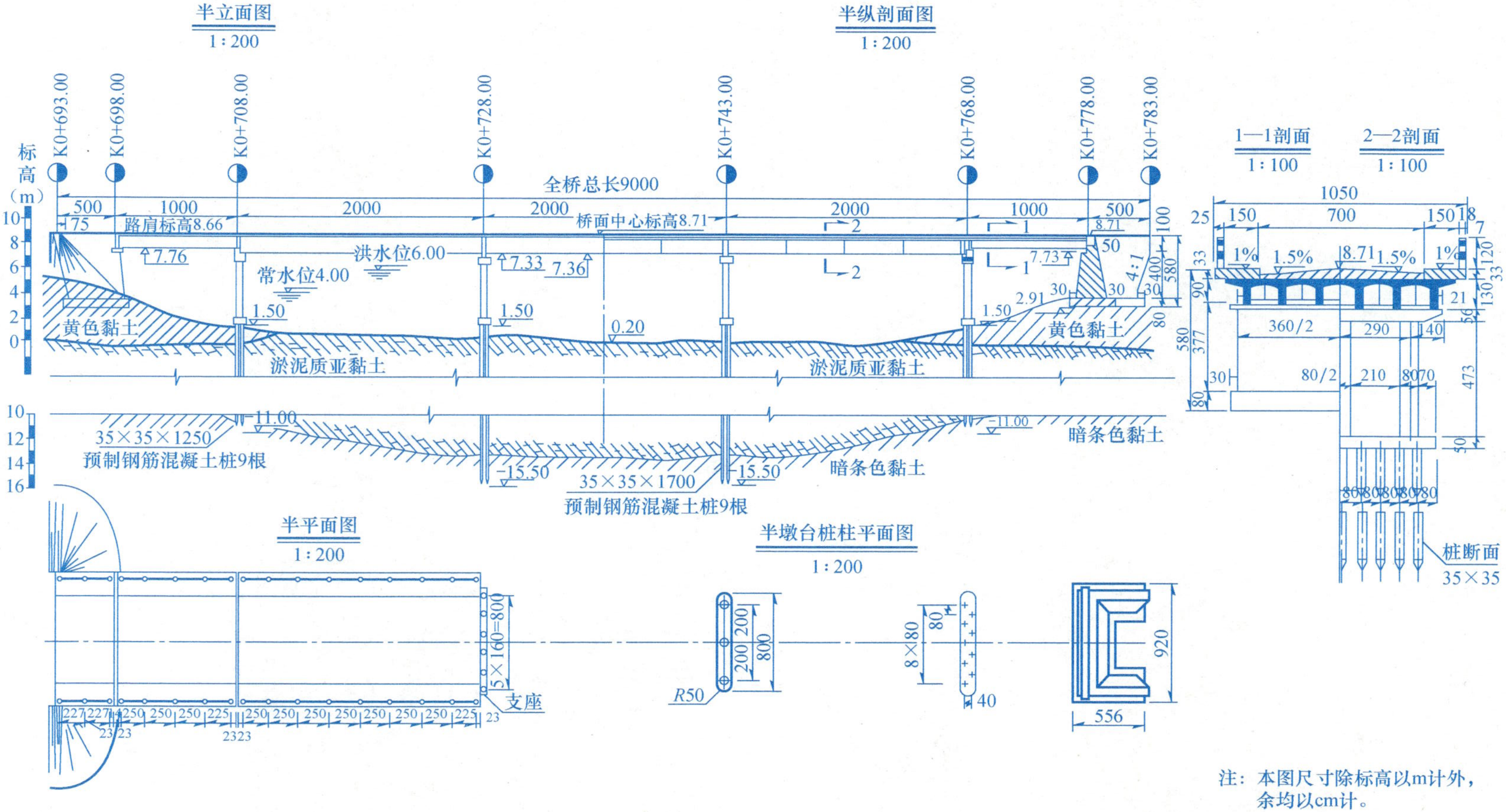

半立面图 1:200

半纵剖面图 1:200

标高（m）

K0+693.00 K0+698.00 K0+708.00 K0+728.00 K0+743.00 K0+768.00 K0+778.00 K0+783.00

全桥总长9000

500 1000 2000 2000 2000 1000 500

路肩标高8.66　桥面中心标高8.71

洪水位6.00　常水位4.00

黄色黏土　淤泥质亚黏土　暗条色黏土

35×35×1250 预制钢筋混凝土桩9根

35×35×1700 预制钢筋混凝土桩9根

1—1剖面 1:100　2—2剖面 1:100

半平面图 1:200

半墩台桩柱平面图 1:200

支座　桩断面 35×35

注：本图尺寸除标高以m计外，余均以cm计。

No.8　钢筋混凝土盖板涵工程图　作业指导书

一、目的

1. 熟悉涵洞工程图的图示内容和图示特点。
2. 掌握绘制涵洞工程图的方法和步骤。
3. 通过抄绘，提高识读涵洞工程图的能力。

二、内容

抄绘附图所示的钢筋混凝土盖板涵工程图，选用 A3 图幅，比例自定。

三、要求

1. 抄绘前应熟读图上的全部内容。
2. 抄绘时要注意图形、尺寸、说明和标题栏四个部分的完整性。
3. 读懂各部分的结构和尺寸的作用和含义。
4. 画出底稿，对照检查无误后，擦除多余图线、描深，最后书写汉字。

四、绘图步骤

1. 画底稿（用H或2H铅笔）。

（1）画图框和标题栏。

（2）根据比例合理布置各图的位置。

（3）轻画各图的基准线。高低方向基准线可选择涵底标高处，长度方向以涵洞纵向对称线为基准线，平面图以涵洞中心线为基准线。

（4）轻画各主要构件的轮廓线。

2. 检查改正错误，擦去多余作图线。
3. 描深（注意描深顺序）。
4. 最后标注尺寸（参阅教材有关内容），注写必要说明等。
5. 填写标题栏，按要求加深图框和标题栏。

五、注意事项

1. 画图前要仔细读懂所绘图样，掌握所绘构造物的构造及投影特性，再确定画图步骤。
2. 边抄绘，边复核，边识读，进行目的性抄绘。
3. 涵底流水纵坡可简化作图，采用水平单边箭头线画出，并标出纵坡值1%。
4. 剖面图应在剖切部位画出剖面线或材料断面图例。
5. 稿线要轻、细、淡。加深时粗线宽度宜用 0.7mm，其他各种线型必须符合“国标”的规定。剖切到的轮廓线用粗线，可见轮廓线用中粗线，尺寸线、剖面线、示坡线等均用细实线。

六、附图

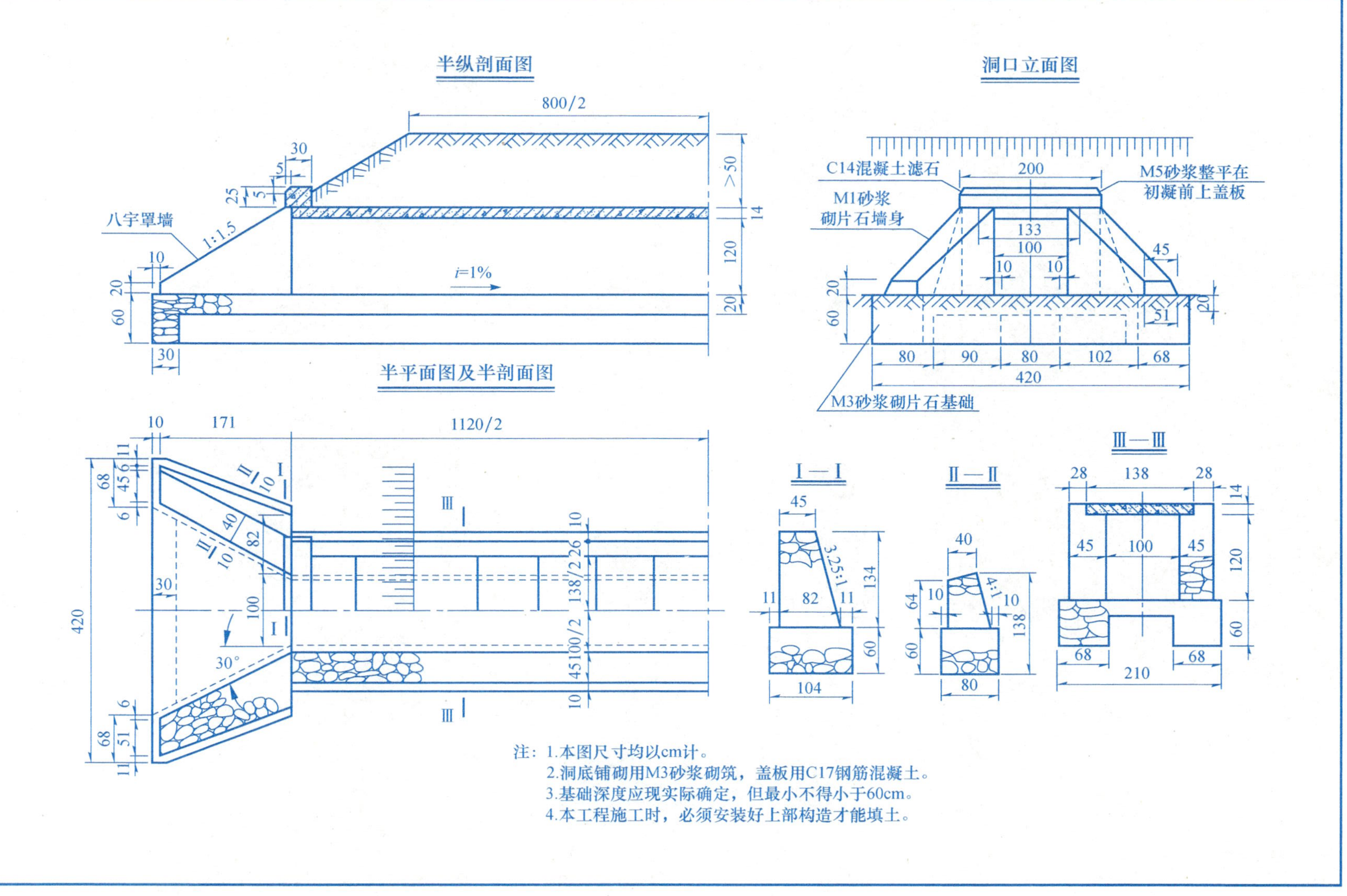

注：1.本图尺寸均以cm计。
2.洞底铺砌用M3砂浆砌筑，盖板用C17钢筋混凝土。
3.基础深度应现实际确定，但最小不得小于60cm。
4.本工程施工时，必须安装好上部构造才能填土。

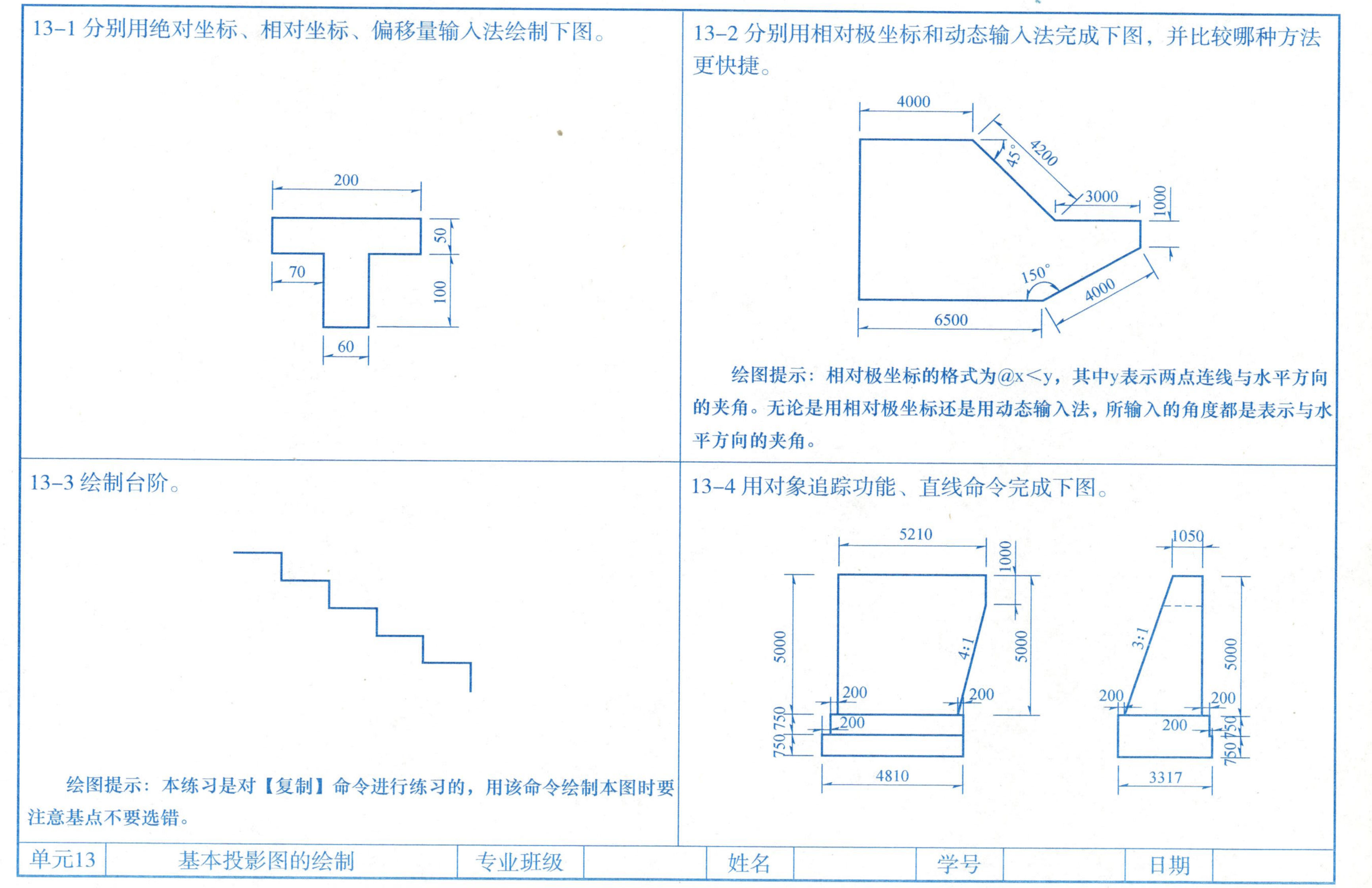

13-1 分别用绝对坐标、相对坐标、偏移量输入法绘制下图。

13-2 分别用相对极坐标和动态输入法完成下图，并比较哪种方法更快捷。

绘图提示：相对极坐标的格式为@x<y，其中y表示两点连线与水平方向的夹角。无论是用相对极坐标还是用动态输入法，所输入的角度都是表示与水平方向的夹角。

13-3 绘制台阶。

绘图提示：本练习是对【复制】命令进行练习的，用该命令绘制本图时要注意基点不要选错。

13-4 用对象追踪功能、直线命令完成下图。

单元13	基本投影图的绘制	专业班级		姓名		学号		日期	

13-5 用直线命令、辅助工具完成下面的正等轴测投影图。

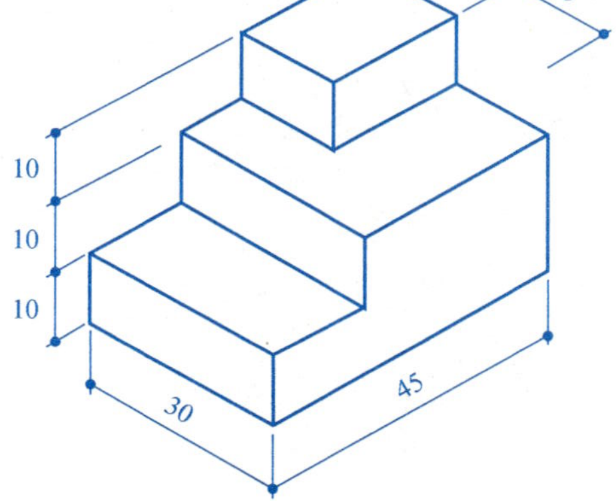

绘图提示：绘制正等轴测投影图之前要确保设置极轴，添加辅助极轴：30°、150°、210°和330°。

13-6 构成该图示组合体的三个四棱柱的长和宽尺寸未知，但上面四棱柱的长和宽是下面四棱柱的1/2，高度自拟。用直线命令、删除命令和辅助工具绘制该图。

要求用直线命令绘制时，不能输入各线段的长、宽、高精确长度，所有的线段的长度都用鼠标点取或借助辅助工具完成。

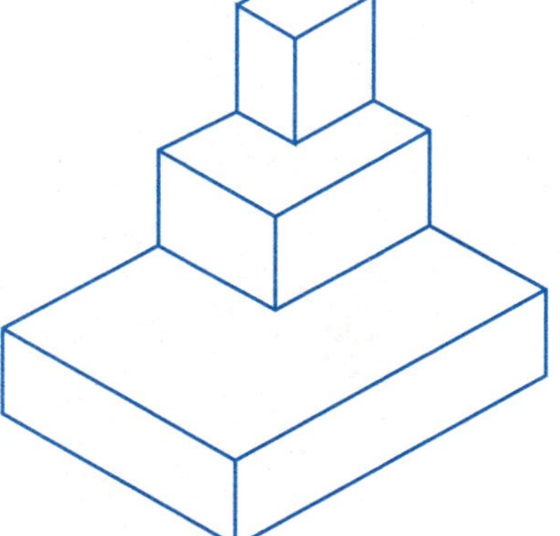

绘图提示：本图的绘制要用【极轴】和【对象追踪】配合使用才能完成。

单元13	基本投影图的绘制	专业班级		姓名		学号		日期	

13-7 绘制支点位置处T梁截面配筋图。

绘图提示：表示钢筋截面的黑圆点可以用【圆环】命令完成。

13-8 绘制下面图形，并建立自己的标准样式对图形进行标注。

单元13	基本投影图的绘制	专业班级		姓名		学号		日期	

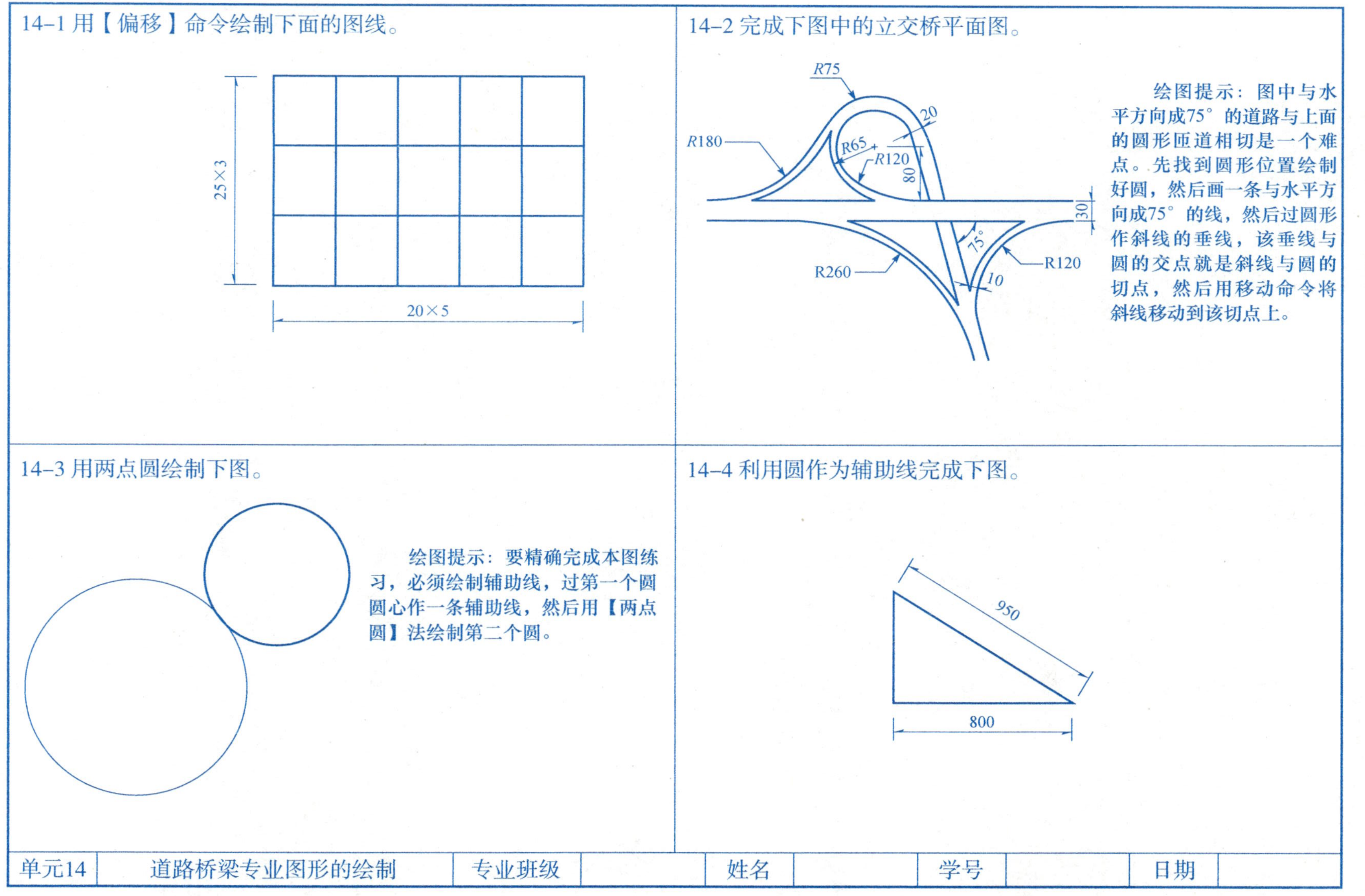
14-1 用【偏移】命令绘制下面的图线。
25×3
20×5
14-2 完成下图中的立交桥平面图。
R75
20
R180
R65
R120
80
30
75°
R260
R120
10
绘图提示：图中与水平方向成75° 的道路与上面的圆形匝道相切是一个难点。先找到圆形位置绘制好圆，然后画一条与水平方向成75° 的线，然后过圆形作斜线的垂线，该垂线与圆的交点就是斜线与圆的切点，然后用移动命令将斜线移动到该切点上。
14-3 用两点圆绘制下图。
绘图提示：要精确完成本图练习，必须绘制辅助线，过第一个圆圆心作一条辅助线，然后用【两点圆】法绘制第二个圆。
14-4 利用圆作为辅助线完成下图。
950
800
单元14
道路桥梁专业图形的绘制
专业班级
姓名
学号
日期

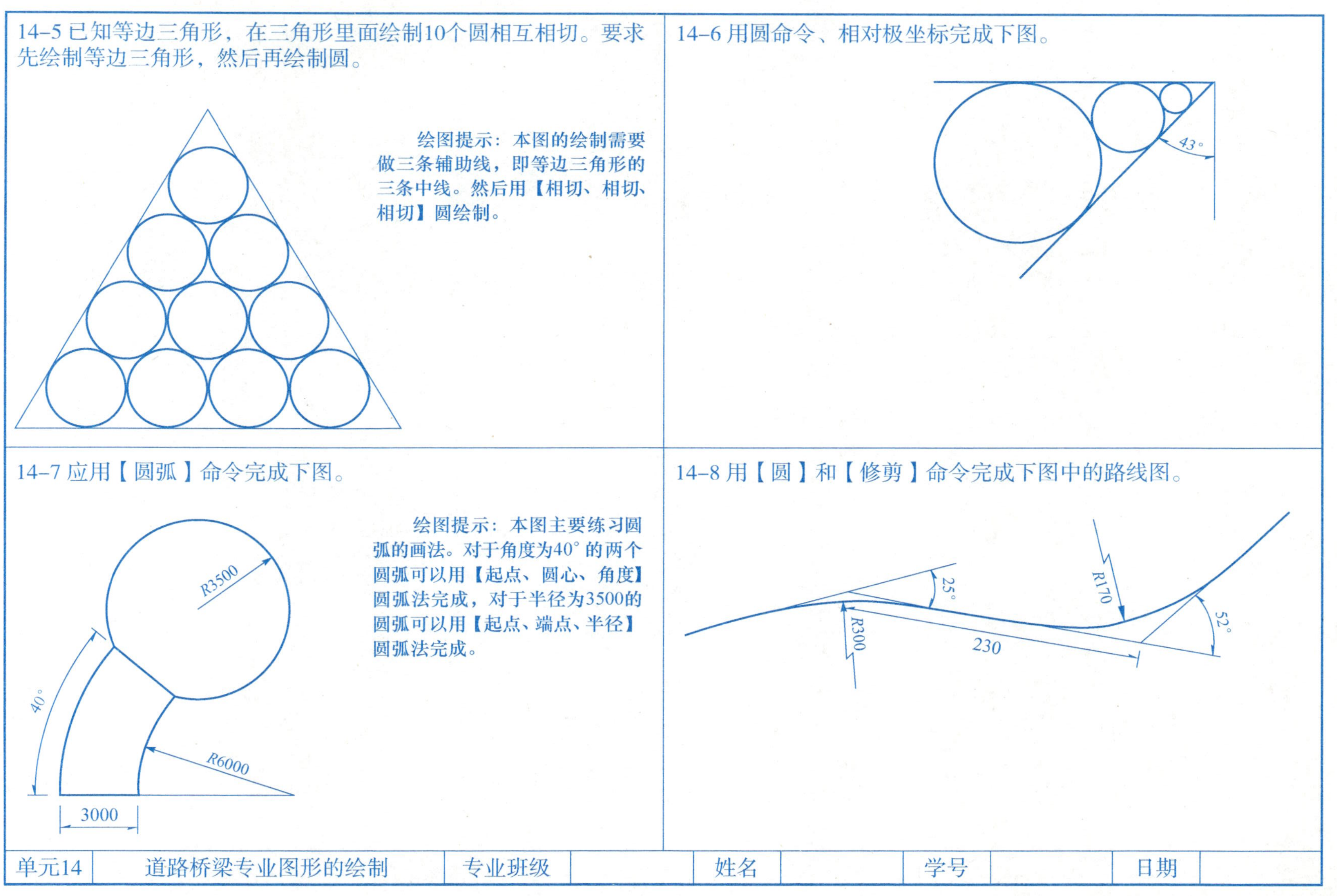
14–5 已知等边三角形，在三角形里面绘制10个圆相互相切。要求先绘制等边三角形，然后再绘制圆。
绘图提示：本图的绘制需要做三条辅助线，即等边三角形的三条中线。然后用【相切、相切、相切】圆绘制。
14–6 用圆命令、相对极坐标完成下图。
43°
14–7 应用【圆弧】命令完成下图。
R3500
40°
R6000
3000
绘图提示：本图主要练习圆弧的画法。对于角度为40°的两个圆弧可以用【起点、圆心、角度】圆弧法完成，对于半径为3500的圆弧可以用【起点、端点、半径】圆弧法完成。
14–8 用【圆】和【修剪】命令完成下图中的路线图。
25°
R170
R300
230
52°
单元14
道路桥梁专业图形的绘制
专业班级
姓名
学号
日期

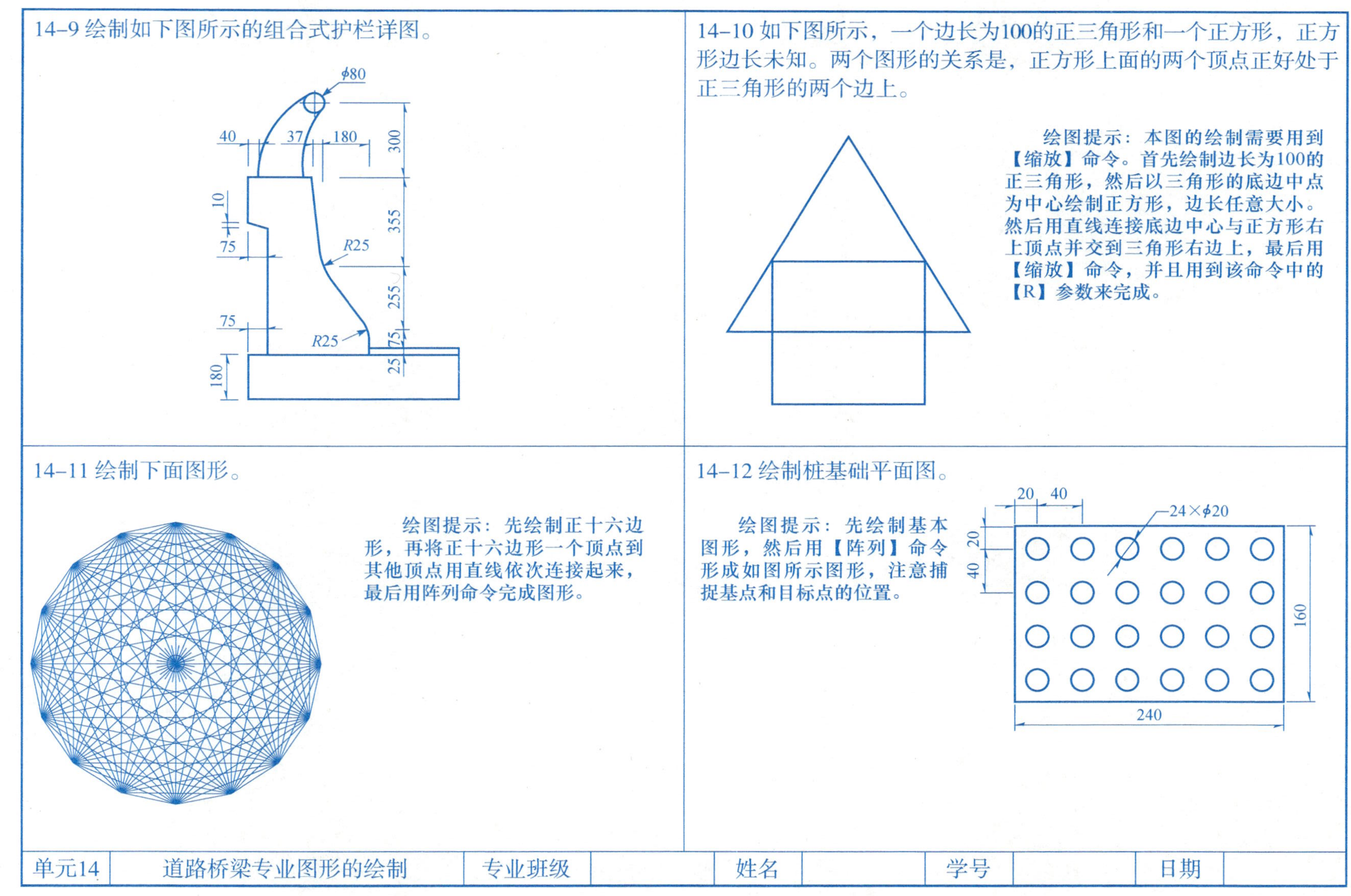

单元14	道路桥梁专业图形的绘制	专业班级		姓名		学号		日期	

14-13 绘制如图所示的路堤断面图。

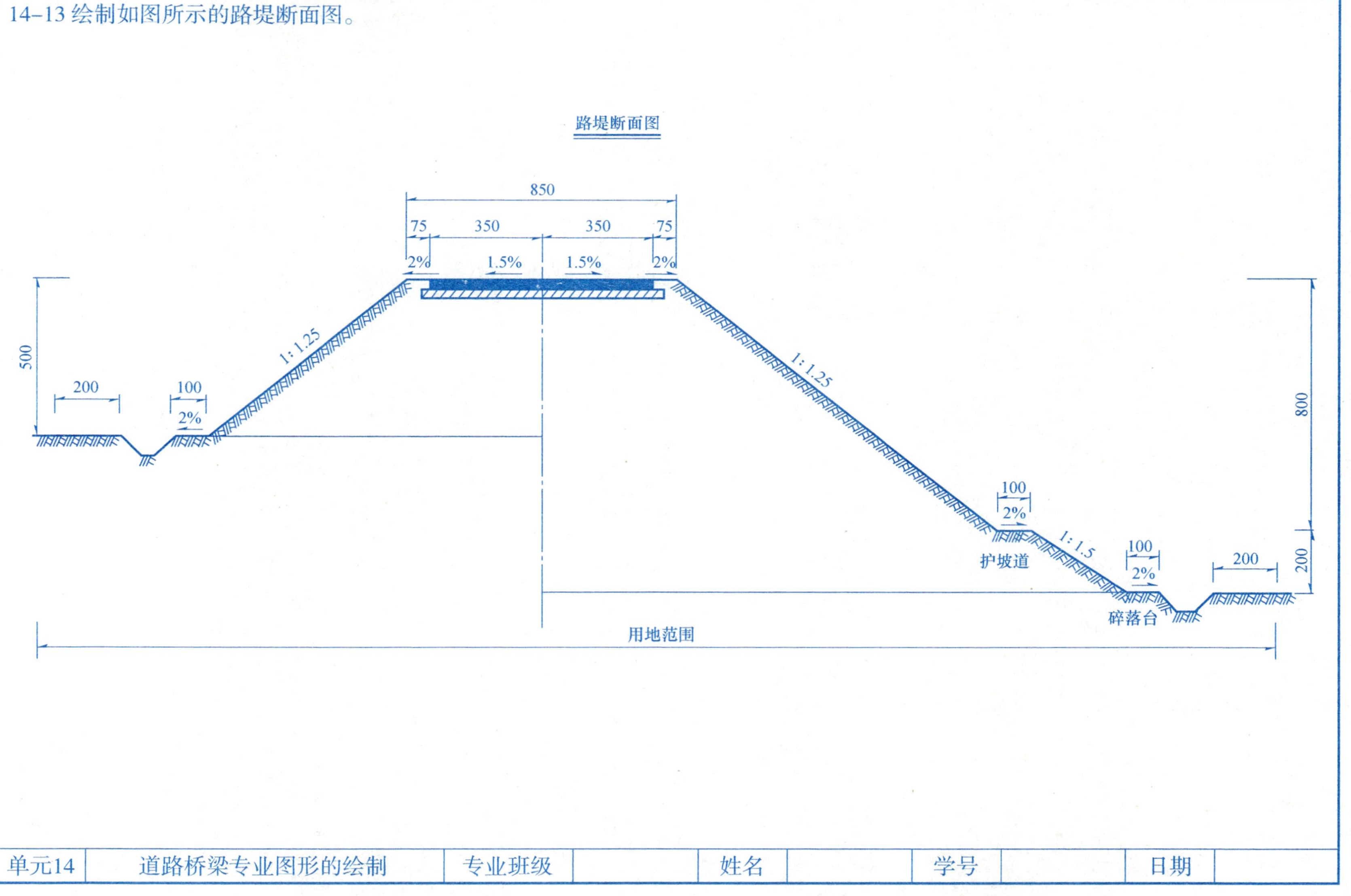

单元14	道路桥梁专业图形的绘制	专业班级		姓名		学号		日期	

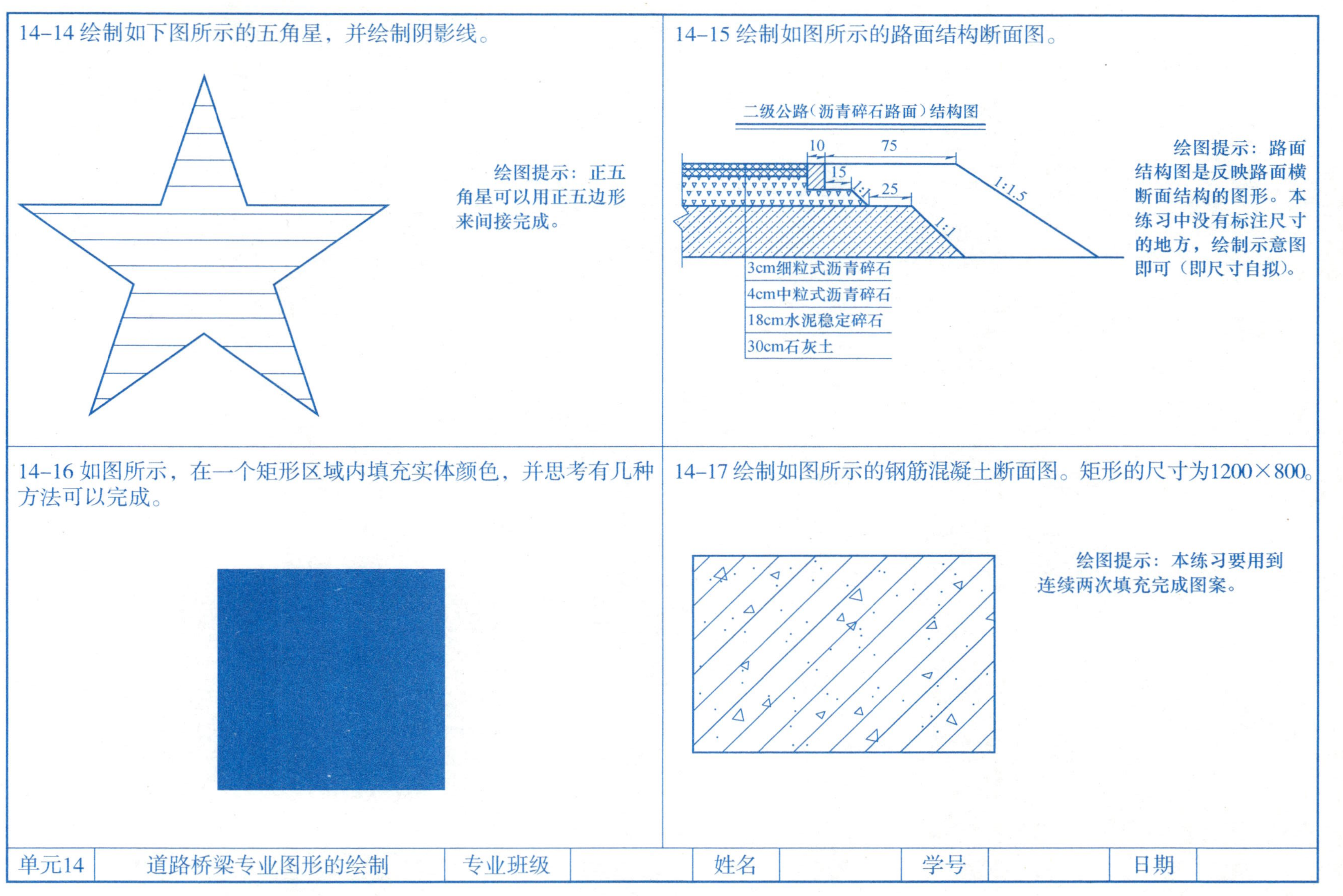
14-14 绘制如下图所示的五角星，并绘制阴影线。
绘图提示：正五角星可以用正五边形来间接完成。
14-15 绘制如图所示的路面结构断面图。
二级公路（沥青碎石路面）结构图
10
75
15
25
1:1.5
1:1
3cm细粒式沥青碎石
4cm中粒式沥青碎石
18cm水泥稳定碎石
30cm石灰土
绘图提示：路面结构图是反映路面横断面结构的图形。本练习中没有标注尺寸的地方，绘制示意图即可（即尺寸自拟）。
14-16 如图所示，在一个矩形区域内填充实体颜色，并思考有几种方法可以完成。
14-17 绘制如图所示的钢筋混凝土断面图。矩形的尺寸为1200×800。
绘图提示：本练习要用到连续两次填充完成图案。
单元14
道路桥梁专业图形的绘制
专业班级
姓名
学号
日期

14–18 绘制如图所示的路面横断图。

道路右侧边缘处的设计标高，K0+040为910.50；K2+040为893.500；地面线标高如下表所示。

内容	−12m	−9m	−6m	−3m	0	3m	6m	9m	12m
K2+040	891.031	891.450	891.150	890.900	891.030	891.010	891.560	891.360	890.993
K0+040	914.413	914.857	914.754	914.010	913.568	913.001	912.500	912.031	911.973

路面宽3.5+3.5m车道，路肩宽0.75m，填方边坡坡度为1∶1.25，挖方边坡坡度为1∶1，边沟深0.6m，边沟坡度都为1∶10。

910.500

（a） K0+040 h_w=3.25m A_w=34.89m²

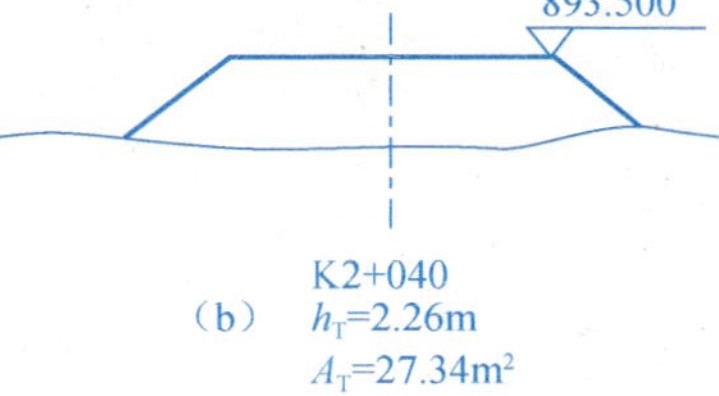

（b） K2+040 h_T=2.26m A_T=27.34m²

14–19 用【圆】命令和【直线】命令绘制任意尺寸图形，如下图，用查询命令计算图中阴影部分的面积。

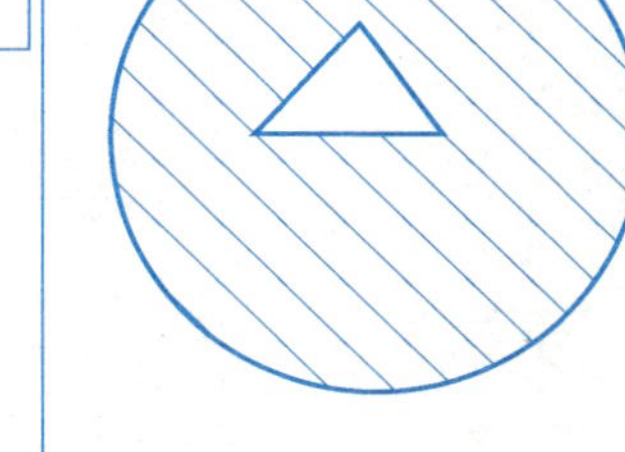

绘图提示：本图可以用两种方式完成，一种是用【面积】查询命令，灵活应用该命令中的参数，用圆的面积减去里面任意三角形的面积；另一种方法是用【列表】查询命令，先用【图案填充】命令作任意图案填充，然后对该图案进行列表查询。

14–20 完成如图所示的墙体的填充。

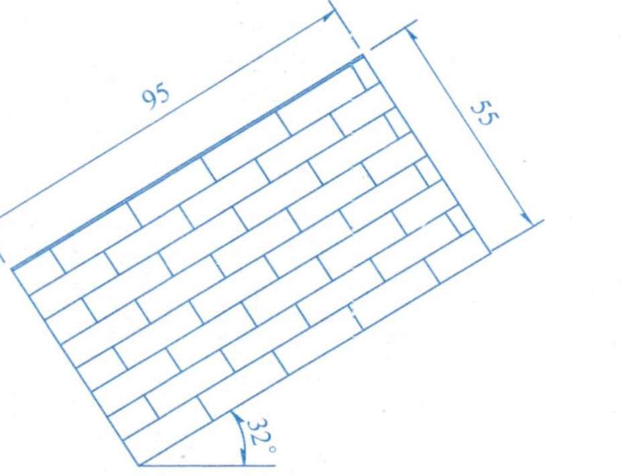

14–21 完成如图所示的渐变色填充。

单元14	道路桥梁专业图形的绘制	专业班级		姓名		学号		日期	

14-22 完成下面的桥墩构造图。

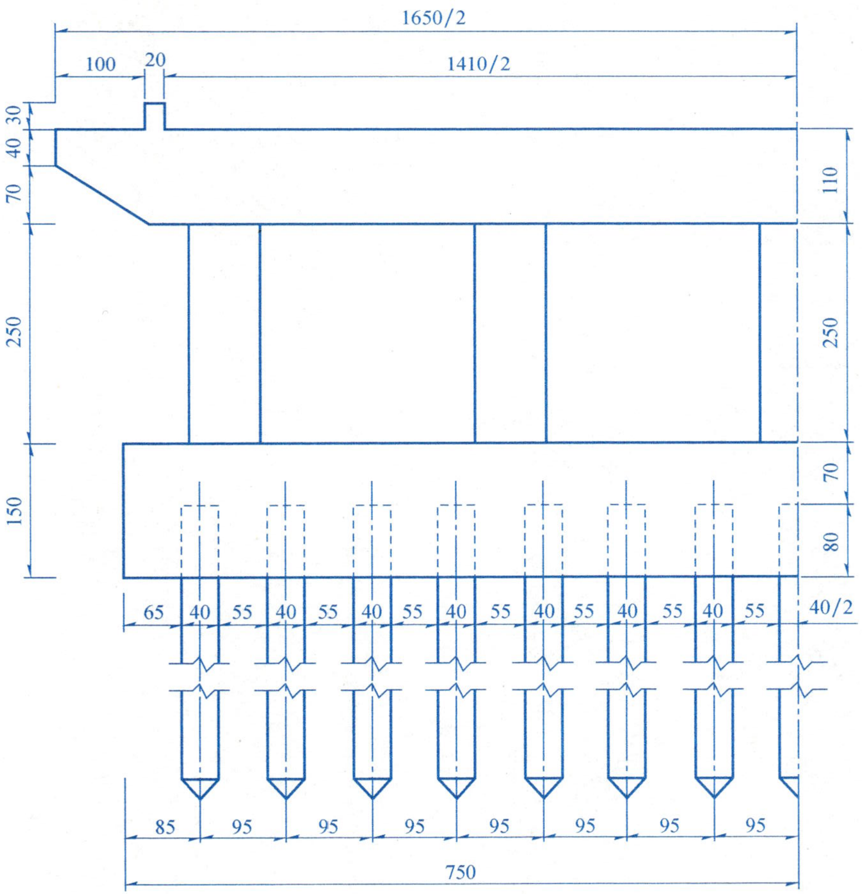

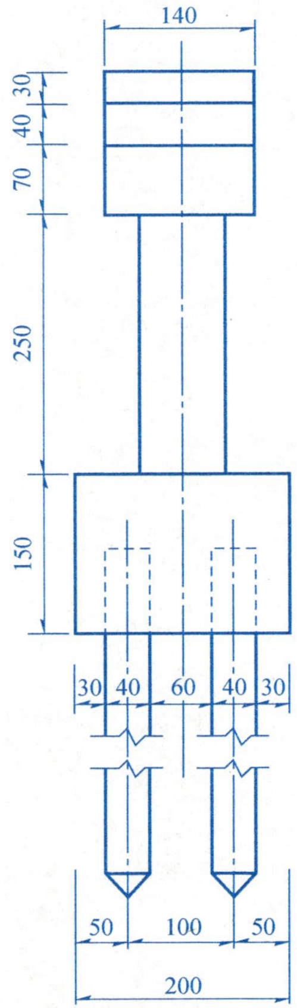

单元14	道路桥梁专业图形的绘制	专业班级		姓名		学号		日期	

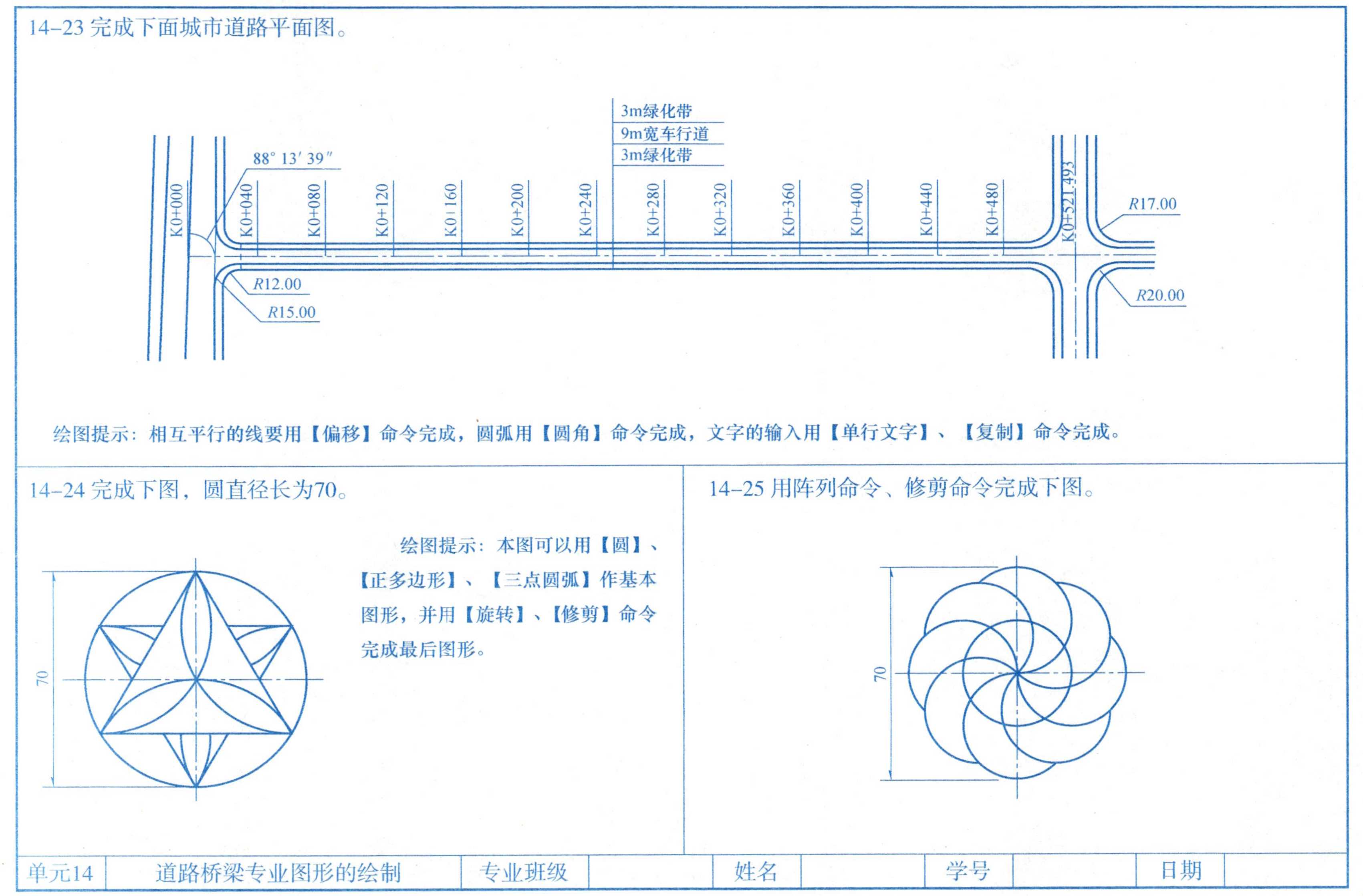

14–23 完成下面城市道路平面图。

绘图提示：相互平行的线要用【偏移】命令完成，圆弧用【圆角】命令完成，文字的输入用【单行文字】、【复制】命令完成。

14–24 完成下图，圆直径长为70。

绘图提示：本图可以用【圆】、【正多边形】、【三点圆弧】作基本图形，并用【旋转】、【修剪】命令完成最后图形。

14–25 用阵列命令、修剪命令完成下图。

单元14	道路桥梁专业图形的绘制	专业班级		姓名		学号		日期	

15-1 绘制A3图纸图框，并将其用【写块】命令将图框保存到硬盘。给已知图形加上如图所示的图框线。

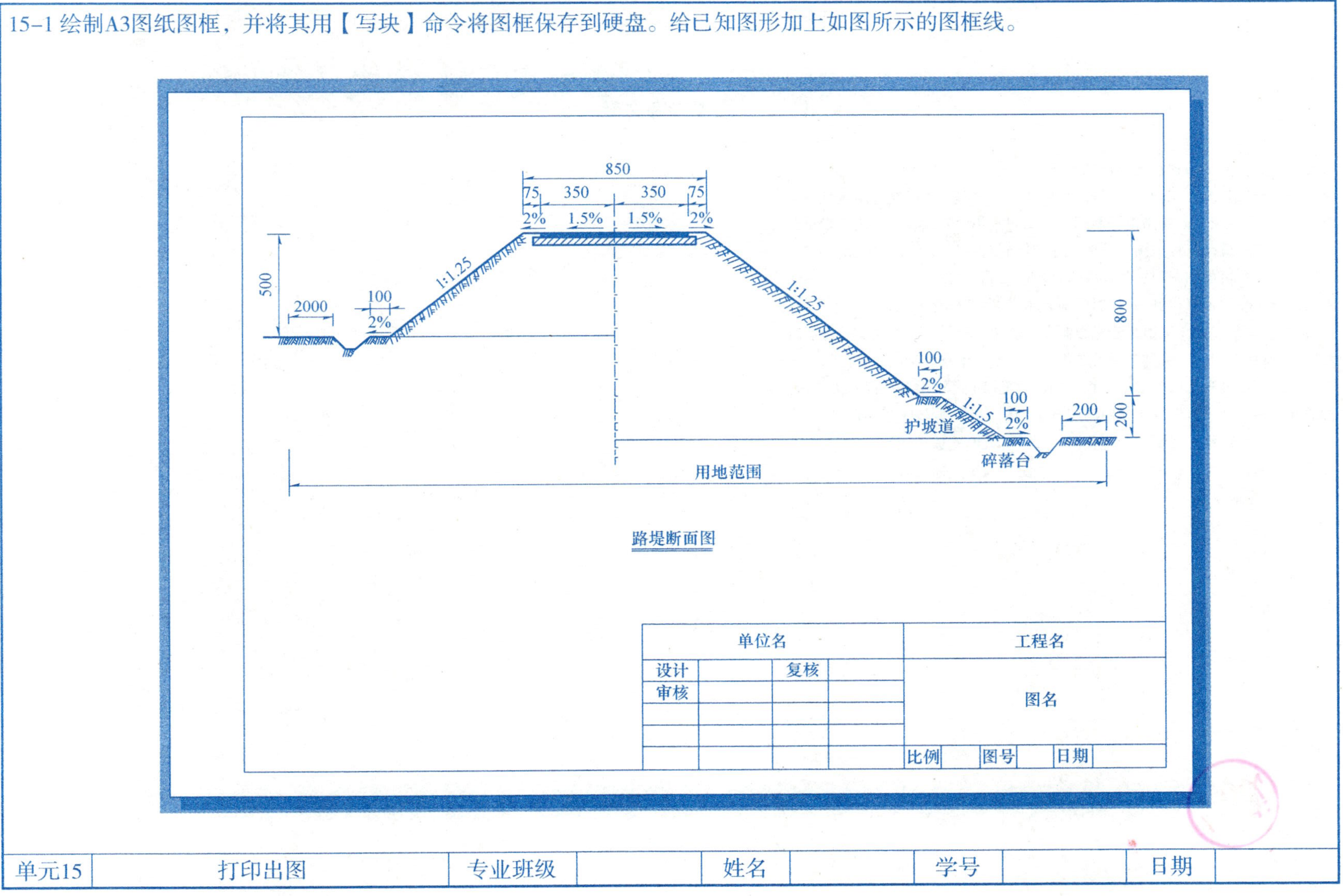

单元15	打印出图	专业班级		姓名		学号		日期	

主要参考文献

白丽红. 2009. 建筑工程制图与识图习题集[M]. 北京:北京大学出版社.

曹雪梅,樊琳娟. 2005. 道路工程制图习题集[M]. 北京:人民交通出版社.

曹雪梅,王海春. 2006. 道路工程制图与识图习题集[M]. 重庆:重庆大学出版社.

樊琳娟. 2011. 道路工程识图与绘图习题集[M]. 北京:人民交通出版社.

郝立华. 2008. 机械制图习题集(非机械专业)[M]. 大连. 大连理工大学出版社.

何铭新. 2004. 建筑工程制图习题集[M]. 北京:高等教育出版社.

和丕壮,王鲁宁. 2002. 交通土建工程制图习题集[M]. 北京:人民交通出版社.

洪友伦,段利君. 2008. 机械制图习题集[M]. 南京:南京大学出版社.

刘继海. 2007. 画法几何与土木工程制图习题集[M]. 武汉:华中科技大学出版社.

王德方. 2003. 画法几何及土建制图习题集[M]. 上海:同济大学出版社.

徐志宏. 2001. 道路工程制图习题集[M]. 北京:人民交通出版社.

郑国权. 2001. 道路工程制图习题集[M]. 北京:人民交通出版社.